Lexikon des Klatsches

Gewidmet Monika und Micky wegen zuviel Liebes-, Zeit- und Aufmerksamkeitsentzug. Dank an Roland, Karl, Helmut, Hardy, Walter, Alfred, Werner, Renate, Gabriele und Karin.

Anmerkung von Autor und Verlag:
Es war unmöglich, auf 400 Seiten wirklich alle wichtigen Personen und Persönchen vollständig zu versammeln und zu beleuchten. Mit großer Vorfreude verweisen Autor und Verlag deshalb auf den geplanten zweiten Band des Klatsch-Lexikons.

Michael Graeter

LEXIKON des Klatsches

Liebe, Laster und
Skandale –
von Boris bis Verona

 Eichborn.

Michael Graeter, geboren 1943, ist Deutschlands Gesellschaftsreporter Nr. 1 (*AZ, Bunte, BILD*). Er lebt in München und ist Autor zahlreicher Bücher. www.michaelgraeter.de

2 3 4   04 03 02

© Eichborn AG, Frankfurt am Main, Oktober 2002
Lektorat: Oliver Thomas Domzalski
Umschlaggestaltung: Moni Port
Umschlagfotografie: © Photonica
Layout: Tania Poppe und Susanne Reeh
Satz: Fotosatz Reinhard Amann, Aichstetten
Druck und Bindung: WS Bookwell, Finnland
ISBN 3-8218-3946-5

Verlagsverzeichnis schickt gern:
Eichborn Verlag AG, Kaiserstr. 66, 60329 Frankfurt am Main
www.eichborn.de

Vorwort

Durch Können bekannt zu werden ist schwer geworden. Allemal leichter ist es in diesen Zeiten der Luftpumpen und Partygirls, sich einen Namen zu machen, indem man dafür sorgt, dass über einen geredet wird – wie und wieso auch immer. Hauptsache, man gehört zur Klatsch-Society. Früher war das anders: Damals waren Leistung, Stellung oder Ausstrahlung die Voraussetzung.

Der erste Klatsch ist ein sado-humanes Zwiegespräch: Die Schlange flüstert *Eva*, als die noch nicht so viel zu schnäbeln hat wie heute, die Kurzgeschichte vom verbotenen Apfel ins Ohr. Schon nimmt die erste K-Frage ihren Lauf, und *Adam*, der in den (sauren) Apfel beißt, muss manche Kartoffel aus dem Feuer holen. Hinter vorgehaltener Hand ist noch nicht »in«. Aber schon das Gspusi zwischen *Cäsar* und *Kleopatra* spricht sich wie ein Lauffeuer herum, obwohl es damals noch keine aufgeregten Privatsender gibt.

Kurios übrigens, dass das lustvolle Gerede, meist über Abwesende und mit negativer Tönung, grammatisch gesehen männlichen Geschlechts ist – *der* Klatsch. Obwohl doch der Begriff eindeutig zur femininen Wörterfamilie gehört: die Liebe, die Hiebe, die Intrige, die Sünde, die Mätresse, die Schamhaftigkeit, die Bettdecke, die Kleider und die Kerle.

Die Frau transportiert den Klatsch schon seit Urzeiten beim Kinderaufziehen, und erst als der Mann Waffen, Fell und das Jagen fürs Essen ablegt und ebenfalls dazu übergeht, im Beton- und Glasfassaden-Dschungel verbale Wortgefechte zu führen, sind Ratscherei (München), Gossip (London), Chatter (New York), Ragouts (Paris), Chiachierrate (Rom) oder Tratsch (Wien) bei der göttlichsten Schöpfung angekommen, dem Mann – beim Theaterpförtner und Friseur ebenso wie beim Vorstandsvorsitzenden von Siemens. Von Backpulver-Patron *Oetker* weiß man um diese Intensivsucht, weil er durchschaut hat, dass er nur so seine Firma wirklich kennen kann. Für *Kennedy* ist es das Höchste, ebenso für ➜ *Clinton*, der wie *John F.* den präsidialen Klatsch höchstpersönlich durch die Gänge des Weißen Hauses auf den Weg bringt.

Eine nicht mehr messbare Mitteilungsflut überschwemmt an warmen Sommertagen den berühmten Augustiner-Biergarten in München. Ein wahres Klatsch-Hochamt. Unter den Kastanien wabert das Stimmengewirr von 5000 Menschen. Göttlich. Jeder spricht.

Eine Klatschkrise gibt es nicht. Der mündliche Treibstoff wird daheim ungeschminkt beim Kaffeeklatsch serviert, exklusiv in den Salons von Weltstädten, meist von Damen dirigiert, und in seiner mächtigsten Form im weltweiten Print- und Fernseh-Gewerbe hinausposaunt.

US-Multimilliardär *Kirk Kerkorian* lässt im Müll von Filmproduzent *Steve Bing* nach Zahnseide fahnden, um sich per DNA Klarheit zu verschaffen, ob die Tochter seiner Frau *Lisa* auch die seine ist. Und der allmächtige Allianz-Versicherungsprimus *Wolfgang Schieren* stürzt seinen bereits ausgeschauten Konzern-Nachfolger *Friedrich Schiefer* von heute auf morgen, weil ihm zuviel Klatsch über dessen Ehefrau zu Ohren gekommen ist. Klatschgeschichten sind die Kaviar-Kanapees des Wissens, und bekanntlich ist Wissen Macht. Das richtige Wort zum falschen Zeitpunkt birgt fürchterlichen Zündstoff, lässt Kriege ausbrechen und Traumehen platzen, zerstört eiserne Freundschaften und bringt die Schwiegermutter um (den Verstand).

Aber wir brauchen den Klatsch. Er ist unser sozialer Klebstoff – ein unsichtbares Bindeglied der Menschheit, so überlebenswichtig wie das Atmen. *Karl Valentin* hat sich stets per Zeitung mit K-Stoff versorgt: »Ich lese immer die Todesanzeigen, dann weiß ich, wer noch lebt«. Denn: Es schmerzt, wenn keiner mehr mit einem klatscht. Aber es ist tödlich, wenn keiner mehr *über* einen klatscht.

Michael Graeter, im August 2002

Abbado, Claudio

> **WER IST ES?** Verschwiegener Schöngeist **LEBENSDATEN** *26.3.1933 in Mailand **JOB** Seit 2002 Ruheständler – jedenfalls fast (➔ PLÄNE). **KARRIERE** Debütiert 1960 an der Scala, löst sich später aus dem Intrigensumpf an der Wiener Staatsoper und kehrt der Mailänder Scala den Rücken, weil dort Ebbe in der Kasse ist. 1986–1991 Wiener Staatsoper; 1989 vom Orchester selbst zum Chef der Berliner Philharmoniker gewählt (und damit zugleich Chef der Salzburger Festspiele), kündigt er bereits 1998 seinen Abschied für 2002 an. Chef der Berliner Philharmoniker und der Salzburger Festspiele.

AUSZEICHNUNG Großes Verdienstkreuz mit Stern, 2002 von Bundespräsident *Johannes Rau*. **ERFOLGE** Unter der zwölfjährigen Ära Abbado hat sich bei den Berliner Philharmonikern ein Generationswechsel vollzogen. Das Edelorchester, mit dem alles geht, Klassik und Moderne, Mozart und Mahler, hat 70 neue Musiker aufgenommen, fast die Hälfte ist im Yuppie-Alter unter 40 Jahren. **PARTNER** 2002 inszeniert er mit Regisseur *Peter Stein* Richard Wagners »Parsifal« bei den Salzburger Festspielen. **VORGÄNGER** *Herbert von Karajan* (1908–1989). **NACHFOLGER** Sir *Simon Rattle,* der 1955 in Liverpool geboren ist und an der Royal Academy of Music in London studiert hat. **KONKURRENTEN** Verteidigte seinen Führungsanspruch in Berlin gegen Konkurrenz aus Wien und New York. **PLÄNE** Er ist ein Rückfalltäter am Dirigentenpult. In Rom verrät Theater-Intendant *Mario Martone* im Frühjahr 2002 die Sensation: jene »Cosi-fan-tutte«-Produktion, die er zusammen mit Abbado 1999 in Ferrara herausbrachte, wurde von *Fidel* ➔ *Castro* nach Kuba eingeladen. A. will die Mozart-Oper 2004 höchstpersönlich dirigieren. **IMAGE** Dirigent von Weltrang mit gehöriger Portion Lebenslust. **RESIDENZ** Sein neues Umfeld hat er auf Sardinien oder im Schweizer Fextal. **HOBBIES** Lesen, Wandern, Segeln und Skifahren. **FREUNDE** Arrivederci-Tournee durch Italien: In Palermo, Neapel und Ferrara werden Claudio und seine »Berliner« mit Blumenregen überschüttet. Freunde und Branche sitzen in den Sälen. In Neapel zum Beispiel umarmt »Oscar«-Preisträger *Roberto Benigni*, dicker Freund von Claudio, in der Königsloge den Linken-Präsidenten *Massimo D'Alema*. In Florenz sitzt A.s Studienfreund *Zubin* ➔ *Mehta* in der 5. Reihe, in Ferrara lauschen Komponisten-Tochter *Nuria Schönberg* und Komponisten-Enkelin *Marina Mahler*. Alle, die ihm ans Herz gewachsen sind, waren auch im Frühjahr 2002 beim Berliner Abschied anwesend, sein Arzt, sein Anwalt, die »Abbadiani«. Gehören auch *Otto Schily* (SPD) und *Friedrich Merz* (CDU) zu ihnen? Man hat sie jedenfalls gesehen. Den papageienbunten Rosenstrauß von Berlins Regierendem Bürgermeister *Klaus* ➔ *Wowereit* reicht A. an *Madeleine Caruzzo* weiter, die – noch unter *Karajan* – die erste Frau im Berliner

Männer-Orchester wurde. Den Fliederstrauß des Vorstands behält der Dirigent – und plötzlich regnet es Tulpen in Plastikhüllen. Der schönste Gruß kommt indes von einem unbekannten Herrn im Rollkragenpullover: Stumm präsentiert er ein Schild mit der Aufschrift »Danke«. **LIEBE** Am meisten liebt A. jene Sekunden der Stille nach dem Verklingen des letzten Tons. **SCHICKSAL** Beim Abschied 2002 war er noch gezeichnet von einer schweren Krebs-Operation.

Achternbusch, Herbert

> Eigentlich Herbert Schild **WER IST ES?** Literarischer Rebell **LEBENSDATEN** *23.11.1938 in München **JOB** Regisseur, Produzent und Schauspieler **KARRIERE** Studiert in München und Nürnberg Kunst. Film-Debüt mit »Das Andechser Gefühl«. Weitere Filme: »Atlantikschwimmer«, »Herz aus Glas«, »Der Neger Erwin«, »Der junge Mönch«, »Heilt Hitler«, »Picasso in München«. Mit seinem Stück »Daphne in Andechs« eröffnet im Oktober 2001 das »Neue Haus« der Münchner Kammerspiele unter der Ära von Intendant *Frank Baumbauer.*

AUSZEICHNUNG Deutscher Filmpreis: Filmband in Silber und Preis der deutschen Filmkritik. **VORGÄNGER** Im Querdenken ist A. mit *Karl* ➔ *Valentin* verwandt. Allerdings frotzelt er überregional und auch politischer als das weißblaue Genie. **PLÄNE** A. über sich: »Ich schrei, bis ich meinen Kopf auf einer Briefmarke sehe«. Da muss er noch viel Luft holen. **IMAGE** Motto: »Du hast keine Chance, also nutze sie.« **RESIDENZ** Besitzt in der Münchner City ein denkmalgeschütztes Haus. ➔ auch FAMILIE. **STYLE** Wie es sich offenbar auch in Brasilien für alternativ erziehende Eltern gehört, darf die letztgeborene Tochter (➔ FAMILIE) in A.s bevorzugten Gaststätten wie z.B. in *Erwin* und *Traudl Scharrers* »Bratwurst-Herzl« oder im »Sedlmayr« ungestört die Gasttische besteigen, während ihr Vater mit Vorliebe Nudelsuppe speist. **FREUNDE** Der Eigenwillige wird von *Böll* und *Beuys* bewundert und ist laut »Le Monde« ein »gutes Stück Deutschland«. **FAMILIE** A. wächst bei der Oma im Bayerischen Wald auf. Unehelich geboren, wird er 1960 vom leiblichen Vater adoptiert. Verlässt seine Frau Gerda, die mit den vier Kindern im einst von A. erworbenen ehemaligen Wirtshaus in Buchendorf bei München wohnen bleibt, wegen einer feurigen Brasilianerin, die ihm eine kleine Tochter schenkt. **PANNE** Seine Filme »Servus Bayern« und »Das Gespenst« verletzen bayerische Politikerseelen und bringen ihm Blasphemie-Vorwürfe ein. *Dr. Friedrich Zimmermann* (CSU), damals Bundesinnenminister, sperrt in den 80ern die Fördermittel. **SKANDAL** Passiert gewöhnlich, wenn A. den Mund aufmacht. So sagt er über Österreich: »Ein Rülpser, den Bayern von sich gelassen hat.« Über *Uwe Barschel*: »Barschel wird nach diesem Leben in der CDU mehr verdient haben, als im nächsten ohne ›B‹ auf die Welt zu kommen.«

Ackermann, Dr. Josef (Joe)

> **WER IST ES?** Erster nichtdeutscher deutscher Banker
> **LEBENSDATEN** *7.2.1948 in Mels im Schweizer Kanton St. Gallen
> **JOB** Vorstandschef der Deutschen Bank AG. Außerdem Aufsichtsrat bei Linde, Vodafone und Eurex in Frankfurt und Zürich. **KARRIERE** In seinem Heimatdorf war man sicher, dass Ackermann Pfarrer wird, aber nicht die Schäfchen haben es ihm angetan, sondern die Mäuse. Nach dem Studium an der Elitehochschule von St. Gallen wird er mit 25 Assistent am Institut für Nationalökonomie. Überall, auch beim Militär, fällt er als Musterknabe auf. Seit 1996 bei der Deutschen Bank, seit Mai 2002 Vorstandschef.

MACHT Herr über knapp 93 000 Mitarbeiter. Wie im Profifußball bringt der Coach seine Lieblingsspieler gleich mit. A. krempelt die gesamte Organisation der Bank um. Neben ihm gibt es in seinem Netzwerk nurmehr drei weitere Vorstände, *Clemens Börsig*, Finanzen, *Tessen von Heydebreck*, Personal, *Hermann-Josef Lamberti* (»IT«) und acht exekutive junge Stürmer wie Chef-Koordinator *Ted Virtue*, *Anshu Jain* (Zinsgeschäft), *Kevin Parker* (Aktien), *Michael Cohrs* (Unternehmensfinanzierung), *Jürgen Fitschen* (Wertpapiere/Handelsfinanzierung), *Herbert Walter* (Privatkunden), *Tom Hughes* (Vermögensverwaltung) und *Pierre de Weck* (Betreuung der reichen Kunden). **VORGÄNGER** (seit 1997) *Rolf E. Breuer* (*3.11.1937), der Erfinder und Bestatter des Privatkunden-Geldinstitutes »Bank 24«; heute Golfspieler und möglicher Prozessgegner von *Leo* ➔ *Kirch*, der ihn im April 2002 wegen Kreditverleumdung verklagte, nachdem Breuer öffentlich kundgetan hatte, Kirch sei nicht länger kreditwürdig. **KONKURRENTEN UND NEIDER** Erstmals in der 132-jährigen Geschichte von Deutschlands größtem Geldinstitut kommt der Primus nicht aus eigener Züchtung. Es gibt Banker, die das gar nicht gut finden: Vorvorgänger *F. Wilhelm Christians* (*1.5.1922 in Paderborn; das »F« steht für Friedrich), die graue Eminenz der Deutschen Bank, äußerte bündig: »Zu meiner Zeit wäre das undenkbar gewesen.« Der Bank-Hardliner Ackermann zählt auch nicht zur Seilschaft von *Hilmar* ➔ *Kopper* und *Dr. Jürgen* ➔ *Schrempp* (DaimlerChrysler). Neue Personalien sind programmiert. **PLÄNE** Gleich zu Beginn seiner Regentschaft bläst Ackermann ein scharfer Wind ins Pokerface. Die Deutsche Bank, vor zehn Jahren weltweit mit 19,9 Milliarden Dollar noch auf Platz 2 hinter der japanischen Sumitomo-Misui-Bank, ist 2002 auf den 19. Rang (39,2, Milliarden Dollar) zurückgefallen. Nr. 1 ist die amerikanische Citigroup (226,4 Milliarden), die Übernahme-Gelüste hegt und deren Big Boss *Sanford Weill* als expandierfreudig gilt. Joes Samurai-Qualitäten sind gefragt. **IMAGE** Smart, aber hart. Sein »Schweizer Sound« ist unüberhörbar. **GELD** Das geschätzte Jahreseinkommen liegt bei 12 Millionen Euro (für acht Vorstände und 22 Aufsichtsräte zahlt die Deutsche Bank jährlich 56,5 Millionen Euro). **RESIDENZ** Pendelt zwischen den Wohnsitzen in Zürich, London, New York (bevorzugt) und einem Ferienhaus im Tessin. In Frankfurt bewohnt A. ein kleines Appartement im Bank-Gästehaus. Die neoklassizistische Villa liegt direkt neben dem Domizil von *Hilmar* ➔ *Kopper* und dessen Freundin *Brigitte Seebacher-Brandt*. **HOBBIES** Musisches erwartet man nicht gerade bei nüchternen Bankern. Zwar schmücken sie ihre Geldsilos gern mit Gemälden und Skulpturen, doch dürften die meisten dazu kein anderes Verhältnis haben als zum repräsentativen Mobiliar. Joe überrascht mit der Tatsache, dass er klassischen Gesang, Stimmlage Tenor, beherrscht und überdurchschnittlich gut Klavier spielt. Der Verdi-Fan, der das Zürcher Opernhaus unterstützt, kann aber auch ganz anders: Ein weiteres Hobby ist das Speerwerfen. **STYLE** Vom 32. Stockwerk der Frankfurter Zwillings-Türme (»Soll und Haben«) aus dirigiert A. den Geld-Konzern. Cool und funktionell ist sein 110-Quadratmeter-Büro eingerichtet; das edle schwarze Ledergestühl darf natürlich nicht fehlen, den Panorama-Blick auf Mainhattan gibt's gratis dazu. Teurer waren wiederum die beiden Werke des Schrauben- und Zahnrad-Skulpteurs *Jean Tinguely*, Ehemann von Künstlerin *Niki de Saint-Phalle*. **BEAUTY** Ein Gentleman mit breiten Schultern. **FAMILIE** Sohn eines Landarztes. Verheiratet mit der Finnin *Pirkko*, eine Tochter.

Adorf, Mario

WER IST ES? Super-Mario der Bühne, der Leinwand und des Bildschirms **LEBENSDATEN** *8.9.1930 in Zürich **JOB** Schauspieler. Dreht für Film und Fernsehen, gibt Chanson-Abende und schreibt Bücher. **KARRIERE** Der populärste Schauspieler Deutschlands (so eine Umfrage) studiert in Mainz und Zürich. 1953–55 Otto-Falckenberg-Schule, 1955–62 im Ensemble der Münchner Kammerspiele unter *Fritz Kortner*. Erste Filme: »08/15«, »Die 12 Geschworenen«, »Winnetou«, »Endstation Sehnsucht«, »Nachts, wenn der Teufel kam«. Es folgen »Die Blechtrommel«, »Die verlorene Ehre der Katharina Blum« (Regie: *Volker Schlöndorff*), »Der Arzt von Stalingrad«, »Bomber & Paganini« (mit *Barbara* ➔ *Valentin*), »Lola« (Regie: *Rainer Werner* ➔ *Fassbinder*), »Fräulein Smillas Gespür für Schnee«, »Rossini«. A. gilt als einer der wandlungsfähigsten Schauspieler, der die unterschiedlichsten Charaktere bewältigt. Besonders im Fernsehen ist er ungeschlagen; unter der Regie von *Dieter Wedel* feiert er Triumphe in »Der große Bellheim« und »Der Schattenmann«.

ERFOLGE 1958 Preis der deutschen Filmkritik – Bester Darsteller für »Nachts, wenn der Teufel kam«; 1974 Ernst-Lubitsch-Preis; 1982 Bundesfilmpreis – Filmband in Silber für »Lola«; 1986 Deutscher Darstellerpreis Bester Darsteller (»Via Mala«); 1993 Bundesverdienstkreuz (überreicht durch Bundespräsident *Richard von Weizsäcker*); 1994 Grimme-Preis in Gold für »Der große Bellheim«; 1996 Das Goldene Schlitzohr, verliehen vom Internationalen Club der Schlitzohren e.V. in Mülheim an der Ruhr; 1998 Bayerischer Fernsehpreis für »Der Schattenmann«; 2001 Ehrenpreis des Bayerischen Filmpreises, Auszeichnung für das Lebenswerk; 2001 Crystal Award; 2001 Großes Bundesverdienstkreuz (überreicht durch Bundespräsident *Johannes Rau*). **IMAGE** Ein Klotz von einem Kerl, der nicht zu altern scheint. **RESIDENZ** Penthouse in Rom, Wohnung in Paris und Haus (der Schwiegerelten) in St. Tropez. **MOBILITÄT** Einziger öffentlicher Auftritt im Auto (mit Weinglas in der Hand) im Werbefernsehen. **HOBBIES** Boxen, Schwimmen und Laufen. **BEAUTY** 56er Konfektionsgröße mit potentem Inhalt. Eisern hält er sich an ein Gesundheitsprogramm nach der Devise seines Hausarztes *Hans-Wilhelm* ➔ *Müller-Wohlfahrt*: »Mensch, beweg' Dich.« Doch neuerdings bemerkt selbst er: »Früher war ich beweglicher.« Beste Motivation bleibt ein Blick in den Spiegel: »Ein Blick genügt und ich sehe, ob ich mich wieder verstärkt bewegen muss.« Zum besseren Verständnis: »Nackt vorm Spiegel und nicht nur frontal hinstellen, auch schön seitlich...«. **STYLE** Begnadeter Witze-Erzähler. **FREUNDE** Produzent *Horst* ➔ *Wendlandt*.

FAMILIE A. ist der Sohn einer Röntgen-Assistentin und eines Südtiroler Chirurgen. Eine Tochter, *Stella-Marie*, mit Schauspielerin *Lis Verhoeven*. **EHE** Die Blitz-Ehe mit *Lis Verhoeven* wird 1964 geschlossen und gleich wieder geschieden. Nach 17-jährigem Probelauf heiratet er *Monique Faye*, eine Freundin von *Brigitte Bardot*, die das Paar zusammenbringt. **LIEBE** Seine enorme Präsenz verdankt A. einem privaten kleinen Doppelleben, das er meisterlich kaschiert. **SEX** Heimlicher Terminator. **SCHICKSAL** Trauerte sehr um seine geliebte, in München lebende Mutter.

Agnelli, Dr. Giovanni (Gianni)

WER IST ES? Italienischer Mammutunternehmer, genannt »L'Avvocato«, Besitzer der »Fabbrica Italiana Automobili Torino« (FIAT) **LEBENSDATEN** *12.3.1921 in Turin **JOB** Baut Autos, Flugzeuge und Traktoren, Schiffsteile und Kernkraftwerke, produziert Stahl und Zement, ist beteiligt u. a. an den Autobahnen des Landes sowie der größten Fluggesellschaft und dem größten Wermut-Hersteller.

KARRIERE Im Zweiten Weltkrieg meldet er sich freiwillig zum Kriegsdienst und kämpft als Panzer-Offizier an der russischen Front, in Tunesien und in Süditalien gegen Amerika, schließt sich aber 1943 italienischen Widerstandskämpfern an. Studiert nach dem Krieg Jura, macht seinen Dr. und wird Vizepräsident der Fiat-Gruppe. Neben schlagzeilenträchtigen Aktivitäten im Jet-Set-Leben arbeitet er sich zielstrebig in das von Top-Manager Prof. *Vittorio Valletta* geführte Unternehmen ein. 1966 Fiat-Präsident. **MACHT** Herr über 300 000 Beschäftigte. Kontrolliert den größten Automobilkonzern der Welt, außerdem Chemiewerke, Banken, Zeitungen, Versicherungen und Fabriken. Zum Fiat-Konzern gehören Alfa Romeo, Ferrari, Lancia, Iveco, die Kaufhauskette Rinascente und Zeitungen wie »La Stampa« und »Corriere della Sera«. **VORGÄNGER** Großvater *Giovanni Agnelli*, legendärer Grundbesitzer, gründet 1899 mit Freunden Fiat und legt damit den Grundstock für das größte Privatunternehmen. **NACHFOLGER** Für die Nachfolge war ursprünglich Lieblingsenkel *Giovanni jr.* vorgesehen (➔ SCHICKSAL), jetzt soll es Enkel *John Philip Elkann* (Jahrgang 1977) werden. **IMAGE** A. ist bekannter als der Papst. Bereits UdSSR-Staatschef *Nikita Chruschtschow* (Spezialität: Schuheausklopfen im Parlament) weiß, wer in Italien den Most holt. Beim Besuch einer italienischen Delegation in Moskau eilt der Kreml-Chef an allen Politikern vorbei und hakt sich bei Agnelli ein: »Ich rede mit Ihnen, weil Sie Macht haben und immer haben werden. Die da kommen und gehen.« **GELD** Freitag, 15. August 1986, ein Feiertag in Italien. Im Hause A. läutet das Telefon, *Abdullah Saudi* ist am Apparat und will den »Avvocato« sprechen. Erst Small Talk, dann die entscheidende Frage: »Avvocato, sind Sie bereit zu kaufen?« Agnelli möchte nur zu gern. Es geht um das Fiat-Aktienpaket eines lästig gewordenen Partners, Libyens Staatschef *Muammar el-Gaddafi*. Der Chairman der Arab Banking Corporation in Bahrein, *Abdullah Saudi*, leitet das Geschäft, und in Zürich, auf neutralem Boden, wird der Rückkauf abgewickelt. Vor fast zehn Jahren hatte der Oberst aus Tripolis durch die Aktien eine 9,5-Prozent-Beteiligung erworben, die er schrittweise auf 15,2 Prozent der Stammaktien aufstockte, was ihn zum zweitgrößten Aktionär der Firma machte. Eine heikle Angelegenheit: Da Fiat bei Rüstungsprojekten mit dem US-Konzern United Technologies verbunden ist und das Pentagon zu den wichtigsten Auftraggebern zählt, ist ein Partner unbequem, der von den USA als Feind betrachtet wird. 3 Milliarden Dollar kriegt *Gaddafi*, der 1976 dafür ein Fünftel aufbringen musste. **RESIDENZ** Der Stammsitz ist die Villa Persona bei Turin. Der 30-Zimmer-Palast ist jedoch nur eine von fünf Residenzen. Das Allerheiligste der Fiat-Führungszentrale »Lingotto« am Stadtrand von Turin befindet sich im vierten Stock, wo man über einen hellen Gang auf die von *Renzo Piano* entworfenen Glaskugeln blickt. Der hochherrschaftliche Flur hat drei Türen. Die rechte führt in das Büro des Ehrenpräsidenten und Großaktionärs Giovanni Agnelli, die linke in das Office des Aufsichtsrats *Paolo Fresco* und die in der Mitte in einen Raum, der seit Jahren leer steht – er ist für den ➔ NACHFOLGER vorgesehen. **MOBILITÄT** Mit seinem 34 Meter langen blauen Segelschiff »Etra Beat« (selbst die Segel sind blau) in See zu stechen ist seine Leidenschaft. **HOBBIES** Besitzer des bekannten Weinguts Château Margaux und der großen alten Dame des italienischen Fußballs, Juventus Turin. Mit großem Geldbeutel ist er auch der Formel 1 verbunden. Freitags erscheint er schon mal beim Training und zückt hie und da sein ganz privates Scheckbuch, wenn *Michael* ➔ *Schumacher* ihm eine große Freude bereitet hat. **BEAUTY** Gemeingefährlich gut aussehender, großer Mann mit faltenzerfurchtem Gesicht, dessen Charakterkopf an *Casanova* denken lässt. Die US-Illustrierte »Life« sieht bei ihm die »Physiognomie Julius Cäsars«. Seine graublauen Augen fixieren das Gegenüber wie die Raubkatze ihr Opfer. **MAROTTE** A. trägt stets eine Zyankali-Kapsel bei sich und hat seiner Familie untersagt, auf Lösegeldforderungen zu reagieren. **FAMILIE** Großvater: *Giovanni Agnelli* (➔ VORGÄNGER). A. wächst als Waise (➔ SCHICKSAL) beim Opa auf und wird von englischen Gouvernanten erzogen. Tochter *Margherita* studiert Kunstgeschichte und wird eine anerkannte Malerin. Aus ihrer ersten Ehe mit *Alain Elkann* stammt Sohn *John*, den A. trotz seiner Jugend als Nachfolger bestimmt. A.'s Schwester *Clara* ist die Mutter von Prinzessin *Ira von Fürstenberg*, Schwester *Susanna* mischt als Politikerin mit. **EHE** Seit 1953 verheiratet mit Prinzessin *Marella Caracciolo di Castagneto*. **LIEBE** Neben

Churchill-Schwiegertochter *Pamela* gerät auch *Anita Ekberg* (»Ist sie nicht ein Vulkan?«) in sein Fadenkreuz. Ihr süßes Geheimnis umschreibt sie mit den diplomatischen Worten: »Die wahre Liebe meines Lebens war der König eines für Italien äußerst wichtigen Unternehmens.« **SEX** In den Klatschspalten macht der Playboy aus Turin neben den Matadoren wie *Porfirio Rubirosa*, *Ali Khan* und dem spanischen Rennfahrer *Marquis De Portago* beachtlich Karriere. In seiner wilden Zeit war er so ziemlich hinter allem her, was – allerdings niemals lange – einen Rock anhatte, so zum Beispiel hinter *Churchill*-Enkelin *Pamela*. (➔ LIEBE)

SCHICKSAL An Schicksalsschlägen stehen die Agnellis den *Kennedys* nicht nach: A.s Vater kommt 1935 bei einem Flugzeugunglück ums Leben, seine Mutter *Virginia Bourbon del Monte*, Prinzessin von San Faustino, stirbt 1945 bei einem Autounfall. Sohn *Edoardo* wird 2000 unter einer Brücke bei Turin tot aufgefunden. Lieblingsneffe *Giovanni Agnelli jr.*, der die familieneigene Firma Piaggio (sie baut den Kult-Roller) aus der Krise führte und als Nachfolger vorgesehen war, stirbt mit 33 Jahren an Krebs. A. selbst übersteht fünf Unfälle (➔ PANNE), zwei Herzoperationen und ein Krebsleiden. **PANNE** Das schnelle Leben zwischen Paris und London, Buenos Aires und St. Moritz nimmt in einer Sommernacht des Jahres 1952 auf der Schnellstraße Monte Carlo-Cannes ein abruptes Ende: Agnellis Ferrari stößt mit einem Transporter zusammen. Geblieben ist von diesem schweren Unfall eine Beinschiene; um die Amputation des rechten Beines ist er gerade noch herumgekommen.

Albert Prinz von Monaco, Marquis de Beaux

> **WER IST ES?** Erbprinz in der Warteschleife **LEBENSDATEN** *14.3.1958 in Monaco **JOB** Thronfolger. Beruf (aber nicht Berufung): Europas Hasenprüfer No. 1 **KARRIERE** Studiert am Amberst College, USA, macht seinen Magister 1981 und hängt eine Banklehre dran.

NACHFOLGER Wenn kein ehelicher Sohn kommt, wird's ➔ *Caroline*. **PLÄNE** Nachfolge von ➔ *Rainier III*. **IMAGE** Unheimlich eiserner Single. Hat eine nette Art, aber noch keine erhört. **RESIDENZ** Wohnt noch bei Papa im Palast. **MOBILITÄT** Audi Cabrio; außerdem ein fürstlicher Fuhrpark.

HOBBIES Tanzt gern, fährt Bob und Auto-Rallyes. Leistet sich den Altstar-gespickten Champions-Fußballclub AS Monaco, dessen Spiele im heimischen Stadion er oft fast allein verfolgt. **STYLE** Verjüngt mit seinen Parties (z. B. zum »Music-Award« oder zum DaimlerChrysler- und Cartier-gesponserten »Laureus«) den Altersschnitt des Juwelennests Monte Carlo beträchtlich. **FREUNDE** Prinz *Leopold von* ➔ *Bayern*. **FAMILIE** Vater Fürst *Rainier III.,* Mutter Fürstin *Gracia Patricia* (Grace Kelly); Schwestern Prinzessin *Caroline* und Prinzessin ➔ *Stephanie*.

EHE Hmmmmm... **LIEBE** Prinz *Leopold von Bayern*, jährlich beim Grand Prix Hausgast im Palast von Fürst *Rainier III.*, staunt, wie die Mädchen fliegen auf »Monseigneur« Albert (so die offizielle Anrede). Beim Formel-1-Grand-Prix 2002 ist es *Alexandra Kamp*, die den Arm um Albert legt, als sie von seinem Appartement aus das Rennen verfolgen. Es scheint, dass Alexandra den Typ »Schwieriger Mann« bevorzugt. Schon ihr Ex-Begleiter *Fredy Kogel* war kein Kerl für eine Nacht.

SEX Albert erweckt den Eindruck, dass er nach reiflichem Sieben (man zählt bisher ca. 1000 Evas an seiner Seite) nur mit einer Jungfrau zum Standesamt geht. **SKANDAL** Albert, dem man ein Kind in München anzuhängen versucht, kann sich sorglos einem Vaterschaftstest unterziehen. Zwei Umstände sprechen ihn frei. Der Prinz ist zwar mit dem verführerischen Starlet *Bea Fiedler* im Hotel »Vier Jahreszeiten« gewesen, aber da ist nichts gewesen, weil da nichts gewesen sein kann. Die Mutter, die man bekanntlich sicher kennt, hat dies, was Albert nicht ahnt, schriftlich bestätigt. Bei einem Münchner Anwalt gab Bea eine Verschwiegenheitserklärung ab, den richtigen Vater (einen verheirateten Detektiv aus dem Ruhrgebiet) nicht zu nennen. Sohn *Daniel* wird das sicher brennend interessieren.

Albrecht, Karl und Theo

WER SIND SIE? Pflastersteingraue Handelsriesen, die den Cent filetieren **LEBENSDATEN** Karl A. *1920, Theo A. *13.3.1922 in Essen **JOB** Gesellschaftsrechtlich arbeiten die Brüder getrennt. Theo kontrolliert den Norden, Karl herrscht über »Aldi Süd«.

KARRIERE Theo absolviert seine Lehrzeit im Essener Lebensmittelgeschäft der Mutter, Karl lernt in einem Feinkostgeschäft. 1946 übernehmen die Brüder Mamas Krämerladen, 1962 eröffnen sie den ersten Aldi (= Albrecht Discount) in Dortmund.

ERFOLGE Dass der Kunde König wäre, umhegt und in einem ansprechenden Ambiente empfangen, lässt sich nun nicht behaupten. Die Aldi-Brothers setzen auf triste Verkaufsräume, in denen sich Qualität in Kisten stapelt. »Es ist unglaublich, welch strenge Maßstäbe dort angelegt werden«, weiß Großunternehmer *Rudolf* ➔ *Houdek* (Fleischwaren), »aber wenn man bei Aldi drin ist, schneit es die Dollars.« 2001 verkauft Aldi einen Top-Computer für 1800 Mark, für den die Leute bereits

um vier Uhr früh Schlange stehen – bis zum Mittag sind bundesweit 250 000 Stück verkauft. Wenn Theo und Karl nur 10 Mark daran verdienten, waren das nach Adam Riese schlappe 2,5 Millionen, nur so, an einem Vormittag.
MACHT Herren über 3000 Filialen und ca. 20 000 Mitarbeiter.
KONKURRENTEN Lidl; Penny.   **IMAGE** Die Dagobert Ducks der Lebensmittelbranche fallen auf durch ihre Unauffälligkeit. Zugute kommt ihnen dabei, dass sie aussehen wie Honecker-Funktionäre. Theo hat noch nie ein Interview gegeben, sich noch nie zu *Sabine* ➔ *Christiansen* gesetzt, sich nie bei Bio (➔ *Biolek*) die Seele ausgeschüttet oder sich von *Beckmann* oder *Maischberger* (Vorsicht: Lampen) durchleuchten lassen. Fotos von ihm sind selten wie Fabergé-Eier.   **GELD** In den »Wer hat die meiste Kohle?«-Charts rangieren die Brüder oft an erster Stelle, was nicht unbedingt richtig ist. So kommt etwa Metro-Mann *Otto* ➔ *Beisheim*, der 12 Milliarden Euro cash besitzt, nur selten vor. Sicher ist jedoch, dass wirklich Reiche einen Teufel tun, solche Listen zu berichtigen. »Wer weiß, wie reich er ist, der ist nicht wirklich reich«, erkannte schon Fürst *Johannes von* ➔ *Thurn und Taxis*.
RESIDENZ Die Brüder leben in Essener Bungalows.   **HOBBIES** Beide spielen Golf, Karl besitzt gar einen eigenen Golfplatz in Essen. Theo sammelt antike Schreibmaschinen.   **MAROTTE** Die Albrechts gucken bis heute aufs Geld – gerade da, wo sie es sparen können. Theo schaltet schon mal selbst im Betrieb das Licht aus.
FREUNDE Theos Schäferhund *Rex* bewacht den Garten.   **EHE** Theo ist mit Frau *Cilli* verheiratet.   **SCHICKSAL** 1971 wird Theo entführt, die Forderung: 7 Millionen DM Lösegeld. Nach drei Wochen kommt er frei.

Ali, Muhammad

> Eigentlich Cassius Marcellus Clay **WER IST ES?** Der Größte **LEBENSDATEN** *17.1.1942 in Louisville/Kentucky **KARRIERE** 1960 US-Meister im Halbschwergewicht, Goldmedaille bei den Olympischen Spielen in Rom. Gewinnt 15 seiner ersten 19 Profikämpfe durch K.o. Seinen ersten Weltmeistertitel im Schwergewicht erkämpft er sich am 25.2.1964 durch einen Sieg über *Sonny Liston*. Am 8.3.1971 kommt es im New Yorker Madison Square Garden zum »Boxkampf des Jahrhunderts« zwischen Ali und *Joe Frazier*, Frazier siegt. Im Oktober 1974 gibt es einen weiteren »Boxkampf des Jahrhunderts« zwischen Ali und *George Foreman*; Ali siegt durch K.o. und holt sich den Titel zurück. Damit ist er neben *Floyd Patterson* der einzige Boxer in der Boxgeschichte, dem es gelang, zum zweiten Mal Weltmeister zu werden. Als Weltmeister siegt er neunmal hintereinander, und als er 1981 zurücktritt, hat er 62 Kämpfe gewonnen und 5 verloren. Muhammad Ali nennt er sich nach seinem Übertritt zum Islam 1965. Er wird Mitglied bei der »Nation of Islam« (Black Muslims).

ERFOLGE Bis 1960 gewinnt er 100 von 108 Amateurkämpfen. Schwergewichts-Weltmeister im Boxen von 1964–67, 1974–78 und 1978–79. Während der Golfkrise spricht er bei *Saddam* ➜ *Hussein* vor und erreicht die Freilassung von 15 Landsleuten aus dem Irak. 1996 begleitet er einen Transport medizinischer Güter nach Kuba und trifft sich mit *Fidel* ➜ *Castro*. Ebenfalls 1996 entzündet er das Olympische Feuer in Atlanta. **PARTNER** Durch seine gesamte Karriere begleitet ihn Trainer *Angelo Dundee*. **IMAGE** Wechselnd: Erst als Großmaul verlacht, dann als Riesenboxer bewundert; dann als kranker Mann bemitleidet; zur großen Geburtstagsgala im Januar 2002 in Hollywood von allen geliebt. **RESIDENZ** Lebt in Michigan. **STYLE** Ganz Deutschland stellt sich den Wecker, wenn Cassius Clay boxt. Selbst Boxsportfeinde blicken fasziniert auf den Bildschirm, wenn der am schönsten boxende Champion aller Zeiten um vier Uhr früh (wegen der Zeitverschiebung) tanzend wie *Fred Astaire* seine Gegner niederschlägt. Zu Recht kann er von sich behaupten: »I'm the greatest«. **FAMILIE** Vater Kunstmaler, Mama Hausfrau. **EHE** Hat sich durch drei Ehen geschlagen (mit *Sonji Roi*, *Belinda Boyd* und *Veronica Porche*) und ist als Vater von acht Kindern seit 1986 mit *Yolanda (»Lonnie«) Williams* glücklich, die er kennt, seit sie sechs Jahre alt ist, und der er noch ein Kind schenken möchte. **SEX** Zuerst tänzelnd, dann rechte Gerade. **SCHICKSAL** Im Herbst seines turbulenten Lebens nagen verschiedene Krankheiten an dem Box-Bullen. Von Parkinson gezeichnet, erscheint er mit zitternden Händen auf amerikanischen Galas, kämpft für den Benefiz und lässt sich nach wie vor nicht unterkriegen. **HASS** Der Ku-Klux-Klan würde ihn gerne unter der Gürtellinie treffen. Aber auch die damalige US-Regierung fährt die rechte Gerade aus: Als Ali am 28.4.1967 den Dienst in der US-Army verweigert, werden seine Boxlizenz und sein Pass eingezogen und der Boxer zu fünf Jahren Gefängnis wegen Wehrdienstverweigerung verurteilt. »Mit denen habe ich keinen Streit«, sagt er zu Zeiten des Vietnamkrieges über die Vietkong, »die haben mir nichts getan.« Gegen eine Kaution bleibt er auf freiem Fuß, doch erst 1970 wird das gegen ihn verhängte Boxverbot aufgehoben. Im Juni 1971 hebt ein Berufungsgericht auch die gegen Ali verhängte Strafe auf.

Allen, Woody

Eigentlich Allen Stewart Konigsberg oder Heywood Allen **WER IST ES?** Der Stadtneurotiker **LEBENSDATEN** *1.12.1935 in Brooklyn, N.Y. **JOB** Schauspieler, Regisseur und Autor **KARRIERE** Der 60 Kilo leichte Hornbrillen-Schelm, berüchtigt für sarkastische Gags und kalte Häme, ist schon Anfang der 60er als Komiker mit Klarinette gefeierter Geheimtipp in den Nachtclubs zwischen San Francisco und Manhattan. Schon mit seinem ersten Film »What's new Pussycat?« (1965) wird er zum Hätschelkind der New Yorker Kritiker. In Filmen wie »Bananas«, Manhattan«, »Der Stadtneurotiker«, »Innenleben«, »Stardust Memories«, »Annie Hall«, »Was sie schon immer über Sex wissen wollten« (Episodenfilm mit Brüllern über den nervenaufreibenden Wettlauf des in diesem Falle bebrillten Samenfädchens zum Ei), »Broadway Danny Rose«, »Husbands and Wives«, »Radio Days«, »Celebrity«, »Picking up the Pieces«, »The Curse of the Jade Scorpion« räsonniert A. mit Vorliebe über Gott und Sex und die Krisen der Lebensmitte.

ERFOLGE Oscar 1977 für »Der Stadtneurotiker« (Bestes Drehbuch und Beste Regie), Oscar 1986 für »Hannah und ihre Schwestern« (Bestes Drehbuch). Wird insgesamt zwanzig Mal für den Oscar nominiert. **PARTNER** Lieblingsproduzent *Josef Joffe*. **PLÄNE** Weiter jedes Jahr ein Film. **IMAGE** Er wird mit dem Film-Intellektuellen identifiziert wie *Pierre Brice* mit Winnetou. In Europa populärer als im Mittleren Westen. **RESIDENZ** Penthouse in Manhattan. Wo sonst? Ab Oktober 2002 für ein halbes Jahr in Paris, um einen Film über die Stadt zu drehen. **MOBILITÄT** Verließ Manhattan früher nur in äußersten Notfällen. Wenn doch, fährt er begeistert Auto. Im Sommer 2001 bereiste er – mit 1 Ehefrau und 2 Autos – Österreich und die bayerischen Königsschlösser; in München stieg er im Hotel »Bayerischer Hof« ab. **HOBBIES** Montags um 20:30 Uhr greift er im »Café Carlyle« in der Madison Avenue zur Klarinette, begleitet von seiner New Orleans Jazz Band – nicht mehr in »Michael's Pub«. **STYLE** Markenzeichen: Sommersprossen, schüttere rote Locken und große Hornbrille. **MAROTTE** Der Mann besteht nur aus Marotten. Vor allem ist er extrem publikumsscheu. 2002 zeigte er sich in Cannes erstmals bei der Eröffnung eines Filmfestes. **FAMILIE** Stammt aus einer jüdischen Familie. Hat insgesamt fünf Kinder. **EHE** A. ist Anhänger der Frühehe, heiratet mit 19 die 16-jährige *Harlene Rose* und lässt sich nach fünf Jahren wieder scheiden. Später spricht er über sie in einem voll besetzten Nachtclub: »Das Naturkunde-Museum nahm ihren Schuh und rekonstruierte nach dessen Maßen einen Dinosaurier.« Der nächste Versuch heißt *Louise Lasser* und geht ebenfalls schief. Darauf schließt er den Bund der Ehe mit der exzentrischen Schauspielerin *Mia Farrow* (fünf Adoptivkinder), was aber nun eine besonders lautstarke Panne war, denn begleitet vom Mediengetöse verliebt er sich in Farrows asiatische Adoptivtochter *Soon-Yi Previn*. Sie heiratet er 1997 in Venedig und adoptiert seinerseits zwei Kinder: *Bechet Dumaine* und *Manzie Ti*. **LIEBE** Die Hauptdarstellerinnen seiner Filme (wie z. B. *Diane Keaton*) spielen oft auch eine tragende Rolle in seinem Leben. **SEX** Schnell und fleißig. **SCHICKSAL** A. über den Tod: »Ich habe keine Angst vor dem Sterben. Ich möchte nur nicht dabei sein, wenn's passiert. Ich glaube nicht an ein Leben nach dem Tod, obwohl ich Unterwäsche zum Wechseln mitnähme.« Und über das Schicksal an sich: »Wisst ihr, ich werde mich umbringen. Ja, genau, ich sollte nach Paris fliegen und vom Eiffelturm springen. Dann wär ich tot. Wenn ich noch die Concorde kriege, könnte ich drei Stunden früher tot sein, das wäre perfekt. Oder wartet mal. Mit der Zeitverschiebung könnte ich noch sechs Stunden in New York am Leben sein, aber schon drei Stunden tot in Paris. Ich könnte noch was erledigen und schon tot sein.« **SKANDAL** ➔ EHE.

Alvensleben, Busso von

> **WER IST ES?** Hormongeladener Protokollchef der Bundesregierung (»Bussi Busso«) **LEBENSDATEN** *1949 **JOB** Als Deutschlands Diplomat Nr. 1 ist er *Gerhard* ➔ *Schröders*, *Joschka* ➔ *Fischers* und *Johannes Raus* Mann fürs Feine.

FAMILIE Verheiratet, drei Kinder. Hauchdünner Adel. **SEX** A. mag *Bill* ➔ *Clintons* Oral-Office vor Augen haben, als er Azubi *Tina Talukder* recht intensiv auszubilden beginnt. Bussi Busso nimmt sie mit auf jene Vorausreisen, bei denen Staatsbesuche im Detail festgelegt werden. Dort erhält die Praktikantin liebevollen Sonderstatus: Bei Konvoifahrten fährt sie in einer eigenen Limousine, im Dienstflugzeug sitzt sie vorn. Höhepunkt der reizvollen Schulung: Beim Staatsbesuch von

Bundespräsident *Johannes Rau* in Estland sorgt der blaublütige Diplomat sogar dafür, dass sein Schützling ebenfalls mit einem estnischen Orden ausgezeichnet wird. *Tina* ist inzwischen nach Indien versetzt worden, und *Busso von Alvensleben* sieht man wieder einträchtig mit seiner Gattin durch Berlin flanieren. Schwamm drüber.

Anastacia

Eigentlich Anastacia Newkirk **WER IST ES?** Blonde Soul-Rakete mit teerschwarzer Röhre **LEBENSDATEN** *15.9.1973 in Chicago **JOB** Popsängerin **KARRIERE** Die 1,60 Meter große, leicht kurzsichtige Sängerin jobbt lange Zeit auf Parties und als Dubidubibu-Girl in Musikvideos (»Salt'n'-Peppa«). 1998 kommt ihre Karriere bei einer Talentshow von MTV in Gang und ihre Debüt-CD verkauft sich gleich sieben Millionen Mal. Bisher ist sie nur in Europa ein Star. Ihre offizielle Kicker-Hymne »Boom« zur Fußball-WM 2002 bohrt sich weltweit in die Ohren musikbegeisterter Zeitgenossen.

ERFOLGE Erhält 2001 den MTV Music Award als beste Sängerin und einen »Echo« in der Kategorie »Best International Newcomer«. **KONKURRENTINNEN** *Sarah* ➔ *Connor;* ➔ *Shakira,* **IMAGE** Wohlproportionierter Klangkörper, was Gesangs- und andere Figuren angeht. **STYLE** Sie schreibt ihre Lieder selbst.
BEAUTY Optiker werden nach A.s Brillen gefragt. **MAROTTE** Manche behaupten, sie mache sich ein wenig jünger, als sie ist. **FREUNDE** Mama. **FAMILIE** Sie stammt aus einer Künstlerfamilie. Der Vater ist Sänger, die Mutter Schauspielerin. **LIEBE** Seit der Trennung von ihrem Freund, Schauspieler *Shawn Wood*, ist sie wieder auf dem Markt und genießt Single-Freuden in New York.

Anderson, Pamela

> **WER IST ES?** Appetitliche Silikon-Sirene **LEBENSDATEN** *1.7.1967 in Comox/Kanada **JOB** Schauspielerin **KARRIERE** Sie hat schon die Leser des »Playboy« erfreut, bevor sie als Film-Busenwunder von sich reden macht. Filme: »Snapdragon«, »Raw Justice«, »Baywatch: Forbidden Paradise«, »Naked Souls« und »Barb Wire«. Als TV-Serienstar spielt sie in »Baywatch« (1992) und »V.I.P.« (1998).

IMAGE Man kennt jede ihrer Poren (➔ SKANDAL). **RESIDENZ** Hübsche Villa in L.A. **HOBBIES** Reiten und Schwimmen. **STYLE** Briefmarkengroße Textilien. **BEAUTY** Einige Verschönerungsoperationen: Busen, Wangenknochen, Lippen. **MAROTTE** ➔ BEAUTY. **FAMILIE** Der Großvater gibt ihr eine leicht esoterisch gefärbte Vorliebe für Mythen, Meditation und Traumdeutung mit. **EHE** Drei Jahre, von 1995 bis 1998, währt die stürmische Ehe mit *Tommy Lee*, Schlagzeuger der Rockgruppe »Motley Crue«, mit dem sie zwei Söhne, *Brandon Thomas* und *Dylan Jagger*, hat. Sie ließ sich ein Ehering-Symbol um den Finger tätowieren, Tommy ein solches an einer weit intimeren Stelle. **LIEBE** Nach der Scheidung tröstet sie der ungefährliche Beau *Marcus Schenkenberg*. Seit 2002 lebt sie mit Musiker *Kid Rock*. **SKANDAL** Ein Video, in jedem deutschen Sex-Shop für 20 Euro zu bestaunen, enthüllt in noch nie gezeigter Detailfreude das Liebesleben von Pam und *Tommy Lee* bei einem Bootsausflug. Koordinationsfähiger Kameramann ist Mr. Lee selbst, der noch eine Hand frei für den Auslöser hat und alle erotischen Ausflugsziele der wohlproportionierten Gattin messerscharf im Bild festhält. Unklar ist, ob Pam ihr Einverständnis zu diesem Aufklärungsfilm gegeben hat, der als privates Sex-Video zum weltweiten Renner wurde und in dem ihr gilettiertes Bermudadreieck dem AOL-Werbeslogan entspricht: Er ist drin!

Andrew Prinz von England

> **WER IST ES?** Undankbarer Vierter in der englischen Thronfolge **LEBENSDATEN** *19.2.1960 in London **JOB** Duke of York. Fragen Sie nicht, was man da zu tun hat. **KARRIERE** Ausgebildeter Jet-Pilot

MACHT Davon träumt er. **ZUKUNFT** Ein Leben wie *Margaret*. **IMAGE** Der Edelmann lässt es gerne richtig krachen (»Randy-Andy«). Vorsichtig formuliert ist er Königin *Elizabeths* lebhaftester Sohn. Frei nach dem Motto, dass man nur einmal lebe, vergeht fast keine Woche in London ohne eine neue mediale Doppelseite mit pikanten Einblicken in das lustige Prinzenleben. Mal sieht man A. mit einem Rudel Girls auf einer Yacht, mal ist er Hahn im Korb im »Annabel's«, Londons feinstem Nachtclub. **HOBBIES** Golf (Handicap 7). Spielte schon mit *Bill* ➔ *Clinton*. **FAMILIE** Mutter: Queen ➔ *Elizabeth II.*; Vater: Prinz *Philip*; Brüder: Prinz ➔ *Charles*; Prinz *Edward*; Schwester: Prinzessin *Anne*. Kümmert sich trotz *dolce vita* aufmerksam um seine Töchter *Beatrice* und *Eugenie*. **EHE** Heiratet 1986 die rothaarige *Sarah Ferguson* (Fergie) und bestätigt, dass der Windsor-Nachwuchs nicht das rechte Händchen bei der Wahl des Ehepartners hat. Scheidung 1996. Zehn Jahre nach der Trennung zieht *Sarah Ferguson*, Herzogin von York, aus dem gemeinsamen Haus aus. Nur sieben Kilometer entfernt von dem Anwesen Sunninghill in der Grafschaft Surrey findet sie für sich und ihre beiden Töchter ein adäquates Domizil – praktisch für die Kinder. Sie können zwischen Mama und Papa pendeln. Prinz *Philip* hatte sich immer geärgert, dass Fergie, die vor sechs Jahren geschieden wurde, immer noch mit Andrew zusammenlebt. **LIEBE** ➔ IMAGE. **SEX** Very british.

Arafat, Jassir

Eigentlich Rahman Abdal Rauf Arafat al-Qudwa al-Husaini, nach anderer Version Mohammed Abed Ar'ouf Arafat **WER IST ES?** Ewiger Palästinenserführer **LEBENSDATEN** *27.8.1929 in Jerusalem – offiziell; nach anderer Version Gaza **JOB** Präsident des Staates Palästina (➔ KARRIERE), Chef der palästinensischen Autonomiebehörde

KARRIERE Der »General, der im Leben keine Schlacht verlor« (O-Ton A.) hat es in der ägyptischen Armee gerade mal zum Oberleutnant gebracht. 1952 Präsident der Palästinensischen Studentenvereinigung. Bis 1965 in Kuwait als Bauingenieur tätig, gilt er als geschäftstüchtiger Unternehmer und wird, wie er in einem »Playboy«-Interview schildert, »fast« zum Millionär. 1959 gründet er die palästinensische Kampforganisation »Al Fatah«, die 1969 in die PLO aufgenommen wird. A. wird Vorsitzender des PLO-Exekutivrates. Im März 1989 wird A. zum »Präsidenten des Staates Palästina« ernannt, ein Amt, das er so lange wahrnehmen soll, bis »nach dem Ende der israelischen Besetzung freie und demokratische Wahlen« abgehalten werden können. Im September 1993 kommt es in Washington zur Unterzeichnung eines israelisch-palästinensischen Abkommens über eine palästinensische Teilautonomie im Gazastreifen und im Westjordanland. Im Juli 1994 kehrt der von seinen Landsleuten begeistert empfangene A. nach 27 Jahren in seine palästinensische Heimat zurück. **ERFOLGE** Obwohl man ihm unterstellt,

Drahtzieher des Terror-Anschlags von München bei den Olympischen Spielen 1972 gewesen zu sein, erhält er 1994 den Friedensnobelpreis. Jahre später übernachtet er in *Oetkers* Edelherberge »Brenner's Park Hotel«. Anlass ist die Verleihung des »Medien-Preises«, die sich nicht nur als alljährliche Klassenfahrt vieler deutscher Chefredakteure entpuppt, sondern eigentlich nur einem ganz alleine dient: *Karlheinz Kögel* (»Media Control«). Der Erfinder der nicht mehr wegzudenkenden Trophäe und Gastgeber des Ehrenabends hat das Glück, dass ihn diese Glanzminuten in Baden-Baden mit weltweitem Echo dank der Seilschaft mit *Mathias Kleinert* (DaimlerChrysler) nichts kosten. *Kleinert*, der bei dem Namen *Lothar* ➜ *Späth* ein schlechtes Gewissen haben muss, bezahlt als Stuttgarter »Stern«-Botschafter Soiree und Spesen. Arafat muss nicht mal seine Kreditkarte mitnehmen, selbst wenn es ihn im streng bewachten Hotel nach einer schönen Massage dürstet. **IMAGE** Changierend zwischen Terrorist und Friedensfürst. **RESIDENZ** Zerschossener Palast in Ramallah. Bevor er aus dem Exil nach Palästina zurückkehrte, lebte er in Kuwait, in Jordanien, im Libanon und in Tunesien. **MOBILITÄT** 2002, bei seinem spektakulären, von den Israelis verhängten 36-tägigen Hausarrest, werden sämtliche Luxuskarossen vor seinem Hauptquartier platt gewalzt. Sein Lieblingswagen ist jedoch nicht dabei – der schlaue PLO-Chef hat den schwarzen Mercedes mit Vorhängen an den Fenstern in einer Garage am Stadtrand versteckt. **STYLE** Das Design seines Kopftuches, Keffiyeh, ist in deutschen Küchen sehr populär. **BEAUTY** Kleiner, untersetzter Mann mit Schweinsäuglein. Der ungepflegt wirkende Bart entpuppt sich bei näherem Hinsehen als akkurat gestutzte, weiß-grau-schwarze Melange. **FREUNDE** Wenige sind geblieben. **EHE** 1992 heiratet er in einem Bunker in Tunis seine wirtschaftspolitische Beraterin *Suha Tawil*, 1995 wird Tochter *Zahwa* geboren. Heute lebt *Suha* weit weg vom Schuss. In Paris hat ihr A. ein luxuriöses Domizil eingerichtet, dessen Adresse aus Sicherheitsgründen geheim ist, und sie mit viel Taschengeld ausgestattet. Das Leben rund um den Eiffelturm ist bekanntlich »très cher« und wenn man keinem Beruf nachgeht, sind die Shopping-Verlockungen dreifach groß. *Suha* hat zwei Kindermädchen, fährt einen BMW-Geländewagen und wird von vier Leibwächtern rund um die Uhr bewacht. Finanziert wird der französische Aufenthalt aus EU-Mitteln. 2002 sind die privaten Besuche von A. sehr selten. **SEX** Schaut schönen Journalistinnen gerne sehr tief in die Augen. **SCHICKSAL** Erst Vertriebener, dann Gefangener im eigenen Land. Überlebte ungefähr 99 Attentate und Attacken. **FEINDE** Von *Golda Meir* bis *Ariel Sharon* alle israelischen Führer und Militärs. Seit Sommer 2002 auch *George W.* ➜ *Bush*. **PANNE** Schmählicher Abzug aus Beirut 1982.

Armani, Giorgio

WER IST ES? Mode-Künstler aus Mailand **LEBENSDATEN** *11.7.1934 in Piacenza **JOB** Kleidet unter anderen *Michelle Pfeiffer* und *Kevin Costner* (➔ HOLLYWOOD) ein, verschönt *Catherine Zeta-Jones*, *Tom Cruise* (beide ➔ HOLLYWOOD), *Sophia Loren* und *Sean* ➔ *Connery*. Neben Herren- und Damen-Kreationen entwirft A. für den internationalen Film. Von ihm stammt zum Beispiel die herrliche Gangster-Garderobe des Streifens »Untouchables« mit *Sean Connery* und *Kevin Costner*. Ein Augenschmaus auch die Ausstattung für *Richard Gere* (➔ HOLLYWOOD) in dem Klassiker »American Gigolo«.

KARRIERE Nach abgebrochenem Medizin-Studium wird er Einkäufer des Warenhauses »La Rinascente«, bevor er 1964–70 für *Nino Cerrutis* Herrenlinie »Hitman« aktiv wird. Nach Jahren als freiberuflicher Designer für mehrere Modehäuser startet er 1975 die Armani S.p.A. **ERFOLGE** Mode als Kunst: Armani hat es geschafft. 2000 wird seine Kollektion im Guggenheim Museum in New York ausgestellt, eine Ehre, die bisher noch keinem Modeunternehmen zuteil wurde. **PARTNER** Seit dem Tod seines Partners *Sergio Galeotti* regiert der silberhaarige Zwirn-Zampano sein Imperium allein. **KONKURRENTEN** *Versace*; ➔ *Valentino*; *Yves* ➔ *St. Laurent*; ➔ *Gucci*. **IMAGE** Der Markenmacher gilt als Nr. 1 der Herrenmode. **GELD** Jahresumsatz: 2,5 Milliarden Euro. **RESIDENZ** Schneeweißes Anwesen auf der paradiesischen Insel Pantelleria (zwischen Sizilien und Afrika). **MOBILITÄT** Fährt Bentley und VW-Cabrio. **STYLE** A. trägt am liebsten schwarze Hosen mit einem schwarzen Kurzarm-T-Shirt, ist Nichtraucher und Wenigtrinker. **FREUNDE** Seine Parties in Mailand und New York sind Jet-Set-Pflichttermine. Zu seinen Stammgästen gehören US-»Royals« wie *Caroline* ➔ *Kennedy* oder Filmstar *Uma Thurman*. **EHE** Nichts für ihn. **SEX** Heimlicher geht es kaum. **ERINNERUNG** Luftsirenen an einem Sonntagnachmittag im Sommer 1943 vereiteln, dass in der Kirche von Piacenza, südlich von Mailand, der deutsche Märchenfilm »Münchhausen« mit *Hans Albers* aufgeführt wird. Voller Panik rennen die Kinder nach Hause zu ihren Eltern. Unter ihnen ist auch Giorgio Armani, neun Jahre alt. Der Kinospaß findet nie mehr statt.

Arnault, Bernard

WER IST ES? Sensibler französischer Konzern-Tycoon **LEBENSDATEN** *5.3.1949 in Roubaix bei Lille **JOB** Strategischer Großaktionär und Multi-Investor, Chef des Mode- und Luxuskonzerns LVMH

KARRIERE Besucht die Lycée de Roubaix und Lycée Faidherbe in Lille. Nach einem Ingenieurstudium in Paris steigt er in das Geschäft seines Vaters ein, der an der Côte d'Azur expandiert.

ERFOLGE Entdeckt den neuen Designer *Christian Lacroix*. Im Herbst 1999 weiht *Hillary Clinton* den Glasturm in New Yorks 57. Straße ein, das Hauptquartier des Konzerns. **MACHT** Devise: Mit wenig Geld viel Kontrolle kaufen. 1984 erwirbt A. die bankrotte Textilgruppe von *Marcel Boussac* und der Brüder *Willot*, zu der auch *Christian Dior* gehört. Mit nur 30 Prozent kontrolliert er die Firma und macht neue Mittel flüssig, indem er das Unternehmen Peaudouce an einen schwedischen Mitbewerber veräußert. Über geschickten Aktienkauf entsteht unter ihm Frankreichs größter Luxuskonzern LVMH. Zu den Ersten, die geschluckt werden, gehört der Taschenhersteller Louis Vuitton. Rund 40 Edelmarken gehören heute zu A.s Imperium (Dior, Lacroix, Givenchy, Guerlain, Kenzo, Loewe, Celine, Moët & Chandon, Veuve Cliquot, Pommery, Mercier, Ruinart, Hennessy). 1996 erwirbt das Unternehmen die Weindomäne Château d'Yquem, deren süße Bordeaux-Weine zu den begehrtesten der Welt zählen, hält zunächst 9,5, dann 20 Prozent an der Gucci-Group und startet mit gemeinsamen Schmuckgeschäften ein Joint Venture mit der südafrikanischen Diamantengruppe De Beers.
KONKURRENTEN UND NEIDER 2004 trennt sich A. von der Gucci-Beteiligung, die er an seinen Konzernrivalen *François Pinault* veräußert. Kaufpreis: 700 Millionen Dollar. **RESIDENZ** Großes Anwesen in Paris **HOBBIES** Der Tycoon liebt die klassische Musik. **STYLE** So elegant wie seine geldbringenden Produkte. **BEAUTY** Feingliedriger Gentleman. **FAMILIE** Sein Vater ist Bauunternehmer (Ferret-Savinel), seine Mutter Pianistin, A. ist in zweiter Ehe mit der Kanadierin *Hélene Mercier* (ebenfalls eine begabte Pianistin) verheiratet, mit der er zwei Söhne hat, *Alexander* und *Jean*. Zwei weitere Kinder stammen aus der ersten Ehe. **SEX** Mustergültig.

Assauer, Rudi

WER IST ES? Der Cary Grant der Bundesliga **LEBENSDATEN** *30.4.1944 in Altenwald, Saarland
JOB Manager des FC Schalke 04
KARRIERE Der gelernte Stahlbauschlosser und Bankkaufmann kickt bei Borussia Dortmund und Werder Bremen. Dort wird er 1976 Manager und holt Anfang der 80er *Otto Rehhagel* als Trainer. Als erklärtes »Kind des Ruhrgebiets« zieht es den gebürtigen Saarländer aber zu Schalke, wo er zunächst als Trainer, dann als Manager arbeitet. 1986 wird er gefeuert und kehrt 1993 zurück. Er drückt dem ehemals proletarisch angehauchten Traditionsverein ein modernes Image auf und macht aus Schalke 04 ein professionelles Unternehmen der Unterhaltungsindustrie.

MACHT ... was er will. **PARTNER** 1996–2002: Trainer *Huub Stevens*, von ihm entdeckt und gehalten, bis der Erfolg kam. **KONKURRENTEN** *Rainer* ➔ *Calmund; Uli Hoeneß; Dieter Hoeneß* (warb 2001 seinen Trainer *Stevens* zu Hertha BSC Berlin ab); *Michael Meyer*. **PLÄNE** Einmal Deutscher Meister. **IMAGE** Wechselnd zwischen arrogantem Aufsteigerschnösel und sympathischem Ruhrpottkumpel. Laut »Bunte« gehört er zu den »50 erotischsten Männern Deutschlands«, während »Bild« ihn zum größten Macho der Bundesliga erklärt. Über eine seiner grundsätzlich jüngeren Freundinnen sagt er: »Die Alte hat zwar von Fußball keine Ahnung, aber sonst ist sie ganz in Ordnung.« **GELD** Herr über millionenschwere Kicker. **RESIDENZ** Die Arena »Auf Schalke«, ein Cabrio-Stadion mit rasendem Rasen, das sich innerhalb von sechs Stunden in eine Konzerthalle verwandeln lässt, ist sein zweites Zuhause. **STYLE** Aus Liebe zum Verein schläft der Manager in Schalke-Bettwäsche. Die Club-Laken scheinen einen besonderen Reiz auszustrahlen. Es wird am neuen Inhalt liegen, dass der Freistoß eine andere Qualität bekommen hat (➔ LIEBE). **MAROTTE** Der Mann mit der Zigarre. Sie geht auch auf der Trainerbank niemals aus. Frauen, erklärt er im »Playboy«, sollten keine Zigarren rauchen. **EHE** Seit 1986 getrennt lebend von Frau *Inge*, mit der er eine Tochter hat. **LIEBE** A. nuckelt genüsslich an einer dicken Havanna, obwohl man das im Hamburger ZDF-Studio nicht schätzt. Bei ihm drückt sogar der Feuerwehrhauptmann alle Augen zu. A. und seine Herzdame, Schauspielerin *Simone Thomalla*, sind vor der Kamera bei der Seelen-Massage mit *Johannes B. Kerner*. Das Paar ist altersmäßig 21 Jahre auseinander und hat sich beim Boxkampf von *Vitali Klitschko* in Berlin kennen gelernt. Erst dachte sich Simone: »Was soll ich mit dem alten...«, dann dauert es nicht lang und sie zieht mit ihrer 11-jährigen Tochter zu A. nach Gelsenkirchen. Rudi muss nur noch eine kostspielige Kleinigkeit erledigen, um Simones Glück abzurunden: Scheidung von Frau *Inge*. **SEX** Schwerenöter-Trieb.

SCHICKSAL Als Schalke 04 im Mai 2001 bereits Deutscher Meister war und dann 4 Minuten nach dem Ende der regulären Spielzeit doch noch von den Bayern abgefangen wurde, verlor A. den Glauben an den Fußballgott.

Auersperg, Prinz Franz von

> **WER IST ES?** Wachgeküsster Frosch im Märchen-Industrieland Germany **LEBENSDATEN** *22.6.1949 in Salzburg **JOB** Marketing-As bei Schallplattenfirmen und jetzt Investor **KARRIERE** Früher betrieb er Marketing für die Musikindustrie, dann wurde er in sechs Monaten hundertfacher DM-Millionär. Wie er das geschafft hat? ➔ GELD.

GELD Als die Börse noch alle Träume erfüllte, lernt Prinz A., der smarte Adelige, den noch smarteren Unternehmer *Thomas* ➔ *Haffa* kennen, der ihn in seine Firma EM.TV holt. Beim Börsengang, an dem auch Altkanzler-Sohn *Peter Kohl* beteiligt sein soll, einigt man sich, dass die Arbeit von Franz zum großen Teil mit Aktien entlohnt wird. Er verkauft sie sofort nach der Sperrzeit, was ihn zum Glückspilz des Jahres 2001 macht. Lange bevor sich der Total-Absturz des Unternehmens abzeichnet, scheidet er mit geschätzten 100 Millionen Mark aus. **RESIDENZ** Auf Mallorca kauft er eine Kirche, die er zum Wohnhaus umfunktioniert. Dort feiert er seinen 50. Geburtstag, zu dem die Gäste in Privatjets herbeifliegen.
MOBILITÄT Als der Audi-Kombi nicht mehr standesgemäß ist, kauft er einen Aston Martin, dazu einen Jaguar und das brandneue Modell Mini Cooper S vom BMW, das kleinste weißblaue Sportstudio, auch Zwerg Rase genannt. **STYLE** Feinschmecker und Partyhopper. **BEAUTY** Gut aussehender, nicht degenerierter Adliger. **FREUNDE** *Peter Maffay*; *Thomas Haffa*. **FAMILIE** Österreichischer Adel. **EHE** Verheiratet mit Prinzessin *Tini*, einer fleißigen PR-Fee. Mit ihr und den gemeinsamen Kindern lebt er in München. **SEX** Vielversprechend.

Augstein, Rudolf

> **WER IST ES?** Deutschlands Journalist Nr. 1 **LEBENSDATEN** *5.11.1923 in Hannover **JOB** Besitzer und Herausgeber des Nachrichtenmagazins »Der Spiegel« **KARRIERE** Der Erfinder der wöchentlichen Zeitgeist-Bibel »Der Spiegel« volontiert nach dem Abitur (Kaiserin-Auguste-Viktoria-Gymnasium in Hannover) beim »Hannoverschen Anzeiger« und arbeitet ab 1945 beim »Hannoverschen Nachrichtenblatt«. Ein Jahr später wechselt er zum Nachrichten-Magazin »Diese Woche«. Das englische Militär, das zunächst die Kontrolle hat, zieht sich zurück, als die Schreibe immer frecher wird. Mit 23 wird A. Herausgeber des Magazins, das ab Januar 1947 unter dem Titel »Der Spiegel« auf den Markt kommt. Im November 1972 wird er für die FDP im Wahlkreis Paderborn in den Bundestag gewählt. Bevor er aber vom politischen Theoritiker zum Praktiker werden kann, endet der marketingträchtige Ausflug in die Politik schon wieder – im Januar 1973.

ERFOLGE Laut »MediumMagazin« »Journalist des Jahrhunderts«. **MACHT** A. besitzt 24,7 Prozent des »Spiegel«-Verlags. Zeitweise beteiligt er sich am »Filmverlag der Autoren«. **PARTNER** Die Chefredakteure *Conny Ahlers*, *Erich Böhme* und *Stefan Aust*. **NACHFOLGER** Wird wohl *Stefan Aust*. **KONKURRENTEN** *Helmut Markwort*, der mit seinem »Magazin für die Info-Elite« »Focus« seit Jahren dem »Spiegel« Konkurrenz zu machen versucht. **IMAGE** Zuerst renitenter Jung-Schreiber gegen Adenauers West-Politik (Pseudonym: Jens Daniel), dann zungenschwerer Knutterkopp. **GELD** Hat seine Redakteure in einem in Deutschland einmaligen Mitbestimmungsmodell in den Besitz des Magazins eingebunden. **RESIDENZ** Neben seinem Domizil in Hamburg hat er eine Wohnung in der Münchener Fürstenstraße. **MOBILITÄT** Muss Eisenbahn oder Flugzeug benutzen. **STYLE** A. hat die Fähigkeit, selbst dann gestochen scharf zu formulieren, wenn in den Blutbahnen Freund Alk unterwegs ist. **FAMILIE** Der Sohn eines Fotohändlers ist Vater von vier Kindern. Zwei davon sind Journalisten: Tochter *Franziska* schreibt für die »FAZ«, Sohn *Jacob* für die »Süddeutsche Zeitung«. **EHE** Nach vier erduldeten Ehen heiratet A. im fünften Versuch die Galeristin *Anna Maria Hürtgen*. »Beim fünften Mal vergeht jede Nervosität«, stellt er im Rathaus von Tondern fest, dem dänischen Hochzeitsparadies an der Westküste. Die Braut lächelt das Dutzend knipsender Reporter an: »Haben Sie uns doch gekriegt.« Nur eine kleine Hochzeitsgesellschaft von fünf Frauen, darunter *Renate Rühmling* und *Ernestine von Salomon*, begleitet als »Trauzeuginnen« den folgenschweren Schritt. Der italienische Tenor *Roberto Gionfriddo* vom Stadttheater Lübeck singt die Lehar-Melodien »Dein ist mein ganzes Herz« und »Gern hab' ich die Frau geküsst« – hier singt A. leidenschaftlich mit.

SEX Wonniger Herbst. **HASS** Die Hassliebe zu *Franz Josef* ➜ *Strauß* ist legendär. **SKANDAL** Die »Spiegel Affäre«, 1962, bringt ihm 103 Tage Gefängnis ein und führt zum Sturz von *Franz Josef Strauß*. Anlass ist der Artikel »Bedingt abwehrbereit« über das NATO-Manöver »Fallex 62« wegen »landesverräterrischer Elemente«. Er führt zur Razzia in der Redaktion und zur Verhaftung Augsteins und des Chefredakteurs *Ahlers*. Weitere »Spiegel«-Knüller: die Flick-Steueraffäre, die Misswirtschaft der »Neue Heimat« und die Enthüllungen über den schleswig-holsteinischen Ministerpräsidenten *Uwe Barschel*.

Baby Schimmerlos

Eigentlich Michael Graeter **WER IST ES?** Er weiß es wirklich. **LEBENSDATEN** *29.7.1943 in München **JOB** Gesellschaftsreporter mit 90 Zeilen pro Tag (Dailys) oder 350 pro Woche (Weeklys) **KARRIERE** Mit 22 jüngster Lokalchef Deutschlands bei der Münchener »AZ«. Erfindet 1975 das »Café Extrablatt«, Deutschlands erstes original französisches Bistro (später oft frech in ganz Allemagne kopiert), das er 19 Jahre lang besitzt und führt. Kreiert die Erlebnis-Kinos »Cadillac«, »Veranda« und »Aeroport FJS«. Von ihm stammt außerdem das Treatment zu *Helmut* ➜ *Dietls* Society-Satire »Kir Royal« über das Berufsbild eines Klatschreporters, der im wahren Leben Michael Graeter und im Film Baby Schimmerlos heißt.

ERFOLGE Bücher: »Leute« (8 Bände), »Eitelkeit«, »Die Schönen, Reichen und Berühmten«, »Wer ist was in München« (3 Bände; das Cover zierte ein echter Spiegel mit der Unterschrift: »Falls Sie nicht drin sind – jetzt sind Sie drin«). **LEHRER** Verleger *Werner Friedmann* (»SZ« und »AZ«); Spaziergänger *Blasius* (*Sigi* ➜ *Sommer*); *Günter Prinz* (Herausgeber und Chefredakteur zunächst von »Bild«, dann von »Bunte«). **IMAGE** Sehr junger Löwe (➜ HOBBIES). **GELD** War da was? **RESIDENZ** Fast wie bei 3-Wetter-Taft: München, Rom, Paris. **MOBILITÄT** Fährt Dienst-Daimler. **HOBBIES** Liebt Gemälde und ist Fan von '60 München. **STYLE** Kein Sport, kein Nikotin. **FAMILIE** Mit Frau *Monika* (*1963) hat er den fußballerisch begabten Sohn *Micky* (*1991), einen Mega-Fan des FC Bayern. **SEX** Da war was. **FILMRISS** Schwerer Berufsverkehr brandet vor dem Giesinger Stadion wie jeden Morgen kurz vor acht. Nervöse Hupgeräusche ertönen, denn mitten auf der belebten Kreuzung steht ein roter Sportwagen, der Blinker zeigt nach links. Der Fahrer ist über dem Steuer eingeschlafen; anscheinend hat ihm das mit dem Gegenverkehr zu lange gedauert. Fußgänger sehen das allerdings anders und rufen das Rote Kreuz – Herzinfarkt am Steuer? Die herbeigerufenen Sanitäter winken ab:

»Der schläft nur – das ist was für die Polizei«. Wenige Minuten später klopfen zwei unrasierte Streifenpolizisten ans Fenster. Die Beamten-Köpfe reißen den Autofahrer aus allen Träumen; blitzschnell wach, wie nach einer kalten Dusche, stellt er sich den ersten Fragen. Doch seine Ablenkmanöver ziehen nicht. Er muss mit zu Blutabnahme und das Ergebnis ist haarsträubend: 2,8 Promille. Drei Monate später findet der Prozess statt: Der Schläfer auf der Kreuzung wird wegen erwiesener Unschuld freigesprochen und erhält außerdem seinen Führerschein zurück. Eine Zeitungsente? Keineswegs: Staranwalt Dr. *Josef Heindl* hat das Verfahren so gesteuert, dass bei diesem hohen Maß an Trunkenheit der Richter »Filmriss« geltend macht. Der Verteidiger kann durch Quittungen und Fahrer-Aussagen nachweisen, dass der Angeklagte mit dem Taxi zum Oktoberfest gefahren und auf diese Weise auch nach Hause gekommen ist. Weshalb er frühmorgens auf der Straßenkreuzung beim »Sechziger«, weit weg von daheim, »parkte«, bleibt ein Rätsel der Justiz. Zwei wissen mehr: der Angeklagte und sein Anwalt. **SCHWITZKASTEN** Vor Begegnungen mit Lack-Fabrikant Dr. *Helmut Hemmelrath* (jener Klebstoff-Industrielle aus »Kir Royal«, vortrefflich dargestellt von *Mario* ➔ *Adorf*) fürchte ich mich, der sich sonst vor gar nichts fürchtet. Die Begrüßung besteht jeweils aus überfallartigem Umarmen mit so genanntem Ahtisaari-Schwitzkasten. Fotograf *Franz Hug* (in der Serie von *Dieter Hildebrandt* gespielt) hat die Anweisung, spätestens nach zwei Minuten einzugreifen, um mich zu einem anderen Society-Motiv zu locken. **HUNGER NACH ERFOLG** Gegen fünf Uhr am Freitagnachmittag klingelt das Telefon. Der anonyme Anrufer steckt mir eine heiße Nachricht: Super-Playboy *Mick* ➔ *Flick* turtelt mit *Tina Onassis*, Tochter des griechischen Tankerkönigs, in St. Moritz. Fotograf *Franz Hug* ist wie die Feuerwehr zur Stelle, und beide rasen wir nachts noch in die total verschneite Schweiz. In letzter Minute hatte ich die Barschaft in meiner Wohnung zusammengekratzt, nicht viel, 2000 Mark cash. Die Verlagskasse der »Abendzeitung« war schon geschlossen und damals gab es noch keine praktischen Bank-Cards. »Sparen« heißt die Devise. Beim Öffnen der antiken Schranktür des einzigen noch freien Doppelzimmers im vornehmen »Palace Hotel« verrät ein schlichtes Kärtchen, dass die Nacht 500 Schweizer Franken kostet. Das bedeutet: Kein Essen im Hotel, obwohl es am Abend herrlich nach Züricher Geschnetzeltem und frisch gekochtem Hummer duftet. Unsere Hungergefühle werden während der heißen Phase beim Covern der Flick-Story in der preiswerteren Konditorei Hanselmann befriedigt. (Seit dieser Zeit hasse ich Schnecken und Hörnchen). Am Montag beim Auschecken steht Hotelbesitzer *Badrutt* neben der Kasse und fragt: »Hat es Ihnen nicht gefallen?« »Doch, doch«, lautet die Antwort. Darauf *Badrutt*: »Aber warum haben Sie dann nie die Vollpension in Anspruch genommen? Sie sind nie zum Essen erschienen.«

Bach, Elvira

> **WER IST ES?** Deutschlands einzige »Junge Wilde«-Malerin
> **LEBENSDATEN** *1951 in Neuenhain/Taunus **JOB** Malt »Wüste Weiber«
> **KARRIERE** Besucht zunächst die Staatliche Glasfachschule in Hannover, bevor sie an der Hochschule der Künste in Berlin bei *Hann Trier* studiert. Nebenbei arbeitete sie an der Berliner Schaubühne am Halleschen Ufer in der Requisite und als Souffleuse.

KONKURRENTEN *Salome, Rainer Fetting, Castelli.* **PLÄNE** »Alter ist eine Maske des Lebens, darunter ist man immer gleich.« **RESIDENZ** Wohnt nobel in Berlin-Charlottenburg, arbeitet in Ateliers in Berlins Grauzonen Kreuzberg und Neukölln. **HOBBIES** Münchener Weißbier, hochhackige Schuhe (»Hochhackige Schuhe sind ein Zeichen der Frau. Sie machen erhaben und verhindern ein rasches Weglaufen«). **STYLE** Mit Turban, High Heels und Lampenschirmkleid taucht B. am Münchner Promenadenplatz auf, wo prompt ein mittlerer Menschenauflauf entsteht. Anlässlich ihrer Vernissage in der Galerie Terminus sind neun überlebensgroße »Eva«-Skulpturen ausgestellt. Politiker, Star-Anwalt und Kolumnist Dr. *Peter* → *Gauweiler* wird ebenso in ihren Bann gezogen wie der publikumsscheue Verleger und Bach-Sammler *Johannes Friedmann* (»Abendzeitung« / »Süddeutsche«). **FAMILIE** Ist verheiratet und hat zwei Kinder. Ihr Ehemann betreibt eine Farm in Senegal. **SEX** Farbig.

Bachelor, Amalia

> **WER IST ES?** Unbekannte Logo-Lady, die jeder kennt
> **LEBENSDATEN** *2.2.1908 in Springfield/Ohio, † 25.4.2002 in Santa Monica/Kalifornien

KARRIERE Erstrahlt seit 1936 vor jedem Film der »Columbia« (rund 3000 Werke) und hat damit einen ähnlichen Status wie *Charlotte Bartholdi*, das Modell der New Yorker Freiheitsstatue. Trotz persönlichen Kontakts zu »Columbia«-Chef *Harry Cohn* bekommt sie keine Rollen und arbeitet später als Erzieherin der Kinder von US-Präsient *Richard Nixon*. **KONKURRENT** MGMs brüllender Löwe. **GELD** Wird für ihren einmaligen Auftritt mit 25 Dollar belohnt.

Baden, Bernhard Prinz von

> **WER IST ES?** Ältester Sohn des gleichnamigen (ehemaligen) Königshauses
> **LEBENSDATEN** *27.5.1970 in Salem
> **JOB** Exekutiver Chef des Hauses Baden, Besitzer des Schlosses Salem, in dem auch die berühmte Eliteschule untergebracht ist. (Vorsitzender des Trägervereins: Ex-BMW-Chef *Eberhard von Kuenheim*.)

IMAGE Ordentliches Mitglied des Hochadels. **GELD** Wirtschaftliches Vermögen: 100 Millionen Euro. Die Versteigerung des Inventars seines Baden-Badener Schlosses im Jahre 2000 brachte willkommene Liquidität. **RESIDENZ** Von den 19 Schlössern, die sich bei den Badens im Laufe der Jahrzehnte ansammelten, sind noch vier geblieben. **FAMILIE** Großvater *Max von Baden* wurde im November 1918 der letzte vom Kaiser ernannte Reichskanzler. Vater: *Max von Baden*. B. hat zwei jüngere Brüder, Prinz *Leopold* und Prinz *Michael*. Er hat sie ins Herz geschlossen, allerdings: Sollte einer der beiden standesgemäß heiraten, wäre die Führungsrolle von Bernhard futsch. (➜ EHE) Im Mai 2002 kommt ein kleiner Prinz namens *Leopold* zur Welt. **EHE** Heiratet 2001 das Model *Stephanie Kaul* (90–60–90), das vor allem bundesdeutsche Kataloge ziert ... Mit Berichten über den ersten Flirt zwischen den beiden überraschen Hamburger Zeitungen. Obwohl frisches Blut in der Sippe dringend gebraucht wird, ist Bernhards Vater *Max* zunächst gegen die Verbindung. Der Sohn zählt jedoch zur modernen Connection im Hochadel, die den Großmix mit Bürgerlichen nicht mehr scheut wie der Teufel das Weihwasser – bewiesen haben das auch Prinz ➜ *Haakon von Norwegen* mit ➜ *Mette-Marit Tjessem Hoiby*, Prinz *Joachim von Dänemark* mit *Alexandra Manley*, Kronprinz *Willem-Alexander von Holland* mit ➜ *Maxima Zorreguieta*, Prinz *Constantijn von Holland* mit *Laurentien Brinkhorst*, Kronprinz *Naruhito von Japan* mit *Masako Owada*, König *Abdullah II. von Jordanien* mit *Rania*, Prinz ➜ *Andrew von England* mit *Sarah Ferguson*, sein Bruder Prinz *Edward von England* mit *Sophie Rhys-Jones* oder *Prinzessin Cristina von Spanien* mit *Inaki Urdangarin*. Prinz Bernhard fährt zur Märchenhochzeit mit dem Model dreimal mit der Kutsche um Schloss Salem herum, ehe er mit Trauzeugen wie Königin *Sofia von Spanien* und Exil-König *Michael von Rumänien* feiert.

Ballack, Michael

> **WER IST ES?** Deutschlands Fußball-Held und -Beau **LEBENSDATEN** *26.9.1976 in Görlitz **JOB** Mittelfeldspieler **KARRIERE** Spielt nach dem Abitur beim BSG Motor-Karl Marxstadt (bis 1995), dann Chemnitzer FC (1995–97), 1.FC Kaiserslautern (97–99), Bayer Leverkusen (1999–2002). Seit 2002 FC Bayern München. Der Anfang seiner Karriere auf dem Rasen ist dennoch nicht allzu rosig. Obwohl der toughe B. früh mit *Franz* ➔ *Beckenbauer* verglichen wird, steigt er mit seinem Verein im ersten Jahr ab und spielt in der Regionalliga. Beim Debüt in der Nationalelf 1999 zeigt er nur eine mittelmäßige Leistung, und auch als Star bei Bayer Leverkusen ist er zunächst unglücklich, weil er sich einen Innenbandriss zuzieht. Dann aber kommt er gewaltig: Ab 2000 vergoldet sich B. wie nie ein Spieler zuvor. »Entdeckung der Saison«, schwärmt das Fachorgan »Kicker«. Nun reißen sich plötzlich alle um den Fußballer mit Abitur, der Deutschland zur WM schoss und ins Finale foulte.

ERFOLGE 1998 Deutscher Meister mit Kaiserslautern. Werbung und Medien interessieren sich für den fotogenen Kicker. Nach Model *Claudia* ➔ *Schiffer*, Eisblitz *Anni* ➔ *Friesinger* und dem Erfurter Schul-Amokläufer präsentiert das amerikanische Magazin »Time« in der Ausgabe vom 27. Mai 2002 Michael Ballack als weiteren Deutschen auf dem Titelblatt. **PARTNER** Von den Trainern *Otto Rehhagel* und *Christoph* ➔ *Daum* unter die Fittiche genommen und platzreif geformt. Unter *Klaus Toppmöller* wird er zum internationalen Star. **VORGÄNGER** B. wird entweder in die Fußstapfen von *Matthias* ➔ *Sammer* und *Stefan* ➔ *Effenberg* treten – oder in die von *Hansi Müller*. **PLÄNE** Erfolg. Wechsel nach Spanien. Weltmeister 2006. **IMAGE** Torgefährlicher Mittelfeldspieler mit stets gut sitzender, mediterraner Gel-Frisur. Heldenrolle im WM-Halbfinale 2002: Brachte ein fußball-patriotisches Opfer, als er einen torgefährlichen Südkoreaner gelbwürdig foulte, seiner Elf damit das 0:0 rettete, sich selbst aber um die Finalteilnahme brachte. Ganz cool schoss er drei Minuten später den 1:0-Siegtreffer. **GELD** B. ist der kostbarste Mittelfeld-Spieler der deutschen Bundesliga. 14 Millionen Euro nahm sein Verein Bayer Leverkusen an festgeschriebener Ablöse ein, als B. zum Juli 2002 zum FC Bayern wechselte. B. selbst erhält 4,3 Millionen Jahresgehalt und 15 Millionen Handgeld. Macht für vier Jahre pro Saison 3,8 Millionen Euro plus 500 000 Euro an Prämien. Mit anderen Worten: B. findet auf seinem Giro-Konto pro Jahr 8,1 Millionen Euro. Er und sein Kollege *Sebastian Deisler* (7 Mio. Euro), die beide seit 2002 für München spielen, haben damit Weltfußballer *Figo* (6,9 Mio.) überrundet, sind aber von Top-Verdienern wie Barcelonas *Rivaldo* (16,1 Mio.), Reals *Zinedine*

Zidane (14 Mio.) oder Manchesters Superstar *David* ➔ *Beckham* (10 Mio.) noch weit entfernt. **RESIDENZ** Den Umzug nach München im Sommer 2002 muss seine Freundin ganz allein durchziehen – Michael bleibt länger in Asien als erwartet. **MOBILITÄT** Audi Kombi. **HOBBIES** Hört Hip-Hop, Soul oder Black Music, spielt Tennis und weiß alles über die Basketball-Liga NBA. **STYLE** Trägt Gucci – privat aber ungern Anzüge. **BEAUTY** 1,89 groß, 80 Kilo schwer, dunkler Teint und Kurzhaarschnitt. **FREUNDE** *Oliver Neuville.* **FAMILIE** Die Eltern leben in Chemnitz. Mit seiner Freundin *Simone* hat er den Sohn *Louis.* Im Herbst 2002 wird das Geschwisterchen geboren. Zur Familie gehört außerdem Hund Sancho. **LIEBE** Ballack weist während der WM 2002 einen Reporter sympathisch zurecht, der ihn einen Helden nannte. Heldenhaft sei, was seine hochschwangere Freundin derzeit leiste (➔ RESIDENZ). Das ist Liebe. **SEX** Kicker sind generell gefährdet, wie man bei Effe (➔ *Effenberg*) oder Kaiser *Franz* ➔ *Beckenbauer* sieht.
PANNE Vierfacher Vize 2002: Bundesligazweiter, Pokalfinal- und Champions-League-Final-Verlierer mit Bayer Leverkusen; Vizeweltmeister mit der Nationalmannschaft. Schlimmste Panne aber bleibt das Eigentor in Unterhaching am letzten Spieltag 1999/2000, das Leverkusen die zum Greifen nahe Meisterschaft kostet.

Barclay, Eddie

> **WER IST ES?** Frankreichs Platten-Gentleman **LEBENSDATEN** ★1921 **JOB** Musikverleger, Produzent

RESIDENZ Lebt in Paris und an der Côte d'Azur. **STYLE** Der schnurrbärtige Bonvivant pafft gerne Havanna-Zigarren und liebt die Farbe weiß. **MAROTTE** In die wunderschöne *Caroline Giganti* ist B. so verliebt, dass er sie jeden Sommer aufs Neue heiratet: immer auf einem anderen Standesamt. Damit handelt er sich den Spitznamen »Blaubart« ein. Bei einem Pferderennen in Paris dürfen auch Außenstehende Madame *Gigantis* gigantischen Körper bewundern; in ihrem bis zum Nabel ausgeschnittenen Kostüm steht sie förmlich barfuß da. **LIEBE** Acht Mal verheiratet mit *Caroline Giganti* (➔ MAROTTE), seit 1998 geschieden. **SEX** Unersättlich, aber passiv.

Barenboim, Daniel

> **WER IST ES?** Provozierender Stabführer **LEBENSDATEN** *15.11.1942 in Buenos Aires **JOB** Chefdirigent des Orchesters der Deutschen Staatsoper Berlin (Lindenoper) **KARRIERE** Macht schon als Wunderkind am Klavier Furore. Als Elfjähriger wird er dem Dirigenten *Wilhelm Furtwängler* in Salzburg vorgestellt. Der bleibt bis heute sein Idol und auch in der Wahl seiner Tempi eifert er ihm nach. 1981 als »Tristan«-Dirigent erstmals bei den Bayreuther Festspielen, 1989 gelingt mit *Harry Kupfer* ein anderer »Ring«, drei Jahre später löst er Sir *Georg Solti* beim Chicago Symphony Orchestra ab. Er steht an der Lindenoper »in einer ehrfurchtgebietenden Traditionskette allein, den integralen Ring dirigierten dort beispielsweise *Wilhelm Furtwängler* (1928/29) und *Erich Kleiber* (1933/34) und später *Franz Konwitschny* (1957/58)«, so die »Süddeutsche Zeitung«.

IMAGE Der Rebell unter den Dirigenten. **RESIDENZ** B. lebt lange Zeit in Paris und London und pendelt seit 1991 zwischen Berlin und Chicago. Sein Lebensmittelpunkt ist jedoch Berlin. Hier lebt seine Familie. **STYLE** Strenges Arbeitsethos. Wird sehr ärgerlich, wenn er das Gefühl hat, seine Musiker seien nicht ernsthaft bei der Arbeit. **FAMILIE** Sohn russischer Juden, die 1952 von Argentinien weiter nach Israel übersiedeln. **EHE** Im Juni 1967 heiratete er die britische Cellistin *Jacqueline Du Pré*, die an multipler Sklerose erkrankte und 1987 starb. In zweiter Ehe ist er mit der russischen Pianistin *Elena Bashkirow*, Tochter des Pianisten *Dimitri Bashkirow*, verheiratet und Vater von zwei in Paris geborenen Söhnen, *David* und *Misha*. **SKANDAL** Tritt 2001 mit seiner Staatskapelle Berlin in Israel auf, um auch Musik des Antisemiten Wagner zu spielen, der im Staat der Juden nicht geduldet ist. B., der seine Jugendjahre in Israel verbracht hat, dirigiert Wagners *Ouvertüre zu Tristan und Isolde* als Zugabe zum regulären Programm. Dies provoziert wütende Reaktionen und Beschimpfungen aus einem Teil des Publikums sowie harsche Kritik aus dem gesamten politischen Spektrum Israels in den darauf folgenden Tagen. B. meint jedoch: Wagner nicht zu spielen käme einem nachträglichen Sieg der Nazis gleich. 1989 wird er Opfer einer Intrige, als seine Verträge mit der Opéra Bastille den Medien zugespielt werden. Darin sind eine Menge Vergünstigungen verzeichnet, von der staatlichen Dienstwohnung über eine kostenlose Telefonleitung, einer Luxuslimousine mitsamt Chauffeur bis hin zu Steuererleichterungen. »Natürlich gibt es Künstler, die zu viel Geld verlangen«, kommentiert B. »Aber es gibt auch teure Künstler, derentwegen das Publikum kommt. Diesen muss man dankbar sein.«

Barilla, Guido

WER IST ES? Feingeistiger Herr der Nudeln **LEBENSDATEN** *1958 **JOB** Leitet den 125 Jahre alten Familienkonzern aus »Food Valley« in Parma, wo es auch den schönen Prosciutto und Parmesan gibt **KARRIERE** Examen in Philosophie

MACHT Herr über 8500 Angestellte im Familienbetrieb Barilla. Zur Gruppe Barilla (Jahresumsatz: 2,5 Milliarden Euro) gehören der schwedische Knäckebrot-Hersteller Wasa sowie die Italo-Backwaren-Marken »Mulino Bianco« und »Pavesi«. 2002 schluckt der weltgrößte Spaghetti-Produzent die Firma von Europas größtem Bäcker, *Heiner Kamps*, mit ihren 17 800 Mitarbeitern (→ COUP).
PARTNER Gewinnt Ski-As *Alberto Tomba*, US-Star *Paul Newman* und SAT-1-Komiker *Markus Maria Profittlich* als Barilla-Werber und damit würdige *Steffi* → *Graf*-Nachkommen. Regisseur *Wim Wenders* dreht einen 60-Sekunden-PR-Film.
IMAGE Schottisch sparsamer Spaghettikönig. **COUP** Ende Juni 2002 teilt die Konzernzentrale mit, dass mehr als 54 Prozent der Kamps-Aktien Barilla gehören und damit das anvisierte Minimal-Ziel bereits erreicht worden ist. »Wir werden aber jede weitere Aktie kaufen, die man uns anbietet«, erklärt Konzernchef B. Der aufgekaufte Brezn-Baron *Heiner Kamps,* *24.5.1955 in Bocholt, früher Bundesliga-Wasserballer, wohnhaft auf 180 Düsseldorfer Quadratmetern, schneidiger Harley-Davidson-Fahrer und Grünkohl-Freund, nach 22 Jahren Ehe geschieden von *Petra*, mit der er zwei Kinder hat, lebt heute mit der Boutiquen-Besitzerin *Dijanah Medunjanin*. Er hatte 1982 seine erste Bäckerei eröffnet, zehn Jahre später waren es schon 20, inzwischen gibt es 2200 Läden in 11 Ländern. Im April 1998 war er an die Börse gegangen und hatte die niederländische Brotfabrik Quality Bakers, den französischen Industriebäcker Harry's und die Backwarenfirma Wendelin (Golden Toast, Lieken Urkorn) übernommen. **RESIDENZ** Bewohnt ein restauriertes Bauernhaus am Stadtrand von Parma und eine Villa auf Sardinien.
MOBILITÄT Fährt einen Van und einen 5er BMW. **HOBBIES** Sammelt Kunst und Antiquitäten; liebt Fotografieren, Joggen und Literatur. Für das Schöngeistige interessiert er sich weit mehr als für Wirtschaft und Business. Ihn ereilte das Schicksal, Nachfahre einer Dynastie zu sein, die einen Weltkonzern schuf – seine Aufgaben erfüllt er klaglos, doch das große Geschäft ist nicht seine Welt. **STYLE** Lebt sehr bescheiden und gibt außer für seine Hobbies ungern Geld für sich aus.
BEAUTY 1,90 Meter großer Fabrikant von italienischer Eleganz. **FREUNDE** Startenor *Luciano* → *Pavarotti*, Filmstar *Michael* → *Douglas* und Modeschöpfer-Schwester *Donatella Versace*. **FAMILIE** Barillas Urgroßvater eröffnet 1877 in Parma eine Brot- und Nudelbäckerei; Vater *Pietro* macht aus dem kleinen Laden einen Weltkonzern.

B. hat zwei Brüder, *Luca* (verguckte sich kurze Zeit in *Steffi Graf*) und *Paolo*, der sein Geld als Rennfahrer unter die Leute bringt. **EHE** Trennt sich von Ehefrau *Federica Marchini*, mit der er drei Kinder hat, als er die jüngere *Nicoletta* kennen lernt. Auch mit ihr hat er drei Kinder; sie leben ohne Trauschein zusammen. **SEX** Potente Nudel: sechs Kinder.

Bayern, Herzog Franz von

WER IST ES? Virtueller Herrscher über 12 Millionen Bayern   **LEBENSDATEN** *14.7.1933 in München   **JOB** Franz wäre bayerischer König

FAMILIE Bruder: *Max Herzog in Bayern* (*21.1.1937 in München; heißt zugleich *Prinz von Bayern*, damit der Name nicht ausstirbt) ist geschäftstüchtiger Chef der Tegernseer Brauerei mit Bräustüberl. Beim wiederholten Versuch, ihm einen Stammhalter zu schenken (der nach Lage der Dinge Nachfolger seines Onkels Franz würde), beschert die Hochzeits-Partie-bewusste Gattin *Elisabeth Gräfin Douglas* ihm fünf Töchter. Zwei von ihnen sind bereits standesgemäß unter der Haube, eine im Fürstentum Liechtenstein, die andere im ehemaligen Königreich Württemberg. **IMAGE** Feiner, zurückhaltender V.I.P. Nr. 1 Münchens.
RESIDENZ Lebt seit dem Tod seines Vaters Herzog *Albrecht* (sein Kopf wäre die ideale Zierde für eine Münze) im Prachtschloss München-Nymphenburg, hat Wohnrechte auf den Schlössern Hohenschwangau, Linderhof und Herrenchiemsee. **HOBBIES** Heute manchmal ein Segen für namhafte Zeitgenossen: Unerkannt kann der Herzog mit einem Freund an seiner Seite durch die Briennerstraße in München bummeln und sich an den Schaufensterdekorationen von exklusiven Inneneinrichtern erfreuen. **EHE** Franz ist Single wie Vorfahre *König Ludwig II.* **LIEBE** Zum Geburtstag von *Susanne Porsche*, gefeiert auf der umfunktionierten Bühne des leeren Prinzregententheaters München, erscheint der Herzog – Premiere – mit seinem Lebensgefährten, den es bis dahin öffentlich nicht gab. *Susanne* zelebriert ihren 50. Geburtstag, den es bei den meisten Ladies gar nicht gibt, weil sie viele Jahre am 39. Lebensjahr so konstant festhalten wie an ihrem geschenkten Zobel. »Ich stehe voll zu meinem Alter«, sagt *Susanne*, die im weiblichen Tiefherbst in Sachen Geburt gleich zwei strammen Buben das Leben schenkte und vor lauter Traditionsfreude den Stammhalter auf den Namen *Ferdinand* taufte, obwohl es den bei Porsche schon öfters gibt. Schauplatz des Geburtstags-Diners ist die Bühne; die Gäste – mit *Susanne* in der Mitte – sollen an diesem Abend die Hauptdarsteller sein, allerdings vor leerem Zuschauerraum. Zum leckeren Essen von *Gerd* ➔ *Käfer* wird ein munteres Programm serviert, bei dem neben *Michael Mit-*

termeier ein neuer Comedy-Star sein Debüt feiert. »Dallmayr-Kaffee«-Queen *Marianne Wille* tritt als lästernde Putzfrau der Familie *Porsche* auf und übt saftig Kritik daran, wie durch das Geburtstagskind beim Shopping an der Côte d'Azur das südfranzösische Bruttosozialprodukt in die Höhe steigt. Getanzt wird bei der Bühnen-Party nicht, aber so oft es eben geht, wird »Happy Birthday« gesungen. Die Kinder spielen entzückend am Klavier. Es fällt auf, dass Familienangehörige nicht vertreten sind. Ausnahme: der Bruder von *Susanne*. Vom *Piech*-und *Porsche*-Clan hat keiner die Bogenhauser Bretter, die die Welt bedeuten, betreten. Lediglich der einsam erfolgreiche Porsche-Vorstandsvorsitzende *Wendelin Wiedeking* vertritt den Autokonzern und sitzt mit Siemens-Chef Dr. *Heinrich von Pierer* und Frau *Annette*, Verleger Prof. Dr. *Hubert Burda* mit Frau *Maria* sowie Brot-Napoleon *Hans Müller* mit Frau *Heidi* zusammen. Anwalt Dr. *Wolfgang Seybold* erscheint mit der temperamentvollen Herbstzeitlose *Eva O'Neil* und erhascht bewundernde Blicke, weil er bei dieser weit gereisten Lady Angst haben muss, wenn es dunkel wird. Gesichtet: Serien-Star *Uschi* ➔ *Glas*, Linde-Manager in spe *Wolfgang* ➔ *Reitzle*, der sich immer noch recht ungern mit seiner Frau fotografieren lassen will, »Focus«-Chef *Helmut Markwort*, Star-Architekt Senator *Peter Lanz* mit Frau Fürstin *Inge Wrede*, Politiker Dr. *Peter* ➔ *Gauweiler*, Großgastronom *Roland* ➔ *Kuffler* mit Frau *»Buick«*, Leihwagen-Lady *Regine Sixt* mit Sänger *Patrick Lindner*, Groß-Hotelier *Ekkehard Streletzki* mit Frau Dr. *Sigrid*, Bordeaux-Experte *Hardy* ➔ *Rodenstock* mit Frau *Helga Lehner*, Unternehmerin *Karin Holler*, Verleger *Lothar Schirmer*, »Spaten«- Miteigentümer Dr. *Dieter Soltmann* mit Frau, »Deutsches-Theater«-Intendant *Heiko Plapperer-Lüthgarth*, MAHAG-Chef Konsul *Fritz Haberl* mit Frau *Ute* sowie ➔ *Begum*-Mutter und Unternehmerin *Renate* ➔ *Thyssen-Henne* mit Ehemann *Ernst*. Millionen-Witwe *Rosemary* ➔ *Orloff-Davidoff* bleibt demonstrativ fern. **PANNE** 312-maliger Händedruck und maximal sechs Sekunden Small Talk der Themengebiete »Wie geht's ?« oder »Alles Gute« kosten einfach Zeit. So dauert das Defilee beim Eingang des Prinzregententheaters in München 48 Minuten. Am Ziel der Schlange im Musentempel steht nicht etwa der *Aga Khan* (➔ *Begum*) oder Bayerns Landesvater Dr. *Edmund* ➔ *Stoiber,* sondern Geburtstagskind *Susanne Porsche*. Auch Herzog Franz muss anstehen. In der Tischordnung wird königliche Hoheit auch noch falsch platziert.

Bayern, Leopold Prinz von

WER IST ES? Lebenslustiger Chef der Albertinischen Linie **LEBENSDATEN** *21.6.1943 auf Schloß Umkirch bei Freiburg i. Breisgau **JOB** Wittelsbacher Rennfahrer im Ruhestand und Botschafter des Autokonzerns BMW **KARRIERE** Der Rennsport-Freak war lange Zeit Europas schnellster Prinz (DTM-Rennen).

IMAGE Sympathischer Windhund. **GELD** Bezieht die Gesamt-Apanage für seine Abteilung vom Wittelsbacher Ausgleichsfonds und verteilt sie u.a. an seinen Bruder Prinz *Etzel von Bayern* (der sich früher beklagte, zu wenig zu bekommen). **RESIDENZ** Haus am Starnberger See und Wohnrechte in den bayerischen Königsschlössern. **HOBBIES** Bayerische Flußkrebse essen. Bei einem Dinner zeigt er, was er kann, und verdrückt 60 Stück auf einen Schlag. **FREUNDE** Eng befreundet mit König *Carl Gustaf von Schweden* und mit Prinz ➔ *Albert von Monaco* (so eng auch wieder nicht). **FAMILIE** Verheiratet mit Prinzessin *Ursula*. Vier Kinder, *Manuel*, *Pilar*, *Felipa* und *Konstantin*. Bruder *Etzels* Gattin *Sandra* (aus bürgerlichem Haus) schrieb in den Aufnahmebogen eines Krankenhauses in die Spalte Beruf: »Hoheit«. **LIEBE** Ehefrau *Ursula* zuliebe springt Poldi 2001 über seinen schnellen Schatten und gibt den Rennsport auf.

Beatles

WER SIND SIE? Fab Four **JOB** Einstmals bekannteste Popgruppe der Welt **KARRIERE** Sänger, Gitarrist und Pianist *John Lennon* (*9.10.1940) gründet als 15-jähriger auf der Quarri Bank High School die erste Band mit Sänger, Bassist und Pianist *Paul McCartney* (*18.6.1942), Schlagzeuger *Ringo Starr* (*7.7.1940) und Gitarrist *George Harrison* (*25.2.43). Sie starten ihre Weltkarriere im »Starclub« auf der Hamburger Reeperbahn, sind 1960 die Insider-Gruppe in Hamburger Clubs.

ERFOLGE Produzieren Millionen von Platten und sind für die Pop-Musik das, was Wagner und Beethoven für die Klassik sind. **MACHT** In ihrer Blütezeit gebieten sie über Kreislauf, Libido und Blase der 15-jährigen Mädchen aller Länder. **PARTNER** Manager *Brian Epstein*. **KONKURRENTEN** Die Rolling Stones. **IMAGE** Die neuen Beethovens. **BEAUTY** Sie waren die »Pilzköpfe« und kreierten mit diesem bekanntesten Markenzeichen eine neue Herrenfrisur. **PARTY** Hotelier *Falk Volkhardt* zwinkert mit den Augen. Eben hat er mir direkt neben den vier Doppelzimmern der Beatles im dritten Stock der Nobelherberge »Bayerischer Hof« ein Einzelzimmer zugeschanzt. Die Liverpooler Popgruppe ist vor einer Viertelstunde eingetroffen und gibt am Abend in München das lang ersehnte Konzert. Am Nachmittag treffe ich auf dem Gang den schüchtern wirkenden *Paul McCartney*, der das Angebot macht: »Wenn du Girls bringst, bist du bei uns eingeladen. Wir gehen nach dem Konzert sofort ins Hotel und feiern dort.« Noch nie sind verheiratete Damen, gebundene Singles und bildhübsche Solistinnen so blitzartig von ihren Barhockern im Dancing Wiener PB gesprungen, als es heißt: »Wer will mit zur Beatles-Party?« Um Mitternacht marschieren dann sieben weibliche Wesen unterschiedlichen Standings – von stockseriös bis ausgeflippt – mit mir durch die leere Hotelhalle, als die strenge Stimme von Hoteldame *Flossmann* ertönt: »Wohin gehen Sie mit den Frauen? Die Beatles haben nur Doppelzimmer, und da ist Damenbesuch nicht erlaubt« (so war das eben früher). Ich winke ab, verweise auf den Hotelbesitzer und verschwinde mit dem charmanten Pulk im Lift. Der Kriminalbeamte vor dem Eingang grinst sich eins, als wir vor dem Doppelzimmer-Trakt der Musiker ankommen. Drinnen zaghafte Party-Stimmung: Im ersten Raum kauert *Ringo Starr* am Boden und versucht, dem Plattenspieler Töne zu entlocken, *George Harrison* assistiert ihm dabei. *Paul McCartney* winkt den Mädchen zu und *John Lennon* schüttelt jeder der Schönen die Hand, dabei fragt er höflich nach ihren Vornamen. Inzwischen macht ein Joint die Runde. Ein rotblondes englisches Groupie sitzt ziemlich wortlos herum, und auf dem Bett hat Fotograf *Thomas Beyl* von »Bravo« Platz genommen. Sein Equipment bleibt allerdings in der Tasche. Da klopft es an der Tür. Hoteldame *Flossmann* steckt den Kopf herein und fordert die Damen auf, das Zimmer zu verlassen. *Ringo Starrs* Reaktion: er dreht den Plattenspieler lauter und schäkert mit einer Blondine, während *Paul McCartney* gleich zwei Amazonen aufs Korn nimmt. Nach 20 Minuten taucht Frau *Flossmann* wieder auf. Den erneuten Hinweis, sich doch bitte an den Hotelbesitzer zu wenden, nimmt sie schimpfend, jedoch keineswegs entmutigt zur Kenntnis: Nach ihrem vierten Anlauf auf der Beatles-Party werfen *Ringo* und *George* das Handtuch und bitten mich, die Damen aus dem Hotel zu begleiten, um dann allein zurückzukehren. Indes ist das englische Groupie im hinteren Doppelzimmer in Stellung gegangen, was unschwer daran zu erkennen ist, dass in gewissen Zeitabständen, wenn ein Beatle nach dem anderen zum Tête-à-Tête verschwindet, ein leidenschaftliches Stöhnen ertönt. Auch ich erhalte eine Einladung, bleibe bei so viel Verkehr aber standhaft. **FAMILIE** 2002 handelt sich *Paul McCartneys* Tochter *Stella* in London Ärger mit den Nachbarn ein. Stein des Anstosses: Sie lässt auf dem Dach ihrer Behausung im Stadtteil Notting Hill eine Plattform errichten, wo sie eine Dusche installiert, die sie mit einem zwei Meter hohen Zaun vor neugierigen Blicken schützt. Sie möchte dort im Sommer Parties feiern. Die Anwohner allerdings sind *not amused*: »Das Bauwerk ist so hässlich und ruiniert die Skyline. Es sieht aus, als ob dort ein Penner lebt.« **EHE** Gegen den Willen seiner drei erwachsenen Kinder aus der Ehe mit der 1998 an Blutkrebs gestorbenen Frau *Linda* heiratet Paul am 11.6.2002, wie geplant, seine Freundin *Heather*. Per Hubschrauber schweben sie auf Schloss Leslie in Irland ein. »Zwei Ehen sind immer schwierig für Kinder. Aber es ist so und muss so sein. Ich bin froh, eine Frau gefunden zu haben, die so stark ist wie Linda. Heather ist schön, positiv und lebenslustig«, sagt Paul. Und Heather hat einen gottbegnadeten Künstler gefunden, der zudem noch steinreich ist (1,2 Milliarden Euro) und von Königin *Elizabeth II*. den Titel »Sir« bekam. Die letzte Nacht vor der Vermählung verbringen beide getrennt, alles andere würde Unglück bringen, wie ein Sprecher von McCartney betont. Die Trauung in der Kapelle St. Salvador im Park nimmt ein örtlicher Geistlicher vor. McCartney trägt einen schwarzen Einreiher-Anzug mit einer Rose am Revers, Heather eine lange, weiße Seidenrobe mit Brüsseler Spitze besetzt. Unter den 300 Hochzeitsgästen sind Ex-US-Präsident *Bill* ➜ *Clinton*, *Ringo Starr* (singt zur Feier des Tages »All You Need is Love« mit Text auf das Brautpaar), *Eric Clapton*, Model-Ikone *Twiggy*, *Bono*, *Phil Collins*, *Sting* und *Boris Becker* – halt, nein, falsch, diesmal ist er nicht dabei. Yeah! Die Flitterwochen verbringt das Paar im Ferienhaus von Pauls Bruder außerhalb von New York. Unter Druck von Tochter *Stella*, die Heather nicht sonderlich schätzt und sie eine »Gottesanbeterin auf Beutezug« nennt, hat McCartney einen Ehevertrag abgeschlossen. Im Falle einer Scheidung begrenzt sich die Abfindungssumme auf 32 Millionen Euro. So schnell kann man reich werden. Seinen 60. Geburtstag feiert Sir Paul auf den Seychellen, zweites Ziel seiner Flitterwochen. Doch kaum gefreit, schon bekommt McCartney Aufklärungspost vom Ex seiner neuen Frau. Hier ein paar Details des langen, offenen Briefes von *Alfie Karmal*, Verkaufsdirektor einer Computerfirma, mit dem sie zwei Jahre verheiratet war: »Als ich Heather kennenlernte, arbeitete sie als Kellnerin und sie trug einen kurzen Rock und wir fingen sofort an. Schnell merkte ich allerdings, dass sie lügt. So behauptete sie, einen Führerschein zu besitzen. Ich ließ sie mit meinem BMW fahren – sie rammte das Auto gegen den Bordstein und konnte gar nicht fahren. Sie fing mit Modeln an, ab er bekam nie große Jobs und schwindelte in ihrer Autobiografie, sie habe eine Million Pfund damit verdient. Das Finanzamt wurde hellhörig und sie gab zu, dass sie nur von meinem Geld gelebt hat. Als sie mich kurz darauf fragte, ob wir heiraten, sagte ich unter der Bedingung ja, dass sie zum Psychologen gehen muss, um ihr Problem mit der Wahrheit aufzuarbeiten. Mit einer Freundin fuhr sie nach Slowenien zum Skifahren auf meine Kosten. Zwei Wochen nach der Rückkehr wollte sie schon wieder dorthin, weil sie mit einem Skilehrer namens Milos etwas angefangen hat. Sie trennte sich von mir und verkaufte mein BMW-Cabriolet für 13 000 Pfund, das ich für 18 000 Pfund gerade gekauft hatte. Sie versetzte ihren Schmuck. Als ich mich dann scheiden ließ, bekam sie noch mal 20 000 Pfund zugesprochen. Ich hoffe, lieber Paul McCartney, Sie werden nicht so an der Nase herumgeführt wie ich.« Heather verkündet auf der Hochzeit schwärmerisch, sie habe ihr Brautkleid selbst entworfen. Die englischen Designerinnen *Caroline Evans* und *Annie Brown* reklamieren: »Das 16 000-Pfund-Kleid ist von uns gestaltet und wir haben es nur gratis geliefert, weil uns Heather versprochen hat, riesige Werbung für uns zu machen.« Die beiden Schneiderinnen, die fünf Monate an der Traumrobe gearbeitet haben, sind gerade mal auf dem offiziellen Hochzeitsfoto erwähnt worden. Heather McCartney zeigt im Kleinen ihrem Mann Paul, wie sie aufs Geld achtet. Die beiden verlassen ein vegetarisches Restaurant in London mit zwei Doggy Bags. Laut Kellner hat ihre Zeche 20 englische Pfund betragen. **SCHICKSAL** *Michael Abram*, ein früherer Heroinsüchtiger und Attentäter, der im Dezember 1999 in die Villa von *George Harrison* eindringt und versucht, ihn im Schlafzimmer zu töten, wird im Juli 2002 wieder auf freien Fuß gesetzt. *Olivia*, Witwe des im November 2001 in Kalifornien an Krebs verstorbenen Beatle, versteht die Gerichtsentscheidung nicht. »Dieser Überfall hat meinem Mann die Lebensenergie geraubt, die er damals gebraucht hätte, um gegen den Krebs zu kämpfen.« *Harrison* starb in einem Haus in Beverly Hills, das einst Schauspielerin *Courtney Love* gehörte und von Paul angemietet worden ist. Zuletzt wurde der Beatle im UCLA Medical Center wegen Krebs und einer Lungenentzündung behandelt.

Beatrix, Königin der Niederlande

WER IST ES? Beatrix Wilhelmina Armgard, Königin der Niederlande, Prinzessin van Oranje-Nassau, Prinzessin zur Lippe-Biesterfeld   **LEBENSDATEN** 31.01.1938 auf Schoss Soestdijk   **JOB** Vorstandsvorsitzende der Holland AG

KARRIERE Sie studiert an der Universität Leiden Rechtswissenschaft und schließt mit Staatsexamen ab. Sie trägt die Krone ohne Macht seit 1980 und hat das Volk heute komplett hinter sich. **AUSZEICHNUNG** Trägerin des Karlspreises der Sradt Aachen. **FAMILIE** Wie ihre Vorgängerinnen hat sie einen deutschen Prinzgemahl. Ihre Mutter *Juliane* ist mit *Prinz Bernhard zur Lippe-Biesterfeld* verheiratet (war 32 Jahre Königin), Großmama *Wilhelmina*, die 1948 abdankte, war mit *Herzog Heinrich von Mecklenburg* verheiratet. Anlässlich ihrer Hochzeit am 10.03.1966 mit dem deutschen Diplomaten *Claus von Amsberg* gibt es bürgerkriegsähnliche Ausschreitungen, weil er einst Hitlerjunge war. Der Edelmann mit den traurigen Augen hat seine Pflicht getan und drei Söhne gezeugt. Nach drei reinen Mädchen-Generationen ist erstmals nicht mehr Not am Mann in der königlichen Erbfolge. **IMAGE** Eine tatkräftige Frau der Mitte mit progressiven Ansichten, die trotz politischem Gegenwind zu ihrer Schwiegertochter ➜ *Maxima* steht. **MOBILITÄT** Klaus, der sich sein Taschengeld verdiente, indem er aus den gesammelten Hirschgeweihen von Onkel *Julius* Hirschhornknöpfe schnitzte, fährt mit einem ältlichen Porsche mit VW-Motor zur Antrittsvisite bei der vermutlich wohlhabensten Monarchin Europas vor. **SCHICKSAL** Im August 2002 muss mit dem Schlimmsten gerechnet werden, als Claus von Amsberg ins Krankenhaus eingeliefert wird.

Beckenbauer, Franz

WER IST ES? Die Lichtgestalt
LEBENSDATEN *11.9.1945 in München
JOB Präsident des FC Bayern München; Vizepräsident des DFB; Chef des Organisationskomitees der Fußball-WM 2006 in Deutschland

KARRIERE Absolviert eine Lehre als Versicherungskaufmann. Spielt als Schüler beim SC München 1906 und möchte eigentlich zum damaligen Eliteverein 1860 München wechseln, als er sich von einem Spieler dieses Vereins auf dem Platz eine Ohrfeige einfängt. Nun gerade nicht, mag er sich sagen, und wechselt statt dessen zum FC Bayern. Es folgt eine Bilderbuch-Karriere mit allen Titeln und Ehrungen. Bereits mit 20 Jahren, 1965, ist er Nationalspieler und nimmt an drei Weltmeisterschaften als Spieler teil (1966 England, 1970 Mexiko, 1974 Deutschland). 1972 wird er Europameister, 1974 als Kapitän der deutschen Mannschaft Weltmeister. Insgesamt bestreitet er 103 Länderspiele. Mit dem FC Bayern München wird er viermal Deutscher Meister, erringt vier deutsche Pokalsiege und ist dreimal Sieger im Europapokal. Auch im Ausland ist er erfolgreich: In den USA gewinnt er mit Cosmos New York dreimal die US-Meisterschaft. 1982 spielt er eine Saison lang für den HSV. 1984 Berufung zum Teamchef der Nationalmannschaft (mangels einer DFB-Trainerlizenz darf er sich nicht Bundestrainer nennen); Endspielteilnahme bei der WM 1986 in Mexiko, Weltmeister 1990 in Italien. 1990 wird er auf Betreiben von *Bernard Tapie* Cheftrainer von Olympic Marseille, übernimmt später das Präsidenten-Amt des FC Bayern und holt als OK-Präsident des DFB die Fußball-WM 2006 nach Deutschland. Doch auch als Schauspieler und Buchautor tut er sich hervor: Hauptrolle in »Libero«, Autobiografien »Einer wie ich«, 1975, »Meine Freunde«, »Ich – wie es wirklich war«, 1993. **ERFOLGE** Er ist der bisher Einzige, der sowohl als Spieler als auch als Trainer eine Weltmeisterschaft gewann. Ehrendoktor der Sportakademie Sofia. **MACHT** Silbergraue Eminenz des deutschen Fußballs. **PARTNER** Mit *Uli* ➜ *Hoeneß* und *Kalle Rummenigge* führt B. den

FC Bayern auf einsame Gipfel.   **PLÄNE** FIFA-Chef ab 2006.   **IMAGE** »Der Kaiser« verleiht dem Proll-Sport von gestern den heutigen smarten Touch.   **GELD** B. ist Großverdiener als Werbefigur (»Ja ist denn jetzt scho Weihnachten?«) und Fernseh-Kommentator (Premiere, »BILD«-Kolumne) mit jährlichen Millioneneinkünften.   **RESIDENZ**   Lebt in Kitzbühel.   **HOBBIES** Golf: Handicap 7.
BEAUTY 1,81m / 82 Kilo; in Ehren ergraut.   **MAROTTE** Jo mei – schau mer mal.
FREUNDE Zu seinem 50. Geburtstag lädt er auf dem Münchner Oktoberfest Freunde aus aller Welt ein. Gaststar *Udo* ➔ *Jürgens* schaut bei dieser Gelegenheit *Elisabeth Flick* tief in die Augen.   **FAMILIE** Vater Oberpostsekretär. B. hat vier Söhne: *Thomas* (unehelich) bringt er in die erste Ehe mit, *Michael* und *Stefan* entstammen der ersten Ehe mit *Brigitte* und *Joel Maximilian* ist der uneheliche Sohn mit *Heidi Burmester* (➔ **LIEBE**). 2001 wird er erstmals Großvater: Sein ältester Sohn *Thomas* und Schwiegertochter *Ilona* freuen sich über ihre Zwillinge *Niclas* und *Raphael*.   **EHE** An seinem 21. Geburtstag, 1966, führt er *Brigitte*, eine unternehmungslustige Kontoristin bei der Sportschule Grünwald, zum Standesamt und bringt Söhnchen *Thomas* mit in die Ehe. Mit ihr hat er die Söhne *Michael* und *Stefan*. Das ist jene Zeit, als »die Bayern« noch nicht die Stars vom »FC Hollywood« sind, kein Geld kosten, aber immer gewinnen. Sportfotograf *Werek* beobachtet die Entwicklung aus kaufmännischer Sicht, denn während er mit seiner Kamera das gegenerische Tor besetzt, darf seine Laborantin *Diana Sandmann*, um einen weiteren Fotografen zu sparen, mit einer kleinen Kamera das Bayern-Tor abdecken. So kommt es, wie es kommen muss. Zuerst gibt es Kontakt zu Torwart *Sepp Maier*, dem *Karl Valentin* der deutschen Torhüter, dann machen erfreute TÜV-Berichte in der Mannschaft die Runde. Franz schlägt als Letzter zu und bleibt Diana elf Jahre lang ohne Ring und Trauschein treu. Um unauthorisierten Memoiren vorzubeugen, findet er sie großzügig ab. Danach ist er verheiratet mit *Sybille*, Sekretärin beim DFB, die er aber im Juli 2002 vom Platz stellt.   **LIEBE** Auswärtsspiele beim Fußball sind immer riskant. Auswärtsspiele daheim können unter Umständen riskanter, auf jeden Fall aber teuer werden. Ins Fegefeuer begibt sich B. im Hotel »Vier Jahreszeiten«, Spielfeld vieler Strafstöße und geeigneter Tummelplatz für eine Weihnachtsfeier des FC Bayern. Sie verläuft nicht nur anregend für den Kaiser, sondern auch recht fruchtbar. Die Folge heißt *Joel Maximilian*, glückliche Mutter ist die FC Bayern-Sekretärin *Heidi Burmester*. Bei »Bild« weiß man schnell vom misslungenen Phall-Rückzieher, aber als ihr Kolumnist genießt Franz B. Schonung. Als die Nachricht jedoch bis nach Mannheim vordringt und der Redakteur des »Mannheimer Morgen« Franzens Vaterfreuden arglos ins Blatt hebt, kommt der Kaiser in Bedrängnis: »Wie sage ich es meiner Frau?« Als Feuerwehrmann muss *Robert Schwan* († 13.7.2002), Mentor und Manager, herhalten und im Duo wird bei *Sybille Beckenbauer* gebeichtet. Die Kaiserin, als Sekretärin beim

DFB sturmerprobt, verhält sich fortan weise. Nach dem bundesweiten Knalleffekt der Erstmeldung wird es erstaunlich schnell ruhig um den kleinen Kaiser (*Boris* ➔ *Becker* sorgt schon dafür). Mit seiner Mama lebt er aber standesgemäß am Stadtrand von München. 1997 gab B. in einem Zeitungs-Interview auf die Frage nach einem vierten Kind die Antwort:« Dafür bin ich jetzt zu alt«. So kann man sich täuschen. **SEX** Dass bei einem Hochleistungssportler im Trainingslager sämtliche Muskeln im Einsatz sein müssen, ist dem sympathischen Kaiser (das Prädikat erfindet »AZ«-Kolumnist *Rolf Gonther*) sonnenklar, auch bei der WM-Vorbereitung in Malente. Das Gefühl der Kasernierung ist Franz deshalb fremd. Über einen hohen Maschendrahtzaun, der das Trainingslager hermetisch abschirmt, und mit Hilfe uniformierter Freunde, die mit einem Streifenwagen aushelfen, geht es nachts zu einem nahegelegenen Hotel, wo Gesangs-Star *Heidi Brühl* ihr Zimmer hat. Die herrliche, heimliche Kurz-Romanze jenseits der offiziellen Sport-Berichterstattung fällt allerdings der Zensur zum Opfer. »Einen Weltmeister pinkelt man nicht an«, brummt »AZ«-Chefredakteur *Udo Flade* – also muss ich schweigen. **PANNE** Mit 4 Eigentoren ist B. Rekordhalter des FC Bayern.

Becker, Boris

WER IST ES? Mediensüchtiger »Kammerdiener« **LEBENSDATEN** *22.11.1967 in Leimen **JOB** Deutschlands erfolgreichster Tennisspieler a. D.

KARRIERE 1981 Sieg beim Brühler Jüngsten Tennis Cup. 1982–84 deutscher Tennisjuniorenmeister. 1984 erste Teilnahme am Grand-Slam-Turnier in Wimbledon: Aus in der dritten Runde wegen Verletzung; bei den Australian Open erreicht er das Viertelfinale. 1985 wird B. Juniorenweltmeister im Tennis (Sieg über *Stefan Edberg*) und gewinnt sein erstes Grand-Prix-Turnier im Londoner Queen's Club. Am 7. Juli 1985 besiegt er im Finale von Wimbledon *Kevin Curren* und ist damit nicht nur der erste deutsche Wimbledon-Sieger, sondern mit 17 Jahren auch der jüngste seit Bestehen des Turniers. 1986 erringt er seinen zweiten Wimbledon-Sieg gegen den Weltranglistenersten *Ivan Lendl*. 1988 sieben Grand-Prix-Siege; 1989 dritter Wimbledonsieg; Siege in fünf von sechs Grand-Prix Finalspielen und Gewinn des Davis-Cup für die deutsche Nationalmannschaft. Bei den Australian Open 1991 wird er durch einen Sieg gegen Lendl Nr. 1 der Weltrangliste (aber nur für 20 Tage). 1995 Gewinn der Weltmeisterschaft der Association of Tennis Professionals (ATP); 1996 Sieg bei den Turnieren in Queens, Australien und München. 1997 offizieller Rücktritt von den großen Turnieren. **ERFOLGE** ➔ KARRIERE.
PARTNER Ohne Trainer *Günter Bosch* und Manager *Ion Tiriac* gäbe es das Phänomen

B.B. nicht. **KONKURRENTEN** Die ewigen Duelle. Gegen *Ivan Lendl*. Und *John McEnroe*. Und *Stefan Edberg*. Und der kurze Kampf mit *Michael Stich* um die Vorherrschaft in Deutschland. **PLÄNE** Schlagzeilen. **IMAGE** Egomane, der sich »Baron« nennen lässt. **RESIDENZ** Im Münchner Prominentenviertel Bogenhausen muss Boris einen Becker-Zuschlag in Kauf nehmen (AOL-Werbung: »Immer das Beste herausholen«), als er in der Lamontstraße ein Haus, das für 4,2 Millionen Mark auf dem Markt ist und keinen Käufer findet, für über 7 Millionen erwirbt. Zuvor hatten Boris und Frau *Babs* in einem großen Apartment in der Gaussstraße gewohnt. Taxifahrern ist diese Adresse gut bekannt, weil Frau Becker nach Shopping-Orgien in der exklusiven Maximilianstraße nicht nur ein veritables Wühltischchaos zu hinterlassen pflegt, sondern auch darauf besteht, dass die unzähligen Tüten bis in die Etagenwohnung getragen werden. 2002 vermietet Boris das Haus und zieht für einen Monat (mit Begleitung) in das Hotel »Palace« von *Roland Kuffler*. **MOBILITÄT** Fliegt seit 2002 nicht mehr im Privatjet. Fährt einen Mercedes-Geländewagen AMG 55 und tankt stets an der München-Bogenhausener Promi-Tankstellen von *Carlheinz Kürschner*. **HOBBIES** Golf und Fußball (FC-Bayern-Fan; auch Mitglied des Beirats beim FC Bayern München). **BEAUTY** Eine Inkarnation von Vincent van Gogh und Kirk Douglas. **MAROTTE** Seit in B.B. die Erkenntnis reifte, dass er als Tenniscrack im Ruhestand nicht mehr unbedingt im Mittelpunkt steht, lässt er sich stets etwas einfallen. Schlagzeilenträchtig sollten die Aktivitäten schon sein. So entsteht eine ununterbrochene Nachrichtenlinie, als er mit der bis dato nicht sonderlich bekannten Sängerin *Sabrina Setlur* unterwegs ist. Auch werden Zeitungs-Kontaktleute brav unterrichtet, sobald B.B. im fernen New York mit einer neuen Gespielin vom gleichen Raster das Hotel verlässt. **FAMILIE** Zwei Söhne, *Noah Gabriel* und *Elias Balthasar*. **EHE** Im verflixten siebten Jahr zerbricht die Ehe mit *Barbara Feltus*: Scheidung am 15.1.2001. **LIEBE** Wie es mit *Babs* begann, wissen auch *Roberto Blancos* aufgeweckte Tochter *Patricia* und ihre blonde Freundin am Stammtisch des Schwabinger Café Extrablatt. Zwei Seitenstraßen weiter hatten sie beobachtet, wie Boris seiner Neuerwerbung in der Boutique »Payday« eine modische Erstausstattung spendiert. Lange Zeit zählt »Parkcafé Babs«, die aus Karlsruhe, dem Wohnort ihrer Mutter, nach München kommt, zu den wichtigen Stützpunkten der Nacht beim Wettbewerb um den begehrtesten Wanderpokal. Dabei trägt sie gerne Trainingsanzüge mit praktischem Gummizug. Abweichend von vielen One-Night-Stands nimmt Boris, der erotische Neuling, diese Begegnung jedoch so ernst, dass er nicht mehr von ihrer Seite weicht. Entsprechend eisig ist denn auch die Stimmung beim Frühstück in der appetitlichen Polo Lounge im »Beverly Hills Hotel«. Kaum sind die Rühreier mit knusprigem Speck serviert und die Willkommensworte von Gastgeber *Jürgen Schau* (»Columbia-Film«) verhallt, als Becker mich bittet, mit ihm nach draußen zu gehen. Im Vorraum droht er: »Ich habe eine Faust in der Tasche«. Mit Rücksicht auf den Gastgeber will er einen Skandal vermeiden, doch hatte ihn eine Äußerung auf der Medienseite der »Süddeutschen Zeitung« geärgert, in der Barbaras fideles Münchner Nachtleben vor Beckers Zeit beleuchtet wird. »Ich will das alles nicht wissen«, zischt er, ziemlich unempfindlich gegenüber vielfältigen Details. **SEX** In einer Londoner Wäschekammer absolviert Bobbele mit der Russin *Angela Ermakowa* den unbestreitbar schnellsten Quickie aller Zeiten (fünf Sekunden, wie er im deutschen Fernsehen berichtet). Das Ergebnis, Tochter *Anna*, ist Boris wie aus dem Gesicht geschnitten. Lange Zeit geistert das medizinische Wunder vom »Sa-

hat. **PANNE** Anstatt der simplen Feststellungsklage fernzubleiben, bei der festgelegt werden soll, dass seine Scheidung von *Barbara* vor dem Gericht in Miami nicht im Fernsehen übertragen wird, erscheint B.B. trotzig vor dem Richter. Der gegnerische Anwalt nützt geschickt die Gelegenheit, einen vorgezogenen Scheidungstermin daraus zu machen. Das Ganze wird vier Stunden lang live im Fernsehen übertragen: Boris macht keine gute Figur. Babs ist klüger: Sie bleibt (und sieht) fern.

Beckham, David

WER IST ES? Pop-Profi
LEBENSDATEN *2.5.1975 in London
JOB Profifußballer **KARRIERE** Gibt 1992 mit 17 sein Debüt in der ersten Mannschaft von Manchester United. Er absolviert 38 Länderspiele, ist 1996/97/99 und 2000 Englischer Meister, 1996 und 1999 Englischer Cupsieger sowie 1999 Sieger der Champions League. Gilt als Supertechniker und als gefürchteter Distanz- und Freistoß-Schütze.

ERFOLGE Sportler des Jahres 2001. Wird von der BBC zur »Sportlerpersönlichkeit des Jahres« gekürt. Sein Freistoß in der Nachspielzeit des WM-Qualifikationsspiels gegen *Otto Rehhagels* Griechen brachte England erst sicher zur WM.

IMAGE Spice Boy der Fußballarenen. **GELD** Verdient im Monat 450 000 Euro. Sein Jahresgehalt wird auf 5 Millionen Euro geschätzt. **RESIDENZ** Die Beckhams leben in »Beckingham Palace«, einem Schloss in Herfordshire (Wert: 4 Millionen Euro) und besitzen ein Penthouse außerhalb von Manchester. **MOBILITÄT** B. ist ein Autofreak. In seiner Garage stehen neben einem Bentley zwei Ferraris, ein Mercedes und ein Jeep sowie ein weiterer Mercedes und ein BMW, die von seiner Frau gefahren werden. **STYLE** Trägt Versace, ist Nichtraucher und trinkt nicht.
BEAUTY Seine Kopf-Deko scheint den 1,80 großen Star-Kicker (bzw. seine dominante Ehefrau, der ihr Mann im TV missfällt) sehr zu beschäftigen. Bei der WM 2002 muss der Hausfriseur eigens in Japan antanzen. Angesichts des Resultats muss man sich fragen, was der Mann von Beruf ist. Andere Sorgen drücken David nicht? Irritiert durch seine Haar-Eskapaden haben die Sponsoren sich jetzt vertraglich zusichern lassen, dass B. sich pro Saison für eine Frisur entscheiden muss.
MAROTTE Trinkt nicht – für einen englischen Fußballprofi ist das so ungewöhnlich wie Schweigsamkeit für eine Frau. **FAMILIE** Sohn einer Friseuse und eines Küchenmonteurs. **EHE** Seit 1999 verheiratet mit dem früheren »Spice Girl« *Victoria Adams* (»Wir telefonieren bis zu 15 Mal am Tag«). Die beiden haben Sohn *Brooklyn Joseph*, der sehr verwöhnt wird und dem B. bei Harrods einen Mini-Ferrari kauft. **SCHICKSAL** B. wurde schon mit Morddrohungen konfrontiert und entgeht bei einem Unfall mit seinem Ferrari Maranello knapp dem Tod, nachdem die Bremsleitungen von einem Unbekannten zerschnitten worden waren.

Begum Inaara Aga Khan

Geboren als Gabriele Thyssen **WER IST ES?** Deutschstämmige Ehefrau von Ismaelitenführer Prinz *Karim Aga Khan IV.* **LEBENSDATEN** *1.4.1963 in Frankfurt am Main **JOB** Erfüllt perfekt mehrsprachig und mit Grandezza ihre repräsentativen Aufgaben am Hofe Khans. Engagiert sich in verschiedenen Projekten, u. a. in der UNESCO.
KARRIERE Elite-Schule Schloss Salem am Bodensee und Ecole des Roches (Normandie), Abitur in Salem und Jura-Studium an den Universitäten München und Köln. Promotion zum Dr. jur.

GELD Wie reich der Aga Khan ist, weiß nur Allah. Er ist Großaktionär bei internationalen Konzernen, beteiligt an der Fiat-Agnelli-Gruppe und an Lufthansa, besitzt Bankhäuser, Zeitungsverlage, Edelsteinminen, drei Fluglinien, verschiedene Industrie-Großbetriebe, Kliniken, Hotels, Grund und Immobilien in Frankreich, Italien, Kanada und der Schweiz, ein Gestüt in der Normandie mit 300 Rennpferden, Schlösser in Irland und Frankreich und die schnellste Großyacht der Welt, Privatjets und Helikopter, beherrscht die Costa Smeralda, finanziert Krankenhäuser und Schulen in Afrika. **FAMILIE** Mutter ist die Unternehmerin *Renate* ➔ *Thyssen*. **EHE** Erste Ehe mit *Karl-Emich Erbprinz zu Leiningen*, mit dem sie die Tochter *Theresa* hat. Heiratet am 30. Mai 1998 in Aiglemont bei Paris Prinz *Karim Aga Khan IV.* (*Aga Khan,* ★13.12.1936 in Genf). Er ist seit dem 14. Juli 1957 der 49. Imam, das geistige Oberhaupt der 15 Millionen Ismaeliten, die in 25 Ländern leben, und der begehrteste Ehemann der Erde (➔ Geld): Von 1969–95 war er verheiratet mit der Engländerin *Sally Croker Poole*, einem Top-Model, aus dem bei der Heirat *Begum Salima* wird. Drei Kinder: Prinz *Rahim,* Prinz *Hussain* und Prinzessin *Zahra* (verheiratet mit *Mark Boyden,* Tochter *Sara,* Sohn *Ilyan*). Danach folgte eine lange Liaison mit der Wiener Society-Lady *Pilar von Goess,* der er als Abfindung ein Kaufhaus in Wien schenkt. Prinzessin Gabriele konvertiert zum Islam und bringt im März 2000 den gemeinsamen Sohn Prinz *Aly Aga Khan* zur Welt. **LIEBE** Vor ihren Ehen ist sie mit *Max Strauß,* dem ältesten Sohn von Ministerpräsident *Franz Josef* ➔ *Strauß,* verbandelt. **DER WEG INS GLÜCK** Prinzessin Gabriele zu Leiningen läuft mir in der Madrider Innenstadt über den Weg. Eigentlich will sie shoppen, nun willigt sie ein, mich zu einer Vernissage zu begleiten, zu der auch der spanische König eingeladen ist. Gastgeber ist Stahlbaron *Heini* ➔ *Thyssen-Bornemisza*. Alt und schwach geworden, möchte der weltweit mit Immobilien gesegnete Kunstmäzen jedoch auf keinen Fall bei der Ausstellung seiner Bilderschätze fehlen, auch wenn er sich dazu an der Nichte des spanischen Königs festhalten muss. Abgeschottet von seiner Frau *Tita,* wartet er auf ➔ *Juan Carlos* und Königin *Sofia,* deren Eintreffen daran zu erkennen ist, dass Sicherheitsbeamte sofort hinter dem Monarchenpaar die Halle abriegeln. »Tout Madrid« muss vorerst hinter der roten Kordel warten und darf erst später, in geziemendem Zeitabstand, folgen. Nur 22 Gäste von *Heini,* darunter Prinzessin Gabriele und ich, sind beim königlichen Voraus-Rundgang dabei, weil wir »richtig« vor der schnell errichteten Absperrung stehen und aus der Sicht der Ordner zur Familie gehören. Ein wenig stimmt das ja auch: In Schlangenlinien wird die Bilderstraße genommen, als Königin *Sofia* plötzlich die Hand zum Gruß hinhält und von Prinzessin Gabriele, die vor ihrer Ehe mit Prinz *Karl-Emich zu Leiningen* den Namen *Thyssen* trug, die verwandtschaftlichen Linien erfährt – die Leiningens sind mit der spanischen Monarchin verwandt. Dann schließt sich die Königin wieder der Gruppe der Royals an, von der sich jetzt aber der König löst und Kurs auf Gabriele nimmt. Bis zum Ende der Vernissage unterhalten sich die beiden so intensiv, als würden sie sich schon immer kennen. Wenige Wochen später werde ich auf Schloss Amorbach eingeladen (es heißt nur so, die Liebe der Leiningen-Verwandtschaft ist längst den Bach hinunter). Wieder wird König *Juan Carlos* erwartet, der nach der Verleihung des Karlspreises in Aachen einer Einladung von Karl-Emich und Gabriele folgt. Aus zwei geplanten Tagen werden vier, mit Jagd, Spaziergängen und Dinner. Ein paar Wochen später folgt des Monarchen Gegeneinladung zur Jagd. Karl-Emich ist geehrt, doch zeichnen sich in der Ehe mit Gabriele immer größere Risse wegen Leiningens millionenschwerer Familienstreitigkeiten ab – und auch, weil Gabriele nicht standesgemäß sei. Zu diesem Jagdtreffen in Spanien erscheint neben anderen Prinz *Karim Aga Khan*, der beste (Jagd-)Freund des Königs. Er sieht Gabriele – und macht ernst. Der Ismaelitenführer heiratet sie praktisch vom Fleck weg. 1998 schließlich bin ich Gast beim großen Hochzeitsball im hochherrschaftlichen Khan-Sitz Aiglemont bei Paris, begleitet von Frau *Monika* und Sohn *Micky* (8), der mit seiner ersten Balldame, der kleinen Prinzessin *Theresa* (Gabrieles Tochter), einen Kindertisch ganz vorn an der Tanzfläche hat. Es ist das perfekteste Fest des Jahrzehnts mit dem längsten Feuerwerk des Jahrhunderts. Im Mittelpunkt stehen ein total verliebter Aga Khan und eine glamouröse Begum aus München, die ihre Rolle meistert, als sei sie immer schon an seiner Seite. Etwas im Schatten ein trauriger *Juan Carlos*. Und nicht nur das: Als die Hochzeitsnachricht weltweit bekannt wird, verschlägt es den Damen im Promiviertel Herzogpark komplett die Sprache.

SKANDALE Eine kesse Lippe gegen Aga Khans schöne Begum leistet sich die mit fränkischem Raureif gesegnete Fürstin *Eilika zu Leiningen* und macht damit spielend dem Klischee von der bösen Schwiegermutter alle Ehre. Immerhin ist sie die erste Frau, die ein hässliches Wort über das Traumpaar verloren hat, und man kann sich die Tonlage lebhaft ausmalen, denn wenn die Fürstin schnattert, entwickelt sie das Arbeitsgeräusch einer Sattlernähmaschine. Im Londoner »Daily Express« sagt sie in der Headline auf Seite 32: »She may be good enough for Aga Khan, but she was to common for my son« (Sie mag gut sein für den Aga Khan, aber sie war zu gewöhnlich für meinen Sohn). Bei Fielmann gibt es Brillen zum Nulltarif.

Beierlein, Hans R.

> **WER IST ES?** Gold-Hai **LEBENSDATEN** *19.4.1929 in Nürnberg **JOB** Rechte-Besitzer, Musikproduzent (»Montana«) mit Schnulzen-Schwerpunkt, unverwüstlicher Strippenzieher **KARRIERE** Startet als Rene H. Barselini mit einer Skandal-Story über eine Miss-Wahl in Fürth (Honorar: zehn Mark). Schreibt später für »Stern« und »Spiegel«, erfindet die deutsche Klatsch-Kolumne (»Beierleins Filmtagebuch« in der »Abendzeitung«). Managt *Udo* ➜ *Jürgens* und bringt die Volksmusik ins deutsche Fernsehen.

PARTNER B.s rechte und linke Hand ist seit Jahren die blonde *Bizzi Nießlein*, die an ungeraden Tagen den einsamen Postmann *Franz Josef Wagner* zweimal klingeln lässt, jenen Journalisten, den die »SZ« als »seifigsten Briefschreiber des Landes« adelt und dem sie Verbal-Diät verordnet. So richtete der Izzibizzi-Poet, der schon mal zum Nachdenken über den Sinn des Lebens ganz oben auf's Dach des Springer-Hochhauses klettert, in »Bild« die Worte »Sie sind der Künstler des Fetts« nicht etwa an Joseph Beuys, sondern an Leverkusens Manager *Rainer* ➜ *Calmund*. **GELD** Kauft 1972 für 5000 Mark die überraschenderweise noch nicht vergebenen Rechte der »Internationale«, dem Lied der Linken, das sich als Gelddruckmaschine entpuppt: die DDR muss jährlich 200 000 harte D-Mark überweisen. 2002 laufen die Rechte aus. **KONKURRENT** *Jack White* (eigentlich *Horst Nussbaum*), laut »Spiegel« ein »Autohändler, Dolmetscher, Fußballprofi, Marktforscher und Musikproduzent mit über 300 Gold-, Platin-, Triplegold und Doppelplatin-Platten«, der in dritter Ehe mit einer 28 Jahre jüngeren Frau verheiratet ist. Der Vorstandsvorsitzende der »Jack White Productions AG, Berlin« hat *Roberto Blanco, Tony Marshall* und *Hansi Hinterseer* zu deutschen Stars gemacht. **RESIDENZ** B. wohnt wie *Gerhard* ➜ *Polt* am Schiersee sowie in Südfrankreich. **SEX** Zeitlos auf der Spur.

Beisheim, Otto

> **WER IST ES?** Keiner kennt ihn, alle kaufen bei ihm ein **LEBENSDATEN** *3.1.1924 in Vossnacken bei Essen **JOB** Besitzer der Metro-Kette, Deutschlands reichster Mitbürger **KARRIERE** Fast ist es die klassische Tellerwäscher-Millionär-Story: Der Lehrling in der Mühlheimer Elektro-Großhandlung »Stöcker & Reinshagen« steigt zum Prokuristen auf. In den 60er Jahren sieht er auf einer Geschäftsreise in die USA den Cash-and-Carry-Großhandel und gründet 1964 nach amerikanischem Vorbild seinen ersten Supermarkt in Deutschland.

ERFOLGE Ehrendoktor der Universität Dresden. **MACHT** Zusammen mit seinen früheren Geldgebern und heutigen Partnern Schmidt-Ruthenbeck und der Haniel-Gruppe kontrolliert er 337 »Metro« und 279 »Media Märkte«, »Kaufhof«, »Horten«, »Primus/Meister«, »Saturn Hansa«, »Obi«, »Cash-and-Carry«-Märkte, Kuoni und die LTU. **GELD** Auf dem Haben-Konto befinden sich 13 Milliarden Euro. Er hat keine Familie und keine Erben und lebt sehr spartanisch. Dazu passt vielleicht, dass Deutschlands Reichster mit seiner Haushaltshilfe in Miami um jeden Dollar Gehaltserhöhung schachert. **RESIDENZ** In seinem von außen unscheinbaren Haus am Tegernsee sowie in seinem Domizil in Miami, wo er gern in den Biergarten »Heidi« geht oder beim Chinesen »Christin Lee« isst, war ein Meer von Monitoren installiert, damit er sich sofort in die aktuelle Geschäftslage der Metro-Kette einklicken und den aktuellen Umsatz auf dem Schirm abfragen konnte. Am Berliner Potsdamer Platz baut er sich mit dem Zweitürme-Komplex »Beisheim Tower« (Architekten: *Heinz Hilmer* und *Christoph Sattler*) sein eigenes, 450 Millionen Euro teures Denkmal. Wohnungen, Bürofluchten, zwei Hotels und ein eigenes Penthouse sollen zum 3.1.2004 fertig gestellt sein, Beisheims 80. Geburtstag. **MOBILITÄT** Lange Jahre bewegte er sich in einem grasgrünen VW »Scirocco« (immerhin mit gepanzerten Scheiben) durch die Gegend. Neuerdings fährt er eine silberne, sehr sichere S-Klasse. Für Kurzstrecken nimmt er seinen Helikopter, für längere Reisen seinen Lear-Jet. **HOBBIES** Seit er die Exekutive seines Imperiums delegiert hat, spielt er vorwiegend Golf (Handicap 11) im Club von Bad Wiessee, der früher über neun und dank einer Finanzspritze Beisheims nun über 18 Löcher verfügt. Bei dieser Art von Streicheleinheiten können die wenigsten »Nein« sagen. Deshalb zählt B. – wie auch *Gunter* ➔ *Sachs*, Großverleger Dr. *Hubert* ➔ *Burda* oder Lager-Lord *Victor* (»Peanuts«) *Erdmann* – zu den Privilegierten, die den Golfplatz mit dem Elektrokarren befahren dürfen. Gegen eine grüne Spende ist das Gelände spielgerecht flurbereinigt und ein störender Baum auf dem dritten Fairway gefällt worden. Auch Gebüsch wurde auf angenehme Beisheim-

Höhe gestutzt. Im Dachgeschoß seines Tegernseer Eigenheims verbirgt sich ein ganzer Golf-Shop: Über 20 Sätze Golfbesteck, Hölzer, Eisen und rund 40 Putter. **STYLE** Seine Garderobe kauft er von der Stange: am liebsten Tracht, Modell »Musikantenstall«. Bloß nix verkommen lassen, scheint die Devise, denn die Anzüge werden aufgetragen bis zur Zitterpartie. **BEAUTY** Sieht aus wie Herr Kaiser von der »Hamburg-Mannheimer«. **MAROTTE** B. isst am liebsten Schnitzel mit Bratkartoffeln, trinkt Bier, aber auch Rotwein. Mit Schweizer Freunden, den *Küderli-Brüdern*, fuhr er in Miami schon etwas länger um die Häuser, um ein Lokal zu finden, wo der offene Rotwein nur sieben Dollar kostet. Der richtig gute Stoff (»Château Petrus«, »Cheval Blanc«, »Mouton Rothschild«, »La Tour«) lagert in seinem Tegernseer Keller. Das dortige Vogelhaus ist übrigens groß genug für eine ganze Studenten-WG. **FREUNDE** Der smarte Lagerunternehmer *Victor Erdmann* scheint das Kontrastprogramm für den rustikalen *Rampf-Rudi* vom Tegernsee zu sein, der in Miami schon mal den Erzherzog-Johann-Jodler auf der Wolkenkratzer-Terrasse ertönen lässt. Damen kommen aber auch nicht zu kurz: »Wo ist denn Deine hübsche Freundin?«, wird B. gefragt, als er in Miami den »Indian Creek« betritt, einen besonders elitären Golfclub, vor dessen Eingang bis vor kurzem noch das Schild hing: »No Jewish, No Black«. Die Spieler erkundigen sich nach der attraktiven Pillen-Prinzessin (Hohenzollern-Apotheke, München) *Christiane Winkhaus*, und der jubelnd begrüßte Gentleman aus Old Germany lächelt sibyllinisch; schließlich ist er in Begleitung der rüstigen Dänin *Lise Evers*, Mutter von zwei Kindern, gekommen. Sie war die beste Freundin seiner verstorbenen Frau *Inge* und hat schon seit 16 Jahren Biss auf Beisheim. Warum wohl? Lise ist verheiratet mit dem 85-jährigen Bonvivant *Paul*, eine Mischung zwischen *Claus von Amsberg* und dem Maschinenfabrikanten *Fritz Deckel*. Paul ist nun allein zuhause, durfte erstmals nicht mit ins sonnige Florida, auf den alljährlichen Überwinterungstripp von November bis Ostern. Zurück bleibt auch die rassige Pillen-Prinzessin *Christiane*, die wie Beisheim eine Kanone im Golfspiel ist, aber sich keine mehrmonatige Abwesenheit von ihrer Apotheker-Stelle leisten kann. Unter ihrem Einfluss ist Mister Metro modisch richtig flott geworden. **FAMILIE** Der Vater war Verwalter. **EHE** Verwitwet von Frau *Inge*, die bis in die 70er Jahre die Schmuckabteilung der Metro Düsseldorf leitete, hat B. keine Erben. **SEX** Überraschend fit. **PANNE** Im kleinen Schweizer Kanton Zug, immer gut für große Geschäfte, gründet B. die Medien-Handels AG. Zur großen Überraschung in der von *Leo* ➔ *Kirch* kontrollierten deutschen Fernseh-Szene kauft sie für rund 500 Millionen Mark rund 2500 Filme aus dem Kirch-Fundus, um sie mit großem Aufschlag weiter zu veräußern. Der Sender SAT 1 hätte das billiger haben können, doch wegen Streitigkeiten zwischen Kirch und Springer-Chef *Peter Tamm* kam der Deal nicht zustande. Lange Zeit sieht es so aus, als ob der Handelsriese Beisheim Blut an der Sparte Medien geleckt hätte. So steigt der Außenseiter beim Deutschen Kabelkanal groß ein, aber kurze Zeit später schon wieder aus.

Bellucci, Monica

WER IST ES? Das Schönste, was Italiens Film in letzter Zeit zu bieten hat **LEBENSDATEN** *30.9.1968 in Città di Castilio **JOB** Schauspielerin **KARRIERE** Beginnt 1988 als Model, dann folgen die Filme »Dracula« (Regie: *Francis Ford Coppola*), »Der Zauber von Malena«, »Dobermann« (mit Ehemann *Cassel*) und »Under Suspicion«. Im neuen Asterix-Film spielt sie die Cleopatra neben *Gerard* ➜ *Depardieu* (er ist der Obelix) und dreht 2002 »Matrix 2«. In »Irreversible« (Regie: *Gaspard Noe*) wird Monica zehn Minuten lang von einen Zuhälter vergewaltigt – das Publikum bei den Festspielen 2002 in Cannes ist von den drastischen Aufnahmen geschockt.

BEAUTY Diven wie *Sophia Loren*, *Gina Lollobrigida* oder *Anita Ekberg* haben endlich eine Nachfolgerin, noch dazu eine mit Köpfchen. Das schöne Vollweib haben die Lichtbildner *Peter Lindbergh* (der privat mit dem weiblichen Geschlecht wohl nicht viel am Hut hat) und *Helmut Newton* porennah fotografiert. Bella Bellucci steht zu ihren Nacktfotos: »Ich mache das, wozu ich Lust habe, und mit Peter zu arbeiten ist besonders schön, weil das Kunst ist. Die Fotos zeigen keinen Zentimeter zuviel von mir, sie sollen nur die Phantasie anregen.« **EHE** Der Öffentlichkeit gaukelt sie ein mondänes Single-Leben vor. Verehrer beißen sich jedoch die Zähne aus, weil die Bella der Superlative hundertprozentig verheiratet ist. Na ja, neunzigprozentig. Mit *Vincent Cassel*, Sohn des französischen Filmstars *Jean-Pierre Cassel*, der das Ladykiller-Kapital von Papa geerbt hat. Im April 2002 gibt es erste Gerüchte, dass ihre Ehe on the rocks ist. **SEX** »Die Hülle eines Mannes ist mir egal, worauf es ankommt, ist seine Intelligenz. Intelligenz ist Sex.«

Berger, Helmut

Eigentlich Helmut Steinberger **WER IST ES?** Männlichste Diva der Welt **LEBENSDATEN** *29.5.1944 in Bad Ischl **JOB** Filmschauspieler. **KARRIERE** Abitur am Franziskaner-Kolleg in Feldkirch, danach Reiseführer, Kellner und Fotomodell. 1966 wird er von *Lucchino Visconti* für eine kleine Rolle in »Hexen heute« engagiert, dann Erfolge mit »Die Verdammten« (1968), »Ludwig II.« (1972) mit *Romy Schneider* als Kaiserin Elisabeth (Sissy), »Gewalt und Leidenschaft« mit *Silvana Mangano* und *Burt Lancaster*, *Vittorio de Sicas* »Die Gärten der Finzi Contini« (Produktion *Arthur* ➜ *Cohn*), »Das Bildnis des Dorian Gray«, *Otto Schenks* »Reigen« (1973) und »Salon Kitty« (pornografische Version von *Tinto Brass*). 1999 spielt er in dem ZDF-Film »Doppeltes Dreieck« mit *Barbara Rudnik* und *Max Tidof*.

PARTNER B. ist *Lucchino Viscontis* Schöpfung. Mit dem Tod des Entdeckers und väterlichen Liebhabers, dem auch *Alain Delon* und *Roger Fritz* in die Quere kommen, verblasst sein Stern.   **RESIDENZ** Lebt in einer herrlichen Eigentumswohnung in Rom.   **STYLE** Rauschfrei ist der schöne Mensch Berger ein Juwel, gescheit, geschmackssicher und großzügig. Zum Mephisto wird er, wenn in seinen Adern Fremdstoff zirkuliert. Dann kommandiert er Kellner wie Leibeigene, und die lassen sich das komischerweise gefallen. Sein Charme kann so hinreißend sein, dass er alle Frauen dieser Welt bekommen könnte – wenn er denn wollte. Aber gut aussehende Gents gefallen ihm besser. Nur homosexuell dürfen sie nicht sein: B. sucht den heterosexuellen Mann, den er verführen will.   **FREUNDE** Der Hahn im Korb ist befreundet mit vielen Schauspielerinnen und Society-Ladies wie *Marisa Berenson*.   **FAMILIE** Die Eltern sind Gastronomen.   **EHE** Eher aus Versehen heiratet B. die 13 Jahre jüngere Schauspielerin *Francesca Guidato*, von der er er sich schnell wieder trennt.   **SEX** Unstillbar nach allen Richtungen.   **PANNE** Wegen Unzuverlässigkeit am Set scheitert nach einem Jahr (1983/84) B.s Mitwirkung in der amerikanischen TV-Serie »Denver Clan«. Aus ähnlichem Grund nimmt Regisseur *Helmut* ➜ *Dietl* Abstand davon, ihn als »Baby Schimmerlos« für seine Serie »Kir Royal« zu engagieren.   **SKANDAL** Im Hotel »Vier Jahreszeiten« hat B. heute Hausverbot. Das kostbare Inventar seiner Suite muss für ein spontanes »Dschungel-Fest« herhalten, bei dem an die zehn Ladies, darunter Prinzessin *Johanna zu Sayn-Wittgenstein* (spätere Frau *Flick*, noch spätere Frau *Douglas* und noch viel spätere Frau *Walter*) und *Rosemarie Springer* (Zeitungsdynastie) *Pretty Helmut* in ihrer Mitte haben. Man geht so richtig aus sich heraus: Gobelins werden von den Wänden gerissen und zum Kostüm umfunktioniert, die Lüster dienen als Lianen, mit deren Hilfe zehn Frauen und ein Mann den Tarzan machen. 90 000 Mark stehen anschließend auf der Rechnung unter »Extras«, darunter der Vermerk: »Bitte besuchen Sie uns nicht wieder.«

Berger, Dr. Roland

> **WER IST ES?** Trouble-Shooter und Door-Opener **LEBENSDATEN** *22.11.1937 in Berlin **JOB** Unternehmens-Gutachter, weiss alles, kennt jeden **KARRIERE** Studiert Betriebs- und Volkswirtschaft in Hamburg und München. Diplom als Jahrgangsbester. Heute Herr über 1500 Mitarbeiter.

ERFOLGE Optischer Vorbote für den Coup seines Lebens sind die auffällig häufigen Privatbesuche des damaligen Deutsche-Bank-Chefs *Alfred Herrhausen* in der Grünwalder Villa von B. 1988 platzt die Bombe: Die Deutsche Bank kauft sich für rund 75 Millionen Mark in seine damals noch kleine Unternehmensberater-Firma ein. B. behält 25 Prozent, sichert sich aber die Führung. 2002, noch bevor *Lothar Späth* gefragt wird, erhält B. von *Edmund Stoiber* das Angebot, im Falle eines Wahlsieges Wirtschaftsminister in seinem Kabinett zu werden. **IMAGE** Alerter Globetrotter. **HOBBIES** Musikfreund und Kunstliebhaber. Sportlich: hält sich fit mit Wandern, Skilaufen und Golfspielen. **STYLE** Übernachtet vorzugsweise im Sheraton-Hotel am Frankfurter Flughafen, weil es so praktisch ist und diskret. **FREUNDE** Mitglied der Seilschaft »Bavaria«. **FAMILIE** Verheiratet mit der Journalistin *Karin Gottschalk*. Zwei Söhne, *Markus* und *Oliver*. **SEX** A-Liga.

Berlusconi, Silvio

WER IST ES? Neuer Cäsar Roms, aber ungleich mächtiger als sein italienischer Vorfahre, weil er keinen Asterix und dessen Zaubertrank-Gallier befürchten muss und alle Medien des Landes im Griff hat. **LEBENSDATEN** *29.9.1936 in Mailand **JOB** Ministerpräsident Italiens **KARRIERE** Studium der Rechtswissenschaften an der Universität Mailand, beste Examensnoten. Finanziert das Studium mit Auftritten als Conferencier und Pianist auf Schiffsreisen und als Staubsaugerverkäufer. Mit 23 wird er Geschäftsführer eines Bauunternehmens, macht sich 1961 selbständig und mehrt sein Vermögen als Investor. Neben seinen Aktivitäten als Baulöwe (er baut italienische Satelliten-Städte) leistet er Pionierarbeit beim Kabel-TV. Seit 1980 eigene Sender. Zehn Jahre später gewinnt er auch als Politiker große Power. 1994 (von Mai bis November) wird er das erste Mal Staatschef, zum zweiten Mal 2001.

ERFOLGE Der Italo-Herrscher mit dem Duce-Kopf, der sein Land finanziell schon besser dastehen lässt, ist nun schon länger im Amt als seine Neuzeit-Vorgänger, die so ziemlich alle drei Wochen ihr Parlament auflösten. **MACHT** Die privaten Sender (TV-Holding »Mediaset«, »Canale 5«, Italia Uno« und »Rete Quattro«) sind sein Eigen, die öffentlichen stehen unter seinem Einfluss. Auch gehört ihm der Fußballclub AC Mailand. **IMAGE** Smarter Medien-Tycoon mit elastischem Verhältnis zum Rechtsstaat. **GELD** Nach *Gianni* ➔ *Agnelli* zweitreichster Mann Italiens. **RESIDENZ** Wohnt im Palazzo Arcore bei Mailand, verfügt über eine Strandvilla an der ligurischen Küste und ein Chalet in St. Moritz. **MOBILITÄT** Besitzt eine 45-Meter-Yacht »Principessa Vai Via«. **HOBBIES** Segelt und spielt Tennis. Manchmal jettet er nach München, wo er deutsche TV-Beteiligungen unterhält, und besucht bei der Gelegenheit Museen und Theateraufführungen. **FREUNDE** Die Rotarier. **FAMILIE** Vater Bankangestellter. 1996 macht B. seine Tochter *Marina* zur Vize-Chefin der Firma Fininvest und 2000 wird Sohn *Pier Silvio* Vize-Präsident von Mediaset. **EHE** Die attraktive und kurvenreiche *Veronica Berlusconi* spielt in erster Linie die Rolle einer italienischen Mamma. Früher arbeitete sie unter ihrem Künstlernamen Veronica Lario. Silvio sieht sie 1980 bei ihrem Oben-Ohne-Auftritt im Mailänder Teatro Manzoni und folgt ihr bis hinter die Bühne. Eine große Liebe beginnt, die erst zehn Jahre später standesamtlich besiegelt wird, nachdem seine erste Ehe mit *Carla Dall'Oglio* aufgelöst wird. Veronica erzieht die drei Kinder nach anthroposophischen Richtlinien und dezimiert den Fernsehkonsum der Kleinen, die in Mailand die Rudolf-Steiner-Schule besuchen. Im Park des prachtvollen Palazzo Arcore gibt es einen Garten, in dem Biogemüse gezogen wird und Kühe und Ziegen leben. Auch Silvios Mutter *Rosa*, 90 Jahre und sehr rüstig, wohnt da und hat immer noch ein Wörtchen mitzureden. **SCHICKSAL** Übersteht 1997 eine schwere Operation.

Bin Abdulaziz, Al-Saud Abdallah

> **WER IST ES?** Prinz aus 1001 Nacht
> **JOB** Kronprinz des Königreichs Saudi-Arabien; erster stellvertretender Ministerpräsident und Oberkommandierender der Nationalgarde des Königreichs.

STYLE Sehr westlich und modern orientierter arabischer Royal. Anstrengend auf Reisen: Der fliegende Teppich, Modell 2001, besteht aus elf Jets und lässt den Himmel über dem Flughafen kurz dunkel erscheinen. Mit einer noch nicht dagewesenen Armada an Fluggerät, darunter zwei Jumbos, zwei Airbusse A 341 und eine Frachtmaschine für 800 Gepäckstücke, landet der Kronprinz des Königreichs Saudi-Arabien in Berlin-Tegel. So aufwendig verreist nicht einmal der amerikanische Präsident, aber für A. aus dem Land von 1001 Nacht ist der Trip ein ganz normaler Familienausflug. Zehn Prinzen, *Nawaf*, *Saud*, *Abdel-Elah*, *Faisal*, *Meteb*, *Turki*, *Bandar*, *Abdulaziz*, *Mansour* und *Majed* sind aufgeboten, daneben Ehefrauen (übersichtlich), Harem (in verwirrender Anzahl), Hofstaat und jede Menge Minister. A. aus dem Reich der schönen Scheine bezeichnet die Berlin-Visite, die aus Wirtschaftsgesprächen und Shopping besteht, offiziell als »Arbeitsbesuch«. Dafür werden sämtliche Suiten der Nobelhotels »Adlon« (für die Wüstenfüchse) und »Four Seasons« (für Damen und Begleitpersonal) angemietet. Ein ganzes Appartement ist nur für die Koffer bestimmt, um die sich ein so genannter Gepäckmeister namens *Thomas Schlug* kümmert. Für drei Tage sind in ganz Deutschland auch keine dunklen Limousinen der Mercedes S-Klasse mehr frei. 80 Karossen stehen auf dem Flughafen-Rollfeld und befördern die äußerst elegant im europäischen Look gedressten Herren (A. dunkelblauer Armani-Einreiher, Rolex) in die Luxusherbergen. Die weibliche Entourage huscht verschleiert durch einen Spezial-Eingang ins »Four Seasons«, wo nachts auditiv die »fünfte Jahreszeit«gepflegt wird. In einigen Zimmern wird Hablibabli (Wasserpfeife) geraucht, die Leidenschaft des arabischen Mannes, und besonders höfliche Hotelangestellte erfahren für zwei Nächte die Großzügigkeit des Orients; der Hundertmarkschein ist unterster Trinkgeldsatz. In der »Mercedes-Welt« am Salzufer in Berlin-Charlottenburg gilt das zweitgrößte Interesse der blaublütigen Saudis, die Sand, Sonne und Sprit im Überfluss haben, dem Edelschlitten »Maybach«, der neuesten Insignie des Luxus, der aber zum Leidwesen der ungeduldigen arabischen Gemüter noch nicht lieferbar ist. Elite-Herren vom DaimlerChrysler-Konzern wie Prof. *Jürgen Hubbert* und *Eckhard Panka* sowie *Walter Müller*, Chef der Berliner Mercedes-Niederlassung, reden mit Engelszungen.

Biolek, Alfred Franz Maria Prof. Dr.

> **WER IST ES?** Vorkocher der Nation **LEBENSDATEN** *10.7.1934 in Freistadt (Mährisch-Ostrau, heute tschechisches Karvina) **JOB** Showmaster und Honorarprofessor **KARRIERE** Studiert in Freiburg, München und Wien Jura, promoviert über »Die Schadensersatzpflicht des Herstellers mangelhafter Ware nach englischem Recht«. Hinter den Kulissen arbeitet er zunächst in der Rechtsabteilung des ZDF und wird in der Frühzeit des Senders verantwortlicher Mann für die Sendereihe »Nightclub« im Studio Unterföhring. Fast 15 Jahre vergehen, bis endlich sein Kopf auf der Mattscheibe erscheint. Zuvor gelingt ihm im Jahr 1974 mit *Rudi Carrells* Sendung »Am laufenden Band« der Durchbruch als Produzent. Erstmals vor der Kamera steht er im »Kölner Treff« (mit Journalist *Dieter Thoma*), es folgen »Bio's Bahnhof«, »Bei Bio«, »Showbühne«, »Mensch Meier« und schließlich »Boulevard Bio«. Überdies kocht er mit Prominenten in »Alfredissimo«.

ERFOLGE Grimme-Preis 1983 und 1999; Goldene Europa 1983; Goldene Kamera 1994; Bambi 1994. Bestseller-Autor mit Amateur-Kochbüchern. **GELD** B. hat er eine eigene Produktionsfirma (»Pro GmbH«), die u. a. für die Ralph-Morgenstern-Sendungen »Klatsch« (mit vier ausgesuchten Yellow-Press-Leserinnen) und »Blond am Freitag« verantwortlich ist. Außerdem ist B. mit 25 Prozent an dem Kölner Restaurant »Alter Wartesaal« beteiligt und besitzt ein Mietshaus in Köln.
RESIDENZ Wohnung im eigenen Mietshaus in Köln; Wohnung in Berlin.
STYLE Runder Kopf, runde Brille, und auch sein »R« rollt behmisch rund.
MAROTTE Sein geräuschvolles Räuspern beim Reden sollte er sich patentieren lassen. Und die beiden weißen Heizkörper im Hintergrund der Studio-Deko von »Boulevard Bio« auch. **FREUNDE** Mit Verlags-Erbe Dr. *Florian Langenscheidt* (aus dem Wörterbuch-Konzern inzwischen ausgeschieden) prüft er in der Studienzeit das Pariser Leben. **FAMILIE** Vater Rechtsanwalt. **LIEBE** Seit 2000 ist er mit dem PARTY). 15 Monate gehen ins Land, bis Bio mit seiner neuen Liebe bei »Bild« hoffähig wird und Ende April 2002 an zwei aufeinander folgenden Tagen für Schlagzeilen sorgt. **SEX** À la carte. **PARTY** Es ist die erste geheime Party von

59

München – sowas gibt's auch. Nur 80 Gäste, darunter Bio und Constantin (im hautengen, silbernen Anzug) bei »e.on«-Elektra *Vroni Ferres* (»Mein e.on«-steht mir gut). Sie zählen zum handverlesenen Kreis, als die Schauspielerin und Ex-Freundin von Meister-Regisseur *Helmut* ➔ *Dietl* ihr neues Liebesnest einweiht. Es ist eine Altbauwohnung in der Kurfürstenstraße, einen Steinwurf von ihrer alten Adresse in der Ainmillerstraße entfernt. Der Abend hat eine Kontaktdichte, die an die U 6 im Berufsverkehr erinnert. Zieht man die Möbelstellflächen ab, bleibt jedem Ferres-Freund ein Bewegungsspielraum von 0,8 Quadratmetern; im Zeitalter der Tierschutzbewegung würde ein vergleichbares Platzangebot bei der Hühnerhaltung heftige Proteste auslösen. Trotz herrlicher Sushis, von Luxus-Asia-Caterer »Tokami« herbeigekarrt, scheint Veronicas Mann mit der Veranstaltung nicht einverstanden – warum sonst trägt er den Gesichtsausdruck »zehn Tage Regenwetter« durch Schwabing?

Bismarck, Ferdinand Fürst von

WER IST ES? Parade-Urenkel des eisernen Kanzlers Otto von Bismarck
LEBENSDATEN *22.11.1930 in London
JOB Betreibt Land- und Fortwirtschaft sowie Getränke- und Zigarrenproduktion

IMAGE Wenn auch nicht auf den ersten Blick erkennbar, ist der schnurrbärtige Parade-Adelige mit den munteren Augen mindestens so abenteuerlustig wie seine Schwester *Gunilla* (➔ FAMILIE). **RESIDENZ** Schloss Friedrichsruh im Sachsenwald bei Hamburg. **HOBBIES** Wegen der guten Lebensart reist Ferdinand gern nach Berlin, das er bei Sonnenschein und Ge-Witter schätzt. **FREUNDE** Jeden Herbst ruft der Fürst zur Jagd im Sachsenwald – und die Hochkaräter und Zwölfender kommen. 1995 vertieft sich bei so einer Gelegenheit die lose Bekanntschaft zwischen Prinzessin ➔ *Caroline von Monaco* und Prinz *Ernst August von* ➔ *Hannover*. Sie dürfen im Schloss übernachten und naschen. Ihre große Liebe blüht. Bei der Geburtstagsparty seiner Frau *Elisabeth*, die dabei im pinkfarbenen Baby-Doll-Kostüm (ein Gastgeschenk) erscheint, taucht zum ersten Mal das Liebespaar Kronprinz *Alexander von Holland* und ➔ *Maxima Zorreguieta*, Tochter des argentinischen Ex-Ministers *Jorge Zorreguieta*, auf. Die beiden, die monatelang den Paparazzi entkommen konnten, verraten im trauten Bismarck-Kreis erstmals Heiratspläne. Gäste fotografieren das hübsche Paar mit ihren Kleinbildkameras. Ein erstes Foto erscheint im Hamburger Magazin »Neue Revue«, und der Fürst rätselt bis heute, wer aus seiner Familie die Privatbilder herausgerückt hat. **FAMILIE** Uropa ist der eiserne Kanzler *Otto von Bismarck*. Die sehr blonde und sehr braun gebrannte

Schwester *Gunilla* gilt als schrille Party-Queen von Marbella. **EHE** Verheiratet mit *Elisabeth*. Vier Kinder: *Calle, Vanessa, Gregor* und *Gottfried*.

Black, Roy

> Eigentlich Gerhard Höllerich **WER IST ES?** Tragischer Schmusesänger, der sich immer als Rocker sah **LEBENSDATEN** *25.1.1943 in Strassberg bei Augsburg, † 1991 **JOB** Sänger und Schauspieler **KARRIERE** B. verkauft rund 20 Millionen Singles und 3 Millionen LPs. Hits: »Ganz in Weiß«, »Du bist nicht allein«, »Leg Dein Herz in meine Hände«, »Ich bin so gern bei Dir«, »Irgend jemand liebt auch Dich«, »Frag nur Dein Herz«. Die Theatertournee »Warum lügst Du« wird ein Reinfall. Film- und Fernsehproduzent *Carl* ➜ *Spiehs* macht ihn zum Serienstar (»Schloß am Wörthersee«).

AUSZEICHNUNGEN Elfmal Goldener Löwe, acht Goldene Schallplatten. **RESIDENZ** Elternhaus in Augsburg-Göggingen; Haus in München; Hütte in Mühldorf am Inn. **HOBBIES** Angeln – zu Wasser und zu Lande. **EHE** Verheiratet mit *Silke*, Vater eines Sohnes *Thorsten*. Silke vergiftet sich im Februar 2002 mit einer Überdosis Schlaftabletten. Perfekt geschminkt und frisiert wird sie in ihrer 5-Zimmer-Wohnung außerhalb von Marbella/Spanien von Thorsten gefunden. Wie Roy liebte sie den Philosophen *Friedrich Nietzsche*, den sie manchmal zitierte: »Man muss stolz sterben, wenn es nicht mehr möglich ist, stolz zu leben.« Schrieb ein durchaus prozessträchtiges Buch über ihren Mann und seine Freunde – aber oh Wunder: Wo kein Kläger, da kein Richter. **SCHICKSAL** Stirbt 1991 in seinem Lieblingsdomizil, seiner Fischerhütte bei Mühldorf a. Inn, und wird am 16. Oktober auf schwarzem Samt in einem Eichensarg zu Grabe getragen. In Scharen besuchen Fans seither seine letzte Ruhestätte. **ERINNERUNG** Die Angst vor der ersten Schlagzeile im Bauch, treffe ich, 60 Kilometer von München entfernt, in Augsburg Oberbürgermeister *Pepper*. Hier habe ich neben meiner Arbeit als Lokalchef der »Abendzeitung« die Wochenzeitung »Schwäbische Neue Presse« gegründet, bin aber zwei Tage vor Erscheinen noch ohne verkaufskräftigen Titel. Der lässige OB bringt meinen Fotografen und mich zu einer Oberschule, deren Schüler zu einem Musikwettbewerb eingeladen haben. Ein Youngster-Orchester nach dem anderen tritt auf – auch der schwarzhaarige Beau Gerd Höllerich alias »Roy Black and his Cannons«. Er wirkt wie ein kleiner Elvis Presley. Sein Rock bringt Stimmung in den Saal, aber zu wenig Action für ein druckbares Bild. Ich stachele den Fotografen an, er möge doch die Schüler dazu bewegen, Mützen und Taschen auf die Bühne zu werfen und auf die Stühle zu springen. Das muss man Schülern nicht zweimal sagen: Das wunschgemäße Tumult-Foto entsteht und die erste Headline lautet: »Unbekannter Rocker bringt Augsburg außer Rand und Band«. Eine zweispaltige Meldung von dem Ereignis in der Provinz drucke ich auch in der »Abendzeitung«. Am Tag darauf ruft mich Plattenproduzent *Rainer Bertram* an, um sich nach dem »Unbekannten« zu erkundigen. Drei Monate später streckt mir ein freudestrahlender Roy Black seine erste Schallplatte entgegen – der A-Titel entpuppt sich allerdings als Flop. Der Verkaufsknüller lauert vielmehr auf der Rückseite: »Ganz in Weiß«. Als ein befreundeter Musikbox-Unternehmer die Freundlichkeit hat, mit diesem Song all seine 20 000 Abspielstätten zu füttern, hebt dieser Song ab und Roy Black auch. Nach vielen »guten Zeiten« mit der Nase oben kommen »schlechte Zeiten«, und bei einer Party des Anwalts Dr. *Peter Schmalisch* in München, Intimfreund von FDP-Eminenz *Hans-Dietrich Genscher*, ist Roy Black wieder auf dem Gerhard-Höllerich-Teppich. Der Advokat hatte ihn angerufen, ich würde ihn sprechen wollen, während er mir erzählte, Roy wolle mit mir reden. Schmalischs Kunstgriff ließ uns unser kleines Kriegsbeil begraben.

Bohlen, Dieter

> **WER IST ES?** Präsident des Sonnenbank-Proletariats **LEBENSDATEN** *7.2.1954 in Oldenburg **JOB** »Modern Talking«-Zwilling, Schmusesänger, Musikproduzent **KARRIERE** Feiert 1985 seinen Durchbruch mit dem ihm ans Herz gewachsenen Partner *Thomas Anders*: »You are my heart, you are my soul«. Sein weichgespülter Sound hat sich seither nicht um ein Tönchen verändert. Das fällt auf. *Kaya Yanar* von der Comedy-Show »Was guckst du?« fragt betroffen: »Was ist das für eine Gesellschaft, wo 400 000 Kühe sterben müssen – aber Dieter Bohlen singt immer noch.«

PARTNER Nach Trennung erneut: *Thomas Anders*. **IMAGE** Frecher Macho mit Hanseaten-Charme. **RESIDENZ** Villa in Hamburg. **MOBILITÄT** Ferrariroter Ferrari. **HOBBIES** Er selbst. **BEAUTY** Er scheint das reale Vorbild der virtuellen Werbefigur »Robert T-Online« zu sein. **EHE** Aus der Ehe mit *Erika* gingen die Kinder *Marc*, *Marvin* und *Marielin* hervor. Zweite (Kurz-)Ehe mit *Verona* ➜ *Feldbusch*. **LIEBE** In der deutschen Schickimicki-Gesellschaft entpuppt sich Dieter – ahnungslose Hamburger Pisa-Journalisten stets im Griff – als Großversorger für Bekanntheitsgrad. Diese Schrittmacher-Funktion verhilft mindestens drei weiblichen Wesen aus einem Millionenheer unbekannter Früchtchen zu einem kurzfristigen Ausflug ins bundesdeutsche Blitzlicht-Gewitter. Ein Girl namens *Naddel (Nadja Abdel Farrag)*, mit Zähnen wie eine Klaviertastatur, muss die langjährige, aber kalte

Liaison 2002 mit abfallenden Tendenzen büßen. Über Hausorgan »Bild« lässt sie verkünden: »Ich wollte sterben.« Später hört man vom Aufschub, denn es hat sich ein Geldmann erbarmt. Das meiste Geld bei diesen Luftakten macht indes Grammatik-Kritikerin *Verona* ➜ *Feldbusch*. **SEX** Dass Männer nach dem Sexualakt dazu neigen, das Gedächtnis zu verlieren, trifft bei B. nicht zu. Im Gegenteil, kaum landet er auf einem Teppich, schon steht es anderntags in »Bild«. Erstaunlich, denn in wahren Hetero-Kreisen ist man eher bemüht, ambulante Zweisamkeit schnell zu vertuschen. Warum also der Weg zum Massenblatt? Das unbekannte Mädchen interessiert sicherlich nicht. Es muss also Bohlen selber sein, der unverhohlen gewisse Alibi-Interessen verfolgt. Vielleicht fallen Damen in der Hauptsache gar nicht in sein Raster? Sein Sangesbruder *Thomas Anders* kennt ihn wohl am besten. Der weiß auch, dass B. seine junge Fan-Gemeinde liebt. Sein Manager, Graf *Gerd Bernadotte*, hat seine mehr in Asien.

Bolkiah Hassanal, Sultan von Brunei

WER IST ES? Krösus aus Fernost **LEBENSDATEN** *15.7.1946 in Bandar Seri Begawan **KARRIERE** Der 29. Monarch in der Geschichte des Sultanats (seit 1967) besucht das Victoria Institut von Kuala Lumpur sowie die königliche Militärakademie in Sandhurst.

RESIDENZ Aus Anlass der vollständigen Unabhängigkeit Bruneis lässt er einen Prunkpalast mit vergoldeten Kuppeln errichten, der größer ist als Versailles. Neid existiert in seinem kleinen Reich nicht, da es unter den über 300 000 Bewohnern keine armen Menschen gibt. Neben dem feinen Londoner Hotel »Dorchester« gehört dem schwerreichen Asiaten auch das legendäre »Beverly-Hills«-Hotel in Beverly Hills/Kalifornien. Als er es kauft und renovieren lassen will, machen ihm die amerikanischen Behörden einen Strich durch die Rechnung und stellen das Haus, oftmals Kulisse von US-Filmhits, unter Denkmalschutz. Durch den schlauen Rat eines Freundes wird der Baustopp überraschend schnell aufgehoben. Der Sultan lässt androhen, das Hotel als Erholungsheim für seine Haremsdamen bereitzustellen. Die örtlichen Frauenorganisationen sehen das Schlimmste auf sich zukommen und laufen Sturm, weil sie befürchten, dass alle 14 Tage eine neue Armada hübscher Asia-Amazonen einfällt. Die Baugenehmigung wird erteilt und das »Beverly Hills« ist heute außen und innen so schön wie nie. **MOBILITÄT** In den Garagen-Trakts Hassanals stehen rund 1200 Autos sämtlicher Edelmarken der Welt, darunter allein 40 Ferraris und 50 Rolls Royces und in den Stallungen rund 500 Polopferde. Früher flog der Sultan, der bei Geburtstagsfeten schon mal *Michael*

➔ *Jackson* auftreten lässt, mit seinem privaten Luxus-Jumbo zum Einkaufen gen Westen. Anfang Juni 2002 nimmt der Märchenprinz aus dem Morgenland zwei seiner aufs Feinste ausgestatteten Airbus-Maschinen vom Typ A 340, um von Seri Begawan aus, der Hauptstadt von Brunei, nach Berlin zu düsen. »Big One«, wie der Öl-Multi von seinen beiden Ehegespielinnen genannt wird, geht zum Kleingeld-missachtenden Shopping und schaut auch bei Porsche vorbei. Neben seinen Frauen begleiten ihn rund 50 Diener, Hofdamen und Bodyguards, die im Hotel »Adlon« absteigen. Die zwei fliegenden Luftschlösser (die Betten sind mit Seidendamast überzogen) sind in Berlin-Tegel auf dem militärischen Terrain geparkt und werden rund um die Uhr bewacht. Einen der zwei Jets steuert der Sultan bei Start und Landung höchstpersönlich – es sei denn, ein bedrohliches Sturmtief ist im Anzug. Problem-Phasen überlässt der im Fliegen ausgebildete Brunei-Herrscher seiner Profi-Crew. Mit auf die Berlin-Reise dürfen auch ein paar Lieblings-Lolitas aus dem mit 450 Liebesdienerinnen bestückten Harem (Salär pro Dame und pro Monat: 3000 Dollar). **FAMILIE** Vater: Sultan Sir *Nuda Omar Ali Saifudin* († 1986) Zwei Ehefrauen, *Rajah Isteri Anah Saleh* (seit 1965) und *Pengiram Isteri Hajjah Mariam* (seit 1981), und an die zehn Kinder. **ERNSTFALL** Als reichster Mann hat er für sein Leben doppelt vorgesorgt. Es gibt in seinem Staat einen geheim gehaltenen »Replace Man«, einen auf Herz und Nieren geprüften Mann mit gleicher Blutgruppe des Sultans, der in Saus und Braus leben darf, aber im Ernstfall, auch im bittersten, herhalten muss. Ein Bolkiah ist nicht auf eine internationale Organ-Bank angewiesen.

Borer, Thomas
Borer-Fielding, Shawne

> **WER SIND SIE?** Aufmischer der Berliner Diplomaten-Szene
> **LEBENSDATEN**
> Er: *29.7.1957 in Basel
> Sie: *27.6.1969 in Texas
> **JOB** Ex-Diplomat und Schönheitskönigin in texanischen Country-Wettbewerben (1992/94) **KARRIERE** Jurist Borer ist von September 1999 bis April 2002 Schweizer Botschafter in Berlin.

ERFOLGE B. ist mit Recht Träger des Ordens »Wider den tierischen Ernst«.
NEIDER Die Berlin-Korrespondentin des Schweizer Boulevardblatts »Sonntags-Blick« sägt den Glamour-Botschafter ab – und damit den Ast, auf dem sie sitzt (und der ohnehin schon stark gen Boden zeigt). **PLÄNE** Firmenberater (Öffentlichkeitsarbeit?). **IMAGE** Mehr an seinem Bohrer gemessen als an seiner Arbeit, bildet B.

mit seiner lasziven Frau Shawne eine Art Glamour-Nachfolge des legendären Thai-Generalkonsuls *Herbert G. Styler* und seiner *Diamanten-Wally*, die einst in München leuchteten. **RESIDENZ** Nachdem er als Ambassadeur unfreiwillig gekündigt hat, ziehen die Borers in eine gemietete Prachtvilla in Potsdam. **SEX** Für einen Eidgenossen unheimlich aktiv, muss er aufpassen, dass seine Frau nicht einen Zeitgenossen kennen lernt, der ihr den Glanz von gestern wieder verleiht. **SKANDAL** Eine verhängnisvolle Affäre trägt dazu bei, dass B. auf der Insel Mauritius nicht zur Ruhe kommt. Hat er nun die Ehe gebrochen – auch noch innerhalb der Botschaftsräume – und damit den guten Ruf der Schweiz ruiniert oder hat er nicht? Das war zunächst die Frage. Nonstop klingelt das kleine, silbrige Handy; in der Leitung sind Freunde, Journalisten und Mitglieder des Bundesrats. Letztere teilen ihm die »traurige Botschaft« mit, dass er aus der deutschen Hauptstadt abberufen wird. Die Schweiz, wo kaum einer in der Lage ist, den Bohrer zu halten, ist damit in der politischen Kultur hinter Amerika zurückgefallen. Seine Frau Shawne mit dem gewissen Fielding und dem Sexappeal einer *Jayne Mansfield* steigert am Mauritius-Strand mittels Bikini ihre weiblichen Vorzüge. Sie steht zu ihrem Mann, denn sie glaubt nicht an die vermeintliche Affäre mit der Visagistin *Djamila Rowe*. Im Juli 2002 scheint es dann, als sei Shawnes Vertrauen gerechtfertigt. Die angebliche Gespielin versichert plötzlich (ebenso eidesstattlich wie vorher das Gegenteil), dass die ganze Geschichte frei erfunden gewesen sei – angeblich auf Druck der Zeitung (➔ NEIDER). Über diese Wendung staunt selbst Borer-Anwalt *Matthias Prinz*. Viel Zeit zum Staunen hat nach dem Salto morale der hochdotierte deutsche Chefredakteur des »Sonntags-Blick«, *Matthias Nolte*: Staatsmännisch »tritt er zurück« (wie es in diplomatischen Journalistenkreisen offenbar neuerdings heißt; wir sagten früher »gefeuert«). Im August 2002 gibt es eine ganz neue Theorie: Thomas, Shawne und Djamila stecken unter einer Decke und haben gemeinsam den »Blick«-Verleger *Michael Ringier* geleimt. Das Trio infernal kennt sich bestens. Und Shawne war auch nie schwanger, als sie auf Mauritius Ferien machte.

Botero, Fernando

> **WER IST ES?** Der Rubens der Moderne **LEBENSDATEN** *19.3.32 in Medellin/Kolumbien **JOB** Sieht und malt Menschen, vor allem Frauen, kugelrund **KARRIERE** Seine überlebensgroßen Bronze-Plastiken zieren mehrere Wochen Paris und Monte Carlo (passen dort gut hin), für seine großen Ölgemälde wurden in der New Yorker Marlboro-Galerie über 1,5 Millionen Dollar gezahlt.

PARTNER Als die Leopoldstraße in München noch als veritabler Prachtboulevard erstrahlt, noch nicht kastriert durch rotgrüne Schikane-Politik, erleben zwei Männer einen Glücksfall. Botero trifft den leidenschaftlichen Filmemacher *Rob Houwer*. Geld hat Botero zu diesem Zeitpunkt nicht, doch Rob hat ein Auge für die Bilder mit den runden Menschen. Er kauft sie en masse. In seinem Häusern in Amsterdam und München hängen die schönsten Boteros, die heute nicht mehr zu bezahlen sind. Für den Maler ist die Begegnung eine Art Lottogewinn, die es ihm möglich macht, seine Karriere fortzusetzen. **RESIDENZ** Hat Ateliers in Italien, Frankreich und den USA. **FAMILIE** Vater Kaufmann. Vier Kinder aus zwei Ehen; *Fernando*, *Juan Carlos*, *Lina* und *Pedro*; Fernando wird Verteidigungsminister in Kolumbien. **EHE** Erste Ehe mit *Gloria Zea*, zweite Ehe mit *Cecilia Zambrano*. Seit 1975 ist er mit der griechischen Bildhauerin *Sofia Vari* glücklich. **SCHICKSAL** Sohn *Pedro* kommt 1974 bei einem Autounfall ums Leben.

Brando, Marlon → Hollywood

Buchheim, Lothar Günther

> **WER IST ES?** Vitales Kunst-Rauhbein **LEBENSDATEN** *6.2.1918 in Weimar **JOB** Bestseller-Autor, Verleger, Fotograf, Expressionisten-Sammler von Weltrang **KARRIERE** Die deutsche Ausgabe seines Roman »Das Boot« hat eine Auflage von einer Million und wird in 16 Sprachen übersetzt. Verfilmung durch *Wolfgang Petersen*. Schreibt Bücher über den Expressionismus, Monografien über *Otto Müller*, *Max Beckmann*, *Pablo Picasso*, Reisebücher und Novellen.

ERFOLGE Nach großem Hickhack wird sein staatlich gefördertes Museum in Bernried am Starnberger See eröffnet (250 000 Besucher im ersten Jahr). **PARTNER** Der Münchener Verleger *Klaus Piper* brachte ihn als Romanautor heraus. **PLÄNE** Es ist alles getan. **IMAGE** Verrückter Seebär, sensibler Polterer. **GELD** Geschickt im Organisieren seines staatlichen Denkmals. Der gebürtige Sachse ist geizig wie ein Schotte. **RESIDENZ** Vorbei an Grün (satt, nahrhaft, nicht politisch), wo hellbraun gefleckte Kühe friedlich grasen, fahren schwarze Limousinen nach Bernried. Das 2000-Seelen-Bauerndorf am Starnberger See wird aus einer 600-jährigen weißblauen Anonymität gerüttelt und liegt ab sofort am internationalen Kulturpfad. Das lang umkämpfte »Museum der Phantasie«, ein Denkmal für B. und für 38 Millionen Mark aus dem Uferboden gestampft, wird von Bayerns erstem Bürger, Dr. *Edmund* ➔ *Stoiber*, und seinen Untertanen nebst tausend Ehrengästen mit Pauken und Trompeten eröffnet. Azurblau ist der Himmel, doch wirkt der 3200 Quadratmeter große Bilderbungalow auf dem 4-Hektar-Gelände wie ein gestrandetes U-Boot aus der Ikea-Werft. Im Aussichtsschacht hat B. ein Privatbüro. Für seine Kunstsammlung mit *Picasso*- und *Chagall*-Grafiken, *Kirchner*- und *Beckmann*-Gemälden will er »Wände, Wände, Wände« und bekommt haufenweise Balkone und Terrassen. Im eigens errichteten weißblauen Festzelt sitzt er mit Frau *Ditti* am Großkopfertentisch beim Ministerpräsidenten und dessen Frau *Karin*, Staatsminister *Hans Zehetmair* und Landrat *Luitpold Braun*. Für Kunstexperten, Mäzene und die vielen Museums-Hebammen, die am Mikrophon ihre Erdbeben-Erlebnisse mit B. zum besten geben, beginnt eine von der Staatskanzlei verordnete Trockenübung. Drei Stunden lang gibt es im saunawarmen Zelt keinen Tropfen zu trinken, und Schanksperre herrscht auch in der Cafeteria »Namenlos«, die Großbäcker und Oldtimer-Sammler *Franz Höflinger* mit Familienclan betreibt. Er ist Museumsnachbar wie auch Großgrundbesitzer *Jolo Mayr* (Hotel »Marina« mit eigenem Segelschiffhafen), der das Kulturprojekt dadurch unterstützt, dass er aus seinem Wiesenparadies am See einen praktisch gelegenen Teil für eine Schutzgebühr als Parkplatz für das Museum verkauft. In seiner Ansprache nennt *Stoiber* den wichtigsten Sponsor, Baulöwe *Ro-*

land *Ernst*, der seinen Beitrag mit den Worten »Der Mohr hat seine Schuldigkeit getan« heruntergespielt und mit seiner dunkelhaarigen Frau, die ihm vor kurzem ein Kind schenkte, am Ministerpräsidenten-Tisch sitzt. Der grauhaarige Krösus musste für ein paar Untersuchungswochen ziemlich begrenzte Vollzugsräume bewohnen, die er aber durch eine Millionenkaution wieder verlassen durfte. Ernst hat das »Museum der Phantasie« mit sechs Millionen Mark gestreichelt, der Restbetrag in Höhe von 4 Millionen ist noch nicht flüssig, weil das Finanzamt Hessen etwas zögert. **MOBILITÄT** Eingeschränkt. **HOBBIES** Im Grunde hat er keine Hobbies, weil er keine Freizeit hat. **STYLE** Lieblingsrestaurant: »Mein Esszimmer«; Lieblingsgetränk: Buttermilch; Lieblings-Couturier: Fachgeschäft für Berufskleidung. **BEAUTY** Seeräuber-Look. **FAMILIE** Verheiratet mit *Diethild Wickboldt*. Sohn *Yves*. **SEX** Im Bett ein Wickbold. **HASS** Buchheim schrieb im Selbstverlag ein Buch »Über die Kunst der Witwenverbrennung«, das auf die *Kandinsky*-Witwe *Nina* gemünzt war. **SCHICKSAL** Als Bildberichterstatter war B. auf einem U-Boot im 2. Weltkrieg eingesetzt. Das schüttelt man nie mehr ab. Das Propagandabuch »Jäger der Weltmeere« sollte in *Peter Suhrkamp*s Verlag erscheinen (der mit solchen Büchern die stets drohende Schließung durch die Nazis verhindern wollte, was misslang – er landete doch im KZ), aber die erste Auflage wurde noch vor der Auslieferung bei einem Fliegerangriff auf Leipzig vernichtet. Also wurde eine zweite Auflage gedruckt – und auch sie fiel fast komplett einem Luftangriff zum Opfer. Nur ganz wenige Exemplare gelangten in Umlauf, so dass das Buch heute eine gesuchte antiquarische Rarität ist.

Bullock, Sandra → Hollywood

Burda, Hubert Prof. Dr.

> **WER IST ES?** Kunstsinniger Illustrierten-Napoleon **LEBENSDATEN** *9.2.1940 in Heidelberg **JOB** Großverleger und Präsident des Verbandes Deutscher Zeitungsverleger (VDZ). Alleiniger Gesellschafter des Burda-Verlages, der weltweit 180 Zeitschriften herausbringt, darunter »Bunte«, »Focus«, »Freundin«, »Elle« und ab 2003 auch »Playboy« als Print- sowie als Online-Ausgabe.

KARRIERE Als Student der Kunstgeschichte ist er für die kommunistische Weltanschauung empfänglich und gehört dem »Alexander Herzen Club« an, der sich um Annäherung an die Sowjetunion bemüht. Für den Gastauftritt des Dichters *Jewtuschenko* trägt er die Spendierhosen – er zahlt den Wein. Eine Reise durch die DDR öffnet ihm die Augen. B. arbeitet zunächst bei seinem Vater, Senator *Franz Burda*. Der Patriarch von Offenburg und Pate der heilen BRD-Wirtschaftswunderwelt (»Ich bin autoritär, aber ich mach's lustig«) startete mit Zeitschriften wie »Sürag«, »Die Biene und ihre Zucht« sowie »Das Ufer«, aus der 1954 die »Bunte Illustrierte« wurde. Hubert, zu dessen Frühverleger-Übung das Herrenmagazin *M* gehört, geht mit dem Verlag nach München, während seine Brüder *Franz* und *Frieder* die anderen Teile des Senator-Erbes antreten. **AUSZEICHNUNG** Großes Bundesverdienstkreuz. **MACHT** Beteiligungen am italienischen Verlag Rizzoli, am türkischen Zeitschriftenhaus »Hürgüc« und an der Hamburger Verlagsgruppe Milchstraße. **PARTNER** Nach dem Magazin-Genie *Günter Prinz* holt er sich *Helmut Markwort* als »ersten Journalisten des Hauses« und Vorstand ins Unternehmen. **NACHFOLGER** Vier Nachlassbriefe liegen bei B. im Tresor. Flick-Freund *Eberhard von Brauchitsch* hat ihn für den Fall der Fälle beraten und alle denkbaren Szenarien durchgespielt, wie es in der Zukunft um die »Hubert Burda Media« bestellt sein wird. **KONKURRENTEN** Springer; Gruner & Jahr. **PLÄNE** Einstieg ins TV-Geschäft? **IMAGE** Der introvertierte Tycoon aus dem Badischen ist scheu wie das von ihm gestiftete Bambi-Reh. **RESIDENZ** Besitzt ein Bauernhaus am Tegernsee, eine Villa in München Alt-Bogenhausen (Ehefrau *Maria* wohnt in der Beletage, er ein Stockwerk höher) sowie eine Schwabinger Wohnung mit Garten, die römische Atmosphäre hat, weil das Siegestor direkt davorsteht. **MOBILITÄT** Besitzer eines Hubschraubers (beim Münchner Heliport-Projekt mit *Stefan Schörghuber* auf der neuen Messe steigt er aus). Seinen Firmen-Jet verliert er bei einem Geschäftsausflug mit Top-Manager *Gerd Bolls* an Bord (früher Heinrich Bauer Verlag), als die Maschine im Nebel bei Offenburg abstürzt. Fährt einen blauen Dienst-BMW mit eierschalenfarbiger Innenausstattung. **STYLE** Stammkunde bei Herrenausstatter *Harry Lindmeyer*, Friseur *Gerhard* ➜ *Meir* und Tennis-Crack *Stefan Schaffelhuber*. **FREUNDE** Auf den Jagden seines Vaters sind *Franz Josef* ➜ *Strauß*, *Berthold Beitz* und *Max Schmeling* seine Gäste. **FAMILIE** Vater Senator *Franz Burda*. Der Lifestyle-lustige Neffe *Franzl Burda*, der mit seiner hübschen Frau *Bettina* die Weltstadt-Vorzüge von New York genießt, hat sich so mit den Gewohnheiten im Land der begrenzten Möglichkeiten (no sex, no cigarettes, no alcohol) vertraut gemacht, dass er bei Heimatbesuchen grob gefährdet ist. Am Ausgang eines babylonischen Fitness-Studios in München-Schwabing, wo er sich die nächtlichen Turnübungen schön getrunken hat, muss ihn in aller Herrgottsfrüh seine Frau abholen und ins Hotel »Bayerischer Hof« bringen. Ein anderes Mal fällt Franzl bei »Wollsiegel«-Erbe *Conrad Schloesser*, ein guter Freund des Flick-Clans, auf einer Gartenparty vor lauter Feuchtigkeit ins Lagerfeuer. Ist aber nix passiert, Katzen fallen auch immer auf die Beine. Weil die hübsche Ehefrau *Monika* an Bord aus dem Ruder gelaufen ist, verkauft *Frieder Burda*, globetrottender Bruder des Großverlegers, Hals über Kopf sein noch nach frischen Farben riechendes 50-Meter-Schiff. Zum halben Preis – ein Schnäppchen für den wundersamen Industrie-Kapitän *Manfred Schmider*, der sich in Karlsruhe ein halbes Königreich mit Flughafen zugelegt hat. Das üppige *Schmider*-Erscheinungsbild wird ein paar Jahre später arg irritiert. Wegen eines Fata-Morgana-Bohrsystems (»Flowtex«) wird der gut im Futter stehende Unternehmer wegen Betrugs (2,2 Milliarden Euro) vor dem Mannheimer Landgericht zu sechs Jahren Intensiv-Studium Schwedischer Gardinen verdonnert. Bei »AMG«-Gründer *Hans Werner Aufrecht* in Affolterbach bei Stuttgart steht im Showroom, gleich neben dem Aufgang zur Verwaltung, im August 2002 noch immer sein »Limited-Edition«-Mercedes »Le Mans«, silbern und 2 Mio. teuer. Seine platinblonde Frau *Inge* denkt oft an das einsilbige Leben ihres Mannes: im neuen Haus in St. Moritz, das sie von Geschäftsmann *Axel Walter* (feiert mit Frau *Kiki von Bohlen und Halbach* im Juli 2002 100 Jahre Geburtstag) gekauft hat, um den Designer-Shops des Schweizer Luxus-Orts zu Wachstum und Blüte zu verhelfen. Ihre attraktive Tochter ist aktiv dabei. Einen traurigen Eindruck erweckt der die Freiheit kostende weibliche Teil der *Schmider*-Familie nicht.

EHE In erster Ehe verheiratet mit Dr. *Christa Maar*, in zweiter Ehe mit Schauspielerin und Ärztin *Maria* ➜ *Furtwängler*, mit der er die beiden Kinder *Jacob* und *Elisabeth* hat.   **SCHICKSAL** Sohn *Felix* aus der Ehe mit *Christa Maar* stirbt 2001 an Krebs.
PARTY Zu Burdas Bambi-Bällen in Offenburg, Karlsruhe und München erscheinen prominente Gäste wie *Liz* ➜ *Taylor* und *Richard Burton*, *Sophia Loren* und *Gina Lollobrigida*; *Tom Jones* wird im »Bayerischen Hof« mit Rosen überschüttet.

Bush, George Walker (»Dabbeljuh«)

WER IST ES? Mächtiger Meister der kurzen Sätze **LEBENSDATEN** *6.7.1946 in New Haven/Conn. **JOB** 43. Präsident der Vereinigten Staaten von Amerika **KARRIERE** Studium an den Universitäten von Yale und Harvard, Ausbildung als F-102-Pilot der Texas Air National Guard. Im Ölgeschäft tätig, dann 1995–2001 Gouverneur von Texas ...

ERFOLGE 2000 nach einer umstrittenen Wahl zum US-Präsidenten gewählt.
PARTNER Vermeidet im ersten Amtsjahr, Deutschland zu besuchen (zu Bundeskanzler *Gerhard* ➜ *Schröder* besteht ein Nicht-Verhältnis), reist aber öfter nach Spanien und Italien. Ende Mai 2002 schließlich kommt der prominenteste Cowboy der Welt, der zum Smoking Stiefel mit präsidialem Wappen trägt, erstmals nach Berlin zu einem Arbeitsgespräch. Beim G-8-Gipfel in Cananaskis trifft B. im Fitness-Center der Hotelherberge zufällig den englischen Premierminister *Tony Blair*.

Beide Herren kommen erst gemeinsam ins Schwitzen und dann ins Schwärmen. George: »Ich sah den Premier beim Trainieren – ein beeindruckendes Fitness-Programm, wenn ich das hinzufügen darf.« Tony: »Ich dachte, Bush sieht ziemlich gut in Form aus heute morgen.« Beide Herren entdecken noch eine weitere Gemeinsamkeit: Sie benützten die gleiche Zahnpasta. **FEINDE** *Fidel* ➜ *Castro*/Kuba, *Muammar el-Gaddafi*/Libyen, *Saddam* ➜ *Hussein*/Irak und *Osama bin Laden*/vormals Afghanistan. **IMAGE** Genießt den goldenen Schatten seines Vaters *George Bush*. **GELD** US-Präsidenten verdienen *nach* der Amtszeit (➜ *Clinton*). Siehe aber auch ➜ FAMILIE. **RESIDENZ** Eine Farm in Crawford. **MOBILITÄT** Air Force Nr. 1. **HOBBIES** Hält sich mit Gewichtheben und Jogging fit – im Gegensatz zu ➜ *Clinton* lässt er sich dabei jedoch nicht fotografieren, denn ein schwitzender Präsident ist nicht gut für das Image. **STYLE** Der mächtigste Mann der Welt ist überpünktlich, trägt im Oval Office immer Anzug mit Krawatte (das verlangt er auch von seinen Mitarbeitern), trinkt Wasser oder Tee – Alkohol seit Ende 1980 nicht mehr. Ganz offiziell. **FREUNDE** Im Weißen Haus sind mit dem Einzug des Bush-Mannes auch zwei First Dogs, *Spot* und *Barney*, sowie zwei First Cats, *Ernie* und *India* vertreten. **FAMILIE** Auch Vater *George Bush* war US-Präsident; der Öl-Clan ist eine der vermögendsten und einflussreichsten Familien der USA. George W.s Nichte *Lauren* stiehlt auf der Mailänder Modewoche sämtlichen Models die Schau. **EHE** Verheiratet mit der blendend aussehenden Lady *Laura*, geb. *Welch*, mit der er die sehr munteren und schluckfreudig veranlagten Zwillingstöchter *Barbara* und *Jenna* hat. **SCHICKSAL** Der 11. September 2001 macht ihm (an)schlagartig die Last seines Amtes klar. **PANNE** Die Brezn (amerikanisch Pretzel) wird plötzlich und unerwartet zum Schicksals-Gebäck des Jahres 2002. Der verschlungenen Teigware kommt nicht nur größere Bedeutung für TV-Produzent *Bernd Tewaag* zu (bezüglich seiner Begegnung mit der attraktiven Brezn-Verkäuferin *Anke*; ➜ *Glas, Uschi*), sondern auch für Präsident George W. Bush (Gesundheitszustand laut Leibarzt *Richard Tubb*: Ruhepuls 43, Blutdruck 118/74), der sich angeblich an einer Pretzel verschluckt. So wenigstens lautet das amtliche Bulletin als Begründung für B.s Blessur im Gesicht. Die Schürfwunde am Auge kann man sich aber auch zuziehen, wenn man zu tief ins Glas geschaut hat und der Kopf mit dem Couchtisch etwas härter in Berührung kommt. Gänzlich ausgeschlossen wird vom Weißen Haus, dass es sich um eine Al-Quaida-Pretzel gehandelt hat.

Calmund, Reiner

> **WER IST ES?** Aspirin-Obelix der Bundesliga **LEBENSDATEN** *23.11.1948 in Frechen/NRW **JOB** Manager des Fußballvereins Bayer 04 Leverkusen **KARRIERE** Nach einer Kaufmannslehre und dem Studium der Betriebswirtschaft arbeitet er in der Personalkoordination Ausland der Bayer AG. 1976 wird er hauptamtliches Vorstandsmitglied von Bayer 04 Leverkusen, 1988 Manager und 1999 Geschäftsführer der Bayer 04 Fußball GmbH.

ERFOLGE 3 x Vize. **MACHT** Weniger als jeder Vorstand der Bayer AG, aber mehr als jeder einzelne Bayer-Profi. **PARTNER** *Rudi* ➜ *Völler* (als Spieler und als Sportdirektor; bis 2000); *Klaus Toppmöller* (als Erfolgstrainer seit 2001). **KONKURRENTEN** *Uli Hoeneß* (Bayern München); *Michael Meier* (Borussia Dortmund); *Rudi* ➜ *Assauer* (Schalke 04). **IMAGE** Ewiger Zweiter – außer beim Wiegen. **RESIDENZ** Das Schmuckkästchen »Bay-Arena« ist sein zweites Zuhause. **HOBBIES** Gourmand. **BEAUTY** Gemütliche Mammut-Säule des deutschen Fußballs (1,73/135 Kilo), bestehend aus Bauch und Herz. **MAROTTE** Rheinischer Dialekt und ehrliche Tränen. **FREUNDE** Rheinländer sind mit fast jedem befreundet. **FAMILIE** Fünf Kinder aus zwei Ehen. **EHE** Lebt in Trennung von seiner zweiten Frau *Diana*. **LIEBE** Liebt *Sylvia Häusler*, die im Office von Bayer 04 Leverkusen arbeitet und ihn ablenkt. **SCHICKSAL** Seine eigene Fußballkarriere muss er mit 18 Jahren nach einem Sportunfall beenden. In der Spielzeit 2002 muss er fast täglich »Schicksalsschläge von antiker Schwere« (zappt *Hans Zippert* in der Welt) hinnehmen: ➜ *Ballack* an Bayern, die Meisterschaft an Dortmund, die Champions League an Real Madrid und den Pokal an Schalke verloren, zum vierten Mal in der Meisterschaft Zweiter geworden – härter kann es nicht mehr kommen. **PANNE** Eine unfaire Attacke von *Uli Hoeneß*, FC Bayern, kostet C. seinen Trainer *Christoph* ➜ *Daum*, Deutschlands Fußball-Guru Nr. 1, der zwar seinen Job unbeanstandet gut macht, aber mit Drogen-Konsum konfrontiert wird. Die Droge Bier, bei vielen Trainern im Spiel, bleibt dagegen unbeanstandet.

Campbell, Naomi

> **WER IST ES?** Männermordender Catwalk-Panther **LEBENSDATEN** *22.5.1970 in London **JOB** Model **KARRIERE** Mit 15 wird das farbige Girlie mit den breiten Schultern, schmalen Hüften, endlosen Beinen und der glänzenden Haut im Londoner Covent Garden entdeckt. Ihr Gang auf dem Laufsteg gleicht dem Bewegungsablauf einer Raubkatze. Sie ist bei allen internationalen Designern gebucht und verdient zeitweise bis zu 50 000 Dollar am Tag. Filme: »Pink Floyd – The Wall«, »Cool as Ice«, »Ready to Wear«, »Unzipped«, »Catwalk«.

IMAGE Schwarz auf weiß: Die schönste Drogistin der Welt. **GELD** Ihr Bankkonto wird 35 Millionen Dollar geschätzt, weil sie ja als schöne Frau kaum Chancen hat, den Geldbeutel zu zücken. **RESIDENZ** Wohnungen in Mailand, New York und Paris. **FAMILIE** Der Vater ist unbekannt, ihre Mutter, *Valerie Morris*, ist Tänzerin und stammt aus Jamaika, wo Naomi bei den Großeltern aufwächst. **LIEBE** Hochzeits-Versuche mit dem italienischen Multi-Millionär *Luca Orlandi* (gleich zwei Termine werden verworfen) schlagen ebenso fehl wie mit dem spanischen Flamenco-Tänzer *Joaquin Cortes* und dem italienischen Rennsport-Manager *Flavio Briatore*. Obwohl sie nach eigenen Angaben 300 Tage im Jahr rackert, hat sie viel Zeit für schnelle Zärtlichkeit. Kleiner Auszug aus dem Schlafregister: 1989 *Mike Tyson*, 1990 *Robert de Niro* und *Quincy Jones*, 1991 *Sylvester Stallone*, 1992 *Eric Clapton*, 1993 *Adam Clayton* von U 2, 1994 Produzent *Nellee Hooper*, 1995 Pop-Star *Lenny Kravitz* und Filmchef *Gianni Nunnart*, 1996 *Orlandi* und *Cortes*, 1998 *Mohammed Al Habtoor*, 1999 *Briatore*, 2001 *Sean Puffy* ➔ *Combs*. **SKANDAL** C. hat ihr Kreuz mit dem Kreuz. Die Vatikan-Agentur »Fides« beklagt sich über ihre »enorme Sammlung von mit Juwelen besetzten Kreuzen«. In der päpstlichen Verlautbarung kommt die Sorge zum Ausdruck, dass über den Erwerb »von sündhaft teuren Symbolen der Christenheit das christliche Gebot, den Armen und Leidenden zu helfen, zu kurz kommt.«

Caroline, Prinzessin von Monaco, Prinzessin von Hannover

> **WER IST ES?** (Mittel-)Meerchen-Prinzessin **LEBENSDATEN** *23.1.1957 in Monte Carlo **JOB** Monacos First Lady (seit dem Tod der Fürstin *Gracia Patrizia*) **KARRIERE** Schule: »Dames-de-St-Maur« in Monaco, dann »St.-Mary-School« in Ascot, englisches Abitur, später französisches in Boulogne mit Auszeichnung, Studium an der Sorbonne ohne Examen (Politische Wissenschaften, Philiosophie, Psychologie, Biologie) **IMAGE** Charmante Jägerin, die mit der Flinte umgehen kann wie Clint Eastwood

HOBBIES C. kann kochen und beherrscht die deftige französische Küche. Gern geht sie in die Pariser »Brasserie Lipp«, um dort Choucroute (Sauerkraut) zu naschen. **STYLE** Stets perfekt wie die Queen, nur jünger. **FREUNDE** *Rolf* und *Maryam Sachs*, Prof. *Karl* ➔ *Lagerfeld*. **FAMILIE** Vier Kinder: *Andrea*, *Charlotte* und *Pierre* (mit *Stefano Casiraghi*) sowie *Alexandra* (mit *Ernst August von* ➔ *Hannover*). Geschwister: ➔ *Albert*; ➔ *Stephanie*. Eltern: *Rainier III.*, Fürst von Monaco, *31.5.1923 in Monaco, Chef der Grimaldis und Herrscher über den Zwergstaat Monaco, und Fürstin *Gracia Patricia*. Monaco wird am 8.1.1297 gegründet, hat 34 000 Einwohner, 3200 Hotelzimmer und wird von 18 Nationalräten regiert. R. vergoldet seine Mittelmeer-Oase, indem er am 19.4.1956 Hollywood-Schauspielerin *Grace Kelly* aus Philadelphia (*12.11.1929 als Tochter eines Bauunternehmers) mit Perlen und Diamanten überschüttet und sie mit einer glanzvollen Hochzeit zu Fürstin *Gracia Patricia* macht. *Grace Kellys* erster Erfolg: »12 Uhr mittags« mit *Gary Cooper*. Ihr letzter Filmkuss war für *Bing Crosby* in »High Society«, und ihre schönste Rolle spielte sie in »Über den Dächern von Nizza« mit *Cary Grant*. Die Ehe mit der schönen Amerikanerin, die bereits mit 25 Jahren einen Oscar gewann, bringt drei Kinder hervor. R. ist seit Fürstin *Gracias* tödlichem Autounfall 1982 Witwer.
EHE 1978 wird die Hochzeit mit Playboy *Philippe Junot*, der schon einmal verheiratet war, mit großem Heimspiel, vielen Bedenken und namhaften Gästen wie *Frank Sinatra* (alter Freund der sinnlichen Brautmutter *Grace Kelly*), Prinzessin *Gabriella von Savoyen*, *Cary Grant*, dem würdig auftretenden *Gunter* ➔ *Sachs*, der Diva *Ava Gardner*, dem Reeder-König *Stavros Niarchos* und *Gregory Peck* zelebriert. Flitterwochen in der Südsee, wie sie romantischer nicht sein können, folgen, aber kaum kommt erste Patina an diese leicht verrückte Ehe, schon gibt es Scherben. Nach zwei Jahren ist es aus, 1980 gehen C. und P. getrennte Wege. Drei Jahre später der zweite Versuch mit dem smarten, vier Jahre jüngeren Italo-Industriellensohn *Stefano Casiraghi*, der neben C. schnelle Autos und Rennboote liebt und sie im siebten Jahr ihrer Ehe zur Witwe macht: Im Oktober 1990 verunglückt der reiche, schöne Italiener

mit seinem 13 Meter langen Off-Shore-Rennboot tödlich, fast auf den Tag acht Jahre nach dem tragischen Tod von Fürstin *Gracia*, die bei einem Autounfall (im Wagen Tochter *Stephanie*) ums Leben kam. C. hat Affären mit *Ingrid Bergmann*s Sohn *Robertino Rossellini*, Tennis-Player *Guilermo Vilas* und Schauspieler *Vincent Lindon* – mit *Udo* ➜ *Jürgens* übrigens nicht. In dritter Ehe ist sie seit dem 23.1.1999 – es war ihr 42. Geburtstag – mit Welfen-Prinz *Ernst August von* ➜ *Hannover* verheiratet, mit dem sie die Tochter *Alexandra* hat. **SEX** Dominierend. **SKANDAL** »Bunte«-Chefredakteurin *Beate Wedekind* hebt 1992 ein Interview mit C. ins Blatt, aus dem diese erstaunt erfährt, dass sie angeblich mit der »Bunten« gesprochen hat – exklusiv. Das Interview, frei erfunden, hatte die »Bunte« von einer österreichischen Agentur gekauft. Rechtsanwalt *Matthias Prinz*, Sohn des Springer-Vorstands-Vorsitzenden *Günter Prinz*, wittert die Marktlücke seines Lebens und kümmert sich im Skiurlaub in Lech rührend um das Mandat. Er gewinnt die Schmerzensgeldklage und setzt erstmals in Deutschland eine Gegendarstellung auf der Titelseite einer Illustrierten durch. Indem er das Thema Persönlichkeitsschutz für Deutschland entdeckt, wird er über Nacht zum bekanntesten Presseanwalt des Landes.

Casta, Laetitia

WER IST ES? Frankreichs Film-Nymphe **LEBENSDATEN** *11.3.1978 in Lumino/Korsika **JOB** Schauspielerin **KARRIERE** Berufsziele wie Tierärztin oder Stewardess werden früh verworfen. Mit 15 entdeckt sie die Model-Agentur Madison und für *Yves* ➜ *Saint-Laurent* blüht sie dann zur Muse auf. Weltkarriere als »L'Oreal«-Gesicht. 1999 ist sie in ihrem ersten Spielfilm »Asterix und Obelix« zu sehen.

BEAUTY Verfügt über alle Attribute begehrenswerter Weiblichkeit. **FREUNDE** Als Frankreichs Superstar *Jean Paul Belmondo* im Urlaub auf Korsika Anfang August 2001 zusammenbricht, ist Nachbarin Laetitia, im siebten Monat schwanger, zum Glück gerade angekommen und verständigt Arzt und Polizei. Bebel wird gerettet und nach einer Vorsorge-Operation in der Klinik in Bastia nach Paris gebracht. Er hatte sich im Bergdorf Lumio eine Ferienvilla gemietet, gleich neben dem Haus der Casta. **FAMILIE** Lebt mit Fotograf *Stephane Sednaoui*, dem sie im Oktober 2001 Tochter *Sahteene* schenkt. **SEX** Verspielt.

Castorf, Frank

> **WER IST ES?** Anarchischer Clown der Theaterszene **LEBENSDATEN** *17.7.1951 in Ostberlin **JOB** Intendant der Berliner Volksbühne

KARRIERE Nach dem Abitur in der DDR macht er den Facharbeiter-Abschluss bei der Reichsbahn, leistet seinen Wehrdienst ab und studiert Theaterwissenschaften am der Humboldt-Universität. Mit 12 liest er Marx, den er nicht versteht, und Kafka, den er auch nicht versteht, der aber einen größeren exotischen Reiz hat. 1976 Dramaturg am Theater in Senftenberg, dann Regisseur in Brandenburg, wo er gleich mit den SED-Kultur-Funktionären aneckt. »Golden fließt der Stahl«, eine radikale Aufarbeitung des Stalinismus voller Anspielungen auf die DDR, wird abgesetzt. Rechtsanwalt *Gregor* ➔ *Gysi*, mit dessen Schwester *Gabi* C. zusammenlebt, gewinnt den Prozess. Er kriegt sein Honorar, aber kein neues Stück. Neue Chance, neues Glück in der Provinz in Anklam – besser nicht fragen, wo das liegt. In der DDR-Provinz (ein weißer Schimmel) versammelt Oberspielleiter C. eine bunt-verrückte Schauspieler-Truppe und spielt »Othello«. Alkoholiker, so richtig asozial, sind darunter und werden richtig gut in Anklam. Wieder Skandal, und die Stasi legt unter dem Stichwort »Othello« die erste Akte über C. an. Zwei Schauspieler werden von der Bühne weg verhaftet, *Gysis* Schwester reicht's und sie geht westwärts. C. wird entlassen. Fristlos. Als Stehaufmännchen produziert er in Karl-Marx-Stadt Ibsens »Volksfeind«. Auch dieses Stück wird verboten. Inzwischen wird er zum Geheimtipp der DDR-Theaterfreunde – mit Schauspielerin *Silvia Rieger*, der kongenialen Interpretin, mit der er zusammenlebt, und *Henry Hübchen*, seinem Star. Zu *Gorbatschous* Zeiten darf C. nach Berlin. Noch ehe die DDR-Mächtigen ihn in den Westen ausleihen können, weil sie an ihm verdienen und den Rebell damit abtrennen von seiner Fan-Gemeinde, kommt die Wende. Der Unbequeme darf die Berliner Volksbühne übernehmen, ein chronisch unterfinanziertes Haus mit rostigem Technik-Gerät aus der DDR-Zeit. Im November 1992 inszeniert er »Die Sache Danton« und steht selbst auf der Bühne. Ein Theaterbeben von 5,5 auf der Richterskala löst seine Hamburger Inszenierung von *Elfriede* ➔ *Jelineks* »Raststätte oder Sie machens alle« aus (Kollege ➔ *Peymann* fällt in Wien mit demselben Stück durch). Als Gastregisseur ist C. in Basel, Wien, Zürich und bei den Salzburger Festspielen sehr begehrt. Es gibt natürlich auch satte Verrisse wie bei *Robert Harris'* »Vaterland« in Hamburg im April 2000. **AUSZEICHNUNGEN** Kritikerpreis der »Berliner Zeitung«, Fritz-Kortner-Preis und Theaterpreis Berlin.
IMAGE Schauspiel-Schocker mit typischem Berliner Singsang. **GELD** In letzter Minute trifft sich Berlins Kultursenator *Thomas Flierl* (PDS) mit C. und einigt sich mit ihm auf einen neuen Vertrag, der ihn bis 2007 als Intendant an die Berliner

Volksbühne bindet. Allerdings: C. hat eine Ausstiegsklausel. Wenn der »anerkannte Mehrbedarf« für das Theater in Höhe von 818 000 Euro in diesem und im nächsten Jahr nicht gegeben wird, kann er aussteigen. **FAMILIE** Vater Kaufmann. Frank ist Single und Vater der vier Kinder *Leon*, *Rosa*, *Nadja* und *Corinna*.

Castro, Fidel

WER IST ES? Homogenster Diktator, mittlerweile gemütlich wie eine Davidoff Nr. 1 **LEBENSDATEN** *13.8.1926 in Mayari/Provinz Oriente **JOB** Präsident (»Maximo Lider«) des Inselstaats Kuba **KARRIERE** Stürzt in einem Guerillakrieg (1956–59) Diktator *F. Batista y Zaldivar* und ist seither an der Macht. Regiert sein Land mit strenger Hand.

ERFOLGE Auf Kuba hungert seit 1959 niemand mehr – früher waren es Hunderttausende, wenn die Zuckerpreise fielen. **MACHT** Auf seiner Insel: 100 %. International seit 1989/90: 0 %. **PARTNER** Bis zu dessen frühem Tod: *Che Guevara*. Bis 1986 jeder Sowjetführer, heute nur noch Nordkorea. **PLÄNE** »Patria o muerte« (Vaterland oder Tod) heißt sein Wahlspruch. **IMAGE** Cohiba- und Davidoff-Liebhaber wie Filmproduzent *Horst* ➜ *Wendlandt* oder Fürst *Johannes von* ➜ *Thurn und Taxis* erhielten Audienz bei C. und waren beeindruckt vom Charisma des Maximo Lider. Sie können ja auch wieder weg, ohne nach Florida schwimmen zu müssen. **STYLE** Nicht ganz so stilbildend wie *Che Guevara* und *Jassir* ➜ *Arafat*. **FAMILIE** Sein Vater war Großgrundbesitzer einer Plantage auf Kuba. Fidel ist Single, aber nie einsam. Den Überblick über seine Nachkommen hat er längst verloren, – möglicherweise sind es inzwischen mehr, als er Fans hat. **SEX** Unermüdlich. **SCHICKSAL** Überstand bisher rund 30 Attentate. **HASS** Die CIA stellt ihm seit 1959 nach, wo sie kann – erfolglos. Peinlichste Pleite: Gescheiterte »Schweinebucht«-Invasion 1961. **PANNE** Die auf Kuba gedrehte Davidoff Nr. 1 ist das zündende Wort bei richtigen Zigarren-Genießern. Die lange, stabförmige Havanna gibt es aber nicht mehr. Wegen ein paar Dollars mehr zerbricht ein jahrzehntelanger funktionierender Deal zwischen Fidel, dem Schweizer Zigarren-Produzenten *Zino Davidoff* und seinem Genfer Finanzpartner *Schneider*. Nachdem die Eidgenossen eine Preissteigerung ablehnen, stellt C. die Lieferung ein. Seit der Zeit steigert sich der Umsatz der begehrten Kuba-Zigarre Cohiba und Davidoff startet eine Davidoff-Nr. 1-Produktion in der Dominikanischen Republik. Streng genommen ist die »D 1« seither eine Mogelpackung und schmeckt auch nicht so wie früher. Man kann ja auch nicht Kalterer See in eine Château-Petrus-Flasche einfüllen. **SKANDAL** 1962 brachte C. die Welt an den Rand eines Atomkriegs

(»Kuba-Krise«), als er fast zu hoch um sowjetische Raketen pokerte, die er auf Kuba hatte stationieren lassen. In den 70ern pumpte er Söldner und Waffen in die zerstörerischen Guerilla- und Bürgerkriege Afrikas.

Charles, Prinz von England

WER IST ES? Geduldiger Öko-Prinz **LEBENSDATEN** *14.11.1948 in London **JOB** Langzeit-Thronfolger Großbritanniens

TITEL Prince of Wales and Earl of Chester, Duke of Cornwall and Rothesay, Earl of Carrick and Baron of Renfrew, Lord of the Isles, Prince and Great Steward of Scotland, Knight of the Garter (Hosenbandorden), Knight of the Order of the Thistle, Knight Grand Cross of the Order of the Bath, Privy Councillor. **KARRIERE** 1967 bis 1970 Studium der Archäologie, Anthropologie und Geschichte in Cambridge, dann Pilot bei der Royal Air Force. 1958 Prince of Wales und Earl of Chester. **PLÄNE** Den König kann er sich fast abschminken, da die Damen in seiner Familie (Queen Mum wurde 101 Jahre) recht alt werden und fit bleiben – ob mit oder ohne Gin. **IMAGE** Sympathisch-verschrobener, großohriger Prinz mit antikem Frauengeschmack. **RESIDENZ** Clarence House; Landsitz Highgrove/Glousteshire. **HOBBIES** Der Ökofreak und Hobbymaler betreibt ein ökologisches Mustergut, interessiert sich für Architektur (wohltuend konservativer Geschmack) und liebt Antiquitäten. **BEAUTY** Für 70 000 Pfund kommt Prinz Charles unter den Hammer, genauer gesagt eine Karikatur des englischen Pop-Art-Malers *David Hockney* bei Christie's, die vor 30 Jahren entstanden ist. Es gab sieben Varianten, mit Buntstiften gezeichnet, und es war ein Auftrag des US-Magazin »Time« anlässlich der Investitur als Prince of Wales. Nach Art der Karikaturisten übertrieb auch *Hockney* und zeichnete Nase und Ohren des Thronfolgers wenig schmeichelhaft, d.h.: groß. Merkwürdig: Keines der *Hockney*-Werke verwendete Auftraggeber »Times« für das Titelblatt. Stattdessen kam ein psychedelisches Porträt des US-Malers *Peter Max* aufs Cover. **FAMILIE** Zwei Söhne, *William* und *Harry*. Nach dem Royal-Skandal wegen *Harrys* Drogen-Konsum nimmt sich Charles mehr Zeit für den kleinen Prinzen. 2002 streicht er deshalb offizielle Termine und versucht die Erkenntnisse umzusetzen, die man bei Harry während seines Aufenthaltes in einer Drogenklinik gewonnen hat. Mit 17 hat der Mini-Windsor regelmäßig Haschisch geraucht und wie ein Bürstenbinder Alkohol getrunken. **EHE** Witwer von Prinzessin ➔ *Diana*. **LIEBE** Langzeit-befreundet mit *Camilla Parker Bowles*. Nach dem Tod seiner geliebten Großmutter drückt ➔ *Elizabeth* ein königliches Auge zu, ich glaube das linke, und er darf sich auch offiziell mit seiner alten Kamelle Camilla zeigen. Während des 50. Thron-Jubiläums der Königin wird bei einer Bischofskonferenz eine Reform beschlossen, die eine Wiederheirat möglich machen wird. Dann wäre auch für Charles der Weg frei. Sollte er tatsächlich mit der herbstlichen Dame zum Standesamt gehen, ist er reif für die Tapferkeitsmedaille in Platin – und wird dann wirklich niemals König. **SEX** Nicht so wichtig.

Christiansen, Sabine

WER IST ES? ARD-Ariane **LEBENSDATEN** *20.7.1957 in Preetz/Schleswig-Holstein **JOB** Als charmante Trägerrakete bittet sie zum Wort am Sonntagabend unter eine riesige blaue Talk-Käseglocke nach Berlin **KARRIERE** Macht nach dem Abitur erste Höhenflüge bei der Lufthansa (sieben Jahre lang), ehe sie neben Matadoren wie *Hanns Joachim Friedrichs* und *Ulrich Wickert* Millionen von Zuschauern via »Tagesthemen« in die Augen schaut. 1998 erhält sie eine eigene Talkshow unter ihrem Namen, zu der sich sämtliche Politgrößen und Wirtschaftsmagnaten versammeln. Bayerns Premier ➔ *Stoiber* bekommt einen Solo-Abend und ist so angetan von ihr, dass er gar nicht so spritzig redet wie sonst.

ERFOLGE Bei einen Privatsender wäre C. mit ihrer Talkshow längst weg vom Fenster, denn der hätte bei den Anfangsschwierigkeiten nicht lange gefackelt. Das ist eben das Schöne bei den öffentlich-rechtlichen Anstalten: Haben sie sich schließlich und endlich für jemanden entschieden, halten sie auch an ihm fest. Beim Start 1998 war die Zuschauer-Quote nicht berühmt und Sabine wurde 1999 mit der »Sauren Gurke« ausgezeichnet. Ihre permanente Präsenz steigert jedoch die Sehbeteiligung. 2001 steigt die Quote auf 4,2 Millionen. Natürlich hilft auch, dass sie inzwischen die namhaftesten Gäste aller deutschen Talkshows hat: England Premier *Tony Blair*, »Microsoft«-Multi-Milliardär *Bill* ➔ *Gates*, *Eduard Shewardnadze* oder *Salman Rushdie*. **KONKURRENTINNEN** *Maybritt Illner* (ZDF); *Sandra Maischberger* (n-tv). **IMAGE** Auf einem ganzen Dutzend Websites wird C. geliebt und gepriesen. Seit sie in ihrer ersten »Sabine-Christiansen«-Sendung mit High Heels und schwarzen Nylons auftrat (bei den »Tagesthemen« war nur der Oberkörper gefragt), gibt es gar eine Christiansen-Fan-Seite für Pumps-Freunde.
BEAUTY Gusseiserner Maggie-Thatcher-Charme. **FREUNDE** Friseur *Udo* ➔ *Walz* und Berlins Regierender, *Klaus* ➔ *Wowereit*. **FAMILIE** Vater Supermarktbesitzer. **EHE** C., geborene Frahm, ist in erster Ehe (1986–94) mit dem Hamburger Juristen *Uwe Christiansen* verheiratet, in zweiter seit 1994 mit dem Berliner TV-Produzenten *Theo Baltz*. Den heiratet sie so heimlich, dass nicht einmal engste Freunde eine

Ahnung haben. »Gaanz heimlich – ›Miß Tagesthemen‹ traute sich«, steht in der »BZ« vom 20. Juni 1994. Seite 6 zeigt, wie sich die Zeiten, besser Menschen, ändern: »Die Balz hat sich gelohnt: *Sabine Christiansen* (36) sagte heimlich Ja zu dem Berliner Fernsehproduzenten *Theo Baltz* (43). Der frischgebackene Ehemann: ›Wir haben in aller Stille in Hamburg auf dem Standesamt geheiratet, wollten keinen Rummel.‹ Offiziell platzte die ›Liebesbombe‹ gestern Abend im Esplanade – beim großen Medientreff des Kölner Party-Veranstalters *Manfred Schmidt*.« Wieso dort? Da ist Rummel garantiert. Im September 2001 kommt es zur Krise, weil *Baltz* nach außerehelichen Brüsten greift (➔ SKANDAL). **SKANDAL** Die Affäre des Gatten mit Showmasterin *Ulla Kock am Brink* ist in aller Munde: Bei der spektakulären Ehe-Rochade, bei der bekanntlich vier mitmischen und einer sogar *Baltz* heißt, macht C. die beste Figur. Sabine, die starke Raucherin, schweigt. Dadurch ist sie schnell aus der medialen Schusslinie und hält ihr Schlafzimmer rein. Auch *Baltz* balzt nicht öffentlich, und so bleibt vorerst *Alfred Bremm* im Gespräch, der die geraubte Braut *Ulla* beklagt. Plaudertäschchen *Kock am Brink* hält sich jedoch am längsten in den Zeitungsspalten, weil sie spricht und spricht und spricht, bis der Schuss nach hinten losgeht: Sie gilt als Ehebrecherin, obwohl zum Ehebruch bekanntlich zwei gehören. Optisch bringt das Bäumchen-wechsle-dich-Spiel allerdings wenig, weil sich *Alfred* und *Theo* vom Typ her nicht so rasend unterscheiden. Nachdem die Headlines kleiner werden, tauchen *Ulla* und *Theo* gemeinsam in der Berliner »Bar jeder Vernunft« auf und besuchen die Premiere der Komödie »Therapie zwecklos«. Sabine dagegen hält sich an *Udo Walz* – zumindest was das Frisieren und Spazieren betrifft. Versunken unterm Fön im gläsernen *Walz*-Salon des Berliner Kempinski-Traktes ist sie ebenso zu sehen wie in Begleitung des Friseurs auf Sylt. **GEFAHRENZULAGE** Ende Januar 2002 brennt das Bett in ihrer Berliner Villa gleich dreimal. Eine »vergessene Zigarette« soll die Ursache gewesen sein.

Clinton, William Jefferson (Bill)

WER IST ES? Mr. Oral Office **LEBENSDATEN** *19.8.1946 in Hope/Arkansas **JOB** Top-bezahlter (➔ GELD) Staatsmann-Darsteller und Büttenredner für die oberen Zehntausend **KARRIERE** Gelernter Rechtsanwalt; Gouverneur von Arkansas; Januar 1993 – Januar 2001 42. Präsident der USA; seither Kanzlei in New York und Honorar-Sprecher

IMAGE Smarter Polit-Filou, von den Kameras weltweit geliebt wie einst Prinzessin ➔ *Diana*, von der auch kein hässliches Foto existiert. **GELD** Ein Hubschrauber setzt Clinton auf einer Alm ab, wo es bekanntlich »keine Sünde gibt«. In Halbschuhen stapft er im hochalpinen Ischgl (winterliches Gegenstück zum Ballermann auf Mallorca) durch den Schnee. Auf Einladung von Hoteliers und Tourismus-Kurblern verkündet er für 200 000 Dollar Gage goldene Worte. 30 Minuten dauert das Alpen-Referat und laut *Bob Barnett*, seinem Anwalt, ist es die 203. Rede dieser Art, die der Ex-Präsident innerhalb von 14 Monaten in ca. 30 Ländern seit dem Ausscheiden aus seinem Amt gehalten hat. Finanziell kann es für C. gar nicht besser laufen, wenn man bedenkt, dass er auch für seine Memoiren 40 Millionen Dollar kassiert. Eine Anzahlung von 12 Mio. ist bereits geflossen. Die Organisatoren müssen allerdings ein »Sicherheitsrisiko« meistern, nachdem sich Top-Model *Naomi* ➔ *Campbell* als größter Fan von Bill entpuppt und sich wie eine kleine Autogrammjägerin verhält. Als »optischer Aufputz« eingeladen, hatte sie sofort (und ohne Gage) zugesagt. In der »Sun« schwärmt sie öffentlich: »Bill ist weltweit der einzige Mann, der mich noch interessiert, mit ihm hätte ich gern eine Verabredung.« So kommt es zu einem Small Talk und einem gemeinsamen Foto, mehr nicht. Sogar ein Clinton kann nein sagen. Man hört ihn gar die strikte Anweisung erteilen, dass das Super-Model auf keinen Fall an seinem Tisch Platz nehmen darf. *Naomi* fliegt schmollend nach Mailand zurück. **RESIDENZ** Wohnung in Manhattan; Haus in Little Rock/Arkansas. **HOBBIES** Blasen (Saxophon). **FREUNDE** *Denise Rich*, die gottbegnadete Komponistin und dank Scheidung von ihrem Mann, Finanz-Jongleur *Marc Rich*, Dollar-Millionärin in dreistelliger Höhe, schenkt Sexy-Bill ein Blasinstrument auf dem vor ihr veranstalteten »Angel Ball« in New York, das der Präsident an Ort und Stelle ausprobiert. Wenige Tage später klingt seine Amtszeit aus und noch am letzten Tag begnadigt Bill den größten Steuerflüchtling der USA, *Marc Rich*. Der Ex von *Denise*, heute mit der schönen *Gisela Rossi* verheiratet, konnte sich in den letzten 20 Jahren nur in der Schweiz oder in Spanien aufhalten und bewegte sich zwischen den beiden Zufluchtsländern mit Privatjet, um nicht Gefahr zu laufen, mit einer Linienmaschine zu fliegen, die plötzlich in einem Staat landet, der *Marc* in die USA ausliefern könnte. Gattin *Hillary C.* verhindert, dass Denise in ihren Memoiren detailliert darlegt, wie sie den Präsidenten – vermutlich in mündlichen Verhandlungen – dazu bekam, ihren Mann zu retten. Die Ex-First-Lady kennt ihren Bill schließlich. **FAMILIE** Clintons Tochter *Chelsea* hat für einen romantischen Kurztrip nach Venedig mit ihrem Freund *Ian Klaus* nicht auf die Dollars geschaut. Sie und Herzbube checken unter dem Namen »Mr. and Mrs. Smith« im Luxus-Hotel »Gritti Palace« ein und bleiben drei Nächte. Die Rechnung: 12 730 Dollar. Nachtclub »Embassy« in London, drei Uhr früh. *Ian* und zwei andere Gäste müssen Clintons Tochter tragen, weil sie zuviel getrunken hat. Die Präsidenten-Tochter, die eigentlich in Oxford Internationale Beziehungen studiert, muss ins Auto gehoben werden. Unter den lachenden Anfeuerungsrufen wartender Taxifahrer verstauen Helfer endlich auch ihre Beine. Als das geschafft ist, fällt *Chelsea* auf den neben ihr sitzenden Freund *Klaus* und bleibt so liegen. In den USA üben sich Studenten während der so genannten Spring Break jedes Jahr wieder im exzessiven Feiern. **EHE** Verheiratet mit der Anwältin und späteren Politikerin *Hillary Rodham Clinton* (★1947), heute Senatorin des Staates New York. **SEX** Gerade mal eineinhalb Jahre mit *Hillary* verheiratet, schlüpft der 31-jährige Justizminister von Arkansas, Clinton, erstmals ins Bett der blauäugigen TV-Reporterin und Sängerin *Gennifer Flowers*. Die heimliche Affäre währt zwölf Jahre, in denen Bill unter dem Alibi »Frühsport« zu ihrem Appartmenthaus joggt und sich durch ein Hintertürchen in die Wohnung stiehlt. Eine große Liebe; *Gennifer*, die heute in New Orleans eine eigene Bar, den verrauchten »Kelsto-Club«, besitzt: »Er war ein großartiger Liebhaber. Manchmal dachte ich, mein Kopf explodiert vor Geilheit.« Gern würde sich die rachsüchtige Ex-Geliebte, die 1992 *Penthouse*-Girl gewesen ist, noch einmal im nackten Glanz entblättern. »Nicht für Geld, sondern nur um zu zeigen, wie gut ich noch in Schuss bin.« Wie die meisten Vorgänger im Amt des mächtigsten Mannes der Welt mächtig Gemächte-gesteuert, gerät C. wegen einer verhängnisvollen Büro-Affäre mit der berühmtesten Praktikantin der Welt, *Monica Lewinsky* (★23.7.1973 in San Francisco, Tochter eines Krebsklinik-Ketten-Inhabers), doch in Schwierigkeiten. 1998 wird ein Amtsenthebungsverfahren gegen Clinton angestrengt. Die geheime Romanze kommt ans Tageslicht, als Clinton nichts mehr von ihr wissen will und sie sich frustriert ihrer Freundin *Linda Tripp* anvertraut, die die Gespräche am Telefon mitschneidet und Sonderermittler *Kenneth Starr* zuspielt. In hochbezahlten TV-Talkshows plaudert L. inzwischen ungeniert über die Liaison mit dem mächtigsten Mann der Welt, die »aufregend« gewesen sei. »Ich habe gedacht, ich bin jung, er ist der Präsident, er ist süß – das ist cool.« Man fragt sich allerdings bis heute, weshalb *Monica* mit ihrer französischen Begabung ein Kleid mit präsidialem »Ausdruck« als Corpus delicti zwei Jahre lang aufbewahrt hat. Und der Kater lässt das Mausen nicht. Aktueller Schwarm von Billy-Boy ist die attraktive dreifache Mutter *Lisa Belzberg*, die mit dem Vater ihrer Sprösslinge, »Seagram's«-Erbe *Matthew Bronfman* (»Chivas

Regal«, »Myer's Rum«), ein Bratkartoffel-Verhältnis unterhält. »Ihre Augen blitzen vor sexuellem Versprechen«, soll Clinton über sie gesagt haben. Sie schwelgt ebenfalls: »Er ist der amüsanteste Mann der Welt, ich genieße seine sexy Komplimente.« Bislang bleibt Ehefrau *Hillary*, amtierende Senatorin für den Staat New York, cool wie immer in pikanten Angelegenheiten ihres Mannes. **KURIOSES** Im September 1998 präsentierte die Internet-Suchmaschine AltaVista mithilfe der Übersetzungs-Software Systran innerhalb weniger Stunden eine angeblich deutschsprachige Version des viele hundert Seiten langen Starr-Reports über die *Clinton-Lewinsky*-Affäre, was dankenswerterweise von der Berliner »taz« dokumentiert wurde. Das Kauderwelsch des Sprachcomputers las sich dann so: »*Nach Ansicht von Ms Lewinsky führte sie Mundgeschlecht auf dem Präsidenten durch.*« — »*Im Verlauf des Flirtings mit ihm hob sie ihre Jacke in der Rückenseite und zeigte ihm die Brücken ihrer Zapfenunterwäsche.*« Es kam vor, dass sie eine »*Zerstampfung auf ihm hatte*«. Und dann kommt's zum Interruptus: Einmal »*befaßte er sich, Mundgeschlecht auf mir durchführend*«, aber als jemand Drittes das Oval Office betrat, machte der Präsident »*reales schnell Reißverschluß zu und erlosch und kam innen zurück.*«
Na, wenn weiter nichts war ...

Clooney, George → Hollywood

Cohn, Arthur

WER IST ES? Globetrottender Filmproduzent mit großem Herzen **LEBENSDATEN** Sternzeichen: Wassermann **KARRIERE** Produzierte Filme wie »Die Gärten der Finzi Contini« mit Helmut → *Berger*, »Black and White in Colour« von Regisseur *Jean-Jacques Annaud*, »Ein Tag im September« (über das Münchner Olympiamassaker mit Gastauftritt von Deutschlands Sheriff Nr. 1 Prof. Dr. *Manfred Schreiber*).

ERFOLGE Sechsfacher Oscar-Preisträger, Ehrendoktor der Universität Boston. **RESIDENZ** Große Wohnung mit Terrasse in Basel. Gern gesehener Gast in den feinsten Hotels der Erde. **STYLE** Miles-and-More-Rekordhalter Cohn lebt überaus züchtig, trinkt nicht, raucht nicht, isst nur Fisch, Spargel und genießt gerne frisch gepressten Orangensaft. **FREUNDE** Einmal im Jahr spielt Cohn den Weihnachtsmann mit dem Riesensack. Wohl von einem Logistik-Unternehmen lässt er eine Geschenkeflut (Uhren etwa, in allen Schattierungen) an seine unzähligen Freunde auf den Weg bringen – und mit Ausnahme von Grönland hat er auf der ganzen Welt welche. Seine bekanntesten: *Kirk Douglas, Faye Dunaway, Liv Ullmann, Friede*

→ *Springer, Ruth Maria* → *Kubitschek, Boris* → *Becker* und *Claudia* → *Schiffer*. Charmeaktiv kann er ja sein, sehr sogar, aber wehe, es würde bei seinen Steilvorlagen eine schöne Eva »ja« sagen … **FAMILIE** Verheiratet, drei Kinder. **SEX** Er ist sich treu. **SCHICKSAL** Mit einer Pfunddose Kaviar fährt er im Herbst 2000 nach San Pedro, einem grauen Stadtteil von Los Angeles, um einen der ungewöhnlichsten Menschen der Welt zu besuchen: *Clara Schuff*. Sie hat einen scharfen Blick in die nächste Dimension. Ein Jahr vor den Dreharbeiten für den Film »Black and White in Colour« sagt ihm die Seherin, die für ihre Aussagen in Trance verfällt und prähistorische Zeichen zu Papier bringt, einen Oscar voraus. Cohn lacht sie aus. Später, als ihre Voraussage eintrifft, muss er Abbitte leisten. **PARTY** Als unschlagbares Marketing-Genie hat C. Promis, Print und Fotografen fest im Griff. Zur Premiere seines traurigen Films »Hinter der Sonne« bringt er mehr Bewegung ins Münchner Hotel »Bayerischer Hof« als der Deutsche Filmball, der ebenfalls in *Innegrit Volkhardts* Schlaf-Palais veranstaltet wird. Medien-Eminenz *Josef von* → *Ferenczy* streicht sein bleistiftdünnes Menjoubärtchen und verweilt brav im Gloria Palast, wo der Film unter dem Benefiz-Segen von »Bunte«-Chefredakteurin *Patricia Riekel* aufgeführt wird. *Iris Berben*, die deutsche *Joan Collins*, hat den bei ihr ruhig gewordenen Dauerbegleiter *Gabriel Lewy* an der Hand, bei dem sie als Kaffee-Tante herhalten muss, wenn er wieder ein neues Lokal eröffnet und Iris, eine Jeanne D'Arc von eigenen Gnaden, auf dem Demo-Sektor »gegen rechts« vorschickt. Das kommt billiger als eine Anzeigenseite zu schalten. Serien-Star *Uschi* → *Glas*, die wochenlang kein Telefon mehr abgehoben hat und dafür umso mehr imaginäre Exklusiv-Interviews über die gescheiterte Ehe von sich lesen darf, taucht an dem Abend in das blitzende Linsenmeer jener Reporter, denen sie zuletzt aus dem Weg gegangen ist, als der »Deininger Weiher« als Meditationsort für Ehemann *Bernd Tewaag* bekannt geworden ist. *Uschi* hat ein Bambi-Gesicht aufgesetzt und läuft eingehängt bei Gastgeber Arthur die Fotografen-Parade ab. Gleich hinter den brasilianischen Hauptdarstellern *Rodrigo Santoro* und *Ravi Ramos Lacerda* zelebriert Tonträger *Ralph Siegel* als Senior-Siegfried den Einzug seiner Kriemhild, die ihm eine Mitgift der besonderen Art eingebracht hat: Von der Einladung des gehörnten Ehemannes, *Ralph* eine Schönheitsoperation zu offerieren, hat *Siegel* aber noch keinen Gebrauch gemacht. **DANK** Arthur ist ein großzügiger, großherziger Mann. »Goldig«, wie er selbst gern sagt, schickt er meiner Mutter, als sie monatelang im Krankenhaus liegt, jeden Tag eine rote Rose ans Bett.

Collins, Joan Henriette

> **WER IST ES?** Spätzünderin im weltweiten Showbiz **LEBENSDATEN** *23.5.1933 (eigene Angaben) in London **JOB** Schauspielerin **KARRIERE** Obwohl sie in rund 30 Jahren 60 Filme und 20 TV-Serien dreht, wird sie erst als Alexis Carrington (»Das Biest«) in der TV-Serie »Denver-Clan« international bekannt. Stand auch unter *Franz Antels* Regie in Wien in Minirollen vor der Kamera.

EHE Bislang fünf Ehen. Im Februar 2002 heiratet sie den Amerikaner *Percy Gibson*, Direktor einer Theatergesellschaft. Sie ist 68, er 33. Das ist selbst für abgebrühte New Yorker Verhältnisse ein Ehe-Kunststück. Die ortsansässige Gesellschafts-Kolumnistin *Cindy Adams* rechnet bissig vor: »Percy ist jünger als ihre Inlays.« Geschäftstüchtig wie C. ist, dürfte sie der fünfte Weg zum Standesamt nichts gekostet haben, da sie die Hochzeitsbilder, neue Version von verkaufter Braut, an Illustrierte verhökert. Joans zweiwöchiger Honeymoon-Report von der malayischen Insel Pancor Laut: »Wir hatten eine eigene Insel, unseren eigenen Strand, unseren eigenen Pool und drei Leute, die uns von Kopf bis Fuß bedienten. Ich las fünf Bücher und schrieb einen Artikel. Er machte Dschungel-Touren und Kajakfahrten.« Gemessen an dem Programm wird kaum Zeit für Zärtlichkeit gewesen sein. Über ihre Beziehung mit dem über 30 Jahre jüngeren Mann: »Außer in der Politik sind wir auf derselben Wellenlänge. Ich bin rechts, er links. Über den Altersunterschied sage ich nur eines: Wenn er stirbt, dann stirbt er.« **SEX** Genusssüchtig.

Combs, Sean

> **WER IST ES?** Schwarzer Adonis mit Turbolader **LEBENSDATEN** *4.11.1969 in New York **JOB** Sänger. **KARRIERE** Ausbildung an der Howard University. Musikalische Erfolge: »No Way Out«, »Godzilla« (*Roland Emmerichs* Kassenhit), »Forever«, The Saga Continues«. Spielte auch im Film »Made«.

IMAGE Der erotische Don Juan trägt den Spitznamen »Puffy«, weil er als Kind, wenn er zornig war, hochging wie ein HB-Männchen. **STYLE** Das Foto in »Vanity Fair« zeigt ihn als luxuriösen Klassen-Neger: Weißer Anzug, smaragdgrünes Wasser, holzbrauner Bootssteg, blauer Himmel, weißer Sonnenschirm, gehalten von schwarzem Diener. **FAMILIE** Kinder *Justin Dior* (*1993, mit *Tanieka Misa Hylton*) und *Christopher Casey* (*1998, aus der Verbindung mit *Kim Porter*). **LIEBE** Kurze Zeit befreundet mit *Jennifer* → *Lopez*. **SEX** Terminator. **SKANDAL** → *Lopez , Jennifer*.

Connery, Sean

> **WER IST ES?** Für viele: *Der* Mann **LEBENSDATEN** ★25.8.1930 in Edinburgh/Schottland **JOB** Schauspieler **KARRIERE** Der beste 007 aller Zeiten hat sich von diesem Markenzeichen gelöst und glänzt heute als internationaler Mega-Schauspieler. »Let's Make Up« (1955), »Dr. No« (1962), »Liebesgrüße aus Moskau«, »Goldfinger«, »Feuerball«, »Diamonds Are Forever«, »Sag niemals nie«, »Der Name der Rose«, »The Untouchables«, »Indiana Jones«, »Jagd auf den Roten Oktober«, »Highlander«, »The Rock«, »Die verlockende Falle« mit *Catherine* ➜ *Zeta-Jones* und »Finding Forrester«.

ERFOLGE Oscar-Preisträger (»The Untouchables«). **MACHT** Engagiert sich in der schottischen Politik. **IMAGE** Zunächst schneidiger Ideal-Bond, dann schauspielerisch brillanter Frauen- und Männerschwarm. **GELD** Schottenfaktor unbekannt. **RESIDENZ** Schottland! **FAMILIE** Zwei Ehen: mit *Diana Cilento* (1962–73), aus der Sohn *Jason Joseph* stammt, und mit *Micheline Roquebrune* (seit 1975). **SEX** Hat er. **ERINNERUNG** Ein Glück, dass der hochflorige Teppich im ersten Stock des Londoner Hotels »In on the Park« meinen Sturz etwas abfedert. Auf meine etwas freche Behauptung, Weltstar Sean Connery lasse sich in heiklen Kampfszenen immer doubeln, reagiert der schottische Schauspieler mit einem praktischen Gegenbeispiel. Blitzschnell greift er meine rechte Hand, und noch ehe ich irgendetwas abwehren kann, lande ich zunächst auf seinen Schultern und dann im freien Fall auf dem Hotelboden – insofern vergesse ich die letzte 007-Premiere mit Connery nicht so schnell.

Connor, Sarah

> Eigentlich Sarah Lewe **WER IST ES?** Singende Sexbombe aus Delmenhorst **LEBENSDATEN** ★1981 in Hamburg **JOB** Deutscher Gesangsstar **KARRIERE** Singt mit 15 in dem Erfolgsmusical »Linie 1«. Ihre erste Single, »Let's Get Back To Bed, Boy«, schafft 2001 auf Anhieb Platz 1 der deutschen Charts, die zweite erreicht die Top 30 der englischen Hitparade. Großer Durchbruch mit »From Sarah with Love«.

ERFOLGE Vier goldene und 21 Platin-Schallplatten. **RESIDENZ** Wohnt noch bei Mama und Papa im 75 000-Seelen-Städtchen Delmenhorst in Niedersachsen. **HOBBIES** Reitet gern (auf Pferden), spielt Gameboy, verehrt *Michael* ➜ *Jackson*. **BEAUTY** Als sie bei *Thomas* ➜ *Gottschalks* »Wetten dass...?« auftritt, geht bei vielen

männlichen Zuschauern das Messer in der Tasche auf. Ihre rote, schleierhafte Flammenmuster-Robe ist zwar ziemlich transparent und etwas unglücklich geschnitten, aber mancher Spießbürger träumt mehr, als er wirklich sieht. Ob sie nun einen Slip trägt oder nicht, beschäftigt die Blätter noch viele Tage lang.
FAMILIE Hat vier nicht minder hübsche Schwestern, *Anna-Maria*, *Valentina*, *Lulu* und *Marisa*, sowie Bruder *Robin*. Natürlich ist Sarah Connor ein Künstlername (bürgerlich Lewe), und obwohl sie aussieht wie ein Beach-Girl aus Kalifornien, stammt das weizenblonde Mädchen aus der grauen niedersächsischen Provinz, wo man bestenfalls Sabine Beckenglück heißt. Die sexy Sängerin mit den smaragdgrünen Augen geht gern mal mit Papa *Michael* (stammt aus New Orleans) und Mama *Soraya* ins Café »Zampolli« in der Nähe des Rathauses.   **SEX** Strahlt selbstbewusste Leidenschaft aus.

Costner, Kevin ➔ Hollywood

Crash, Theo

> **WER IST ES?** Mister Mondschein **LEBENSDATEN** *9.11.1947 in Augsburg **JOB** DJ der dritten Dimension   **KARRIERE** Urgestein am Plattenteller, pardon, im CD-Cockpit des Wiesbadener Dancing »Park Café«. Keiner hat es länger getan.

HOBBIES Joggt sich nach dem nächtlichen Sound-Service die Nikotin-Lunge frisch. Er ist aber eigentlich ein Maler, der sich nicht traut. Seine Kunstwerke, die in einem sandigen Loft über der Disco entstehen, finden im Apri 2002 nach einer Vernissage am Londoner Trafalgar Square so viel Interesse, dass Künstler Theo, der am liebsten mit fremden Handys telefoniert, nahezu ohne Bilder wieder nach Hause fliegt.   **FREUNDE** *Christine Kaufmann* und *Uschi Obermaier*. Nächtigt, wenn er von Wiesbaden nach München reist, gern in der Rosen-Plantage von »Botanikum«-Chef *Heinrich Bunzel*, Erfinder der »Artfields«, weil der Schlafplatz so günstig liegt. Den Alkohol hat er schon lange aufgegeben, denn man kann nicht beides haben.   **EHE** Erste Ehe mit der temperamentvollen Engländerin *Susy-Anne*, eine zweite mit einer Wiesbadenerin währte nur Stunden.   **SEX** Umständlich im Aufbau. Oft wissen die Girls noch gar nicht, dass er sich schon in sie verguckt hat.

Crawford, Cindy (Cinthia)

WER IST ES? Das Girl mit dem Millionen-Dollar-Gesicht   **LEBENSDATEN** *20.2.1966 in Sycamore/Illinois   **JOB** Fotomodell

KARRIERE Im Städtchen De Kalb, wo sie aufwächst, wird sie von einem Zeitungsfotografen entdeckt. In rascher Erkenntnis »Mein Körper ist meine Firma« hängt sie ihr Chemie-Studium an den Nagel und wird Covergirl, das auf allen Glanzblättern der Welt erstrahlt (über 350 Titel). Für den »Playboy« produziert sie eine Sexy-Foto-Strecke mit Star-Lichtbildner *Herb Ritts*, der Mädchen aber nicht gefährlich wird, wirbt für Revlon, Pepsi Cola und Sportkleidung, ist auf dem Fitness-Sektor aktiv und steht für den Film »Fair Game« vor der Kamera. Tanzt in unzähligen Aerobic-Videos vor.   **GELD** Verdient in ihren guten Zeiten bis zu 100 000 Dollar am Tag.   **RESIDENZ** Lebt in Los Angeles.   **EHE** 1991 heiratet das Girl mit den braunen Schlafzimmer-Augen Filmstar *Richard* ➔ *Gere*. Seit 1998 ist C. mit Lokalbesitzer *Rande Gerber* verheiratet, mit dem sie Sohn *Presley Walker* und Tochter *Kaya Jordan* hat.   **SEX** Stets offen für Ablenkungen: »Ein bisschen bi schadet nie.«

Crowe, Russell ➔ Hollywood

Cruise, Tom ➔ Hollywood

Daum, Christoph

WER IST ES? Linienrichter des deutschen Fußballs   **LEBENSDATEN** *24.10.1953 in Oelsnitz/Erzgebirge   **JOB** Fußballtrainer   **KARRIERE** Nach dem Abitur studiert er an der Sporthochschule Köln. 1986 Trainer beim 1. FC Köln, dann VfB Stuttgart und später Besiktas Istanbul. 1996–2000 Trainer bei Bayer 04 Leverkusen, damals ein Fast-Absteiger, den D. in den Kicker-Olymp der Bundesliga steuert. 2001 fast Bundestrainer.

ERFOLGE 1992 Deutscher Meister mit dem VfB Stuttgart.   **PARTNER** D. vertraute Motivationsguru *Jürgen Höller*.   **PLÄNE** Vielleicht doch nochmal Bundesliga- und dann Bundestrainer?   **IMAGE** Besessener Flackerblick, überdeutliche Aussprache, leicht unseriöse Ausstrahlung.   **RESIDENZ** Häuser in Köln (mit Atelier) und Mallorca.   **HOBBIES** Malen, Zeichnen.   **FREUNDE** DFB-Boss *Gerhard Mayer-Vorfelder* gilt als »Männerfreund« – jedenfalls bis zum Beginn des ➔ SKANDALS.   **FAMILIE** D.

wächst zunächst bei Oma und Opa auf, weil seine Eltern 1956 in den Westen gehen. Als sie in Duisburg eine Wohnung finden, kommt er nach. **EHE** Ist getrennt von seiner Frau *Ursula*, mit der er die Kinder *Marcel* und *Janine* hat. **LIEBE** Lebt mit *Angelica Camm*, gemeinsamer Sohn *Jean-Paul*. **SCHICKSAL** Das Jahr 2000: Im Mai geht in Unterhaching die sichere Meisterschaft flöten, im Oktober verliert D. die Linie (➔ SKANDAL) und den ebenfalls sicheren Bundestrainerjob. **HASS** *Uli Hoeneß*. **SKANDAL** Am 2. Oktober 2000 wird das Image von D., der im Juni 2001 Bundestrainer werden soll, durch eine Äußerung von FC Bayern-Manager *Uli Hoeneß* schwer angekratzt. Er deutet Drogenprobleme von D. an, die seit Jahren bekannt seien. Allerdings hatte D. seine Trainertätigkeit bis dato perfekt und unbeanstandet ausgeübt. Nachdem eine von ihm freiwillig vorgeschlagene Haarprobe den regelmäßigen Konsum von Kokain indiziert, muss er als Trainer von Leverkusen das Handtuch werfen. Waren es wirklich *seine* Haare? Für einige Zeit taucht er in Florida unter und erhält am 15. Dezember 2000 von Bayer Leverkusen eine Abfindung von zwei Millionen Mark. Ab März 2001 arbeitet er für ein Jahr als Trainer bei Besiktas Istanbul. Im Mai 2001 erhebt die Staatsanwaltschaft Koblenz Anklage wegen illegalem Drogenbesitz – die Verhandlung dauert unverständlicherweise sieben Monate und endet am 6. Mai 2002 vor dem Koblenzer Landgericht mit der Einstellung des Verfahrens in zwölf Fällen und Freispruch für die übrigen Anklagepunkte. D. muss allerdings 10 000 Euro an eine soziale Einrichtung zahlen.

Daume, Willi

WER IST ES? Olympionike und einfühlsamer Königin-Macher **LEBENSDATEN** *24.5.1913 in Hückeswagen, † 1996 **JOB** 1950–1970 Präsident des Deutschen Sportbundes, 1961–1992 Präsident des Nationalen Olympischen Komitees (NOK). Daumes stattliches Office im Bürohaus-Komplex von Konsul *Holzmüller* in Münchens Augustenstraße ist 1972 zeitweise Ausbildungslounge der Olympia-Hostessen. Auch *Silvia* ➔ *Sommerlath* geht durch die Daum'sche Schule und reißt die Latte nicht. Wenig später lernt sie Schwedenkönig *Carl Gustaf* kennen, der nicht lange fackelt und sie zur Königin macht.

ERFOLGE Holt gemeinsam mit OB *Hans Jochen Vogel* die Olympischen Spiele 1972 nach München. **MACHT** Zeitweilig mächtigster Sportfunktionär Deutschlands mit viel Einfluss auch im Internationalen Olympischen Komitee (IOC). **IMAGE** Netter Mr. Olympia aus der Zeit, als es noch um Sport ging. **ERINNERUNG** Zum Nulltarif genießt Daume die großzügige Immobilien-Pracht des Konsul *Holzmül-*

ler, einem unauffällig lebenden Milliardär, der in Fürstenried ganze Stadtteile besitzt und in Berlin das Hotel »Schweizer Hof«. Als ich in einem Zeitungsartikel einmal über den »0815-Lodenmantel« des Konsuls schreibe, schickt der mir prompt ein gleiches Modell in die Redaktion: mit schönen Grüßen. Sechs Stunden später kommt das Kleidungsstück tatsächlich zum Einsatz, obwohl ich jegliche Art von Mänteln verabscheue. Es wird nämlich ziemlich kalt bei den Proben zur AZ-Benefiz-Gala »Stars in der Manege« im Circus Krone, und ich hole das Holzmüller-Modell aus dem Wagen: besser als nix. Der Lodenmantel sticht am Manegenrand »AZ«-Herausgeberin *Anneliese Friedmann* ins Auge, die nach Chefredakteur *Udo Flade* ruft. »Müssen wir ihm mehr Geld geben?«, fragt sie in meine Richtung. Flade: »Wieso?« »Ja, schauen Sie sich doch mal den erbärmlichen Mantel unseres Kolumnisten an.« Anderntags eine kleine Besprechung in der Chefredaktion, die etwas Gutes hat: Es gibt monatlich 500 Mark mehr.

Davis, Geena → Hollywood

Deneuve, Catherine

> Eigentlich Catherine Dorleac **WER IST ES?** Schöne Helena des französischen Films **LEBENSDATEN** *22.10.1943 in Paris **JOB** Schauspielerin **KARRIERE** 1962 von Frauen-Spezialist *Roger Vadim* entdeckt, der schon aus *Brigitte Bardot* das »ewig lockenden Weib« schuf. Filme: »Die Regenschirme von Cherbourg« mit Schwester *Françoise Dorleac* (ist mit *Roman* → *Polanski* liiert und verunglückt später tödlich), Polanskis »Ekel«, Buñuels »Belle de Jour«, *Truffauts* »Geheimnis der falschen Braut«, »Die letzte Metro«, »Indochine«.

ERFOLGE Goldene Palme, César, Nominierung zum Oscar. **EHE** 1965–70 verheiratet mit Fotograf *David Bailey*. **LIEBE** Bei ihrem Entdecker *Roger Vadim* spielt D. auch privat längere Zeit die Hauptrolle. Ergebnis ist Sohn *Christian*. 1971 dreht sie mit der Welt attraktivstem Filmstar *Marcello Mastroianni*, von dem sie Tochter *Chiara* bekommt. **ERINNERUNG** Fliegt man um sechs Uhr früh von Nizza nach Paris, will man niemanden sehen, am besten auch von niemandem gesehen werden. Die für diese Messdienerstunde überraschend freundliche Bodenhostess gibt mir den Fenstersitz in der letzten Reihe des Jets. Angeblich sei das der sicherste Platz und gut für ein 40-Minuten-Schläfchen bis zur Landung in Paris. Die quäkende Bord-Lautsprecherstimme reißt aus wilden Träumen, die Maschine setzt zum Sinkflug an und neben mir bewegt sich ein knallroter Trenchcoat, aus dem eine blonde Göttin Mitte 20 hervorschaut: Catherine Deneuve. Die Belle de Jour greift zum Spiegel, richtet das Make up, lächelt herüber, nimmt eine Sonnenbrille und haucht »Bon jour«. Dann verschwindet der rote Trench in der Gruppe der grauen Passagiere, die dem Ausgang zustreben – futsch und weg. Da liegt die schönste Frau ihrer Zeit einem förmlich zu Füßen und man verschläft die süße Chance. Aber noch zweimal will es das Schicksal, dass ich – allerdings 25 Jahre später – Seite an Seite mit dem Weltstar (inzwischen etwas mütterlicher geworden) im Flugzeug sitze: auf dem Flug von Paris nach Los Angeles und sechs Tage später das gleiche Spiel auf dem Rückweg. Fazit: Obwohl so nah, bleibt sie unerreichbar. Beim Essen entsteht ein bißchen Small Talk, dann verlangt D. nach Kissen, Augenklappe und Decke und taucht weg.

Depardieu, Gérard

WER IST ES? Obelix-Figur mit ausgeprägter Nase **LEBENSDATEN** *27.12.1948 in Chateuroux/Indre **JOB** Schauspieler

KARRIERE Entdeckt in Paris durch einen Freund die Liebe zu Literatur und Theater; schnell ist der Entschluss gefasst, Schauspieler zu werden. Er nimmt Unterricht an der »Ecole d'art dramatique«, startet am Avantgarde Theâtre sowie mit kleinen Filmrollen und fällt erstmals in dem Film »Les Valseuses« (Die Ausgebufften) auch *Bernardo Bertolucci* auf, der ihn für »1900« engagiert. 1980 mit *Catherine* ➔ *Deneuve* in *François Truffauts* »Die letzte Metro«, neben *Yves Montand* in »Wahl der Waffen«, mit *Isabella Adjani* in »Camille Claudel«. Weitere Filme: »Tartuffe«, »Cyrano de Bergerac«, »Greencard« (mit *Andie McDowell*), »Die Eroberung des Paradieses«, »Die Schutzengel«, »Danton«, »Zwei irre Spaßvögel« (mit *Pierre Richard*), »Zu schön für Dich« (mit *Carole Bouquet*), »Asterix« (2 Teile). Im Fernsehen in »Les Miserables« mit *Veronica Ferres*. **ERFOLGE** César, Goldene Palme, Golden Globe, Ehren-Löwe. **IMAGE** Teddybär-Mann, der die Frauen butterweich werden lässt. **MOBILITÄT** Filmstoff verführt. Asterix, der kleine Gallier, muss den Zaubertrank immer wieder schlürfen, um die Römer zu besiegen, Obelix, sein gewichtiger Leidensgenosse, benötigt das nicht, weil er schon als Kind in den Kessel mit dem Kraftstoff gefallen ist. Aber er nascht trotzdem gerne davon. Den Obelix spielt Depardieu, der zu den Dreharbeiten auf einem schweren Motorrad über die Landstraßen außerhalb von Paris donnert. In einer Kurve stürzt er, bricht sich ein Bein und mehrere Rippen. Die Polizei stellt 2,5 Promille fest, fünfmal mehr als in Frankreich zulässig. Nach zehn Tagen Krankenhaus-Aufenthalt gehen die Dreharbeiten weiter. D. wird zu drei Monaten Haft auf Bewährung, 15 Monaten Führer-

schein-Entzug und zu einer Geldstrafe von 1500 Euro verurteilt. Seine Entschuldigung: »Ich bin um drei Uhr früh ins Bett, habe nur vier Stunden geschlafen und musste dann wieder zum Set.« Da war der Alkohol noch nicht »verarbeitet«. **BEAUTY** Markenzeichen ist die ausgeprägte Nase mit einer Art Kimme auf der Spitze. Seine LAB seit 1996, *Carole Bouquet*, wird den Wahrheitsgehalt der Behauptung einschätzen können: »An der Nase des Mannes...« **FAMILIE** D. ist das dritte von sechs Kindern eines Schmieds. **EHE** Ehe mit Schauspielerin *Elisabeth Guinot*, von der er getrennt lebt. Zwei Kinder, *Guillaume* und *Julie*.
LIEBE Seit 1996 liiert mit *Carole Bouquet*. **SEX** In einem frühen Film trennte sich D. als libidogeplagter Held mit einem elektrischen Brotmesser das Gemächt ab. Hat nichts genützt. **SKANDAL** ➜ MOBILITÄT.

Dersch, Karl Joseph

WER IST ES? Königsmacher und Vitamin-B-Spender **LEBENSDATEN** *31.1.1935 in München **JOB** Headhunter **KARRIERE** Arbeitete für die Daimler-Benz-Chefetage

ERFOLGE Bundesverdienstkreuz und Bayerischer Verdienstorden. **NEIDER** MAHAG-Chef *Fritz Haberl* bewundert zähneknirschend den unaufhaltsamen Aufstieg von D. **MOBILITÄT** Es ist nicht ganz klar, ob er Mercedes noch mag. **HOBBIES** Wasserski, Segeln, Skifahren. **STYLE** Trägt Maßanzüge von *Egidio Petrone*, akzeptiert nur reinrassige bayerische Küche und zieht Fleischpflanzerl mit Kartoffelsalat teurem Kaviar vor. **FREUNDE** Als Berater und Freund von *Franz Josef* ➜ *Strauß* verhilft D. *Edzard* ➜ *Reuter* zu seinem Top-Job bei Daimler-Benz und setzt *Jürgen* ➜ *Schrempp* bei »Soll-und-Haben«-Koloss *Hilmar* ➜ *Kopper* (Deutsche Bank) gegen *Helmut Werner* durch. Auch die Politiker *Peter* ➜ *Gauweiler*, *Hans Zehetmair* und *Erich Kiesl* verdanken ihm ihren erfolgreichen Werdegang.
FAMILIE Verheiratet mit Frau *Barbara*. Liebt Hunde. **SKANDAL** 1992 Karriereknick wegen einer im Garten gehissten Reichskriegsflagge, einem Geschenk des Daimler-Konzerns (➜ *Reuter, Edzard*).

Diana, Prinzessin von Wales, Prinzessin von England (»Lady Di«)

> Geborene Lady Diana Spencer
> **WER IST ES?** PR-Ikone der Royals
> **LEBENSDATEN** *1961 †1997
> **KARRIERE** 1966–74: Besuch der Riddleworth Hall Preparatory School in Diss, Norfolk, 1974–77 West Heath School in der Nähe von Sevenoaks, Kent. 1977–78 beendet sie die Schule im Institut Alpin Videmanette in Rougemont, Schweiz. Arbeitet als Erzieherin.

ERFOLGE Machte die Bewegung gegen Landminen populär. **NEID** Beim Durchblättern der seitenweisen Berichterstattung in den Magazinen der Schönen und Reichen, »¡hola!« und »Hello«, stellt sich Prinzessin ➔ *Caroline von Monaco* einmal die Frage »Wieso hat Diana 11 Seiten und ich nur 6?« **IMAGE** Schatz der Welt; meistfotografierte und fotogenste Prinzessin aller Zeiten. **FREUNDE** *Elton* ➔ *John und Gianni Versace*, ermordeter Modezar, an dessen Beerdigung sie teilnahm. **FAMILIE** Eltern: *1 Edward John Spencer*, späterer 8. Earl of Spencer (seit 1975), und *Frances Ruth Burke Roche*. Die Eltern ließen sich 1969 scheiden. Schwestern: *Sarah* und *Jane*. Bruder *Charles*, Earl of Spencer, hält bei ihrer Trauerfeier eine engagierte Rede, in der er auch das übersteigerte Medieninteresse geißelt. **EHE** Die 1982 mit der Traumhochzeit des Jahrhunderts geschlossene Ehe mit Thronfolger *Prinz* ➔ *Charles* (Söhne: *William* und *Harry*) wurde noch im selben Jahrhundert wieder geschieden: 1996. **LIEBE** ➔ SCHICKSAL. **SEX** Rittmeisterin. **SCHICKSAL** Prinzessin Diana und ihr letzter Herzbube, *Dodi al-Fayed*, hätten auch in dessen herrschaftlichem Sitz im feinen Neuilly am Stadtrand von Paris zu Abend essen können, doch ziehen sie es vor, im feinen Hotel Ritz, das Papa *Mohammed al-Fayed* gehört, das Dinner zu genießen. Zuvor hatten sie im Hotel *Michael* ➔ *Jackson* getroffen und registrieren nebenbei, dass vor dem Haus am Place Vendôme eine Gruppe von Fotografen lauert. Das stört nicht sonderlich, denn beide beherrschen den Umgang mit Medien par excellence. Nach dem Essen verlassen sie das Hotel sportiv zum Hinterausgang, wo jene Bar etabliert ist, die *Hemingway* gern besuchte. Vis-à-vis befindet sich das Modehaus Chanel, der Arbeitsplatz von Prof. *Karl* ➔ *Lagerfeld*. Neben dem Schaufenster lehnt ein Fotograf mit Moped, der als Einziger den unauffälligen Abgang des Liebespaares beobachtet. Ein Mercedes mit Chauffeur fährt vor und Diana, Dodi und ein Leibwächter steigen ein. Die Limousine fährt die enge Rue de Cambon hinunter zur Rue Rivoli, wo sie in schneller Fahrt nach rechts einbiegt, zum Place de la Concorde. Der einzelne Fotoreporter hat gar keine Chance; weder kann er dem schnellen Auto folgen, noch sehen, welcher der fünf Straßenzüge genommen wird, um nach Neuilly zu gelangen. Per Handy verständigt er rasch seine Fotografen-Kollegen, die immer noch am Ritz-Haupteingang stehen. Gemeinsam beginnt eine Jagd, die eigentlich keine ist. Der Wagen mit Diana hat weder die Champs-Élysées genommen, noch ist er beim »Maxim« und der Madeleine eingebogen und er hat auch nicht die Seine-Brücke überquert, um »Rive Gauche« an der Seine entlangzufahren. Vielmehr rast die Limousine in sehr hohem Tempo die Quais (Pariser Stadtautobahn) entlang, wo es bei der Kreuzung Alma durch einen kurzen Tunnel geht. In einem schrägen Gefälle verläuft die Straße bis zur Unterführung, und weil es unten dann kerzengerade und flach weitergeht, entsteht bei großem Tempo eine Art »Schanzeneffekt«. Der Wagen hebt ab und der profilneurotische Fahrer *Henri Paul*, der 1,7 Promille Alkohol im Blut hat und unter Einfluss von Anti-Depressiva steht, verliert die Gewalt über das Auto und crasht in die Pfeiler, die den Tunnel stützen. Der immense Knall der Explosion aus dem Untergrund lockt Schaulustige vom Place d'Alma an, und erst Minuten später spüren auch die Moped-Fotografen den Unglücksort im Tunnel auf. Chauffeur und Dodi sterben an der Unfallstelle, Diana und der Sicherheitsbeamte leben noch. Die Rettungswagen lassen auf sich warten, was mit dazu führt, dass die unter Schmerzen schreiende Diana, eingeklemmt im Auto, nicht mehr zu retten ist. Nur der Bodyguard überlebt die tödlichen Gaudifahrt. Paparazzi, ist anderntags in fast allen deutschen Zeitungen zu lesen, hetzten Diana und Dodi in den Tod: Hirngespinste von Sonntagsdienst-Redakteuren. Vor was sollten D. & D. sich fürchten? Kameras sind keine Kalaschnikows. **HASS** *Camilla Parker Bowles* (→ CHARLES). **ERINNERUNGEN** Die Prinzessin, die sich ihrer weltweiten Medien-Präsenz durchaus bewusst ist, hat in jedem Land journalistische Kontakte. Bei einem Termin in Madrid fragt sie in die Menge der wartenden Journalisten nach zwei Herren vom Hochglanzblatt »¡hola!« und nach mir. Wir kriegen ihre Geschichte aus erster Hand, die anderen werden von Pressesprechern bedient. Mein erster Kontakt? Bundespräsident *Richard von Weizsäcker*, schon immer explizit den Medien zugewandt, lässt in der Bonner Redoute Mokka reichen. Die 127 handverlesenen Gäste plaudern im Stehen und erhalten Shakehands-Gelegenheit mit Prinz *Charles* und Prinzessin Diana von England. Dianas Händedruck ist fest und heiß, ihr Blick vielversprechend. »Sie waren das doch, der zu spät kam«, scherzt sie, »ist aber nicht so tragisch. Durch solche Zwischenfälle kommt Leben in die Protokoll-Abteilung.« Der königliche Mix aus Kritik und Dank gilt mir, der ich mit einer verspäteten Lufthansa-Maschine in Köln-Bonn gelandet bin und mit einem Taxi zur Redoute rase, wo die Türen schon verschlossen sind. Nur eine Klinke lässt sich drücken, und ich stehe – Schock – direkt vor der Quertafel des Bundespräsidenten und der Windsors. Alles verstummt, alle Blicke sind auf den »Spätling« gerichtet. Peinliche Sekunden vergehen, in denen das Gefühl »Bestellt und nicht

abgeholt« unangenehm wächst, bis sich schließlich an der langen Tafel ein Herr mit schütterem Haar zum Grüßen erbarmt und mir meinen Platz zuweist.
GERÜCHT Dianas Leichnam liegt in Wirklichkeit nicht in Familie *Spencer*s Legoland, (Althorp, dem Familiensitz der Spencers, auf einer kleinen Insel mitten im See des Schlossparks), sondern, wie es sich für die Mutter des künftigen Königs gehört, in der Windsor-Gruft.

Diaz, Cameron → Hollywood

DiCaprio, Leonardo → Hollywood

Diekmann, Kai

WER IST ES? Der Dorian Gray der deutschen Presselandschaft
LEBENSDATEN *27.6.1964 in Ravensburg **JOB** Herausgeber und Chefredakteur von »Bild«, Herausgeber von »Bild am Sonntag«.

KARRIERE D. ist der bis dato jüngste Herausgeber von »Bild« (Auflage: 4,5 Mio Exemplare). Seine ungewöhnlich steile Karriere spielt sich innerhalb von 15 Jahren ab: 1985 beginnt er als Volontär beim Axel-Springer-Verlag, ist zwei Jahre später Bonn-Korrespondent für »Bild« und »Bild am Sonntag«, wieder zwei Jahre später Chefreporter bei »Bunte«. Den Zweijahresrhythmus behält er bei: Er wird Vize-Chefredakteur der »BZ« und wieder zwei Jahre später Vize-Chefredakteur und Politik-Chef von »Bild«. 1997 verlässt er nach Querelen mit Vorstandschef Jürgen Richter die »Bild«-Redaktion, bleibt dem Blatt aber als Autor verbunden und kehrt nach einem Jahr Tauchgang als Chefredakteur der »Welt am Sonntag« zurück. Zwei Jahre später ist er Chefredakteur und Herausgeber von Springers Powerblatt »Bild« und kontrolliert als Herausgeber auch »Bild am Sonntag«.
RESIDENZ Wohnt in Hamburg.   **MOBILITÄT** Dienstwagen mit Chauffeur.
STYLE Offenes Hemd und Jackett, ohne Krawatte.   **FREUNDE** *Arthur* → *Cohn*; *Leo* → *Kirch*; *Claus Larass*; *Friede* → *Springer*.   **EHE** In zweiter Ehe verheiratet mit *Bild*-Chefreporterin *Katja Kessler*, die ihr ursprüngliches Ziel, als Zahnärztin zu arbeiten, verwarf und sich für bohrende Fragen entschied. Die beiden haben eine Tochter. Trauzeugen waren *Helmut* → *Kohl* und Filmproduzent *Arthur* → *Cohn*.

Dietl, Helmut

WER IST ES? Von Kir Royal zu Kirch Loyal **LEBENSDATEN** *22.6.1944 in Bad Wiessee **JOB** Star-Regisseur und Auftragsproduzent von *Leo* ➔ *Kirch*

KARRIERE Schöpfer der Fernsehserien »Münchner Gschichten«, »Monaco Franze« (mit *Helmut Fischer*), »Der ganz normale Wahnsinn« und »Kir Royal« (mit dem Schauspieler-Debüt von Schriftsteller *Franz Xaver* ➔ *Kroetz*). Drehte die Filme »Schtonk« (mit *Götz George*, *Harald* ➔ *Juhnke* und *Veronica Ferres*), »Late Show« (mit *Thomas* ➔ *Gottschalk* und *Harald* ➔ *Schmidt*) »Rossini« (mit *Mario* ➔ *Adorf*, *Heiner* ➔ *Lauterbach* und *Gudrun Landgrebe*). Landgrebe, »Flambierte Frau«, *20.6.1950 in Göttingen, dreht mit *Klaus Maria Brandauer* »Oberst Redl« und mit *Götz George* »Die Katze«, spielt dazu en suite Theater, zum Beispiel »Der Freigeist« in der Komödie am Berliner Ku-Damm. »Versteckt« ihren Lebensgefährten, den Mainzer Frauenarzt *Ulrich von Nathusius*, sagenhafte 20 Jahre lang, bevor er dann schließlich als Ehemann in einer schlichten Feier ans Licht tritt. Einer ihrer TV-Hits heißt eben: »Liebe darf alles«. **ERFOLGE** Adolf-Grimme-Preis, TeleStar, Bambi, Drehbuch-Preis zusammen mit *Patrick* ➔ *Süskind*, Ernst Lubitsch-Preis, Filmband in Gold (für »Rossini«), Deutscher Videopreis, BZ-Kulturpreis, Bundesverdienstkreuz. Entdeckte den freiberuflichen Kulturkritiker *Helmut Fischer* für den Film (»Monaco Franze«), der in seinem ganzen Leben offiziell nur zwei Frauen verehrte. Und zwar gleichzeitig: Ehefrau *Utta* und Freizeitgestalterin *Cornelia Willinger-Zagelmann*. **IMAGE** Der Regisseur der Society. Sympathischer Schwabinger Schlawiner. **RESIDENZ** Wohnung in München, Häuser in Erding und Cannes. **STYLE** Der »Al Pacino von Schwabing« pflegt Vollbart und trägt bis 2001 weiße Garderobe, inklusive Schal. Danach steigt er auf Schwarz um. **FREUNDE** *Mario Adorf*; *Fabrizio Cecchettini*; *Bernd* ➔ *Eichinger*; *Götz George*; *Patrick Süskind*. **LIEBE UND EHE** D. steht auf den Frauentyp Vollweib, je abendfüllender, desto besser. In seiner erotischen Pionierzeit teilt er erste heiße Erfahrungen mit der österreichischen Promi-Wirtin *Lilly* (heute mit Starkoch *Hasi Unterberger* verheiratet), dann folgt das Münchner Original *Elfi Pertramer*, deren Tochter *Dorle* er auch gut kennt. Erweitert wird der Reigen durch die Journalistin *Karin Wichmann*, mit der er acht Jahre verheiratet ist und Tochter *Sharon* hat. Zum flächendeckenden Lobby-Denken Dietls gehört aber auch die Liaison mit Film-Assistentin *Marianne Dennler*, die ihm Sohn *David* schenkt. Ein zweites Mal heiratet D., als ihm Busenwunder *Barbara* ➔ *Valentin* über den Weg läuft; sechs Jahre lang sind sie Mann und Frau, wobei die Ehe gelegentlich durch Schauspielerin *Christine Kaufmann* bereichert wird. Es folgen die *Twiggy*-dünne Schauspielerin *Kristina van Eyck* und die ZDF-Programmdirektoren-Tochter

Yvonne Viehöver (spätere Frau *Wussow*). Folgenreicher ist die Begegnung mit der Französin *Denise Cheresey*, denn sie bringt ihm die dritte Eheschließung ein, bevor auf dem »Schtonk«-Horizont das weizenblonde Superweib *Veronica Ferres* auftaucht, eine leidenschaftliche Reiterin, die ab sofort die Hauptrolle im Film und im Privatleben spielt. Nach acht Jahren, in denen Helmut und Veronica in Schwabings Ainmillerstraße zwar unter einem Dach, aber auf zwei verschiedenen Etagen logieren, verglüht die »e-on«-Liebe, als plötzlich ein unbekannter Mann namens *Martin Krug* erscheint, der für Gewitter im Schritt sorgt. Danach ist Typenwechsel angesagt und ein pures Kontrastprogramm zur blonden Vroni: *Tamara Duve*, dunkelhaarig, dichtend und direkt. Sie ist eine Tochter des Publizisten und SPD-Politikers *Freimut Duve* und Dietls erste Geliebte, die auch noch bei ihm angestellt ist, denn sie managt sein Berliner Büro. Er heiratet sie – Ehe Nr. 4 – in Venedig Ende April 2002 auf dem Standesamt im Palazzo Cavalli. Nach einem Drink mit den Trauzeugen *Jan Josef Liefers* und *Anna Loos* im Café Florian am Markusplatz und dem Hochzeitsessen auf der Terrasse des »Danieli«-Hotels lässt er den »Tagesspiegel« wissen, dass sich seine Braut auf der Toilette des Standesamts umgezogen hat, um erst dann im Hochzeitskleid zu erscheinen, »damit nichts durchsickert«. Da stellen sich doch drei Fragen: Ist Heiraten eine Schande? Waren alle Hotels, die geeignetere Umkleideräume geboten hätten, wegen Wintersaison geschlossen? Ist Helmut in Venedig so bekannt, dass es einen Auflauf gegeben hätte? Selbst *Fabrizio Cecchettini*, Chef von Dietls Haus- und Magen-Restaurant »Romagna Antica«, den er sonst jeden Hustenanfall wissen lässt, war nicht in die Hochzeitspläne eingeweiht. Die nächsten Spaghetti dürften dementsprechend scharf ausfallen. **ERINNERUNG** Ein lauer Wind streicht über die raschelnden Palmen vor dem Schauspieler-Hotel »Château Marmont« am Sunset Boulevard von Los Angeles, wo auch schon *Rainer Werner* ➔ *Fassbinder* und *Richard Gere* (➔ HOLLYWOOD), als er noch unbekannt war, gesichtet wurden. Im Garten sitzen Helmut Dietl und ich beim Brainstorming für die geplante Society-Satire »Kir Royal« (deren Name beim Studium der Getränkekarte des Café Extrablatt in München zustande kam). Das Treatment entsteht im tagelangen Gedankenaustausch über Personen und Persönchen der weißblauen Szene, wie CSU-Chef *Franz Josef* ➔ *Strauß*, Verlegerin *Anneliese Friedmann*, Medien-Manager *Josef von* ➔ *Ferenczy*, Krupp-Erbe *Arndt von Bohlen und Halbach*, Fürst *Johannes von* ➔ *Thurn und Taxis*, Königin ➔ *Silvia*, und Fotograf *Franz Hug*. Ferner liefen ein Lackfabrikant, ein Banker, ein 3-Sterne-Koch und zwei homosexuelle Bistro-Wirte. Die Hauptrolle, Reporter *Baby* ➔ *Schimmerlos*, besetzt Dietl mit *Nikolaus Paryla*. Ich hatte für eine englischsprachige Fassung mit *Helmut* ➔ *Berger* plädiert, der automatisch *Linda Evans* und *Joan* ➔ *Collins* mitgebracht hätte. Wegen »Umwelt-Einflüssen« zweifelt D. aber an Bergers Dreh-Disziplin.

Paryla spielt den »Baby« jedoch nur zehn Tage lang, dann bricht Dietl unzufrieden ab. Der Rest ist Zufall: Dramatiker *Franz Xaver* ➔ *Kroetz* kommt des Wegs und erhält die Rolle. Bei den Dreharbeiten wird für 650 Mark die Aussegnungshalle des Münchner Ostfriedhofs angemietet und dient als Kulisse des Schlemmerlokals »Tantris«. Eine freche Beichtstuhl-Szene fällt der Zensurschere zum Opfer. Bei der ersten Ausstrahlung erzielt die amüsante sechsteilige Fernsehserie angeblich keine guten Einschaltquoten, obwohl ganz Deutschland darüber spricht. Das Zuschauerinteresse wird zu diesem Zeitpunkt etwas mehr aus der Hosentasche von TV-Forscher *Karlheinz Kögel* ermittelt. Wohl dessen guten Kontakten zu ZDF-Produzent *Wolfgang Rademann* zuliebe liegt die »Schwarzwaldklinik« an der Spitze. Erst in der Wiederholung erhält »Kir Royal« das gerechte Placement, doch nachdem die süffisante Satire sehr viel Staub aufwirbelt, lehnt Programm-Chef *Hopf* vom WDR, der die Serie in Auftrag gegeben hat, sechs weitere Folgen ab. Dabei hätte Dietl noch jede Menge Stoff parat. Als es sich der WDR dann aber doch anders überlegt und angesichts der guten Quoten bei der zweiten Runde Fortsetzungsfolgen produzieren möchte, will Dietl nicht mehr.

Döpfner, Mathias Oliver Christian Dr. phil

WER IST ES? Europas jüngster Vorstandsvorsitzender **LEBENSDATEN** ⋆15.1.1963 in Bonn **JOB** Springer-Chef, Buchautor

KARRIERE 1982–87 Studium der Musikwissenschaft, Germanistik und Theaterwissenschaft in Frankfurt und Boston, in Jahr später Arbeitsstipendien beim »San Francisco Examiner« und »Contra Costa Times« in San Francisco. Promoviert 1990 in Frankfurt mit der Arbeit »Musikkritik in Deutschland nach 1945« (magna cum laude). Freier Mitarbeiter bei »FAZ«, »Offenbach Post«, »Schweizer Weltwoche«, »Merian« und »Neue Züricher Zeitung«. 1988–90 Geschäftsführer der Münchner Agentur »Kultur Konzept« (PR/Kultursponsering), zwei Jahre später holt ihn Zeitungs-As Axel Ganz (Gruner+Jahr-Vorstand für Zeitungen International) nach Paris, ein Jahr später ist er persönlicher Assistent von Gruner+Jahr-Vorstandsvorsitzendem Gerd Schulte-Hillen in Hamburg. 1994 Chefredakteur der Berliner »Wochenpost« und 1996 Chef der »Hamburger Morgenpost«. 1998 geht er zur »Welt«, die er modernisiert und belebt. Dafür erhält er Lob von außen: Die »Welt« ist »Europes best designed newspaper« und erreicht den höchsten Auflagen-Zuwachs von allen deutschen Konkurrenzblättern. Ein Jahr später ist D. Vorstand des Axel Springer Verlags, seit 1.1.2002 Chef des Konzerns. **MACHT** Herr über 14 000 Mitarbeiter und 2,8 Mrd. Euro Jahresumsatz. **IMAGE** Smarter Raketenaufsteiger, der weiß, wo die Musik spielt. **RESIDENZ** D. ist vom neuen Potsdam so angetan, dass er gleich zwei Villen ersteht, eine liegt direkt neben der von Großaktionärin *Friede* ➔ *Springer,* die seinen Reform-Kurs fördert. **MOBILITÄT** Dienstwagen mit Chauffeur. **STYLE** Der Workaholic diktiert auf Flughäfen dringende Briefe oder Artikel per Handy. **FAMILIE** Verheiratet mit der Psychologin *Ulrike Weiss*, ein Sohn. Sein Vater ist der Architekt Prof. Dr. *Dieter Döpfner.*

Douglas, Michael ➔ Hollywood

Ducasse, Alain

> **WER IST ES?** Chef der Chefs
> **LEBENSDATEN** *13.9.1956 in Castelsarrazin/Frankreich **JOB** Frankreichs Superkoch **KARRIERE** Der Chef der Chefs lernt bei so berühmten Meistern wie *Michel Guerard, Alain Chapel* und *Roger Verge.* Mit 16 »Pavillion Landaise«, mit 25 bereits Chefkoch in einem Hotel an der Côte d'Azur.

ERFOLGE Spielend leicht erkocht er sich zweimal drei Sterne in Paris und einmal drei Sterne in Monte Carlo, wo er sein Lokal im Hotel de Paris hat. Während des dortigen Formel-1-Rennens einen Tisch zu reservieren ist für Normalsterbliche ausgeschlossen. Als er in New York eine weitere Dependance eröffnet, schafft es der Haute-Cuisine-Kaiser auf die Titelseite des Manhattener Massenblattes »Daily News«: »Diner for two: 500 Dollar. French-Chef brings sky-high Prices to New York – and you gotta wait 8 1/2 months for a table«. (500 Dollar für ein Dinner zu zweit, aber du musst 8 1/2 Monate warten, bis du einen Tisch kriegst.) D. schrieb die 213 Euro teure Koch-Bibel »Opus Magnum«. Allerdings kann man die 700 Rezepte nicht nachkochen: »Das ist viel zu kompliziert. Die Leute sollen nach wie vor in meine Restaurants kommen«, sagt Ducasse und blickt streng durch seine Hornbrille. **IMAGE** »Das wirklich Edle ist das Einfache.« **STYLE** Vermählt die provenzalische mit der piemontesischen Küche. Dabei arbeitet er mit modernster Küchentechnik: Gas- und Elektroherde, Mikrowelle und Holzkohlengrill werden von Monitoren überwacht. **MAROTTE** In der Küche, für den Gast nicht zu sehen, hängt eine Ducass'sche Betriebsanleitung für die Ober: »Es ist mir egal, ob ihr einen schlechten Tag hattet. Es ist mir egal, ob euch eure Frau durchgebrannt ist, es ist mir egal, ob ihr pleite seid, woran ich stark zweifle – wenn ihr in den Saal geht, LÄCHELT gefälligst.« **SEX** Spitzenköche lassen gewöhnlich nichts anbrennen. **SCHICKSAL** D. überlebt als einziger Passagier den Absturz eines Charterflugzeugs auf dem Weg zu einem Skiwochenende in den französischen Alpen.

Eastwood, Clint → Hollywood

Ecclestone, Bernie

> **WER IST ES?** Formel-1-Napoleon
> **LEBENSDATEN** *28.10.1930 in London
> **JOB** Präsident der Formula One Constructors Association (FOA, seit 1981), Vizeboss der FIA (Federation Internationale de l'automobile), Eigner der FOA, die 25% der Rechte an der Formel 1 hält. **KARRIERE** Der ehemalige Gebrauchtwagenhändler versucht sich in den Fünfzigern selbst als Rennfahrer, muss aber einsehen: andere fahren zu lassen, ist weitaus einträglicher und auch ungefährlicher. Er wird Manager von Formel-1-Pilot *Jochen Rindt* – der am 5.9.1970 in Monza tödlich verunglückt – und kauft 1971 den Formel-1-Rennstall von *Jack Brabham*.

ERFOLG Die Formel 1 ist unter E. zum finanzstärksten Sportspektakel der Welt mit den höchsten Gagen für die Matadoren geworden (→ *Schumacher, Michael*). **MACHT** Als Superpilot *Ayrton Senna* 1994 auf der Rennpiste von Imola tödlich verunglückt, bricht E., eiskalt, den Grand Prix nicht ab. Er lässt den leblosen Rennfahrer zur »Operation« in das Krankenhaus von Bologna fliegen. Das Formel-1-Geschäft ist knallhart: Abbruch kostet zu viele Millionen Dollar, und deshalb heißt es Gas gegeben nach dem Prinzip: »Der König ist tot, es lebe der König«. **IMAGE** Der Pate der Rennfahrer – Herr über Leben und Tod. **GELD** E.s geschätztes Vermögen beläuft sich auf 3,5 Milliarden Euro. Sein Firmenimperium hat er in der Treuhandgesellschaft SLEC (lies SLavica ECclestone) zusammengefasst und seiner Frau überschrieben. Kommentar: »Die brauchte einen neuen Hut«. **RESIDENZ** Die »Steinkohle« nur auf dem Konto wachsen zu lassen, ist auch E. zu langweilig. Deshalb geht er gelegentlich auf Shoppingtour, hebt mal schnell 140 Mio. Euro ab und kauft den Rothschild-Marmorpalast in London, die teuerste Privat-Immobilie der Welt. E. lässt 400 Handwerker schuften, die 5500 Quadratmeter Wohnfläche richten, fünf Bäder, einen olympiareifen Pool und eine Tiefgarage für 20 Autos. Das Prunkgebäude stammt aus dem 19. Jahrhundert und diente früher als ägyptische und später als russische Botschaft. Als Gratiszugabe gibt es Nachbarn wie den *Sultan von Brunei* (→ *Bolkiah Hassanal*) und *König Fahd* von Saudi-Arabien. **MOBILITÄT** 13 Rennställe. **STYLE** Was Zahlen betrifft, ist E. ein kleiner Einstein. Formel-1-Weltmeister *Jochen Rindt* stellte einmal fest, dass Bernie über einen Parkplatz gehen und im Kopf ausrechnen könne, wie viel alle Autos dort zusammen wert sind. Ein anderer Fahrer: »Der schaut dir wenigstens ins Gesicht, wenn er dich übers Ohr haut.« **BEAUTY** 1,60 Meter, aber quirlig. **FREUNDE** *Gianni* → *Agnelli*; Gerhard Berger; Ron Dennis; *Leo* → *Kirch*; *Niki* → *Lauda*; Mansour Ojieh;

Fürst Rainier III.; Frank Williams; Thomas Halla. **FAMILIE** Zwei Töchter, *Tamara* und *Petra*, sowie eine Tochter aus erster Ehe. Drei- bis viermal jährlich nimmt Papa sich ein paar freie Tage: »Das reicht, sonst hätte meine Familie mich ziemlich schnell über.« Als Petra ihren 12. Geburtstag mit einer Party in London feiern darf, werden Ecclestones Dollars ein ganz klein wenig angeknabbert. Allein für die englische Band »Damage« (Hit »Wonderful Tonight«) sind 100 000 Euro fällig. Der ganze Event kostet über 500 000 Euro. Verständlich, dass Papa Ecclestone die Musiker, die gerade mal drei Songs zum Besten geben, mit den Worten verabschiedet: »Thanks a Million.« **EHE** Verheiratet in zweiter Ehe mit der rassigen Kroatin *Slavica*, ehemaliges Armani-Model, die ihn um einen Kopf überragt. **SEX** Stets in der ersten Startreihe.

Effenberg, Stefan

> **WER IST ES?** Kantiger Kicker der FC Bayern München (1990–92) **LEBENSDATEN** *2.8.1968 in Hamburg und der AC Florenz (1992–94). **JOB** Fußballstar **KARRIERE** Die ehemalige Dienstleistungsfachkraft bei der Post spielt zunächst bei Borussia Mönchengladbach (1986–90). Es folgten Anschließend Rückkehr an zwei alte Spielstätten: Mönchengladbach (1994–98) und München (1998–2002). Seither VfL Wolfsburg

ERFOLGE Deutscher Meister 1999, 2000 und 2001, DFB-Pokal-Sieger 2000, Champions-League-Sieger 2001. Nach Erfolgen befragt, erzählt er noch im Mai 2002 dem »Playboy«: »Der größte Triumph meines Lebens ist die Ehe mit Martina« (➔ EHE). **MACHT** Während des zweiten Engagements bei den Bayern *die* Führungsfigur. **PARTNER** Auf dem Platz: *Oliver* ➔ *Kahn*. Im Verein: *Uli Hoeneß*. **VORGÄNGER** *Lothar Matthäus*. **NACHFOLGER** *Michael* ➔ *Ballack* soll es werden... **NEIDER** Viele. **PLÄNE** Wohlhabender Arbeitsloser. **IMAGE** Intelligent und arrogant. **GELD** Zuletzt bei den Bayern: Vier Millionen Euro Jahresverdienst. In Thailand Engagement für mittellose Kinder mit einem Schulbau. Skandalös, dass manche dahinter Geldwäsche vermuten. **RESIDENZ** Traumvilla in Florida. **MOBILITÄT** Roter Ferrari 360 Spider. **STYLE** Fähig zur kalkulierten Aggression. **BEAUTY** 1994 lässt er sich vom englischen Pop Figaro *Colin Watkins* ein Tiger-Gesicht über den ganzen Hinterkopf malen. Die Pracht muss aber weg, weil er bei »Wetten, dass...« verloren hat. Sein rechter Oberarm – keine Wette – schmückt ein größeres Tattoo, ein Drache, für den er ganz schön lange sitzen musste. Drache ist für ihn das Symbol der Stärke und Unbesiegbarkeit. Im Frühjahr 2002 griff er, nach längerer Verletzungspause, mit einer Millimeter-Frisur nochmals an.

LIEBE UND EHE Ehe mit *Martina*, die auch die Hosen trägt und ihn managt. Zwei gemeinsame Kinder, *Etienne Noel* und *Ann-Kathrin* sowie Tochter *Nastassja* aus einer früheren Verbindung von *Martina*. Ende der Cordhosen-Zeit, der Mai 2002 ist gekommen und Effenbergs Baum hat ausgeschlagen. Kaum hat er Adieu bei seinem Verein FC Bayern gesagt, tut er dasselbe auch daheim. »Ja, ich liebe *Claudia*«, sagt er öffentlich, und jeder weiß, dass seine Ehefrau auch mit zweitem Namen nicht so heißt. Bei *Claudia* handelt es sich um die schöne Gattin von Bayern-Profi *Thomas Strunz*. Erst vor einem Jahr haben sie geheiratet und freuen sich gerade über ihr Baby *Thomas*. Doch nun ist ein gewisses Rotationsprinzip in Gang gesetzt; »alle Dinge gehen mal zu Ende«, begründet E., womit wohl auch die Ehe *Strunz* miteingeschlossen ist. Fazit: Der Gehörnte ist stocksauer; immerhin tröstet er sich im Juli 2002 mit der schönen Münchnerin *Christina Kuth*. E., der in Auswärtsspielen immer schon spritziger war, und C. turteln wie verliebte Tauben. *Martina Effenberg* hat im gemeinsamen Haus im Münchner Villenviertel Solln die Koffer gepackt und ist mit den beiden kleineren Kindern (*Nastassja* besucht in London ein Internat) nach Fort Myers/Florida, zum Effenberg'schen Wohnsitz Nr. 2 entfleucht. (Damit liegt der »Sunshine-State« als Flucht-Region endgültig im Trend, wie man auch bei *Jürgen Schneider, Christoph* ➔ *Daum* oder *Barbara Becker* sah). Die sehr dominierende *Martina*, das konnte jeder bei Vertragsverhandlungen feststellen, wird E. allerdings schwer zur Ader lassen. Vorerst denkt sie zwar nicht an Scheidung, hat aber als geschäftstüchtige Lebenspartnerin bereits mit ihm ausgehandelt, dass die Hälfte »des gemeinsam erwirtschafteten Vermögens« an sie fällt. Sie hat sich inzwischen schon getröstet. Ihr neuer Freund, ein amerikanischer Geschäftsmann, geht bereits in der Villa ein und aus, und die Kinder mögen ihn auch schon. **SEX** Offensiv mit Drang zum Abschluss. **HASS** Genießt den Hass der gegnerischen Fans. **SKANDAL** E. hat dem Mittelfinger, spektakulär bei der WM 1994 in die Höhe gestreckt, einen Namen gegeben: Inzwischen macht man den »Effenberg«, wenn der gezeigte Finger verbal Heftiges ersetzt. »Effe« sorgt mehrfach für Schlagzeilen: ohrfeigt in der Münchener Edel-Disco P1 eine Frau, wird im Auto mit 1,0 Promille gestoppt, erscheint auf einer Weihnachtsfeier in roter Lederhose über roten Cowboystiefeln und färbt sich Tigerlook ins Haar. Auch den FC Bayern, dessen Kapitän er war, verlässt er keineswegs leise. In einem »Playboy«-Interview sagt er, was Millionen nicht nur denken, sondern auch an jedem Stammtisch sagen: »Stütze runter«. Obwohl der Starkicker nur die vielen »Arbeitsscheuen« anprangert, schüren die Medien den Volkszorn, unterstützt von Politikern. Kanzlerkandidat *Edmund* ➔ *Stoiber* fordert als »Linienrichter« gar Platzverweis. Es scheint ein Unterschied zu sein, ob ein Mittelfeldspieler oder ein Mittelstandsvertreter Reformvorschläge unterbreitet. Der prominente Fußballer, der in Deutschland versteuert, kann sich die Kritik leisten. Die Hälfte seines fast Vier-

Millionen-Euro-Jahresverdienstes kassiert der Staat. Wie sehr er mit seiner Äußerung den Nerv der Menschen traf, zeigt auch die Antwort auf eine Umfrage des ZDF: »Hat Effe recht?« Auf diese Frage von Texttafel 799 antworten fast 10 000 Anrufer; 53,5 Prozent sagen: »Ja«. Ein bemerkenswertes Ergebnis, wenn man bedenkt, dass jeder Anruf 0,43 Euro kostete.

Eichinger, Bernd

WER IST ES? Großer Kirch-Diener vor dem Herrn Leo **LEBENSDATEN** *11.4.1949 in Neuburg/Donau **JOB** Filmproduzent und Verleiher

KARRIERE Gymnasium in Deggendorf und München, besucht die Filmhochschule und ist bereits 1974 Produzent, als er mit *Peter Genee* die »Solaris Film« gründet. 1979 wechselt er zur »Neuen Constantin Film«. Größter Coup vor seiner Geschäftsehe mit *Leo* ➔ *Kirch* sind die rund 65 Millionen Mark, die er für die Produktion des Films »Die unendliche Geschichte« (nach *Michael Ende*) aufbringt. Kinohits: »Christiane F. – die Kinder vom Bahnhof Zoo«, »Das Boot« (spielt 37 Millionen Mark ein), »Der Name der Rose« (der einzige Film, bei dem die Besucher schon in der ersten Nachmittagsvorstellung Schlange stehen). Er hat den richtigen Riecher, als *Kevin Costners* (➔ HOLLYWOOD) Film »Der mit dem Wolf tanzt« zum Verkauf kommt und von der Verleih-Konkurrenz nicht ernst genommen wird: der Film bringt seiner Verleihfirma viele Millionen. 1999 Börsengang mit der Neuen Constantin. E. ist Vorstandsvorsitzender, legt das Amt aber zwei Jahre später nieder. Weitere Filme: *Doris Dörries* »Ich und Er« sowie »Bin ich schön«, »Letzte Ausfahrt Brooklyn«, »Salz auf unserer Haut«, »Werner Beinhart«, »Das Geisterhaus«, »Der bewegte Mann«, »Das Superweib«, »Fräulein Smillas Gespür für Schnee«, »Ballermann 6«, »Der große Bagarozy«, »Nirgendwo in Afrika«, »Traue keinem, mit dem Du schläfst«, »Resident Evil« sowie 2001 *Michael (Bully)* ➔ *Herbigs* »Der Schuh des Manitu«, der mit über 10 Millionen Besuchern alle bisherigen deutschen Filme in den Schatten stellt. Für das Fernsehen produziert er »Das Mädchen Rosemarie«, »Die Halbstarken«, »Charlys Tante«, »Es geschah am hellichten Tag« und »Vera Brühne«. **ERFOLGE** Bundesfilmpreis, Bayerischer Filmpreis, Bambi, Filmband in Gold. **PARTNER** *Leo Kirch*. **IMAGE** Zelluloid-Zampano mit gutem Riecher. **GELD** Für 11 Millionen Mark kauft E. die Exklusiv-Rechte an *Patrick* ➔ *Süskinds* Welt-Bestseller »Das Parfüm« vom Schweizer Diogenes-Verlag. Das bedeutet für den inzwischen schwerreichen *Süskind*, dessen Buch in 37 Sprachen übersetzt wurde, nochmals eine Portokasse von circa 7 Millionen Mark, wenn man davon ausgeht, dass zwischen Süskind und Diogenes ein 70:30-

Vertrag geschlossen wurde. Jahrelang hatte es *Süskind*, der in München und Südfrankreich lebt, abgelehnt, seinen Welterfolg für den Film freizugeben. Dabei interessierten sich namhafte Regisseure wie *Martin Scorsese* oder Produzenten wie *Horst* ➔ *Wendlandt* (»Rialto«-Film) für das »Parfüm«, auch *Rainer Werner* ➔ *Fassbinder* hätte den Stoff gern verfilmt. Das beharrliche Zögern trieb den Kurs nach oben, doch werden nun weder *Süskind* noch sein Freund *Helmut* ➔ *Dietl*, mit dem zusammen *Süskind* die TV-Serie »Kir Royal« schrieb, an dem »Parfüm«-Projekt mitwirken. Für die Hauptrolle könnte man sich gut *Gérard* ➔ *Depardieu* vorstellen, aber auch *Leonardo DiCaprio (*➔ HOLLYWOOD*)*, weil die Hauptfigur nicht unbedingt ein hässlicher Mensch sein muss, wie im Buch beschrieben. **RESIDENZ** Wohnt in einem lässigen Junggesellen-Turm im Rückgebäude einer Häuserzeile in der Münchner Leopoldstraße und in einem weißen Bungalow in den Hügeln von Beverly Hills, wo auch schon der Münchner Oberbürgermeister *Christian Ude* zu Gast war. **STYLE** E. raucht Kette, ist wie *Helmut* ➔ *Dietl* Stammgast im »Romagna Antica«, trinkt gelegentlich Champagner aus Damenpumps und feiert demnächst 20-jähriges Jubiläum im Tragen von Tennisschuhen. **FREUNDE** *Mario* ➔ *Adorf; Helmut Dietl; Hannelore Elsner; Helmut Fischer; Götz George; Lisa Seitz; Christian Ude*. **FAMILIE** Eine Tochter: *Nina.* **EHE** Deutschlands eisernster Junggeselle. **LIEBE** Immer wieder bekennt er sich zu namhaften Damen des Leinwandmilieus, so Cutterin *Jane Seitz*, die Schauspielerinnen *Hannelore Elsner*, *Barbara Rudnik*, *Katja Flint* und *Corinna Harfouch* (Titelrolle im TV-Film »Vera Brühne«). **SEX** Hat bizarre Überraschungen auf Lager.

Eisner, Michael

WER IST ES? Der wahre Dagobert Duck **LEBENSDATEN** *7.3.1942 in Mt. Kisco, New York **JOB** Lenker des Disney-Konzerns

KARRIERE Aufgewachsen in New Yorks feiner Park Avenue, studiert er an der Denison University in Ohio. Bricht ein Medizin-Studium ab und widmet sich der Literatur (Autor eines Theaterstücks). Von *Barry Diller* wird er in den Programmbereich des US-Senders ABC geholt, wo seine Karriere beginnt. In seiner Ära entstehen erfolgreiche Serien wie »All My Children«, »Starsky und Hutch«, »Happy Days«. Als *Diller* zu Paramount wechselt, folgt Eisner ihm nach und es entstehen Filme wie »Saturday Night Fever«, »Heaven Can Wait«, »Raiders of the Lost Ark« oder »Beverly Hills Cop«. Seit 1984 arbeitet E. bei Walt Disney Productions (später Walt Disney Comp.) und steigert den Erfolg des Unternehmens mit weltweiten Beteiligungen, Vergnügungsparks (»Disneyland« in Paris, Anaheim, Orlando und Tokio) sowie Hotelketten. **KONKURRENTEN** Obwohl E. im Kampf um die Mäuse von Ex-Disney-Leuten gehörig Gegenwind ins Gesicht geblasen wird, steuert er Disney von Los Angeles aus souverän mit innovativen Zeichentrickfilmen. 2002 tritt seine »Monster AG« gegen Dreamworks »Ice Age« an. Zuvor muss er beim »Großen Krabbeln« hinnehmen, dass seine Ex-Kollegen ebenfalls ein Insekten-Drama ins Szene setzen: »Ants«. **IMAGE** Konzernlenker mit kaltem Gutsherren-Charme, doch Eisner ist Gold wert in der Unterhaltungs-Schwerindustrie. **GELD** Gilt schon seit 1989 als der bestbezahlte Manager der Welt: 40 Millionen Dollar Jahreseinkommen. **RESIDENZ** Prachtvolle Strandvilla in Malibu. **STYLE** Trägt schon als junger Mann nur Krawatte und Jackett. **MAROTTE** Eisner hütet die Kopie von »Streamboat Willie«, des ersten Disney-Films, wie seinen Augapfel. (*Walt Disney* – unterschiedlich angegebene Geburtsjahre: 1891 und 1901 –, Sohn erfolgloser Farmer, startete damit seinen Welterfolg. In der Kindheit wurde er oft von seinem Vater mit dem Ledergürtel geschlagen, was er nur hinnahm, weil er dachte, es sei nicht sein richtiger Papa. Comic-Zeichnungen in Zeitungen und der Stummfilm-Tramp *Charlie Chaplin* spornten ihn zu seiner Traumkarriere an.) **FAMILIE** Die Großeltern stammen aus Böhmen. Der Großvater erwirbt mit dem Verkauf von Rasierklingen, Fallschirmen und Uniformen ein stattliches Vermögen. **EHE** Verheiratet mit *Jane*, mit der er drei Söhne hat: *Michael*, *Eric* und *Anders*.

Elizabeth II., Königin des Vereinten Königreiches von Großbritannien und Nord-Irland

WER IST ES? *Die* Königin der Welt
LEBENSDATEN *21.4.1926 in London
KARRIERE Seit 2.6.1953 gekrönte
Monarchin von England und seit 28.6.1953 von Schottland
VORGÄNGER *Georg VI.*

JUBILÄUM Mit Pomp, Circumstances, Jubel-Paraden und Feiern im ganzen Land begeht im Jahr 2002 Elizabeth ihr goldenes Thronjubiläum. Wenn man etwas genauer rechnet, ist sie allerdings ein Jahr zu früh dran (→ KARRIERE), aber die Queen feiert ja auch ihren Geburtstag jedes Jahr nicht exakt an jenem Tag, an dem sie ihn hat. 14 Wochen dauert der Reigen aus Gartenpartys, Gottesdiensten, Ausstellungseröffnungen, Blumenschauen und Dinners. Das Jubel-Spektakel beginnt mit einem Open-Air-Konzert im Garten des Buckingham Palace, das mehr als 50 000 Menschen über Großleinwände vor dem Schloss und in den großen Londoner Parks verfolgen. 12 000 Gäste, per Los ausgewählt und vom livrierten Personal des Palastes geleitet, dürfen erstmals den Rasen im königlichen Park betreten.

Am Eingang erhalten sie eine Picknick-Kühltasche mit Champagner, Hühnchen, Lachs, Erdbeeren und Bio-Keksen aus Windsor-Betrieben. Die neuseeländische Sopranistin *Kiri Te Kanawa*, die schon zur Hochzeit von Prinz ➔ *Charles* und Prinzessin ➔ *Diana* 1981 gesungen hat, eröffnet das klassische Konzert. Einen Abend später findet am selben Schauplatz das Pop-Konzert »Party in the Palace« statt, mit *Tom Jones* (»Sex Bomb«), *Eric Clapton*, Sir *Paul McCartney* (➔ BEATLES), Sir *Elton* ➔ *John*, *Ricky Martin*, *Atomic Kitten*, Kings-Sänger *Ray Davies*, *Phil Collins*, *Cliff Richard*, »Beach Boy« *Brian Wilson* (»Good Vibrations«), *Rod* ➔ *Stewart* (»Handbags and Glad Rags«) und *Brian May* von den »Queen«. Zum Schluss des umjubelten Spektakels spricht *Charles* seine Mutter mit »Eure Majestät« an und verbessert sich gleich: »äh, Mami«. Der anwesende englische Premier *Tony Blair* und seine Frau *Cherie* werden an dem Abend zu Statisten degradiert. Ein plötzlich einsetzendes Winken im Publikum fühlt die First Lady auf sich gemünzt, versenkt aber dann verschämt ihre Hand, weil die Beifallsbekundungen nicht ihr, sondern Prinz *Charles* gelten. Mit einem Höchstmaß an Würde wird in der St. Pauls Kathedrale ein Dankgottesdienst zelebriert, zu dem die Queen in derselben goldenen Kutsche ankommt, mit der sie 1953 zu ihrer Krönung fuhr. Auf dem britischen Flugzeugträger »HMS Ocean« formieren sich weiß gedresste Marinesoldaten zum Schriftzug »Elizabeth« in 20 Meter großen Lettern. Beim Dinner der Dinners gibt es: *Vorspeise: Bouquet of Asparagus, Ribbons of Scottish Smokend Salmon, dazu Sancerre, Domaine de la Moussiere, Mellot 2000. Hauptgang: Tournedos of Beer, Golden Souffle of Globe Artichoke, Sage Butter Sauce, Jersey Royal New Potatoes, French Beans, dazu Château Leoville Barton 1989. Dessert: Meringue Vacherin, Pearls of Passion Fruit, Raspery and Spiced Orange Ice Cream, dazu Brown Brothers Family Reserve, Noble Riesling Kings Valley 1997.* Zu *Kaffee und Petit Fours* gibt es 15 Jahre alten *Dalwhinnie-Gin*, der auch *Queen Mum* gemundet hätte. Vor den beiden Häusern des britischen Parlaments in der geschmückten Westminster Hall dankt die Königin Parlamentariern des Ober- und Unterhauses sowie der Bevölkerung für ihre Unterstützung während »50 unvergesslicher Jahre« und betont, sie werde nicht abdanken und den Thron nicht vorzeitig für ihren Sohn Prinz *Charles* frei machen. Am Vorabend ist sie Gast bei Premierminister *Tony Blair* zu einem feierlichen Abendessen in der Downing Street, an dem auch die vier früheren, zum Teil verfeindeten, Regierungschefs *James Callaghan*, *Edward Heath*, *Margaret Thatcher* und *John Major* teilnehmen. Die Herren sind im Smoking, die eiserne Lady trägt eine auberginefarbene, bestickte Robe, Elizabeth erscheint im eisblauen Festkleid. **MACHT** Die fließend französisch und auch ganz gut deutsch sprechende Queen kann den Krieg erklären und jeden Menschen zum Adeligen machen. Sie hat keinen Pass, und ihre offiziellen Autos tragen keine Nummernschilder. Sie lehnt es ab, einen Sicherheitsgurt anzulegen. Sie kann vor Gericht nicht verklagt werden und darf nicht als

Zeugin aussagen. **GELD** Hat nie welches in der Tasche. **RESIDENZ** Buckingham Palace (146 Tage im Jahr), Windsor Castle (120 Tage), Balmoral (70 Tage, meist über Weihnachten), Sandringham (30 Tage). **MOBILITÄT** Der Sonderzug der englischen Königin widerspricht allen Vorstellungen, die man sich vom Prunk der Royals macht. Die Waggons erinnern eher an Wohnwagen der 70er Jahre als an den luxuriösen Orient-Express. Das Toilettenpapier im WC stammt von Tesco, der größten englischen Supermarktkette. Plastik und Laminat dominieren in der 1977 zum Silbernen Thronjubiläum ganz nach dem schlichten Geschmack der Queen eingerichteten Eisenbahn. An der Wand hängt eine eingerahmte Senioren-Bahnkarte für Ehemann Prinz *Philip*. Ein Loch in einem der Esstische erinnert an den versehentlichen Schuss eines Polizisten, von dessen Knall die Königin eines Morgens um 5.30 Uhr aus dem Schlaf gerissen wurde. *Franz Josef Paefgen*, früherer Audi-Chef und als Top-VW-Manager seit März 2002 Bentley-Boss, übergibt die Wagenschlüssel der neuen Staatskarosse für die Königin und Prinz *Philip*. Erstmals in der Geschichte ist es kein Rolls Royce, sondern ein Bentley, bei dessen Innenausstattung die Queen ein Wörtchen mitgeredet hat und Farbe sowie Stoff aussuchte. Die Nobel-Limousine mit 400 PS-V 8-Motor, die ruckelfreies Fahren bei offiziellen Anlässen mit Tempo 7 km/h garantiert und eine enttäuschende Höchstgeschwindigkeit von 120 km/h bringt, löst den Nummer-1-Wagen der Queen, den Rolls Royce Phantom 6 von 1978, ab. Die Limousine hat wegen der zierlichen Größe Elizabeths und dem hochgewachsenen Prinzgemahl beidseitig höhenverstellbares Gestühl. Die Fondtüren schlagen hinten an und ragen bis ins Dach, so dass Ihre Majestät aufrecht aus dem Wagen steigen kann. Der hintere Teil des Autodachs besteht aus schusssicherem Panzerglas. **HOBBIES** Puzzelt gerne, spielt mit der Familie Charade und interessiert sich sehr für Astrologie. Als Teenager lernt sie im Londoner »Mandarin Oriental Hyde Park«-Hotel das Tanzen. **STYLE** Immer im perfekten Dress, demonstriert sie spezielle Vorlieben für Kostüme und Mäntel von bauschiger Gemütlichkeit sowie dazu abgestimmte Hüte und Taschen. Sie bevorzugt die Farben taubenblau, eierschalenweiß und korallenrot. Zu ihren Kleidermachern gehört auch der aus Essen stammende *Karl-Ludwig Rehse*, in dessen Atelier eine Schneiderpuppe mit den Maßen der Queen steht. Die Königin ist im Gespräch äußerst witzig und schlagfertig, aber auch mit Lautlosigkeit bekundet sie ihre Absichten. Gemeint ist die Signalsprache ihrer 458 Handtaschen. Wedelt sie damit, muss sie dorthin, wo auch eine Königin zu Fuß hingeht. Trägt sie bei der Unterhaltung die Tasche links, bedeutet dies, dass sie nicht gestört werden will. Hängt die Tasche rechts, so heißt das für die Hofdame, dass sie von ihrer Unterredung befreit werden möchte. **MAROTTEN** Als Nachtwächter *Ted Richards* in den Ruhestand geht und aus Kostengründen kein Nachfolger eingestellt wird, macht auch die Queen selbst das Licht aus und bedient jeden erreichbaren Schalter. Wegen der Weitläufigkeit des Buckingham Palace fordert sie alle Windsor-Mitglieder und Angestellten auf, es ihr nachzutun. Außerdem ordnet sie an, Tausende von Energiesparlampen zu kaufen, um die jährliche Stromrechnung zu senken, die sich auf 490 000 Euro beläuft. Sie hat eine Abneigung gegen Katzen und Efeu. Auf Reisen nimmt die Queen ihr eigenes stilles Mineralwasser »Malvern«, ihr Federkissen sowie einen weißen Toilettensitz mit. Sie verzichtet auf den Genuss von Knoblauch, weil es ihrem königlichen Atem schadet, auf Spaghetti, weil man dabei leicht kleckert, und auf Krustentiere, weil sie zu Magenverstimmungen führen können. Ihr Gepäck ist stets versiegelt und darf nicht mal vom Zoll geöffnet werden. **FREUNDE** Ihre Corgi-Hunde, die sie selbst füttert. Die Vierbeiner sind über mehrere Generationen hinweg Nachkommen ihrer Stammhündin *Susan*, die sie zu ihrem 18. Geburtstag geschenkt bekam. **FAMILIE** Vier Kinder: Prinz *Charles*, Prinzessin *Anne*, Prinz ➔ *Andrew* und Prinz *Edward*. Ihre Mutter, Lady *Elizabeth Bowes-Lyon*, wird als jüngste Tochter von *Lord Glamis* am 4. August 1900 geboren und heiratet im April 1923 in Westminster Abbey den schüchternen und stotternden *Albert Herzog von York*. »Berti« ist der jüngere Sohn von König *Georg V.*, und er und seine Frau sind froh, im Schatten des großen Bruders, Prinz *Eduard von Wales*, zu leben. 1936 ist das Schicksalsjahr, das Jahr der drei Könige. Im Januar stirbt Georg V. und weil sein Sohn *Eduard VIII.* die Frau seines Herzens, die geschiedene *Wallis Simpson*, der Krone vorzieht, werden die Yorks wider Willen ins Rampenlicht katapultiert. Albert besteigt als König *Georg VI.* den Thron und stirbt im Alter von 56 Jahren an Lungenkrebs. Damit wird Tochter Elizabeth Königin.

Gin (das erste Glas täglich um Punkt 11.45 Uhr) hält Queen Mum auf Trab, und die Skandale ums Königshaus übersteht sie scheinbar ungerührt, stets lächelnd. Ihre beneidenswerte Rolle: Wenig Text, viele Kostüme, 48 Lakaien, ein lebender Terminkalender für Reisen, Parties, Pferderennen. Bis ins letzte Detail überwacht sie die lebhaften Wochenend-Gesellschaften in ihren vier Residenzen, wo sie mit Vorliebe alte Schlager der Vorkriegsjahre singt. Hitler fürchtet das zierliche, aber zähe Persönchen, das gern tanzt. Aus Gram über den Tod ihrer Tochter Prinzessin *Margaret* stirbt sie am 30. März 2002 in Windsor im Alter von 101 Jahren. An der Begräbnisfeier darf auch *Camilla Parker Bowles*, Geliebte von Prinz *Charles*, teilnehmen; allerdings darf sie nicht neben ihm sitzen. Der Sarg ist mit einer der wertvollsten Kronen der Welt geschmückt. In der Stirnpartie dominiert der eigroße, als »Koh I Noor« bekannte Diamant, ein Edelstein, der angeblich für alle Ewigkeit verflucht sein soll. In einem Sprichwort der Hindus heißt es warnend: »Derjenige, der diesen Diamanten besitzt, dem wird die Welt gehören, aber er wird auch das Unglück der Welt kennen. Nur Gott oder eine Frau kann den Diamanten ungestraft tragen.« Die Krone trug die Königinmutter bei der Krönung ihres Mannes, König *Georg VI.* Den »Koh I Noor« (Berg des Lichts) besaß früher einmal Perserkönig *Nadir Schah*, der im 18. Jahrhundert lebte. **EHE** Verheiratet mit Prinz *Philip von England*, Herzog von Edinburgh (vormals Prinz von Griechenland und Dänemark, verzichtete dort jedoch auf Thronfolgerechte), dem gelangweilten Gatten und Spezialisten für Taktlosigkeiten, wie sie nur der skurrile britische Humor hervorbringen kann. Er nennt seine Frau zärtlich »Sausage« (Wurst) und verärgert sie seit dem Tod ihrer Mutter zunehmend wegen der Freizeitgestaltung mit Lady *Penny Romsey*, einer Metzgerstochter, die er seit ihrem 22. Lebensjahr kennt und die mit einem Enkel von *Lord Mountbatten* verheiratet ist. Der nähere Kontakt kam unwillkürlich, nachdem die um 30 Jahre jüngere Dame seit zehn Jahren beim traditionellen Kutschenfahren mit dem Prinzen auf dem Bock sitzt, und neuerdings als Sozia auf dem Mofa. **SEX** Vier Kinder heißt: Mindestens viermal war die Queen amused. **SCHICKSAL** Der Tod der geliebten Schwester *Margaret* (depressiv) und der fidelen *Queen Mom* im Jahr 2002 traf sie sehr (→ FAMILIE).

HASS → *Diana* mochte sie nicht. *Camilla* mag sie gar nicht. **PANNE** 1945 stürzt Elizabeth, deren Blutgruppe 0 negativ ist, und verletzt sich beide Beine. Ansonsten ist die Monarchin eine Freude für jede Versicherung. 1982 ist sie das letzte Mal als Patientin in einem Krankenhaus – wegen Zahnschmerzen. Als sie die Londoner Bilder-Walhalla »Tate Gallery« nach langer Renovierung wieder eröffnet, fällt ihre Rede sehr kurz aus. Grund: Sie hat ihre Lesebrille vergessen. **SKANDAL** Sex and the City – hautnah erlebt die Queen Anfang Mai 2002 bei ihrer landesweiten Jubiläumstour eine Art Royal Peep Show. Als sie mit ihrem Rolls Royce durch Newcastle fährt, taucht plötzlich ein Blitzer vor dem Kühler der Limousine auf. Die Monarchin risikiert einen kurzen coolen Blick auf den gut gebauten Adam, der auch obenrum gut aussieht, was bei solchen Akteuren selten der Fall ist. Bobbies und eine Polizistin schnappen sich den Nackten, ein Ordnungshüter nimmt den Diensthelm ab und bedeckt damit das Gemächte. Der Blitzer zeigt sich unbeeindruckt. Mit einer Selbstverständlichkeit an, als würde er im Frack vor ihr stehen, strahlt er seine Königin an. **WAS NOCH GESAGT WERDEN MUSS** Es ist köstlich, wie die Windsors ihre deutsche Herkunft ignorieren (die drei Nobelmarken Rolls, Bentley und Jaguar sind jetzt auch in germanischer Hand). Prinz *Philip* ist Deutscher. Sein Nachname müsste eigentlich Schleswig-Holstein lauten, nicht Mountbatten. Diesen Namen, mit dem er am 20. November 1947 heiratet, hat er erst neun Monate vorher angenommen. Das ist verständlich, weil er sich zwei Jahre nach Kriegsende mit einem deutschen Namen wie Schleswig-Holstein an der Seite der Königin von England unbeliebt gemacht hätte. Bei der »Fassadenänderung« wählt Prinz Philip damals nicht den Namen seines Vaters, Prinz *Andreas von Griechenland* aus dem Hause Schleswig-Holstein, sondern den seiner Mutter, *Alice von Mountbatten*. Die Aristokratin ist die Schwester des von der IRA ermordeten *Lord Mountbatten*, des Vizekönigs von Indien und Burma. Eine Familie, wie sie englischer nicht sein kann (der Vater der beiden war britischer Flottenadmiral) und dies, obwohl sie Hessen-Darmstadt heißen sollte. Den Namen *Battenberg* hatte der Marinero während des Ersten Weltkriegs aus nachvollziehbaren Gründen gegen Mountbatten getauscht. Aber auch dieser Name war erst eine Generation zuvor aus dem Hut gezaubert worden: Der Vater jenes erzbritischen Marinebefehlshabers hieß Prinz *Alexander von Hessen-Darmstadt*. Er hatte unstandesgemäß geheiratet und sollte daher nach dem Willen seiner Familie nicht mehr Hessen heißen. Ein damals in Königshäusern üblicher Vorgang bei Ehen, die nicht den Hausgesetzen entsprachen. Der Großherzog wählte für seinen Sohn mit Battenberg den Namen einer ausgestorbenen Familie, deren Äcker und Wälder Generationen zuvor an die Hessens gefallen waren und von diesen gerne für Jagdausflüge genutzt wurden. Da Mountbatten eigentlich Battenberg und Battenberg eigentlich Hessen ist, besteht die deutsche Herkunft von Prinz *Philip* sowohl väterlicher (Schleswig-Holstein) als auch mütterlicherseits (Hessen) und bleibt nur für Unkundige verschleiert. Da die Familie von Königin Elizabeth II. ebenfalls ihren deutschen Namen (Sachsen-Coburg) erst während des Ersten Weltkriegs abgelegt hat (und zudem bis zur Heirat Queen *Victorias* mit *Albert Sachsen-Coburg* das englische Königshaus über Generationen hinweg Hannover hieß), wiegt die Last germanischer Abstammung schwer für die Windsors.

Elstner, Frank

Eigentlich Tim Maria Franz Elstner
WER IST ES? Fernseh-Dauerbrenner
LEBENSDATEN *19.4.1942 in Linz/Österreich **JOB** Show- und Quizmaster

KARRIERE Als Dreikäsehoch, mit 10 Jahren, erhält er sein erstes Engagement beim SWF für die Hörfunk-Version von *Walt Disneys* »Bambi«. Später Schauspieler am Karlsruher Kammertheater und Moderator bei Radio Luxemburg, dessen unverkennbare Markenstimme er wird. 1972 Programmdirektor. Kreiert die TV-Spielshows »Punkt Komma Strich«, »Spiel ohne Grenzen«, »Montagsmaler«. 1981–87 »Wetten dass...?«. 2002 kommt er als Sanierer von »Verstehen Sie Spaß?«, weil Vorgänger *Cherno Jobatey* den Humor irgendwo in seinen Turnschuhen versteckt hat. **ERFOLGE** Erfinder von »Wetten, dass...?«, dem erfolgreichsten Samstagabend-Dauerbrenner der deutschen Fernsehgeschichte. **IMAGE** Freundlicher, manchmal etwas umständlicher Bote aus einer besseren Fernsehzeit. **RESIDENZ** Besitzt eine Finca auf Mallorca und ein Office in Luxemburg. **HOBBIES** E. ist Nichtraucher, Vegetarier, Jogger, Segler und Porschefahrer.

STYLE Der ewige Lausbub ist als Ideenspender besonders ergiebig, wenn er von Inspirations-Trips aus den USA zurückkehrt. **FAMILIE** Nach zwei Ehen ist er seit 18 Jahren mit der Ex-Stewardess *Britta* liiert. Hat fünf Kinder von vier Frauen.

Emin, Tracey

WER IST ES? Glamouröses Bad Girl Englands **LEBENSDATEN** *1963 in London	**JOB** Künstlerin und Star der englischen Klatschspalten

KARRIERE Ihre Installationen, Zeichnungen und Fotos, in München 2002 im »Haus der Kunst« unter den Titeln »Prüderie und Leidenschaft« sowie »Stories« ausgestellt, spiegeln das wilde und ungewöhnliche Leben von E., die eine Schwester der amerikanische Schauspielerin *Sandra Bullock* (➔ HOLLYWOOD) sein könnte. Die Britin, die sich auch nackt oder in gewagten *Vivien-Westwood*-Modellen ablichten lässt, stellte schon ihr zerwühltes Bett aus, vor dem eine ganze Batterie Wodkaflaschen und Kondome dem Betrachter zeigten, was Sache war. Die Spannung zwischen Inhalt und Form machen ihre Arbeiten aus. Manches wirkt auf den ersten Blick heiter und durch Farbigkeit und Technik beinahe kindlich; liest man jedoch die Textstücke, die E. aus Kleidern von Freunden zusammennähte, weicht diese Empfindung dem Eindruck von Konfusion und Provokation. Je mehr Werke vorliegen, desto leichter fällt es, das Dargestellte bestimmten persönlichen Erfahrungen der Künstlerin (Vergewaltigung, Liebhaber, Abtreibungen) zuzuordnen. **ERFOLGE** 1999 für den Turner-Preis nominiert. **IMAGE** Die Rolle von *Beuys* übernehmen jetzt Girls wie Tracey. **RESIDENZ** Das zerwühlte Bett steht in London. **BEAUTY** Bildhübsch und gut gebaut. Die langbeinige Action-Venus trägt ein Tattoo auf dem Rücken. **SEX** Produktive und einfallsreiche Künstlerin.

Eminem

Eigentlich Marshal Bruce Mathers III. **WER IST ES?** US-Skandal-Rapper	**LEBENSDATEN** *17.10.1972 in St. Joseph/Missouri **JOB** Musiker

KARRIERE Bislang über 20 Millionen verkaufte CDs. Mit dem Lernen hat der Bürgerschreck seine Probleme und fliegt von der High School. Fast 30 Mal muss er die Schule wechseln, bis die kunterbunte Klein-Familie in einem schäbigen Viertel von Detroit mit schwarzer Nachbarschaft »sesshaft« wird. Obwohl er eigentlich »Nigger hasst«, ist sein Produzent farbig und entdeckt ihn 1997 bei der Rap-Olympiade in Los Angeles. Das erste Album mit messerscharfen Texten, »The Slim Shady LP«, macht ihn zum Kultstar der Schwarzen und Weißen. Sein Vorbild ist *James Dean*, der nur drei Filme brauchte, um zur Legende zu werden. Das möchte Eminem auch erreichen. Ende Mai 2002 bringt er »Without me« heraus, die erste Auskoppelung aus seinem Album »The Eminem Show«, das in der ersten Juni-Woche veröffentlicht wird. Der Song ist der beste, der dem Rapper bislang gelungen ist. Wieder beschimpft er Gott und die Welt und die Kollegen von *Moby* bis »N'Sync«. Ungebrochene Qualitäten als Patrioten- und Eltern-Schocker demonstriert er im dazu gehörenden Video-Clip. Im »Without Me«-Spot taucht er beispielsweise als *Osama bin Laden* verkleidet auf. **ERFOLGE** Das US-Musik-Magazin »Rolling Stone« wählt ihn zum »Künstler des Jahres 2000«. Das Album »The Marshall Mathers LP« wird mit drei Grammys ausgezeichnet. **BEAUTY** 1,63 groß, weizengelber Kurzhaarschnitt und Ohrringe. **FAMILIE** Mit Frau *Kim*, einer Highschool-Flamme, hat er Tochter *Hailie Jade*. Seine Mutter, *Debbie Mathern*, zählt 15 Lenze, als er auf die Welt kommt. Er wächst ohne Vater auf. **SEX** Eene, meene Miste, es rap-pelt in der Kiste. **HASS** Attackiert in seinen Texten seine Mutter, seine Ex-Freundin *Mariah Carey* und alle, die ihm sonst noch so in die Quere kommen.

Fassbinder, Rainer Werner

WER IST ES? Genialer Filmemacher mit nachtbleicher Miene **LEBENSDATEN** *31.5.1945 in Bad Wörishofen, † 10.6.1982 in München **JOB** Regisseur und Schriftsteller **KARRIERE** 1965 fiel er durch die Aufnahmeprüfung der Berliner Hochschule für Film und Fernsehen. Als Autodidakt drehte er über 40 Filme, darunter »Katzelmacher« (sein Durchbruch), »Händler der vier Jahreszeiten«, »Angst essen Seele auf«, »Effi Briest«, »Die Ehe der Maria Braun«, »Lili Marleen«, »Die Sehnsucht der Veronica Voss«, 17 Theaterstücke, die TV-Serien »Acht Stunden sind kein Tag« und »Berlin Alexanderplatz«. Bücher über RWF: »Die Sehnsucht des Rainer Werner Fassbinder« (von *Kurt Raab/Karsten Peters*), »Der langsame Tod des Rainer Werner Fassbinder« (von *Gerhard Zwerenz*), »Schlafen kann ich, wenn ich tot bin« (von *Harry Baer*, Freund von Rainer) und »Die 13 Jahre des Rainer Werner Fassbinder (von *Peter Berling*).

ERFOLGE Fünf Bundesfilmpreise; Fernsehpreis der Akademie der Darstellenden Künste; Filmband in Gold; Goldener Bär (für »Die Sehnsucht der Veronika Voss«); Großer Preis der Filmtage von Orleans. **PARTNER** F. macht *Hanna Schygulla*, Barbara Sukowa, Barbara ➡ Valentin, Günther Kaufmann und Michael Ballhaus (Kamera) zu internationalen Größen. Eine Reihe von Filmen zeigt, dass Rainer sich als Schauspieler anderen Regisseuren unterordnen konnte. Unter *Volker Schlöndorff* spielt er 1969 die Hauptrolle in »Baal« und 1977 in einem Episodenfilm über die RAF, für *Ulli Lommel* singt er mit *Kurt Raab* in Lederhosen und Wadlstutz auf dem Obersalzberg den Andachtsjodler für den 1977 gedrehten Film »Adolf und Marlene«. Zwei Jahre hat Fassbinder Schauspielunterricht, zuletzt im privaten Studio Leonhard, genommen und es immer wieder bekräftigt: » Das ist das Einzige, was ich wirklich gelernt habe. In allem anderen bin ich Autodidakt.« Zu erkennen ist das bei F.s Film »Katzelmacher«, in dem ganze Szenen an den italienischen Großmeister *Michelangelo Antonioni* erinnern.   **IMAGE** Der Klotz von unendlicher Sensibilität war eines der raren wirklichen Genies in Deutschland.   **RESIDENZ** Zuletzt lebt er in einer Schwabinger Dachterrassenwohnung von Produzent *Horst* ➡ *Wendlandt*.   **STYLE** Strähniges Haar, Lederjacke und Jeans, die selten gewaschen wurden.   **FAMILIE** Vater ist der Duisburger Arzt Dr. *Hellmuth Fassbinder*. Mutter *Lieselotte*, Dolmetscherin, ist in einigen Filmen F.s unter dem Namen *Lilo Pempeit* zu sehen. Sie heiratet im zweiten Durchgang den Journalisten *Wolf Eder* (»Bayernkurier«).   **EHE** Verheiratet mit *Ingrid Caven*.   **LIEBE** Zuletzt befreundet mit Cutterin *Juliane Lorenz*, die ihn am 10. Juni 1982 tot auffindet.   **SEX** Faustischer Charakter.   **SCHICKSAL** F. frühstückt gern mit *Barbara* ➡ *Valentin* um vier Uhr nachmittags im »Café Extrablatt«. Wegen seiner französischen Ausstrahlung zählt dieses Bistro auch zu den Lieblingsorten von *Jean Paul Belmondo*, der für sechs Wochen in München zu Dreharbeiten für den Film »Ass der Asse« weilt (und fast täglich »Steak frites« bestellt). Als F. und »Bebel« sich dort kennenlernen, entdecken sie schnell eine gemeinsame Leidenschaft: Fußball. Ein Freundschaftsspiel wird für den nächsten Feiertag, den 10. Juni 1982, vereinbart, bei dem *Belmondo* unbedingt im Tor stehen will: »Ich werde keinen reinlassen, von Dir schon gar nicht.« Zu diesem Spiel kommt es nicht mehr. Um sieben Uhr früh ruft Produzent *Thomas Schühly* (»Via Mala« mit *Mario* ➡ *Adorf* und »Münchhausen« mit *Maruschka Detmers*) mich an: »Bleib im Bett, es ist etwas Furchtbares passiert. Rainer Werner ist heute Nacht gestorben.« Die fatale Kombination von Kokain und Tranquilizern führte zum Herzstillstand.   **SKANDAL** Sein Stück »Der Müll, die Stadt und der Tod« sorgt in Frankfurt für einen Theaterskandal. In der Figur des namenlosen, ausbeuterischen »reichen Juden« sieht die Jüdische Gemeinde Frankfurt antisemitische Tendenzen und verhindert durch eine Bühnenbesetzung die Aufführung des Stückes. Unter den Besetzern auch *Ignatz Bubis* und *Michel Friedman*.

Feldbusch, Verona

> **WER IST ES?** Femme fatale des ultimativen Nichts **LEBENSDATEN** *1970 in La Paz **JOB** Werbe-Barbie der deutschen Nebengesellschaft mit Dollarzeichen im Auge, die Grammatikfehler pflegt und mit bewundernswerter Tapferkeit nichts auslässt, um in den deutschen Medien immer präsent zu sein wie eine Motte im Licht. Vermarktet Weinen, Husten, Heftpflaster-Auftritte oder immer wieder verschobene Hochzeitstermine mit Kofferträger *Franjo Pooth* (➔ EHE).

KARRIERE 1993 wird sie nach abgebrochener Handelsschule »Miss Germany«. Ihre Blitzehe mit *Dieter* ➔ *Bohlen* macht sie so bekannt, dass RTL-II-Chef *Markus Reischl* sie im Star-armen Deutschland für die Moderation der Freikörperkultur-Sendung »Peep« engagiert, die Haus-Show für aufgeschlossene Sado-Masochisten. Ihre weiteren TV-Versuche sind so aufreizend wie ihr ständiges »Hallöchen« in Eunuchen-Stimmlage, bei dem jeder Dackel aus dem Fernseh-Sessel springt und zu chronischem Kläffen ansetzt. »Veronas Welt« wird wegen Zuschauermangel eingestellt. Man sagt, dass F.s Werbeverträge (Spinat, Marmelade, Telekommunikation) mit TV- und Print-Quoten gekoppelt sind. Bei RTL wird sogar eine Formel-1-Sendung zur vollen Smart-Werbe-Show mit Verona degradiert. **ERFOLGE** Dass man sie trotz ihrer Fähigkeiten kennt, ist ein Wunder. **PARTNER** *Dieter Bohlen*, Bekanntmacher. **PLÄNE** Wollte nach einem leidlich überstandenen TV-Duell mit der Grauen Pantherin *Alice* ➔ *Schwarzer* mal in die Politik gehen. **IMAGE** Verklemmte O-là-là-Erotik. **GELD** Scheffelt Millionen mit ihren Werbeauftritten. **RESIDENZ** Sucht zum Schrecken aller Anwesenden ein Haus in München. **HOBBIES** Pixi-Bücher. **STYLE** Ihre Selbstsicherheit in der Öffentlichkeit stützt sie mit großer Entourage (bei Parties mit Gastgeber-belastenden Leibwächtern, Visagisten, Managern usw.), was andere Damen der Showszene wie beispielsweise *Sharon Stone* (➔ HOLLYWOOD) oder ➔ *Madonna* nie nötig haben. **BEAUTY** Sie geht geschmickt ins Bett, wie man hört, und braucht sehr lange, um appellfähig zu sein. **MAROTTE** Krankhaft übersteigertes Selbstbewusstsein. Wenig leise und noch weniger weise trällert sie in die Fernseh-Kameras: »Wir leben heute in einer Zeit, wo jeder alles kann, schreiben, singen, tanzen, malen, designen.« Sie hat sich natürlich nie darüber Gedanken gemacht, dass selbst der Schmuck, der unter ihrem Namen auf den Markt kommt, von Könnern gefertigt werden muss. **FAMILIE** Mutter bolivianische Friseuse, Vater deutscher Techniker. **EHE UND LIEBE** Ehe-Quickie mit Musikproduzent *Dieter Bohlen*, durch den sie bekannt wird. Danach gaukelt sie den Medien penetrant *Franjo Pooth* als künftigen Ehemann vor, dem im März 2002 übrigens nachgewiesen wird, dass er kein Architekt ist, wie immer behauptet.

Aber um mit Verona zu sprechen: »Das macht ja nichts, wir leben in einer Zeit, wo wir alles können.« *Pooths* Anwesenheit – wie auch jene möglicher Nebenbuhler – wirkt absurd, weil F. seit ihrem 15. Lebensjahr einen unsichtbaren Mindestabstand zu männlicher Bewunderung hält und mehr an Frauen wie an ihre Busenfreundinnen *Nicole Wittek* und *Sonja Kurz* glaubt. **SEX** Man weiß noch nicht, ob sie Busch oder freies Feld vorzieht. Ob mann es je erfahren wird? **FREUNDE** Eine Henkersmahlzeit in der *Käfer*-Schenke in München gönnt sich F.s Haus-Juwelier *Alfred Wallner*, bevor er sich wegen »Verdachts auf Untreue und Steuerhinterziehung« in Untersuchungshaft begeben muss. Bei Tisch wird »Klunker-Fred« getröstet nicht nur von seiner Ehefrau, sondern auch vom Nürnberger Geschäftsmann *Siegfried Axtmann* und Frau *Inge* sowie von *Ute* ➔ *Ohoven* und Ehemann *Mario*. *Wallners* Freundin *Tessy* ist über die ganze Entwicklung ein bisschen besorgt und lässt in ihrer »Freizeit« schöne Stunden mit Fred allein »Revue« passieren. **PANNE** Davon lebt sie.

Ferenczy, Josef von

Genannt »Joschka«
WER IST ES? Der letzte Gentleman **LEBENSDATEN** *4.4.1919 in Kecskemet/Ungarn **JOB** Medienmanager, Buchverleger, Filmproduzent **KARRIERE** Scheitert als Orangen-Importeur in Ungarn, bevor er 1946 Staatssekretär im Verteidigungsministerium wird. Zwei Jahre später flüchtet er nach Wien und kommt ohne einen Pfennig in der Tasche nach München, wo er eine internationale »Konsum-Literatur-Fabrik« gründet, die zeitweise 130 Autoren zählt. Er produziert Filme wie »Spion Simpel« oder »Max Schmeling«.

IMAGE David-Niven-Typ in K.u.k.-Version. **RESIDENZ** Lebt in Grünwald und Kitzbühel. **STYLE** F. kommt, sieht und geht. Er besucht Parties nur minutenweise, isst lieber daheim oder geht in seine lang geprüften Restaurants. Ich habe ihn noch nie mit einem Teller an einem Büfett anstehen sehen. Im Hotel »Vier Jahreszeiten« hat er einen eigenen Rauchtisch mit Telefon direkt neben der Bar und agiert dort als Polit-Lobbyist. Eine Zeit lang besitzt er in einem umgebauten VW-Bus ein ambulantes Büro mit Computer, Telefon und Internetanschluss. **BEAUTY** Nicht von ihm wegzudenken ist sein bleistiftdünnes Menjoubärtchen, Joschkas Markenzeichen der Eleganz. **FREUNDE** Der Lobbyist hat viele Freunde. **EHE** Verheiratet mit *Katharina Sillag*. **SCHICKSAL** Beide Söhne, *Saba* († 1993) und *Andreas* († 1996), sterben viel zu früh.

Fierek, Wolfgang

WER IST ES? Hagelbuchener Serien-Schlawiner **LEBENSDATEN** *10.12.1950 in München **JOB** Schauspieler. Betreibt außerdem Deutschlands größten Harley-Davidson-Shop. **KARRIERE** Der gelernte Elektriker und ehemalige Schankier im Münchner »Café Extrablatt« ist Star in *Klaus Lemkes* Schwabinger Filmlyriken »Der komische Heilige« und »Arabische Nächte« und spielt in den TV-Serien »Ein Bayer auf Rügen«, »Tierpark-Toni« und »Monaco Franze«.

IMAGE Kerniger Soap-Bajuware. **RESIDENZ** Lebt in einem Dorf bei München und genießt »zum Kopfauslüften« sein Haus in Arizona. **HOBBIES** Einmal im Jahr verwandelt F. eine unschuldige Wiese bei Ulm in eine amerikanische Prärielandschaft mit Hillbilly-Musik, Fresszelten, Westernkapelle und Tabledance-Halle. Der Spuk, eine Motorrad-Party, dauert drei Tage und Nächte. Dabei steht Fierek im Mittelpunkt von rund 25 000 Zeitgenossen, die nur eines im Kopf haben: ihre Harley (manche aber auch, wie Star-Bulle *Ottfried* ➔ *Fischer*, die Tabledance-Girls). Die Party lockt Komiker *Otto* ➔ *Waalkes* ebenso wie den österreichischen Polit-Rebellen *Jörg Haider*. **EHE** Verheiratet mit der Malerin *Djamila Mendil* (nach langer Testphase und in Kenntnis des Heimtückegesetzes). **LIEBE** War befreundet mit Starmodel *Karin Feddersen* (zu ihrer Blütezeit) und Brillenlady *Monika Eschenbach* (zu ihrer Lifestyle-Zeit). **ERINNERUNG** Geschäftsführer *Mock* entschuldigt sich um sieben Uhr früh bei den Gästen: »Einen kleinen Moment noch, dann kommt das frische Baguette.« Zu solch kleinen Lieferverzögerungen kommt es manchmal im Trend-Bistro »Café Extrablatt« in München, wo Fierek zu Beginn seiner Karriere (1980/81) als Büffettier arbeitet. Zu dieser Zeit ist Baguette eine Neuheit in Deutschland, und F. bringt morgens das frische französische Brot mit, weil er in der Laimer Nachbarschaft des Bäckers *Lothar Hammelsbeck* wohnt. Der buk bisher nur kleine Brötchen, ist aber nun der Erste in Deutschland, der Baguette backen kann ... Vorgeschichte: Ein Pariser Brotkünstler hatte mir für meine deutsche Pionierarbeit als Besitzer des ersten Bistros in Deutschland das Original-Rezept für französisches Baguette geschenkt, das ich nun dem Münchner Kollegen zum Nulltarif weitergab, um das weizengelbe Stangenbrot in München einzuführen. Erst nach längeren Testphasen, in denen kalkhaltiges Wasser ebenso Probleme bereiteten wie anderes Mehl, gelingt das Brot. Die zu Anfang euphorisch gemachten Zusagen, das Baguette exklusiv fürs »Extrablatt« zu backen, sind sofort vergessen, weil die langen Stangen wie die warmen Semmeln gehen. Nach 19-jähriger, oft bemängelter Lieferbeziehung und einem 1,5 Millionen-Mark-Umsatz »bedankt« sich Bäcker *Hammelsbeck* fünf Jahre nach dem Verkauf des »Café

Extrablatt« mit einer angeblich noch offenen Rechnung, die am letzten Öffnungstag entstanden sei.

Finck, August Baron von

WER IST ES? Knorriger Grandseigneur
LEBENSDATEN † 1980
JOB Begründer des gleichnamigen Geldhauses

FAMILIE Das Geldhaus führt *August jun.* (★11.3.1930 in München), Europas reichster Banker, Immobilien-Tycoon, Großaktionär (»Löwenbräu«, »Spatenbräu«, »Möwenpick«) und Hubschrauber-Pilot (aus Sicherheitsgründen) mit Frau *Francine* weiter. Sie leben im Schlossgut Seeseiten am Starnberger See. F., der Jüngere, entpuppt sich als großer geheimer Kunstmäzen. Der Jugendstil-Tempel »Prinzregententheater«, für den Prof. *August Everding* kämpfte wie Johanna von Orleans, wäre nie wieder aufgebaut worden ohne die zweistelligen Millionen-Mark-Zuwendungen, die stets mit der Bemerkung erfolgen: »Professor, wenn einmal mein Name fällt, können Sie mich als Sponsor vergessen.« Man sieht, es gibt Wohltäter, die nicht genannt werden wollen, und so ein schwerwiegendes Ehrenwort hat auch *Helmut* ➔ *Kohl* gegeben. **STYLE** Als ich den 80-jährigen Bankier ohne Furcht und Tadel treffe und das Thema Terrorismus zur Sprache kommt, meint die stolze Eiche des Wirtschaftswunderlandes: »Mein Sohn, vor einer Entführung habe ich keine Angst, ich bin schon bis auf eine Mark abgeschrieben.« Im Gegensatz zu ➔ *Flick*, der sich immer mit einer ganzen Schutztruppe umgibt, lehnt Finck – wie auch Backpulver-Industrieller *Rudolf August* ➔ *Oetker* – diese lästigen Begleiter ab und sorgt für große Augen, wenn er mit einem gebrauchten VW-Käfer durch München kutschiert. »Aber keine Sorge, natürlich gibt es noch einen Mercedes für die wichtigen Besucher der Bank.«

Finkbeiner, Peter

> **WER IST ES?** Smarter Jet-Set-Bibel-Verleger und Business-Class-Hero
> **LEBENSDATEN** *6.7.1947 in Berlin
> **JOB** Verlegt die exklusiven Führer »Worldevent«, »Worldguide«, »In World Guide«, »Business & Pleasure«
> **KARRIERE** Als Kinderstar von *Erich-Kästner*-Filmen reist er durch ganz Europa

MOBILITÄT Hat einen Jaguar, fährt aber ungern selbst. **HOBBIES** Wohnt im Bohème-Viertel Lehel in München. **BEAUTY** Peter mit den veilchenblauen Augen, dem keiner böse sein kann, ist eine lustige Mixtur aus Peter Pan, dem kleinen Prinzen und Prof. Higgins. **LIEBE UND EHE** Geschieden von *Ann-Kathrin Stuhl*, die als TV-Schauspielerin unter *Ann-Kathrin Kramer* firmiert. Beim Bummeln durch München entdeckt er in einem Schaufenster ein hübsches Mädchen bei der Deko-Arbeit. Er verliebt sich in sie, puscht sie bei seinen Top-Beziehungen ins Showbusiness und heiratet das muntere Girl. Ein großes Hochzeitsfest steigt in *Peter Wodarz*' ambulantem Diner-Zelt »Pomp, Duck and«, das auf dem Roncalli-Platz aufgebaut ist. Im Mittelpunkt die weiße Braut, die immer mehr Karriere im Fernsehen macht, was unwillkürlich zu vielen Presse-Kontakten führt. So fragt sie ein Reporter, der nicht weiß, dass sie gerade geheiratet hat, nach dem Mann ihres Herzens. Der, sagt *Ann-Kathrin*, eiskalt wie ihre Augen, sei ihr bisher noch nicht begegnet. Dem Journalisten gaukelt sie ein Single-Leben vor – Peter Finkbeiner liest den Zeitungsausschnitt und wird traurig. Kurze Zeit später zerplatzt der Ehetraum. Er lebt seither solo und hat sich ein Drei-Etagen-Büro gleich neben den »Kammerspielen« zugelegt. Sie lebt nach einer längeren Beziehung mit Schauspieler *Jan Josef Liefers*, mit dem sie Sohn *Leo* hat, nun mit *Harald Krassnitzer*, ebenfalls Mime, zusammen. **SEX** Kuschelbär.

Fischer, Joschka

> Eigentlich Joseph Martin Fischer
> **WER IST ES?** Kaschmir-grüner Bundesaußenminister **LEBENSDATEN** *12.4.1948 **JOB** Cyberspace-Wendehals im Kabinett von *Gerhard* ➜ *Schröder* (SPD)

KARRIERE Als Kind Messdiener, dann Schul- und Studienschwänzer und Taxifahrer. Nach Sponti-Vergangenheit in Frankfurt am Main hessischer Umweltminister 1985 unter *Holger Börner*. Erscheint zur Vereidigung in Turnschuhen, was ihm den Beinamen »Turnschuhminister« einträgt. Zuvor, in den mörderischen RAF-

Zeiten, legt F. auch selbst Hand an und reagiert Aggressionen in einer militanten »Putztruppe« ab. Es fliegen Pflastersteine und Molotow-Cocktails, ein Polizist zieht sich Verbrennungen am ganzen Körper zu und zum Schluss will's, wie immer, keiner gewesen sein. Ich selbst bin Zeuge, als es in Frankfurt auf der Zeil rund geht. Joschka mittendrin. Wegen der Erfahrungen in seinen Putz- und Sturmjahren kann er als Fachmann kraft seines neuen Amtes an allen neuen Konflikt-Brennpunkten gut mitreden. **ERFOLGE** Ohne ihn gäbe es die Grünen seit 15 Jahren nicht mehr. Bucherfolg mit »Mein langer Lauf zu mir selbst«. 2002 Ehrendoktorwürde der Universität Haifa. **MACHT** ... kaputt, was Euch kaputtmacht« war früher. Heute gilt: Macht macht Spaß. **IMAGE** Joschka, das Chamäleon, das von den gesteuerten germanischen Medien als »der beliebteste deutsche Politiker« gefeiert wird, was sich aber beim normalen Wahlvolk noch nicht herumgesprochen hat. **MOBILITÄT** Nach der Taxi-Vergangenheit jetzt nur noch gepanzerter Dienstwagen mit Stern oder Bundesluftwaffe. **HOBBIES** Früher als kugelrunder Fußballer im Frankfurter Ostpark aktiv; heute Marathon-Man und Toscana-Urlauber. **STYLE** Beim EU-Gipfel in Nizza 2000 zeigt sich Schmalspur-Nurmi Fischer, der sich nicht zuletzt aus PR-Gründen bei internationalen Marathonläufen an den Start drängelt, in einem weißwurstengen Trainingsanzug vor der Weltpresse, was sich als wenig fotogen erweist. Sein Öffentlichkeitsberater sollte dies in Zukunft verhindern, weil das empfindlich viele weibliche Stimmen kosten kann. **BEAUTY** Im Passbild-Vergleich: ein Bruder von *Renate Künast*. Der keineswegs fesche Fischer ist bis zur Stunde auf seine vermeintlich jugendliche Haartolle stolz. **MAROTTE** Zwischenzeitlich so besessen vom Abnehmen, dass er selbst den Gästen vom »Spiegel« aus Fürsorge nur je 1 Salatblatt kredenzt. **FREUNDE** Co-Revoluzzer *Daniel Cohn-Bendit* aus Frankfurter Zeiten. **FAMILIE** F. ist der Sohn eines Ungarn-deutschen Metzgers. **EHE** Vier Ehen, zwei Kinder. **PANNE** 2000 wird F. Opfer des Klatschfiebers im Berliner Regierungsviertel. Der flüchtige Kontakt zu »Bild«-Journalistin *Verena Müller* führt zur Krise mit Ehefrau Nr. 4, *Nicola Leske*. Die Reporterin fängt sich bei Kollegen das Prädikat »Frau Außenminister« ein, und von *Nicola* hört man nichts mehr. **SKANDAL** Unter Bundestagspräsident *Richard Stücklen* (1949 jüngster Abgeordneter des Bundestags, später Postminister und Vater der Postleitzahl) herrscht dank seiner Souveränität im hohen Haus noch Würde – was sich ändert, als grüne Politikerinnen im selbstgestrickten Pullover ihre Babys öffentlich stillen und verrostete Fahrräder am Eingang parken. 1984, während einer erregten Debatte über den *Flick*-Spenden-Skandal, konfrontiert ihn der des Saales verwiesene Joschka Fischer mit dem Satz: »Herr Präsident, mit Verlaub, Sie sind ein Arschloch.« *Stücklen* schließt ihn für zwei weitere Sitzungstage vom Parlament aus.

Fischer, Ottfried

WER IST ES? TV-Bulle **LEBENSDATEN** *7.11.1953 in Ornatsöd/Bayerischer Wald **JOB** Schauspieler und Kabarettist **KARRIERE** Internat in Fürstenzell bei Passau. Ein Jurastudium bricht er nach vier Semestern ab. Als Kabarettist spielt er im Ensemble »Machtschattengewächse«. Programme: »Mattscheibchenweise Kommerzwärts« und »Mit Gewalt komisch« sowie »Störfall« mit Partner *Jockel Tschiersch*. Als Schauspieler dreht er für Film und Fernsehen: »Irgendwie und sowieso«, »Der Schwammerlkönig«, »Zärtliche Chaoten«, »Der Superstau«, »Langer Samstag«, »Ein Bayer auf Rügen«, »Drei Herren«, »Die blaue Kanone«, »Der Pfundskerl«, »Der Bestseller«, »Der Bulle von Tölz«. Im Bayerischen Fernsehen Gastgeber der Talkshow »Ottis Schlachthof«.

ERFOLGE 1985 Internationaler Kabarettpreis »Salzburger Stier«, 1986 Deutscher Kleinkunstpreis, 1989 »AZ«-Stern des Jahres, 2001 Österreichischer TV-Preis »Romy«. **IMAGE** Schwergewichtiger Gemütsbayer. **RESIDENZ** Wohnt in München. **HOBBIES** Harley-Davidson-Treffs *(→ Fierek)*. **BEAUTY** Für F., 1,90 groß, 165 Kilo schwer, musste wohl das 16:9-Breitwand-Format eingeführt werden. Steigt er auf die Waage, erscheint im Display: »Bitte nicht in Gruppen wiegen« **FREUNDE** *Wolfgang Fierek*. **EHE** Seit 1990 verheiratet mit *Renate*: zwei Töchter, *Lara* und *Nina*. **EVENT** Am Tisch 14 im altehrwürdigen Max-Joseph-Saal der Münchner Residenz, in »Veuve Clicquot«-Orange durchgestylt bis hin zur Toilette, pulsiert anlässlich der Wahl von *Innegrit Volkhardt* zur »Unternehmerin des Jahres« das Münchner Gala-Leben. Zu meiner Linken sitzt *Katerina Jacob*, seit 1996 Fischers TV-Kollegin in »Der Bulle von Tölz«, die mir strahlend von ihrer megamodernen Ehe (mindestens drei Partner) vorschwärmt. Die muntere Tochter von Regisseur *Peter Jakob* und Schauspielerin *Ellen Schwiers* hat es bis heute geschafft, den Vater ihrer Tochter geheim zu halten. Ich kann mich noch erinnern, dass gleich nach dem freudigen Ereignis sogar Landesmutter *Marianne Strauß* nach Berg am Starnberger See kam, um das Baby in Augenschein zu nehmen. (*Katerina* lebt mit Hund »Tante Frieda«, Katze »Maria« sowie vier Pferden am Starnberger See). Am Kopfende der Tafel sitzt »Deutsches Theater«-Intendant *Heiko Plapperer-Lüthgarth*. Er wirkt wie *John Wayne*, dem sie gerade die Pferde gestohlen haben, macht aber gute Miene und unterhält sich ausschließlich mit seiner attraktiven Tischdame *Karin Holler* (Supermärkte). Die dunkelhaarige Lady ist aber nicht seine Neue, sondern nur zufällig neben ihm platziert worden. Es ist *Heikos* erster Society-Ausflug, seit seine noch bei ihm lebende Frau *Petra* die klare Bergsee-Philosophie von Bücher-Bonaparte *Frank Wössner* vorzieht (→ *Wössner, Mark*). Der Theaterchef ist einer von 200 Gästen, die »Veuve Clicquot«-Boss *Peter J. Ziegler* und seine hübsche Frau *Elke* eingeladen haben, um die »Unternehmerin des Jahres« gebührend hochleben zu lassen. Die hochkarätige Jury, darunter Siemens-Lenker *Heinrich von Pierer*, Rewe-Motor *Hans Reischl*, Ober-«Boss« *Werner Baldessarini*, Strumpf-Fabrikant *Claus Vatter* und Verleger Prof. Dr. *Hubert* ➜ *Burda* kürten die Betten-Baroness *Innegrit Volkhardt* (»Bayerischer Hof«). Das erste Glückwunsch-Bussi kriegt sie von der heimlichen »Miles-and-More-Königin« *Regine Sixt*, die im Moment den bundesdeutschen Rekord in Party-Präsenz hält und in Austria mit dem »Crystal Globe« ausgezeichnet wurde, den vor ihr »ZEIT«-Herausgeberin *Marion Gräfin Dönhoff*, Maler *Ernst Fuchs* und Filmstar *Mario* ➜ *Adorf* erhielten.

Flick, Dr. Friedrich Christian (»Mick«)

> **WER IST ES?** Smarter, eisgrauer Benz-Erbe und Großaktionär **LEBENSDATEN** *19.4.1944 in Sulzbach/Rosenberg **MACHT**... ist Geld **IMAGE** Von der Damenwelt intensiv beäugt, pendelt er als letzter Gent-Junggeselle zwischen London, New York, Lausanne und Zürich. Gutaussehend, klug und steinreich.

HOBBIES F. sammelt zeitgenössische Kunst. Der Versuch, Zürich ein Museum schenken, scheitert indes am städtischen Messingschild »Wegen Reichtums geschlossen«. **FAMILIE** Drei Kinder: *Alexander-Friedrich, Maria-Pilar* und *Ernst-Moritz*. Bruder: Dr. *Gert Rudolf Flick* (»Muck«), *29.5.1943, lebt in England und in der Schweiz, besucht regelmäßig die Salzburger Festspiele, lebt in dritter Ehe mit der Vivil-Erbin Dr. *Corinne Müller*. (Erste Ehe mit Prinzessin *Johanna zu Sayn-Wittgenstein*, zweite Ehe mit *Donatella Missikoff*, mit der er den Sohn *Sebastian* hat.) Onkel: *Dr. Friedrich Karl* ➜ *Flick*. **EHE** Zweimal geschieden: Erste Ehe mit *Andrea de Portago*, eine zweite mit Gräfin *Maya von Schönburg-Glauchau* (inzwischen mit Babykost-Hersteller *Stefan Hipp* ganz hip). **LIEBE** Die geklaute Braut: Der Münchner Flirt-Filou Graf *Ronnie Metternich* hat alle Hände voll zu tun mit Heiratsvorbereitungen. Sogar die die ehemalige Villa des Schweizer Konsuls in der Münchner Seestraße hat er gemietet, damit nur ja nichts passieren kann, denn das Standesamt ist gleich um die Ecke. Die Braut, mit der er sich endlich trauen will, heißt Gräfin *Saurma* und ist seit zwei Jahren geschieden von Graf *Alex de Lesseps* (Enkel von Suez-Kanal-Erbauer *Ferdinand Lesseps*). Mehrfach ist dieser Termin ihrerseits bereits verschoben worden, als ihn die Nachricht in der Zeitung trifft, dass er nicht länger der Platzhirsch ist: Mick hat das schöne Reh *Caro* erlegt. Später wird aus ihr eine unverbindliche Freundin. **SEX** Champions League. **PANNE** Rechtsanwalt *Christian Pfuel*, ein blonder Sunnyboy, der durch Erbschaften

Dolce Vita genießen kann, bewohnt mit seiner gebärfreudigen Frau *Stephanie* (geborene von Michel, später verheiratete Bagusat, 6 Kinder) das Schloss Tüssling bei Altötting (zu sehen in der Gala-Kaffee-Werbung). Zu einem Maskenball ist *Flick* geladen, der im Kreise von Graf *Hans Veit Toerring*, Nichte *Elisabeth Flick*, Prinz *Ferfried* und Prinzessin *Maja von Hohenzollern*, Fürst *Ferdinand von* ➔ *Bismarck*, Baron *Ferdinand* und Baronin *Barbara Metternich* und Biertragl-Baron *Möpi Schoeller* (alle mit venezianischen Masken) etwas aus der Reihe tanzt. Die blaue Perücke, ausgeliehen bei seiner Ex-Frau *Maya*, macht ihn zum Ritter Blaubart beim Tanz der Vampire. »Marstall« heißt ein Münchner 1-Stern-Restaurant, in dem den Gästen der Marsch geblasen wird. Als Mick in einem Pullover aus kostbarer Pashmina-Wolle erscheint, der fast so teuer ist wie der vordere Teil der Lokaleinrichtung, verweigert die schwarzhaarige Wirtin und Kaffee-Erbin *Barbara Jacobs* den Zutritt. Pullover? No way. Nicht nur er, auch Prinzessin *Elisabeth von Sachsen-Weimar* hat Probleme wegen ihres stecktuchkleinen Hündchens. Tiere? No way. Und auch ein zahlender Gast, von Beruf Concierge im feinen »Rafael«-Hotel in der Nachbarschaft, wird aufgefordert, keine Personalbesprechungen mehr im »Marstall« durchzuführen.

Flick, Dr. Friedrich Karl

WER IST ES? Politischer Landschaftspfleger **LEBENSDATEN** ✱3.2.1927 in Berlin **KARRIERE** Der ganz zahm gewordene Großaktionär ist lange Zeit Mehrheits-Besitzer bei Daimler-Benz.

PARTNER Rechtsanwalt und Preisboxer *Eberhard von Brauchitsch* war sein Mann fürs Grobe. **IMAGE** Macht das Kürzel »wg.« salonfähig. **GELD** Europas reichster Privatier besitzt fünf Milliarden Euro. **RESIDENZ** Villen auf der ganzen Welt verstreut. **MOBILITÄT** Verkauft seine 64 Meter lange Privatyacht »Diana II« mit Gewinn; Privatjet; Helikopter. Zu Zeiten, als F. bei Daimler-Benz noch der Großmeister ist, pflegt bei Reisen eine ganze Corona schwarzer Limousinen mit dem berühmten Stern auszurücken – auch wenn es nur ein bisschen über Land geht. Geschäftspartner und Freunde müssen auch nicht verhungern, weil in einem gekühlten Kofferraum immer Schnittchen parat sind, fein verpackt und mit der Aufschrift, was sich darin befindet. **HOBBIES** Besitzt eine so ungemeine Kondition beim Schwimmen, dass der begleitende Arzt eher aus der Puste kommt.
MAROTTEN Per kleinem Taschenspiegel beobachtet er in Restaurants gerne das Geschehen im Hintergrund. **FREUNDE** Nach langer Ärzte- und Krankenhaus-Odyssee feiert F. K., der bei Einladungen seinen Gästen Eaton-Place-Komfort bietet, das 75. Wiegenfest in der Münchner Fresskirche »Tantris«, wo Deutschlands

bester Koch, *Hans Haas*, agiert. Im Verlauf der Soiree dürfen 60 Geburtstags-Gratulanten keinen stimmungsfördernden »Totalumbau« des Lokals wie zu Flick'scher Sturm- und Drangzeit erleben und müssen die bekannte Hausmusik »La Paloma« entbehren. Man rätselt bis zur Stunde, warum Kaviar-Koryphäe *Gerd Käfer* angeblich 5000 Mark und ein nicht genannt werden wollender Freundeskreis die restliche Kleinigkeit von 15 000 Mark ausgegeben haben, um »Les Humphreys« mit Gospelgesängen auftreten zu lassen. Sind *Udo* → *Jürgens* oder *Freddy Quinn* in Ungnade gefallen? **FAMILIE** Vier Kinder: *Alexandra* und *Elisabeth* mit *Ursula Reuter* sowie die Zwillinge *Karl Friedrich* und *Victoria Katharina* mit *Ingrid Ragger*. Bei der Hochzeit von Gold-Käfer *Alexandra Flick*, die vom Papa mit einer Milliarde Mark ausgestattet worden ist, gibt es Placement-Probleme. Obwohl F. K. der Zahlmeister an diesem freudigen Tag ist (und nicht nur an diesem), setzt er es – des lieben Friedens willens – nicht durch, dass seine Frau *Ingrid* auch in Reihe eins sitzt. Neffen: Dr. *Gert Rudolf Flick* und Dr. *Friedrich Christian* → *Flick*. **EHE** Drei an der Zahl. **PANNE** Der Wirt des Côte-d'Azur-Restaurants »Le Pirat« an den Gestaden des Mittelmeers ist sturmerprobt, aber an diesem Abend, oder eher in den frühen Morgenstunden, kommen dem wetterfesten Kerl die Tränen. Sein Lokal hat schon vieles mitgemacht, doch diesmal verläuft die Szene um Flicks Hofstaat sehr bacchantisch. Große Fässer mit Oliven werden umgestürzt und der Inhalt, einschließlich einer österreichischen Schachweltmeisterin mit großen Ohren, schwappt durchs ganze Lokal. Schließlich brennt auch noch die einzige Palme vor dem Restaurant, die dann Hobby-Feuerwehrmann und Architekt von Flick, *Ludwig Wiedemann*, löscht, der nicht mehr trinkt und eine neue Leber hat (Transplantation in Hamburg).

Ford, Harrison → Hollywood

Ford, Tom

WER IST ES? Guccis kostbarer Staubwedel **LEBENSDATEN** *1961 in Austin/Texas, aufgewachsen in Santa Fe/New Mexico **KARRIERE** Geht 1978 mit 17 und reichlich Taschengeld der Eltern nach New York und beschließt, Architektur zu studieren. Je mehr er in der »In«-Disco »Studio 54« verkehrt, wo er auch *Andy Warhol* kennen lernt, ändert sich sein Berufswunsch. Plötzlich findet er Modezeitschriften spannender als Architektur-Literatur und fängt bei *Perry Ellis* als Assistent des Designers an. 1990 lockt man ihn nach Mailand, um der schwindsüchtigen Marke Gucci neuen Schwung zu geben. Er braucht dazu fünf Jahre, aber dann glänzt Gucci mehr denn je. Die ganze Welt spricht 1995 über seine sexy Herbst-Kollektion. Wie eine Rakete schießt die Marke von gestern als neues In-Label nach oben, ➔ *Madonna, Gwyneth Paltrow* (➔ HOLLYWOOD) oder *Uma Thurman* sind verrückt nach Gucci. Der Konzern macht im Jahr 2002 einen Umsatz von 2,9 Milliarden Euro und kauft das Imperium von *Yves* ➔ *St. Laurent*, als der Meister im März zurücktritt.

FAMILIE Sohn eines Immobilienmaklers. **SEX** F. leitet das Unternehmen von London aus, wo er mit Freund *Richard Buckley* lebt. Die beiden sind seit 15 Jahren ein Paar, und Tom wünscht sich Kinder. Irgendwann, meint er, müsse er mal mit einer Frau schlafen. Toms Lebensgefährte, über zehn Jahre älter, ist nicht besonders angetan von diesem Plan.

Foster, Jodie ➔ Hollywood

Friesinger, Anni

WER IST ES? Glatteis-Gazelle mit Olympia-Gold und Sexappeal **LEBENSDATEN** *11.1.1977 in Bad Reichenhall **JOB** Eisschnellläuferin, Stabsoffizier bei der Bundeswehr **KARRIERE** Bei den Olympischen Spielen in Salt Lake City, 2002, ist F. der Darling der Medien. »Time« widmet ihr die Titelseite.

ERFOLGE Olympiasiegerin, Weltcupgewinnerin, Ehrenbürgerin ihres Heimatortes Inzell. **KONKURRENTIN** Größte Rivalin ist die dunkelhaarige Berliner Eisschnellläuferin *Claudia Pechstein*, mit der F. sich während der Olympischen Spiele ein von den Medien hochstilisiertes Eifersuchts- und Ehrgeizduell liefert: Zwei Sportlerinnen, die sich nichts nehmen und deshalb nichts gönnen. **HOBBIES** Golf spielen, shoppen. **BEAUTY** Annis Bauch ziert ein Tattoo, und der Nabel ist zeitgemäß gepierct, wie man im Frühjahr 2002 im »Playboy« sehen konnte. **FAMILIE** F. ist das älteste von drei Kindern einer Familie, die sich dem Eisschnelllauf verschrieben hat. Beide Eltern sind Eissprinter. **LIEBE** Olympia 2002 bescherte ihr auch einen holländischen Eislauf-Star.

Fürstenberg, Joachim (»Jocki«), Fürst zu

WER IST ES? Umtriebiger Schlossherr; Titel: Landgraf in der Baar und zu Stühlingen, Graf zu Heiligenberg und Werdenberg **LEBENSDATEN**	*28.6.1923 † 9.7.2002 **JOB** Chef eines Imperiums mit Brauerei, Land- und Forstwirtschaft und Pferden

AUSZEICHNUNGEN Ritter des Ordens vom Goldenen Vlies; Großes Bundesverdienstkreuz; Ehrensenator der Universität Konstanz. **IMAGE** Jodelnde Frohnatur – früher auch Mondscheincasanova. **RESIDENZ** Villa am Mittelmeer, Schloss in Donaueschingen. **MOBILITÄT** Yacht »Paminusch« und Hubschrauber. **HOBBIES** Die Jagd. **ERINNERUNG** Es ist kurz nach acht Uhr morgens, als der Hubschrauber »Long Ranger« vor dem Schloss in Donaueschingen landet. Jocki hat ein Rudel kichernder Girls sowie Kellner *Freddy* von der »Eve«-Bar und mich im Schlepptau. Alle haben wir Champagner bis zum Abwinken getankt und wanken eher ins Schloss, wo Jockis Jäger in einem Saal bereits für das Frühstück gedeckt haben. Die Damen des Hauses, einschließlich Ehefrau *Paula*, weichen in die hinteren Gemächer aus. Die Matinee dauert bis tief in den Nachmittag und Jocki zeigt sich großzügig: Zum Dank erhält der Barkeeper eine superflache Armbanduhr »Baume Mercier« für besonderen Einsatz. **FAMILIE** Jockis Sohn, Erbprinz *Heinrich*, verheiratet mit der schönen, lasziven Prinzessin *Milana*, wird 2001 zum Objekt der Drogenfahnder. Er ist nicht im Schloss, sondern in den USA, als die Polizei nachts seine Gemächer durchsucht. Inzwischen ist das Schnee von gestern – Heinrich wird vor dem Amtsgericht Villingen-Schwenningen freigesprochen. Daraufhin lässt er in St. Moritz mit Frau Milana, die eng befreundet ist mit ➔ *Caroline von Monaco* und *Mick* ➔ *Flick*, gleich eine lustige Moulin-Rouge-Party steigen. **EHE** Verheiratet mit *Paula*, sechs Kinder, neun Enkel. **EVENT** Die alten Meister der Fürstenbergs sind aus Sicherheitsgründen ausgelagert worden und moderne Kunst hängt jetzt an den Wänden des Schlossmuseums in Donaueschingen. Zwischen der »Documenta« in Kassel und der Baseler Kunstmesse feiern Erbprinz *Heinrich* und Erbprinzessin *Milana zu Fürstenberg* mit Schönen und Reichen die

Vernissage der neuen Werke. Großaktionär und Benz-Erbe *Mick Flick* (lässig in beiger Cordhose mit Pulli und Sakko) reist mit Helikopter an und unterhält sich lange mit Unternehmer Dr. *Jörg Gühring* (Ehemann von Fernseh-Ärztin Dr. *Antje-Katrin Kühnemann*), der in der Nachbarschaft in Albstadt eine Fabrik für Bohrer besitzt. Nach dem Rundgang bittet die schöne *Milana* (im Kostüm mit kleinem Karo) zum Empfang im ersten Stock des Schlosses und verwöhnt Gäste wie Graf *Christoph Douglas* mit Frau, Erbprinz *Bernhard von* ➔ *Baden*, *Eckbert von Bohlen und Halbach* mit Prinzessin *Desiree von Hohenzollern* mit Fingerfood: Mini-Hotdogs, Mini-Weißwürstchen, Erdbeerkuchen und natürlich Fürstenberg-Pils. Fürst Jocki zu Fürstenberg ist zwar im Haus, lässt sich aber auf der Veranstaltung nicht sehen.

Furtwängler, Maria

> **WER IST ES?** Vierfaches deutsches Superweib **LEBENSDATEN** *13.6.1966 in München **JOB** Schauspielerin, Ärztin, Ehefrau, Mutter **KARRIERE** TV-Serien und Fernsehfilme: »Eine glückliche Familie«, »Das Haus an der Küste«, »Der Fahnder«, »Siska«, »Mord frei Haus«. 2002 als Kommissar Charlotte Lindholm im »Tatort«

FAMILIE Mutter ist die Theater-Schauspielerin *Kathrin Ackermann*.   **EHE** Seit 1991 verheiratet mit Groß-Verleger Prof. Dr. *Hubert* ➔ *Burda*. Zwei Kinder, *Jakob* und *Elisabeth*.

Gates, Bill

> **WER IST ES?** Software-Satan mit Pennäler-Face **LEBENSDATEN** *28.10.1955 in Seattle **JOB** Chef des Microsoft-Imperiums

KARRIERE Wer seine Vita liest, muss sich an den Kopf fassen und fragen, was er im Leben falsch gemacht hat. G. kommt auf die Glücksstraße, weil zwei sich streiten. 1977 macht eine kleine Firma namens Apple Furore mit einem Computer, der gerade so groß ist wie eine Hutschachtel und in drei Jahren 117 Millionen Dollar Umsatz bringt. Das erzürnt die mächtige IBM, die bisher nur auf teure Großrechner setzt. Der Konzern will Apple-Adam *Steve Jobs* und dessen Partner *Steve Wozniak* die Pionierfirma abkaufen, aber sie sagen »no«. Kaum den Korb verdaut, stoßen die IBM-Manager auf die Firma Microsoft (32 Mitarbeiter), der sie den Auftrag für ein Minicomputer-Betriebssystem erteilen. Zusammen mit dem da-

mals noch unbekannten Chip-Hersteller Intel (liefert das technische Hertz) entwickelt IBM die neue »Geheimwaffe«, die im Herbst 1981 als »PC« für 3000 Dollar auf den Markt kommt. Der Computer schlägt ein und bei Microsoft schneit es Dollars. In zwei Jahren verkauft G. 500 000 Exemplare seines Betriebssystems und macht 69 Millionen Dollar Umsatz. Sechs Jahre später, mit 31 Jahren, ist er der jüngste Milliardär Amerikas. Sein System »MS-DOS« setzt sich durch und damit dem Vorbild Apple gefährlich zu. Bei jedem verkauften PC kassiert G. mit: die Office-Programme »Word« und »Excel« sind ein weiterer Schritt hin zu lukrativen Einnahmen. Im November 1985 wird die erste »Windows«-Version freigegeben, die verblüffende Parallelen aufweist zur grafischen Macintosh-Benutzeroberfläche von Apple. Das Microsoft-Fimengelände bei Seattle wächst und wächst und wächst, und ein Heer von Programmierern tüftelt neue Ideen aus. Ganz für sich, natürlich.
ERFOLGE Wehrte die Zerschlagung seines Konzerns durch ein US-Gericht ab, das ihm den Missbrauch seiner Monopolstellung vorgeworfen hatte.
KONKURRENTEN *Steve Jobs* von Apple. **IMAGE** Der klassische Computer-Nerd. Wurde bem Völkerball sicher immer als Letzter gewählt und als Erster abgeworfen.
GELD Ist als Twen bereits Dollar-Milliardär. Und es wird täglich mehr: Rund 50 Milliarden Dollar täglich sorgen für ein gut gefülltes Konto. **RESIDENZ** Bei einer 13 Meter langen fahrbaren Kleiderstange, die sich per Knopfdruck bewegt, hat *Melinda Gates* kein Anzieh-Problem. Wie bei einer Großreinigung fährt ihre Designer-Garderobe so lange an ihren Augen vorbei, bis das richtige Dress vor ihr hängt. Die automatische Kleiderkammer ist jedoch winzig im Vergleich mit dem übrigen Wohnraum des Gates-Holzhauses, das 3800 Quadratmeter groß ist und über 7 Schlafzimmer, 12 Badezimmer und 6 Küchen verfügt. Die Garagen, wo auch ein Porsche parkt, liegen unter Tage. Die Fronten sind aus Glas und Edelhölzern und man hat einen herrlichen Blick auf den Washington Lake in der Nähe von Seattle, wo sich das Gates-Gate über 20 000 Quadratmeter erstreckt. Sieben Jahre haben die Architekten *James Cutler* und *Peter Bohlin* an diesem Großnest gezimmert und rund 90 Millionen Dollar verbaut. Alle wohnlichen Feinheiten mit High-Tech-Raffinessen sind in diesem Haus verwirklicht worden. Wer mit Yacht anreist, kann in einem Hafen anlegen. Trotz verwirrender Großräumigkeit hat Hausherr G. dafür gesorgt, dass kein Besucher unbeaufsichtigt bleibt: Er bekommt beim Betreten einen Chip angeheftet, Big Brother lässt grüßen. In jeder Ecke zoomen winzige Kameras und transportieren jede Bewegung auf die vielen Flachbildschirme in allen Zimmern. Gemütlich ist das allerdings nicht, auch nicht in der 200 Quadratmeter großen Bibliothek, wo 10 000 Bücher die offenen Wandschränke füllen. (➔ *Lagerfeld* hat nach eigenen Angaben 230 000 Bände.) Natürlich fehlt auch das Heimkino nicht, wo sich Bill immer mal wieder *Cary-Grant*-Filme ansieht und Popcorn schnabuliert, das in der Lobby wie in einem Filmtheater

frisch geröstet serviert wird. **BEAUTY** Eierkopf mit Brille. **FAMILIE** Mit seiner Frau *Melinda* hat er Tochter *Jennifer* und Sohn *Rory.* **SEX** High-Tech, Low Tension. **PANNE** Erstmals kein glückliches Händchen hat Gates bei seinem Versuch, auf dem Videospiele-Markt mitzumischen. In Konkurrenz zu Sonys »Playstation 2« und Nitendos »Game Cup« bringt er die Spielkonsole »Xbox« heraus, die größere Verluste macht als erwartet. Das Abenteuer kostet ihn mehr als 1,8 Milliarden Dollar.

Gaugg, Rudi

> **WER IST ES?** Heimlicher See-König
> **LEBENSDATEN** *15.4.1931 in München
> **KARRIERE** Erfindet das legendäre Münchner Szenelokal »Boccaccio«, in dem in den 70ern Zeitungsverleger *Werner Friedmann* genauso verkehrte wie Bundespräsident *Walter Scheel*, Münchens Ober-Sheriff Prof. *Manfred Schreiber* oder Sporthaus-Chef *Klaus Scheck*. Das Pikante am »Boccaccio«, eingerichtet von »Sportive«-Energiedrink-Erfinder *Karl Heinz Schwaiger*, ist allabendlich der gesellschaftliche Zusammenprall der Soliden und so Liederlichen. Das Nachtlokal der Schönen, Reichen und Versauten strahlt einen nie mehr erreichten Reiz aus. Betreibt das Hotel »Bayerischer Hof« in Starnberg und den Strandkiosk in Possenhofen am Starnberge See sowie die Wasserskischule, die auf einem vor der Roseninsel (heimlicher Ort der romantischen Treffen zwischen *Sissi* und *Ludwig II.*) verankerten Floß stationiert ist. Hier lernten die ➔ *Begum* sowie *Gloria von* ➔ *Thurn und Taxis* und ihre Kinder Wasserski laufen.

ERINNERUNG Sogar Hotelier *Falk Volkhardt*, ein Workaholic, zeigt sich mit süffisanter Miene als Stammgast im »Boccaccio«, bleibt aber hart bei süßen Tarifgesprächen: *Karin Sandner*, die schönste Messalina ihrer Zeit, fordert »50 mit Gummi«. Ihre umwerfende Schönheit lässt auch das Herz von *Hassan Goreschi* höher schlagen, der für den ➔ *Schah von Persien* als Freizeitgestalter arbeitet und bei dessen Parties es Schah-Kaviar (hellgraues, großes Korn) in Fässern gibt. *Karins* Vorzüge werden vom Schatzmeister des Schahs mit einem Alfa-Romeo Cabrio, einem echten Perserteppich und einer Eigentumswohnung in Schwabing belohnt, ehe sie solide wird und einen Frankfurter Großgastronomen heiratet, der in der Musikwelt sehr beliebt ist. Als dieser stirbt, erscheint sogar die Band »Led Zeppelin« am Grab, und jeder der bunten Trauergäste wirft ein Andenken hinein, darunter weiße Tütchen, Joints und Whisky. Ein Trauergast zieht seine Lederjacke aus; mit den feierlichen Worten »Du wolltest sie immer haben – hier ist sie« lässt er sie in die Tiefe fallen. Nachdem die letzten Worte gesprochen sind, fährt ein orangefarbener Bagger vor (so ist das wohl in Hessen) und schaufelt die Grube zu. Stunden später muss jedoch noch einmal aufgebuddelt werden, denn der Lederjacken-Mann hat vor lauter Aufregung sämtliche Schlüssel in der Innentasche vergessen. Bei der Suchaktion sollen dem Erdreich auch ein paar Tütchen entrissen worden sein. **IMAGE** Eiserner Single mit vielen, vielen Baustellen. **SEX** Hält ihn jung.

Gaultier, Jean Paul

> **WER IST ES?** Exzentrischer Pariser
> **LEBENSDATEN** *24.4.1952 im Pariser Vorort Arcueil **JOB** Modeschöpfer
> **KARRIERE** Mit 14 verlässt er die Schule und wird mit 18 Jahren Modezeichner bei *Pierre Cardin*. Sein Talent verfeinert er bei *Jean Patou*. 1976 erste eigene Show, die an Verrücktheiten nicht zu überbieten ist. Nach acht Jahren beginnt er auch kaufmännisch zu denken. Er startet seine erste Prêt-à-Porter-Linie und bringt Parfüms heraus. Nebenbei arbeitet JPG als Filmausstatter für *Luc Bessons* »Das fünfte Element« (mit *Milla Jovovich*) und kleidet Superstar ➔ *Madonna* für ihre Welttournee 1990 ein. Gekrönt wird ihre Garderobe mit dem berühmt-berüchtigten Hörnchen-BH.

RESIDENZ Lebt in Paris. **STYLE** Seinen Ringelhemden-Look, den er bei allen Anlässen trägt, tauscht er erstmals 2002 gegen einen schwarzen Anzug mit schwarzer Krawatte aus. **BEAUTY** Bohnenstange mit gefärbtem Kurzhaar. JPG über Schönheit: »Ich mag Menschen mit Schönheitsfehlern. Sie sind die Protagonisten meiner Mode.« Und: »Nackte Haut ist für mich der Inbegriff von Klassik.«
FAMILIE »Ich wurde von meiner Oma beeinflusst. Sie zeigte mir das Theater und die Oper, der Geruch hat mich beeindruckt. Meine Oma hatte auch viele Flaschen mit Tinkturen, ich habe sie an meinen Teddies ausprobiert.« **LIEBE** G. ist Dauer-Single. Eine Freundin an seiner Seite ist nicht zu sehen. Gaultier-Ergüsse sind in der Regel geistiger Natur. Anders als bei *Karl* ➔ *Lagerfeld* ist der ganz private Anbetungskreis nahezu unsichtbar.

Gauweiler, Dr. Peter

WER IST ES? CSU-Hardliner **LEBENSDATEN** *22.4.1949 in München **JOB** Staranwalt und Kolumnist für »Bild«, »Spiegel« und »Welt am Sonntag«

KARRIERE Jurastudium, seit 1979 eigene Anwaltskanzlei. Der Lieblingsschüler von *Franz Josef* ➔ *Strauß* und ➔ *Stoiber*-Gegner arrangiert in seiner Twen-Zeit interessante Society-Parties im »Jagdhof«, wobei sich *Strauß* als jovialer Gastgeber zeigt. Die Karriere geht steil nach oben, bis G. als einer der jüngsten Minister (Umweltministerium) von Dr. *Edmund Stoiber* gestoppt wird. Als Staatssekretär im Innenministerium führt er die Nachtarbeit an Autobahnbaustellen ein (sehr zur Freude staugeplagter Verkehrsteilnehmer), erkennt als erster deutscher Politiker die gravierende Plage Aids und setzt sofort ein effizientes Maßnahmenbündel zur Prävention durch. Der Schwarze Peter wird zum namhaftesten aller Ordnungsminister der Stadt München. 1984 feuert er mit Segen des CSU-Vorsitzenden *Strauß* Wiesn-Wirt *Richard Süßmeier* vom Oktoberfest, nachdem er ihm 20 Schwarzarbeiter ohne Gesundheitszeugnis nachweisen kann. Obwohl selbst bayerischer Protestant, säubert er auf Anstoß der katholischen Staats-Kirche und mit Geheiß von *Strauß* und OB *Erich Kiesl* die Stadt München von Schwulensaunas und Peepshows. Die Szene übt Rache und kolportiert, G. sei selbst homosexuell.
PARTNER *Oskar Lafontaine* gibt in »BILD« das linke Pendant zu Gauweilers rechten Kommentaren. **PLÄNE** Galt einst als kommender Mann der CSU und als die deutsche Antwort auf *Jörg Haider*. **IMAGE** Je nach Position des Betrachters: Schwarzer Peter oder schöner Peter. **RESIDENZ** Haus am Starnberger See.
HOBBIES Großer *Hemingway*-Fan. **BEAUTY** Früh und attraktiv ergraut. Trägt gerne Tracht. **FREUNDE** Als *Franz Josef Strauß* 1988 in Regensburg zusammenbricht, reagiert Gauweiler in München blitzschnell: In einem Polizei-Container lässt er eine komplette Intensivstation einrichten, in der der Ministerpräsident nach München geflogen werden soll. Es herrscht jedoch so dichter Nebel, dass die Hubschrauber umdrehen müssen. **FAMILIE** Verheiratet mit *Eva*, vier Kinder: *Thomas*, *Caroline*, *Franziska* und *Michael*. **SEX** Echt bayerisch. **SKANDAL** Legendäre Ansprache im vollbesetzten Münchener Pschorr-Keller am Aschermittwoch 1994, mit der er seiner Entlassung als Umweltminister zuvorkommt. Angeblicher Grund: Selbstbereicherung im Amt wegen seiner Rechtsanwaltskanzlei – was er jedoch später gerichtlich entkräften kann. Merkwürdig: Obwohl SPD-Gegenspieler und Oberbürgermeister *Christian Ude* ebenfalls eine Kanzlei aufzuweisen hat, bleibt er unbehelligt.

Geller, Uri

> **WER IST ES?** Schmächtiger Eisenbieger
> **LEBENSDATEN** *20.12.1946 in Israel
> **JOB** Übersinnlicher Israeli, in dessen Händen Besteck sich wie Gummi biegt

ERFOLGE Kein Lottogewinn bekannt. **MACHT** Übersinnlich. **PLÄNE** Kennt nur er selbst. **RESIDENZ** Wohnung in Manhattan und Haus in London. **EHE** Gabelverbieger G. heiratet im März 2001 seine Lebensgefährtin *Hanna* – mit gröblichen Hindernissen. Der Trauzeuge kommt und kommt nicht. Das ist klar. Es handelt sich um *Michael* ➜ *Jackson*. Mit zwei Stunden Verspätung humpelt der Superstar im schwarzen Seidenanzug und mit Hut und Krücke in Gellers Haus in Berkshire an der Themse. 140 Gäste sind anwesend, darunter Rennfahrer *Nigel Mansell*, *Sir David Frost* und *Dave Stewart* (Sänger der Gruppe »Eurythmics«). »Es ist ganz egal, was die Leute sagen oder denken, Du bist da, das zählt, Du hast es mir versprochen und Wort gehalten,« sagt Uri. **SKANDÄLCHEN** 1999 verklagt G. die Firma Nintendo wegen Missbrauchs seines Namens auf 60 Millionen Pfund Schadensersatz. Grund ist die Pokémon-Figur »Yun Geller«, ein Monster mit verbogenen Löffeln.
ERINNERUNG Vor Jahren hat er Fichtel-und-Sachs-Lady *Lo Sachs* und mir im Münchner Feinschmeckerlokal »Boettner« bei Tisch das Wunder des unglaublichen Gabelverbiegens vorgeführt. Etwas später steigert er seine übersinnlichen Fähigkeiten. Er geht mit uns ins Freie und löscht für kurze Zeit das Flutlicht des Münchner Olympiastadions praktisch per »Fernblick« aus. Vor Ort wird das mit einem kurzfristigen Versagen des Elektrosystems abgetan. Uri selbst kann sich seine Veranlagung nicht erklären.

Gere, Richard ➜ Hollywood

Gibson, Mel ➜ Hollywood

Giuliani, Rudolph (»Rudy«)

WER IST ES? Septemberheld **LEBENSDATEN** *28.5.1944 in Brooklyn/N.Y. **JOB** Ehemaliger Bürgermeister von New York **KARRIERE** Der Sohn italienischer Einwanderer ist Rechtsanwalt. Als republikanischer Bürgermeister wird er 1993 New Yorks umstrittener Saubermann, der etwa die Rotlicht-Szene an der 42. Straße praktisch über Nacht in eine brave Shopping-Meile verwandelt. Der 11. September 2001 macht ihn zum Schutzengel aller New Yorker und über Nacht zur Polit-Leitfigur nach den Terroranschlägen. Königin *Elizabeth* macht ihn zum Sir, *Karlheinz Kögel* überreicht ihm seine Erfindung, den »Medienpreis«.

ERFOLGE Man kann sich wieder angstfrei durch Manhattan bewegen.
NACHFOLGER Im Januar 2002 tritt Parteifreund *Michael Bloomberg* seine Nachfolge an, weil Rudy in dieses Amt nicht mehr gewählt werden kann, obwohl die New Yorker nach ihm rufen wie nach einem Vater. **IMAGE** Zunächst Rudy Gnadenlos, dann Rudy Saubermann, schließlich Mr. America. **BEAUTY** Markanter Strahlemann mit italienischer Eleganz und amerikanischer Härte. **EHE** Scheidung von Ehefrau *Donna Hannover* wegen Untreue. **LIEBE** Liebt sich sehr.
SEX Papagallo all'americana. **SCHICKSAL** Wegen seiner Krebserkrankung zieht er im Mai 2000 seine Kandidatur für den US-Senat (gegen *Hillary Rodham Clinton*) zurück. **SKANDAL** Seine Frau *Donna Hanover* setzt ihm mit Skandal-Schlagzeilen zu. Mal ist es die Höhe der Scheidungszahlungen (sie verlangt eine Million Dollar taxfree im Jahr), mal ein Theaterstück, in dem Schauspielerinnen als klatschende Vaginas auftreten. Geld macht friedlich. Nach dem erbitterten Rosenkrieg ordnet das Gericht bei dem Scheidungsverfahren an, dass sie das Sorgerecht für die beiden gemeinsamen Kinder, *Andrew* und *Carolin*, erhält und sie mit einer einmaligen Summe in Höhe von 6,8 Millionen Dollar abgefunden wird. G., der zu seiner Geliebten *Judith Nathan* gezogen ist, muss für alle Anwaltskosten aufkommen. Die Kinder erhalten monatlich 20 000 Dollar – ein Viertel dessen, was seine Frau vor Gericht verlangt hatte. Unter den von ihr aufgeführten Kosten waren 1000 Dollar pro Monat für den Familienhund der Giulianis angegeben.

Glas, Uschi

> **WER IST ES?** Bambiäugiger Serienstar mit Scherben im Glashaus **LEBENSDATEN** 2.3. 1944 in Landau an der Isar **JOB** Als Fernsehquoten-Queen agiert die Schauspielern in »Anna Maria«, »Zwei Münchner in Hamburg«, »Klinik unter Palmen« und vielen weiteren TV-Filmen und -Serien als Ärztin, Tierärztin, Lehrerin, Staatsanwältin und Kiesgruben-Besitzerin. Sie engagiert sich für die Vereinigung zur Sterbebegleitung »Deutsche Hospiz Stiftung« und verkauft Uschi-Glas-Pflegeprodukte (»Hautnah«) in *Georg Koflers* Teleshopping-Sender.

KARRIERE Ihr erster Schritt in die Öffentlichkeit war im Grunde Zufall: Mit den Worten »Ich hab zwei Hasen dabei«, lockt mich »SZ«-Direktorensohn *Bernd Dürrmeier* zu einem heißen Narrhalla-Abend im Münchner Schwabingerbräu. Eines der beiden Mädchen heißt Uschi Glas und arbeitet als Sekretärin in der Anwaltskanzlei *Bossi*. Sie ist sehr adrett, trägt einen pfiffigen Kurzhaarschnitt und kokettiert mit leichtem Babyspeck. Zufällig fragt die Illustrierte »Quick« anderntags bei mir wegen eines Girls für eine Frühjahrsdiät-Serie an. Ich schlage Uschi vor, die prompt genommen wird. Auf mehreren Doppelseiten wird sie abgelichtet, was wiederum dem Berliner Filmproduzenten *Horst* ➔ *Wendlandt* ins Auge sticht, der sie sofort zu fördern beginnt. In ihrem ersten Film »Der unheimliche Mönch« spielt sie eine Nebenrolle, ein Jahr später schon die Hauptrolle in dem Karl May-Film »Winnetou und das Halbblut Apanatschi«. Der große Durchbruch gelingt in *Peter Schamonis* Film »Zur Sache Schätzchen« – zu der es allerdings nie kam... **MACHT** Steht seit jeher der CSU sehr nahe. **IMAGE** Mutti der Nation und Opfer männlicher Untreue. **RESIDENZ** Bis 2002 in einer großen Villa in München-Grünwald, zieht dann nach Bogenhausen. **MOBILITÄT** Fährt das neueste Modell des Mercedes S-Klassen-Roadster (Kennzeichen M-UG 55). Silberfarben. **BEAUTY** Ultradünn geworden, schwört auf Ananas-Diät. **FREUNDE** *Karl* ➔ *Spiehs*; *Otto Retzer*; ihre Maskenbildnerin. **FAMILIE** Drei Kinder: *Benjamin, Alexander* und *Julia*. **EHE** Öffentliche Trümmer. 1981 heiratet G. den Bankierssohn und Produzenten *Bernd Tewaag*. Als im Frühjahr 2002 lauschige Fotos den Gatten mit einem Girl namens *Anke Strobach* händchenhaltend am Deininger Weiher zeigen, gerät die Muster-Ehe in die Krise. Da Fotografen keine Hellseher sind, muss der Tip aus dem Lager der neuen Liebe gekommen sein. Schließlich ist *Anke S.* kein unbeschriebenes Blatt: angeblich bereits seit neun Jahren *Tewaags* Vertraute und seit Herbst 2001 seine Herzensdame, ist sie aber auch gut bekannt bei den bedien- und besorgungsfreudigen Wirten *Karl-Heinz Wildmoser* (»Donisl«) und *Eduard Reinbold* (»Franziskaner«). Eine Medienlawine bricht los, nicht zuletzt, weil ihr »neuer« Ehe-Stil in die Presse kommt. Auf dem Anrufbeantworter ertönt knapp: Keine Auskunft über private Fragen. *Bernie* fliegt mit Freundin nach Kanada, Uschi geht zu Frauenflüsterer *Reinhold Beckmann* und beschert ihm mit Seelenstriptease 21,4 Prozent Marktanteil für seine ARD-Talkshow. Für die Yellow Press ist das sanfte Verhör mit Eingeständnis des Ehe-Desasters ein gefundenes Fressen; allerdings gibt es bei der Schauspielerin Glas keine Tränen wie zuvor bei der Selbstdarstellerin ➔ *Feldbusch*. Schicksals-Kollegin *Sabine* ➔ *Christiansen* hat es durch Nichts-Sagen besser gemacht. Sie ist längst aus den Schlagzeilen – es sei denn, ihre Matratze brennt wieder mal.   **LIEBE** Jahrelang war G. die Freundin vom Kamera-Industriellen *Bob Arnold* (»Arriflex«).   **SKANDAL** Aus Eifersucht um Uschi Glas prügeln sich vor dem Münchner Nachtlokal »Wiener PB« Swimmingpool-Hersteller *Lutz Lobenwein* und Kaufmann *Peter Arnold* (mit »Arriflex«-Chef *Bob Arnold* weder verwandt, noch verschwägert) wie die Kesselflicker. Höhepunkt der Rauferei: *Peter* beißt *Lutz* die Hälfte des rechten Ohres ab, das in den Rinnstein fällt und verschwunden bleibt. Seit dieser Zeit muss *Lobenwein* eine Nachbildung aus Plastik tragen. Der Streit hat gerichtliche Folgen. Für *Bob Arnold* ist es ein einträgliches Geschäft, dass er in der Presse ständig mit »Peter Arnold« verwechselt wird und auf Gerichts-Klagen immer Recht und Entschädigung bekommt. Er lebt aber nicht davon.

Goldberg, Whoopi ➔ Hollywood

Gorbatschow, Michail Sergejewitsch

> **WER IST ES?** Bekanntester Muttermalträger des Planeten   **LEBENSDATEN** *2.3.1931 in Priwolnoje/Stawropol   **JOB** Für ein bisschen viel Steuergeld Schenker der deutschen Wiedervereinigung und eine Art Außerirdischer, seit er als sowjetischer Staatschef zurücktrat und mit Ehefrau *Raissa* sowie nach deren Tod mit Tochter *Irina* zauberhaft charmierend auf Weltreise ging.

FREUNDE 2002 wehren sich G. und die Amerikanerin *Diane Meyer Simon* vehement gegen Gerüchte, sie seien ein Paar. Ein Sprecher des früheren sowjetischen Präsidenten bezeichnet die Behauptung als lächerlich und auch *Diane*, Ex-Frau des US-Immobilien-Milliardärs *Herb Simon* und USA-Statthalterin von Gorbis Umweltschutzgruppe »Global Green«, besteht darauf, dass sie nur Freunde und Kollegen seien.   **MOBILITÄT** Nach der Abdankung sehr gerne rubelschonend im Bertelsmann-Privat-Jet unterwegs (incl. Abhol-Service im Moskau).

Gottschalk, Thomas

WER IST ES? Größter Goldbär Deutschlands **LEBENSDATEN** *18.5.1950 in Bamberg **JOB** Showmaster **KARRIERE** Wird nach Abitur und Studium zunächst Lehrer, aber da wäre sein unwiderstehlicher Charme für die Katz gewesen. 1971 startet er beim Bayerischen Rundfunk erst als Mitarbeiter des Jugendfunks (an der Rhetorik muss noch ein wenig gefeilt werden) und als freier Nachrichtensprecher. 1976 wird er fest angestellt und moderiert seine ersten Sendungen »Szene«, »Telespiele«, »Ein Lied für Jerusalem«, »Pop nach acht« und »Na sowas«. 1987 übernimmt er im ZDF *Frank* ➜ *Elstners* »Wetten dass...?« und wird zum Quotenkönig des Senders.

ERFOLGE Vierfacher Bambi-Preisträger; 2002 erhält er von der »Gesellschaft für deutsche Sprache« den »Medienpreis für Sprachkultur« für »hervorragende Verdienste um die Sprach- und Sprechkultur in den Medien«. Mit den Bambis ist es allerdings manchmal ein Nehmen und (Zurück-)Geben... **PARTNER** Beim Bayerischen Rundfunk bildete er in den 80ern ein Team mit *Günter* ➜ *Jauch*. Im Post-Werbespot assistiert er seinem Bruder *Christoph*. Außerdem einschlägig: *HAns RIgel BOnn*. **VORGÄNGER** G. ist Nachfahre der grandiosen Zeremonien-Meister *Hans-Joachim Kulenkampff, Rudi Carrell* und *Peter Frankenfeld*. **PLÄNE** Irgendwann mal aufhören können zu arbeiten. **IMAGE** Kaum jemand im deutschen Fernsehen ist so schlagfertig wie er. **GELD** Der Obergummibär ist auch Großverdiener in der Werbung. Geschicktes Product-Placement in seinen Sendungen bringt auch viel ein. Mit seinem Anwalt Dr. *Peter Schmalisch* hat er sich in den neuen Bundesländern mit Immobilien finanziell engagiert. **RESIDENZ** Lebt in der Nähe des Ammersees und in einer Mühle in einer Talsohle bei Malibu/Kalifornien. **MOBILITÄT** Bentley. **STYLE** Hemden aus allen Jahrzehnten. **BEAUTY** Typ lustiger Lieblingsschwiegersohn. Trotz vieler Gummibärchen noch immer ein zahnlückenfreies Lächeln. Goldlöckchen suggerieren ewige Jugend – und wurden deshalb im Sommer 2002 für die Livesendung aus dem profitablen Euro-Disney bei Paris auffällig renoviert. **FREUNDE** *Günther Jauch* – so eng, dass beide sogar Lebenspartnerinnen mit demselben Vornamen wählten. *Fred Kogel; Fritz Egner*.
FAMILIE Vater Rechtsanwalt. Seit der Französischen Revolution verheiratet mit *Thea*, die auf sein ausgefallenes Outfit achtet. Das Paar hat zwei Söhne: *Roman* und *Tristan*. **SEX** Hanseatisch Relax-ed.

Graeter, Michael ➜ Baby Schimmerlos

Graf, Steffi

> **WER IST ES?** Siegende Tennis-Gräfin, leidende Tochter, sorgenfreie Mutter **LEBENSDATEN** *14.6.1969 in Brühl bei Mannheim **JOB** Seit 2001 Frührentnerin und Kinderfrau **KARRIERE** Schon als Dreijährige zeigt sie ihr Talent, als sie mit einem Holzschläger die ersten Bälle schlägt, drei Jahre später gewinnt die Kleine das »Zwergerlturnier« in München. 1982 Start im Profilager, 1985 Platz 3 der Weltrangliste, erster Grand-Slam-Sieg bei den French Open. 1997 löst sie nach einem Sieg über *Chris Evert* in Los Angeles die damalige Nr. 1, *Martina Navratilova*, ab. In der weiteren Laufbahn muss sie um diesen Platz immer wieder gegen *Gabriela Sabatini* und *Monica Seles* kämpfen. 1991 und 92 dritter und vierter Sieg in Wimbledon und sechs weitere Turniererfolge, 1992 Silbermedaille bei den Olympischen Spielen in Barcelona. 1995/96 gewinnt sie trotz Rückenbeschwerden und Fußoperation alle Grand-Slam-Turniere.

IMAGE Etwas kühle Tennis-Gräfin. Hoher Mitleidsfaktor wg. Vater & Co. **GELD** »Was uns verbindet« – weiß jedenfalls »T-Mobile« von Steffi und Ehemann *André Agassi*. Für ihr Farbseiten-Lächeln erhalten die neuen Werbeträger des Unternehmens laut »Bild« zehn Millionen Euro. Neben »Was uns verbindet – T-Mobile« steht auch noch »Get more«. Richtig, verstanden. **RESIDENZ** Lebt in Brühl bei Heidelberg, New York, Boca Raton/Florida und Las Vegas. **BEAUTY** So lange Beine hat sonst keine. **FREUNDE** Otto ➔ *Waalkes; Niki Pilic;* gemeinsam durchtanzte Nächte (u. a. in der Frankfurter Disco »Cooky's«) mit *Mick* ➔ *Hucknall*. **FAMILIE** Vater *Peter Graf* trägt meist Gebündeltes in der Tasche und wettet gegen seine Tochter, wodurch er immer gewinnt. Weitere Eskapaden: 1990 Affäre mit Nacktmodell *Nicole Meißner*, 1995 eine Steueraffäre, die ihm eine Verurteilung wegen Steuerhinterziehung mit längerem Aufenthalt hinter schwedischen Gardinen beschert. Mutter *Heidi Graf* lässt sich im April 1999 scheiden. **EHE** Verheiratet mit Tennis-Crack *André Agassi*. Das Paar hat den Sohn *Jaden Gil*. Dabei liefert die zartbittere Steffi den Beweis, dass man der großen Liebe meist am Arbeitsplatz begegnet. Allerdings verläuft ihre 1999 begonnene Romanze ziemlich cool. Küssend sieht man *André* und sie nicht in der Öffentlichkeit, und das einzige Liebesgeflüster für den illustrierten Zaungast wird einmal bei einem Shooting am Strand vermittelt. Dennoch vollzieht sich die Familiengründung in einem unerwarteten Schnellzugtempo. Zwischen Hochzeit und Kreißsaal ist so wenig Zeit, dass man mit den Schauen gar nicht mehr nachkommt. Der Countdown: Am 30. Juni 2001 löst Steffi ihr Versprechen ein und erscheint im feinen Golfclub St. Leon-Rot bei Karlsruhe, um einen Wohltätigkeits-Scheck entgegenzunehmen. Sie trägt ein langes, schwarzes Kleid und fühlt sich nicht besonders gut. Fotografin *Sandra Zellner* von der Agentur Seeger-Press (Spezialisten für Adel) will gerade auf den Auslöser drücken, als sich Steffi an den Bauch fasst und spontan die Waschräume aufsucht. Die Gräfin kehrt wegen Übelkeit nicht mehr in den Saal zurück und bleibt auch dem morgendlichen VIP-Abschlag fern. Der kleine Zwischenfall an dem lauen Abend führt prompt zu Babygerüchten, allerdings: Nur bis zum dritten Monat wird es schwangeren Frauen gewöhnlich übel, wie ich einschlägig erfahre. Aber im dritten Monat kann Steffi nicht gewesen sein, weil das Baby schon Ende Oktober zur Welt kommt: Da sind gerade einmal weitere vier Monate vergangen. Bei ihrem Gastspiel am Golfplatz müsste sie demnach im fünften Monat gewesen sein, aber alle Achtung: es ist nichts zu sehen. Die ganze Schwangerschaft verbirgt die disziplinierte und durchtrainierte Steffi vortrefflich, und auch gleich nach der Geburt bleibt sie wie durch ein Wunder von Wochenbett-Spuren verschont, an denen Mütter sonst leiden müssen. Strahlend zeigt sie noch am selben Tag ihren Stammhalter, als sei nichts gewesen. Fast wie bei der heiligen Maria. Passend dazu auch die DPA-Meldung 105 (mit »Vorrang«) vom 13. Juli 2001. Unter »Überblick 1045« wird berichtet: »Steffi Graf ist schwanger – Kind wird Mitte Dezember erwartet«. Die Firma von *André Agassi*, »Agassi Enterprises« in Las Vegas, bestätigt es. »Das ist eine sehr spannende Zeit für uns«, sagt Agassi. »Wir sind so glücklich, mit diesem Geschenk gesegnet worden zu sein.« Die Agentur des US-Tennis-Profis teilt weiter mit: »Das Paar hat die frohe Botschaft Familie und Freunden mitgeteilt.« Unerklärlich: Das Kind kommt nicht im Dezember, sondern bereits drei Monate nach der Meldung zur Welt – und eine Frühgeburt ist es nicht. **LIEBE** Vor ihrer Ehe ist sie mit dem früheren Formel-3-Rennfahrer *Michael Bartels* befreundet. **SEX** Keine Zeit, keine Zeit. **SKANDAL** ➔ FAMILIE.

Grant, Hugh

> **WER IST ES?** Englands großer Junge **LEBENSDATEN** *9.9.1960 in London **JOB** Schauspieler **KARRIERE** Studiert an der Oxford University. Filme: »Maurice« (1987), »The Lair of the White Worm«(1989), »Impromptu« (1991), »Vier Hochzeiten und ein Todesfall« (mit *Andie McDowell*, 1994), »Sirens« (1994), »Bitter Moon« von *Roman* ➜ *Polanski* (1994), »Nine Month« (1995), »Notting Hill« (mit *Julia Roberts* ➜ HOLLYWOOD, 1999),«Small Time Crooks« (2000), »Bridget Jones' Diary« (2001), »About a Boy« (2002).

ERFOLGE Bester Darsteller beim Filmfestival in Venedig (»Maurice«); Golden Globe (»Vier Hochzeiten und ein Todesfall«). **IMAGE** Englisches Leinwandidol, seit dem Oral-Quickie mit der Prostituierten *Divine Brown* (➜ SKANDALE) in aller Munde. **RESIDENZ** L.A. und London. **BEAUTY** Legt mit hilflosem Blick und Bubi-Charme weibliche Wesen aufs Kreuz. **SEX** Straßenrand macht bekannt: Als Voll-Profi G. seine Schöne mit dem Biest betrügt, das Klasseweib *Liz Hurley*, so faltenlos, so kurvenreich, mit der schrillen 50-Dollar-Nutte *Divine* (die »Göttliche«) *Brown*, wird er weltweit berühmt und seine Gagen wie auch die von *Liz* steigen plötzlich in Millionenhöhe. Ein »Blow Job« hat es in Gang gebracht. Um halb zwei Uhr nachts fährt der Schauspieler in seinem weißen BMW den Sunset Boulevard in der Gegend von Hollywood hinunter und stoppt vor einer farbigen Dame, die ganz langsam geht und auffordernd in die Gesichter der Autofahrer blickt. Die wachsamen Ordnungshüter des Los Angeles Police Department folgen dem BMW, der die Sünde mittlerweile an Bord hat, in eine Seitenstraße. Als Routiniers mit Sinn für Timing schreiten sie erst ein, nachdem die Göttliche (polizeilich registriert: BK 4454822/6.27.95, Los Angeles Police/HWD) mundgreiflich geworden ist. Straftatbestand: Unzüchtiges Verhalten in der Öffentlichkeit (die die Polizei ja erst hergestellt hat). Während US-Klatschkolumnistinnen über die gewohnte Zierkissenstickerei hinwegzischeln, er solle sich bessere Nummern und bessere Frauen für seine sexuellen Phantasien besorgen, meint *Heidi Parker*, Chefredakteurin des Monatsmagazins »Movieline«: »Er war wie Vanilleis. Jetzt ist er mehr von dieser Welt. Vorher war er nur ein englischer Schauspieler. Jetzt ist er wirklich Hollywood.« **LIEBE** Sein langjähriges Bratkartoffelverhältnis, Schauspielerin *Elizabeth Hurley* (*10.6.1965 in London), hat der spektakuläre Straßenrand-Service nicht sonderlich erfreut, aber den Stellenwert ihrer Filmgagen (sie ist seit 1987 im Geschäft) gewaltig nach oben katapultiert. Als sich die beiden trennen, bläst auch *Liz* nicht Trübsal. Längere Zeit rätselt die Londoner Gesellschaft, wer der Vater ihres Kindes ist, und es fällt auch mal der Name *Leonardo DiCaprio* (➜ HOLLYWOOD). Filmproduzent *Steve Bing*, rund 450

Millionen Euro schwer, erklärt, mit ihr »keine exklusive Beziehung« gehabt zu haben, doch der DNA-Test nagelt ihn als Vater von Sohn *Damian* fest. Somit brauchen sich Mutter und Kind für die Zukunft keine Sorgen mehr zu machen. Schwerenöter *Bing* hat ein Jahreseinkommen in Höhe von 2,2 Millionen Euro. Nach kalifornischem Recht stehen *Liz* und dem Baby 30 Prozent seines Verdienstes zu, also rund 650 000 Euro. Bing, zu dessen Liebesgalerie prominente Öffentlichkeitsarbeiterinnen wie *Farrah Fawcett* (19 Jahre älter als er) gehören, *Sharon Stone* (➔ HOLLYWOOD: große Liebe Anfang der 90er Jahre), *Uma Thurman* (kurz und glücklich) oder *Gisele Bündchen* (immer wenn sie Krach mit *Leonardo DiCaprio* hatte), hat noch mehr Nachwuchsspuren hinterlassen. Der schwerreiche Filmtycoon *Kirk Kerkorian*, der auch schon »DaimlerChrysler«-Chef *Jürgen* ➔ *Schrempp* verklagte (wg. Chrysler-Fusion), will *Bing* vor den Kadi zerren wegen Unterhalt für Tochter *Kira*, die seine Frau *Lisa Bonder* geboren hatte. Wegen einer Liaison seiner Frau mit *Steve* misstrauisch geworden, lässt er aus der *Bing*-Mülltonne gebrauchte Zahnseide sicherstellen und analysieren. Das Ergebnis des DNA-Tests stellt ihn ebenfalls als Vater fest. Bing-o.

Greco, Juliette

WER IST ES? Französische Chanson-Ikone **LEBENSDATEN** *7.2.1927 in Montpellier **JOB** Sängerin und Schauspielerin **KARRIERE** Aufgewachsen in Paris, gibt ihr Regisseur *Michel de Ré* 1946 eine Rolle in »Victor on les Enfants au pouvoir« (Autor: *Roger Vitracs*). 1949 Gesangsdebüt im Existenzialisten-Keller »Le bœuf sur le toit«, wo sie unter anderem *Jean Paul Sartres* »La Rue des Blancs-Manteaux« singt. Dreht unter *John Huston*, *Jean Cocteau* und *Jean-Pierre Melville* und ist in »Onkel Toms Hütte« an der Seite von *O. W. Fischer* und *Thomas Fritsch* zu sehen. 2002 spielt sie in »Jedermanns Fest« neben *Klaus Maria Brandauer*. 2002 Konzerte in Freiburg und Stuttgart sowie Silvester 2003 in Mülheim/Ruhr.

STYLE Die blasse Kellerorchidee mit silbernen Strähnen im schwarzen, nackenlangen Haar tritt immer schwarz gekleidet auf, was in der Dress-Strenge ein wenig an *Edith Piaf* oder *Gilbert Becaud* erinnert, die stets im gleichen Outfit agieren. Das dunkle Markenzeichen feiert Premiere, als ihr ein Gönner im Schlussverkauf bei *Pierre Balmain* ein schwarzes Kleid mit goldener Schleppe kauft. Den goldenen Schnickschnack schneidet sie ab und wird mit ihrem »Schwarzen« zur Symbol-Figur der Künstler-Szene. **FREUNDE** *Albert Camus*, *Pablo Picasso*, *Jean Paul Sartre* und *Simone de Beauvoir* zählen zu ihren Freunden. **FAMILIE** Der Vater, ein korsischer

Polizist, seilt sich schon früh von der Familie ab und lässt die Mutter, Juliette und Schwester *Charlotte* allein. **EHE** In dritter Ehe verheiratet mit *Gerard Jounnest*. **LIEBE** *Marlon Brando* (→ HOLLYWOOD) und *Miles Davis* lernen sie ganz nah kennen. **SEX** Hat sie.

Grundig, Chantal

WER IST ES? Schöne Witwe
LEBENSDATEN *1948 in Carling/Elsass
IMAGE Clevere Hausdame mit gutem Timing
GELD Ihr Erbe wird auf 2,8 Millionen Euro geschätzt

RESIDENZ Wohnt mit Personal in einem Traumhaus in Baden-Baden und hat einen Wohnsitz in München. **MOBILITÄT** Fährt Mercedes Roadster. **EHE** Ehemann *Max Grundig* eröffnet mit 19 Jahren ein Radiofachgeschäft und startet mit dem Baukasten-Radio »Heinzelmann«, das der Grundstock seines Weltkonzerns wird. Die clevere Französin (Mädchenname Rubert), die 1972 als Hausdame bei G. angestellt wird, versüßt dem alten Herrn seine letzten Jahre. Patriarch Grundig lässt sich nach 40 Jahren von Ehefrau *Anneliese* scheiden (sie haben die gemeinsame Tochter *Inge*) und heiratet – ein Baby ist schon unterwegs – die 40 Jahre jüngere Chantal 1981, als Töchterchen *Maria Alexandra* zur Welt kommt. Drei Jahre nach dem Tod des Tycoons 1989 heiratet Chantal den auf Herzen spezialisierten Arzt Dr. *Günther Dietze*, der *Max Grundig* bis zuletzt intensiv behandelte. Es ist Chantals drittes »Ja«. Vor der Ehe mit Grundig war sie mit Bergbauingenieur *Jean-Louis Girard* verheiratet, mit dem sie Tochter *Valerie* (verheiratete *Lauda*) hat. Als fürsorgliche Frau gibt sie Ehemann *Günther* den Chefarzt-Posten der zum Grundig-Imperium gehörenden Klinik »Bühler Höhe«, feuert ihn aber, als die Ehe nach acht Jahren zerbricht.

Gucci → Ford, Tom

Gysi, Gregor

> **WER IST ES?** Polit-Mephisto mit telegener Präsenz   **LEBENSDATEN** *16.1.1948 in Berlin   **JOB** G. ist (für wenige Monate) der erste Berliner Wirtschaftssenator und Bürgermeister (beides seit 2001), den die in PDS umgetaufte frühere SED stellt.   **KARRIERE** Der gelernte Rinderzüchter und spätere Anwalt wird 1989 SED/PDS-Parteichef, ein Jahr später Chef der PDS-Bundestagsgruppe, danach ihr Fraktionschef.

ERFOLGE Ohne ihn wäre die PDS eine Splitterpartei.   **MACHT** Gibt er im Juli 2002 wegen der Bonusmeilen-Affäre vorerst auf: Rücktritt von allen Senatsämtern.   **PLÄNE** Will sich später mal um die Kinder kümmern. Hoffentlich können die dann noch was mit ihm anfangen.   **IMAGE** Scharfzüngiger und -sinniger Witzbold und ein Verführer erster Ordnung. Selbst eingefleischte West-Politiker bescheinigen dem kleinen, breitscheiteligen Mann aus dem Osten glänzende Medien-Wirkung.   **GELD** Als Senator konfrontiert mit 40 Milliarden Euro Schulden des Landes Berlin plus 10 Milliarden Euro im roten Bereich bei den Wohnungsbaugesellschaften. Aber mit großen Summen kennt er sich ja aus: Von Bürgern wird er immer wieder nach den verbuddelten SED-Milliarden gefragt – wenn es einer weiß, dann er.   **STYLE** Hat sich wie Kollege *Klaus* ➜ *Wowereit*, der Primaballerina auf der Berliner Medienbühne, schicke Autogrammkarten drucken lassen, geht aber aus Rücksicht auf den Rot-Rot-Partner seit Berliner Regierungsbeginn weniger in Talkshows. Schade um die Schlagfertigkeit.   **BEAUTY** Hat rechtzeitig vor der Wende sein Gesicht freigeschabt. In den 70er Jahren ist die Hälfte seines Antlitzes im Hotzenplotz-Look mit einem schwarzen, wuchernden Vollbart bedeckt. Ob er das Foto-Negativ (s. »Spiegel« im Frühjahr 2002) schon verbrannt hat?   **MAROTTE** Einen feindseligen Blick kriegt G., wenn man ihn auf Stasi-Akten anspricht, denn eine Gutachter-Stellungnahme der Gauck-Behörde im Auftrag des Bundestags bescheinigt die Zusammenarbeit der Staatssicherheit mit »IM Gregor«.   **FAMILIE** In zweiter Ehe mit *Andrea Lederer* verheiratet, mit der er Tochter *Anna* hat. Zwei Söhne aus erster Ehe, *Daniel* und *George*. Eltern: DDR-Kulturpolitiker *Klaus Gysi* und *Irene Gysi*, geborene *Lessing*; seine Tante ist die englische Schriftstellerin *Doris Lessing*.   **SEX** Häuptling flinke Zunge (23 Anschläge pro Sekunde).

Haakon Magnus, Kronprinz von Norwegen

> **WER IST ES?** Schwiegermutters Liebling **LEBENSDATEN** *20.7.1973. Zu seiner Geburt gibt es Salutschüsse aus Kanonen. **JOB** Norwegischer Thronfolger **KARRIERE** Nach dem Abitur Militärdienst bei der Marine, Politik-Studium in Amerika

PLÄNE Besteigung des Königsthrons. **IMAGE** Netter Prinz von nebenan. **RESIDENZ** Königsschloss in Oslo; ab und zu London. **STYLE** Paradeuniform zu fast allen Anlässen. **BEAUTY** Viel Charme, ausrasierter Bart, die Haare kurz. **FREUNDE** Zu seinem 18. Geburtstag wird ein großer Ball gegeben, bei dem auch Königin *Margrethe von Dänemark* das Tanzbein schwingt. **FAMILIE** Nicht jede Physiotherapeutin wird vom norwegischen Monarchen höchstpersönlich zum Traualtar geführt – *Märtha Louise* schon. Sie ist die Schwester von Kronprinz Haakon und Tochter von König *Harald* und Königin *Sonja von Norwegen*. Sie hat sich in ihren trotzigen Kopf gesetzt, den um ein Jahr jüngeren Skandalautor *Ari Behn* zu heiraten. Dieser Entschluss bedeutet, dass sie royalmäßig exkommuniziert wird und auf die süßen Schlossvorteile verzichten muss. Ihre Hochzeit gestaltet sie im gebremsten Rebellen-Look: Statt in schwarz und weiß erscheinen die beiden in pink und mintgrün. Ihr überbewerteter Autor weiß, wie man schnell Schlagzeilen macht, und er lässt ein paar abfällige Worte über die Deutschen fallen. **EHE** Die ganze Welt schaut nach Oslo, als der Prinz im Jahr 2001 die umstrittene Bürgerliche → *Mette-Marit* zum Traualtar führt. Statt von seiner Prinzessin wird Prinz Hakoon 2002 auf seiner Reise durch Deutschland von einer Art Eskort-Service begleitet. *Mette-Marit* muss wegen Sonnenverbrennungen den Staatsbesuch absagen, und nun betreuen *Andrea Schoeller* und *Alexandra von Rehlingen*, die eine florierende PR- und Party-Agentur betreiben, den Thronfolger rund um die Uhr – früher war das die Aufgabe des Protokolls. Aber Haakon denkt sehr modern, das sieht man an seiner bürgerlichen Frau. **PANNE** Auch er zieht sich bei einem Interview mit *Sandra Maischberger* (*n-tv*; s. auch → *Mette-Marit*) im Schlosspark einen Sonnenbrand im Gesicht zu. Vor den Scheinwerfern waren kleine Blenden, in denen sich die Sonnenstrahlen spiegelten und die Strahlung erhöhten.

Haffa, Thomas

> **WER IST ES?** Gefallener Börsen-Engel
> **LEBENSDATEN** *18.4.1952 in Kressborn
> **KARRIERE** Absolviert eine kaufmännische Lehre bei BMW und kommt dann zu Medien-Tycoon *Leo* ➜ *Kirch*, der ihn für das Video-Geschäft engagiert und ihm die Formel-1-Rechte zuschanzt. Als er seine eigene Firma, die Lizenz- und Merchandising-AG EM.TV, 1996 im »Neuen Markt« an die Börse bringt, wird sie schnell zur Geldmaschine: die Aktie steigt und steigt und steigt. Aber dann ist die Euphorie vorbei. Als EM.TV in den Keller stürzt, muss H. im Jahr 2001 seinen Hut nehmen, ist aber innerhalb von vier Jahren zum hundertfachen Millionär geworden (➜ GELD).

PARTNER Mit Luftreeder *Werner Bader* (»MTM-Aviation«) betreibt er ein Privatjet-Unternehmen, das insgesamt über acht Maschinen verfügt.
IMAGEPROBLEM Im Herbst 2002 stehen die Haffa-Brüder wegen Kursbetrugs vor dem Landgericht München I. **GELD** Schätzungsweise 250 Millionen Euro hat H. verdient, als EM.TV noch Börsenliebling war. Als die Sonne noch über EM.TV strahlt, kauft der gut aussehende H. in den USA die »Muppet-Show«-Rechte, bei *Bernie* ➜ *Ecclestone* für einen dreistelligen Millionenbetrag die Formel-1-Vermarktung und träumt davon, eines Tages Disney zu übernehmen. Anfangs glaubt er selbst nicht so recht an seine Aktie und rät seiner Mutter davon ab, sie zu kaufen. Der Stückpreis damals beträgt 36 Mark, doch nach ein paar verhaltenen Monaten und journalistischer Beihilfe von »Focus« entwickelt sich EM.TV zum Senkrechtstarter. Die Aktie geht auf 890 Mark, »fällt« dann zum Jahreswechsel 1999/2000 bei der neuen Euro-Bewertung auf 445 und geht zwei Tage später auf 800, 1500, 3200 – und zwar Euro! Eine Erbin aus dem Münchner Herzogpark investiert 100 000 Mark und kann sich nach eineinhalb Jahren acht Millionen auszahlen lassen. Beim letzten Splitting der Muster-Aktie steigt das Papier auf nochmals 117 Euro, stürzt dann aber granatenartig ab und dümpelt seither zwischen 1 und 2 Euro hin und her. **RESIDENZ** H. besitzt Traumhäuser in München, Kitzbühel, Mallorca, Frankreich und USA sowie ein Bürohaus. In seinem Palais im Münchner Herzogpark (1078 Quadratmeter Wohnfläche, eingerichtet von *Danilo Silvestrin*, mit Poolhaus) sorgt ein Koch-Ehepaar für delikate Küche. **MOBILITÄT** Je zwei Schiffe und Privatjets. Von der italienischen Werft Luca Bassani stammt die vollautomatische High-Tech-Segelyacht vom Typ »Wally«, die H. sich im Mai 2002 zulegt, Name: »Tiketitoo«. Ganz chic hat sie eine glatte Deckoberfläche und ist fast ohne Personal zu segeln, weil alles automatisch abläuft. Farbe: schreiendes Kupfer. Das Schwesterschiff »Tiketitan« gehört *Thomas Bscher*, Miteigentümer der Sal. Oppenheim Bank, der sein Schiff in titangrau lackie-

ren ließ. **HOBBIES** Golf, Segeln, Kegeln. **STYLE** Nach der tränenreichen Abschiedsrede – offiziell – anlässlich seines Rücktritts gibt der gut aussehende H. in seiner Villa im Herzogpark eine fette Party, bei der auch Mitarbeiter eingeladen sind, zum Beispiel *Sandra Delfs*, die bei mindestens zwei Kollegen alles hergibt. Frank und frei wird der Swimmingpool eingeweiht, und von den Heimkehrern sind viele nur mit Handtüchern umwickelt. **FREUNDE** H.s Fahrer, dem viel Mitspracherecht eingeräumt wird, heißt *Bössinger* (»Bössi«), sein Leibkoch *Toni* im Bürohaus in Unterföhring, das er an EM.TV vermietet hat, betreibt inzwischen wieder ein eigenes Restaurant in Italien. Gelegenheitsmoderator und Multimillionär Prinz *Franz von* ➔ *Auersperg* trägt eine Sonnenbrille, als er ans Mikrophon tritt. Die Designer-Schutzgläser sind nicht sein Eigen, wie er mit einer Stimme bekannt gibt, als wolle er die Herzogpark-Ladies *Annette Schnell* und *Karin Holler* im Doppelpack synchronisieren – sie gehören dem Gastgeber, um den es den ganzen Abend lang geht: Im Golfclub Eichenheim in Kützbühel feiert Wirtschaftswunder-Beau Thomas Haffa seinen 50. Geburtstag. Obwohl in dem Clubhaus mit gemalter Wolkenhimmel-Decke und goldenen Wässerhähnen amerikanische Maßstäbe sowohl in Größe als auch Geschmack dominieren, verläuft das Wiegenfest mit 150 Gratulanten ohne viel Glamour, aber gemütlich. EM.TV-Aktionäre sind in so bescheidener Anzahl anwesend, dass die spielend in eine Telefonzelle gepasst hätten. Der kleine große »Formel-1-Zampano« *Bernie Ecclestone*, den man mit 1,61 Metern leicht mal übersehen könnte, ist genauso wenig präsent wie Haffas Mentor, Medien-Mitchum Dr. *Leo Kirch*. Es seien Freunde da, die auch in schlechten Zeiten zu ihm gestanden hätten, meint der Gastgeber mit ungebrochenem Selbstbewusstsein. Mit »schlechte Zeiten« kann der smarte Ex-EM.TV-Chef, der auch vor der Filmkamera agieren könnte, wohl nur die Zeit vor dem Börsengang seiner Firma gemeint haben. Er trägt Tracht wie die meisten an den runden Tischen, wo die Helfershelfer von Feinkost-Caterer Käfer bienenfleißig im Einsatz sind. Chef *Michael* ➔ *Käfer* ist diesmal selbst Gast und teilt sich mit seiner schönen Frau *Sabine* die Tafel mit dem gletschergrauen Top-Manager *Mark* ➔ *Wössner,* der Haffas ehemalige Bogenhausener Villa erstand, und Frau *Anna*. Bei den Speisefolgen sind die Lebenspunkte des Geburtstagskindes beachtet worden. Während eine Thomas-Haffa-Dia-Show in Endlos-Schleife läuft, gibt es Entenleber-Terrine mit Bodensee-Äpfeln, Münchner Festtagssuppe, Pfaffenhofener Spargel und Dessert aus Austria. Die nicht enden wollenden Worte von Rechtsanwalt *Wolfgang Seybold* haben den Effekt, dass der Saal sich rapide leert. **FAMILIE** Haus fertig, Ehe auch? Obwohl H.s Bruder *Florian Haffa* (Ex-Finanzchef von EM.TV) und seine adrette Frau *Julia* (Ex-Schwägerin von *Nino de Angelo*) über reichlich Wohnraum in München und Kitzbühel verfügen, gehen sie sich weiträumig aus dem Weg. Er übernachtet sogar im Geheimtipp-Hotel »Palace« in München, um Gewitterstürme zu vermeiden. Der Haffa'sche Haussegen erleidet eine krasse Schräglage ausgerechnet bei der exklusiven Housewarming-Party in Kitzbühel, bei der *Florian* sein mit viel Taschengeld restauriertes Antik-Bauernhaus »Stoffenhof« im VIP-Dorf Oberaurach 200 Freunden, darunter die attraktive Jung-Milliardärin *Alexandra Flick*, präsentiert. Pikanter Knackpunkt der Ehekrise ist ein frühmorgendliches Planschen zu dritt: Das 8-Millionen-Euro-Domizil hat neben Gästehaus und Tenne einen Pool mit offenen Kamin, ein sehr gemütlich-luxuriöses Ambiente, das die Inneneinrichterin *Birgit Otte* schuf. Ihr gefällt es wohl selbst so sehr, dass sie sich in den ganz, ganz frühen Morgenstunden in das warme Wasser gleiten lässt – zusammen mit Hausherrn Haffa und dem geneigten Deko-Spezialisten *Peter Buchberger* (Ausstatter-Büro Heino Stamm). In rüden Kreisen würde man respektlos vom »flotten Dreier« sprechen, was aber bei derartig verschiedener Interessenslage des feuchtfröhlichen Trios so nicht stimmt; Florian harmoniert vom Gefühl her überwiegend mit Peter. Angesichts dieser überraschenden Dreisamkeit ist die schöne Julia H. von allen Geistern verlassen. **EHE** Verheiratet mit Dr. *Gabriele H.* Zwei Söhne, *Daniel* und *Felix*. **SEX** Wenn er allein unterwegs ist, erhöht sich sein Charmefaktor um 180 Prozent.

Hagen, Cosma Shiva

> **WER IST ES?** Kirschmündige Tochter mit überraschendem Geschäftssinn **LEBENSDATEN** *17.5.1982 in Los Angeles **JOB** Schauspielerin **KARRIERE** Sie wechselt die Schulen wie andere ihre Blusen und spricht makelloses Englisch und Französisch. Erster Film: »Das merkwürdige Verhalten geschlechtsreifer Großstädter zur Paarungszeit«, dann »Sweet Little Sixteen«. Im Fernsehen im »Tatort« sowie in »Rosa Roth« zu sehen und in einer Comedy mit *Esther* ➜ *Schweins*.

IMAGE Toppt die Mutter: Aufmüpfig und schön. **RESIDENZ** Lebt in Hamburg. **MOBILITÄT** Fährt Rad. **STYLE** Engagement für den Tierschutz. **BEAUTY** Girlie. **FREUNDE** Zu *Udo* ➜ *Lindenberg* sagte sie »Onkel«. **FAMILIE** Mutter *Nina Hagen* und Großmutter *Eva Maria Hagen* sind ebenfalls exzentrische Frauen. Ihr Vater, Rockmusiker *Ferdinand Karmelk*, starb, als sie sieben Jahre alt war. **LIEBE** Erste Romanze als 13-jährige mit Maler *Norbert Reiter*. **SEX** Regisseur *Peter Bogdanovich* ist fasziniert von dieser wilden Kindfrau. Er will sie für seinen Film »Cat's Meow« engagieren, in dem sie die Geliebte von US-Zeitungskönig William Hearst mimen soll. Shiva signalisiert: Shit. »Auf einer Yacht zwölf Mal vor der Kamera gevögelt zu werden, ist nicht mein Ding.« Absage.

Halliwell, Geri

Eigentlich Geraldine-Estelle Halliwell **WER IST ES?** Spritziges Ex-Spice Girl **LEBENSDATEN** *6.8.1972 in Watford/England **JOB** Ex-TV-Hostess beim türkischen Fernsehen, Solo-Sängerin seit Mai 1997 **KARRIERE** Ihr Berufsleben beginnt sie als Topless-Model, Animateurin in Ferienclubs und Aerobic-Lehrerin. Sie meldet sich auf eine Zeitungsaktion, mit der eine Girlband zusammengestellt werden soll (ähnlich wie in Deutschland die Gruppe »No Angels« zustande kam). Es entsteht die erfolgreiche Girlie-Band »Spice Girls«. Hits: »It's Heaven it's Hell«, »Scream If You Wanna Go Faster«, »It's Raining Man«. H. ist auch Autorin der Autobiografie »If Only«. Natürlich ganz allein.

RESIDENZ London. **STYLE** Die Pop-Nymphe kennt keine Grenzen. Bei einer Gala kneift sie in den hoheitlichen Hintern von Prinz ➜ *Charles von England*. **BEAUTY** Durchtrainierte Blondine mit gewinnbringendem Hüftschwung. **FREUNDE** Sie ist gut befreundet mit *Elton* ➜ *John* und *George Michael*. Sie ist sehr gut befreundet mit Geschäftsmann *Giovanni Laporta*, Polospieler *Jamie Morrison*, Tänzer *Christian Horsfall*, Millionär *Chris Evans*, Sänger *Robbie* ➜ *Williams* und Kaffee-Tycoon *Bobby Hashemi*. **FAMILIE** H. ist die Tochter einer Spanierin und eines englisch-schwedischen Vaters.

Haniel, Klaus

WER IST ES? Multimilliardär mit höchstem Unbekanntheitsfaktor **JOB** Kaufhaus-Kaiser **KARRIERE** Nach der deutschen Erkenntnis, dass »Kapital ein scheues Reh« ist, lebt Patriarch H. ein mustergültiges Undercover-Dasein. In dieser Gegend trifft der stockkonservative Industrielle vor Jahrzehnten den agilen *Otto* ➜ *Beisheim* aus Mülheim, Visionär mit neuen Verkaufspraktiken, der das vorhandene Haniel-Kapital immens vermehrt und das eigene beispiellos aufbaut.

PARTNER Kontrolliert zusammen mit *Otto* ➜ *Beisheim* Unternehmen wie »Kaufhof«, die Handelskette »Metro«, Baumärkte, Heizöl, Arzneien, Speditionen und anderes mehr (➜ MOBILITÄT). **GELD** H. ist einer der reichsten deutschen Konzernchefs. **RESIDENZ** Lebt in einer versteckten Villa an der Ruhr. **MOBILITÄT** Besitzt eine eigene Schiffsflotte. **FAMILIE** H. steht einem 420-köpfigen Familienclan vor, der nichts zu sagen hat.

Hannover, Ernst August, Prinz von

> **WER IST ES?** Mal zorniger, mal sanfter Welfenboss **LEBENSDATEN** *26.2.1954 **JOB** Chef des Hauses Hannover **IMAGE** In England, Frankreich oder Spanien wird sein Mäzenatentum gewürdigt. Dem nobelpreisgekrönten Verhaltensforscher *Konrad Lorenz* stellte er für dessen Studien an Graugänsen großzügig Arbeitsraum auf seinem Terrain in Gmunden zur Verfügung. In Deutschland gilt er nur als Prügel- und Pinkelprinz (➔ SKANDALE).

GELD Welfenfonds II. **RESIDENZ** Lebt in London, Monaco und Lamu/Kenia. **MOBILITÄT** Dunkelblauer Van, abgedunkelte Fenster, viel Platz für blaublütige Bodies und ihre Guards mit den blauen Bohnen. **HOBBIES** Jagd; Getränkekarten. **BEAUTY** Wuschel-Kuschel-Mann. **FAMILIE** Als Nachfahre des englischen Königs *Georg III.* automatisch Herzog von Cumberland, ist H. einer der ranghöchsten Adeligen in Großbritannien (Anrede: Königliche Hoheit). **EHE** Nach 16-jähriger Ehe Scheidung von der Schweizer Unternehmer-Tochter *Chantal Hochuli*. Zwei Söhne, *Ernst August* und *Christian*. Seit 23.1.1999 verheiratet mit Prinzessin ➔ *Caroline von Monaco*, mit der er eine Tochter *Alexandra* hat. **STYLE** Noch mit *Chantal* verheiratet und mit *Caroline* undercover verbandelt, taucht er auf der Baden-Badener Party von Erbprinzessin *Milana zu Fürstenberg* auf und hat die blutjunge Tochter eines griechischen Tankerkönigs im Schlepptau, die Hausgast in seinem riesigen Anwesen in Gmunden/Österreich ist. Er zeigt größtes Stehvermögen im Konsumieren aller Treibstoffe, die lustig machen. Erst Rotwein, dann Whisky, dann Bier und wieder Whisky und Rotwein bis sechs Uhr früh.
ERINNERUNG Die First Class des Lufthansa-Jumbos 745 ist fast leer. Kurz vor dem Abflug um 0.15 Uhr von Bangkok nach Frankfurt spurten noch zwei Passagiere in Jeans und mit verwehtem Haar an Bord. Die Stewardess blickt auf die roten Bordkärtchen, liest »Herr Hannover« und »Frau *Rosebuch* (*Grace Kellys* Geburtsort)« und denkt sich nichts dabei. Später verkündet sie den beiden weiteren Bordgästen, dass sie sich voll auf sie konzentrieren könne, nachdem das zuletzt eingestiegene Paar auf den Service verzichtete und nur nach Decken fragte. Ich entdecke, dass es sich um Prinz Ernst August von Hannover und Prinzessin *Caroline von Monaco* handelt, die auf eine ganz geheime Liebesreise gegangen sind. Als Kulturtrip getarnt, haben die beiden, die sich bei einer Jagd von *Fürst* ➔ *Bismarck* näher kennen lernten, Bangkok und Burma besucht, in der Penthouse-Suite des Hotel »Oriental« (300 qm, 4500 Dollar pro Nacht, Kingsize-Bett) und in Rangun im »Strand« gewohnt. Nun verlassen sie unerkannt um 6.25 Uhr in Frankfurt die Maschine. Sie fliegt nach Monaco, er nach Hannover. Meine Love-Story-Enthüllung wird zur Welt-

sensation, und sämtliche Medien auf dem Globus kümmern sich bis zur Stunde um jeden Atemzug des Paares. **SEX** In Hannover kann man selbst mit Hangover. **SKANDAL** Bis 1996 ist Ernst August der breiten Öffentlichkeit unbekannt. Als er 15 ist, interessiert sich der »Stern« einmal für ihn, weil er mit der Rockergang »Wilde Engel« sympathisiert. Doch ein Begriff sind er und seine erste Frau *Chantal* nur dem Jetset; beide gelten als gern gesehene Gäste auf Parties. 1994 macht der Welfenprinz in London erstmals von sich reden. Feuchtfröhlich donnert er mit seinem Auto am Buckingham Palast gegen eine Betonpfosten und erntet Schlagzeilen in der Londoner Presse. Richtig bekannt wird er als Ehemann der monegassischen First Lady. Nun ist er dermaßen im öffentlichen Stellenwert gestiegen, dass das »Downloaden« vor dem türkischen Pavillon auf der Expo in Hannover zu Riesen-Schlagzeilen führt. Das dringende Bedürfnis kann jedem passieren. Bei Jedermann steht's allerdings nicht in der Zeitung. Schließlich wird der blaublütige Jetsetter, der mit *Caroline* die Liebe seines Lebens fand und in seine Kinder vernarrt ist, in der deutschen Boulevard-Presse mit dem Prädikat »Prügelprinz« verehrt. Das hängt aber auch damit zusammen, dass überforderte Medienvertreter die Hausordnung vergessen und ihm so nahe auf die Pelle rücken, dass jedem die Hand ausrutschen könnte.

Hawn, Goldie → Hollywood

Hefner, Hugh

> **WER IST ES?** Herr der Hasen
> **LEBENSDATEN** *9.4.1926 in Chicago
> **JOB** Gründer und Verleger der Männer-Fibel »Playboy«   **IMAGE** Betulicher Viagra-Abonnent

RESIDENZ Zum Privathaushalt gehören sieben blonde Playboy-Hasen, für jede Nacht eine: Tiffany, Stephanie, Cathy, Buffy, Tina, Regina und Katie. Um den Nacktheits-Pionier aufreißen zu wollen, muss man tauchen können. Der Weg in sein Schlafzimmer in der Prachtvilla »The Mansion« führt durch den riesigen Indoor-Pool. Das hat den praktischen Nebeneffekt, dass zu ihm nur frisch gebadete Evas gelangen. Die Reinigungsfrau kennt natürlich den Landweg. **STYLE** H. liebt goldene Seiden-Pyamas und rote Morgenmäntel. **MAROTTE** Bei Ex-Playmate und Ex-Gattin *Kimberley* muss Hefner sehr engagiert gewesen sein. Da Prinzen in Amerika, auch wenn sie nicht echt sind, erstaunlich viel gelten, lässt er den Adoptiv-Adeligen Prinz *Frederic von Anhalt* (eigentlich *Hans Robert Lichtenberg* und in Nordrhein-Westfalen justizbekannt) in voller Phantasie-Uniform antreten und per

Schwertauflegen seine Herzensdame adeln. Die Luftnummer kostet sicher einiges, aber Hefner und *Kimberley* bereitet sie Freude. **FAMILIE** Zwei Söhne, *Marston* und *Cooper*, aus der Ehe mit Ex-Playmate *Kimberley Conrad* und Tochter *Christie* aus erster Ehe, die eine Zeit lang die Geschäfte führte. **SEX** ... ist sein anstrengendes Leben; ➜ RESIDENZ.

Hepburn, Audrey ➜ Hollywood

Herbig, Michael (»Bully«)

WER IST ES? Ultrawitziger Alleskönner **LEBENSDATEN** *29.4.1968 in München **JOB** Schauspieler, Regisseur und Produzent

KARRIERE Bereits als Dreikäsehoch fasziniert ihn der Schauspieler-Beruf. An der Filmhochschule in München wird H. jedoch abgelehnt; er bemüht sich um eine Ausbildung aus Fotograf. Daneben verkauft er Anrufbeantworter-Sprüche. 1992 hört man ihn erstmals im Radio in der morgendlichen »Gong«-Sendung »Langemann und die Morgen-Crew«. Dann klappt es doch mit der Schauspielerei und er spielt im ZDF »Der wahre Grand Prix« und in der Comedy-Serie »Die Bayern Cops«. 1997–2002 beginnt das Warm-up zum Erfolg mit der »bullyparade« in Pro7 und der Regie beim ersten Spielfilm der Chaos-Komiker »Erkan und Stefan«. Dann kommt der große Knall: H. ist in »Der Schuh des Manitu« Produzent, Regisseur und Schauspieler in einer Doppelrolle (erstmals gibt es im Wilden Westen einen warmen Bruder, die Winnteou-Tunte Abahatschi) und kann den erfolgreichsten deutschen Film überhaupt für sich verbuchen. **ERFOLGE** Deutscher Comedy-Preis, Goldene Leinwand, Bambi, Bayerischer Filmpreis. **IMAGE** Vollblutkomiker mit kleiner Crew à la *Charlie Chaplin*. **GELD** Alle bisherigen Kinokassen-Rekorde knackt »Der Schuh des Manitu«: 11 Millionen Besucher schauen sich den Parodie-Streifen an, der rund 55 Millionen Euro Umsatz macht.
RESIDENZ Lebt mit Freundin *Daniela* in München, wo er in Trudering ein Reihenhaus besitzt. **VORLIEBEN** Lieblingsverein Bayern München. Schätzt die Comedy-Kollegen *Michael Mittermaier* und *Anke Engelke*. **STYLE** Als Bully im Mai 2002 von Ministerpräsident Dr. *Edmund* ➜ *Stoiber* den Bayerischen Fernsehpreis erhält, befördert er den Landesvater in der live übertragenen Feierstunde schon mal zum Bundeskanzler: »Jeder, der mir so eine schöne Trophäe verleiht, ist für mich Bundeskanzler.« **FAMILIE** Mutter *Marianne* (»Mein größter Groupie«) kümmert sich um die Finanzen und das Personal. Recht hat er. **SEX** Freundlicher Spätzünder.

Herzog, Roman

> **WER IST ES?** Temporär-Monarch
> **LEBENSDATEN** *5.4.1934 in Landshut
> **JOB** Ex-Bundespräsident Nr. 7
> **KARRIERE** Besucht das Humanistische Gymnasium in Landshut, wo auch 1886 Volksdichter *Ludwig Thoma* die Hochschulreife erhielt. Spitze in Griechisch, Mathe und Physik – kein Streber, ihm fällt die Schule leicht. H.s Werdegang ist so geheimnislos wie bürgerlich: Professor, Minister, Bundesverfassungsrichter im Karlsruher Juristen-Olymp und dann erster Mann im Staat (1994–99), der erste gesamtdeutsch gewählte.

VORGÄNGER UND NACHFOLGER Sorgt für ein überraschendes Phänomen: Kaum als Bundespräsident im Amt, ist Vorgänger und Bürger-Leitbild *Richard von Weizsäcker* vergessen, und auch Herzog-Nachfolger *Johannes Rau* rudert schwer, um auch nur eine ähnliche Akzeptanz zu erreichen. Dem Präsidenten des Bundesverfassungsgerichts folgt 1994, zum ersten Mal in diesem Amt, eine Frau: *Jutta Limbach* ist für acht Jahre Deutschlands höchste Richterin und die protokollarische Nummer drei im Staat. **IMAGE** Barocker Demokrat. **GELD** Finanziell hat ein deutscher Bundespräsident a. D. als einziger Ex-Würdenträger den feinen Vorzug, dass seine Bezüge (derzeit 20 000 Euro) immer dem aktuellen Gehalt des amtierenden Präsidenten angepasst werden. Für die privaten Wohnungen im Schloss Bellevue sowie in der Villa Hammerschmidt müssen die amtierenden Präsidenten allerdings den Mietspiegeltarif entrichten. **RESIDENZ** ➜ EHE. **MOBILITÄT** Gepanzerte BMW-Limousine mit Chauffeur und fünf Leibwächtern, vom Staat gestellt für eine Pauschale von 1250.- im Monat. **FREUNDE** Helmut ➜ *Kohl*; die *Fürstenbergs*.
FAMILIE H. bringt seinem Vater Latein bei, damit der sich als städtischer Museumsangestellter beruflich verbessern kann. **EHE** Nach dem Tod seiner Frau *Christiane* im Juni 2000 schließt der bürgerliche Roman im September 2001 im »Schlosshotel Obermayerhofen« (Sebersdorf) mit Baronin *Alexandra von Berlichingen*, Leiterin der Burgfestspiele von Jagsthausen, den Bund fürs Leben. H., der gern mal eine Zigarre raucht, behält seine Wohnung in Dachau und auch das Büro in München gleich bei Feinkost Käfer um die Ecke. Der Lebensmittelpunkt, wie das offiziell heißt, ist nun aber die Götzenburg in Jagsthausen, wo ein geschichtlich überliefertes Kraftdeutsch (Götz-Zitat) bekannt ist, das ihm durchaus liegen dürfte. Er avanciert zum Schlossherrn, aber seine Frau Alexandra, die er früher schon kannte, zeigt bei aller Weiblichkeit mit getarnter Raffinesse, wo der Bartel den Most holt. **SEX** Man würde staunen.

Hessen, Mafalda, Prinzessin von

WER IST ES? Deutschlands schönste Blaublütige **LEBENSDATEN** *6.7.1965 in Kiel

RESIDENZ Sie lebt in Rom. **STYLE** Die Bella raucht nicht, trinkt nicht und hat Stil wie einst *Jackie O.* **BEAUTY** Fällt erfreulich deutlich aus dem Dekadenz-Rahmen der Adelsdamen. **FREUNDE** Der Hochadel rauf und runter. **FAMILIE** Sie ist die 35. Großnichte des letzten italienischen Königs *Umberto II.* Ihr Vater ist der auf Schloss Wolfsgarten lebende Landgraf *Moritz von* ➜ *Hessen.* **EHE** Zwei Ehen, mit einem Anwalt und einem Cinzano-Spross, scheitern. In dritter Ehe ist sie mit Benzin-Baron *Ferdinando Brachetto Peretti* verheiratet, mit dem sie den Sohn *Cosmo* hat. Weiterer Nachwuchs kommt im April 2002 auf die Welt. **SEX** Voller Glut. **PARTY** Sommer 2001: Der römische Hochadel hat den pompösen »Ballo« in der herrschaftlichen Villa Polissena, eingebettet in einen riesigen Park »total abgesnobt«. Dabei handelt es sich um eine königliche Party. Zumindest von deutscher Seite aus ist es ein A-Liste-Event. Prinzessin *Mafalda* feiert mit diesem Ball ihre Heirat mit *Ferdinando Brachetto Peretti* und die Taufe von Söhnchen *Cosmo.* Die Brauteltern, Königliche Hoheit *Landgraf Moritz von Hessen* und seine Frau *Tatjana*, sind schon Tage vorher angereist.

Der Park ist beleuchtet und schön wie Beverly Hills zu Weihnachten. Die 400 Gäste – von Lady *Helen Windsor* mit Mann *Tim Taylor* über Prinz *Egon zu Fürstenberg* bis zu *Möpi* und *Andrea Schoeller* (Bierkasten-Logistik) staunen wie schon ein paar Stunden vorher, als sie eine Privatführung durch das Vatikan-Museum und die Sixtinische Kapelle erleben durften. Es hätte nur gefehlt, dass Papst Johannes Paul mitgegangen wäre.

Weil die Luxuskarossen Schlange stehen, steigen sowohl Benz-Erbe *Mick* ➜ *Flick* und seine immer attraktiver erscheinende Exfrau *Maya* als auch Fürstin *Gloria von* ➜ *Thurn und Taxis* und Busenfreundin Fürstin *Alessandra Borghese* aus dem Wagen und gehen zu Fuß zum Palast, wo der gut aussehende Bräutigam *Ferdinando*, im Smoking mit weißen Tennisschuhen, und *Mafalda* eine olympiareife Bussi-Bussi-Begrüßung absolvieren. Der Cocktail zieht sich bis Mitternacht hin. Dann entwickelt sich Chaos wegen der Platzierungen. Auf einer kleinen Anrichte liegen in Stapeln die Tischkärtchen mit den Namen den Gäste, und das Gedränge und Greifen wird immer turbulenter. Noch dazu, als es heißt, *Elle McPhersons* Ehemann, Banker *Aki Bursson*, habe die Kärtchen vertauscht. Die Flick-verschmähte Schönheit Gräfin *Caro Saurma* rollt die Augen. *Susanna Agnelli*, Schwester des Fiat-Tycoons *Gianni* ➜ *Agnelli*, geht erbost.

Ivana ➜ *Trump* bleibt, zurückhaltend lächelnd. Der *Bismarck*-Clan, inklusive *Gu-*

nilla aus Marbella, kämpft um Plätze. Fürst *Ferdinand* murmelt etwas Unverständliches, und Graf *Calle* ist plötzlich spurlos verschwunden. Seine sündig-schöne Frau *Celia* sucht und sucht, bis sie feststellen darf, dass er sich wegen einer Entenjagd am frühen Morgen abgeseilt hat. Bei Graf *Maximilian* (»Pong«) *von Bismarck* geht es andersrum. Da fühlt sich nach einer Stunde Pflichtanwesenheit Ehefrau *Barbara* von einer Erkältung heimgesucht und empfiehlt sich. Schwer zu sagen, was *Philipp Junot* an diesem Abend treibt.

Um ein Uhr nachts zuckt und zischt das Feuerwerk. Dem Gesicht von Möbeldesigner *Rolf Sachs* ist abzulesen, dass ähnliche Lichtspektakel seines Vaters *Gunter* ➜ *Sachs* noch einen Kick besser sind. Das Ballmenü ist gehoben bürgerlich. *Ferdinando*, dessen Großvater Tankwart war und der in den 70er- Jahren während der Ölkrise mit Tanklastwagen den richtigen Riecher hatte, lässt Pasta, Risotto, Loup de Mer und Kalbsteak auftischen, kümmert sich um Modeschöpfer *Valentino* und *Hans Veit Graf zu Toerring-Jettenbach* sowie dessen Söhne *Carl Theodor* und *Ignaz*. Ehefrau *Etti* blieb wegen einer Grippe in München.

Hessen, Moritz Friedrich Karl Emanuel Humbert, Landgraf von

WER IST ES? Königliche Hoheit   **LEBENSDATEN** *6.8.1926 in Racconigi

RESIDENZ Schloss Wolfsgarten in der Nähe von Frankfurt. Besitzt auch in Rom ein königliches Palais.   **IMAGE** Stockkonservativ und stets bereit zu langatmigen Etikette-Lektionen.   **FREUNDE** Der Anlass ist traurig, die Feier im Schloss Wolfsgarten dennoch fröhlich. Bei der Gedenkfeier für die Prinzessin von Hannover, Schwester von Prinz *Philip* und Tante von Prinz *Ernst August von* ➜ *Hannover*, erweist sich der Landgraf als Gastgeber de luxe. Ohne großes Leibwächter-Trara schweben Adelige aus allen Himmelsrichtungen in Frankfurt am Main ein. Aus London Prinz *Philip* mit Prinz *Edward*, aber ohne die Queen, aus Spanien Königin *Sofia* und Griechenlands König im Exil, *Konstantin*. Die Unauffälligkeit der hohen Herrschaften wird durch einen blauen Bus gesteigert, der bei der Royal-Air-Force-Maschine und dann bei den Privat-Jets vorfährt, um die Gäste direkt am Flugzeug abzuholen.   **FAMILIE** Verheiratet seit 1964 mit Prinzessin *Tatjana zu Sayn-Wittgenstein-Berleburg*. Das Paar hat zwei Töchter, die schöne Prinzessin *Mafalda von* ➜ *Hessen* und Prinzessin *Elena* sowie zwei Söhne, Erbprinz *Heinrich* und Prinz *Philipp*. Das Königshaus Hessen besteht urkundlich seit 1886 (auch wenn es nie einen hessischen König gab).

Heyne, Johannes

> **WER IST ES?** Experimentierfreudiger Jungverleger **LEBENSDATEN** *24.1.1956 in München **KARRIERE** Der Erbe des gleichnamigen Verlages unternahm einen kurzfristigen Gastro-Ausflug und startete einen eigenen Verlag (»Christian«) in München.

STYLE Konservativ gekleideter, dunkelblonder Seitenscheitler mit gewagten Karojacketts. **FAMILIE** H. hat zwei Kinder. Nach dem Tod seines Vaters, *Rolf Heyne*, muss er mit dem Problem fertig werden, eine branchenfremde Stiefmutter *Anja* zu haben, die über Nacht Verlegerin geworden ist. Böse Zungen behaupten, dass der große Schauspieler *Walter Buschoff* dem lieben Gott auf Knien dankte, als er seine Frau *Anja* an den Verleger *Rolf Heyne* weiterreichen durfte. So legt die Midlife-Lady auch im Verlagswesen gleich richtig los. Kaum lernt sie den Verlagschef kennen, fühlt sie sich mit dem Heyne-Verlag intimst verbunden. Bei der Präsentation der Feinschmecker-Fibel »Gault Millau« im Hotel »Hilton« begrüßt sie die Gäste, also auch mich, mit den Worten: »Ich freue mich, Sie in unserem Hause begrüßen zu dürfen.« *Unserem Hause?* Die Nachfrage, ob die ehemalige Schauspieler-Gattin sich beim Heyne-Verlag finanziell engagiert habe, wird mit einem bösen Blick quittiert. Und es gibt Nachschlag: Eine leicht witzige Andeutung ihrer Besitzverhältnisse in der Zeitung kostet mich erst die Gastro-Qualifikation »Rote Tasse«, dann den generellen Eintrag für das »Café Extrablatt« im Gault-Millau-Reiseführer für Genießer. Erst nach vielen Jahren lässt Rolf Heyne das verbannte Bistro im »Gault Millau« wieder erscheinen. Inzwischen ist der Verleger in die ewigen Jagdgründe Manitus gegangen und hat den heiligen Geist wirken lassen: Ohne jegliche Ausbildung ist Witwe Anja jetzt Verlegerin. Solche Karrieren gelingen nur Frauen. **EHE** H. lebt getrennt von seiner Frau *Frederike*, die ebenfalls auf dem Verlegerinnen-Trip ist. **LIEBE** Liiert mit der erfahrenen Polin *Lucy Nollau* (fuhr lange Zeit als Freundin von Ex-Bertels-Mann *Frank Wössner* dessen aufgemotzten Mercedes-Roadster mit St.Pauli-Felgen).

Hilton, Nicky und Paris

> **WER SIND SIE?**
> Die »Schwestern Fürchterlich«
>
> **LEBENSDATEN** Nicky: *5.10.1983
> Paris: *17.2.1981, beide in New York

IMAGE Sie sind der Sexy-Spuk auf New Yorker Parties oder in Szene-Spots wie »Guy's« und »Moomba«, aber auch der Ultraschrecken aller Türsteher. In Las Vegas stößt Nicky, die unter der Woche nur Ausgang bis 22 Uhr hat, mit einem Ordnungsmann zusammen. Eine Yuppie-Clique mit *Leonardo DiCaprio* (→ HOLLYWOOD) im Rücken, faucht sie den Türsteher an: »Platz da, Sie Vogel, schauen Sie nicht so entgeistert, mein Urgroßvater hat diese Stadt gebaut, weg da.« **GELD** Die Schwestern sind milliardenschwer. **RESIDENZ** Sie bewohnen ein Luxus-Penthouse im familieneigenen Waldorf-Tower in Manhattan. **HOBBIES** Ganz brav fahren die frivol-frechen Society-Sirenen mit Mama, Daddy und Brüdern im Winter zum Skifahren und im Sommer zum Golfen. Beide lieben Champagner aus der Flasche mit Strohhalm oder fahren auf Red Bull ab, den Energie-Drink, der nach Gummibärchen schmeckt. **BEAUTY** Lange Beine, blonde Haare, blaue Augen (Paris verstärkt den Effekt mit farbigen Kontaktlinsen). Ganz cool finden sie es, dass ihre Mikro-Kleidchen Einblick in alle Betriebsgeheimnisse gewähren. **FREUNDE** *Leonardo DiCaprio*. **FAMILIE** Die Schwestern sind Urenkelinnen des Hotelketten-Gründers *Conrad Hilton*. Eltern *Rick* und *Cathy*, Brüder *Barron* und *Conrad*. **SEX** Nicht so heftig, wie es den Anschein hat.

Hitzfeld, Ottmar

> **WER IST ES?** Von Fortuna bestrahlter Fußball-Inspektor **LEBENSDATEN** *12.1.1949 in Lörrach **JOB** Fußballtrainer **KARRIERE** Ursprünglich Lehrer. Beginnt als Spieler beim FC Basel, wechselt dann nach Stuttgart, Lugano und Luzern. Seit 1983 Trainer, erst beim SC Zug, dann FC Aarau und Grashoppers Zürich. 1991 geht der Meister-Macher zu Borussia Dortmund. Seit 1998 Trainer beim FC Bayern, auch »FC Hollywood« genannt und laut »Woche« der »Lazarus der Liga«.

ERFOLGE Deutscher Meister mit Borussia Dortmund und Bayern München. **PARTNER** *Franz* → *Beckenbauer* (unberechenbar), *Uli Hoeneß* (verlässlich), *Stefan* → *Effenberg* (weg). **VORGÄNGER** Trainer-Professor *Giovanni Trapattoni*, der für manchen Bayern-Kicker ein bisschen zu intellektuell ist (»Flasche leer«). **KONKURRENTEN** Ex-Lieblingsschüler *Matthias Sammer* (Borussia Dortmund);

Klaus Toppmöller (Bayer Leverkusen). **PLÄNE** Immer mal wieder als möglicher Bundestrainer im Gespräch. **IMAGE** Charismafreier Könner. Gemietete Villa in München-Grünwald. **MOBILITÄT** Pflicht-Opel. Ab Herbst Pflichthandy (D 1). **STYLE** Spricht wie ein Sprechautomat – genau wie SPD-General *Franz Müntefering*. **MAROTTE** Das Wort »Schangse« fällt in jedem dritten Satz. **FAMILIE** Seit 1975 verheiratet mit *Beatrix*. Sie haben den Sohn *Matthias*. **SEX** H. ist bekannt für gnadenlose Disziplin und eine ultraweiße Weste. Die bekommt allerdings Flecken, als im November 2001 *Rosi* (»Bei mir ist alles echt«), ein attraktives, in deutschen Fußballerkreisen rundum bekanntes Model, gesteht, mit dem Erfolgstrainer so manchen Strafstoß ausgeführt zu haben – einer hat Folgen, wird aber medizinisch behandelt. Damit sich auch die breite Öffentlichkeit ein Bild von ihren Vorzügen machen kann, räkelt *Rosi* sich als Eva im Magazin »Penthouse«. Besorgt fragt »Bild«-Lyriker Blieswood: »Schlummert in Erfolgsmännern ein Bullen-Gen? Übernimmt die Hose das Hirn und das Herz?« und nennt als Zeugen der Anklage *Boris* ➔ *Becker*, *Roberto Blanco* und *Franz* ➔ *Beckenbauer*. **SCHICKSAL** Der Stress des Fußballgeschäfts bekommt seinem Magen nicht.

Hohenzollern, Johann Georg Prinz von
Eigentlich Johann Georg Carl Leopold Eitel-Friedrich Meinrad Maria Hubertus Michael Prinz von Hohenzollern; genannt »Hansi«.

> **WER IST ES** Prinz Dreieck **LEBENSDATEN** * 31.07. 1932 in Sigmaringen **JOB** Chef der Münchener Kunsthalle der Hypo-Vereinsbank **KARRIERE** Der Kunsthistoriker promoviert bei Sedlmayr über Königsgalerien der französischen Kathedralen, wird dann Fachreferent für französische und spanische Malerei an den bayerischen Staatsgemäldesammlungen und wird 1985 ans Schwester-Institut Bayerisches Nationalmuseum berufen.

AUSZEICHNUNG Setzt sich selbst ein Denkmal mit dem eigentlich entbehrlichen 140-Millionen-Euro-Neubau »Pinakothek der Moderne« in München, obwohl der prächtige Justizpalast mit seinem großen Sälen und Glasdach dafür bestens geeignet wäre. Für die Rechtsprechung hätte es dann auch ein nüchterner Zweckbau getan. **FAMILIE** Seit 30.5.1961 verheiratet mit *Birgitta*, geborene *Prinzessin von Schweden*, der Schwester von König *Carl Gustaf*. Drei Kinder: Prinz *Carl Christian*, Prinzessin *Désirée*, Prinz *Hubertus*. Sein jüngerer Bruder *Ferfried* (»Pfaff«) ist in erster Ehe 1968 – »nicht hausgesetzmäßig«, wie der »Gotha« streng vermerkt – mit *Angela von Morgen* (jetzige Ehefrau des Serienstars *Fritz Wepper*) verheiratet, in zweiter

Ehe 1977 mit *Eliane Etter* (auch damit ist der Gotha nicht wirklich einverstanden) und in dritter Ehe mit der ostelbischen *Maja* (dito).   **LIEBE** Der blaublütige Gentleman bleibt – ungeachtet seiner erzkatholischen Prägung – seiner ganz privaten Hausordnung treu, wonach in der Ehe immer drei Hauptdarsteller agieren. Früher spielte seine attraktive Frau *Birgitta* die Melodie vom zweiten Mann. Heute ist es umgekehrt: Hansi hat den hohenzollerschen Hausstand um die blonde Schönheit *Sabine Leu* erweitert, während seine Gattin auf Mallorca relativ ungerührt den Golfschläger schwingt. Der Kunsthistoriker erweckt damit die große Tradition blaublütiger Ahnen wie z.B. *Ludwigs XV.* und der *Pompadour* zum Leben. Allerdings bleibt die eheliche Residenz in Grünwald, soviel Takt muss sein, für den Durchgangsverkehr gesperrt. Zeit für Zärtlichkeit mit *Sabine* gestattet ein eigens gemietetes, adäquates Apartment.

Bei Hansis 70. Geburtstag wurde – ein gesellschaftliches Novum – die Dreierkette öffentlich präsentiert. Zum runden Geburtstag tritt das Trio bilateral ganz offiziell und friedlich miteinander auf – sowohl beim Fest der »Konzertgesellschaft München e. V.« in Kloster Schäftlarn mit Ministerin und ➔ *Strauß*-Tochter *Monika* ➔ *Hohlmeier* wie auch bei der ganz privaten Family-Party im Hypo-Kunstmuseum, wo der gesamte Hohenzollern-Clan mit Familienchef *Fritz* (Hansis ältestem Bruder, auf Schloss Sigmaringen zu Hause) versammelt ist. Auch Hansis schöne Tochter, *Prinzessin Désirée* ist da, die nurmehr Augen für den frischgebackenen Konsul *Eckbert von Bohlen und Halbach* hat. Nur die Prinzessinnen *Alexandra* (die Schwiegertochter des Familienchefs weilt möglicherweise wieder einmal im geliebten Atlanta) und *Maja* (Hansis Schwägerin) schwänzen.

24 Stunden später holen König *Carl Gustaf* und Königin ➔ *Silvia* ihre persönlichen Glückwünsche nach und besuchen mit Schwager Hansi die hochaktuelle »Pompadour«-Ausstellung in der Hypo-Kunsthalle, und kehren danach bei Fischspezialist »Ederer« ein. Die Königs sind zu zweit, der Hohenzollern-Prinz, den man sich ohne Nadelstreifen und Stecktuch nicht vorstellen kann, ist zu dritt.

Hohlmeier, Monika

WER IST ES? ➜ *Strauß*-Tochter **LEBENSDATEN** *2.7.1962 in München **JOB** Bayerische Ministerin für Unterricht und Kultus **KARRIERE** Sie ist die Einzige der drei Nachkommen von FJS, die in Papas Fußstapfen tritt. CSU-Mitglied seit 1978. Nach dem Unfalltod der Mutter *Marianne* 1984 übernimmt die ausgebildete Hotelkauffrau (»Eden-Wolff«, München) Pflichten der Landesmutter (fährt auch mit Papa in der Kutsche zur Eröffnung des Münchner Oktoberfests 1985). Im Kabinett ➜ *Stoiber* wird sie mit 31 Lenzen erst Staatssekretärin und später Ministerin für Unterricht und Kultus (verantwortlich für 1,7 Millionen Schüler und 100 000 Lehrer). Verzichtet auf die CSU-Kandidatur für die OB-Wahl in München im Jahr 1999. Sie ist Gründerin der *Marianne-Strauß*-Stiftung und Schirmherrin der Deutschen Multiple-Sklerose-Gesellschaft.

ERFOLGE Bei der bayerischen Landtagswahl vom 14.10.1990, die die CSU mit 54,9% gewinnt, wird H. Zweistimmen-Meisterin, überholt ohne eigenen Wahlkreis mit 106 971 Stimmen alle CSU-VIPs und platziert sich hinter Ministerpräsident *Max Streibl*. Bundesverdienstkreuz. **PLÄNE** Landesmutter in der Staatskanzlei? **IMAGE** Selbstbewusst und kompetent. **RESIDENZ** Haus in München, Ferienhaus in Italien und Vaters Villa an der Côte d'Azur. Hier ist das Meeresrauschen so laut, dass Hausgast *Stoiber* nie mitbekommt, worüber sein Chef ➜ *Strauß* und der Bäderkönig *Eduard Zwick* plauderten. **HOBBIES** Die bayerische Kultusministerin, die ihre Kinder aus pädagogischen Gründen auf der Waldorfschule in München unterrichten lässt, ist eine begeisterte Leichtathletin und »stocknarrisch« auf Pferde. Ihren Mann *Michael*, der gut reitet (»Military«), hat sie über diese Sportart lieben gelernt. Daheim, nur daheim, spielt sie Klavier und hört Vivaldi. **STYLE** Dezenter Ladylook. **FREUNDE** *Graf Pückler; Walter Diehl* (»Junghans«-Uhren, Waffenfabrik in Nürnberg); Minister *Otto Wiesheu*. **FAMILIE** Vater *Franz Josef Strauß*. Zwei Brüder, *Max Josef* und *Franz Georg*. Diffuse Angst ist für Monika Alltag, gesteht sie den »SZ«-Reportern *Simone Kosog* und *Alexander Gorkow*: »Es war normal, dass überall Sicherheitsbeamte herumstanden. Wir wohnten in der obersten Etage in einem 14-stöckigen Hochhaus in München-Mittersendling, abgeriegelt mit grauen Streben, äußerst apart. 1976, da war ich 14, sind Terroristen in das gegenüberstehende Haus eingezogen. Die wussten alles über uns: Wann wir Kinder weggingen, wann wir wiederkamen. Als die Wohnung entdeckt wurde, hat man Pläne gefunden, in denen es um die Entführung oder Ermordung unserer Familie ging. Wir Kinder wurden ausquartiert und auf die Familie und Freunde verteilt. Mein Bruder Max kam zu Tante Maria, der Franz zu Tante Lisbeth, ich zu

Freunden meiner Mutter«. **EHE** Das *Strauß*-Nesthäkchen ist seit 1982 mit Wirtschaftsprüfer *Michael Hohlmeier* verheiratet (Hochzeit im »Alten Peter« in München), mit dem sie zwei Kinder hat, *Michaela Marianne Felicitas* und *Markus Franz Anton*. Als unaufgeforderter Marketing-Berater würde ich Monika empfehlen, ihren Mädchennamen wieder anzunehmen. Erstens weiß man nie, wie sich das Familienleben entwickelt – Michael ist beruflich wegen einer anspruchsvollen Mandantschaft in Zorneding sehr eingespannt –, und zweitens ist der Name *Strauß* ein Polit-Markenzeichen. Liest sich doch gut und kompakt: »Monika Strauß spricht«.

Brando, Marlon

Don Buddha, Hollywoods finstere Lichtgestalt. *3.4.1924 in Omaha/Nebraska. Drehte 27 Filme, darunter 1950 »The Men«, 1951 »A Streetcar named Desire«, 1954 »Die Faust im Nacken« (Regie: *Elia Kazan*), 1957 »Sayonara«, 1962 »Meuterei auf der Bounty«, 1972 »Der letzte Tango in Paris« (mit *Maria Schneider*) und »Der Pate«, 1978 Superman (in Minirolle *Maria Schell*), 1979 »Apocalypse Now«, 1995 »Don Juan de Marco«, 1996 »The Island of Dr. Moreau«, 2001 »The Score« (mit *Robert de Niro*). 1955 Oscar als Bester Hauptdarsteller in »Die Faust im Nacken« und 1972 für »Der Pate«. Die Entgegennahme 1972 lehnt er jedoch ab, um gegen die Unterdrückung der Indianer zu protestieren. Er ist der teuerste Filmstar der Erde (verdient in »Score« eine Million Dollar – pro Tag). Dann mal ran, scheint sich Ex-Lebensgefährtin *Maria Ruiz* zu denken, die B. auf 70 Millionen Dollar Unterhalt verklagt.

Sehr zurückgezogen verbringt er als Nachbar von Kollege *Jack Nicholson* (➔ S. 177f.) am Mulholland Drive sein Dasein in Beverly Hills, Kalifornien. Besitzt auf Tahiti das Atoll »Tetiaroa«, das man nur mit einem kleinen Flugzeug erreichen kann. Er grast die Delikatessen-Shops in der Umgebung ab, bis nichts mehr in den Regalen steht, surft gern im Internet und entpuppt sich als Wissenschaftsfreak. Klingelt das Telefon, kann er gar nicht schnell genug dran sein. Um sein Taschengeld etwas aufzubessern, produziert B. 2002 eine Seminar-DVD »Lying for Living«. Teil nehmen *Whoopie Goldberg* (➔ S. 170), *Leonardo DiCaprio* (➔ S. 164), *Jack Nicholson*, *Liz Taylor* (➔ S. 188f.), *Michael* ➔ *Jackson*, *Robin Williams*, *Nick Nolte*, *Sean Penn* und *Drew Barrymore*. B. bilanziert vier gescheiterte Verbindungen (*Anna Kashfi*, *Movita Castenada*, *Tarita Teriipaia*, *Maria Ruiz*) und neun Kinder. Seit 2002 wieder Single.

Bullock, Sandra

Nürnberger Weltstar. *26.7.1964 in Arlington, aufgewachsen in Nürnberg als Tochter eines amerikanischen Gesangslehrers, der als US-Soldat in Nürnberg stationiert war, sowie der Opernsängerin *Helga Bullock*. Ihre Cousine ist übrigens Susi, die Ehefrau von *Peter Ramsauer*, parlamentarischer Geschäftsführer der CSU im Bundestag. Filmerfolge mit »Love Potion No. 9«, »The Thing called Love« und »Demolition Man«. Durchbruch 1994 mit »Speed«, dann »While you were sleeping«, »The Net«, »A Time to kill«, »Gun Shy«, »28 Days«, »Miss Congeniality«, »Miss Undercover« und »Mord nach Plan« (mit *Ryan Goslin*). Die Frau mit den großen braunen Augen ist neben *Julia Roberts* (➔ S. 180 f.) und *Jodie Foster* (➔ S. 167 f.) Amerikas bestbezahlte Filmschauspielerin (15 Mio. Dollar pro Film). Besitzt eine 30-Zimmer-Villa in Los Angeles, eine 5-Zimmer-Wohnung in New York und ein Farmhaus im bayerischen Stil in Austin/Texas.

Sandy ist ziemlich frühreif, und es ist aussichtslos, sie zu einem braven Mädchen zu erziehen. »Ich war trotzig und verrückt nach Jungs«, verrät sie. Es scheint, da hat sich auch heute nichts geändert. Sie lacht so laut wie *Lilo Pulver* und ist Hollywoods schönste Heimwerkerin, deren gutes Händchen für Bohrmaschine und Rohrzange unter anderem *Matthew McConaughey* und *Bob Schneider* bestätigen können. Sie selbst sagt zum Thema: »Es turnt mich an, auf einer Tanzfläche zu sein, mit einem Partner, mit dem es klick gemacht hat, und mich zu Rock-, Salsa-, Funk- oder Soul-Musik zu bewegen. Tanzen macht mich frei.« Kleine Auswahl der Tanzpartner: *Bob Schneider; Hugh* ➔ *Grant; Ben Affleck.*

In Sachen Ehe ist der »Speed«-Star nicht so speedy. Kinder ja, aber Ehemann? Sie ist wegen der gescheiterten Beziehungen mit dem »Wedding Planner«-Hero *Matthew McConaughey* und ihrem Verlobten, »Swordfish«-Darsteller *Tate Donovan*, ein gebranntes Kind. »Beide Liebschaften sind geplatzt, ich wäre also bereits zweimal geschieden.«

Clooney, George

Der Mann, der sich mit einer Arztrolle gesundstieß. Einer der begehrtesten Filmhelden Hollywoods. *6.5.1961 in Lexington/Kentucky. Durchbruch mit der CBS-Serie »Emergency Room«, dann Filme wie »From Dusk Till Down«, »Batman & Robin«, »The Peacemaker«, »Out of Sight«, »Three Kings«, »Perfect Storm«, »Spy Kids«, »Ocean's Eleven«.

Nach einer Ehe mit *Talia Balsam*, die von 1989–92 hält, lebt er als Junggeselle in L.A. und behauptet von sich, für die Ehe nicht geschaffen zu sein. Liaisons u.a. mit *Celine Balitran*, *Kelly Preston*, *Lisa Snowdon* und *Renee Zellweger* (➔ S. 192). Zuletzt ist er bei Schauspielerin *Krista Allen* gelandet, mit der er auf seiner Harley so manche Spritztour am Highway Nr. 1 an der kalifornischen Küste unternimmt.

Costner, Kevin

Der mit dem Dollar tanzt. Schauspieler und Regisseur. *18.1.1955 in Lynwood/Kalifornien, studiert Betriebswirtschaft und Marketing an der California State University, schlägt sich mit verschiedenen Jobs durchs Leben und entscheidet sich dann, Schauspieler zu werden. Der erste Film ist ein Erotikstreifen: »Sizzle Beach«. Durchbruch mit »Silverado«, dann »The Untouchables«. Größter Erfolg »Der mit dem Wolf tanzt« (räumt sieben Oscars ab), dann »Robin Hood«, »JFK«, »Bodyguard« (mit *Whitney Houston*), »Waterworld«, »Heaven's Gate«, »Perfect World« (mit Clint Eastwood, ➔ S. 166), »Waterworld«, »Wyatt Earp«, »Message in a Bottle«, »Thirteen Days«. Bewohnt eine idyllische Villa in den Hügeln von Hollywood, die Labrador Wyatt bewacht. Die Ehe mit *Cindy Silva* ist geschieden (drei Kinder: *Annie*, *Lily* und *Joe*).

Derzeit ist C. liiert mit dem Model *Christine Baumgartner*. 2001 kommen Gerüchte auf, wonach er sie geheiratet haben soll. Die zerstreut der Frauenschmelzer sehr schnell – nach der kostspieligen Scheidung, bei der es um 80 Millionen Dollar gegangen sein soll, ist er vom Unternehmen Ehe zunächst geheilt.

Crowe, Russell

Der Hollywood-Herzensbrecher, der nichts lange stehen lässt. *7.6.1964 in Wellington, Neuseeland. Erfolge mit »L.A. Confidential« (mit *Kim Basinger*), »Heavens Burning«, »Breaking up« und »The Insider«. Oscar 2000 als Bester Schauspieler für »Gladiator«, Oscar-Nominierung für »A Beautiful Mind«. Fällt auch als Sänger auf, heißt in seiner Jugend Rus Le Roc.

Weder der Armani-Gehrock steht ihm gut zu Gesicht noch langes Haupthaar und Vollbart, aber C. mag daran denken, dass einen schönen Mann nichts entstellen kann. Bei der Oscar-Night 2002 im neuen Kodak-Theatre in Hollywood sieht er sich schon als Sieger, denn seine Arbeit in dem Drama »A Beautiful Mind« ist Weltklasse. Aber diesmal gewinnt die Farbe schwarz. Russells Miene versteinert sich bis zur Vanity-Fair-Party, wo er sich nur ganz kurz sehen lässt. Lieber gibt er ein eigenes »Frust-Fest« für Freunde und Eltern in einem kleinen, chicen Hotel (Kosten: 35 000 Dollar). In den frühen Morgenstunden taucht auch noch die schöne *Nicole Kidman* (→ S. 174 f.) auf. Sein Blick, der Halbmast und Verzicht signalisiert, wird zögerlich heiter – was eine Freundin von vorgestern so ausmacht. Später gibt's noch ein Champagner-Frühstück im Argyle-Hotel in West-Hollywood.

Manchmal fehlen auch C. die Worte. Bei einer Premierenparty in London holt er aus: Seine Faust trifft den englischen Fernseh-Produzenten *Malcolm Gerrie* mitten ins Gesicht. Eine Meinungsverschiedenheit löst den Boxhieb aus. »Er hat aber weder blaue Flecken, noch ist er verbeult, aber die Lehre musste ich ihm erteilen«, begründet Crowe seinen Handstreich.

Cruise, Tom

Der ewige Teenie-Traum. *3.7.1962 in Syracuse/N.Y. als Thomas Cruise Mapother IV. Erster Film »Traps«, weltweiter Durchbruch mit »Top Gun« (1986). Weitere Erfolge: »Endless Love«, »The Outsiders«, »Cocktail«, »Rainman«, »Born on the 4th of July«, »Days of Thunder«, »A Few Good Man«, »Die Firma«, »Interview with a Vampire«, »Mission Impossible« (I und II), »Jerry Maguire«, »Eyes Wide Shut« (*Stanley Kubricks* letzter Film), »Magnolia«, »Vanilla Sky«, »Minority Report«. Golden Globe als bester Schauspieler für »Jerry Maguire«.

Nach der Scheidung von *Nicole Kidman* (➔ S. 174f.) nimmt sich C., der kein überzeugendes Liebesglück mit Film-Kollegin *Penelope Cruz* ausstrahlt (er lernt sie bei den Dreharbeiten zum Film »Vanilla Sky« kennen), ein 650 Quadratmeter großes Haus mit 8 Schlafzimmern, Tennisplatz und Pool in Beverly Hills (Miete: 55 000 Dollar und notarielles Vorkaufsrecht). Bei Besuchen in England stehen ihm ein klassizistisches Stadthaus im Londoner Stadtteil Dulwich und eine Luxuswohnung in Schloss Stanmore Hall / Middlesex (Wert: acht Mio. Euro) zur Verfügung. In Manhattan nennt er ein stattliches Apartment am Central Park sein Eigen, und im Nobel-Skiort Telluride/Colorado (nicht so bekannt wie Aspen, aber genauso teuer) ein 12-Mio.-Dollar-Chalet. Zum Fuhrpark zählen drei Privatflugzeuge, darunter ein von Gucci-Designer *Tom* ➔ *Ford* eingerichteter Jet vom Typ Gulf Stream IV (Anschaffungskosten 36 Mio. Dollar) mit Schlafzimmer und Kino.

C.s ganz große Geheimnis ist der Sex: Die einen sagen so, die anderen so. Viel bemerkenswerter noch: Man trägt wieder Zahnspange (2002 bei einer Filmpremiere).

Davis, Geena

Hollywoods späteste Mutter. *21.1.1957 in Wareham/Massachusetts. Durchbruch 1991 mit »Thelma and Louise«, 2001: »Stuart Little II.«, Oscar für »The Accidental Tourist«.

In vierter Ehe mit dem 15 Jahre jüngeren Arzt *Reza Jarrahy* verheiratet. Bekommt mit 45 ihr erstes Kind. Gatten davor waren Restaurant-Manager *Richard Emmolo*, Schauspieler *Jeff Goldblum* (»Jurassic Park«) und Regisseur *Renny Harlin*.

Diaz, Cameron

Viertelgermanischer Hollywoodstar (blond und blauäugig). *30.8.1972 in San Diego/Kalifornien als Tochter eines kubanisch-amerikanischen Vaters und einer englisch-deutschen Mutter. Mit 15 Millionen Dollar pro Film inzwischen eine der teuersten Schauspielerinnen der Welt. Modelt bereits mit 16 sechs Jahre lang für die Agentur »Elite«. Bekannt wird sie neben *Jim Carrey* in dem Film »The Mask«, weltweiter Durchbruch dann mit »There's Something About Mary«. Es folgen »Die Hochzeit meines besten Freundes«, »Charlie's Angels«, »Vanilla Sky« mit *Tom Cruise* (➔ S. 161 f.) und »Gangs of New York« unter der Regie von *Martin Scorsese*. Presenterin beim Oscar 2002.

Blond, blauäugig, frecher Kurzhaarschnitt – zur Schönheit gehört jedoch noch mehr: D. hat sich vorgenommen, kein Schweinefleisch mehr zu essen. In einem Bio-Report musste sie lesen, dass dieses Tier die geistigen Fähigkeiten eines dreijährigen Kindes besitze. »Da habe ich gedacht: Das wäre so, als ob ich meine Nichte aufäße«. Weitere Kasteiungen sind die Folge: Kaffee und Katerfrühstück (Hamburger mit Speck und Bier) sind gestrichen, und auch selbstgedrehte Zigaretten hat sie sich verboten. Hoffentlich verzichtet der standhafte Single nicht auf alles. War kurz befreundet mit *Matt Dillon*, Regisseur *Oliver Stone*, *Edward Norton* und *Jared Leto*.

Im Frühjahr 2002 muss D. feststellen, dass sie wohl doch nicht so berühmt ist, wie sie selbstbewusst angenommen hat. Ein Test, der ihr zeigen soll, was passiert, wenn sie als Frau Jedermann ein paar Stunden lang im Bus durch Los Angeles fährt, erweist sich als Fehlschlag: Niemand erkennt sie, kein Mensch bittet um ein Autogramm. Ein kleiner Hoffnungsschimmer, als japanische Touristen sie ansprechen – die Gäste aus dem Land des Lächelns fragen aber nur nach Sehenswürdigkeiten in L.A.

DiCaprio, Leonardo

Der mit dem zarten Schmelz. *11.11.1974 in Los Angeles, zeitgemäße Mischung aus dem jungen *Marlon Brando* (→ S. 158) und dem ewig jungen *James Dean*. Die Eltern, ein Underground-Comic-Künstler und eine Sekretärin, lassen sich scheiden, als er ein Jahr alt ist. Verbandelt mit Star-Model *Gisele Bündchen*, angeblich sogar verlobt. Vorher mit *Liz Hurley* zusammen, die ihn zunächst als Vater ihres Sohnes *Damian* vermutet. Der verfilmte Untergang der Titanic lässt ihn weltweit auftauchen. Davor ist er ein zorniger Frühreifer, der die Schule mit 16 verlässt. Beginnt seine Filmlaufbahn mit »Critters 3«. Weitere Filme, neben dem Welthit »Titanic«: »Poison Ivy«, »Romeo and Juliet«, »The Man in the Iron Mask«, »Celebrity«, »The Beach«, »Gangs of New York« (Regie *Martin Scorsese*). 1993 wird er für seine Rolle als geistig behinderter Teenager in »Gilbert Grape – Irgendwo in Iowa« mit einer Oscar-Nominierung als Bester Nebendarsteller ausgezeichnet.

Eine schwarze Lincoln-Limousine mit verdunkelten Scheiben startet mit Vollgas vom In-Club »Latin Lounge« aus in die Nacht Hollywoods. Plötzlich bewegt sich etwas unter der rotkarierten Decke im Fond des Wagens. Es ist nicht das Schoßhündchen von Dollar-Millionär *Steve Bing*, der am Steuer sitzt, es ist das langmähnige Top-Model *Gisele Bündchen*, eigentlich Freundin von Filmstar DiCaprio, die mit Steve tatsächlich unter einer Decke stecken muss. Gründe gibt es genug, warum die leidenschaftliche Brasilianerin, geboren am 20.7.1980 in Horizontina/Brasil – was nichts besagt – und *Steve Bing* nicht gesehen werden wollen.

Douglas, Michael

Affärenerprobter Leinwandheld. *25.9.1944 in New Brunswick/New Jersey als Sohn des Weltstars *Kirk Douglas* (eigentlich: *Isidore Demsky*). Serienheld der »Straßen von San Francisco« (zusammen mit *Karl Malden*). Filmerfolge: »Eine verhängnisvolle Affäre«, »Wallstreet«, »Basic Instinct«, »Falling Down«, »Black Rain«, »Die Jagd nach dem grünen Diamanten« (2 Teile), »Traffic«, »Don't Say A Word«. Residiert in Manhattan, Los Angeles und in einer Villa auf Mallorca. Befreundet mit *Kathleen Turner*.

Erste Ehe mit *Diandra Morrell Luker* (➜ *Schönborn*), mit der er Sohn *Cameron* hat. Scheidung nach 18 Jahren 1995. In zweiter Ehe mit Schauspielerin *Catherine Zeta-Jones* (*25.9.1969 in Swansea/Wales) verheiratet (gemeinsamer Sohn *Dylan*), von deren Cobra-Sex mit erstaunlichem Repertoire er tief beindruckt ist.
Obwohl D. durch seine vielen Leinwand-Erfolge im Geld schwimmt, verkauft der Hollywood-Straßenkreuzer mit dem hohen Verbrauch seine Hochzeit mit der 25 Jahre jüngeren *Catherine* für zwei Millionen Dollar. Kein Wunder – die beiden Eheleute, die am selben Tag Geburtstag haben, sind einander durch einen strengen Ehevertrag verbunden, der es Michael bei siebenstelliger Geldstrafe verbietet, auch nur nach rechts und links zu gucken.
Um die Rechte an der Hochzeit reißen sich sämtliche führenden Glanzblätter, Sieger ist schließlich das englische Magazin »OK«. Damit die Exklusivität gesichert ist, wird das Hotel »Plaza« in New York abgeschirmt wie Fort Knox: die Eingänge sind mit Sichtblenden geschüzt, und die Gäste müssen durch Metall-Detektoren gehen und ihre privaten Fotoapparate an der Garderobe abgeben. Den Anstoß zu diesem kaufmännischen Coup gibt wohl *Cathy*, die als besonders leidenschaftliche Frau gilt und Michael mit ungeahnten Liebesspielen verführerisch in ihren Bann gezogen hat. Der erotische Vulkan gilt außerdem als enorm geschäftstüchtig und sagt über ihren Ehemann: »Ich habe noch nie einen gleichaltrigen Freund gehabt, ich liebe die Erfahrung der älteren Männer.«
Catherine hat nur eine Hand voll Filme benötigt, um weltbekannt zu werden, u. a. 1990 »Sheherazade«, 1996 »Das Phantom«, 1998 »Die Maske des Zorro« (mit *Antonio Banderas*), 1999 »Verlockende Falle« (mit *Sean* ➜ *Connery*) und »The Haunting«, 2000 »Traffic«, 2001 »American Sweetheart«. Vom US-Wäschehersteller »Victorias Secret« erhält Catherine 2002 ein unmoralisches Angebot: Das Unternehmen bietet 30 Millionen Dollar, wenn sie sich in Reizwäsche zeigen würde. Michael legt ein energisches Veto ein und schenkt ihr als kleines Trostpflaster ein diamantenbesetztes keltisches Kreuz im Wert von 160 000 Dollar.
Eine von D.s heißesten Romanzen stoppt die Mutter der bildhübschen Münchnerin *Alexandra Ginther* (Papa *Martin* schippert auf einer 40-Meter-Segelyacht in Sardinien). Der Schauspieler hatte sich in die 17-jährige Goldtochter verliebt und war über ein Jahr lang heimlich mit ihr zusammen. Als sie herausfindet, dass D. auch mit *Catherine Zeta-Jones* eine Herzensangelegenheit pflegt, greift Mama *Ginther* durch. Sie verbietet jegliche Telefonate, Blumenpräsente und auch das Schicken von Privat-Jets, mit denen D. seine heiße Flamme immer wieder zum Rendezvous abholen ließ.

Eastwood, Clint

Der Cowboy aller Cowboys. *31.5.1930 in Carmel/Kalifornien. Studiert Betriebswirtschaft und wird 1951 zum Militärdienst eingezogen. Ein befreundeter Kameramann bringt ihn zu den »Universal Studios«, doch der erste Versuch währt nicht lange. Von Hollywood ist er schnell desillusioniert und auch die Hoffnungen, die er in das amerikanische Fernsehen setzt, gehen nicht in Erfüllung. Nach einer Kunstpause versucht er sein Glück in Italien, wo er dem Meisterregisseur *Sergio Leone* über den Weg läuft. E. hilft mit, den europäischen Western nach Hollywood zu liefern, und steigt in die Fußstapfen von *John Wayne* und *Gary Cooper*. Von da an geht's nur noch bergauf – mit Filmen wie »Für ein paar Dollar mehr«, »Zwei glorreiche Halunken«, »Unforgiven«, »Die Brücken am Fluß«, »Dirty Harry«, »In the Line of Fire«, »Perfect World«. 1971 führt er bei »Play Misty For Me« erstmals Regie. Erfolge: Golden Globe für Beste Regie (»Bird«); Oscars für Beste Regie (1993 für »Unforgiven«) und für sein Lebenswerk (1995), Goldene Palme für »Absolute Power«. Schaffte den Sprung vom harten Dreckskerl zum schauspielerisch überzeugenden, gereiften Mannsbild.

Besitzt ein Haus in Los Angeles, eine Ranch in Kalifornien und ein Restaurant an der Küste von Carmel, wo auch die Hollywood-Legende *Kim Novak* zu Hause ist. Es ist Vorsicht geboten, E. auf eine Party einzuladen. Er hat eine Bombenkondition und geht gewöhnlich als Letzter.

Seine zweite Frau ist *Dina Ruiz*, mit der er Nesthäkchen *Morgan* hat. Insgesamt – der Colt sitzt locker – hat er fünf Kinder.

In seiner Heimatstadt Carmel ist er politisch aktiv und immer mal wieder Bürgermeister. Ambitionen als Gouverneur Kaliforniens und Höheres wurden ihm oft nachgesagt.

Ford, Harrison

Der Taler-Tycoon des amerikanischen Films. *13.7.1942 in Chicago. Verdient pro Film 25 Millionen Dollar. Geschätztes Vermögen: 200 Millionen Euro. Die Rolle als Pilot in *George Lucas'* erstem »Star Wars«, 1977, hat ihn in die Top-Line der amerikanischen Stars katapultiert. Debüt mit »Getting Straight« (1970), »Apocalypse Now«, »Hanover Street«, »The Empire Strikes Back«, »Raiders Of The Lost Ark«, »Blade Runner«, »Return of The Jedi«, »Indiana Jones and the Temple of Doom«, »Witness«, »Working Girl«, »Indiana Jones and the Last Crusade«, »The Fugitive«, »Sabrina«, »Air Force One«, »Six Days, Seven Nights«, »K-19: The Widowmaker« (20 Drehtage für 20 Millionen Dollar).

F. hat seit seinem 54. Lebensjahr ein gepierctes Ohr (»Ich wollte das schon immer«). Dabei war er lange ganz brav. Aber nach der ersten Ehe mit *Mary Marquardt* (Kinder *Benjamin* und *Willard*) und 17-jährigem Mustergatten-Dasein mit der zweiten Frau *Melissa Mathison* (Kinder *Malcolm* und *Georgia*) bricht er 2001 plötzlich aus. Er zeigt sich mit feurigen Flammen à la *Lara Flynn-Boyle* in x-beliebigen Tabledance-Clubs, umzingelt von nackten Girls. In den Eva-Etalissements nennt er sich »amtlicher Fleischbeschauer«, sitzt in Reihe 1 und steckt große Dollarscheine in die Strumpfbänder der Mädchen. Der Alkohol spricht dabei ein wichtiges Wort mit. In der Ernüchterungsphase will er die Ehe kitten, schließlich geht es um viele Dollars. Mehrere Aussprachen führen zu nichts – im Frühjahr 2002 zeigt er sich nur noch mit Miss Magersucht *Calista Flockhart* alias Ally McBeal (*11.11.1964 in Freeport/Illinois) und spielt mit ihrem Adoptivsohn *Liam*, als ob er der leibliche Vater wäre.

Foster, Jodie

Eigensinnige Hollywood-Einzelgängerin. Schauspielerin der ersten Garde, Regisseurin und Produzentin. *19.11.1962 in Los Angeles als Alicia Christian Foster. Mutter zweier Söhne, *Charles* und *Kit*, die sie allein aufzieht und deren Väter sie geheim hält, weil sie Männer nicht vermisst. Berühmt wird sie als 13-jähriges

Nymphchen in *Martin Scorseses* Film »Taxi Driver«. Weitere Erfolge: »Sommersby«, »Maverick«, »Nell«, »Contact«, »Anna und der König«, »Panic Room«, »Das Schweigen der Lämmer«. Besitzt eine eigene Produktionsfirma, »Egg Pictures«. Erhielt Oscars für »Angeklagt«, 1988, und »Das Schweigen der Lämmer«, 1991. Ein Literaturstudium schließt sie *summa cum laude* ab.

Das Bild ist gewöhnungsbedürftig, weil es sich um einen ganz speziellen Familienausflug handelt. Venice bei Santa Monica: Jodie, in karierter Hose und barfuß, ihre Lebensgefährtin *Cydney*, fast mit der gleichen blonden Frisur wie die Foster, und in der Mitte der dreijährige *Charles*, der am 29. September 2001 ein Brüderchen namens *Kit* bekam. Gerüchte sagen, dass sich F. in beiden Fällen habe befruchten lassen. Auf Spekulationen, wie sie die Kinder empfangen habe, reagiert sie jedoch cool: »Ich will dieses Glück nicht mit ganz Amerika teilen.« Jedem, der wissen möchte, wer denn der Vater sei, empfiehlt sie zu warten, bis die Söhne es ihm selbst sagen und anrufen können. Man darf gespannt sein, wann die beiden Kleinen, die nur in Gesellschaft von Frauen aufwachsen, zum ersten Mal nach dem Papa rufen.

Gere, Richard

Hollywoods Aschenputtel-Prinz. *31.8.1949 in Philadelphia. Nach Studium der Philosophie spielt er Theater, macht Musik und schließt sich 1970 einer Rockband an. Noch bevor ihm sein Durchbruch mit dem Film »American Gigolo« (mit *Lauren Hutton*) gelingt, findet im Hotel »Château Marmont« am Sunset Boulevard in Hollywood Regisseur *Rainer Werner* ➔ *Fassbinder* Gefallen an ihm. Weitere Filme: »Ein Offizier und ein Gentleman«, »Außer Atem«, »Internal Affairs«, »Pretty Woman« (mit *Julia Roberts* ➔ S. 180 f.), »Der Schakal«, »Die Braut, die sich nicht traut«, »Dr. T. & The Women«, »The Mothman Prophecies« und 2002 »Chicago« (wo er seit 25 Jahren zum ersten Mal wieder singt und steppt).

Der schöne, inzwischen grau melierte und immer gelassener werdende Ex-»Gigolo« trägt Mode von *Armani*. 1999 wählt ihn »People Magazine« zum »Sexiest Man alive«. Männliche Schönheit hat aber unliebsame Nebenwirkungen: Von einem deutschen Fan namens *Ursula Reichert* wird G. auf Schritt und Tritt verfolgt. Die 51-Jährige betreibt Telefon-Terror und lauert ihm sowohl vor seinem Büro als auch vor seinem Haus auf. Höhepunkt der einseitigen Liebe: Ursula droht mit Selbstmord, sollte er sie nicht erhören. Nach der siebten Großattacke ruft G. die Polizei und die Frau wird in eine Nervenklinik gebracht.

G. ist *das* Sexsymbol Hollywoods, ein unwiderstehlicher Herzensbrecher, der den Frauen nicht nur heiße Nächte verspricht, sondern auch für das so wichtige, tiefsinnige Gespräch danach gut ist: 1986 tritt er zum Buddhismus über und hat damit eine neue Lebensform gefunden. Er unterstützt den *Dalai-Lama* im Kampf um die Befreiung Tibets. »Ich habe erst spät begriffen, dass es ein universales Karma gibt. Wir sind alle gemeinsam auf dem Planeten – Gläubige und Ungläubige. Wenn ein Volk in der Ferne leidet, werden wir das auch spüren, weil die negative Energie nicht einfach in den Körpern der Leidenden bleibt.« Die Nachrichten der Neuzeit kann G. nur schwer verkraften. »Lese ich morgens die Zeitung, bin ich total deprimiert. Gewalt und nochmals Gewalt. Ein Teufelskreis. Allein mit Liebe können wir ihn durchbrechen«, meint der Buddhist.

1991 heiratet G. das Topmodel *Cindy* ➔ *Crawford*, von der er sich vier Jahre später wieder scheiden lässt. Seit 1995 lebt er mit der Schauspielerin *Cary Lowell* zusammen. Durch die Geburt des gemeinsamen Sohnes *Homer James* im Jahr 2000 hat ein neuer Lebensabschnitt begonnen: »Ein Kind verändert alles. Du wirst kein neuer Mensch, sondern zu dem, der du wirklich bist.«

Gibson, Mel

Frauenschwarm, der sich nicht erwischen lässt. Schauspieler und Regisseur. *3.1.1956 in Peekskill/New York. Wollte zunächst Priester werden, entschied sich aber anders. Erste Filmrolle in »Summer City«, 1979 dann der internationale Durchbruch mit »Mad Max«. Es folgen »Lethal Weapon« (4 Teile), »Ein Jahr in der Hölle« und »Gallipoli« (Regie: *Peter Weir*). Spielt in *Franco Zeffirellis* »Hamlet«-Verfilmung, in »Tequila Sunrise«, »Maverick«, »Was Frauen wollen«, »We were Soldiers« und unter deutscher Regie in »Million Dollar Hotel« (*Wim Wenders*) sowie in »Der Patriot« (*Roland Emmerich*). Selbst Regie führt er in »Der Mann ohne Gesicht« und »Braveheart« (Oscar für Beste Regie).

Mit seinen veilchenblauen Strahlemann-Augen hypnotisiert G. die Frauen wie die Schlange das Kaninchen. Affären wurden dem herrlich natürlichen Schauspieler jedoch bislang nicht nachgewiesen. Er ist höchst selten auf Parties anzutreffen und zeigt sich bei offiziellen Film-Events meist allein. G. hat zehn Geschwister und sorgt selbst für reichlich Nachwuchs: sieben Kinder. Seit 1979 ist er mit *Robyn Moore* verheiratet. Man spricht davon, dass er in Beverly Hills eine Freundin hat, aber das ist sicher nur ein Gerücht.

G. lebt in Los Angeles, bei Malibu und auf seiner Ranch in Australien. Zusammen mit meiner Frau, die ein Gibson-Fan ist, treffe ich ihn zufällig in Trankers, einem versteckten Beach-Nest unweit von Malibu. Der Filmstar lässt gerade sein hölzernes Strandhaus renovieren und trägt ungeniert Bauarbeiterkluft, weil er selbst Hand anlegt. Mel im Blaumann berichtet stolz von seinen Zimmermannskünsten. Der Türsteher des Dancings »Maximilians« hat wohl 20 Jahre lang keine Selbstkontrolle vor dem Spiegel vorgenommen. Man möchte ihm bei Tageslicht auch nicht unbedingt einen Gebrauchtwagen abkaufen. Dennoch spielt er seine kleine Macht am »Rein« aus: Mit den Worten »Nur für Mitglieder« verweigert er Mel Gibson den Einlass. Der verwunderte Schauspieler, gerade auf Durchreise in München, will schon wieder in seine Limousine steigen, als Disco-Wirtin *Birgit Biederer* herbeieilt und mit weiblichem Charme die Panne ausbügelt.

Goldberg, Whoopi

Losestes Maul Hollywoods. ★13.11.1949 in New York als Caryn Johnson. Zwei geschiedene Ehen: Mit Gewerkschafter *Lyle Trachtenberg* und Kameramann *David Calessen*. Liiert mit *Frank Langella*. Zwei Kinder: *Alexandra* und *Martin*.
Bereits mit acht Jahren bringt sie das Publikum zum Lachen, als sie im Kindertheater »Helena Rubinstein« auftritt. Dieses komödiantische Talent baut sie in den 70er Jahren an der Westküste in verschiedenen Theaterproduktionen aus. Regisseur *Mike Nichols* gibt ihr 1983 eine Rolle in einer Broadway-Produktion. Fasziniert von ihrer Bühnenpräsenz, verpflichtet sie *Steven Spielberg* (➔ S. 184f.) daraufhin für seinen Film »The Color Purple«: der Beginn ihrer Karriere. Mit »Sister Act – Eine himmlische Karriere« erobert sie weltweit die Kinobesucher. Weitere Filme: »Jumping' Jack Flash«, »Burglar«, »Fatal Beauty«, »Clara's Heart«, »Sarafina«, »Corinna, Corinna«, »In & Out« »The Deep End of The Ocean«, »Girl, interrupted«.
Erfolge: Golden Globe-Award, Oscar-Nominierung für »The Color Purple«, Oscar als Beste Nebendarstellerin für »Ghost – Nachricht von Sam«. Ihr scharfes Mundwerk stellt sie mehrmals bei der Oscar-Moderation unter Beweis.

Hawn, Goldie

Prinzessin auf der Kichererbse. Schauspielerin und Produzentin. *21.11.1945 in Washington D.C. Der Vater spielt im Orchester des Weißen Hauses, die Mutter betreibt eine Tanzschule und einen Schmuckgroßhandel. Als Dreijährige erhält sie Ballettunterricht und nimmt später Gesangs- und Klavierstunden. Nach Abschluss der Montgomery Blair High School in Silver Spring/Maryland Schauspielunterricht. In New York verdient sie dann ihr Geld als Go-Go-Girl in der Disco »Dudes'n Dolls« für 23 Dollar pro Nacht, ehe sie als TV-Ulknudel in der Serie »Laugh In« Furore macht. Erster Film »Kaktusblüte« mit *Ingrid Bergman* und *Walter Matthau*. Weitere Erfolge: »Ein Mädchen in der Suppe«, »Sugarland Express«, »Shampoo«, »Ein Vogel auf dem Drahtseil«, »Der Club der Teufelinnen«, »Schütze Benjamin« (auch als Produzentin), »Housesitter – Lügen haben schöne Beine«, »Der Tod steht ihr gut«. Ein Oscar für die beste Nebenrolle in »Kaktusblüte«.
Erste Ehe mit Regisseur *Gus Trikonis*, dann mit *Bill Hudson*, mit dem sie die Kinder *Kate* und *Oliver* hat. Heute liiert mit Filmstar *Kurt Russell*; gemeinsamer Sohn *Wyatt*. Sie lebt im bergigen Stadtteil von L.A. Pacific Palisades bei Santa Monica und liebt es, mit Lebenspartner Kurt im Pool des feinen »Beverly Hills Hotel« zu schwimmen. Sie nehmen immer eine Cabana auf der rechten Seite des Schwimmbades.
Ihr Schönheitsgeheimnis verrät sie nicht, aber ihr langes Haar kaschiert viel von eventuell aufblitzender Herbstlichkeit.

Hepburn, Audrey

Zerbrechliche Filmfee. *1929 als Edda Kathleen van Hemstra Hepburn-Ruston in Brüssel.† 20.1.1993 in Tolochenanz am Genfer See. Während des Krieges lebt sie in Arnheim/Holland, geht mit 16 nach London an die Tanzakademie und schlägt sich als Model mit kleinen Rollen durch. 1951 beim Drehen in Monte Carlo wird sie von der Schriftstellerin *Colette* entdeckt, die durchsetzt, dass H. ihre »Gigi« am Broadway spielt – a star is born. H. ist der liebenswerte Mittelpunkt der Filmklassiker »Frühstück bei Tiffany«, »Ein Herz und eine Krone« (mit *Gregory Peck*) und »My Fair Lady«. 1976 dreht sie den Film »Robin und Marian« (mit *Sean* ➔ *Connery*). Ihre letzte Rolle ist die eines Engels in *Steven Spielbergs* (➔ S. 184f.) Film »Always« (1989). Oscar als beste Schauspielerin für »Ein Herz und eine Krone«.

Sie überlebt ihr Dasein nicht nur wegen ihrer Filme, sondern auch wegen »Tiffany's«, wo man alljährlich ein »Frühstück« für die Klientel zaubert. Zudem steht die zerbrechliche Audrey zwei Meter groß als Bronzedenkmal nahe der Zentrale des United Nations Children's Fund in Manhattan, vor dem Unicef-Gebäude in New York – sie war auch Unicef-Botschafterin.

»Spirit of Audrey« hat Bildhauer *John Kennedy* die Statue betitelt, die Schauspieler *Robert Wolders* stiftete, der langjährige Lebensgefährte von H. Mit ihm hatte sie nach zwei gescheiterten Ehen ein beständiges Glück gefunden. 1954 heiratete Audrey (gern in Givenchy gedresst) zunächst *Mel Ferrer*, mit dem sie den Sohn *Sean* (*1960) hat. Die Ehe scheitert im verflixten siebten Jahr, und sie zieht sich 1967 in einen altes Landhaus (»La Paisable«) am Genfer See zurück. 1969 heiratet sie den römischen Psychiater *Andrea Dotti*, von dem sie Sohn *Luca* (*1970) bekommt. Auch diese Ehe geht schief.

Hope, Bob

Witzigster und reichster Hollywood-Methusalem aller Zeiten. *27.5.1903 in Eltham/England als Leslie Townes Hope. Der Entertainer war zeitweise 200 Mal pro Jahr auf den Bildschirmen der USA zu sehen. 1934 heiratet er *Dolores* (*1909).

Das Paar hat vier Kinder, lebt in einem Haus in Los Angeles und ganz untypisch für die Zelluloid- und TV-Branche scheint hier der Satz tatsächlich zuzutreffen: Bis dass der Tod euch scheidet: »Wenn die Kerzen mehr kosten als der Kuchen, dann weiß man, dass man alt geworden ist«, meint H. an seinem 98. Geburtstag, den er beschaulich mit Dolores feiert. Wie immer verbringen die beiden Stunden vor dem Großbildschirm und schauen sich alte Filme an. Dabei philosophiert H.: »Ab dem 95. Geburtstag ist jeder Tag dein Tag.«

Hopkins, Sir Anthony

Oscar-Preisträger mit Biss. Theater- und Filmschauspieler und Regisseur. *31.12.1937 in Port Talbot/Wales als Sohn eines Bäckers, bekennender Alkoholiker, der mit Hilfe der »Anonymen Alkoholiker« heute trocken ist. Bewohnt ein Traumhaus in Pacific Palisades bei Santa Monica/Kalifornien.

Erste Ehe mit *Petronella Barker*, mit der er Tochter *Abigail* hat. Unmittelbar nach der Scheidung, 1973, heiratet H. *Jennifer Lynton (Jenni)*. Diese Ehe zerbricht 1995, als Nachrichten über Begleiterinnen wie *Joyce Ingalls* oder *Francine Kay* laut werden und Jenni nicht mehr darüber hinwegsehen kann, obwohl das Paar in den vergangenen Jahren das Leben freundschaftlich separat genießt. Scheidung 2002.

H. ist würdiger Nachfolger der großen britischen Darsteller *Richard Burton* und *Sir Laurence Olivier*. 1960 erster Auftritt im Theater, drei Jahre lang Mitglied der Royal Academy of Dramatic Art in London. Durchbruch 1980 in »Der Elefantenmensch« (Regie: *David Lynch*). Zahlreiche Bühnen- und Filmrollen; größter Erfolg als Hannibal Lector in dem Grusel-Thriller »Das Schweigen der Lämmer« (Regie *Jonathan Demme*). »British Theatre Association's Award« als bester Schauspieler; Oscar 1991 als Bester Hauptdarsteller in »Das Schweigen der Lämmer«; Oscar-Nominierung 1993 als Bester Hauptdarsteller in »Was vom Tage übrigblieb«; Oscar-Nominierung 1995 als Bester Hauptdarsteller in »Nixon«.

Jackman, Hugh

DKNY-Dandy mit *Cary Grant* als Vorbild im Auge. * 12.10.1968 in Sydney, verheiratet mit Schauspielerin *Deborra-Lee Furness*. Für sein knackiges Aussehen investiert der Australier mehr, als man seinem natürlichen Auftreten zutraut. Fast jeden Tag arbeitet er mit einem Fitness-Trainer, der auch Kollegin *Angelina Jolie* (→ S. 174) auf ihre Rolle als Lara Croft vorbereitet.

Zum Frühstück gibt es bei Hugh Haferflocken und Proteine, fettarmen Hüttenkäse und manchmal auch ein Omelett, aber Achtung: nur das Weiße vom Ei.

Der Schauspieler isst pro Tag sechsmal Minigerichte und versucht, Zucker und Weißmehl wegzulassen.

Jolie, Angelina

Schmollmündige Pixel-Ikone mit Verdunklungsblick. *4.6.1975 als Tochter des Schauspielers *Jon Voight*. Erste Ehe mit Schauspieler *Johnny Lee Miller*, zweiter Versuch mit *Billy Bob Thornton*. Insgesamt viermal geschieden, drei Kinder. Die High-School-Absolventin wird bekannt als Lara Croft in »Tomb Raider« und erhält 2000 einen Oscar für die Beste Nebenrolle in dem Film »Durchgeknallt«.

J. liebt das Bizarre und ist Stammkundin bei einem Spezialisten für Tattoos. So schmückt sie nach geduldiger Stichelarbeit das japanische Wort für »Tod«. An anderen Stellen ihres schönen Körpers mit besonders samtiger Haut lässt sie ein Kreuz, einen Drachen, den Buchstaben »H« und neuerdings »Billy Bob« eingravieren (bei normaler Straßenkleidung nicht so ohne weiteres zu erkennen). Bei der Hochzeit trägt sie als Wedding-Dress eine schwarze Gummihose und eine weiße Bluse. Auf dem Rücken steht in Blut geschrieben der Name des Bräutigams. Dracula lässt grüßen. Im Juli 2002 fordert sie eine kleine Ampulle mit ihrem Blut – Zeichen ihrer unzerbrechlichen Liebe – zurück und reicht die Scheidung ein, weil Kater Bob, der undressierbare Schuft, das Mausen nicht lassen kann.

Kidman, Nicole

Rothaarige Diva mit Botticelli-Gesicht. *20.6.1967 in Honolulu/Hawaii. K. besitzt eine erstaunliche Wandlungsfähigkeit, von der Catwoman in »Batman Forever« bis zur Kurtisane in »Moulin Rouge«. Bereits mit drei Jahren tanzt sie im Ballett, erhält mit acht Jahren eine Schauspiel-Ausbildung am St. Martin's Youth Theatre in Melbourne, wo sie aufwächst und Australiens Gold-Mime wird.

Filme: »Read Calm«, »Days of Thunder«, »Flirting«, »My Life«, »To Die For«, »The Portrait of a Lady«, »The Peacemaker« (mit *George Clooney* (→ S. 166), »Eyes Wide

Shut« (Regie: *Stanley Kubrick*), »The Others«, »The Hour«, »Practical Magic« (mit *Sandra Bullock* ➔ S. 159), »Birthday Girl« (2002). Golden Globe, Oscar-Nominierung.

Die Spielermetropole Las Vegas glänzt nicht nur immer wieder mit neuen Hotelwundern, auch die Showtime muss mit neuen Stars versorgt werden, da die großen Künstler langsam aussterben. Ein Coup ist das Duell der Diven Nicole Kidman und *Celine Dion*. Die »Titanic«-Chanteuse wird für drei Jahre vom »Cesar's Palace« gegen eine Gage von 100 Millionen Dollar engagiert, dem »Moulin Rouge«-Star K. wird ein 180-Millionen-Dollar-Vertrag, ebenfalls für drei Jahre, vom Erlebnishotel »Bellagio« angeboten. Dort soll sie die Gäste mit einer »Moulin-Rouge«-Bühnenfassung erfreuen.

K. hat zwei Adoptiv-Kinder, *Isabella Jane* und *Connor Anthony*. Zehn Jahre lang ist sie Toms Cat, bevor sie von *Tom Cruise* (➔ S. 161 f.) 2001 »glücklich geschieden« wird. Seither Single, lässt sie sich von ihrem Bodyguard *David Garris* gut bewachen. 2002 geht sie »Spider-Man« *Tobey Maguire*, erst 26 Jahre alt, ins Netz. Die versponnene Freundschaft kommt bei der Premiere des neuen Action-Thrillers in L.A. ans Tageslicht.

Ihr glutvolles Temperament tobt Nicole außerdem beim Reiten aus. Dazu passt, dass sie am liebsten »luftig« aus dem Haus geht – ohne Dessous, ohne Slip ... »Ich liebe es«, sagt sie, »ohne Unterwäsche zu sein.«

Bei der Scheidung von *Tom Cruise* wird ihr der 20 Millionen Dollar teure Familiensitz (fünf Schlafzimmer) in Pacific Palisades hoch über einer Steilküste mit Blick auf die Sandstrände von Santa Monica zugesprochen. Dort hat sie Nachbarn wie *Steven Spielberg* (➔ S. 184 f.), *Goldie Hawn* (➔ S. 171) und *Arnold* ➔ *Schwarzenegger*. Auch im australischen Darling Point besitzt sie ein Anwesen (Wert: 2,3 Mio. Euro) mit Blick auf den Hafen von Sydney. Ihre Sprösslinge besuchen hier eine exklusive Privatschule.

Maguire, Tobey

»Spider-Man«. ★27.6.1975 in Los Angeles. Fliegt von der Highschool, hängt mit 19 an der Flasche und wird dann Vegetarier, der täglich Yoga-Übungen praktiziert. Stress bekämpft er mit Basketball oder Backgammon. Bei der Oscar-Verleihung 2002 freundet er sich mit *Nicole Kidman* (➔ S. 174 f.) an; sein Spezi seit 1989 heißt *Leonardo DiCaprio* (➔ S. 164). Filme: »The Boy's Life« (1993), »The Ice Storm«

(1997), »Pleasantville« (1998), »Ride with the Devil« (1999), »Wonder Boys« (2000), »Cats & Dogs« (Stimme, 2001).

Den Star, der über Nacht geboren ist, gibt es nicht. Ein männlicher Schauspieler benötigt wenigstens zehn Jahre, bis er weltbekannt ist. Beim weiblichen geht's ein bisschen schneller, circa sechs Jahre. Das kann man an allen Biografien studieren. Kaum ist er aber in der ersten Liga angelangt, suchen die Medien mit der Lupe das Leben und Umfeld des neuen Stars ab. Die negativen Storys sind dabei am meisten gefragt. So rückt bei M., der im Film als »Spider Man« Gangster jagt, sein Vater *Vincent Maguire* ins Blickfeld, der 1992 eine Bank in Reseda/Kalifornien überfallen hat. Er sah damals keinen Ausweg, um zu Geld zu kommen. »Ich habe das schwer bereut und gebüßt. Die Ärzte sagten mir, ich hätte Lungenkrebs und mein letztes Stündlein schlägt in Kürze. Ich wollte meinen Kindern nicht nur Schulden hinterlassen«. Diese Sorgen sind vorbei. Tobey hat bei »Spider Man« zehn Millionen Dollar verdient.

Moore, Demi

Glücklose Sex-Diva mit Höchstgagen. *11.11.1962 als Demetria Gene Guynes in Roswell/New-Mexico. Die schöne Mutter lebt mit ihren Kindern in Hailey, einem 4600-Seelen-Städtchen in Ohio.

Verheiratet in erster Ehe mit Rockmusiker *Freddy Moore*, dessen Namen sie beibehält, in zweiter mit Filmstar Bruce Willis (➔ S. 190 ff.). Die beiden sind das Powerpaar Hollywoods. Drei Töchter, *Rumer Glenn*, *Scout LaRue* und *Tallulah Belle*. Als sie mit dem dritten Kind hochschwanger ist, lässt sie sich ungeniert für »Vanity Fair« nackt ablichten. Das Foto geht um die ganze Welt. 1998 Trennung. Danach Liaison mit Karatelehrer *Oliver Whitcomb*.

Durchbruch 1990 mit »Ghost – Nachricht von Sam« (Partner: *Patrick Swayze*). Es folgen »Eine Frage der Ehre« mit *Jack Nicholson* (➔ S. 177 f.) und *Tom Cruise* (➔ S. 161 f.), »Ein unmoralisches Angebot« mit *Robert Redford* (➔ S. 180) und »Enthüllung« mit *Michael Douglas* (➔ S. 164 f.). Danach wird sie von Fortuna im Stich gelassen. Ihre Filme ab 1995, »Der scharlachrote Buchstabe«, »Striptease«, »Nicht schuldig«, »Die Akte Jane« und »Tiefe der Sehnsucht«, entpuppen sich als Flops. Die Filmschauspielerin vom Stamme Nimm verlangt trotzdem immer höhere Gagen, was ihr den Spitznamen »Gimme Moore« einbringt. Für »Striptease« erhält sie 12,5 Millionen Dollar.

Nicholson, Jack

Hollywoods »Easy Rider«, der in seinen Rollen den Irrsinn mit Methode pflegt.
*22.4.1937 in Neptune City/New Jersey. Jack erfährt erstaunlich spät, mit 30 Jahren, dass nicht der Schildermaler *John Nicholson* sein Vater ist, sondern der italienische Sänger *Fercillo Rose*.
Er lebt in Beverly Hills direkt neben den Anwesen von *Marlon Brando* (➔ S. 158) und *Charlton Heston*. Film-Debüt 1958 in »The Cry Baby Killer«. Nach 17 B-Filmen in den 60ern Durchbruch mit »Easy Rider«. Weitere Filme: »Chinatown« (Regie: *Roman* ➔ *Polanski*), »Einer flog über das Kuckucksnest« (Regie: *Milos Forman*), »The Passenger« (Regie: *Michelangelo Antonioni*), »The Missouri Breaks (Regie: *Arthur Penn*), »The Last Tycoon« (Regie: *Elia Kazan*), »Shining« (Regie: *Stanley Kubrick*), »Zeit der Zärtlichkeit«, »Wenn der Postmann zweimal klingelt« (mit *Jessica Lange*), »Prizzi's Honor«, »Batman«, »A Few Good Men«.
Dreifacher Oscar-Preisträger, mehrfacher Golden-Globe-Sieger.
N. ist geschieden von der Schauspielerin *Sandra Knight*, mit der er Tochter *Jennifer* hat. Seither meidet er Standesämter. 17-jährige Liaison mit *Anjelica Huston*, heiße Berührungen mit *Meryl Streep*, und aus der Verbindung mit *Rebecca Broussard* gingen die Kinder *Lorraine* (1990) und *Raymond* (1992) hervor. Seine aktuelle Freundin heißt *Lara Flynn-Boyle*, mit der er moderne Kunst sammelt und gern an die Côte d'Azur reist.
Ladykiller Jack stellt halb London by night auf den Kopf und lädt die Hälfte eines bunt und minimal gedressten Table-Dancing-Personals in sein Hotel zum »Come together« ein – aus rein gesundheitlichen Gründen: »Sex ist der genussvollste Weg, um Kalorien zu verbrennen. Man kann alles auf Sex reduzieren. Sex ist der Motor der Welt.«
Als es noch keinen Personen-Check-up beim Abflug gibt und man ohne Sicherheitskontrolle zum Flugzeug gehen kann, warte ich mit Filmverleihchef *Norbert Scherer* gespannt am Rollfeld des Münchner Flughafens. Die Maschine aus London landet pünktlich, und auf der Gangway erscheint ein freundlich winkender US-Schauspieler Jack Nicholson. »Hi, können Sie das halten«, sagt er und drückt mir sein kleines Kroko-Köfferchen in die Hand. Klar, dass man das macht. Jack, für den Film »Einer flog über das Kuckucksnest« nach München geflogen, ist sehr gut drauf, und nach der »Nice to meet you«-Floskel geht es rasch durch den Zoll. Ich trage das Köfferchen, werde nicht kontrolliert und Nicholson genießt es, von den

Beamten jovial durchgewunken zu werden. Draußen, noch vor dem Einsteigen in die VIP-Limousine, nimmt Jack ganz schnell das Köfferchen wieder an sich. Später im Wagen klicken die Schlösser des Gepäckstücks und er klappt den Deckel auf, unter dem ein vertretergerechtes Ordnungsparadies zum Vorschein kommt. Da stecken, wie mit dem Lineal gezogen, vier Zeilen dicker, selbstgedrehter Zigaretten, schön aneinander gereiht, und darunter, in Reih und Glied, kleine, mit weißem Pulver gefüllte Glasfläschchen, an denen kleine Löffel baumeln, die silbern klimpern. Nicholson, großzügig, wie er ist, will seinem Kofferträger gleich so ein Fläschchen schenken. Ich lehne ab. Wenn sie mich, der ich erst jetzt wieder richtig durchatme, mit diesen Utensilien erwischt hätten, würde ich noch heute brummen.

Paltrow, Gwyneth

Blondes Gift. Oscar-Preisträgerin und Sängerin (»Cruisin« mit *Huey Lewis*). *28.9.1973 in Los Angeles als Tochter von TV-Produzent *Bruce Paltrow* und der Schauspielerin *Blythe Danner*. Lebt in Los Angeles. Schwört auf Yoga und Mineralwasser. Von 1995–97 mit Filmstar *Brad Pitt* (➔ S. 179 f.) befreundet, später mit *Ben Affleck*, dann mit Ketchup-Erbe *Christopher Drake Heinz* und ein bisschen à la carte unterwegs. Sehr intensiv und genusssüchtig. Kino-Debüt im *Travolta*-Film »Shout«. Wichtige Filme: »Hook«, »Mrs. Parker«, »Jefferson in Paris«, »Seven«, »Der talentierte Mr. Ripley«, »Die Royal Tenenbaums«.
Oscar für »Shakespeare in Love«.
Das blonde Gift Gwyneth ist die beste Freundin von ➔ *Madonna* und agiert als Trauzeugin, als der Gesangsstar im Dezember 2000 in England Regisseur *Guy Ritchie* in einer »keimfreien« Aktion heiratet – es gelangt kein Foto in die Öffentlichkeit. Bei solchen Anlässen muss die Paltrow an ihre große Liebe *Brad Pitt* denken – wie sie mit ihm in einem Apartment in Greenwich Village/New York zusammenlebte und die beiden sich das Autofahren aufteilten: »Ich chauffierte in New York, Brad in Los Angeles, und gekocht habe ich auch immer. Meine Spezialität ist gefülltes Brathuhn.«
Mit 14 hat Papa *Bruce* seine Tochter Gwyn in Sachen Drogen aufgeklärt. »Ich habe nichts dagegen, wenn du auf einer Party Rauschgift ausprobierst, aber lasse vorher alle anderen was nehmen. Wenn keiner losheult oder ausflippt, dann probiere es. Wenn du dich elend fühlst, rufe mich an, ich hole dich und bringe dich ins Kran-

kenhaus«, lautet Daddys Rat. Die Folge: »Ich hatte nie Lust darauf, denn mein Vater hat den Drogenkonsum entmystifiziert.«

Pitt, Brad

Hollywoods vorerst an die Leine genommener Ladykiller. ★18.12.1963 in Springfield/Missouri als William Bradley Pitt.
Bricht an der Universität von Missouri sein Journalistikstudium ab und hat bis zur Stunde mit dieser Berufs-Spezies nicht viel am Hut. Schlägt sich nach Hollywood durch und nimmt Schauspielunterricht bei *Roy London*. Kaum auf der Leinwand, wird er vom »People«-Magazin gleich mehrere Male zum »Sexiest Man alive« gekürt. Als mieser Punk in *Ridley Scotts* »Thelma and Louise« (die Rolle soll er *George Clooney* – ➜ S. 160 – weggeschnappt haben) fällt P. erstmals richtig auf. Weitere Filme: »Interview mit einem Vampir«, »White Trash«, »Fight Club«, »12 Monkeys« (Oscar-Nominierung), »Sieben Jahre in Tibet«, »Aus der Mitte entspringt ein Fluss« (mit *Robert Redford* ➜ S. 180), »Legenden der Leidenschaft«, »Johnny Suede«, »Seven«, »Sleepers«, »The Mexican« (mit *Julia Roberts* ➜ S. 180f.). P. ist aus demselben Holz wie *James Dean*, *Mickey Rourke* oder *Marlon Brando* (➜ S. 158). Wie sie kann er in alle Rollen schlüpfen, von schmierig verkommen bis hinreißend unwiderstehlich.
Mit *Gwyneth Paltrow* (➜ S. 178), die er bei den Dreharbeiten zu »Seven« 1995 kennen lernt (Pitt zeigt sich darin splitternackt), verlobt er sich nach zwei Jahren. Als weitere zwei Liebeslenze ins Land ziehen, ist der Rausch vorbei. »It's the Pitts!« meldet »New York Post« am 17.6.97. Letztlich vergeblich ist auch die Liebesmüh' der aparten deutschen Regisseurin *Katja von Garnier* (★15.12.1966 in Wiesbaden), die ihn beim Start von »Sieben Jahre in Tibet« durch Deutschland begleitet und mit Brad in *Roger Barandas* Restaurant »Makassar« im Münchner Schlachthof-Viertel auftaucht, aber auch in Malibu schöne Stunden mit ihm verbrachte. Jetzt ist sie liiert mit dem Kollegen *Markus Goller*, mit dem sie einen Sohn hat. Bei Brad gewinnt schließlich die beachblondbraune *Jennifer Aniston* (bürgerlich: Jennifer Anistonapoulas) die Oberhand. Auf dem Standesamt versucht sie im Juli 2000 durch demütiges Senken des Blickes ihren Triumph zu verbergen. In einem eigens errichteten Zelt, so groß wie die Bierburgen auf dem Oktoberfest, steigt die Hochzeitsparty. Die Braut, die aussieht wie ein Engel, der gerade Malibu heiligspricht, steht inmitten einer Blumenpracht, die, wie sich später herausstellt, mit 50 000 Dollar zu Bu-

che geschlagen hat. Außerdem: 39 500 Dollar für die Hochzeitsband »Gypsy Kings« und 100 000 Dollar fürs Feuerwerk.

Redford, Robert

Frauen-Flüsterer. Filmstar, Regisseur, Produzent und Schwarm der Frauen. *18.8.1936 als Charles Robert Redford jr.in Santa Monica/Kalifornien. Nach seiner Ehe mit *Lola Van Wagenen* (Scheidung 1988 nach 30 Jahren) ist er liiert mit der brasilianischen Schauspielerin *Sonia Braga* sowie Kostümbildnerin *Kathy O'Rear*. Seit 1998 mit der Hamburgerin *Sibylle Szaggars* zusammen. Kinder: *Scott* († 1959), *Shauna, James* und *Amy*.

Studiert an der Universität von Colorado, dem Pratt Institute of Design und an der American Academy of Dramatic Arts. 1957 geht er nach Europa und lebt in Paris und Florenz als Maler. Seine Schauspielkarriere beginnt 1959 am Broadway, 1961 dreht er seinen ersten Film »War Hunt«. 1968 gründet er seine eigene Produktionsfirma, die Filme wie »Der Kandidat« und »All the Presidents Men« herausbringt. 1980 ruft er das »Sundance Institute« in Utah ins Leben, das junge Filmemacher fördert.

Filmhits: »The Sting« (Deutsch: »Der Clou«) mit *Paul Newman*, »Der große Gatsby«, »The Way We Were«, »Three Days of Condor«, »Jenseits von Afrika« und »Havanna« mit Regisseur *Sydney Pollack*. »Ordinary People«, »The Natural«, »Ein unmoralisches Angebot, »The American President«, »Staatsanwälte küsst man nicht«, »Der Pferdeflüsterer, »Spy Game«, »Die Legende von Bagger Vance«.

Oscar-Nominierung für »The Sting« und »Quizshow«, Oscar für Beste Regie (»Ordinary People«).

Roberts, Julia

Bestbezahlte »Pretty Woman« Amerikas. *28.10.1967 in Smyrna/USA. Verdient pro Film 20 Millionen Dollar. Gleich nach der Highschool zieht sie das Showbiz an. Erster Film: »Mystic Pizza«, ein Jahr später »Steel Magnolias«. 1999 gelingt der weltweite Durchbruch mit dem Kassenhit »Pretty Woman« (mit *Richard Gere* ➜ S. 168). Weitere Filme: »Sleeping with the Enemy«, »Hook«, »The Pelican Brief«, »Everyone says I love you«, »My best friends Wedding«, »The Mexican« (mit *Brad Pitt*, ➜ S. 179f.), »Ocean's Eleven«.

Oscar für »Erin Brockovich«, Oscar-Nominierung für »Steel Magnolias« und »Pretty Woman«.

R.s losgelöstes, gellendes Ur-Lachen lässt vermuten, dass sie eine leidenschaftliche Frau ist. Pretty Woman ist soeben mit dem Oscar als Beste Schauspielerin des Jahres ausgezeichnet worden (für »Steel Magnolias«) und schwingt die güldene, vier Kilo schwere Trophäe wie ein Zepter. »Ich liebe die Welt. Ich bin so happy«, ruft sie von der Bühne des Shrine Auditoriums herunter, wo zum 73. mal der wichtigste Filmpreis der Welt vergeben wird. Sie setzt zu längerer Dankesrede an, was Oscar-Produzent *Gil Gates* gar nicht mag – er hat die Preisträger schon mal mit einem Extrapreis für das kürzeste Dankeschön geködert. Julia, mit einer Art moderner Kleopatra-Frisur, in einer schwarzen Valentino-Prachtrobe und mit einem 15-karätigen, elipsenförmigen Brillanten von van Cleef & Arpels um den Hals, ist in ihrem Element. »Jeder will mir den Mund verbieten. Meine Eltern haben das schon vergeblich versucht.« Als das 45-Sekunden-Sprechlimit erreicht ist und der Dirigent schon den Taktstock hebt, grinst R. den Maestro an: »Nicht so schnell mit dem Stock. Ich werde ein bisschen länger hier oben stehen. Es könnte ja sein, dass es nie wieder passiert.«

R. besitzt in Mexiko eine Ranch. Wird mann dorthin von ihr eingeladen, meint sie es sehr ernst. Ihr großer sinnlicher Mund hat schon viele Männer (keine Frösche) geküsst. Erotische Eignungsprüfungen absolviert sie mit *Liam Neeson*, *Dylan McDermott*, *Jason Patric*, *Daniel Day-Lewis*, *Matthew Perry*, *George Clooney* (➜ S. 160), *Ross Partridge*, *Benjamin Bratt* und Hockeyspieler *Pat Mannochia*.

Ihre erste Ehe mit Sänger *Lyle Lovett* ist leicht kurios, wie auch das Aussehen des Musikers, und dauert gerade mal zwei Jahre. 2002 ist Kameramann *Daniel Moder* in Mode. Dass Frauen spätestens nach sechs Tagen stutenbissig werden, ist ganz natürlich, weil sie nicht vom verschossenen Elfmeter oder vom Bier reden, sondern von sich, dem unmöglich neuen Busen der anderen oder den gespritzten Tapir-Lippen der Dritten. R. ist *Vera Steinberg*, die scheidungsunwillige Ehefrau ihres Kandidaten mit der H-Frage, ein Dorn im Auge. Julia beschwört die bösen Geister und lässt sich ein T Shirt mit der Aufschrift »A Low Vera« (billige Vera) drucken. Das passt nicht mal Moders Vater *Mike*. Die Familien sind entrüstet, die Hochzeit ist zunächst gefährdet.

Doch am amerikanischen Unabhängigkeitstag heiratet Julia. Ihre Hochzeit mit *Danny Moder* ist allerdings vom Winde verweht, da ein Sommersturm über ihre Ranch in New Mexico fegt. Zu den »Trauzeugen« zählen Hollywood-Stars wie

George Clooney und *Bruce Willis* (➔ S. 190 ff.). Dass es mit der Heirat doch so schnell geklappt hat, dürfte wohl damit zusammenhängen, dass Julia ihre Portokasse etwas öffnete und *Dannys* Ex-Frau *Vera* mit einem Beschleunigungsgeld in Höhe von 250 000 Euro den Abschied von ihm versüßte.

Und noch eine Hochzeitsgeschichte: Im »Mr. Chow«, dem seit Jahrzehnten fabelhaften Chinesen in Beverly Hills, wo man die knusprigste Ente isst und dabei inmitten eines coolen Italo-Dekors sitzt, wird am Nachbartisch der Gesprächspegel extrem hoch. Der Streit ist nicht mehr einzubremsen, bei R. und ihrem Fast-Ehemann *Kiefer Sutherland* fliegen die Fetzen. Was die Gäste im Restaurant nicht mitkriegen: Damit ist auch die Hochzeit geplatzt. 72 Stunden vor der geplanten Trauung muss daraufhin 500 Gästen klar gemacht werden, dass sich die Braut nicht traut (oder ihren Freund verhaut). Das weiße Hochzeitskleid geht an Designer *Richard Tyler* zurück, der Honeymoon wird abgeblasen. Sonst passiert nichts mehr.

Ryan, Meg

Weizenblonde California-Natürlichkeit mit grünen Augen und sinnlichen Lippen, die in dem Film »Harry and Sally« dem Publikum den berühmtesten Orgasmus des amerikanischen Films vorführt. *19.11.1961 als Margaret Mary Emily Anne Hyra in Fairfield/ Connecticut. Pendelt zwischen Bel Air und New York. Lebt seit ihrer Ehe mit *Dennis Quaid* (1991–2001), mit dem sie Sohn *Jack* hat, wieder als Single. Leidenschaftliche Begegnungen mit »Gladiator« *Russell Crowe* (➔ S. 161), dem sie bei den Dreharbeiten zu »Proof Of Life« näher kam, und *Craig Bierko*.

Filmhits: »Harry and Sally«, »Schlaflos in Seattle«, »French Kiss«, »E-Mail für dich«.

Ryder, Winona

Kleptomanische Hollywood-Schönheit. *29.10.1971 als Winona Laura Horowitz in Winona/Minnesota. Als Patenkind von LSD-Guru *Timothy Leary* wächst sie in einer Hippie-Kommune in Nord-Kalifornien auf. Das Engelslächeln verbirgt manche Traurigkeit.

Bereits 1986 dreht sie ihren ersten Film »Lucas« und spielt in »Beetlejuice«, »Heathers«, »Mermaids«, »Night of Earth«, »Bram Stoker's Dracula«, »Geisterhaus«, »Little Women«, »Reality Bites«, »How to Make an American Quilt«, »Boys«, »Looking for Richard«, »The Crucible«, »Celebrity«, »Girl, Interrupted«, »Autumn in New York«. *Meryl Streep* ist von ihrer Kollegin ganz hingerissen. Die Kamera liebt Winona, und ihre dunklen Augen sind ihr Kapital. 1996 produziert sie ihren ersten Streifen »Durchgeknallt« und spielt darin die Hauptrolle. *Angelina Jolie* (→ S. 174), die in der Nebenrolle agiert, bekommt dafür einen Oscar. R. geht leer aus – sie war nicht einmal nominiert.

Das bildhübsche Mädchen leidet schon als Teenager unter Depressionen und Schlaflosigkeit. Ihre große Liebe zu *Johnny Depp*, Partner in dem Film »Edward mit den Scherenhänden«, zerbricht nach drei Jahren. 1993 kann sie sich über ihren Welterfolg »Die Zeit der Unschuld« nicht freuen und wird wegen Erschöpfung und Angstzuständen in eine Klinik eingeliefert. R. stürzt sich – Musiker bevorzugt – in zahlreiche Affären mit *Jay Kay* (»Jamiroquai«), *David Grohl* (»Foo Fighters«), *Dave Pirner* (»Soul Asylum«) und *Matt Damon*.

Als der Hausdetektiv im Nobel-Kaufhaus Saks Fifth Avenue in Beverly Hills am Wilshire Boulevard zuschlägt, hat die Kundin Schmuck und Kleidung im Wert von rund 5000 Dollar in ihrer Tasche verstaut. Per Bildschirm hat Sicherheitschef *Kenneth Evans* den »illegalen Einkauf« beobachtet und stellt die junge Dame, die in der Umkleidekabine die Diebstahl-Sicherungen entfernte, am Ausgang. Er erkennt die prominente Kundin erst, als sie ihren Ausweis zücken muss und die Polizei eintrifft. Für 20 000 Dollar Kaution kommt R. auf freien Fuß und beteuert, sie habe nur für eine neue Rolle geprobt. Sowohl ihr Freundeskreis als auch Polizei und Gericht rätseln, warum es zu diesem Delikt kam. Ihr Bankguthaben schlägt mit zweistelliger Millionen-Dollar-Höhe zu Buche, und Designerkleider von Armani oder Prada muss sie nicht stehlen. Ein Anruf würde genügen und sie bekäme alles, was sie wünscht, frei Haus zugestellt. Einen Werbeträger wie R. können sich solche Weltmarken nur wünschen.

Shields, Brooke

Kindfrau der US-Filmgemeinde. *31.5.1965 in New York. Dank ihrer geschäftstüchtigen Mutter *Teri* bereits mit elf Monaten im Showgeschäft: Posiert für 35 Dollar Gage für Ivory-Seife, später für Zahnpasta und Kindermoden. Meister-

Regisseur *Louis Malle* engagiert sie für »Pretty Baby«, als sie gerade elf Jahre alt ist. Weitere Filme (die Mama passt immer auf wie ein Schießhund): »Endlose Liebe«, »Wanda Nevada« (mit *Peter Fonda*), »Sahara«, »Suddenly Susan«.
Die Unschuld von Hollywood hat prominente Verehrer wie Filmschauspieler *Liam Neeson* oder Sänger *Michael Bolton*, doch keinem gelingt es, Mama *Teri* auszutricksen. *Michael* ➜ *Jackson* will mehr einen brüderlichen Part in Anspruch nehmen. Plötzlich, aber nicht über Nacht, wird Tennis-Diva *André Agassi*, der zuvor ein Bratkartoffelverhältnis mit *Barbra Streisand* (➜ S. 186 ff.) in der Öffentlichkeit zum Besten gibt, der Freund der schönen Brooke. Nach unnatürlich langer Verlobungszeit heiraten die beiden am 19. April 1997 und trennen sich nach zwei Jahren kinderlos. 2000 blicken sich die Schauspielerin und Drehbuchautor *Chris Henchy* so tief in die Augen, dass einem zweiten Auftritt vor dem Standesbeamten (April 2001) nichts mehr im Wege steht. Im Südseelook und mit Blumenkranz im Haar wie die Mädchen von Tahiti, gibt B. auf der Insel Catalina *Chris* vor der Küste Kaliforniens ihr Ja-Wort. Das haucht sie so leise, dass eine Woche vergeht, bis die amerikanischen Medien den neuen Familienstand registrieren.

Spielberg, Steven Allen

Wunderkind des amerikanischen Films, Star-Regisseur und Produzent. *18.12.1947 in Cincinnati/Ohio. S. ist das Älteste von vier Kindern einer jüdischen Familie. Die Eltern, Vater Elektroingenieur, Mutter Konzertpianistin, lassen sich scheiden, als er 17 ist. Von 1985–89 verheiratet mit Schauspielerin *Amy Irving*, Sohn *Max Samuel*. Seit 1991 ist *Kate Capshaw* seine Ehefrau. Mit ihr hat er die Töchter *Sasha*, *Sawyer* und *Destry Allyn* sowie zwei Adoptivkinder, den farbigen *Theo* und *Micaela George*. Filmhits: »Sugar Land Express«, »Jäger des verlorenen Schatzes«, »Der weiße Hai«, »Law and Order«, »Unheimliche Begegnung der dritten Art«, »Poltergeist«, »E.T.« (bricht alle bestehenden Kassenrekorde), »1941«, »Colour Purple«, »Empire of the Sun«, »Falsches Spiel mit Roger Rabbit«, »Indiana Jones«, »Hook« (mit *Julia Roberts* (➜ S. 180 ff.), *Robin Williams* und *Dustin Hoffman*), »Feivel«, »Jurassic Park«, »Schindlers Liste« (7 Oscars), »Amistad«, »The Last Day«.
Ehrungen: Oscar, Golden Globe, British Academy of Film-Award, Ehrendoktorwürden der Southern California Universität und der hebräischen Universität Jerusalem, Ehren-César, Großes Bundesverdienstkreuz, Goldene Kamera, Orden des Pentagon. Im Dezember 2000 erhebt ihn englische Queen in den Adelsstand.

Mit 33 kommt S. erstmals nach München und bewohnt auf Kosten des Filmverleihs eine riesige Suite im feinen Conti-Hotel. Bevor es zum Essen ins Feinschmeckerlokal »Humplmayr« geht, erzählt der junge Spielberg an der Bar des Appartements von seinen großen Problemen, den Film »Der weiße Hai« zu realisieren. Während in den führenden Studios Hollywoods monströse Monumentalfilme wie »Poseidon« oder »Towering Inferno« produziert werden, geht ihm für den Film »mit einem simplen Fisch« das Geld aus. Vier Millionen Dollar sind verprasst. Krisensitzung bei Paramount. Ein junger Mitarbeiter im Chefbüro setzt sich für Steven ein, den alle schon abgeschrieben hatten. Mit seinem Film-Drama »Das Duell« (die aufregende Jagd zwischen einem Autofahrer und einem mysteriösen Lastwagen) hatte er das Studio auf sich aufmerksam gemacht. In letzter Minute wird das Budget verdoppelt, und er stellt »Jaws« für acht Millionen Dollar her. Es wird ein Welterfolg, der 400 Millionen Dollar einspielt.

Spielberg lebt in den Pacific Palisades Los Angeles mit Blick auf das Meer wie ein Kaiser. Als Präsident *Bill* ➔ *Clinton* mit der Original-Besetzung seiner Entourage den Filmemacher besucht, muss keines der vielen Begleitfahrzeuge draußen auf der Straße parken. Die gepanzerten Limos des Präsidenten, von FBI und Nachrichten-Agenten, Wagen mit rotem Telefon, Feuerwehrauto und Notarztwagen verschwinden auf dem weitläufigen, am Hang liegenden Anwesen wie Spielzeugautos. Neben diesem Domizil besitzt Spielberg ein traumhaftes Anwesen auf Long Island bei New York, wo in der Garage ein roter Porsche 959 parkt (limitierte Auflage, damalige Kosten 420 000 Mark), der in den USA wegen der Abgas-Bestimmungen nicht zugelassen wird. Steven, der es trotz viel Vitamin B nicht geschafft hat, ein amerikanisches Nummernschild anzubringen, fährt manchmal auf der Insel schwarz. Mit seinem Science-Fiction-Thriller »Minority Report« stellt er einen neuen Rekord in Sachen Product Placement auf. Für die Positionierung der Marken Bulgari, Nokia, Pepsi und Reebok kassiert er 25 Millionen Dollar.

Stone, Sharon

Sexy Hollywood-Sirene par excellence mit einem IQ von 154 und Augen so blau wie die Freudentränen glücklicher Veilchen. *10.5.1958 als Tochter eines Fabrikarbeiters in Meadville/Pennsylvenia, in erster Ehe mit TV-Produzent *Michael Greenburg*, in zweiter mit Journalist *Phil Bronstein* verheiratet, mit dem sie 2000

Roan Joseph adoptiert. Nach der Uni in Pennsylvenia wird sie von der Model-Agentur Ford engagiert und ist sofort deren Top-Girl. Drei Jahre später ruft *Woody* ➔ *Allen* an und verpflichtet die Blondine für den Streifen »Stardust Memories«. Danach steht sie neben *Richard Chamberlain* für »King Solomon's Mines« vor der Kamera und spielt in »Total Recall« die Frau von *Arnold* ➔ *Schwarzenegger*. Schließlich kennt sie jeder, als Sharon 1992 in »Basic Instinct« ihre kleine Basic aufblitzen lässt (was im Film die Kriminaler zum Schwitzen bringt). Weitere Filme: »The Quick and the Dead«, »Casino«, »The Muse«.

Golden Globe, Oscar-Nominierung 1995 als Beste Hauptdarstellerin in »Casino«. Durch ihr slipfeindliches Verhalten ist sie bei der internationalen Dessous-Industrie verhasst – doch seit »Basic Instinct« ist Sharon wegen einer 12-Sekunden-Szene, in der sie ihre Beine übereinander schlägt, der Tagtraum von Millionen Männern. Die Schauspielerin, klug, schnell, direkt und weiß Gott keine Kostverächterin, findet über den Geschlechterkampf heraus: »Frauen täuschen oft den Orgasmus vor, aber Männer täuschen oft die ganze Freundschaft vor.«

Der Stardust bei den Filmfestspielen von Cannes 2002 ist größer denn je. Sharon erscheint auf dem roten Teppich im transparenten Can Can-Dress, das deutlich darauf schließen lässt, dass nur noch ein paar Tropfen Parfüm dazwischen duften. Als sie die »Golden Palme« an Meisterregisseur *Roman* ➔ *Polanski* für seinen Film »Der Pianist« übergibt, vergisst dieser vor Freude alle Anstandsregeln. Unter freiem Himmel gibt es nicht den üblichen Handkuss, bei dem die Lippen den Handrücken nicht berühren sollen, sondern *Roman* küsst sie fest. Sharon verdrückt sogar ein paar Tränen.

Streisand, Barbra

Die Diva des hohen C mit Silberblick. Schauspielerin, Sängerin, Regisseurin, Komponistin und Produzentin. *24.4.1942 in Brooklyn/New York. Nach der High School nimmt sie Schauspielunterricht und finanziert ihn mit allen möglichen Jobs, darunter auch Platzanweiserin und Putzfrau. Im Nachtclub »Bon Soir« versucht sie sich erstmals als Sängerin. Großes Lampenfieber verspürt sie 1961 bei ihrem ersten Fernsehauftritt. Doch bietet man ihr daraufhin eine Rolle in dem Broadway-Stück »I Can Get It For You Wholesale« an und – Schicksal – Barbra verliebt sich in Hauptdarsteller *Elliott Gould*.

Neben Filmen wie »Funny Girl«, »Hello Dolly«, »Is was, Doc?«, »Funny Lady«, »A Star is born«, »Was, du willst nicht?«, »Yentl«, »Nuts«, »Herr der Gezeiten« und

»The Mirror has two Faces« ist sie mit Schallplatten-Produktionen und Fernseh-Shows erfolgreich und wird mit den höchsten Auszeichnungen überschüttet. 2000 feiert sie mit zwei Konzerten in New York ihren Abschied von der Bühne.
Oscar für »Funny Girl«, Golden Globe, Emmy und Grammy.
Erste Ehe mit Schauspieler *Elliott Gould*, mit dem sie Sohn *Jason* hat, Ehe Nr. 2 mit Schauspieler *James Brolin*. Nach der Scheidung von *Elliot Gould*, 1969, zerstreut sie sich mit *Omar Sharif*, *Ryan O'Neal* und *Warren Beatty*. Monogamie bestimmt ihr Dasein, als sie Star-Friseur *Jon Peters* kennen lernt, der den Trend einleitet, dass Haarschneider nicht mehr versteckt werden, sondern zur neuzeitlichen Gesellschaft gehören. Neun Jahre lebt sie mit dem Figaro zusammen. Nach dem Split 1983 wird »Miami Vice«-Beau *Don Johnson* ein heißer Hochzeitskandidat. Nach einer Überdosis Zeit für Zärtlichkeit wird ihr Liebhaber aber Rückfalltäter und heiratet seine Jugendliebe *Melanie Griffith* ein zweites Mal. Nach dieser Enttäuschung tröstet sie Tennis-Crack *André Agassi*, 28 Jahre jünger als die Diva. Doch auch diese Romanze ist nicht von langer Dauer. Es folgen Verehrer wie *Liam Neeson*, *Steven Spielberg* (➔ S. 184f.) und Kanadas Premier *Pierre Trudeau*.
Ein Academie-Insider steckt der Streisand, dass sie 1973 für »The Way we were« ganz sicher den Oscar erhält. Ohne diese Geheim-Info wäre der exaltierte Vamp wohl gar nicht erschienen. Nun aber ist in Reihe 3 des »Dorothy Chandler Pavillons« in Los Angeles das Aufgebot der nominierten Konkurrentinnen komplett, darunter *Liza* ➔ *Minnelli* und *Shirley McLaine*. Sie lächeln neben ihr kalt in die Kamera. Als ihre Kategorie aufgerufen wird, sieht man in eingeblendeten Großaufnahmen, wie *Liza* nervös an den Nägeln kaut und *Shirley* an ihrer Handtasche nestelt. Dann ertönt der Name und – es wird nicht nach Barbra gerufen. Die Streisand springt auf und verlässt wutentbrannt den Saal.
Szenenwechsel. »Wir haben«, flüstert Barbra ins Ohr von *Dustin Hoffman*, »noch nie zusammengearbeitet, eigentlich ein Jammer«. Kleine Pause, dann die coole Antwort: »Dafür ist immer noch Zeit. Wir könnten so ein typisches Walter-Matthau-Ding drehen«. Dann zieht *Dustin* seine Frau *Lisa* zu sich heran, und alle drei strahlen in die Smoking-Runde. Stars, Stars, Stars, wohin das Auge blickt im großen Ballsaal des Beverly Hilton Hotels, Stars wie sonst nur bei der Verleihung des Golden Globe. Diesmal dreht sich alles um eine Person: Barbra, die vom »American Film Institute« für ihr Lebenswerk geehrt wird. Um die zeitlose Diva, von Hollywood wie eine Göttin verehrt, ihren silberhaarigen, braun gebrannten Ehemann *James Brolin* und ihren Sohn *Jason Gould* drängen sich *Liz Taylor* (➔ S. 188f.), *Shirley MacLaine*, *Clint Eastwood* (➔ S. 166), *Sydney Poitier*, *Jeff Bridges*, *Sylvester Stallone* mit *Jennifer Flavin*, *Paul Simon*, *Jack Nicholson* (➔ S. 177f.), *Kris Kristofferson* und *Pierce Brosnan*. *Lauren Bacall* und *Anjelica Huston* stehen weiter hinten und wedeln mit den Platzkarten, um zu signalisieren, dass sie auch da sind. Den Wink sieht auch

Jack Nicholson und lässt für kurze Zeit seine Flamme *Lara Flynn-Boyle* stehen. Er eilt auf die beiden Damen zu (*Anjelica* war lange Jahre seine Lebensgefährtin): »Ich habe ja im Saal eine Menge Leute vergessen, aber euch zwei definitiv nicht.« Kurz darauf tuschelt er mit der Streisand, die sich freut: »Ach Jack, ich liebe deine Geschichten, sie sind richtig aufregend. Ich kann mich aber jetzt nicht konzentrieren. Komm, wir gehen nach hinten, wo wir ungestört plaudern können.«
Nicht anwesend ist ihr Filmpartner *Robert Redford* (➔ S. 180) aus »The Way We Were« (Regie: *Sydney Pollack*) und er schickt auch keine Video-Glückwünsche wie *Bill* ➔ *Clinton, Warren Beatty* oder *John Travolta*. »Bob schrieb Barbra einen Brief«, verrät Pollack, »er will das ganz privat halten.« Für mehr Aufsehen sorgt »Playboy«-Patriarch *Hugh* ➔ *Hefner*, der mit seinen sieben blonden Schönheiten erschienen ist, mit denen er jetzt immer aus und wieder nach Hause geht und damit den Luxus »Flotter Dreier« mit links überholt. Lob gibt es reichlich. *Jeff Bridges* sagt: »Es gibt zwei Barbras, die Diva mit Perfektionswahn und das liebevolle, liebenswerte funny girl«. Mit Komplimenten überschüttet auch *Liz Taylor* den gefeierten Star beim Shakehands: »Sie haben ein so großes Talent, dass ich für Jahre fast wie gelähmt war, Sie anzusprechen. Sie waren zu groß, zu perfekt, zu wunderbar. Ich möchte Ihnen einfach sagen, wie sehr ich Sie verehre.« Man kann fast nicht behaupten, dass *Liz* stutenbissig ist.

Taylor, Liz

Superdiva Hollywoods. *27.2.1932 als Elizabeth Taylor in London, zieht als Kind mit ihrer Familie nach Beverly Hills. T. hat drei leibliche Kinder und Adoptivtochter *Maria*, die aus Mering bei Augsburg stammt. Sie ist ein Herz und eine Seele mit Superstar *Michael* ➔ *Jackson*, von dessen Sohn *Prince* sie Patentante ist und auf dessen Ranch Neverland sie ihre Hochzeit mit *Larry* feiert, die sie sich eine Million Dollar kosten lässt. Ihre ehrgeizige Mutter *Sara* (ebenfalls eine Schauspielerin) bringt sie bereits mit zehn Jahren beim Film unter. Ihre erste Hauptrolle spielt sie in »Heimweh« mit Serienhund Lassie. Es gibt 50 Filme mit T., darunter »Butterfield 8«, »Giganten« (mit *James Dean*), »Die Katze auf dem heißen Blechdach«, »Cleopatra« und »Wer hat Angst vor Virginia Woolf« (mit *Richard Burton*).
Zweifache Oscar-Preisträgerin: »Butterfield 8« und »Wer hat Angst vor Virginia Woolf«.
Mit acht Ehen hält sie den weltweiten Rekord im Ja-Sagen: 1. mit Hotelerbe *Nicky*

Hilton (1950–51), 2. mit Schauspieler *Michael Wilding* (1952–57), 3. mit Produzent *Mike Todd* (1957–58), 4. mit Sänger *Eddie Fisher* (1959–64), 5.+ 6. mit Filmstar *Richard Burton* 1964–74 und noch einmal 1975–76), 7. mit Senator *John Warner* (1977–82), 8. mit Bauarbeiter *Larry Fortensky*, den sie bei der Drogenentzugs-Therapie in der Betty Ford Klinik kennen lernt (1991–96).

Einem Menschen, der in den Medien Karriere gemacht hat, passiert es häufig, dass er in der Öffentlichkeit nach wie vor übersehen, nicht erkannt wird. Mein Fotograf *Franz Hug* läuft auf dem Münchner Flughafen gleich zweimal an Liz Taylor vorbei, von der man wirklich nicht behaupten kann, sie sei der Prototyp der grauen Maus. Privat hat sie aber nicht die Grazie einer Cleopatra, die sie im Film so glänzend verkörpert, und sie ist überraschend klein. Sie trägt ein tintenblaues Kopftuch, das unter ihrem energischen Kinn fest zusammengebunden ist, und erst ein Blick aus ihren herrlich blauen Augen, der den Fotografen wie ein Blitzschlag trifft, bringt die Enthüllung: Das ist Liz Taylor! Sie startet die Unterhaltung, als würden wir uns schon lange kennen, und zeigt sich sehr kooperativ.

Fünfmal kreuzen sich unsere Wege in der Welt. Einmal in Gstaad im Winter (mit saftigem Kuss auf die Lippen, der wie eine frisch gepflückte Erdbeere mit einem Tautropfen schmeckt), einmal beim runden Geburtstag ihres Mannes *Richard Burton* in Budapest (wo man im »Intercontinental«-Hotel gleich die Messing-Armaturen in der Hand hielt, wenn man das Badewasser einließ), beim »Bambi« (den sie, weil sie gerade Zeit hatte und in der Stadt war, verliehen bekam), beim »Oscar« und zuletzt bei den Filmfestspielen in Cannes und beim »Grand Prix« in Monte Carlo. Dort war sie bei Salonlöwe *Massimo Gargia* eingehängt. An der Côte d'Azur präsentiert sich die Katze auf dem heißen Blechdach schon sehr mütterlich und tippelt durch das Restaurant von ➜ *Ducasse* im »Hotel de Paris« wie eine Geisha.

Thornton, Billy Bob

Hollywoodkauz. Schauspieler, Regisseur, Musiker, Drehbuchautor. *4.8.1955 in Hot Springs/Arkansas. Sein Vater war Basketball-Trainer, die Mutter Wahrsagerin. Schon in frühen Jahren hat sie ihm einen Oscar prophezeit, den er dann auch tatsächlich bekam. Verheiratet mit Lara-Croft-Darstellerin *Angelina Jolie* (➜ S. 174); sie ist die fünfte Ehefrau. Sie haben zwei Söhne, eine Tochter und ein Adoptivkind aus Kambodscha. Zwei Hunde und ein blaues Baseball-Käppi gehören auch zur Familie, die aber im Sommer 2002 leichte Gewitterstörungen verkraften muss. T. spielt in *David Lynchs* »U-Turn«, in *Robert Duvals* »Apostel«, mit *Bruce Willis* (➔ S. 190ff.) und *Cate Blanchett* in »Bandits« und in »Monster's Ball« mit *Halle Berry*. Zwei Oscars für das beste Drehbuch: »Sling Blade« (1997) und »Monster's Ball« (2000).

T. benötigt lange Zeit, um in Hollywood aufzufallen. Ende 1980 ist er total pleite. Er isst nur Kartoffeln und landet eines Tages unterernährt in einer Klinik. Als Lebensretter gibt er *Billy* ➔ *Wilder* an: »Schauspieler wie dich gibt es im Dutzend. Du bist nicht hässlich genug für einen Charaktermimen und nicht schön genug fürs Titelblatt. Du bist genau dazwischen. Deshalb werden die Leute sich immer nur einen Dreck für dich interessieren. Du schaffst es nur, wenn du was Einzigartiges leistest. Kannst du schreiben?«

Willis, Bruce

Hollywoods muskulöses Multi-Talent. *10.3.1955 als Walter Willison in Idar-Oberstein/Rheinland-Pfalz, Sohn eines US-GI und einer Deutschen. In Natura wirkt er weit schmächtiger als auf der Leinwand. Verdient 25 Millionen Dollar pro Film. Nach zwei Jahren Germany kommt Klein-Walter mit den Eltern nach New Jersey. Nach der High School jobbt er als Barmann und spielt in der Band »Loose Goose«. Er studiert Schauspielerei, debütiert in Tennessee Williams »Katze auf dem heißen Blechdach« und spielt in anderen Off-Broadway-Rollen. Eine Zeit lang überbrückt er sein Dasein mit Werbespots und kleinen Filmrollen. Erster Erfolg ist das Bühnenstück von *Sam Shepard*, »Fool for Love« (1984). Dann wechselt er den Namen und die Stadt. Er zieht nach Los Angeles. Beim Casting für »Moonlighting« wird W. genommen und Hollywood wird auf ihn aufmerksam. Er bekommt die Rolle in »Blind Date«. Man sieht ihn in dem Kultfilm »Pulp Fiction« und neben *Paul Newman* in »Nobody's Fool«. Erste Action-Qualitäten beweist er in »Die Hard« – sein weltweiter Durchbruch. Weitere Filme: »Die Harder«, »The Sixth Sense«, »Bonfire of the Vanites«, »Hudson Hawk«, »Eath Becomes Her« (einziger gemeinsamer Film mit *Demi Moore* ➔ S. 176), »Color of the Night«, »The Last Boy Scout«, »The Player«, »12 Monkeys«. Zusammen mit *Arnold* ➔ *Schwarzenegger* und *Sylvester Stallone* beteiligt sich der »Big Player« an der Restaurant-Kette »Planet Hollywood«, die nur ein paar Jahr erfolgreich läuft.

Alkohol und andere Brutal-Drogen sind häufige Begleiter, bis W. die denkbar zärtlichste trifft: *Demi Moore*. Sie ist verlobt mit Kollege *Emilio Estevez* (Bruder von

Charlie Sheen), und die Hochzeit steht vor der Tür. Bruce lächelt Demi an, und sie vergisst Emilio auf der Stelle. Heirat nach drei Monaten und Wohnsitz-Wechsel nach Hailey/Idaho, 1200 Kilometer von Hollywood entfernt. Die beiden bekommen drei Töchter, *Rumer, Scout* und *Tallulah.* 1998 trennt sich das Paar und im Oktober 2000 folgt nach 13 Ehejahren die Scheidung. W. sucht Trost bei der spanischen Schönheit *Maria Bravo Rosado* und verliebt sich später in das tschechische Model *Eva Jasanovska*, das er in Prag bei den Dreharbeiten zu »Hart's War« kennen lernt.

Der Händedruck ist fest, aber nicht so kräftig wie erwartet. Walter King lacht breit, und im Mundwinkel steckt eine Zigarette, selbst gedreht, besonders dickes Kaliber. Unter dem Tarnnamen »Walter King« ist Amerikas Super-Star Willis im gerade mal zwei Monate alten Luxus-Hotel »Four Seasons« in Prag registriert, das einen prächtigen Blick auf die Burg hat. Nur heute nicht. Grauer Regen aus tief hängenden Wolken peitscht gegen die Sicherheitsfenster. Es ist Wochenende, der Hollywood-Hero hat drehfrei und seine hübsche Noch-Ehefrau *Demi* ist wieder abgereist. Sie war mit den Kindern 12 Tage lang da, im selben Hotel, aber nicht in der Suite von Bruce. In einer gestrechten Limo, die in Prag für staunende Menschentrauben sorgt, lässt sich »Walter King« zu einer Villa fahren, die ein anderer US-Top-Star, der farbige *Wesley Snipes* (angereist wie ein König mit 14-köpfiger Entourage gleicher Hautfarbe), in der Nähe des »Barrandov«-Filmstudios gemietet hat. Nur für Parties am Samstag – Großverdiener *Snipes* liebt Parties. Zwei 17-Meter-Wohnwagen aus Kalifornien ließ er einfliegen, und eines der rollenden Häuser ist nur mit schwerem Fitness-Gerät ausgestattet. *Wesley*, bei diesem Film auch als Co-Produzent aktiv, dreht den 60 Millionen-Dollar-Thriller »Blade II«, Bruce einen nicht weniger teuren Streifen mit dem Titel »Hart's War«. Die beiden Großproduktionen lassen Prag schwer nach Hollywood duften. Die Amerikaner drehen dort, weil sie ein gutes Drittel an Herstellungskosten sparen und ein erprobtes Komparsen- sowie Stuntmen-Team zur Verfügung haben. Willis, der einen Höflichkeitsbesuch bei First Lady *Dagmar Havel* abgestattet hat, ist seit fünf Wochen da, aber das erste Mal bei der »Konkurrenz« auf der Party von *Snipes*, der alles in Bewegung setzt, um den Action-Kollegen zu verwöhnen. Zwei Stripperinnen und ein Rudel Models (Prag ist mit hübschen Girls gesegnet) umschwirren den Amerikaner. In Jeans, mit Mütze und Brille hat er beim zappeligen DJ Position bezogen und äußert Musikwünsche. Es gibt, auf silbernem Tablett angeboten, zu rauchen, zu inhalieren, zu trinken, und in einer lang gezogenen Ecke dampft warme Party-Küche. Bruce isst nichts. Er zieht an einem mächtigen Torpedo, schäkert und tanzt mit den Girls und kehrt mit größerem Anhang ins Hotel zurück. Beim Room-Service bestellt er um 3 Uhr früh Steaks für alle. Willis liebt Steaks. Wenn er tagsüber Hunger auf das amerikanische Nationalgericht bekommt, geht er ins »Belle Epoque« gegenüber dem »Four Seasons«, das dann außer für ihn und seine Freunde geschlossen wird. An diesem Morgen dauert es zu lang, bis das Essen in die Suite kommt. Als die Kellner die Steaks bringen, sind W. und seine Girls-Gang schon wieder ausgeflogen.

Zellweger, Renee

Schweizerisch-norwegisches Blondie mit Glück im amerikanischen Film und Pech auf dem Society-Parkett. ★25.4.1969 als Tochter eines Schweizer Ingenieurs in Katy bei Houston/Texas. Nach einem Jahr heißer Liebe trennt sie sich kurz vor der Hochzeit von Filmkomiker *Jim Carrey* und prüft nun die Schmusequalitäten von *George Clooney* (➔ S. 160), dem Königstiger unter den Hollywood-Katern. Filme: »Jerry Maguire – Spiel des Lebens« (mit *Tom Cruise* ➔ S. 161 f.), »Ich, beide und sie« (mit *Jim Carrey*), »Nurse Betty«.

Renee hätte gute Karten bei *Max Schautzers* »Pleiten, Pech und Pannen«: Bei der Oscar-Verleihung wird sie fast von ihrem Kleid erwürgt, weil ein Bodyguard auf die Schleppe tritt und daraufhin der Nackenverschluss zuschnappt. Bei der Golden Globe-Verleihung 2002 wird ihr Name aufgerufen, als sie sich in den Waschräumen aufhält. Bei der Premiere von »Bridget Jones – Schokolade zum Frühstück« übersieht sie eine Wand und läuft voll dagegen. Kleine Beule über dem rechten Auge.

Hope, Bob → Hollywood

Hopkins, Anthony → Hollywood

Houdek, Rudolf

> **WER IST ES?** Lebenslustiger Don Cabanos **LEBENSDATEN** 16.12.1913 in Aussig/Sudetenland **JOB** Fleischfabrikant und FC-Bayern-Eminenz **KARRIERE** Der ehemalige Arbeiter des Münchner Schlachthofes ist heute Deutschlands erfolgreichster Fleischfabrikant mit Musterfertigungsstätten. Der Herr über 600 Mitarbeiter überlebt die gesamte millionenstarke Konkurrenz (März, Moxel, Zimmermann) und erfindet die berühmte Cabanos-Wurst.

RESIDENZ Villen in Starnberg und München. **MOBILITÄT** Mercedes 500 S. **HOBBIES** Lässt auch Konkurrenzverein 1860 nicht darben und kauft jede Saison einen Schwung teurer VIP-Dauerkarten. **FREUNDE** Ohne den großherzigen Houdek geht bei Fußball-Rekordmeister FC Bayern gar nichts. H. ist die graue Eminenz, der schon in der Steinzeit des Clubs stets zur Stelle war, wenn es eng wurde. Die Super-VIPs der Kicker-Szene wohnen gern in seinem Gästehaus am Starnberger See, und im Ehrengastbereich des Münchner Olympia-Stadions hat Rudolf, der ungekrönte König, einen eigenen runden Tisch. Nur wer dort sitzen darf, ist »in« in der Fußball-Szene. Statt Freikarten anzunehmen, kauft Rudolf jedes Jahr einen Schwung der sündteuren Dauerkarten (Stückpreis: 6000 Mark) für die besten Plätze, mit denen er Freunde ins Stadion einlädt – »Ehrengastbereich-Verköstigung« inklusive. Er zählt zur Kitzbühel-Connection und steht dem elitären Geheimclub »Schneeforscher« vor, zu dem auch *Franz* → *Beckenbauer* und Eminenz-Kollege *Robert Schwan* gehören, beide ganz dicke Freunde. H., immer darauf bedacht, dass es auch anderen gut geht, sorgt dafür, dass Kaiser *Franz* nicht fremdeln muss, als er zum ersten Mal als Fußballer in den USA antritt. Er schickt ihm zur Überbrückung das schöne Münchner Vollweib *Ingrid Pfeifer* nach. *Franz* und *Ingrid* schaukeln sich beide mit ihren Englisch-Fortschritten hoch. **FAMILIE** Verheiratet, drei Kinder. **SEX** ... und ewig lockt das Weib. **PANNE** H. fährt einst mit seinem geliebten Mercedes 6.9 nach Mailand und stellt ihn vor dem Hotel ab. Andertags darf er registrieren, dass der Wagen gestohlen ist. Er ruft seine Frau in München an und bittet sie, mit dem anderen 6.9 zu kommen. Diesmal wird in der sicheren Hotelgarage geparkt. Nützt nichts: Am nächsten Morgen ist auch dieses Auto abhanden gekommen. Daraufhin ruft H. *Franz Beckenbauer* an und warnt ihn vor der großen Mercedes-Nachfrage in der italienischen Stadt. Der

Kaiser winkt ab: »Mir passiert das doch nicht«, fährt ebenfalls mit einem Mercedes 6.9 nach Mailand und übernachtet in einem Motel, wo er von seinem Schlafzimmerfenster aus den Wagen im Visier hat. Doch am nächsten Morgen stellt er fest: auch sein Auto hat einen neuen Besitzer gefunden. Polizeipräsident Dr. *Manfred Schreiber*, der zu einem Meeting mit Houdek und *Beckenbauer* im Dienstwagen nach Mailand kommt, wird nachts ebenfalls sein Gefährt gestohlen, das aber anderntags nach drei Telefonaten wieder vor der Tür steht. So gut können Polizei-Kontakte sein.

Hucknall, Mick

WER IST ES? Jäger und Sammler   **JOB** »Simply-Red«-Sänger
LEBENSDATEN *8.6.1960

BEAUTY Rothaariger, sommersprossiger Burschi, der deutlich innere Werte besitzen muss. **STYLE** Brilli im Schneidezahn. **FREUNDE** *Steffi* ➜ *Graf*. **SEX** Seine weiblichen Kontakte sind immens, obwohl Mick kein bisschen schön ist: Sexbombe *Brigitte Nielsen*, Tennis-Crack *Steffi Graf*, Sängerin *Kim Wilde*, die Models *Helena Christensen*, *Kathy Lloyd*, *Adriana Sklenarikova*, *Alicia Douvall*, die Schauspielerinnen *Catherine Zeta-Jones* und *Tracy Shaw*, die TV-Moderatorinnen *Ulrika* ➜ *Jonsson* und *Jenny Powell*, Sängerin *Martine McCutcheon*, Tänzerin *Marilyn Couvallon*, DJ *Lisa l'Anson* und Journalistin *Lauren Booth*. Man steckt eben nicht drin.

Hughes, Howard

WER IST ES? US-Multimilliardär mit Wegtauch-Tick **LEBENSDATEN** *24.12.1905 in Houston/Texas † 5.12.1976 in Acapulco **KARRIERE** Ihm gehörten Spielcasinos, Hotels, Fluggesellschaften und Filmproduktionen sowie die Howard-Hughes-Aircraft-Company in Los Angeles. Produzierte Filme (»Scarface«, 1932) und führte auch selbst Regie (»Hell's Angels«, 1930).

IMAGE Ghost.   **RESIDENZ** Häuser in L.A., New Yorl, Dallas, Chicago.
MOBILITÄT Will sich als Jugendlicher kein Motorrad schenken lassen, sondern selbst eins bauen. Später baute er sich sogar sein Flugzeug selbst, die »H1« (= Hughes 1). **BEAUTY** Schlaksiger, 1,90 großer Sonderling. **MAROTTE** Um

Amerikas Mystery Man ranken sich die wildesten Ammenmärchen. Mit 18 Jahren und einer Millionenerbschaft im Rücken lässt er sich für mündig erklären und baut später ein achtmotoriges Sperrholz-Flugboot (»Fichtengans«) mit 800 Tonnen Gewicht, ➔ SCHICKSAL. **FREUNDE** H. war ein dicker Freund seines Präsidenten *Richard Nixon*. **LIEBE** Stets mit schönen Damen wie *Ava Gardner*, *Jane Russell*, *Ginger Rogers* und *Rita Hayworth* in Berührung. Filmstar *Jean Harlow* erhält als Liebesgabe von H. ein süßes Haus in den Hügeln von Hollywood (das sich später *Rolf Thieles* Filmentdeckung *Sybil Danning* kauft). **SEX** Unersättlich. **SCHICKSAL** Für seinen Tod muss der Großindustrielle mit Pilotenschein eine PR-Agentur beauftragt haben, um so mysteriöse Geschichten wie möglich über seinen letzten Weg in Umlauf zu bringen. Es gibt zwei Versionen: Die erste ist, dass er sich in den obersten beiden Stockwerken eines Luxushotels in Nicaraguas Hauptstadt Managua verschanzt, wo er sich Haare und Fingernägel immer länger wachsen lässt und nachts mit Kleenex-Schachteln an den Füßen durch die Räume schlurft. Friseur und Maniküre lässt er in den abgedunkelten Hoteltrakt, dessen Fenster zusätzlich mit Leukoplast verklebt wurden, nicht mehr vor. Unter dem wirkungslosen Einfluss von Codein, Coffein und Phenacetin segnet er das Zeitliche. Version 2: H. stirbt im Flugzeug, ebenfalls mit ultralangen Fingernägeln (18 Zentimeter lang) und schulterlangen Haaren. Die Wahrheit: Der Super-Playboy, von krankhafter Bazillenangst in die Selbstisolierung getrieben (Gewünschtes nimmt er nur mit Handschuhen und abgewandtem Gesicht entgegen), bewohnt die oberste Etage des riesigen »Princess«-Hotels in Acapulco, dessen Besitzer der amerikanische, sehr sparsame Multi-Milliardär *Daniel Ludwig* ist. Dort stirbt er und wird heimlich in einem Wäschewagen aus dem Hotel gebracht, weil Leichen für das Image der riesigen Bettenburg Gift sind. Ein ehemaliger Leibwächter von H. erzählt mir den stillen Abgang bei einer Party der mexikanischen Präsidentenfrau *Karin Aleman*.

Hussein, Saddam

WER IST ES? »Der Irre« (»BILD«).
LEBENSDATEN *28.4.1937 in Tikrit
JOB Diktatorisch regierender Präsident des Irak **KARRIERE** 1968 ist er maßgeblich am Putsch zur Machtübernahme der Baath-Partei beteiligt, seit 1979 Staatschef. Löst 1990 den zweiten Golfkrieg aus, als seine Truppen das Emirat Kuwait besetzen.

ERFOLGE Er ist immer noch da. **MACHT** Daran lässt er erstmals seine »sicheren« Söhne *Kusay* (Chef des Geheimdienstes) und *Uday* (kontrolliert die Medien) partizipieren. **PARTNER** Gerücht: Saddam plante die Anschläge auf die USA im

September 2001, *Osama bin Laden*, der Sohn schwerreicher Eltern, hat sie finanziert. Als O. – noch zu Zeiten von *Kashoggi* – in Marbella um die Häuser zieht, gilt er als gern gesehener Gast. Klar, kleinlich ist er nicht. **RESIDENZ** Lebt in 68 verschiedenen Palästen, die an raffinierte, raketensichere Bunkeranlagen angeschlossen sind, die zum großen Teil eine Münchner Spezialfirma gebaut hat. In den Entrees seiner Machtzentralen und über seinem üppigen Thron sind große Adler mit ausgebreiteten Flügeln angebracht, die des Diktators Scharfsinn und Macht demonstrieren sollen. **MOBILITÄT** Saddam fährt Lamborghini.
STYLE Mit Strohhut, Hollywood-Sonnenbrille und offenen Hemd ginge er auch als »Mr. Tschibo« für einen Werbespot durch. Saddam, in diesem überdimensionalen Freizeit-Look, schmückt Bagdads Straßenbild als großes Mosaik, aber es gibt auch Saddam mit Kriegshelm als kinopalastgroßes Monstergemälde oder Saddam in Uniform als Denkmal-Hero (immer in gleicher Pose). Auf Geldscheinen darf er auch nicht fehlen: Saddams Brustbild ziert die Dinar-Scheine (nicht viel wert: 1 Euro entspricht 1900 Dinar). Ein ganzes Heer Künstler arbeitet am optischen Erscheinungsbild Husseins. Trinkt »Johnny Walker, Black Label« und raucht oft und gern Cohiba-Zigarren, die ihm *Fidel* ➜ *Castro* schickt. Seinen 65. Geburtstag feiert er 2002 gleich zwei Wochen lang. Auch in seiner Heimatstadt wünschen die Einwohner »Dir, ein glückliches Jahr, Herr Präsident, der uns den Sieg brachte.« Der Präsident, der immer wieder mit Anschlägen rechnet, erscheint aber nicht. **HASS** *George W.* ➜ *Bush* will vollenden, was Vater *George Bush* 1991 nicht schaffte.

Illbruck, Michael

> **WER IST ES?** Seewolf **JOB** Kunststoff-Fabrikant aus Leverkusen **KARRIERE** Studiert sechs Jahre in Minnesota/USA und übernimmt von seinen Eltern die gut funktionierende Firma, die er jetzt zusammen mit seiner Schwester *Sabine* führt.

MACHT 3800 Angestellte weltweit. **RESIDENZ** Er zieht von Düsseldorf nach München und kauft sich auf Bogenhausens Elite-Meile, wo auch *Karl-Friedrich* ➜ *Flick*, *Johanna Quandt* (➜ *Klatten, Susanne*) und *Eberhard von Kuenheim* wohnen, eine Eigentumswohnung in einer restaurierten Jugendstil-Villa. Neben dem Haus – so klein ist die Welt – hat der im Zuge der spektakulären 3,5-Milliarden-Mark-Wertberichtigung gefallene Hypobank-Vorstand *Joachim Hausser* seine Villa im Doppelgaragen-Look abreißen lassen und einen strahlenden Büro-Komplex mit Wohnungen (8,5 Mio Euro) errichtet. Unter den Mietern: Bank-Robin-Hood Dr. *Jürgen Schneider*, der ein paar Seitenstraßen weiter ein Penthouse bewohnt.

Dolce Vita in München ist besser als im Taunus. **HOBBIES** Segler. Bei der härtesten Regatta der Welt fährt er persönlich nicht mit: »Meine 84 Kilo waren der Crew zu viel Ballast«. Der Kunstoff-Fabrikant verkündet allerdings, 2006 am »America's Cup«, dem Formel-1-Rennen auf dem Wasser, teilzunehmen. **EHE** Zwei Ehen, drei Söhne aus erster Ehe: *Felix*, *Oscar* und *Julius*. **PARTY** Neun Monate sind die bekannten Lieferzeiten der Menschheit. So lange treibt es auch die besten Segler der Welt bei der härtesten Regatta »Ocean Race Round the World 2001/2« (60560 Kilometer) auf der grünweißen 20-Millionen-Euro-Rennyacht »illbruck« des deutschen Unternehmers Michael Illbruck um die Erde. Auf dem feuchtfröhlichen Landgang bei der Siegesfeier im Münchner Feinschmecker-Lokal »Käfer« stellt sich heraus: Fünf Ehefrauen der von Skipper *John Kosecki* angeführten Crew (Engländer und bayrischer Vorschiffsmann *Tony Kolb*) sind schwanger. Und auch die frisch angetraute Ehefrau von Schiffseigner Illbruck, *Nelli Anderson* (früher mal Freundin von »Ariola«-*Monti Lüftner*), ist guter Hoffnung. Bei Verkündung dieser freudigen Ereignisse steigt der Jubel-Pegel im Restaurant immens – manchen Gesichtern ist freilich auch ein stilles Nachrechnen der Monate abzulesen. Nach dem Diner (Flusskrebse, Huchen und ein eisiges, von *Sabine Käfer* kreiertes Segelschiff-Dessert) reißt eine Dortmunder Band die rund 100 Gäste von den Plätzen. Wilde Tänze folgen bis zwei Uhr nachts. Obwohl einige zu vorgerückter Stunde mit beänstigenden Hip-Hop-Verrenkungen auftrumpfen, bekommt Bandscheiben-Rastelli Prof. Dr. *Wolfgang Pförringer* keine Arbeit. Er ist mit *Chris J. M. Brenningmeyer* (C & A) und TV-Ü-Wagenkönig *Charly* ➜ *Maier* (Videocation) unter den Gästen – alle erscheinen in Tracht. Gastgeber Illbruck hatte sich und seine Seeleute vor dem Fest bei »Loden-Frey« mit schwarzen kurzen Lederhosen, Leinenhemden und Wadlstutz für den Abend eingekleidet. Der einzige Patzer: die englischen Schuhe der Segler.

Jackman, Hugh ➜ Hollywood

Jackson, Michael

WER IST ES? Popochonder, früher mal ein schwarzer Mann **LEBENSDATEN** *29.8.1958 in Gary/Ind. **JOB** Sänger

ERFOLGE 1969 »Diana Ross Presents the Jackson 5«, 1972 »Got to Be There«, 1975 »Forever, Michael« 1982 »Thriller«, 1984 »Victory«, 1987 »Bad«, 1991 »Dangerous«, 1995 »HIStory: Past, Present an Future. Book 1«, 2001 »Invincible«. **IMAGE** Plastikmensch – nicht mehr von dieser Welt. **GELD** Ihm gehören die Rechte an 251

Beatles-Song – auch das bringt eine Menge ein. **RESIDENZ** Die Ranch Neverland in Kalifornien. **MOBILITÄT** Very stretched Limos, weiß. **HOBBIES** Ein bayerisches Karussell, auf antik geschreinert, steht im Park. **STYLE** Stimmlich haben seine Frankensteins über die Stränge geschlagen: So himmelhoch und straßenbahngleisschrill kann kein weibliches Wesen piepsen und kieksen. Wird bei öffentlichen Auftritten und in Videos deutlich handgreiflich im Schritt. **BEAUTY** Dauergast bei der Hautbleiche. Mit seiner leuchtenden Kalkhaut lässt er sogar *Marcel Marceau* vor Neid erblassen. **MAROTTE** Mal fährt der Sänger im Rollstuhl, damit seinen Schuhsohlen nicht mit Bakterien in Berührung kommen, mal bindet er sich ein Tuch vors Gesicht wie die Westernhelden in »High Noon«, um sich vor Infektionen zu schützen. Er ist nicht von AMG getunt, sondern von Prof. *Werner* ➔ *Mang*.

FREUNDE Seine liebsten Freundinnen sind mütterlich: *Liz* ➔ *Taylor*, *Joan* ➔ *Collins* und *Diana Ross*. Außerdem: *Uri* ➔ *Geller*. Jacksons lieber Freund *Corey Feldman*, der ihn immer gegen Vorwürfe verteidigt, ein Kinderschänder zu sein, ist stocksauer. Auf einer CD rechnet er mit Jacko ab: »Ich habe deinen Worten geglaubt, ich habe deine Lügen geglaubt, doch im September in New York hast du mich im Stich gelassen.« Feldman hat mit Ehrengästen wie *Liz Taylor* und *Marlon Brando* (➔ HOLLYWOOD) das Comeback-Konzert seines Intimfreundes besucht und anschließend im selben Hotel übernachtet. Am Morgen des 11. September 2001 fühlt er sich von Jackson verraten: »Michael brachte Liz und Marlon nach dem Attentat mit seiner Limousine in Sicherheit, mich ließ er einfach im Hotel zurück.« **FAMILIE** Der kinderfreundliche Kindskopf hat die Vorwürfe einer amerikanischen Mutter, die behauptete, er habe ihren Sohn beim bizzaren »Familie-Spielen« missbraucht, wohl überstanden, sonst hätte er nicht das Waisenkind adoptieren können, das seit 2002 mit Single J. auf der Märchen-Ranch Neverland lebt. Zwei Kinder hat der König des Pop aus der drei Jahre währenden Gebär-Ehe mit Krankenschwester *Debbie Rowe*, Sohn *Prince* und Tochter *Paris*. **EHE** In erster Runde war J. mit *Lisa Marie Presley* verheiratet (1994–96).

Jagger, Mick

WER IST ES? Ältester Teenager der Welt **LEBENSDATEN** *26.7.1943 in Dartford/England **JOB** Ober-Stone der Rockband Rolling Stones

KARRIERE Er fliegt vom College und entdeckt mit seinem Klassenkameraden aus der Grundschule, *Keith Richards*, seine Vorliebe für Musik, vor allem Blues. 1962 gründen sie die »Rolling Stones«, denen sich *Brian Jones*, *Charlie Watt* und *Bill Wyman* anschließen. Alben: »The Rolling Stones«, »Aftermath«, »Between the

Buttons«, »Sticky Fingers«, »It's only Rock 'n' Roll«, »She is the Boss«, »Dirty Work«, »Bridges of Babylon«, »No Security«. Film: »Enigma – das Geheimnis«. 2002 feiern die Stones ihr 40-jähriges Berufsjubiläum mit einer Welttournee. Als sich jemand über den 95-Dollar-Ticketpreis beschwert, der erheblich über dem von Konkurrent *Paul McCartney* (➜ BEATLES) liege, argumentiert Mick: »Paul ist allein, wir müssen durch vier teilen.« Auf die Frage, welche Songs gespielt würden, meint Kumpan Keith sehr, sehr lässig: »Ein paar von den alten Liedern, sofern wir uns noch an das Zeug erinnern können.« **AUSZEICHNUNG** 2002 darf er sich Sir Mick nennen, nachdem ihn Königin ➜ *Elizabeth* zum Ritter geschlagen hat. Jetzt endlich. Wegen eines gerichtlichen Missverständnisses war es nie zu dieser Ehrung gekommen. *Paul McCartney*, *Bob Geldof*, *Elton* ➜ *John* und *Cliff Richard* haben längst ihren »Sir«. Der angeblich schwarze Fleck auf seiner stones-weißen Weste: Freundin *Marianne Faithful* hatte einst im Urlaub ein harmloses Aufputschmittel gekauft und den Rest in die Jackentasche ihres Freundes gesteckt. Dort entdeckte die Polizei die Pillen, und Mick, ritterlich wie er nun einmal ist, gab diese »Arznei« als die seine an. Das Vereinigte Königreich hat sich inzwischen für die Razzia von 1967 entschuldigt. **PLÄNE** Die Tournee zum 50-jährigen Stones-Jubiläum soll angeblich schon stehen. Alle Altersheime sind ausgebucht. **IMAGE** Als die Rolling Stones, als »Dirty Boys« verschrien, in den 60ern nach den vergleichsweise sauberen Beatles München besuchen, findet der Konzertveranstalter kein Hotel für die Rocker. Die führenden Häuser wie »Bayerischer Hof« (hier wohnten die Beatles), »Vier Jahreszeiten« oder »Conti« lehnen ab, und so müssen Mick und seine Mannen im Hotel »Diamant« in der Schillerstraße absteigen. Die Bedenken der Hoteliers sind nicht unbegründet. Die Stones-Zimmer im »Diamant« sehen flugs wie Müllplätze aus, und als der Hausdiener eine Batterie Coca-Cola serviert, sieht er Mick ungeniert mit Basketballschuhen über die Betten marschieren. Als die Stones jedoch eine steile Karriere machen und sich gewaltig mäßigen (*Keith Richards* tut sich am schwersten damit), entdeckt J. München erneut. Jahrelang lässt er seine Platten im »Musicland« aufnehmen, einem Super-Studio im Souterrain des »Arabellahauses«. Die Qualität dieser Adresse wird Jahre später allerdings in Frage gestellt, als die U-Bahn gebaut wird und es zu Erschütterungen kommt, sobald ein Zug vorbeidonnert. Das Studio wird geschlossen. Eine weitere Keller-Location für J. ist das Lokal »La Cave«, wo er sich ein paar Mal mit Rebellen-Eva *Uschi Obermaier*, Deutschlands schönster Kommunardin, WG-Girl und Amazone bei den Schwabinger Krawallen, warmläuft. **GELD** Der Ober-Stone ist 200 Millionen Euro schwer. **RESIDENZ** J. hat eine große Villa in London, ein Schloss in Frankreich und ein Luxusappartement in Manhattan. **BEAUTY** Für das Video der Single »Visions of Paradise« war J. beim »Schönheitschirurgen«. Krähenfüße, Lachfalten und eingefallende Wangen sind verschwunden, dank der Künste des Digital-

Technikers sieht der Musiker aus wie 40. Mit diesem Gesicht hätte er nun keine Chance mehr gehabt, auf das Titelbild der Senioren-Zeitschrift »Saga« zu kommen, dem er ein Jahr zuvor ein Interview gab, das neben Anzeigen für Inkontinenz-Mittel und Treppenlifte veröffentlicht wurde. **FAMILIE** J. ist der Sohn eines Lehrers. **EHE** 1971–79 verheiratet mit *Bianca Perez Morena de Macias* aus Nicaragua, mit der er Tochter *Jade* hat, die den Stone bereits zum Großvater machte: Enkelinnen *Amber* und *Assisi*. Die Mutter seiner Tochter *Karis* ist Sängerin *Marsha Hunt*. 1990 heiratet er auf Bali mit Hindu-Ritual das texanische Model *Jerry Hall*. Vier Kinder, *Elizabeth*, *James*, *Georgia* und *Gabriel*. Nach Jahren stellt man bedarfsgerecht fest: Die Ehe ist gar nicht gültig. Trennung 1999. Eine Affäre mit dem brasilianischen Model *Luciana Morad* beschert ihm Filius *Lucas*. **SEX** Lange Zeit teilt J. die Freizeit mit dem wohlproportionierten Model *Sophie Dahl* und prüft 2002 die überaus reizvollen Laufwerke von Modestylistin *L'Wren Scott* (1,93), deren Beine 107 Zentimeter lang sind, was aber auch bedeutet, dass sie Mick um 20 stolze Zentimeter überragt. Als Mick mit der Designerin öfters in englischen Zeitungen auftaucht, meldet sich eine laszive Schöne aus der Anonymität. Es ist *Vanessa Neumann*, eine venezolanische Erbin, die nun öffentlich behauptet: »Mick hat nur ein einziges Girl und das bin ich, es gibt kein anderes.« Sie habe Jagger vor drei Jahren kennen und lieben gelernt und nimmt nun zu den angeblichen Beutezügen des notirischen Schürzenjägers Stellung: »Zwischen *L'Wren* und Mick ist nie was gewesen, und was immer zwischen ihm und dem Model *Sophie Dahl* war, ist längst vorbei.« Weitere Girls, die schon mal das Kopfkissen mit J. teilten: Model-Schwester *Chrissie Shrimpton*, Sängerin *Marianne Faithful*, Poeten-Enkelin *Nenna Eberstadt*, die Society-Girls *Cornelia Guest* und *Ortensia Visconti*, die Models *Christina Haack*, *Peta Wilson*, *Kathy Latham*, *Carla Bruni*, *Nicole Kruk*, *Jana Rajlich* und *Luciana Morad*, Pornostar *Orsolya Dessy*, die Schauspielerinnen *Uma Thurman* und *Valerie Perrine*, Sex-Therapeutin *Natasha Terry*, *Lady Antonia Frasers* Tochter *Natasha* und eben Millionen-Erbin *Vanessa Neumann*. Ein ehemaliges Kindermädchen enthüllt, dass sie 48 Stunden nach ihrer Anstellung von J. verführt worden sei. Während *Jerry Hall* mit ihrem kleinen Sohn *Gabriel* nebenan sitzt, soll es in der Küche zu einer rapiden Annäherung gekommen sein. »Als wir fertig waren, ging Mick zu Jerry rüber, als ob nicht gewesen sei«, erzählt das Girl.

Jauch, Günther

WER IST ES? Marathon-Mann von RTL **LEBENSDATEN** *13.7.1956 in Münster **JOB** Moderator, Werbefigur **KARRIERE** J. wächst in Berlin auf. Nach einem abgebrochenen Politologie-Studium besucht er die Journalistenschule in München. Arbeitet als freier Mitarbeiter beim RIAS Berlin Sportfunk, bevor er 1976 für drei Jahre zum Bayerischen Rundfunk geht. Mit *Thomas* ➔ *Gottschalk* moderiert er dort die BR-Radioshow. 1987 floppt die Reihe »So ein Zoff«. Erfolgreicher ist er mit der Moderation von »Na siehste« und der »Menschen 80 – Menschen 96«, des »Aktuellen Sportstudios« und »Stern TV«. Er moderiert Fußball- und Skiflug-Sendungen und ist Überflieger mit den Quizshows »Wer wird Millionär?«, »Die 10 Millionen SKL Show« und »Der große IQ-Test«.

ERFOLGE Goldene Kamera, Bayerischer Fernsehpreis, Tele-Star, Goldener Löwen, Deutscher Fernsehpreis. Legendäres Highlight seiner Moderatorenkarriere: Der gemeinsam mit *Marcel Reif* bestrittene Kommentar angesichts der 90-minütigen Versuche, in Madrid ein umgefallenes Fußballtor wieder aufzubauen. (»Ein Tor würde dem Spiel gut tun.«). **PARTNER** 1976–1979 Thomas Gottschalk (➔ KARRIERE). **IMAGE** J. ist inzwischen so häufig im Deutschen Fernsehen zu sehen, dass allein lebende Zuschauer möglicherweise schon anfangen, mit ihm zu sprechen – oder mit Jauch zu jauchzen. Der TV-Journalist mit dem Konfirmandencharme ist zum mächtigsten Mann auf dem Bildschirm aufgestiegen. **GELD** Zweifellos ein Großverdiener: Für Gastauftritte auf Messen oder Betriebsfeiern bezieht er 80 000 Euro Gage. Allein aus TV-Gagen kommen bisher geschätzte 12 Millionen Euro zusammen. 1989 mokiert er sich noch über die hohen Werbeeinnahmen von *Thomas Gottschalk*, der vom Hackfleischkonzern McDonalds für Werbespots angeblich 4,5 Millionen Mark kassiert – J. damals: »Niemals«. 2002 wirbt er massiv für das Gerstensaft-Imperium Krombacher und für den Regenwald, Motto: Je mehr Krombacher man trinkt, desto mehr Wald wird gerettet. Nicht nur *Jochen Busses* »7 Tage, 7 Köpfe«-Runde zerreißt sich über diese Art des Benefiz die Mäuler. Die Kampagne wird denn auch bald von einem Gericht inkriminiert.

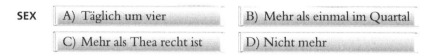

SEX A) Täglich um vier   B) Mehr als einmal im Quartal   C) Mehr als Thea recht ist   D) Nicht mehr

RESIDENZ In Potsdam besitzt er eine Traumvilla; außerdem eine Wohnung in München-Schwabing **STYLE** Braucht nur zwei Wochen Urlaub im Jahr. **BEAUTY** Obwohl 1,88 groß, käme er wohl immer noch mit einer Schülermonatskarte durch. **FREUNDE** *Thomas Gottschalk*; *Fritz Egner*; *Georg Kofler*. **FAMILIE** Lebt mit der Psychologin *Thea Siehler* zusammen. Das Paar hat zwei gemeinsame Kinder, *Svenja* und *Kirstin*, sowie die Adoptivtöchter *Katja* und *Mascha*.

Jelinek, Elfriede

> **WER IST ES?** Dramatikerin, Schriftstellerin **LEBENSDATEN** *20.10.1946 in Mürzzuschlag/ Steiermark **JOB** Schreibt auch Libretti für Musik-Theaterwerke

KARRIERE Als hochbegabtes Mädchen schafft sie mit 13 die Aufnahmeprüfung am Wiener Konservatorium (Orgel, Blockflöte; 1971 Organisten-Diplom; später studiert sie Komposition).
Studiert Kunstgeschichte und Theaterwissenschaft in Wien. Romane: »Wir sind Lockvögel, Baby« (1970), »Lust« (1989), »Die Klavierspielerin«. Theaterstücke: »Was geschah, nachdem Nora ihren Mann verlassen hatte« (1979), »Wolkenheim« (Kammerspiele München), »In den Alpen« (über das Bergbahn-Unglück von Kaprun im November 2000; ➜ *Peymann, Claus*). Filmdrehbuch »Malina« (zusammen mit *Werner Schroeter*) nach dem Roman von *Ingeborg Bachmann* (1990).
ERFOLGE Büchner-Preisträgerin; Peter-Weiss-Preis der Stadt Bochum; Bremer Literaturpreis; Theaterpreis Berlin (2002). **PARTNER** J. ist sehr eng befreundet mit der Komponistin *Olga Neuwirth*, mit der sie im Juni 2002 am Hamburger Schauspielhaus das bisher einzige Gemeinschaftswerk, die Oper »Bählamms Fest«, erstaufführt. »Schwarze surrealistische Romantik« verbindet die beiden Künstlerinnen, die von Star-Regisseur *David Lynch* die Rechte an seinem Film »Lost Highway« geschenkt bekommen. Es ist der Stoff für die nächste Oper von J. mit Neuwirth, die klirrend schöne und alptraumhaft sphärische Klangwelten im Repertoire hat. **FAMILIE** Vater arbeitet als Chemiker in »kriegsdienlicher Forschung« und bleibt deshalb von antisemitischer Verfolgung einigermaßen verschont. Stirbt 1969 in einer psychiatrischen Klinik. **EHE** Seit 1974 mit *Gottfried Hingsberg* verheiratet, der in den 60er Jahren dem Kreis um *Rainer Werner* ➜ *Fassbinder* angehörte. **ENTSCHEIDUNG** 1991 gemeinsam mit den beiden Parteivorsitzenden *Susanne Sohn* und *Walter Silbermayer* Austritt aus der Kommunistischen Partei Österreichs (KPÖ).

Johannes Paul II.

> Eigentlich Karol Woytila **WER IST ES?** Marathon-Mann Gottes **LEBENSDATEN** *8.5.1920 in Wadowice/Polen **JOB** 264. Papst **KARRIERE** Wollte eigentlich Schauspieler werden, dann traf ihn der Fingerzeig Gottes. Bis 1978 Kardinal in Krakau, seit da thront er als erster Nicht-Italiener nach über 400 Jahren auf dem Stuhl Petri. Auf dem Höhepunkt seiner Beliebtheit ist er am Ende seiner Kraft. Er ist der ungewöhnlichste Papst aller Zeiten, besucht als erster eine jüdische Synagoge und bezeichnet Muslime als seine Brüder. (→ MOBILITÄT).

MACHT Durch geschickte Seilschaft-Politik herrscht er im Unternehmen Gott AG nahezu unbegrenzt. **VORGÄNGER** Johannes Paul I., ein liberaler Italiener, dessen Arbeitskraft das anstrengende Amt bereits nach 30 Tagen so vergiftet hatte, dass die traurigen Kardinäle schon wieder wählen mussten. **NACHFOLGER** Als mögliche Nachfolger werden die Kardinäle *Francis Arinze* (mit ihm gäbe es dann erstmals einen farbigen Papst), *Miroslaw Vlk, Giovanni Battista Re., C. Murphy O'Connor* und *Walter Kasper* genannt. Sein treuer Helfer in Glaubensdingen, *Joseph Ratzinger,* erscheint nicht im Kandidaten-Katalog. **ZUKUNFT** 2002 tauchen vermehrt Rücktrittsgerüchte auf, die Seine Heiligkeit gar nicht hören möchte. Eine Bemerkung des bedeutenden Kardinals *Ratzinger* löst eine Diskussion aus: »Wenn er sehen würde, dass er absolut nicht mehr kann, dann würde er sicher zurücktreten«. **IMAGE** Konservativer Charismatiker. **GELD** In die Frühzeit seiner Ägide platzte der Finanzskandal um die fromme Vatikan-Bank. **RESIDENZ** Im Vatikan. **MOBILITÄT** Auf bisher 95 Reisen hat er 1,2 Millionen Kilometer absolviert und ordert auch für 2002 volles Flug-Programm. Im Mai geht es nach Bulgarien und Aserbaidschan, im Juli nach Toronto (Weltjugendtag), danach nach Mexiko und Guatemala und im August in sein Heimatland Polen und nach Kroatien. Für ihn wurde nach dem Attentat 1981 das Papamobil gebaut. Es entpuppte sich leider als ungewollte ästhetische Vorlage für heutige Familienautos. **FREUNDE** 400 Gebirgsschützen aus Bayern kommen in der mit Marmor ausgestatteten »Sala Clementina« im Vatikan in den Genuss einer Audienz. Zuvor hatten die Tegernseer drei Salutsalven abgeschossen, um den 75. Geburtstag von Kardinal *Joseph Ratzinger* lautstark zu zelebrieren. Zugleich ernennen sie den besonderen Vertrauten von Johannes Paul II. zum Ehren-Schützen und bedanken sich beim Papst mit einem Jodlerständchen. **EHE** Nichts bekannt. **SEX** Nicht sanktioniert. Eine Jugendsünde ist verbürgt. **SCHICKSAL** Sein Glaubens-Woodstock zu Ostern 2002 auf dem Petersplatz übersteht der Papst nur mit hohen Dosen Antibiotika und Cortison. Seit neun Jahren ist er von der Parkinson'schen Krankheit geplagt, und auch

Spätfolgen des Attentats von 1981 (der Türke *Ali Agca* traf ihn mit drei Kugeln) machen ihm zu schaffen. Er leidet unter chronischen Unterleibsschmerzen, und auch zwei Tumore am Darm wurden entfernt. In der Peterskirche wird der Papst, der eine künstliche Hüfte hat, mit einer mobilen Plattform zu den Altären geschoben. Durch raffinierte Technik kann das Gefährt auch Stufen überwinden. Einen Rollstuhl lehnt der Pontifex Maximus ab, obwohl ihm schon zwei Dutzend High-Tech-Modelle in den Vatikan geschickt wurden. Doch wurde der päpstliche Thron umgebaut, um das Aufstehen zu erleichtern. Für das Exit aus Flugzeugen sind besondere Aufzüge konstruiert worden, über die Johannes Paul II. hydraulisch gesteuert zum Erdboden gleiten kann. Stufen vor Altären gibt es keine mehr. Ohne einen Wink gegeben zu haben, sorgt sich auch DaimlerChrysler um die sichere Fortbewegung des Papstes. Zum Weltjugendtag, Ende Juli 2002, schenkt ihm Vorstandsvorsitzender *Jürgen* ➔ *Schrempp* ein neues Papamobil, eine perlmuttfarbene Sonderanfertigung auf der Basis eines Mercedes-Geländewagens ML 430. Eingefädelt hat die 90 000-Euro-Überraschung *Wolfgang Schrempp*, Bruder des Vorstandsvorsitzenden und Chef von DaimlerChrysler Italia.

John, Elton

Eigentlich Reginald Kenneth Dwight **WER IST ES?** Sir Opulenz – zwischen Rokoko und Operette **LEBENS-**	**DATEN** *25.3.1947 in Pinner/Middlesex **JOB** Komponierender Sänger-Pianist

KARRIERE Als Beatle *John Lennon* 1967 ins Londoner Office seines Musikverlegers *Dick James* geht, läuft ihm auf dem Flur ein rundlicher Hilfsangesteller über den Weg, der ihn hinter dicken Brillengläsern bewundernd anstarrt. Der 20-jährige Unbekannte hatte drei Jahre lang als Pianist in einer lausigen Bar gespielt und will nun sein Glück als Komponist versuchen. Zur finanziellen Überbrückung arbeitet er als Bürobote. Er heißt Reginald Kenneth Dwight, hat sich aber bereits einen Künstlernamen zugelegt: Elton John. Als er dann als Studiopianist auch für die Rolling Stones arbeitet, hänselt ihn *Mick* ➔ *Jagger* wegen seines Babyspecks mit dem Namen »Fat Reg«. Richtig schlank ist er nie geworden, dafür aber sehr erfolgreich, zum Beispiel mit »Empty Sky«, »Don't Shoot Me I'm Only The Piano Player«, »Ice on Fire«, »Big Picture«, »Aida«, »Songs from the West Coast«. Sein »Candle in the Wind«, das er anlässlich der Trauerfeier für Prinzessin ➔ *Diana* singt, schlägt alle Rekorde, sogar *Bing Crosbys* »White Christmas«, *Bill Haleys* »Rock around the clock« und den ➔ *Beatles*-Song »I want to hold your hand«.
IMAGE Englische Edeltucke aus Middlesex. **RESIDENZ** Stadtpalais in London

(Holland Park); 6-Mio.-Euro-Herrenhaus (mit Kino und 17 Autos der Marken Bentley, Rolls Royce, Aston Martin etc. in der Garage) in der Nähe von Windsor; »Castel Mont Alban« (Schloss) bei Nizza; 2,5-Mio.-Euro-Apartment in Atlanta/ Georgia. **BEAUTY** Kopfhaarverpflanzung – besser: Einsaat. **STYLE** Seine exzentrischen Phasen lebt er gern in opulenter Aufmachung aus, vor allem wenn es gilt, eine Party zu feiern. Mal zeigt er sich als papageienbunter Glitzer-Sultan, mal als gefederte Diva, dann wieder in goldbestresster und ordensbeladener Phantasie-Uniform oder als Rokoko-Hofschranze und Louis XIV mit rieselnder Goldlocken-Perücke. **MAROTTEN** Er reist nicht unter 23 Gepäckstücken und besitzt 251 Brillen. **FREUNDE** Unter Freunden zeigt er auch schon mal sein Hinterteil, so im tunesischen Port El Kantaoui. Ein Mistral, der mit 120 Sachen ans Ufer peitscht, verhindert, dass bei der Cartier-Party alles wie ein Uhrwerk abläuft. Zweimal zerfetzt der Sturm die Bespannung des Rundzeltes am Strand, in dem Cartiers schönstes Schmuckstück, die attraktive Chefin *Nathalie Hocq*, und Präsident *Alain Dominique Perrin* die neue Vendôme- und Must-Brillen-Kollektion aus 22-karätigem Gold präsentieren wollen. Die Gala wird im Sinne des Wortes vom Winde verweht. Mit Airbus und Jumbo hatte Cartier internationalen Jet-Set eingeflogen, um das seit fünf Jahren geplante Produkt vorzustellen, doch eilig wird nun der Schauplatz verlegt. *Giuliano Gemma*, *Corinne Clery* (»Die Geschichte der O.«), *Jane Birkin*, Rennfahrer *Jacky Ickx*, Popstar *Lindsay de Paul*, Hollywood-Haudegen *James Coburn*, Bildhauer *Cesar*, Modeschöpfer *Louis Azzaro*, Nightclub-Chef *Jean Cassel* und der deutsche Cartier-Statthalter *Dieter T. Zimmermann* müssen ins Hotel umziehen. Dort gibt Elton John am Piano Gas und singt aus vollem Herzen »Blue Eyes« und »Song for Guy«. Bombenstimmung kommt auf. Gegen zwei Uhr früh möchte er das sturmzerfetzte Gala-Zelt sehen, wo nur die Techniker tatenlos herumsitzen. Da geht es dann richtig los, unter freiem Himmel, mitten im Mistral. Als die Lautsprecher in voller Stärke Elton-John-Hits in die Nacht hinausdonnern, beginnt der Pop-Star, sich auszuziehen: die Chevalier-Kreissäge fliegt in die Ecke und er reißt sich den Smoking vom Leib. Anschließend hält er sein nacktes Hinterteil in den Wind, als wolle er sagen: Du kannst mich mal. Für ein paar Sekunden zeigt er den wenigen Zuschauern – Gastgeberin *Nathalie* zieht schmunzelnd an ihrer Dom-Perignon-Zigarre – den Allerwertesten, wobei man erkennen kann, dass Eltons Po mehr Haare zählt als sein Haupt. Der englische Bildreporter *Young*, als Einziger seiner Zunft noch auf den Beinen, fotografiert den Strip. Der »Stern« zahlt ihm 50 000 Mark dafür. **LIEBE** Der bekennende Homosexuelle lebt seit 1993 mit dem 16 Jahre jüngeren *David Furnish* zusammen. Als er mit dem Outen noch Schwierigkeiten hatte, war er vier Jahre lang mit der Münchnerin *Renate Blauel* verheiratet.

Jolie, Angelina → Hollywood

Jonsson, Ulrika

WER IST ES? Männermordende Wetterfee – in England bekannter als *Iris Berben* in Deutschland **LEBENSDATEN** *1967 in Schweden **KARRIERE** Star-Moderatorin des englischen Fernsehens: BBCs »Dog Eat Dog« und »JTV1s »Home Alone«

EHE Eine Ehe mit Kameramann *John Turnbull* wurde geschieden. **LIEBE** Das Privatleben ist recht stürmisch. In der Mannschaft der elf offiziell bekannten Verehrer stehen u. a. der Kölner *Markus Kempen* und Englands Fußball-Coach *Sven Goran Eriksson*. Wegen Sven liegt sich J. allerdings mit dessen Langzeit-Freundin *Nancy Dell'Olio* in den Haaren. Das Duell wird im Massenblatt »Daily Mail« ausgetragen – Nancy: »Sven wird mich heiraten. Ich weiß nicht, was das Goodtime-Girl will.« – Ulrika: »Es ist alles aus mit Nancy, die schlafen nicht einmal mehr miteinander«. Als Schlichter der streitenden Rivalinnen fungiert PR-Tycoon *Simon Astaire*, der mit *Nancy* beim Lunch im Restaurant »Bice« in Mayfair sitzt. Pikant: Er ist ein Ex-Lover von Ulrika. **SEX** Hochdruckgebiet.

Joop, Wolfgang

WER IST ES? Kaschmir-Rebell **LEBENSDATEN** *18.11.1944 in Potsdam **JOB** Zählt zum »Trio International« der bekanntesten Modeschöpfer made in Germany (zusammen mit *Karl* → *Lagerfeld* und *Jil Sander*)

KARRIERE Als er acht Jahre alt ist, zieht seine Familie nach Braunschweig. Im Gegensatz zu einem Möchtegern-Mitbewerber in München, der von den Medien als »Modezar« (Grüße nach Pisa!) hofiert wird, kann er zeichnen, und sein eiliger druckvoller Strich erinnert an den von *Egon Schiele*. J. studiert Werbepsychologie und Kunsterziehung (ohne Abschluss). In den Bereichen Kleider und Kosmetik wird sein Name weltweit bekannt. **PLÄNE** 2002 schreibt er an einem Buch.
IMAGE Der eloquente J. schafft die Balance zwischen Mainstream und abgedrehtem schwulen Künstler. **RESIDENZ** Villa in Potsdam in der Nähe von *Friede* → *Springer* und deren Konzernchef Dr. *Matthias Döpfner*. **BEAUTY** Liegt optisch zwischen *Dolf Lundgren* und *Jeremy Irons*. **FAMILIE** Verheiratet mit *Karin*. Zwei Töchter: *Florentine* und *Jette* (*12.2.1968 in Braunschweig). Jette hätte sich konservativere Eltern gewünscht und fand es peinlich, wenn ihre Mutter mit Pumps und

schicken Kostümen zum Elternabend erschien. Auch ihr Vater trug immer die »hippsten Lederjacken« und schlief – von der Arbeit übermüdet – bereits nach fünf Minuten ein. Als *Jette* ihren ersten Freund mit nach Hause brachte, reagierte der Vater allerdings sehr konventionell. Sie war 16 und er fand ihn unpassend. Liiert ist sie mit Dr. *Alessandro Spitzy*, mit dem sie Tochter *Johanna* hat. Seit 2001 ist sie jedoch eine Heiratskandidatin von Prinz *Alexander zu* ➔ *Schaumburg-Lippe*. Er liebt Champagner, sie liebt Champagner. 1. Akt: Prinz *Alexander zu Schaumburg-Lippe*, auf Schloss Bückeburg bei Hannover allein zu Haus, schaut beim Filmball 2001 in München erstaunlich schnell in die schönen Augen von *Jette*. Sie muss ihm wohl den Vorschlag gemacht haben, ihm ihre neue Schmuckkollektion zu zeigen. Die beiden lassen sich nicht mehr auf dem Ball sehen, sondern verschwinden im Hotellift. *Jette* hat Zimmer 233. 2. Akt: Bei der Gala »Cinema for Peace« in Berlin erscheint der Prinz mit der netten *Jette*. Alarmierend: *Alexanders* Mutter, Fürstin *Benita zu Schaumburg-Lippe*, ist auch dabei. War ich in meiner Sturm- und Drangzeit mit einer Dame auf einem Ball, und die Mutter begleitete uns, war das ein Ernstfall. 3. Akt: Nach der Berliner Premiere des Films »Suck my Dick«, in dem auch *Jettes* Vater *Wolfgang* eine Rolle spielt, feiern *Jette* und *Alexander* im November 2001 in der »Paris Bar«. Die beiden würden gut zusammenpassen. Ihn schmückte wieder eine attraktive Frau und sie das verlockende Prädikat »Prinzessin«. Beruflich tritt *Jette* in Papas Fußstapfen: Sie studiert zunächst am Art Center College of Design in Pasadena/Kalifornien Automobil-Design. 1996 entwirft sie Schmuck, zwei Jahre später Mode. 2001/02 zeichnet sie für den Sportartikel-Hersteller »K2«.   **SEX** Nach eigenem Bekunden ist J. seiner Frau 15 Jahre lang treu, bis es zur ersten Begegnung mit einem Mann kommt. Sexualität ist für ihn kein Tabu. Bei der Premiere des Films »Suck my Dick«, in dem er als Schauspieler debütiert, spricht er über Penis-Bewunderung: »Man braucht ja hin und wieder was, an dem man sich festhalten kann. Aber nach der Pubertät nimmt das Interesse an Geschlechtsorganen allmählich ab. Ich litt am meisten in der Zeit, als ich erotisch am aktivsten war. Da wollte ich das einzige Objekt der Begierde sein und jeden Menschen durch jede erotische Handlung für immer beeindrucken. Irgendwann merkte ich dann aber, dass es immer einen geben wird, der intelligenter ist und einen größeren Schwanz hat.« Zur gleichgeschlechtlichen Liebe sagt er, dass Männer über andere Männer nichts wissen und dass ihnen das Angst mache. »Sie wissen nicht, wie sich Nackenhaar oder eine harte Schulter anfühlt. Heterosexuelle Männer kennen ja nur das hingebungsvolle Fleisch, nicht das fordernde. Das sind zwei verschiedene Erfahrungswelten.« 5.15 Uhr früh. Die »Paris Bar« in Berlin ist noch geöffnet. In dem französisch wirkenden Wohnzimmer stecken J. und die Schauspielerin *Hannelore Elsner* die Köpfe zusammen. Sie sitzen direkt am Fenster und trinken Champagner, eine Flasche nach der anderen. Wolfgang zahlt. Joops

Freund *Edwin Lemberg*, der Hemden mit kleinem Karo und Krawatte liebt, geht mit einem jungen Mann zur Toilette, und bevor er die Türe schließt, späht er herüber zum Joop-Tisch, ob die Luft rein ist. Acht Minuten lang bleibt »Herren« blockiert. **PARTY** Anfang der 80er Jahre wird Joop von Fotograf *Robert Mapplethorpe* zu einer Black Night Party eingeladen, die drei Tage und drei Nächte dauert. Er nennt J. einen »German Warlord« und steckt ihn in schwarzes Gummi und Leder. Das Fest ist enttäuschend langweilig. »Alles, was man pervers nannte, fand ich provinziell«, sagt Wolfgang danach. »Die Sensation der Perversion erschöpft sich sehr schnell.«

Juan Carlos, König von Spanien

WER IST ES? King Supersmart   **JOB** Spanischer König **KARRIERE**
LEBENSDATEN *5.1.1938 in Rom   Durch *Franco* seit 1975 auf dem Thron

ERFOLGE Verteidigte bei Hauptmann *Terejos* Putschversuch 1981 die junge spanische Demokratie.   **RESIDENZ** Residiert im Zarzuela-Palast in Madrid.
HOBBIES J.C. fährt gern zur See und verbringt den Sommer »daheim« auf Mallorca, wo man ihn schon mal auf einer Harley Davidson durch die Gegend brausen sieht. Sitzt auf dem Sozius ein weibliches Geschöpf, hat das nichts zu bedeuten. Die Gute wird den Bus versäumt haben und der Monarch ist ja sehr volksnah in den Ferien. Im Winter sieht man ihn im spanischen Baqueira-Beret die Pisten hinunterwedeln. J.C. liebt wie alle Spanier den Stierkampf, und seine Jagden sind ein Must-Termin im Jet-Set-Kalender. Bei einer solchen Royal Pirsch lernt Prinz *Karim Aga Khan* Prinzessin *Gabriele zu Leiningen*, seine heutige ➔ *Begum,* kennen.
FREUNDE Prinz *Karim Aga Khan*; *Renate* ➔ *Thyssen* und der europäische Hochadel.
FAMILIE Seit 1962 verheiratet mit Königin *Sofia*, die streng dreinschaut, wenn der lebensbejahende Monarch seinen Blick über das Volk (besonders das weibliche) schweifen lässt. Seine zwei Töchter, *Elena* und *Cristina,* sind unter der Haube und haben ihm bisher fünf Enkelkinder beschert. Nur Sohn *Felipe* hat noch immer nicht die Richtige gefunden. Der Thronerbe ist da mindestens so zögerlich wie Prinz ➔ *Albert von Monaco*, den die Schönen umschwärmen wie die Motten das Licht – aber keine bleibt. Jährlich schicken klug taktierende Mütter ihre Töchter nach Madrid in der Hoffnung auf eine wundersame Begegnung mit dem Prinzen. Auch die schönste der Windsors, Lady *Gabriella*, hat das Terrain sondiert und für nicht geeignet befunden. Mit zarten 34 Jahren tauscht *Felipe*, der 1,94 große Bomberpilot, das elterliche Zuhause gegen einen eigenen Palast ein. Der Kronprinz ist trotzdem in Rufnähe. Seine eigene Residenz steht im Schlosspark im Norden von

Madrid. Das Anwesen verfügt über 1800 Quadratmeter Wohnfläche, hat zwei Büros, eine Bibliothek, Empfangsräume und im Garten einen Pool. Üblicherweise folgt bei den spanischen Royals nach dem Etablieren einer eigenen Residenz auch die Hochzeit. *Felipes* Umzug wird deshalb von Gerüchten begleitet, aber wer soll die Glückliche sein? Mit dem norwegischen Model *Eva Sannum*, seiner letzten Verehrerin, hat er ja Schluss gemacht. Soweit man das so nennen kann. **SEX** Königlich durchblutet.

Jürgens, Margie

WER IST ES? Witwe eines der größten deutschen Schauspielers in der internationalen Filmszene, *Curd Jürgens* **LEBENSDATEN** *1941 in Königsberg

RESIDENZ Nach langen und zähen Verkaufsverhandlungen hat sie die gemeinsam mit *Curd Jürgens* bewohnte Traumvilla in St. Paul de Vence in den Hügeln bei Nizza endlich an den Mann gebracht. Jetzt lebt sie in der Schweiz und hat Begleiter aus Mailand, die gern Kaviarrunden schmeißen. In dem Curd-Jürgens-Haus in St. Paul de Vence übernachtete gern Springer-Aufsichtsrats-Vorsitzender und Konzern-Kardinal Prof. *Bernhard Servatius* (*14.4.1932 in Magdeburg,) denn die Hotels an der Côte d'Azur sind teuer und fast immer ausgebucht. Vollbut-Anwalt *Servatius*, der T-Träger des Springer-Zeitungshauses und letzter vom goldenen Gestern, arbeitet 30 Jahre lang für den größten deutschen Zeitungsverlag. In den letzten Jahren des 1985 verstorbenen Firmengründers *Axel Cäsar Springer* wird er mehr und mehr dessen engster Vertrauter. Im Schlagabtausch mit Großaktionär Dr. *Leo* ➔ *Kirch* spielt der große Taktiker eine geniale Rolle. Gibt sein Amt als Aufsichtsratsvorsitzender nach 17 Jahren, am 30. Juni 2002, ab und macht freie Bahn für den Generationswechsel unter dem jungen Vorstandsvorsitzenden *Matthias* ➔ *Döpfner*. Er lebt in Hamburg und am Tegernsee und ist verheiratet mit Frau *Ingeborg*. Bei Parties weiß die Damenwelt, dass S. keine Berührungsängste hat. **EHE** Sie ist die fünfte Frau des »Normannischen Kleiderschrankes«, *Curd Jürgens*, der mit *Brigitte Bardot* in dem Klassiker »Und ewig lockt das Weib« spielt. **SEX** Tatendurstig.

Jürgens, Udo

Eigentlich Udo Jürgen Bockelmann
WER IST ES? Musikalischer Dauerbrenner, der nichts anbrennen lässt
LEBENSDATEN *30.9.1934 in Klagenfurt **JOB** Sänger und Komponist

KARRIERE Seinen ersten Hit, »17 Jahr, blondes Haar«, komponiert Udo in München, als er mit Nachtclub-Gastronom *Thommy Hörbige*r (Schauspieler-Dynastie) und Disco-Dirigent *Sergio Cosmai* ein möbliertes Zimmer in Schwabing teilt. Tourneen wie »Udo 70« und »Udo 80« gehen mit – und später ohne – Impresario *Hans* ➔ *Beierlein*, der ihn als singenden Dukaten-Esel unter Vertrag hat, quer durchs Land. Keine »Fernsehlotterie«, kein »Jahr des Kindes«, keine Funkausstellung oder Fußball-Weltmeisterschaft ohne ein Jürgens-Klangwerk.
ERFOLGE Sieg im »Grand Prix« für Österreich mit »Merci Cherie«. Schreibt 800 Lieder (»Griechischer Wein«, »Es waren weiße Chrysanthemen«) und verkauft 100 Millionen Tonträger. **IMAGE** Er ist der amtliche Querschnitt durchs bundesdeutsche Musikgemüt. Außerdem arbeitet er als eine Art Walter von der Vögelweide erfolgreich an einer repräsentativen Querschnittsuntersuchung des weiblichen Bevölkerungsanteils (➔ SEX). **RESIDENZ** Lebt in Zumikon bei Zürich in einer weißen Villa mit hohen Sprossenfenstern, Indoor-Pool, 4 Schlafzimmern, 3 Bädern, 2 Saunen, einem Weinkeller und 3 Garagen. **BEAUTY** Er war ein Kind mit Depressionen: »Meine Ohren standen weg und ich stand auf nichts.«
MAROTTE Eines hat sich verändert – früher hat er nur gesungen, heute redet er mehr: Über Starlet *Jenny Elvers*, das vielbenützte (was ihr auch ein bisschen nützte) oder über Schätzchen *Uschi* ➔ *Glas*, bei der er zur Sache kommt (was im Film nicht stattfindet). Seinen neuen Ferrari will er wegen des Schmu mit Schumi wieder abbestellen, und in Zürich muss er zum Gericht, um zu bestätigen, dass er nie etwas mit Prinzessin ➔ *Caroline von Monaco* hatte (davon müsste sie auch etwas wissen). **FREUNDE** Gastronom *Niki Dumba*; Manager *Freddy Burger*. **FAMILIE** Vater Gutsbesitzer. J. ist nach zehnjähriger Trennungsphase seit 1989 von Ehefrau *Panja* geschieden. Mit ihr hat er die beiden Kinder *Jenny* und *Johnny*, außerdem verlaufen seine 1001 Verhältnisse nicht ganz spurenfrei. Die eine uneheliche Tochter heißt *Sonja*, ist schon erwachsen und Geschäftsfrau in Wien, das andere Wiener Kindl ist *Gloria*, Ergebnis einer verhängnisvollen Affäre mit der Juristin *Sabrina Burda* in einem Gasthaus bei Pressbaum/Österreich. Sie feiert 2002 ihren 8. Geburtstag. **SEX (1)** Aus Platzgründen kann die Liste der Udo-Jürgens-Geliebten im »Lexikon des Klatsches« nicht vollständig aufgeführt werden. Hier nur die wichtigsten Romanzen – also die, die länger als eine halbe Stunde gedauert haben: *Gertraud Jesserer* (1962), *Susanne Juhnke* (1965), *Christiane Krüger* (1968), *Karin Holzapfel*

(1972–75, will ihn unbedingt heiraten), *Denise Biellmann* (1974), *Nina Viereck* (1975), *Danny Rogge, Claudia Wegrosek, Isabella Stenz, Sabine* (1978), *Katharina Lehmann, Sandra* (1992), *Cosima von Borsody* (1993), *Corinna Reinhold* (1982–94). Bei dieser Vielzahl von Verehrerinnen muss er wohl den unverfänglichen Kosenamen »Schatz« einsetzen, damit er keinen Wurm reinbringt. Die so steinreiche wie lebenserfahrende Kaufhaus-Witwe *Heidi Horten* hat auch ihren Platz im Lebenslauf des Sängers, der die Dame ihrer inneren Werte wegen schätzt. Selbst Komikerin *Gaby Köster* (»Sieben Tage – Sieben Köpfe«) meldet sich zu Wort. Auch bei ihr sei Udo dran gewesen. Da machte sie gerade ihre Hausaufgaben. **SEX (2)** Udo ist ein Vollblutmusiker, aber auch ein Zugaben-Caruso ohne Ende. Er kann einfach nicht aufhören und trägt beim immer wieder letzten Lied einen weißen Bademantel – schön für die Freaks. Auch auf anderem Gebiet kann er nicht aufhören – schön für die Girls, weil »mein kleiner Freund da unten sein Eigenleben führt. Er reagiert auf Sachen, die mein Verstand ablehnt, aber findet es toll« (Originalton Udo). Meist feiert er seinen Geburtstag in einem Bierzelt auf dem Münchner Oktoberfest. Auf dem Weg überholt mich eine süße Lolita. Weil sie es in diesem Gedränge gar so eilig hat, fällt dem Mädchen das Geburtstagsgeschenk aus der Hand. Ein aufgeschlagenes Buch mit einer handgefertigten Zeichnung liegt auf dem Boden. Die Skizze ist ganz eindeutig, sie zeigt Udos Lieblingsstellung. **PANNE** Am Ipanema-Strand von Rio sonnt sich J. und hat wohlweislich wegen der Langfinger-Gefahr außer einem kleinen Beutel nichts mitgenommen. Damit aber auch gar nichts passieren kann, legt er die Tasche unter seinen Kopf. Nach geraumer Zeit kitzelt ihn plötzlich ein kleiner brasilianischer Junge an den Füßen und lacht. Udo, in vollster Sonnenanbetung, schreckt nach oben und schon ist die Tasche mit Geld, Kreditkarten und Hotelschlüssel weg. Ein anderer Dreikäsehoch hat sie geschnappt und wie beim Völkerball einem weiteren Buben zugeworfen, der blitzschnell im Strandgetümmel untertaucht.

Juhnke, Harald

WER IST ES? Allround-Entertainer im ewigen Nebel **LEBENSDATEN** *10.6.1929 in Berlin **KARRIERE** Steht 1948 als junger Offizier auf der Bühne des Maxim Gorki Theaters in Berlin. Viele freie Engagements folgen, bis er ab 1950 für den Film arbeitet. In rund 70 Filmen spielt er unter anderem in »Drei Mädchen spinnen«, »Schtonk«, »Alles auf Anfang«, »Gespräch mit dem Biest« und – sehr autobiografisch angelegt – »Der Trinker« (nach *Hans Fallada*). An der »Kleinen Komödie« in Hamburg begeistert er 1979 das Publikum mit »Die Eule und das Kätzchen«, am Münchner Residenztheater spielt er »Happy End« von *Bert Brecht* mit Musik von *Kurt Weill*. Er ist Entertainer in vielen Fernsehshows, in denen er immer wieder sein Idol *Frank Sinatra* ansingt wie ein lieber Hund den Mond. Seine letzte Rolle, wohl nicht in seinem Sinne: seit 2001 lebt er in einem Pflegeheim für Demenzkranke in Berlin.

IMAGE Populäre Berliner Type mit fatalem Drang zur Flasche. **FREUNDE** Die Schauspieler *Günter Pfitzmann* und *Wolfgang Völz*: »Der hat nicht viel getrunken«, so V., »nur nichts vertragen«. Und, voller Hochachtung: »Keiner konnte seinen Text so gut und schnell lernen wie Harald.« **FAMILIE** Vater Polizist. **EHE** Verheiratet in erster Ehe mit *Sybil Werden*, Kinder *Barbara* und *Pierre*, in zweiter Ehe mit *Susanne Hsiao*, Sohn *Oliver Marlon*. **SEX** Die Glocken hänger länger als die Seile. **ERINNERUNG** Mit jedem Alkohol-Exzess werden die Schlagzeilen größer, doch eine erstaunlich lange Zeit steckt der Blaumann der Nation alles relativ gut weg. Als es in München-Schwabing, wo er vorübergehend im Fuchsbau logiert, besonders feucht-fröhlich wird, versucht *Blacky Fuchsberger* ihn in ein Krankenhaus einliefern zu lassen. Das muss nicht sein. Noch ehe die Polizeiautos vorfahren, habe ich Harald – zum Entsetzen meiner damaligen Freundin – in meinen Bungalow in der Romederstraße am Englischen Garten gebracht, wo er friedlich seinen Rausch ausschläft.

Käfer, Gerd

> **WER IST ES?** Nach eigener Wahrnehmung »Der Einmalige« **LEBENSDATEN** *19.10.1932 in München **JOB** Feinkost-Händler, Party-Servierer und -Designer; Spielbankkonzessionär (Wiesbaden) **KARRIERE** K. fällt weltweit mit seinen eigenwilligen und auf den Punkt perfekt inszenierten Parties auf. In Dallas, Paris und im Moskauer Kreml verblüfft er die feine Konsumgesellschaft mit seinem ambulanten Delikatessen-Zirkus. Das Münchner Haupthaus vergrößert er mit herrlichen Stuben, die Star-Architekt *Thomas Gehrig* (acht Jahre verheiratet mit Henkel-Erbin *Netty*) liebevoll eingerichtet hat.

ERFOLGE Der Party-Bildhauer hat es geschafft hat, dass aus dem Krabbeltier-Begriff seines Namens ein international anerkanntes Synonym für Luxus-Food geworden ist. **IMAGE** Hummer-Hannibal und Feinkost-Pionier. **GELD** Im Zuge massiver Prozente-Verschiebungen des »Feinkost-Käfer«-Imperiums, die auch wegen der nicht immer blendenden Kontakte zu Bruder *Helmut* entstanden sind, muss Gerd Käfers Kingdom an seinen tatendurstigen Sohn *Michael* (➔ FAMILIE) übergeben, der jetzt alleiniger Chef ist. **RESIDENZ** Als alter Kavalier (➔ EHE) schmückt er für 850 000 Mark die gemeinsame Villa in Bogenhausen und zieht dann um in einen schneeweißen, den viktorianischen Stil andeutenden Bungalow mit Blick auf den Herzogpark. Als er 2002 dieses Nest verkauft, bezieht er eines der ➔ *Haffa*-Luxus-Apartments in der Pinzenauerstraße. **MOBILITÄT** Kauft sich eine schwarze Isetta (Aufkleber: Käfer...) mit Autotelefon und allem Schnickschnack, um den diesbezüglich strengen BMW-Konzern augenzwinkernd zufriedenzustellen: Der weißblaue Autogigant vergibt Partyaufträge nur an BMW-fahrende Caterer. **HOBBIES** Lange Zeit fördert er das Talent der Sängerin *Linda G. Thomson* (»Hornettes«). **STYLE** Stets mit Fliege. **MAROTTE** Sammelt Kaffeetassen und alte Kinderwagen. **EHE** Verheiratet mit Frau *Inge*, die fleißig im Geschäft mithalf. Die 1970 geschlossene Ehe wird nicht mehr praktiziert. Neue Lebensabschnittspartnerin ist »Miss Badeschaum«, der er Wohnkultur vom Feinsten im gemeinsam genutzten Wiesbadener Domizil beigebracht hat. Die Beziehung tut K. anfangs körperlich gut, aber im Laufe der Zeit grenzt ihr regionaler Hessen-Weitblick und ihre Wortkargheit den weitgereisten 1000-Ideen-Mann krass ein. **FAMILIE** Der wuschelhaarige Sohn *Michael* (*2.2.1958, verheiratet mit der hübschen *Sabine*, vor der Ehe liiert mit Schauspielerin *Ursula* ➔ *Karven*, Bewohner einer Villa im feinen München-Bogenhausen) hat – dank der Prozente von Oma *Else* und Onkel *Helmut* – das Gastronomie-Imperium des Vaters übernommen. Er betreibt die »Käfer Schänke« in München, »Käfer's Wiesnschänke« auf dem Oktoberfest und lenkt mit

Großgastronom *Roland* ➔ *Kuffler* das Bistro »Käfer'S« am Hofgarten. Das legendäre Dancing »P 1« in München gehört ebenso zu seinem Imperium wie die Gastronomie im Berliner Reichstag. **PANNE** Schwiegertochter *Sabine* und Sohn *Michael* werden nach dem Oktoberfest 2000 im Zuge von *Boris* ➔ *Beckers* Ehe-Dilemma Opfer eines Gerüchts, das sich monatelang hartnäckig hält und die Einschaltung eines Anwalts erforderlich macht. Immer wieder klingelt mein Telefon (»Wissen Sie schon ...?«), und an den Stammtischen tuschelt man, dass *Sabine* Mutterfreuden mit dem Tennis-Star entgegensehe. Es wird auch in einigen Zeitungen angedeutet, ist aber die Ente des Jahrzehnts, eine dreiste Unterstellung. *Sabine Käfer* kennt Bobbele zu dem Zeitpunkt noch gar nicht persönlich.

Kahn, Oliver

WER IST ES? Der Dschingis Khan des runden Leders **LEBENSDATEN** *15.6.1969 in Karlsruhe **JOB** FC-Bayern-Torhüter und National-Keeper der deutschen Elf

KARRIERE Wird schon als Junge Mitglied beim Karlsruher SC. Nach dem Abitur verschreibt er sich ganz dem Fußball. Dafür sorgt schon sein Vater, ein Bundesligaspieler der ersten Stunde. 1990 schlägt seine Stunde, als Stammtorhüter *Alexander Famulla* an einem größeren Formtief leidet. Verbissen trainiert K. mit dem Papa und lässt sich nicht mehr aus dem Kasten verdrängen. Obwohl er sich schnell den Ruf »bester Bundesliga-Keeper 1993/94« zulegt und zum »Torhüter des Jahres« gekürt wird, ist er bei der WM in den USA 1994 nur Ersatz für alle Fälle – die Nummer 3 nach *Illgner* und *Köpcke*. Das wurmt, macht Falten. Für fünf Millionen Ablöse wechselt K. ausgerechnet zum FC Bayern, was ihm seine Fans schwer verübeln, und das Los, abgeschoben zu werden, trifft diesmal beim »FC Hollywood« den Stammtorhüter *Raimund Aumann*. Unter Supertrainer *Giovanni Trappatoni* muss Kahn viele Tore einstecken und ein Tief des FC Bayern durchstehen. Bei der Europameisterschaft 1996, die Deutschland gewinnt, steht K. wieder nicht im Tor, sondern sitzt in der zweiten Reihe, hinter *Andreas Köpcke*. Auch bei der WM zwei Jahre später in Frankreich drückt er die Ersatzbank, aber danach macht ihm *Köpcke* den Weg frei. Olli muss sich nur noch gegen den Dortmunder *Jens Lehmann* durchsetzen, dann macht ihn Bundestrainer *Erich Ribbeck* 1999/2000 zu Deutschlands Torwart Nr. 1. Ohne seine Leistung wäre es bei der WM 2002 in Korea und Japan nie zum Finale zwischen Deutschland und Brasilien gekommen. Allerdings auch nicht zum 0:1. Mit dem FC Bayern feiert K. große Erfolge. Sein Vertrag ist bis 2006 verlängert worden. Zudem enthält er den Passus, dass er *Uli Hoeneß* als

Manager ablösen kann. **ERFOLGE** 290 Bundesliga-Spiele, 21 Länderspiele, Deutscher Meister 1997 und 1999, Welttorhüter des Jahres 1999, bester Spieler der WM 2002 (zum ersten Mal überhaupt wurde nicht der Torschützenkönig mit dieser Ehrung bedacht – obwohl es der überragende *Ronaldo* war!). **VORGÄNGER** Allenfalls *Sepp Maier* war so gut. (Der Torwarttrainer des FC Bayern und der Nationalmannschaft sagt von sich selbst allerdings, er sei nie so gut gewesen wie Kahn.) **PLÄNE** Weltmeister 2006. **IMAGE** Kraftstrotzender Keeper mit enormem Ehrgeiz und Perfektionswahn. Trotz glänzender Leistungen muss Oliver viel einstecken. Es werden kistenweise Bananen in den Strafraum geworfen. Late-Night-Showmaster *Harald* ➜ *Schmidt* hat ihn längere Zeit auf der Latte, ehe er dann bei der WM 2002 zur Lichtgestalt mutiert. Schon ganz normale Abwehraktionen und Paraden, die auch *Toni Turek*, *Radi Radenkovic* oder *Sepp Maier* gebracht haben, werden als überirdisches Phänomen bestaunt und bejubelt. **MOBILITÄT** Bis 2002: Pflicht-Opel. Außerdem schwarzes Mercedes 500 Coupé mit dem Kahn-Zeichen M-OK 1. **HOBBIES** K. ist Computerfreak mit eigener Website (www.oliverkahn.de), spielt auf dem Golfplatz und an der Börse. Er liest Bücher über Motivation. Sein Lebensmotto: Niemals aufgeben! **STYLE** Mit seinem neuen Kurzhaarschnitt und den waffenscheinpflichtigen Koteletten, ergänzt um Prada-Jacken, Prada-Schuhe, Baldessarini-Hemden und Schlangenledergürtel, zementiert er sein neues Image. **BEAUTY** 1,80 großes, 87 Kilo schweres Muskelpaket mit Schubladenkinn. Die kleinen Narben auf seinem Gesicht stammen von einem Golfball, den ein Zuschauer in Freiburg auf ihn warf. **MAROTTE** Kaut ununterbrochen Kaugummi. Lässt Pressefotos seines Kindes mit Augenbalken versehen – so was macht nicht mal ➜ *Madonna*. **EHE** Er ist seit 1999 mit seiner langjährigen Freundin *Simone Belz* verheiratet, mit der er seit 1998 Tochter *Katharina-Maria* hat. So richtig glücklich wirkt sie in der Öffentlichkeit allerdings nicht. **PANNE** Endspiel der Fußball-WM 2002 zwischen Brasilien und Deutschland: Einmal springt dem »Titan« der bereits wie eine fette Beute umklammerte Ball wieder aus den Händen, woraufhin der Brasilianer *Ronaldo* mit dem Killerinstinkt in der 67. Minute hinspurtet und das erste Tor erzielt. Etwas später muss der ehrgeizige K. noch einmal hinter sich greifen. Wieder hat der Südamerikaner mit der Schamhaarfrisur auf der Stirn zugeschlagen. Deutschland verliert das Endspiel im Stadion von Yokohama. K. sitzt mit ernster Miene am linken Torpfosten seines 7,32 Meter breiten und 2,44 Meter hohen Kastens. Enttäuscht? Sauer? Beleidigt? Schöner wäre es gewesen, wenn er als Mannschaftskapitän einfach gleich hinüber zu den Siegern gelaufen wäre, um den gelbblauen Ballkünstlern zu gratulieren, die so göttlich Fußball spielen können. Aber dann gäbe es das PR-trächtige Foto von Kahn am Pfosten nicht ...

Kamprad, Ingvar Dr.

WER IST ES? Ikea-Ikarus **LEBENSDATEN** *30.3.1926 in Elmtaryd/Agunnaryd (Südschweden) **KARRIERE** K. »entdeckt die Möglichkeit« mit der erfolgreichen Schnapsidee, Lego-Möbel aus Kiefernholz für den kleinen Geldbeutel zu bauen – »höfliche Möbel«, wie Late-Night-Talker *Harald* ➔ *Schmidt* befindet: »Die Japaner mögen Ikea, weil sich die Regale gleich nach dem Aufbau vor ihnen verbeugen.« Startet 1958 sein erstes Ikea-Haus mit Produkten wie Pressholzregal »Billy«, dem Klassiker schlechthin, den beliebten Schrankwänden »Fritz« sowie Möbeln mit so merkwürdigen Namen wie »Mopper« und »Bullerup«.

MACHT Herr über 160 blaue Hallen-Kaufhäuser mit 43 000 Mitarbeitern. **RESIDENZ** Lebt im Schweizer Waadtland. **STYLE** K. liebt spartanischen Lebensstil, was sich auch in seinen Möbeln spiegelt. Seine Angestellten dürfen nur »Holzklasse« fliegen. **FAMILIE** Die Eltern sind Bauern. **EHE** Verheiratet mit Frau *Margret* (seit 1963), drei Söhne: *Peter*, *Jonas* und *Matthias*, sowie eine Adoptivtochter.

Karven, Ursula

WER IST ES? Führendes Mitglied der 80er-Illustrierten-Serie Deutschland – deine Sternchen« **LEBENSDATEN** *17.9.1966 in Ulm **JOB** Ungelernte Schauspielerin

KARRIERE Girlie mit den Maßen 89–61–89, das in Ulm und um Ulm herum aufgewachsen ist.
Blond, flott trifft sie im »P1« den Jungregisseur *Niki Müllerschön*, der mit ihr ad hoc den Film »Ein irres Feeling« dreht – eine Schauspielausbildung hält K. für Zeitverschwendung. Nach ihrem Abitur engagiert sie der Mädchen-Entdecker *Eckhart Schmidt* für den Streifen »Die Küken kommen«. Filmlyriker *Schmidt* (*31.10.1938 in Sternberg bei Prag) ist das große Glück ihrer Karriere; er hat auch *Desirée Nosbusch* für den Film entdeckt. Sie spielt kleine Rollen in »Derrick« und »Krimistunde« und ist in einem weiteren Film mit Regisseur Schmidt zu sehen: »Wie treu ist Nic?« Weitere Produktionen: »Die Guldenburgs«, ZDF-Serie »Blaues Blut«, »Die Armut der Reichen« mit *Jean Pierre Cassel*, »Vater braucht eine Frau«. **RESIDENZ** Sie lebt mit ihrem Mann seit 1984 in Los Angeles, in einer Villa in einem der abgelegenen Canyons mit vielen Tieren: Pferde, Hunde, Katzen und ein paar Fische im Teich. **FAMILIE** Verheiratet mit dem Amerikaner *James Veres*. Das Paar

hat zwei Söhne, *Christopher* und *Daniel*, der im Alter von vier Jahren stirbt (➔ SCHICKSAL).   **LIEBE** Vor ihrer Ehe war sie lange Zeit mit *Michael* ➔ *Käfer* liiert. **SCHICKSAL** Ihr passiert das Schlimmste, was einer Mutter widerfahren kann: Ihr kleiner blonder Sohn *Daniel*, gerade mal vier Jahre alt und Nichtschwimmer, ertrinkt im Juni 2001 im kalifornischen Malibu bei einer Kindergeburtstags-Party des Sohnes von *Tommy Lee* (Ex-Mann von *Pamela* ➔ *Anderson*) im Swimmingpool des Rock-Musikers. Aber: Den Gastgeber mit einer Millionenklage zu überziehen und ihm die Schuld zuzuschieben, wie in Schlagzeilen gemeldet wird, ist mehr als grotesk. Wo war denn die Mama? Hat sie keine Zeit für ihr herziges Kind gehabt? Es ist doch mehr als fahrlässig, den Sohn bei einem für sie wildfremden, aber prominenten Gastgeber einfach abzugeben, wo es doch auf der Hand lag, dass die Kinder allein am Pool herumtollen und sich aus Spaß gegenseitig ins Schwimmbecken schubsen werden. Da fragt niemand, ob der Kleine schwimmen kann oder nicht. Gerade im Fall des exzentrischen, oft psychedelisch verträumten Gastgebers wäre es zudem angebracht gewesen, Daniel wenigstens von einem eigens mitgeschickten Babysitter behüten zu lassen. Im Juni 2002 wird K.s Klage auf Schadensersatz sowie auf Erstattung von Arzt- und Beerdigungskosten abgewiesen.

Kennedy Schlossberg, Caroline

WER IST ES? Eine der letzten ihres Clans **LEBENSDATEN** *27.11.1957 **JOB** Nachlassverwalterin des Kennedy-Clans. Zeitweise arbeitet sie auch für das Metropolitan Museum of Art in New York. **KARRIERE** Studierte Jura an der Harvard University

FAMILIE Schwester des mit seiner Frau *Caroline Bessette* tödlich verunglückten Adonis *J. F. Kennedy jr.* Vater *John F. Kennedy*, Mutter *Jackie Kennedy-Onassis*.
EHE Verheiratet mit *Edwin Schlossberg*. Drei Kinder, *Rose* (auch Vorname der verstorbenen Großmutter), *Tatjana* und *John*.   **PARTY** Kultur, Kultur, Kultur. Der gute Amerikaner verlangt mit geradezu unstillbarem Hunger danach. Da wird schon mal eine schöne Altkleider-Sammlung bewundert wie das Mona-Lisa-Gemälde im Louvre. Es ist ja auch nicht irgendeine Sammlung, es ist die Garderobe von *Jackie Kennedy*. 40 Jahre nach dem glanzvollen Einzug *Jacqueline Kennedys* als First Lady ins Weiße Haus widmet das Metropolitan Museum of Art in New York ihrem Stil und ihrem Modeeinfluss auf die 60er Jahre im Januar 2001 eine Sonderschau. Zugleich ist es auch ein postumes Dankeschön, denn *Jackie* war eine der größten Sponsorinnen des Museums und sorgte dafür, dass das offizielle Geschenk Ägyptens an die USA, der Tempel von Dendur, nicht nach Washington,

sondern nach New York kam. Die Gala zum Opening der *Kennedy*-Kleider-Ausstellung mit 80 Teilen, darunter eine geraffte Seidenrobe ihres Lieblingsdesigners *Oleg Cassini*, ein besticktes Givenchy-Seidenkleid, die weltweit kopierten Kostüme aus Bouclé-Wolle und jenes hellrosafarbene Kleid, das einst Sowjetchef *Nikita Chruschtschow* so imponierte (»Sie zieht sich wie eine Zarin an«), hätte auch Präsident *John F. Kennedy* gefallen, der zu seiner Zeit ganz heiß auf Klatsch gewesen ist. Die breite Aufgangstreppe des Museums säumen Violinisten, und den großen Speisesaal hat der feinfühlige Dekorateur *Robert Isabel* in einen Rosengarten verwandelt, in dem das Menue auf offiziellem Kennedy-Service aufgetragen wird. Als Erste betreten die neue First Lady *Laura Bush* und Caroline Schlossberg-Kennedy den Saal. (Zu einer Begegnung der First Lady von gesten, *Hillary Clinton*, mit der jetzigen kommt es nicht, weil *Laura Bush* nicht geplant hat, bis zum Diner zu bleiben.) Die Präsidenten-Ehefrau schwärmt von *Jackies* Kleiderpracht: »Sie hatte ja so viel Feingefühl für Stil. Mein Lieblingsoutfit ist ihr Aqua-Dress, das sie in Mexiko City getragen hat.« Hinter Caroline, deren Schmuck von *Harry Winston* funkelt und deren linker Arm bandagiert ist, weil sie beim Inline-Skating mit ihren Kindern stürzte, folgt der Kennedy-Clan, angeführt von Senator *Ted*. Die Familienmitglieder *Eurice* und *Maria Shriver*, Ehefrau *Arnold* ➜ *Schwarzeneggers*, schließen sich an, *Pat Lawford*, *Ted jr.*, *Bobby jr.* sowie *Lee Radziwill*, Tante von K. und Schwester von *Jackie*. Dies blickt recht ernst in die Runde, denn trotz Glanz und Perfektion hat der Abend etwas Trauriges.

Kidman, Nicole ➜ Hollywood

Kinski, Klaus

> Eigentlich Nikolaus Günther Nakszynski **WER IST ES?** Film-Berufsbösewicht, Potenz-Protz und Autor (»Ich bin so wild nach deinem Erdbeermund«) **LEBENSDATEN** *18.10.1926 in Zoppot (laut seinem deutschen, am 26.9.1969 in Rom ausgestellten Pass C 2823957) † November 1991 in Lagunitas bei San Francisco **JOB** Schauspieler, der auch Gedichte schrieb

KARRIERE K. hebt als Zögling des berühmten Theaterregisseur *Boleslaw Barlog* im Nachkriegs-Berlin ab und wirft am Ende dem Förderer die Fensterscheiben ein. In *Jean Cocteaus* Einakter »La voix Humaine« wird er 1949 berühmt-berüchtigt – da spielt er eine Frau. In Edgar-Wallace-Filmen und Italo-Western stellt er den düsteren Loser vom Dienst dar, kassiert aber Super-Gagen und kauft sich öfter mal einen

Rolls Royce. Bei Lesungen aus seinem »Erdbeermund«-Buch füllt er Säle und schmeißt schon mal mit Gegenständen nach Aufmüpfigen. Er liest mit feuchten Augen, feuchtem Mund, spuckenden Lippen. **PARTNER** Mit Leute- und Selbst-Schinder *Werner Herzog* macht er Filme wie »Aguirre, der Zorn Gottes«, »Fitzcarraldo« und »Cobra Verde«. Er ist sein Lieblingsfeind, den er »eine elende, boshafte, neidische, geizige, stinkende, geldgierige, niederträchtige, sadistische, hinterhältige, heimtückische, erpresserische, feige Person« nennt. **IMAGE** Wer kennt ihn nicht, den kleinen, schmächtigen Mann mit der Bardot-Frisur und einer Lippe, die sogar *Mick* ➔ *Jaggers* Kuss-Werkzeuge in den Schatten stellt? Vor ihm zittern italienische Komparsen und Kleindarsteller, wenn er mit Zigarre durch die Kulissen der Westernstädte von Cinecittà oder Almería reitet. Für Schlagzeilen, wenn er nicht gerade Küchenschaben verbrennt oder Silberfische zertrampelt, ist Kinski immer gut. Mal verprügelt er einen dummen Journalisten, mal spielt er in einem schlechten Film. **GELD** Filmpremiere in Rom. Im Parkett sitzen Autor *Will Tremper* und Filmproduzent *Horst* ➔ *Wendlandt* zusammen mit K. in Reihe 15. Kaum geht das Licht an, schon baut sich ein Herr mit Aktentasche vor jenem Ausgang auf, den auch Klaus nehmen muss: Taschenpfändung. Der Schauspieler, den sonst nichts so schnell überrascht, ist ganz verdattert, zieht aus beiden Hosentaschen das Futter heraus und demonstriert den Beamten, dass er nichts, aber auch gar nichts hat. **RESIDENZ** Die Wohnsitze wechselt er wie die Weiber. **MAROTTE** K. ist verrückt nach Hundefutter. Kisten, ganze Paletten kauft er in dem kleinen Supermarkt, dem einzige in Lagunitas, und verfrachtet sie auf die Ladefläche seines Jeeps. »Mehr, habt ihr nicht noch mehr?«, fragt er den Verkäufer und fährt dann vollgepackt den Hügel hinauf zu seinem Haus. Dort stehen die Dosen in Reih und Glied. Ein paar Jahre geht das so. Dann kauft er sich einen Hund. **FAMILIE** Er ist der Sohn eines Opernsängers, der beim Stehlen erwischt wird, und einer Heimarbeiterin, die sich später einem schmierigen Unternehmer hingibt. Erste Ehe mit *Gislint* (Tochter *Pola*), zweite Ehe mit *Ruth* (geborene *Tocki*, Tochter *Nastassja* ➔ *Kinski*), dritte Ehe mit *Minhoi* (Sohn *Nanhoï*), vierte Ehe mit *Deborah Caprioglio* (der Altersunterschied beträgt 42 Jahre). **SEX** Das Kapitel »Beischlaf« nimmt einen großen Raum bei ihm ein. Unzählbar sind die Araberinnen, Brasilianerinnen, Chinesinnen, Sekretärinnen, Stewardessen, Garderobieren und Freudenmädchen, die der ehrliche Exhibitionist als Sexfutter vernascht hat. Zu seinen namhafteren (Leinwand-)Partnerinnen zählt eine deutschen Kabarettistin, deren Figur er lobt, deren Gesicht er aber mit einem Handtuch ab deckt, und Schauspielerin *Sybil Danning*, die nicht einmal die Zeit hat, ihren Schminkkoffer abzustellen, als Kinski sie im »Hilton«-Hotel von Tel Aviv stürmisch begrüßt. Mit *Senta Berger*, damals noch unverheiratet, nutzt er in Marrakesch Drehpausen für tiefsinnige Lippenbekenntnisse.

Kinski, Nastassja

WER IST ES? Kapriziöse Tochter **LEBENSDATEN** *24.1.1961 in Berlin **JOB** Schauspielerin **KARRIERE** Wächst in Rom auf, kommt nach der Scheidung der Eltern nach München und wird von *Roman* ➜ *Polanski* für den Film entdeckt. Durchbruch in D 1976 als Nymphchen in der »Tatort«-Folge »Reifeprüfung« (Regie: *Wolfgang Petersen*) und mit »Tess« (1979; Regie: *Roman Polanski*). Obwohl sie mit Meisterregisseuren wie *Francis Ford Coppola*, *Paul Schrader*, *Wim Wenders* (»Paris, Texas«) oder *Milos Forman* arbeitet, entpuppt sie sich als Kassengift.

IMAGE Zickig ohne Rechtsgrundlage. **BEAUTY** Papas Kussmund hat die Schöne geerbt, sein Talent nicht. **FREUNDE** Fruchtbare Zusammenarbeit mit *Francis Ford Coppola*. **FAMILIE** Vater *Klaus* ➜ *Kinski*. N. ist geschieden von *Ibrahim Moussa* und Mutter von drei Kindern, *Aljosha*, *Sonja* (noch schöner als die Mutter; Vater ist *Ibrahim Moussa*) und *Kenya* (Vater: *Quincy Jones*). **LIEBE** Auf den Seychellen produziert *Roman Polanski* 1978 mit ihr die Weihnachtsnummer des französischen Frauen-Glanzblattes »Vogue«, Thema: »Piraten«. Die Fotosession ist fast so aufwendig wie Dreharbeiten. Während dieser Inseltage weiß Nastassja sich dem Regisseur gegenüber clever zu verhalten: Dienst ist Dienst und Schnaps ist Schnaps. »Er ist richtig nett, aber in die Kiste nicht«, antwortet Nasti auf meine Frage, wie denn der Ausflug gewesen sei. *Polanski* dagegen fährt wütend zurück, arrangiert es aber noch, dass sie nach Amerika fliegen kann, um in Los Angeles eine Schauspielschule zu besuchen. Pech für *Polanski*: Mit dem ihr mitgegebenen Begleiter *Ibrahim Moussa* funkt es sofort. Das macht *Roman* noch wütender, doch kommt er nicht umhin, sie für die Titelrolle seines Films »Tess« in Frankreich zu besetzen. Erst nach mehrwöchiger Dreharbeit streift ein Amorblitz Regisseur und Hauptdarstellerin. Bei der deutschen »Tess«-Premiere erscheint sie allein, *Roman Polanski* zieht es vor, wegen ungeklärter Auslieferungsabkommen zwischen Deutschland und den USA in Paris zu bleiben. **PANNE** Saß 1976 mal fünf Tage im Münchner Knast, weil sie zu oft schwarz mit der U-Bahn (Linie 3) gefahren war.

Kirch, Dr. Leo

WER IST ES? Durchaus flüssiger Insolvent **LEBENSDATEN** *21.10.1926 in Würzburg **JOB** Film- und Rechtegroßhändler, TV-Mogul

KARRIERE K. hat Münchens Stadtrand-Dörfer Unterföhring und Ismaning zu einzigartigen Medien-Metropolen geformt. Der Filmgroßhändler besitzt die TV-Sender »SAT 1«, »Pro 7«, »Kabel 1«, »TV München« und »Premiere«. Nachdem das »Bridge Money«, wie in Banker-Kreisen Überbrückungskredite genannt werden, nicht aufgetrieben werden kann, kracht sein Imperium im Frühjahr 2002 zusammen. K., unverwüstlich, hat wieder mehrere Firmen ins Handelsregister eintragen lassen und sich in Stehaufmännchen-Manier erneut die Bundesligarechte gesichert. In der deutschen Fernseh-Steinzeit kommt ihm die zündende Idee »Filmpaket«. Ohne diesen Trick hätten ARD und ZDF nie einen Hollywood-Streifen erster Klasse senden können. Die TV-Anstalten durften nämlich pro Film nur 130000 Mark ausgeben, aber dafür gab's nur Schrott. Kirchs Einfall: 20 oder 30 »taube Nüsse« werden für den jeweiligen Höchstpreis eingekauft und zum Ganzen gibt es dann eine Fernseh-Praline wie »Die Bibel«, »Django« oder »Spiel mir das Lied vom Tod« oben drauf. Das Startgeld für sein Business borgt er sich bei der Schwiegermama, erster Film in seinem Handelsregal ist »La Strada«. Eine zweite erfolgreiche Schiene sind für Leo US-TV-Serien, die er anfangs – da sitzt er noch in dem mit Stauden zugewachsenen »Franziskaner«-Biergarten – über Produzent *Arthur* ➔ *Cohn* bezieht. Als der Schweizer feststellt, dass Kirch wesentlich mehr an der Weitervermarktung verdient, wird das Kriegsbeil ausgegraben. Beide sind sich bis heute nicht grün. **PARTNER** Die Anteilseigner der KirchMedia GmbH & Co. KGaA sind bis April 2002 Dr. Leo Kirch (72,62 %), Rewe (6,50 %), *Thomas Kirch* ➔ 6 %), Capital Research (3 %), Prinz *Alwaleed* (2,48 %), Lehman Brothers (2,48 %), *Rupert Murdoch* (2,48 %), *Silvio Berlusconi* (2,28 %). Kirch ist Teilhaber der Formel-1-Holding SLEC (➔ *Ecclestone*). Kirch-Sohn *Thomas* (➔ FAMILIE) ist Teilhaber der TV-Sender »SAT1«, »Pro 7«, »Kabel 1«, »Home Shopping Europe«. **IMAGE** Weitsichtiger Drahtzieher, der entscheidet, wer welche Fußballspiele gucken darf. **GELD** Hält 40 % der Axel-Spinger-AG. **RESIDENZ** K. wohnt in *Willy Droemers* ehemaliger Dachterrassen-Wohnung mit Pool im Münchner Herzogpark wesentlich bescheidener als sein Sohn *Thomas* (➔ FAMILIE).
MOBILITÄT In den 70er Jahren zählen zu Kirchs Fuhrpark zwei Mystere-Jets und zwei große Yachten, die in Cannes vor Anker liegen. K. möchte ganz flexibel sein, wenn mit Intendanten von ARD oder ZDF undercover verhandelt wird. Einmal bin ich auch an Bord seines Jets eingeladen und erhalte die höchstpersönliche Abmahnung, nie wieder über Kirch als den »Howard Hughes of Munich« zu schrei-

ben. Das große Wunder bei dem Flug: Die Maschine, die nach Cannes fliegen soll, landet in Salzburg zwischen. Es kommt der fröhlich gelaunte Maestro *Herbert von Karajan* an Bord – nicht als mitreisender Passagier, sondern als Pilot. Der Flughafen von Cannes ist wegen seiner kurzen Piste und der großen Vogelwelt nur etwas für Könner. Wir landen heil. **STYLE** Leo ist ein wandelnder Karfreitag, so katholisch ist er, und sieht aus wie *Robert Mitchum*. In seinem stattlichen City-Geschäftshaus vis-à-vis vom Sitz *Kardinal Wetters* benutzt er das kleinste Zimmer als Büro – es gibt noch ein schwarzes Wählscheiben-Telefon. Er liebt Inkognito und Tiefstapeln. Unauffällig grau wie die Anzüge, die er sich bei dem verschwiegenen Maßschneider *Hussmüller* machen lässt, bewegt sich der TV-Pionier nur in ganz bestimmten Restaurants, etwa dem Gartenrestaurant im Hotel »Bayerischer Hof«, im »Alba«, im »Dal Vecchio« sowie bei »Käfer«, wo in der Endphase der Geschäftskrise die meisten Essen stattfinden. **MAROTTE** Schecks ab 250 Euro unterschreibt er selbst. **FREUNDE** »Onkel Leo« steht so felsenfest zu seinem harten Freundeskern, wie man das nur bei italienischen Familien kennt. Mit Privatjet fliegt er nach Istanbul (an Bord auch *Helmut* ➔ *Kohls* langjährige Assistentin *Juliane Weber*), um mit seiner Frau *Ruth* an der Hochzeit von *Peter Kohl*, Sohn des Ex-Kanzlers, teilzunehmen. Leo erscheint auch auf dem Friedhof, als sein jugendlicher Stratege *Fred Kogel* seinen Vater beerdigt. **FAMILIE** K. ist der Sohn eines fränkischen Weinbauern. Verheiratet mit *Ruth*. Der gemeinsame Sohn *Thomas* trennt sich 2002 von seiner Frau *Carolin*, die er in Abwesenheit seiner Eltern geheiratet hat. So grau-traurig wie das Wetter im März in München ist eine Scheidung, der Schlussstrich eines Glücks. Für *Thomas* hat es fast drei Jahre gedauert. Was zunächst leidenschaftlich beginnt, ist plötzlich nicht mehr spannend und endet in der Pacellistraße, wo im siebten Stock des Amtsgerichts geschieden wird: am laufenden Band. Am 19. März 2002, 10.30 Uhr, heißt es »Kirch gegen Kirch«. Es ist schon alles geplant: Wegen VIP-Status soll ein Sicherheitsmann mit Sprechfunk vor dem Gerichtssaal postiert werden und *Thomas* im Auto warten, bis sein Termin aufgerufen wird. Doch in letzter Minute kommt alles anders. Kirch erkrankt. So erscheinen nur die Anwälte *Hans Erl* (für ihn) und Dr. *Josef Heindl* (vertritt Ehefrau *Carolin*, die sich in den USA aufhält). Von Gefühlen abgesehen, ist es für C.K. ein guter Tag. Da ein Ehe-Vertrag vorliegt, greifen alle Punkte. *Thomas* muss bluten. Eine zweistellige Millionen-Summe ist fällig geworden. Der hager aussehende *Thomas*, der gern beim Münchner Italiener »Dal Vecchio«ganz hinten in der Ecke sitzt, geht auf Nummer sicher. So sind auch die Fenster in der ersten Etage seiner zweistöckigen Villa im Herzogpark mit schweren Gittern verbarrikadiert. Videokameras überwachen das ganze Terrain, das am 20. Mai 1999 überraschend die Drogen-Polizei durchsucht. Die Beamten stellen das Haus auf den Kopf und werden in einer Jackentasche von Kirch fündig: 136,9 Gramm Haschisch, beste Qualität. Drei Jahre später die juristische

Quittung: Sechs Monate Haft auf Bewährung und eine 20 000-Euro-Spende für »Condrops«, die Hilfsorganisation für Drogensüchtige. **PANNE** Der von ganzseitigen Zeitungsanzeigen begleitete Start von »Premiere« wird durch mangelhafte Decoder-Logistik verpatzt. Aber auch nach den Kinderkrankeiten zeigt sich: Pay-TV funktioniert in Deutschland (noch) nicht so wie in den USA – und es funktioniert nicht so, wie von K. erhofft.

Klatten, Susanne Hanna Ursula

> **WER IST ES?** Endabnahme BMW **LEBENSDATEN** *28.4.1962 in Bad Homburg **JOB** Zusammen mit ihrem Bruder *Stefan* und mit Mamas Segen kontrolliert sie als Großaktionärin den Autokonzern BMW. **KARRIERE** Ausbildung zur Werbekauffrau bei der Frankfurter Agentur »Young & Rubicam« und bei IMEDE in Lausanne. Studium der Betriebswirtschaft an der englischen Universität Buckingham, Volontariate bei der Dresdner Bank, dem Bankhaus Reuschel, bei McKinsey und dem Burda-Verlag.

RESIDENZ Lange Zeit wohnt die Großunternehmerin Susanne mit ihrem smarten Ehemann in einem Reihenhaus im Herzogpark, dem Münchner Prominentenviertel Bogenhausen. Eine Rekordleistung im Tiefstapeln. Erst 2001 zieht sie in ein hübsches Domizil mit Garten im Herzen von Schwabing. Ihren Mann hat sie bei BMW in Regensburg kennen gelernt. Zunächst wusste er nicht, dass sie eine *Quandt*-Tochter ist. **STYLE** Charmantes und bescheidenes Auftreten.
FREUNDE Unternehmer *Axel* und *Karin Holler*; Hotelier *Ekkehard Streletzki* (»Estrel« mit 1 100 Zimmern) und Frau Dr. *Sigrid*; Prof. Dr. *Hubert* ➜ *Burda*.
FAMILIE Susanna ist die Tochter aus der dritten Ehe des Großindustriellen *Herbert Quandt* (1910–1982) mit *Johanna Quandt*, geb. *Bruhn*. Um Erbstreitigkeiten zu vermeiden, hat *Herbert Quandt* seine Tochter aus erster Ehe mit Vermögen außerhalb der Firma abgefunden und das Aktienkapital der Varta AG an die drei Kinder aus zweiter Ehe übertragen: *Sonja*, *Sabina* und *Sven* (der große Freude am Rallye-Sport hat und jährlich bei der größten, »Paris-Dakar«, mitwirkt). *Johanna B.* war eine so tüchtige Sekretärin, dass Großunternehmer *Herbert Quandt* sie 1960 (in dritter Ehe) heiratete. Fortan befolgt sie strikt die Hausordnung: Anonym leben und Aufsehen vermeiden. Nur am Geburtstag ihres 1982 verstorbenen Mannes umgeht *Johanna* diese Devise, wenn sie jeweils am 22. Juni den »Herbert-Quandt-Preis« an bewährte Wirtschafts-Journalisten verleiht. Q. lebt in Bad Homburg, der Zentrale des *Quandt*-Imperiums, und, wie gesagt, sehr unauffällig, was nicht

schwer ist: man muss es nur wollen. Den Regentenstab hat sie an Susanne übergeben.

Klum, Heidi

> **WER IST ES?** Stark im Jet-Set-Stream verblasenes Model **LEBENSDATEN** Schreit erstmals am 1.6.1973 in Bergisch-Gladbach »hier« und hält sich seither für ultraschön **JOB** Isst Katjes-Gummis, die sie – Mahlzeit – zwischen ihre Zehen platziert (Werbespot). Neues Aroma? Ihre geschäftlichen Aktivitäten spiegeln acht Domains (com, de, org, net...) im Internet wider. **KARRIERE** Das US-Bikini-Magazin »Sports Illustrated« nimmt Heidi 1998 auf das Cover. Ein Glückstag, ihr Durchbruch. Sie kann es allerdings nicht verputzen, dass 2002 der wunderschöne Branchen-Neuling *Yamila Diaz-Rahidie* den Zuschlag bekommt, und sagt Pressekonferenz und Party ab.

IMAGE In der Rhein-Kleinstadt Neuss genießt das Covergirl, das seine begrenzte Catwalk-Karriere bei internationalen Modehäusern wie *Yves* ➔ *Saint Laurent* damit begründet, dass es »oben« und »hinten« zu viel mitbringe und deshalb nicht in die Kollektionskleider passe, einen unheimlichen Ruf. Im strapazierten Swissotel, beim Benefizball der immer perfekt gedressten Dame *Ute* ➔ *Ohoven* (bei Sozialeinsätzen vergisst sie aber, sich lagegerecht anzuziehen) werden zwei Plätze an einem runden Tisch mit der ehrfurchtsvollen Bemerkung freigehalten: Dort sitzen die Eltern von Heidi Klum. Heidi braucht gar nicht mitzugehen, die unbekannte Mama *Erna* und der ebenso unbekannte Papa *Günther* genießen bereits VIP-Status. **RESIDENZ** Lebt in New York. **BEAUTY** Verzeihlicher Silberblick. **FAMILIE** Vater *Günther* ist Chemiker bei 4711. **EHE** Verheiratet mit dem kakadubunten Friseur *Ric Pipino*. **PANNE** Ein amerikanischer Reporter fragt K., ob sie *Claudia* ➔ *Schiffer* für eine »wunderbare Frau« halte, also eine »Heroine«, gesprochen wie Heroin. Heidi, die vorzugsweise für den Unterwäsche-Hersteller »Victorias Secret« arbeitet, antwortet: »Aber nein, schauen Sie sie doch nur an, sie sieht viel zu gesund aus, die nimmt niemals Heroin.«

Kohl, Helmut Dr.

WER IST ES? Oggersheimer Urgestein der Republik **LEBENSDATEN** *3.4.1930 in Ludwigshafen **JOB** Der Altkanzler ist ab 1998 nur noch Mitglied des Bundestags. Scheidet 2002 ganz aus der Politik aus. **KARRIERE** Nach Studium der Geschichte Promotion zum Dr. phil 1958, gleichzeitig Karriere in der rheinland-pfälzischen Landespolitik. 1969–1976 Ministerpräsident des Landes Rheinland-Pfalz, danach Oppositionsführer in Bonn. 1973–1998 Bundesvorsitzender der CDU. Vom 1. Oktober 1982 bis 27. Oktober 1998 Bundeskanzler.

ERFOLGE Managte die Deutsche Einheit 1989/90 fehlerfrei. 20 Ehrendoktorhüte und über 60 Orden und Ehrenmedaillen. Von *Bill* ➔ *Clinton* als erster Deutscher mit der Freiheitsmedaille, der höchsten Auszeichnung der USA, bedacht. Mehrfacher Buchautor. **MACHT** Das Spiel beherrscht der FJS-Musterschüler wie kein Zweiter. **PARTNER** Zwei Männer im Schnee in der Nähe der Denk-Oase Kreuth bei München. Der eine kompakt und etwas kleiner, der andere einen Kopf größer, aber auch gut im Futter. Der Bulle und der Bär sind *Franz Josef* ➔ *Strauß* und Helmut Kohl beim alle drei Monate stattfindenden Politspaziergang, der eine wundersame Wirkung hat, denn die bayerische Seelenmassage aus erster Hand lässt den CDU-Chef jedesmal zu Hochform auflaufen. Die weißblaue Therapie hat Kohl später sehr gefehlt, dann rückte er dennoch zur politischen Lichtgestalt auf – auch ohne FJS-Injektion. Weitere Partner: *Hans-Dietrich Genscher* (Koalitionswechsel 1982) und seine langjährige Sekretärin und Vertraute *Juliane Weber*. **NEIDER** Die vereinte deutsche Linke beneidet ihn seit jeher ratlos um seinen Erfolg. »Bild«-Hauptstadt-Kolumnist und *Gerhard-*➔ *Schröder*-Freund *Mainhardt Graf von Nayhauß* (*1.7.1926 in Berlin, verheiratet mit *Sabine Beierlein* und gesegnet mit 1–2 Töchtern, die wegen *Renate Künast* wieder grün wählen), selbst dünn wie ein Fähnchen im Wind, beneidet den Kanzler offenbar um die Dimensionen der Sanitäreinrichtungen im Kanzler-Airbus. Kohl erwischt ihn dabei, wie er den neuen Waschraum des Kanzler-Airbusses »Konrad Adenauer« mit dem Zentimetermaß ausmisst. Als er in seiner Kolumne von einer »XXL-Toilette« berichtet, darf er nicht mehr mitfliegen. Kohl verspricht sich einmal, als er den Zeitungsmann trifft: »Ach Graf Sch…haus, pardon Nayhauß.« **IMAGE** Mächtiger Mann mit Herz, Bauch und Sitzfleisch, der sich meisterhaft mit bescheidenen Rhetorik-Künsten tarnt. **GELD** Als Ehrenmann verrät er die Mäzene seiner Partei nicht – Recht und Gesetz hin oder her. **RESIDENZ** Wohnt in Oggersheim bei Ludwigshafen und in Berlin. Feriendomizil am Wolfgangsee (Österreich). **MOBILITÄT** Fährt im gepanzerten Daimler. **HOBBIES** Wandern, Essen (Leibgericht: Pfälzer Saumagen), Urlaub am

Wolfgangsee (➔ *Schlingensief, Christoph*), barocke Trompetenmusik, Geschichtslektüre. **STYLE** Am Kudamm 195 fährt eine taubenblaue Limousine vor, direkt vor Biers berühmter Currywurstbude. Aber K. lässt die *Schröder*'sche Gourmet-Oase links liegen und geht mit großen Schritten auf das Geschäftshaus zu, in dem der Düsseldorfer Herrenausstatter Selbach seine Berliner Dependance hat und sich im ersten Stock die Juwelen-Beletage von David Goldberg befindet. Auch »Goldie« ist nicht sein Ziel. K. muss ein paar Stockwerke höher hinauf zu seinem Schneider, der schon seit Jahren seine Anzüge näht. **FREUNDE** Netzwerk-Manager Nr. 1 in Deutschland. U. a. Leo ➔ *Kirch; Josef Schörghuber; Alexander Schalck-Golodkowsky; Michail Gorbatschow; Franz Josef Strauß*; Bankiers-Witwe *Traudl Herrhausen, Eduard Ackermann,* Prinz *Louis Ferdinand von Preußen, Christine Esswein.* **FAMILIE** Verwitwet von *Hannelore Kohl*, geb. Renner (*7.3.1933, † 2001). Zwei Söhne, *Walter* und *Peter*. **SCHICKSAL** Der Freitod seiner Frau Hannelore im Sommer 2001 (sie litt an einer Lichtallergie) erschütterte ihn tief und nahm ihm den (ohnehin anachronistisch gewordenen) innenpolitischen Kampfgeist. Als Tochter eines Waffeningenieurs kannte *Hannelore* sich mit Schussgerät übrigens recht gut aus. Das wusste offenbar auch die Ludwigshafener Polizei, die den Ort des Selbstmords vorsorglich so absperrte, wie es nur bei Schusswaffengebrauch üblich ist. Später wurde aber ein Medikamenten-Mix als Todesursache gemeldet. **ERINNERUNG** Istanbul im Jahre 2001, 4.10 Uhr nachts. Schrilles Telefonläuten im 500-Dollar-Zimmer des »Kempinski Ciragon Palace«-Hotel reißt mich aus dem Schlaf. Gerade hatte ich von blonden Mädchen, Forellenangeln und grünen Wiesen mit Schneeglöckchen geträumt. »Helfen Sie mir«, hämmert Fotograf *Frank Rollitz* hektisch in den Hörer. »Die halten mich fest, die haben meine Kamera und die Foto-Chips. Ich bin hier oben vor dem Ballsaal, wo wir vorher zusammen gestanden waren.« Klick. Was bitte? Also blitzschnell in Hemd und Hose und im Laufschritt zum Ballsaal, wo die Hochzeit von *Peter Kohl*, Sohn von Ex-Kanzler Helmut, noch auf vollen Touren läuft. Vor den Doppeltüren stehen sechs Ordnungsleute mit grimmigen Gesichtern und haben *Rollitz* umringt, drei türkische Polizisten in dunkelblauen Uniformen und bis an den Hals bewaffnet, biegen um die Ecke. Nur einer der Ordnungsleute spricht gebrochenes Englisch und erklärt, was vorgefallen sei, während ein korpulenter, leicht transpirierender türkischer Hochzeitsgast auf den Fotografen deutet. Seine Stimme keift. *Rollitz* ein Verbrecher? Es sieht nur so aus. Er hat lediglich die schöne Braut *Elif* fotografiert, wie sie sich in ihrem langen, weißen Traumkleid glückstrunken auf dem Parkett dreht. »Die Kamera können Sie später wieder haben, aber der Chip mit den Fotos wird auf jeden Fall beschlagnahmt«, sagt der übersetzende Hotelangestellte und überreicht einem Polizisten den Fotoapparat und die Bilder-Diskette. Ich protestiere, weil ohne Fotos die gesamte Hochzeits-Reportage sinnlos ist und auch noch andere Motive, darunter eines von Ex-Kanzler Kohl, gespeichert sind. Vergebens. Man bringt uns in das benachbarte Polizeikommissariat, ein kerkerkarges Office mit einem einzigen Bild an der Wand, das den mephistohaften Kopf des türkischen Staatschefs mit Zobelkragen zeigt. Fast sieht es aus, als müsse der Fotograf die Nacht in der Polizeistation verbringen – oder mehrere Nächte, in Istanbul weiß man das nie so genau. Der türkische Ballgast, der Anzeige erstatten will, zeigt sich verstärkt angeheitert und wird immer wütender über das langsame Verhalten der Beamten. Dann aber überfällt den Smokingträger aus Kohls Bosporus-Verwandtschaft totale Müdigkeit, und wir besinnen uns darauf, mit Händen und Füßen über den Fußballverein FC Bayern zu reden. Dieser glückliche Umstand lässt die Polizisten erst aufhorchen und dann auftauen. Als noch ein paar Mal der Name ➜ »*Beckenbauer*« im Vernehmungszimmer ertönt, lächeln die finsteren Ordnungshüter wie alte Freunde. Nach eineinhalb Stunden und umständlichen Telefongesprächen kommen sie zu der doch einfacheren Lösung, Kamera und Foto-Chips wieder herauszurücken. Augenzwinkernd. Der türkische Störenfried ist längst verschwunden. Und wir sind anderntags wieder in Deutschland. **HASS** Aus eisernen Parteifreunden werden kalte Parteifeinde: Zerbrochen ist das frühere Vater-Sohn-Verhältnis zu *Wolfgang Schäuble*. Nach dem Attentat 1989 hatte Kohl noch mit Tränen in den Augen an *Schäubles* Bett gesessen und ihm den Mut zum Weiterleben eingeflößt. Bei der Neukonstruktion der CDU-Spitze 2000 hebt er aus der Tiefe des Raumes die blühende Landschaftsgärtnerin *Angela Merkel* in den Chefsessel, und Schäuble muss sehen, wo er mit seiner Version der 100 000-Mark Gabe von *Karl-Heinz Schreiber* bleibt. Er revanchiert sich, indem er *Roland Koch* und *Erwin Teufel* erfolgreich gegen *Merkels* Kanzlerkandidatur in Stellung bringt. Man grüßt sich seither nur noch knapp.

Kopper, Hilmar

WER IST ES? Der Charlie Brown der Bankenszene **LEBENSDATEN** *13.3.1935 **JOB** Früher Kopp der Deutschen Bank, heute eher Cop im Hintergrund **KARRIERE** Beginnt 1954 als Azubi bei der Deutschen Bank, gelangt in steiler Karriere 1977 in den Vorstand und wird Aufsichtsratsvorsitzender (bis Mai 2002), als Vorgänger *Alfred Herrhausen* 1989 bei einem RAF-Anschlag ums Leben kommt.

NACHFOLGER *Josef* ➜ *Ackermann*. **IMAGE** Seine Bemerkung, bei den Verlusten der kleinen Handwerker (50 Millionen DM) durch die Immobilienpleite des Dr. *Jürgen Schneider* handele es sich doch nur um »Peanuts«, hat seinen Ruf nachdrücklich beeinträchtigt. **RESIDENZ** Lebt in Frankfurt, gleichsam um die Ecke der Zwillingstürme der Deutschen Bank. **MOBILITÄT** Natürlich besitzt K. die »Senator Card« der Lufthansa, den Vorzugsausweis für VIPs und Vielflieger. Er reist Business und ohne Bodyguards, weil das auch am unauffälligsten ist. **HOBBIES** Bemerkenswert ist, dass er mit seiner neuen Lebensgefährtin (➔ FAMILIE) mehr denn je Kultur tankt. Hilmar und *Brigitte* lassen sich in Bayreuth sehen und zur Parsifal-Premiere bei den Salzburger Osterfestspielen 2002. Allerdings gehen sie Fotografen ostentativ aus dem Weg und verbringen die 40-minütigen Pausen in strategisch günstigen Winkeln der Foyers. **BEAUTY** In der Statur ist er *Helmut* ➔ *Kohl* nicht unähnlich. **FAMILIE** Trennt sich 1999 nach 38 Ehejahren von Frau *Irene*, mit der er drei Kinder hat, und lebt jetzt mit einer früheren Buchhändlerin aus Berlin-Wedding, der späten *Willy-Brandt*-Gattin *Brigitte Seebacher-Brandt* zusammen.

Kroetz, Franz Xaver

WER IST ES? Blonder Radikalochen **JOB** Stückeschreiber und
LEBENSDATEN *25.2.1946 in Mün- Schauspieler

KARRIERE Verlässt mit 15 die Wirtschaftsschule und besucht eine Schauspielschule, geht mit der streng katholischen Mama nach Wien, besteht alle Aufnahmeprüfungen am Max-Reinhardt-Seminar und überspringt einige Semester. 1964 muss er das Seminar wieder verlassen. K. wird Gelegenheitsarbeiter in der Münchner Großmarkthalle, verdient als Pfleger und Fahrer ein Zubrot und arbeitet an *Rainer Werner* ➔ *Fassbinders* »antitheater« sowie an der Tegernseer Ludwig-Thoma-Bühne. Der brutale Realismus seiner ersten Stücke »Heimarbeit« und »Hartnäckig«, die an den Münchner Kammerspielen aufgeführt werden, erregt Aufsehen. Einige Jahre ist K. für die DKP politisch aktiv, bevor er 1980 wieder austritt. In zehn Jahren schreibt er über 30 Theaterstücke (»Wildwechsel«, »Männersache«, »Nicht Fisch, nicht Fleisch«, »Der Weihnachtstod«, »Ich bin das Volk«, »Der Dichter als Schwein«, »Das Ende der Paarung«, »Die Trauerwütigen«) und gehört zu den meistgespielten deutschen Dramatikern der letzten 30 Jahre. 1986 engagiert ihn *Helmut* ➔ *Dietl* für die Rolle als Klatschreporter ➔ *Baby Schimmerlos* in der Society-Satire »Kir Royal«. Er löst *Nikolaus Parylla* ab, der zunächst die Rolle bekommen hat, aber nach zehn Drehtagen ausgewechselt wird. Im Sommer 2002 erinnert er sich im »SZ«-Interview an anstrengende Dreharbeiten. 20 Mal mussten die Szenen gedreht werden, bis *Dietl* zufrieden war. Buchveröffentlichungen: u.a. »Drei Stücke«, »Weitere Aussichten«, »Nicaragua-Tagebuch«, »Heimat Welt. Gedichte eines Lebendigen«. **IMAGE** Rechts leben, links reden. **RESIDENZ** Lebt während der kalten Jahreszeit in seinem »Winterbüro« auf der kanarischen Insel Teneriffa. **STYLE** Einöd-Kauz. **MAROTTE** Findet die meisten Theaterstücke schlecht – inklusive manches eigene. **FREUNDE** *Helmut Dietl; Claus* ➜ *Peymann; Maximilian* ➜ *Schell.* **FAMILIE** K. ist der Sohn eines deutschen Steueramtmanns und einer Österreicherin. **EHE** Verheiratet mit Schauspielerin *Marie-Theres Relin* (der Tochter von *Maria Schell* und *Veit Relin*). Drei Kinder: *Josephine, Magdalena* und *Ferdinand.*

Krug, Manfred

WER IST ES? Vierschrötiger TV-Serienstar und große Telefon-Nummer **LEBENSDATEN** *8.2.1937 in Duisburg **JOB** Schauspieler und Jazzsänger

KARRIERE 1949 kommt er mit seinem Vater in die DDR, wo er zunächst eine Stahlschmelzer-Lehre macht und dann die Schauspielschule besucht. Gehört zu *Bertold Brechts* »Berliner Ensemble«, nimmt »Jazz & Lyrik«-Platten auf und wird zum beliebtesten Schauspieler der DDR (u.a. durch *Frank Beyers* schnell verbotenen Bauarbeiter-Western »Spur der Steine« von 1966). 1977 reist er aus. Im Westen gelingt es ihm, dem weitgehend Unbekannten, sich – zumindest nördlich des Weißwurst-Äquators – erneut höchste Beliebtheit zu erarbeiten, etwa durch seine TV-Rollen als Rechtsanwalt Robert Liebling in »Liebling Kreuzberg« und als Kommissar Stöver im »Tatort«. **ERFOLGE** Kritikerpreis der DDR als bester Schauspieler, Adolf-Grimme-Preis für »Liebling Kreuzberg«, Jazz-Award der Deutschen Phono-Akademie. **MACHT** Legte sich mutig mit den SED-Oberen an, zeichnete 1976 heimlich ein Gespräch von DDR-Intellektuellen mit SED-Politbürokrat *Werner Lambertz* in seiner Wohnung auf, bei dem es um den Protest gegen die *Wolf-Biermann*-Ausbürgerung ging. **PARTNER** *Charles Brauer* arbeitet ihm im »Tatort« und in der Telekom-Werbung zu. **IMAGE** Charme-Trumm mit Berliner Schnauze. Kann sich aber auch prima unbeliebt machen. **GELD** Mr. Rollgriff hält die kostbare Westwährung bis heute verbissen zusammen. **BEAUTY** Cabrio-Frisur. **MAROTTE** Öffnet ungern die Tür, wenn's klingelt. **FREUNDE** DDR-Autor *Jurek Becker* (1937–1997) schrieb ihm erstens witzige Postkarten und zweitens die Rollen auf den Leib, wie z.B. »Liebling Kreuzberg«. **FAMILIE** Sohn eines Ingenieurs und einer Sekretärin. Seit Ulbrichts Zeiten verheiratet mit *Ottilie*. Drei Kinder: *Daniel, Stephanie* und *Josephine*. **SEX** »Schöne Kindheit« ist der Titel seiner Memoiren, von denen »Lüstling Kreuzberg« einige Kostproben in »Bild« (30.5.2002) gibt. Seine Erlebnisse sind heiß wie die Atemluft im Stahl- und Walzwerk Brandenburg, wo sein Vater Chef und er mit 14 Lehrling ist. Hier drei Offenbarungen aus der Krug-Peepshow: Rudelsex: »Sie hieß Dora, lag auf dem Rücken im Wald. Die Mücken stachen wie wild. Ich habe sie mir mit meinem Freund geteilt. Er war erster. Als ich seinen Hintern rauf und runter gehen sah, wurde mir schon die Hose eng. Danach kam ich dran. Kaum hatte ich Doras glitschige Stelle berührt, war's auch schon vorbei. Ein kurzer Rausch im Kopf – dann spürte ich wieder die Mückenstiche ...« Sex am Arbeitsplatz: »Bei uns ging so eine Geschichte um: Der Kranführer trieb es in der Kabine mit seiner Kollegin. Doch die bekam einen Scheidenkrampf. Er kam nicht mehr raus. Die beiden wurden vor den Augen der Kollegen zusammen abgeseilt.« Das beste Stück des Mannes: »Schmächtige Männer haben bei den Frauen größere Chancen. Wir hatten einen Kollegen, den wir unter der Mannschaftsdusche immer hänselten wegen seiner Micker-Statur. Da sagte er: Na wartet – und er verschwand. Eine halbe Minute später kam er zurück. Mit sooo einem Rohr, das richtig stand – und einem halbvollen Eimer Wasser in der Hand. Den hängte er sich über seinen Penis. So lief er an mindestens 50 Kollegen vorbei. Ich hab's abends selber zu Hause probiert. Es hat nicht geklappt.«

Kubitschek, Ruth Maria

> **WER IST ES?** Gestandener Serienstar **LEBENSDATEN** *2.8.1931 in Komotau/CSSR **JOB** Schauspielerin und Malerin **KARRIERE** Durchbruch mit dem Straßenfeger »Melissa« nach *Francis Durbridge* (Musik: *Peter Thomas*); erfolgreich als »Spatzl« neben *Helmut Fischer* in *Helmut* ➔ *Dietls* »Monaco Franze« und als ehrwürdige Verlegerin nach dem Vorbild *Anneliese Friedmanns* in dessen Society-Satire »Kir Royal«. Auch in der hanseatischen Sülz-Saga »Das Erbe der Guldenburgs« mit tragender Rolle.

IMAGE Stilvolle Gelassenheit. **RESIDENZ** Lebt in einem Dorf am Bodensee; Wohnung in Schwabing. **HOBBIES** Esoterik, Meditation, Malerei und ihr Kräutergarten. **FREUNDE** *Arthur* ➔ *Cohn*. **FAMILIE** Aus der geschiedenen Ehe mit Dramaturg *Götz Friedrich* stammt Sohn *Alexander*. **LIEBE** Fünf Jahre befreundet mit Regisseur *Günther Gräwert*, lebt sie jetzt – mehr oder weniger undercover – mit Erfolgsproduzent *Wolfgang Rademann* (»Traumschiff«, »Schwarzwaldklinik«). Nicht so sicher ist sich Ruth ihrer geheimen Liebe zu Bach-Chor-Chef *Karl Richter*. Der emsige Dirigent, der im Hotel »Vier Jahreszeiten« immer Suiten oder Zimmer gleich in der Nachbarschaft des Pools bewohnt (»wegen der besseren Übersicht«), lässt schon mal per Kran eine ganze Orgel in das Apartment von Ruth Maria in der Trautenwolfstraße hieven, um der Kubitschek den hohen Grad seiner Herzenswärme zu verdeutlichen.

Kuffler, Roland

> **WER IST ES?** Wer alles will, wird Wirt
> **LEBENSDATEN** *15.11.1937 in Ludwigshafen **JOB** Deutschlands größter Gastronom, Spielbank-Mitinhaber **KARRIERE** Der listige Zahlenspezialist ist die Nr. 1 der bundesdeutschen Familien-Unternehmen aus der Restaurant-Szene. 36 national verstreute Lokale erwirtschaften einen Jahresumsatz von 110 Millionen Euro, darunter das »Spatenhaus an der Oper, »Seehaus«, »Wiesn-Weinzelt«, »Haxnbauer«, »Mangostin« sowie das Geheimtipp-Hotel »Palace« in München; in Frankfurt »Käfer'S«, »Kuffler & Buchner« am Flughafen, »Restaurant Opera« in der »Alten Oper« und in Wiesbaden das Restaurant in der Spielbank. In Leipzigs Barfußgässchen besitzt K. einen antiken Häuserblock mit 7 Lokalen.

MACHT In K.s »Seehaus« am Kleinhesseloher See in München, wo sich »Kaiser« *Franz* ➔ *Beckenbauer* und die Star-Kicker des FC Bayern vor den Bundesliga-Spielen stärken, sitzt Bundeskanzler *Gerhard* ➔ *Schröder* im Frühjahr 2002 mit Genossen wie OB Dr. *Christian Ude* und anderen SPD-Strategen. Gerd, der mehr rechts als links lebt, zündet sich eine Havanna an und genießt seinen Platz im Garten. Als der Groß-Wirt in der Runde erscheint, erlebt er eine besondere Ehrung. Der Kanzler (ohne *Doris*) scheint selig, die Augen von Ude leuchten münchnerisch und Roland bekommt von Gerd das »Du« angeboten. Zwei dicke Zigarren besiegeln den Pakt. **RESIDENZ** Lebt in Grünwald bei München, liebt sein Ausflugsdomizil an der Côte d'Azur. **MOBILITÄT** Fährt Porsche. **STYLE** Trinkt Cola light. **FREUNDE** Hollywood-Muskelmann *Arnold* ➔ *Schwarzenegger* schaut immer vorbei, wenn er auf dem Weg in seine steirische Heimat ist. **PARTNER** Vom Ex-Geschäftspartner Dr. *Erich Kaub*, heute Touristik- und Gastro-Präsident, hat er sich längst getrennt. Kaub ist mit der Erfinder-Witwe *Ulrike Hübner* verbandelt, deren Mann der weiblichen Hälfte der Menschheit mit der Erfindung des Vibrators ungeahnte Freuden bescherte und seiner Familie die heute von »Feinkost Käfer« genutzte Immobilie in München hinterließ. *Ulrike* verliebt sich im teuersten Hotel der Welt, dem »Burj-Al-Arab« in Dubai, einmal so in ihre Suite, dass sie sie gar nicht mehr verlassen will: Die Dame mit der gemütlichen Figur ist für drei Tage als Gast des Hauses eingeladen, bleibt aber sieben. Selbst als die Hoteldirektion ihr eine andere Suite anbietet, weil der König von Jordanien die ganze Etage gebucht hat und als treuer Moslem keine ungläubige Frau auf demselben Stockwerk dulden mag, will sie nicht weichen. **EHE** Verheiratet mit seiner hübschen Frau *Doris* (Spitzname: Buick), drei Kinder.

Kurnikova, Anna

> **WER IST ES?** Hübscheste Tennis-Amateurin der Welt **LEBENSDATEN** *7.6.1981 in Moskau **JOB** Tennisspielerin **KARRIERE** Wird 1991 beim »Kreml Cup« entdeckt und landet 1992 an der »Bollettieri Tennis Academy« in Branderton/Florida. Profi seit 1995.

IMAGE Schwache Vorhand, starker Vorbau. **GELD** Erhält 100 000 Euro Antrittsgeld – *Martina Hingis* kriegt allerdings 50 000 mehr. Verdient 10 Millionen Euro durch Werbung und 3,5 Millionen durch ihren Freizeitausgleich Tennis. Ihre Big Spender sind in der Saison 2001/2002 leicht angesäuert. Hundert Mal gespielt, hundert Mal ist nichts passiert. Adidas allein investiert vier Millionen Dollar im Jahr und Chef *Herbert Hainer* mahnt bereits. **RESIDENZ** Lebt in den USA.
LIEBE Das turbulente Liebesleben – ein russischer NHL-Profi nach dem anderen – belastet ihre Konzentration. Im Frühling 2002 findet K. ein neues Glück bei *Enrique Iglesias*. Der Gesangsstar scheint seiner Nr. 1 helfen zu wollen, wieder unter die Top 10 zu kommen. Auf dem Grundstück seines neuen Hauses im Miami lässt er jedenfalls zwei Tennisplätze bauen, einen Hartplatz und einen Grasplatz – statt Blumen für seinen Liebling. **SEX** Schreit beim Aufschlag – auch wenn der Centre Court nur 2 x 2 Meter misst und im Hotel liegt.

Lagerfeld, Karl

WER IST ES? Schnellsprechender Haute-Couture-Häuptling von Chanel **LEBENSDATEN** *10.9.1938 in Hamburg **JOB** Modeschöpfer, Kamera-Autodidakt, sorgenfrei geborener, aber fleißiger Spross des »Glücksklee«-Unternehmens **KARRIERE** Der Pariser Couturier *Balmain* holt ihn 1950 als Modellist in sein Team. 1958–63 ist er künstlerischer Leiter bei *Jean Patou* und wechselt zur Konfektionsfirma »Chloé«. 1983 entwirft er seine erste Haute Couture-Kollektion für Chanel und ein Jahr später auch die Prêt-à-Porter-Linie dieses Welthauses. Parallel kreiert er für Fendi in Rom Leder- und Pelz-Modelle. Er stattet zwei Dutzend Filme aus und gestaltet das Berliner Hotel »Vier Jahreszeiten« (heute Ritz Carlton), wo ihm auf Lebenszeit eine Suite zur Verfügung steht. Besonderes Kennzeichen: King-Size-Betten mit zwei Meter hohen Kopfteilen à la *Ludwig II.*

ERFOLGE Im Alter von 16 Jahren gewinnt er mit einer Mantel-Zeichnung den 1. Preis bei einem Wettbewerb des Internationalen Wollsekretariats. *Alfred Wurm* (Chef der Münchner Modewoche, als diese Messe noch ein Hit war) zeichnet L. mit dem Modepreis der Stadt München aus. **PARTNER** Mit dem deutschen Kleiderfabrikanten *Klaus Steilmann* ist er von 1987–95 geschäftlich verbunden. **GELD** Sehr reich. Der Kleider- und Leutemacher kann eine größere Steueraffäre durch Vitamin B wieder glattbügeln. **IMAGE** Magersüchtiger Wunderschneider mit dunkel getönter Brille. **RESIDENZ** Lebt in einem Schloss in der Bretagne, besitzt ein Palais in Paris sowie Villen in Hamburg, Rom, Biarritz und Monte Carlo. **MOBILITÄT** Concorde-Vielflieger. **HOBBIES** In seiner Bibliothek befinden sich 230 000 Bücher. **STYLE** Seine private Air Condition ist ein asiatischer Fächer. Einschlafen kann Kaiser Karl nur mit Musik. Er hasst die Stille. **BEAUTY** Wie Mozart trägt er sein inzwischen silbernes Haar zum Zopf gebunden. Er hat beängstigend viel abgenommen, nachdem er sich einer sechsmonatigen Diät unterzog (von 102 auf 60 Kilo) und trägt nun Jeans-Größe 25. Jetzt ist er so dünn, dass er sich hinter jeder Pariser Laterne umziehen könnte. **MAROTTE** Reist mit mindestens acht Gepäckstücken, weil er nie ein Kleidungsstück zweimal trägt, und nimmt auch seine eigene Bettwäsche mit: nur Leinen mit ein paar Tropfen Chanel Nr. 5. Statt Gymnastik tanzt er Tango und ist stolz auf seinen angeblich mit Neid betrachteten Körper: »Er ist ein Kunstwerk. Ich merke, mit welchen Blicken mich Männer über 60 ansehen.« **FREUNDE** → *Caroline*, → *Stephanie* und *Rainier* von Monaco; PR-Unternehmerin *Marietta Andreae*; Großunternehmer *Alain Wertheimer*; die Schwestern *Fendi*. **FAMILIE** Wächst mit zwei Schwestern in einer weißen Villa an der Elbe auf und befolgt den Leitspruch der Mama: »Hamburg ist das Tor zur Welt – aber eben nur das Tor.« **SEX** Entdeckt ihn 2002 wieder dank Freund *Hedi Slimane*, für den er wohl auch die Radikal-Diät auf sich genommen hat. **SCHMÄH** Lagerfeld, der zweimal die Woche Sonne aus der Steckdose tankt, um nicht auszusehen wie ein Aspirin, sagt über *Stella McCartney*: »Ich weiß nicht, warum die immer ihren Papa mitbringt. Man hat das Gefühl, das Mädchen glaubt nicht an sich...« Über Konkurrent *Yves* ➔ *St. Laurent*: »Sein Abgang war grauenhaft, geschmacklos, grotesk.« Über *Heidi* ➔ *Klum*: »Wer soll das sein?«

Lauda, Andreas Nikolaus (Niki)

WER IST ES? Der Pilot mit der roten Kappe **LEBENSDATEN** *22.2.1949 in Wien **JOB** Jaguar-Dompteur, Ex-Rennfahrer, Ex-Airline-Besitzer und Fernseh-Co-Moderator

KARRIERE Mit 15 kauft er sich ein altes VW-Cabriolet, um in einem Fabrikgelände heimlich Rennen zu fahren. Den Einstieg in die Formel 1 schafft er mit dem Kraftakt eines persönlichen Kredits (Lebensversicherung) und kann somit von sich sagen: Er fährt um sein Leben, denn eine Rückzahlung im Falle eines Misserfolgs hätte ihn ein Jahrzehnt lang beschäftigt. L. triumphiert in der irrwitzigsten aller Sportarten und verdient 18 Millionen Mark. So im Aufwind, greift er in den Luftkampf ein. Als Airline-Adler Lauda Air tut er der klassischen Linie AUA weh, später ist es umgekehrt. Die kaufmännische Pechsträhne beginnt mit einer Katastrophe: Seine »Mozart« crasht in den Dschungel Thailands und reißt 223 Menschen in den Tod. **ERFOLGE** Dreimaliger Formel-1-Weltmeister: 1975, 1977, 1984. **IMAGE** Selfmade-Mann voller zäher Überlebensenergie. **GELD** Der neue Vorstandsvorsitzende der Ford Motor Company, *Nick Scheele*, ist unzufrieden mit dem Erfolg von Jaguar bei der Formel 1. Er hat im Konzern nicht nur Kaffee, Kuchen, Säfte und Blumen bei Sitzungen gestrichen, sondern will auch Berater Lauda einsparen. In Zahlen: 2,5 Millionen Dollar im Jahr. **RESIDENZ** Lebt in London. **MOBILITÄT**... ist sein Leben. **BEAUTY** Das Gesicht des 1,73 kleinen 64-Kilo-Mannes ist seit dem schweren Rennunfall 1976 (➔ SCHICKSAL) auf das Wesentliche reduziert. Prof. *Werner* ➔ *Mang* operierte unter anderem sein Augenlid. **FAMILIE** Von Kindermädchen großgezogener Society-Knabe. Papa ist mächtiger Wirtschaftskapitän. **EHE** Geschieden von *Marlene Knaus*, die mit seinen Kindern *Lukas* und *Mathias* auf Ibiza wohnt. Er spannte sie *Curd Jürgens* aus und war mit ihr 15 Jahre verheiratet. **LIEBE** Seit dem Formel-1-Unfall (➔ SCHICKSAL) hat L. das Image des »tollkühnen Mannes«, was sich bei der weiblichen Fan-Gemeinde stark bemerkbar macht. Niki hat wesentlich mehr Chancen bei den Frauen als früher. Von Eintagsfliegen abgesehen, haben nur *Mariella Reininghaus* (sieben Jahre befreundet), Ehefrau *Marlene*, Rennfahrerin *Giovanna Amati*, Gräfin *Pilar Goess* (lange Zeit mit Prinz *Karim Aga Khan* liiert) und *Judy Soltesz* ein größere Rolle gespielt. *Marlene* ist total aus den Klatschspalten verschwunden. Das ist auch ein Deal mit ihm und er muss intervallmäßig seine Telefonnummern ändern, sobald die Nummer der Journalisten-Buschtrommel zu Ohren kommt. Für sie bedeutet es schon Hausfriedensbruch, wenn ein Journalist *seine* Privatnummer hat. Aus allem, was nach Social Life riecht, hält sich die zeitlos Schöne konsequent heraus. **SCHICKSAL** Über der Eifel steht ein schwarzer Rauchpilz. Sekunden vorher ist mit 248 Stundenkilometern Weltmeister Lauda am 1.4.1976 mit seinem Ferrari am Nürburgring in eine Felswand gerast. Im brennenden Rennauto schreit Niki gellend um Hilfe. Der Sechs-Punkt-Gurt öffnet sich nicht. Die im Cockpit eingebaute Löschanlage macht keinen Mucks. 46 Sekunden lang sitzt er im Feuer. Die Flammen versengen sein schmales Gesicht, den Hals, die Hände. Giftige Dämpfe zischen durchs Cockpit. Ein Hustenanfall würgt sein Schreien ab. In letzter Sekunde reißen todesverachtende Streckenposten den Rennfahrer aus dem Feuerwrack. Das rechte Ohr bleibt in den Flammen. »Ohne Ohr kann ich besser telefonieren. Ich habe mir einen Teil des Kopfes, aber nicht das Hirn verbrannt und verdiene mit meinem rechten Fuß mein Geld«, sagt der Zyniker, kaum aus dem Koma erwacht. Auch ein zweites Mal hüpft er dem Totengräber von der Schaufel. Mit Vollgas rast L. mit seinem Jet-Ski über das unruhige Meer vor Ibiza, als ihn eine Seitenwelle gnadenlos erfasst und er mit drei Rippenbrüchen und Prellungen bewusstlos im Mittelmeer treibt. Seine Frau *Marlene* und die Buben sonnen sich am Sandstrand. Durch Zufall wird *Mathias* von seinem Mittagsschlaf wach und richtet sich auf. Draußen auf dem Wasser sieht er den umgestürzten Jet-Ski und seinen Vater leblos daneben. Die Rettungswacht kann gerade noch rechtzeitig eingreifen, sonst wäre L. ertrunken. **BEGEGNUNGEN** Hier fliegt der Chef selbst, kann man bei der Lauda Air sagen. So oft es geht, ist Niki am Steuer einer seiner 26 Jets und besucht auf den langen Überseeflügen regelmäßig die Passagierkabine. Einmal trifft er an Bord Weltstar *Frank Sinatra* mit Frau *Barbara*. »A ganz netter natürlicher Mensch«, sagt L. und spricht mit dem Sänger über Jets. Sinatra lässt vor allem an seiner privaten DC 9 kein gutes Haar, weil sie nur auf 35 000 feet gehen kann und er lieber höher fliegt, weil das weniger kostet und sicherer ist. Frankieboys Anwalt *Francis Rudin* bemerkt: »So locker habe ich Frank seit 30 Jahren nicht mehr erlebt wie in den Stunden mit Lauda.« **KURIOSITÄT** Als Formel-1-Rennen im deutschen Fernsehen noch verschrien sind (Umwelt???), ist der Fan genötigt, den ORF einzuschalten. Hier kommentiert Starreporter *Heinz Prüller* in unnachahmlicher Art die Rennen, mit Detailfreude und Hintergrundwissen. Allerdings auch mit liebenswertem Nationalbewusstsein. So kann es passieren, dass Prüller auch dann, wenn Lauda draußen ist, einen Landsmann über den grünen Klee lobt – wer sich gerade eingeschaltet hat, muss glauben, dieser mische ganz vorn mit. Das ist meist nicht so, aber Prüller beschreibt die tollkühne Fahrt des Österreichers *Gerhard Berger* mit einem Sensationssound, als wäre der an 14. Stelle liegende der Sieger.

Lauterbach, Heiner

WER IST ES? *Der* deutsche Schauspieler
LEBENSDATEN *10.4.1953 in Köln
JOB Schauspieler, Drehbuchautor und Hobbyboxer

KARRIERE Nach einer Klempner-Lehre im väterlichen Betrieb geht er auf Weltreise, die aus »finanztechnischen Gründen« in Delhi endet und ihm einen zweimonatigen Aufenthalt hinter schwedischen Gardinen einbringt. Er will Stuntman werden und besucht in Paris eine Zirkusschule, wird Aufnahmeleiter für Sex-Filme, Synchron-Sprecher, spielt in Köln Theater und wirkt in der Serie »Schulmädchen-Report« mit. Seinen Durchbruch hat er schließlich mit *Doris Dörries* Film »Männer«. Weitere Filme und TV-Produktionen: »Paradies«, »Ignaz Semmelweiß (Regie: *Michael Verhoeven*), »Eine ganz normale Familie«, »African Timber« (Regie: *Peter F. Brinkmann*), »Wolfs Revier«, »Marlene«, »Der Schattenmann«, »Das Superweib«, »Das Mädchen Rosemarie«, »Rossini«, »Das doppelte Lottchen«, »Der Campus«. **ERFOLGE** Bundesfilmpreis, Goldener Filmpreis, Bayerischer Filmpreis, Bambi. **IMAGE** Draufgänger mit starker Leber. **RESIDENZ** Lebte früher in der Ohmstraße in München-Schwabing gleich in der Nachbarschaft von »Parfüm«-Autor *Patrick* ➔ *Süskind*, heute in einem schönen Bauernhaus in St. Heinrich am Starnberger See. **MOBILITÄT** In der Luft wird Macho Lauterbach ganz leise: Angst vorm Fliegen. **FREUNDE** Ins »Nürnberger Bratwurstglöckl« am Münchner Dom, wo Wirt *Michael Beck* sich mit der »Konkurrenz« aus Nürnberg wg. Originalitätsnachweis der Würste herumschlägt, geht L. gerne zum Tanken. *Nadja*, die exotische Frau des Gastronomen, geht in Habacht-Stellung, denn Heiner und *Michael* ziehen als »Brüder Fürchterlich« um die Häuser. Der gewichtige *Beck* ist Sponsor der lehrreichen Nachtausflüge. **FAMILIE** Erste Ehe 1985–91 mit Schauspielerin *Katja Flint* (*11.11.1960 in Stadthagen/Hannover), mit der er Sohn *Oscar* (*1988) hat. Das blonde Gift des deutschen Films ist in Utah/USA aufgewachsen und nimmt nach dem Abitur Schauspielunterricht bei Prof. *Margret Langen*. »Kolp« (1983) ist ihr erster Film. Sie spielt auch in »Straight Shooter« mit *Dennis Hopper* und *Heino Ferch*, »Suck my Dick« mit *Wolfgang* ➔ *Joop* und ist »Marlene« im gleichnamigen Film von *Joseph Vilsmaier*. Fernsehfilme: »Lautlose Schritte«, »Der Venusmörder«, »Ende einer Leidenschaft«, »Regina auf den Stufen«. Längere Zeit beseht ein enger Kontakt mit Schauspielkollege *Heino Ferch*. Sie lebte mit Produzent *Bernd* ➔ *Eichinger* zusammen; nachdem sich diese teilweise bizarre Romanze in Wohlgefallen auflöst, wendet sie sich dem Schriftsteller *Peter Handke* zu. Für Streicheleinheiten muss sie allerdings nach Paris fliegen, wo Handke mit seiner Tochter wohnt. Von ihrem Sternzeichen Skorpion sagt man, dass unter diesem Stern Geborene sexuell leidenschaftlich bis zur Selbstzerstörung seien. Seit September 2001 ist L. verheiratet mit der gebürtigen Libanesin *Viktoria Skaf*, Playmate 1996, Kellnerin und Model, die vor der Ehe mal ein befriedigendes Blitz-Intermezzo mit Flamenco-Tanz-Gott *Joaquin Cortes* hat (bei einem Essen in München) und praktisch Schwägerin von *Naomi* ➔ *Campbell* ist. Erst Standesamt am Starnberger See, dann Kirche in München, dann bombastische Wedding-Party in der »Staatsbibliothek« – aber die Hochzeitsnacht verläuft unorthodox. Die schöne Braut *Viktoria* liegt längst in den Federn, da ist der lautere Zeitgenosse Lauterbach noch schwer unterwegs und genießt seinen Junggesellenabschied mit einer Spontan-Russin. Trotzdem bereits am 3. Juli 2002 Geburt der Tochter *Maja*.   **SEX** Es gilt die Devise der »Freien Deutschen Jugend«: Immer bereit.

Leibovitz, Annie

WER IST ES? Malerin mit der Kamera   **LEBENSDATEN** *2.10.1949 in West- bury/Connecticut   **JOB** Prominenten-Fotografin

KARRIERE Beim Kunststudium in San Francisco entdeckt sie ihre Passion für die Fotografie. Ihre Porträts (u. a. *John Lennon* für das »Rolling-Stones«-Magazin) erregen schnell Aufsehen, und sie wird »Hausfotografin« für das Glanz-Magazin »Vanity Fair«. Alle Berühmten und Reichen dieser Welt posieren vor ihrer Kamera. Capuccino-Star *Whoopie Goldberg* (➔ HOLLYWOOD) legt sie zum Beispiel in eine Wanne voller Milch und fotografiert sie so, dass nur Gesicht und Beine als dunkle Farbklekse aus der weißen Masse hervorschauen.   **FAMILIE** Der Vater ist Colonel der US-Air Force. L. beweist der Menschheit: es ist nie zu spät. Mit 52 Jahren schenkt sie einer Tochter *Sarah Cameron* das Leben. Im Kreißsaal dabei: *Susan Sontag*, Autorin, Feministin und Annies Lebensgefährtin seit über 20 Jahren, mit der sie in einem Penthouse in Manhattan lebt.

Lindenberg, Udo

> **WER IST ES?** Germanischer Rock-Pionier **LEBENSDATEN** *1946 in Gronau/Westfalen **JOB** Sänger und Schlagzeuger, der mit unprätentiösen Texten in deutscher Sprache (»Alles klar auf der Andrea Doria«, »Keine Panik auf der Titanic«) seine eigene Musik-Nische findet und inzwischen Dienstältester seiner Zunft geworden ist.

KARRIERE Mit 15 trampt er nach Düsseldorf und beginnt eine Lehre im Hotel »Breidenbacher Hof«. Das Pagen-Dress trägt er aber nur drei Monate, dann ist er es leid, den Leuten das Frühstück ans Bett zu bringen. L. fühlt so ein musikalisches Gespür in sich und geht nach Hamburg, wo er von seiner Stammkneipe in Eppendorf aus einer der größten Image-Träger der Hansestadt wird, ohne je ein Hamburger zu sein. Gelegentlich macht »Panik-Udo« auch als softer anarchischer Phrasen-Dreschflegel Furore. 1980 bekämpft er musikalisch den CDU/CSU-Kanzlerkandidaten *Franz Josef* ➔ *Strauß* bei der Aktion »Freiheit statt Strauß«, an der sich auch *Freimut Duve*, der heutige Schwiegervater von »Kir Royal«-Regisseur *Helmut* ➔ *Dietl*, und die Gewerkschaften beteiligen. Melancholisch wird L. acht Jahre später. Er widmet seinen Eltern, Mutter *Hermine* (starb 1979) und Vater *Gustav* (starb 1971) die beiden Alben »Hermine« und »Gustav«. 2002 verwirklicht er das Fernseh-Projekt »Atlantic Affairs« mit Regisseur *Hark Bohm*, für den er 1985 die Musik zu dem Streifen »Nordsee ist Mordsee« macht. (Von Bohm stammt auch der eigentümliche Film-Flop, in dem zwei Stunden lang ein Elch über die Leinwand wandert.) **MACHT** 1983 tourt er nach langem Hin und Her mit dem »Sonderzug nach Pankow« in die DDR und wird im »Palast der Republik« von handverlesenen FDJ-Greisen dröge beklatscht. **AUSZEICHNUNG** Bundesverdienstkreuz. **RESIDENZ** Lebt nun in Berlin, nachdem jahrelang das Hamburger »Atlantic«-Hotel seine feste Adresse war. **STYLE** Als ihn »Stern«-Fotograf *Kurt Will* in Humphrey Bogart-Pose, mit Zigarette im Mundwinkel, für *Henri Nannen*s Magazin ablichtet, ist sein Hut noch hellgrau und nur das Band ist schwarz. L. ist ohne den breitkrempigen Kopfschmuck praktisch nackt. Ich glaube, er trägt ihn sogar im Bett und unter der Dusche. **FREUNDE** *Nina Hagen, Marius Müller-Westernhagen*. **LIEBE** Die Dusche hat er auch mal mit *Nena* im Hotel »Interconti« in Berlin aufgesucht. Da ist sicher der Song »Nur geträumt« entstanden. Die Romanze mit *Nena* ist eine der wenigen Zweisamkeiten Udos, von denen etwas an die Öffentlichkeit durchgesickert ist. Ansonsten bleibt er mit hautenger Lederhose, Muscle-T-Shirt, Seemannsgang und träge kreisenden Hüften seinem Image als »eiserner Single« treu. Wenn was für den Blutdruck notwendig ist, macht er das »Stiekum«, wie die Hanseaten sagen, wenn sie »ganz geheim« meinen.

Lopez, Jennifer

> **WER IST ES?** Glutäugige Latina-Leopardin **LEBENSDATEN** *24.7.1970 im New Yorker Aschenputtel-Stadtteil Bronx **JOB** Filmstar der Premium-Klasse und Hit-Sängerin mit betonten Ehestandsbewegungen als zusätzlichem Klangkörper

KARRIERE Mit 20 Lenzen fasst sie Fuß als Tänzerin in der TV-Serie »In Living Color«. Nach »Second Dance« und »Hotel Malibu« fällt sie in dem herzzereißenden TV-Porträt »Selena« auf (mit 21 Jahren wurde die gleichnamige Tejano-Sängerin ermordet). Film-Debüt 1995 mit »My Family«. Weitere Streifen: »Money Train«, »Jack«, »Blood and Wine«, »Out oft Sight« (mit *George Clooney* ➔ HOLLYWOOD und einer Liebesszene im Kofferraum während der Fahrt), »The Wedding Planner«, »Anaconda« und »U-Turn« (Regie: *Oliver Stone*). Im Juni 2001 schmückt sie in einem briefmarkengroßen Bikini das Titelblatt der US-Luxus-Zeitschrift »Vanity Fair«. **ERFOLGE** Erfolge als Sängerin: 1999 erscheint ihre CD »On The 6« (es werden über 5 Millionen Stück verkauft), darauf folgt »J.Lo«. **IMAGE** Schärfer als Chili, heißer als Lava. Viele US-Medien nennen sie schlicht und unfein »The Butt« (Der Hintern). **RESIDENZ** Los Angels und New York City.
BEAUTY Schön, schlau und sinnlich. **MAROTTE** Jennifer kennt inzwischen ihren Marktwert. Bevor ihr Manager *Benny Medina* einen Vertrag vorlegt, müssen Auflagen erfüllt werden, die sich über drei Kontrakt-Seiten erstrecken. Zum Beispiel: Duftkerzen, VCR-, DVD- und CD-Player in jedem Hotelzimmer oder Set-Wohnwagen. Essen: Hühnchen gekocht, nach einem bestimmten Rezept, Fruchtsäfte, aber um Himmels Willen keinen Apfel- oder Grapefruit-Juice. Ist sie auf Reisen oder macht eine Show, besteht ihre Entourage aus einem Make-up- und Haar-Spezialisten, einem Leibwächter, ihrem Manager *Benny*, ihrem Publizisten *Alan* sowie Mitgliedern ihrer Familie. **EHE** Die kurvige Diva ist in erster Ehe mit Barkeeper *Ojani Noah* und danach lange mit Hip-Hop-König *Puff Daddy* alias *Sean* ➔ *Combs* (von seinem appetitlichen Körperbau schwärmt sogar meine abgeklärte Sekretärin) liiert. Im Dezember 1999 kommt es nachts in einem New Yorker Rap-Club zu einer Schießerei. *Puff Daddy* und Jennifer sowie ein paar Freunde stehen an der Bar, als plötzlich einer seiner Schützlinge einen Schuss abgibt. Im Durcheinander der Gäste fliehen J.Lo und er, werden aber nach einer wilden Verfolgungsfahrt von der Polizei gestellt. Die Lopez kommt mit einem blauen Auge davon, aber *Puff Daddy* wird wegen unerlaubten Waffenbesitzes und Bestechung angeklagt und entkommt im März 2001 nur knapp einer Gefängnisstrafe. Am Valentinstag kurze Zeit später gibt sie ihm aber den Laufpaaa und heiratet überraschend *Chris Judd*. Die neue Ehe »verpufft« sehr schnell (September 2001 – Juni 2002); sie reicht in L.A. die

Scheidung ein und vergnügt sich zu ihrem 32. Geburtstag in Manhattan mit US-Filmstar *Ben Affleck*. **SEX** J.Lo gibt offen an, was sie an Männern mag: » Ich stehe auf Oberkörper und liebe es, die Augen und den Mund anzuschauen. Richtige Frauenhelden törnen mich ab. Ein Mann, der was drauf hat, bekommt die Frauen auch ohne große Show. Das macht ihn wirklich sexy. Küssen finde ich sehr intim. Sobald ich küsse, ist alles möglich.«

Loriot

Eigentlich Bernhard Viktor Christoph Carl (»Vicco«) von Bülow **WER IST ES?** Schalk von hohen Graden **LEBENSDATEN** *12.11.1923 in Brandenburg/Havel **JOB** Humor-Maßschneider, Entertainer, Opern-Regisseur

KARRIERE Der Preuße, seit 1957 glücklicher Oberbayer, macht mit 17 das Notabitur, schlägt als Panzergrenadier eine Offizierslaufbahn ein und verbringt drei Jahre in Russland. Verdient sein erstes Geld als Holzfäller und studiert an der Landeskunstschule in Hamburg. Als L. hört, dass der »Stern« für witzige Zeichnungen 50 Mark bezahlt, ist seine Berufsentscheidung klar: er wird Cartoonist. »Auf den Hund gekommen« heißt die erste Serie, die Chefredakteur *Henri Nannen* aber nach sieben Folgen einstellt, weil die Abonnenten protestieren. Dann zaubert L. »Reinhold, das Nashorn« aus dem Hut, eine Serie, die 17 Jahre läuft. Bei Buchverlagen hat er zunächst kein Glück, auch Rowohlt gibt ihm einen Korb. Später zeichnet er ein kleines Männchen mit Knollennase, das ihn bis heute ernährt. 1950 legt er sich das Pseudonym »Loriot« zu, was im Französischen »Pirol« bedeutet, der Wappenvogel derer von Bülow. 1967 kommt das rote Plüschsofa ins Spiel; seine Animationssketche werden deutsches Kulturgut und machen Fernsehgeschichte. 1971 erblickt TV-Hund *Wum* das Licht der Welt. Spielfilme: »Ödipussi«, »Papa Ante Portas«; Bücher: »Der gute Ton«. Bei der Oper »Martha« am Staatstheater in Stuttgart inszeniert er und kreiert Bühnenbild und Kostüme. Besondere Leckerbissen sind seine feinsinnigen Moderationen bei Wohltätigkeits-Galas und Arien-Abenden. **PARTNER** Mit Schauspielerin *Evelyn Hamann* dreht er Klassiker wie »Die Nudel« oder »Das Jodeldiplom«. **RESIDENZ** L. lebt mit seiner Frau *Romy* in Ammerland am Starnberger See und in einer kleinen Wohnung in Berlin. **BEAUTY** Distinguierter Herr mit ins Gesicht gemeißeltem Lächeln. **FAMILIE** Für die ersten 40 Mark, die sein Vater bei der Währungsreform 1949 erhält, kauft dieser sich einen Zauberkasten, mit dem er Sohn und Freundin mit magischen Vorstellungen imponieren will, die aber durch missratende Effekte eher die Lachmuskeln reizen.

Lovelace, Linda

Eigentlich Linda Boreman **WER IST ES?** Goldkehlchen der speziellen Art **LEBENSDATEN** *10.1.1949 in New York, † 22.4.2002 bei einem Autounfall **JOB** Filmschauspielerin

KARRIERE Zum unanständigen Film kommt das anständige Publikum, weil das 23 000-Dollar-Werk »Deep Throat« (1972) Porno und Porno-Satire in einem ist. Die Story: Linda hat noch nie einen Orgasmus erlebt, weil sich, wie der Arzt herausfindet, ihre Klitoris nicht an der üblichen Stelle befindet, sondern »deep throat«, tief im Rachen. Die »New York Times« schreibt eine lange Kritik, und schon läuft die Mundpropaganda. Regisseur *Mike Nichols* schwärmt nicht nur *Frank Sinatra* von dem Film vor, sondern sogar *Truman Capote*, der aber weniger damit anfangen kann. **ERFOLGE** Ebnet dem »anständigen« Publikum den Weg zum »unanständigen« Film. Hat bei der Suchmaschine »Google« im April 2002 die meisten Klicks. **EHE** L. sieht sich als Porno-Opfer ihres Ex-Mannes *Chuck Traynor*, der sie zu ihrer Rolle gezwungen habe, und engagiert sich nach der Scheidung als Anti-Porno-Aktivistin und Feministin. 1976 heiratet sie in zweiter Ehe einen soliden Handwerker namens *Larry Marchiano*, mit dem sie zwei Kinder hat: *Lindsay* und *Dominic*. 1980 erscheint ihr Buch »Ich packe aus«. **SKANDAL** In den 80ern überraschte sie Königin ➔ *Elizabeth* einmal am Damentag des Royal Derby in Ascot mit einer exhibitionistischen Einlage (bzw. eben ohne).

Madonna

Eigentlich Madonna Louise Veronica Ciccone **WER IST ES?** Gesangs-Göttin **LEBENSDATEN** *16.8.1958 in Bay City/Michigan **JOB** Sängerin und Filmstar mit akademischer Ausbildung (University of Michigan)

KARRIERE Madonna, die mit sieben Jahren ihre Mutter verliert und danach von der Stiefmutter getriezt wird, hat 130 Millionen Alben verkauft. 12 ihrer Titel führen die US-Charts an, und in der ewigen Bestenliste liegt sie auf Platz 5. Eine Traumkarriere, wenn man bedenkt, dass sie nach Ballett- und Gesangausbildung in der Schulzeit mit 17 nach New York kommt – mit 50 Dollar in der Tasche. Ein DJ stellt den Kontakt zu einer Plattenfirma her, und mit »Holiday« gelingt ihr 1983 der Durchbruch. Eigentlich will sie Nonne werden, aber als sie in der Klosterschule erfährt, dass Nonnen keinen Sex haben, überlegt sie es sich anders. Highlights ihrer Karriere: Filme – »Shanghai Surprise«, »Who's That Girl«, »Dick Tracy«, »Body of Evidence«, »Girl Six«, »Evita«, »The Next Best Thing«; Platten/CDs – »Madonna«, »Like a Virgin«, »Erotica«, »Bad Time Stories«, »Something To Remember, »Evita«, »Ray Of Light«, »Music«. Außerdem gibt es von ihr das Buch »Sex«. **IMAGE** Miss Schamlos. **GELD** Das Vermögen der Sängerin beläuft sich auf 700 Millionen Euro. **RESIDENZ** Los Angeles, New York City (14-Zimmer-Apartment), London (West End). **STYLE** Trendsetterin. **MAROTTE** Spagat gehört zum hohen C. **FREUNDE** Ihre besten Freunde sind *Gwyneth Paltrow* (→ HOLLYWOOD), die *Dolce & Gabbana*-Designer und Musikus *Sting*. **EHE** Zwei Ehen: *Sean Penn* und *Guy Ritchie* (Sohn *Rocco*). Der größte Star der Pop-Szene führt den Weltmedien vor, wie man selbst als VIP ungestört heiraten kann. Von ihrer Hochzeit mit *Guy Ritchie* im schottischen Skibo Castle ist bis zur Stunde kein einziges Foto in die Öffentlichkeit gelangt, obwohl das Schloss von Hunderten von Bild- und Filmreportern umzingelt war. **FAMILIE** Baby *Lourdes Maria* kommt nach mehrstündigen Wehen durch Kaiserschnitt von Dr. *Paul Fleiss* (dem Vater von Hollywoods exklusiver Girl-Vermittlerin *Heidi Fleiss*) zur Welt. Der Vater, Tanzlehrer *Carlos Leon*, ist bei der Geburt nicht da. Macht aber nichts: Für den Spritzer reinen Lebensglücks erhält der Liebhaber bis zu *Lourdes* Volljährigkeit trotzdem eine jährliche Gage von 200 000 Euro. **LIEBE** Plötzlich monogam geworden. **SEX** Ungezügelt.

Maguire, Tobey → Hollywood

Maier, Charly

> **WER IST ES?** Ranmacher **LEBENSDATEN** *24.10.1941 **JOB** Chef des Videocation-Studios, an das drei blaue, 15 Meter lange Übertragungstrucks angeschlossen sind, die live für die SAT-1-Sportshow *ran* senden.

KARRIERE 1964–68 bei Call Car, gründet mit dem heutigen Luftreeder *Werner Bader* die »Mini Transport GmbH«, seit 1978 »Videocation Fernseh-Projektionssysteme«. Sony-Partner, betreibt zwischen 1979 und 1983 die Disco »Charly M.«, wo Gäste wie die → *Begum, Mick und Muck* → *Flick, Andy Warhol,* → *Soraya, Robert de Niro* und *Donna Summer* verkehren. **RESIDENZ** Lebt in München und Florida.
MOBILITÄT Rolls und Yacht. In der Garage des Autofreaks M. parken immer Cadillacs, Bentleys und Benz der höchsten Zylinderklasse. **FAMILIE** Seine Mutter besaß ein Knopfgeschäft – Spitzname daher Knopf-Charly. **EHE** Drei Ehen, zwei Kinder.
PANNE Bereits in den 60er Jahren hat M. in Harlaching eine discoreife Stereoanlage zu Hause. Die technischen Raffinessen locken sogar Starregisseur und Freund *Roman* → *Polanski* und jede Menge wohlproportionierter Girls (Charly liebt Melonen),

die den Sound allnächtlich genießen. Zu dieser Zeit wird einmal ein Kuchen gebacken, in den versehentlich ein bisschen viel Mohn-Backpulver gerät. Das noch warme Backwerk bleibt eine Weile in der Küche unbeachtet stehen. Plötzlich kommt Fotograf *Wolfgang Kirkham* und schneidet sich in seiner bescheidenen Art gleich drei Stück ab. Folge des gierigen Verschlingens: er muss mit Kreislaufschwäche ins Krankenhaus.

Mang, Prof. Dr. Dr. Werner Lothar

WER IST ES? Menschenbildhauer **LEBENSDATEN** *4.9.1949 in Ulm (wie Albert Einstein) **JOB** Chef von Europas größtem Center für ästhetische Chirurgie mit Ausbildungs-Trakt. Der 30-Millionen-Euro-Bau in Lindau hat das Gesicht der Bodensee-Insel verändert.

KARRIERE Nach dem Studium ist er erstaunlich schnell leitender Oberarzt in der First Class-»Klinik rechts der Isar« in München und seit 1990 Chef der »Bodensee-Klinik«, die sich 2002 zu einem Riesenkomplex auswächst. Der Nestor der Schönheits-Chirurgie (Spezialist für Gesichtspartien und Falten) kann bisher 25 000 Eingriffe vorweisen. Ob *Michelle*, einer der wenigen deutschen Gesangsstars, darunter ist, verschweigt der medizinische Modellist. Nach der Operation schwärmt die (von ihrer mehr brüderlichen Kurzzeitbekanntschaft *Jens Riewa* im Sommer 2002 übrigens phantasievoll als »Granate im Bett« eingestufte) Sängerin: »Ich bin stolz auf meinen neuen Busen und zeige mich gern damit. Egal, was die Leute denken.« **ERFOLGE** Die Operation des Onkels von Russlands Staatschef *Wladimir* ➔ *Putin* bringt ihm neben dem Honorar einen Ehrendoktor der Uni Petersburg ein. Er ist Ehrenpräsident der deutschen sowie Internationalen Gesellschaft für ästhetische Chirurgie. **VORBILD** Prof. *Ivo Pitanguy* (*1926 in Belo Horizonte/Brasilien). Der braun gebrannte Guru der plastischen Chirurgie weltweit (»Plastic makes perfect«), der so gut aussieht, dass man sich fragt, ob er selbst auch..., spricht nie über sich und die Kundschaft seiner 1963 gegründeten Praxis, aber die Diskretion seiner Patienten ist nicht immer gesichert: *Gina Lollobrigida* (Busen), *Niki* ➔ *Lauda* (Augenlid), *Prinzessin Anne* (Nase), *Farah Diba* (Tränensäcke), *Prinzessin Ira von Fürstenberg* (rundherum), *Michael* ➔ *Jackson* (Kinn und und und) oder *Marisa Berenson* (Gesicht). Pitanguy hält sich mit Judo fit, besitzt den Pilotenschein (fliegt gern zu seiner Insel vor Rio) und sammelt Kunstgemälde. Zum Nulltarif operiert der barmherziger Medizinmann einmal in der Woche in der Klinik »Santa Casa de Misericordia« in Rio mittellose Unfallopfer. Er ist verheiratet mit *Marilu* und hat vier Kinder. **IMAGE** Medizinischer Workaholic, aber auch olympiareifer Partyhopper. **EHE** Verheiratet mit *Sybille*, zwei Kinder, *Thomas* und *Gloria*. **SEX** Erotischer Geheimrat.

Mansfield, Jayne

Eigentlich Vera Jayne Palmer **WER IST ES?** Unbekümmertes Busenwunder **LEBENSDATEN** *19.4.1933 in Bryn Mawr/USA, † 1967 (Stirbt auf dem Weg zu Fernsehaufnahmen in der Nähe von New Orleans bei einem Autounfall, als sie in einen Lastwagen rast.) **JOB** Filmschauspielerin

KARRIERE Universitätsausbildung in Texas und UCLA. Film-Debüt 1955. Filme: »Illegal«, »Hell on Frisco Bay«, »Female Jungle«, »The Girl Can't Help It«, »The Burglar«, »Kiss Them for Me«, »Promises! Promises!«, »Dog Eat Dog«, »Single Room Furnished« (1968). **IMAGE** Platinblondes Hollywood-Sexsymbol mit mehr Appeal als alle ihre Nachfolgerinnen, von *Pamela* ➔ *Anderson* bis *Barbara* ➔ *Valentin*. **EHE** Mit 16 Jahren heiratet sie das erste Mal und kriegt ein Kind mit 17. Zweiter Ehemann und Vater dreier ihrer insgesamt fünf Sprösslinge ist der frühere Mr. Universum *Mickey Hargitay*. **ERINNERUNG** Pressekonferenz im »Hilton«-Hotel von Paris gleich beim Eiffelturm. Eine Gruppe handverlesener Journalisten betritt die etagengroße Suite. Es werden Drinks und Snacks serviert, aber keine Spur von Jayne. Ein livrierter Hotelangestellter bittet schließlich ins schneeweiße Marmorbad. Dort – die blonden, herrlich glänzenden Haare sieht man als Erstes – planscht sie in einer riesigen Wanne voller Schaum und flötet: »Ich weiß doch, was ihr wollt.« Dennoch gibt sie sich fast züchtig und schiebt den Schaum immer wieder nach, wenn er sich in der Gegend ihrer »Aufschlagzünder« aufzulösen beginnt.

Marceau, Sophie

> **WER IST ES?** La Boum **LEBENS-DATEN** *17.11.1966 in Paris **JOB** Schauspielerin **KARRIERE** Als sie 13 ist, schaut tout Paris nach der Premiere der Teenager-Filme »La Boum« und »La Boum II« auf ihre süßen Lippen. Erotik knistert in »Meine Nächte sind schöner als eure Tage«. Der internationale Durchbruch gelingt ihr mit »Braveheart« (mit *Mel Gibson*; ➔ HOLLYWOOD) und dem 007-Streifen »Die Welt ist nicht genug«. Weitere Filme: »Fröhliche Ostern« (mit *Jean Paul Belmondo*), »Fort Saganne« (mit *Philippe Noiret* und *Gérard* ➔ *Depardieu*).

LIEBE Die Kindfrau des französischen Films hütet geschickt ihr Privatleben. Dabei helfen strenge Gesetze in Frankreich vor Transparenz in der Öffentlichkeit. Lange Zeit blüht das gschlamperte Verhältnis mit dem polnischen Regisseur *Andrzej Zulawski*, mit dem sie Sohn *Vincent* hat. Mit ihm geht sie sogar nach Polen. Für die Karriere ist es Gift, und M. sehnt sich zurück nach Paris. In solchen Krisen-Momenten taucht meist ein anderer Mann auf, in ihrem Fall ein Amerikaner, der auf den schönen Vornamen *Jim* hört und auch noch Geld hat. Seine Dollars macht er mit einer Eisenfabrik, und Sophies Herz schlägt wieder »Boum-Boum«. Im Juni 2002 wird sie zum zweiten Mal Mutter und schenkt einem Mädchen, das auf den Namen *Juliette* hört, das Leben. **KONKURRENZ** Die berühmte Liebe auf den ersten Blick trifft den exaltierten Filmstar *Isabelle Adjani* – M.s große Gegenspielerin im französischen Film – und Komponist *Jean-Michel Jarre* zu Pfingsten 2002. Sie lernen sich bei einer privaten Party kennen – und sind vom ersten Augenblick an so fasziniert voneinander, dass sie ihre Telefonnummern austauschen, sich zum Abendessen verabreden – und seither unzertrennlich sind. *Jarre* gibt seiner dänischen Freundin den Wanderstab in die Hand und *Isabelle*, seit der Trennung von *Daniel Day-Lewis* 1996 solo, zieht in sein Haus im Osten von Paris.

Margrethe II. Alexandrine Thorhildur Ingrid Königin von Dänemark

> **WER IST ES?** Muntere Monarchin **LEBENSDATEN** *16.4.1940 in Kopenhagen **JOB** Dänische Königin seit 1972 **KARRIERE** Mit 31 Jahren besteigt sie den Thron. Die blaublütige Kettenraucherin dürfte eine der bestausgebildeten Monarchinnen sein: Sie studierte Jura und Staatswissenschaften in Paris, Geschichte und Volkswirtschaft in Kopenhagen sowie Archäologie, Völkerrecht und Wirtschaftswissenschaften in Cambridge. Sie ist seit 600 Jahren die erste Königin der ältesten noch amtierenden Monarchie Europas.

IMAGE 97 Prozent der Dänen lieben ihre Herz-Königin, die öffentlich raucht und auch mal im Schlafanzug auf dem Balkon ihres Schlosses Christiansborg erscheint. Immer wieder überrascht die moderne Monarchin mit unerwarteten Aktivitäten. Sie malt und illustriert Bücher wie Tolkiens *Herr der Ringe*, entwirft Kostüme fürs Theater und arbeitet als Innenarchitektin. Mit Ehemann *Henrik* übersetzt sie Werke von *Simone de Beauvoir* ins Dänische. **FAMILIE** Sie ist verheiratet mit *Henrik de Laborde de Monpezat* und hat zwei Söhne: Kronprinz *Frederik* und Prinz *Joachim* (der die bürgerliche *Alexandra Manley* aus Hongkong heiratet und mit ihr zwei Kinder hat). M.s Ältester, Kronprinz *Frederik*, der trendgerecht im Lager der Bürgerlichen sein Glück sucht, hat bei einer australischen Schönen Feuer gefangen. Es wird gemunkelt, dass in Kürze ein Verlobung ins Haus steht. Die Glückliche heißt *Mary Donaldson*. Anfang 2002 probt Gatte *Henrik* den Aufstand. 35 Jahre Demütigung bei Hofe seien genug, findet er und reist ab. Der Prinzgemahl zieht in das französische Schloss Craix seiner Ahnen im lieblichen Cahors. Doch die Königin und ihre Söhne, die ihm beim Neujahrsempfang 2002 das Gefühl gegeben hatten, die Nr. 3 zu sein, kommen gekrochen und können ihn erst nach einer längeren Schmoll-Phase zurückholen. Die Königin rettet ihre Ehe, indem sie ihn zu seinem 68. Geburtstag in Kopenhagen offiziell zu ihrem Stellvertreter macht. In Zukunft muss er beim offiziellen Staatsbesuch nicht mehr hinter seiner Frau stehen, sondern neben ihr. Das hätte ich an seiner Stelle schon längst eingeführt.

Mateschitz, Dietrich

WER IST ES? Beflügelter »Red-Bull«-Schöpfer **LEBENSDATEN** *1945 in der Steiermark **JOB** Der Herr über 800 Mitarbeiter arbeitet für sein energiesteigerndes Szene-Getränk nur noch von Montag bis Mittwoch. **KARRIERE** Studiert in Wien zuerst Schiffsbau, dann Welthandel und schult sich bei Jacobs, Blendax und Unilever. 1984 startet er mit dem oft kopierten Sirup-Drink (schmeckt nach Gummibärchen), der in 70 Ländern mit 1,2 Milliarden Dosen pro Jahr vertrieben wird.

GELD Motto: »Maximiere den Fun, dann kommt auch der Profit.« **RESIDENZ** M. lebt mit seinem Sohn in Salzburg und auf einem Bauernhof. Sein Hauptquartier hat er in Fuschl am See in Österreich. **MOBILITÄT** Besitzt sechs Flugzeuge, darunter ein paar Oldtimer (»Ich kann nicht Linie fliegen, wenn Red Bull Flügel verleiht«). **HOBBIES** Motocross-Fahren. **BEAUTY** Erinnert mit seinen gletschergrauen Haaren an einen Nasa-Mondfahrer. **FAMILIE** Ein Sohn. **LIEBE** »Ich bin zu jung für was Festes.« **SEX** Doch was Festes.

Mattes, Eva

WER IST ES? Mona Lisa der Bühne **LEBENSDATEN** *14.12.1954 in Tegernsee **JOB** Theater-Superstar, preisgekrönte Filmschauspielerin und neuerdings »Tatort«-Kommissarin

KARRIERE In München aufgewachsen, hat sie mit Schule wenig im Sinn, auch nicht mit der Schauspielschule. Von *Gerhard Kaminski* lässt sie sich in Sprech- und Atemtechnik unterrichten. Spielt mit 12 die erste kleine Rolle in *Curt Goetz'* »Dr. med. Hiob Prätorius« an der Kleinen Komödie in München. In der Serie *Lassie* leiht sie Hauptdarsteller Timmy die Stimme und fungiert für *Pippi Langstrumpf* als Synchronsprecherin. Erste große Filmrolle in *Michael Verhoevens* Anti-Kriegsfilm »O.K.« und in *Reinhard Hauffs* »Mathias Kneissl«. 1972 holt sie *Rainer Werner* ➔ *Fassbinder* vor die Kamera (»Die bitteren Tränen der Petra Kant« und »Wildwechsel«). Einen Riesenerfolg feiert sie am Deutschen Schauspielhaus in Hamburg in *Franz Xaver* ➔ *Kroetz'* Stück »Stallerhof« (Regie: *Ulrich Heising*). Auch *Ivan Nagel* (»Jungfrau von Orleans«) und *Peter Zadek* (»Der Widerspenstigen Zähmung«, »Das Wunder von Mailand«) verpflichten das Mädchen mit den melancholisch-braunen Augen. Im Musical »Der blaue Engel« debütiert sie als Sängerin Lola und als Kneipenwirtin Gustl. Fernsehen und Film: »Stroszek«, »Woyzeck« (mit *Klaus* ➔ *Kinski*)

»Schluchtenflitzer«, »Deutschland, bleiche Mutter«, »Celeste« (Regie: *Percy Adlon*), »Der Schrei der Liebe«, »Widows. Erst Ehe, dann das Vergnügen«, »Und alles wegen Mama« (mit *Uwe* ➔ *Ochsenknecht*). **ERFOLGE** Goldene Palme, Filmband in Gold, Bayerischer Filmpreis, Deutscher Darstellerpreis, Bundesverdienstkreuz. **STYLE** Obwohl ➔ *Fassbinder* sie gern in seine Clique eingebunden hätte, entzieht sie sich geschickt dieser Gefahr. Sie findet es langweilig, zum Rainer-Werner-Gefolge zu gehören. Niemand redet beim Essen, wenn er schweigt. Und alle lachen, wenn er lacht. Auch bei *Peter Stein* stellt sie ähnlichen Vorbild-Kult fest und wagt es, dem großen Regisseur einen Korb zu geben. Da ist sie 19 und wollte das Engagement eigentlich annehmen; doch zu diesem Zeitpunkt verliebt sie sich und sagt ab. *Stein* ist beleidigt und geht aus dem Raum, als sie über ihr privates Glück berichten will. **FAMILIE** Vater ist der Komponist *Willy Mattes*, Mutter der deutsch-ungarische Ufa-Star *Margit Symo* (»Der Postmeister«). M. ist allein erziehende Mutter von zwei Töchtern, *Hanna-Marie* (Vater: Regisseur *Werner Herzog*) und *Fanny*. Befreundet mit Künstler *Wolfgang Georgsdorf*.

Maxima, Kronprinzessin der Niederlande

WER IST ES? Neo-Evita **LEBENSDATEN** *17.5.1971 in Argentinien **KARRIERE** Maxima, die in überraschend kurzer Zeit fließend holländisch lernt, arbeitet nach einem Wirtschaftsstudium in Boston bei der Deutschen Bank in New York und später in Brüssel.

IMAGE Zunächst die Braut, der man nicht traut. **KURIOSITÄT** Die Frau des Kronprinzen und Wasserbau-Fachmanns *Willem Alexander* krönt auch eine Schleuse. Ein für 50 Millionen Euro errichteter Wasserregler auf der Maas bei Lith erhält ihren Namen. Im Land der Wasserstraßen ist es Tradition, dass jede Prinzessin Patin einer Wasserstraße ist. **EHE** 1999 auf der »Feria de Abril« (Fest des spanischen Hochadels) in Sevilla lernt M. Kronprinz *Willem Alexander der Niederlande* (*27.4.1967 in Utrecht) kennen, der auch schon mal sein Auto feuchtfröhlich in einer Gracht versenkte. Notfalls wollte er auf den Thron verzichten, falls das Parlament der Hochzeit nicht zustimmt – möge sich das Königreich einen anderen Thronfolger suchen. Mit ihrem grenzenlosen Charme verzaubert sie ganz Holland, doch anscheinend nicht Präsident *Wim Kok*, dessen Regierung es nicht zulässt, dass ihre Eltern, *Jorge Zorreguieta* und *Maria Cerruti*, bei der Prachthochzeit am 2.2.2002 dabei sind. Dem vermögenden Papa wird vorgeworfen, dass er Landwirtschaftsminister im Kabinett von Argentiniens Militär-Diktator *Jorge Videla* war. *Koks* Kabinett mit seiner unmenschlichen Haltung muss wenige Wochen später zurücktreten, weil Holland ein Massaker in Srebrenica zum Vorwurf gemacht wird. Nach der von Millionen von Menschen im Fernsehen verfolgten Eheschließung flittert das Paar in der Schweiz, besucht die Olympischen Winterspiele in Salt Lake City und macht im Frühjahr Antrittsbesuche in den ehemaligen niederländischen Kolonien.

Mehta, Zubin

> **WER IST ES?** Stabführer der drei Tenöre **LEBENSDATEN** *29.4.1936 in Maharaschtra/Bombay **JOB** Star-Dirigent. **KARRIERE** Vater *Mel Mehta*, ein berühmter Geiger, schickt ihn 18-jährig nach Wien auf die Dirigentenschule von *Hans Swarovsky*. Von 1962 bis 1978 ist er Chef der Los Angeles Philharmonics, dann Dirigent in New York und Chicago sowie Generalmusikdirektor der Bayerischen Staatsoper (1975 gibt er dort sein Konzert-Debüt). Liebt Strawinsky und Brahms.

ERFOLGE Vor allem mit den drei Tenören *Luciano* ➜ *Pavarotti*, *Placido Domingo* und *José Carreras* sowie mit *Andrea Bocelli* feiert er Triumphe.   **FREUNDE** »Wien ist eine der Städte, in denen ich mich zu Hause fühle. Beim Ball im Sophiensaal habe ich mich mit meiner ersten Frau *Carmen* verlobt – an Silvester«, sagt M. leise und küsst seine jetzige Frau *Nancy*, als sein 60. Geburtstag grandios im Dorothy Chandler Pavillon von Los Angeles gefeiert wird – mit 60 Kerzen, zwei Orchestern, drei Solisten (*Daniel* ➜ *Barenboim*, *Itzhak Perlman* und *Pinchas Zukerman*) und Ehrengästen wie *Frank Sinatra* mit Frau *Barbara*, Filmstar *Kirk Douglas* mit Frau *Anne*, Regisseur *William Friedkin* (»Der Exorzist«), *Sherry Lansing*, Star-Figaro *Vidal* ➜ *Sassoon* mit Frau *Ronda*, *Howard Koch* und Filmschauspieler *Walter Matthau*.

Meir, Gerhard (»Wuppi«)

> **WER IST ES?** Trockenhauben-Turbo **LEBENSDATEN** *4.8.1955 in München **JOB** Friseur. Ohne Meistertitel ein Meister mit Salon-Dependancen in München, Berlin und Hamburg.

KARRIERE Lehre im Salon Frank, Leopoldstraße, Haircutting-School, London, Assistent bei Figaro *Jacques Dessanges*, neun Monate Gastspiel bei Hairstylistin *Mara Cromer* (»MCM«). Seit Juli 1978 selbständig. 386 Damen und 35 Herren erleben im »Regina«-Hotel die bevorstehende Hoch-Zeit des Figaro, der sich erstmals live der weißblauen Bussi-Bussi-Szene als neuer Haarschneider vorstellt. Nicht geplant: Gerhard fängt vor lauter Lampenfieber an zu weinen wie ein Schlosshund. Später erfindet er die »Turmfrisuren« für *Gloria* (➜ *Thurn und Taxis*). Bei *Claudia* ➜ *Schiffer*, *Ute Haberl*, *Mirja Sachs*, *Karin Holler*, *Fürstin Inge Wrede* oder *Gräfin Etti Toerring* darf er seit Jahren an die Haare, aber auch bei Prof. Dr. *Hubert* ➜ *Burda* und Ex-»Bild«-Chef und -Regierungssprecher *Peter Boenisch*. **PARTNER** Als Buchautor ist M. in Zeitungen literarisch unheimlich aktiv, was eine ganze Stange Ghostwriter vor dem Hungertod bewahrt. Hat auf seiner Payroll vier ihm mehr oder weniger ans Herz gewachsene Zeitgenossen (Geldverwalter, Berater, Designer, Kunststudent). **STYLE** Als Marketing-Rastelli ist er unschlagbar. Was *Hemingway*, *Henry Miller*, *Tom Woolfe* oder *Stephen King* bei ihren Bucheinführungen nicht schafften, gelang Meir: Ganze Zeitungsseiten, Illustrierten-Serien sowie Fernseh-Spots mit »Salon«-Hymnen überschwemmen über einen Monat lang das wehrlose Publikum in Old Germany. Erstaunlicherweise taucht der Schlüsselroman nicht in der »Spiegel«-Bestsellerliste auf, was der Fall wäre, wenn mindestens 15 000 Bücher verkauft worden sind. G.M, rhetorisch ein Bruder von *Verona* ➜ *Feldbusch*, erklärt im März 2002 – drei Wochen nach Erscheinen des Werkes – überschwänglich, dass bereits die vierte Auflage gedruckt wurde. Das zeigt aber nur, wie schön ahnungslos er ist, denn das schafft »Hoffmann & Campe« schon allein zeitlich nicht. **SEX** Gerhard, der sich einen Hodenhochstand beseitigen ließ und mit nur noch einem Uovo leben muss, vermittelt den Eindruck, keinen großen Sexdruck zu haben. **PANNE** In den Salons des fliegenden Haarbändigers, der neuerdings eine dicke »Doktorbrille« trägt, ist es ruhig geworden. Verbal. Nur die Föne summen ihr Lied. Meirs Damen mögen nicht mehr sprechen, seit sein Schlüsselroman »Der Salon« erschienen ist. Somit ist auch seine Depressionen-Berater-Tätigkeit auf 15 % zurückgegangen. Das hat wiederum das Gute, dass der Schampoo-Bel-Ami sich voll auf die Frisur konzentrieren kann und wieder individuelle Schnitte zaubert. Eine Zeit lang gingen seine Kundinnen wie geklont, geföhnt und getönt in den Alltag von Hamburg und München hinaus.

Mette-Marit, Kronprinzessin von Norwegen

WER IST ES? Vom Aschenputtel zur Pechmarie **LEBENSDATEN** *20.7.1973 (Mädchenname Tjessem-Hoiby) **KARRIERE** M.-M. wächst 300 Kilometer von Oslo in einem Holzhaus mit Garten am Rande von Kristiansand auf. Sie besucht die Realschule, wird Au-pair-Mädchen in Australien und macht 1994 Abitur. Es folgt eine exzessive Zeit mit Ecstasy und Kokain. Dem ersten Rauschgift-Verführer, mit dem sie nichts mehr zu tun haben will, folgt *Morten Borg*, wegen Drogenvergehens vorbestraft, mit dem sie aber noch etwas zu tun haben muss – er ist der Vater ihres Sohnes, der wie ein kleiner Prinz aussieht. 1999: Wie im Märchen läuft ihr Prinz ➜ *Haakon* plötzlich beim »Quartfestival« in Kristiansand über den Weg. Liebe auf den ersten Blick.

RESIDENZ Königsschloss in Oslo. **MOBILITÄT** Flugangst. **EHE** Pracht-Hochzeit am 25.8.2001 mit höchst denkbarer Hochadelsdichte. **FAMILIE** Der Vater ist Journalist, die Mutter Bankangestellte. Ein süßer blonder Sohn, *Marius,* der kein Prinz sein darf. **PANNEN** Gerade der schillernden Vergangenheit entronnen, muss sie trotz märchenhaften Aschenputtel-Glücks eine längere Pechsträhne hinnehmen: 13.1.2002: Panik wegen Flugangst und Auseinandersetzung mit ihrem Mann. 21.2.: Mette kommt mit Lungenentzündung in die Klinik. 27.3.: Sie bricht sich beim Skifahren den Knöchel und muss Empfänge auf Krücken wahrnehmen. 11.5.: Während eines Interviews mit *n-tv*-Talkerin *Sandra Maischberger* (lernte ihr Handwerk sehr intensiv bei »Spiegel«-Chef *Stefan Aust*)im Osloer Residenz-Garten zieht sie sich durch Sonne (die Dicke der Ozonschicht beträgt 280 »Dobson-Einheiten«) und ungefilterte, Sonnenlicht-spiegelnde Scheinwerfer Verbrennungen im Gesicht und auf der Augenhornhaut zu (»Schneeblindheit«). Ihren ersten Staatsbesuch, der nach Deutschland führen sollte, muss sie deshalb absagen. Prinz *Haakon*, der sich bei dem fatalen TV-Termin ebenfalls einen größeren Sonnenbrand im Gesicht zuzieht, reist allein und kommt beim Publikum riesig an.

Minnelli, Liza

WER IST ES? »Cabaret«-Star **LEBENSDATEN** *12.3.1946 in Los Angeles **JOB** Schauspielerin und Sängerin **KARRIERE** Wächst bei der Mutter auf, die sich 1951 scheiden lässt. Schulausbildung in Europa sowie in den USA. Steht schon als Teenager dank der guten Beziehungen in einer Broadway-Show auf der Bühne. Produktionen: »The Sterile Cuckoo«, »Cabaret«, »New York New York«, »Arthur«, »The King of Comedy«, »Stepping out«.

ERFOLGE Sie hat wenig Filme gedreht, aber viele Preise eingeheimst: Oscar, Golden Globe, Emmy Award, Tony Award, Goldene Kamera. **STYLE** Sie steht in Dessous im Scheinwerferlicht, 56 Jahre alt und von Kopf bis Fuß auf Femme fatale eingestellt. Bei ihrem Comeback am Broadway im Juni 2002 erobert Liza wie ein Wirbelsturm die Bühne zurück, und die sonst zurückhaltende »New York Times« jubelt in Großlettern: »Ein Wunder ist geschehen. Ihre Rückkehr auf die Bretter, die die Welt bedeuten, ist das Fulminanteste seit langem. Vergessen sind Alkoholismus, Fresssucht, Erkrankungen an der Goldkehle – die Tochter von Judy Garland wird frenetisch gefeiert.« Und der »Hollywood-Reporter« schreibt: »Liza is back, sie war nie eine bessere Performerin als jetzt.« **FREUNDE** Zu ihrer Entourage gehören Assistent *Mohamed Soumayah*, Bodyguard *Willie*, Make-up-Künstler *Louis*, Friseur *Eric* und ihre Freundin *Marisa*, die anscheinend viel Zeit hat. **FAMILIE** M. ist die Tochter von *Judy Garland* und Regisseur *Vincente Minnelli*. **EHE** Vier Ehen: mit Sänger *Peter Allen*, Produzent *Jack Haley jr.*, Skulpteur *Mark Gero* und Produzent *David Gest*. Für einen Tag wirkt New York in der feinen Fifth Avenue wie Hollywood, als Liza und *David Gest* am 16.3.2002 in der »Marble Collegiate Church« vor den Traualtar treten. Die Zeitungen sind voller Huldigungen, aber auch böser Bemerkungen. So bezweifelt *Elton* → *John* die echten Ehemann-Voraussetzungen von *David*. Liza trägt ein tief ausgeschnittenes, schulterfreies Kleid von Designer *Bob Mackie*. Die lange Schleppe wird von Brautjungfer *Marisa Berenson* (Kollegin im Film »Cabaret«, in dem auch *Fritz Wepper* mitspielt) getragen; *Berenson* selbst erscheint in einer rückenfreien Robe von *Gianfranco Ferré*. Über die Schleppe lästert ein Hochzeitsgast: »Sie ist länger, als die Verbindung halten wird.« Ehrenbrautjungfer *Liz Taylor* (→ HOLLYWOOD), in schwarzer Spitze und mit schwarzem Hut, und Trauzeuge *Michael* → *Jackson*, beide bekannt für ihren souveränen Umgang mit der Uhr, treffen mit lediglich 15 Minuten Verspätung ein. Es fällt auf, dass nicht nur *Jackson*, der seinen Abendanzug mit einer Glitzerbrosche ziert, sondern auch die anderen Minnelli-Freunde, inklusive der Brautjungfern, sich für schwarzes Outfit entschieden haben, *Joan* → *Collins* etwa, *David Hasselhoff*, *Gina Lollo-*

brigida, *Esther Williams, Lauren Bacall, Martha Stewart, Petula Clark* und *Diana Ross*. Immobilien-Tycoon *Donald Trump* und Filmstar Sir *Anthony Hopkins* (→ HOLLYWOOD) sitzen wie in der »Muppet Show« auf der Empore und schmunzeln über die Schönheits-Aktivitäten von *Janet Leigh*, die unter ihnen sitzt, mit ihren falschen Wimpern klimpert und jeden fragt, ob er nicht ein Döschen Vaseline dabei habe. Endlich findet sie ein Opfer und cremt ihre Lippen ein: »Sie sind so trocken.« »Django«-Star *Franco Nero* fällt mit braunen Schuhen zum Smoking auf und begründet den Fauxpas: »Ich musste in Rom so früh aufstehen und habe aus Versehen zwei linke Lackschuhe eingepackt. Zeitlich blieb mir nichts anderes übrig, als meine Straßenschuhe anzuziehen.« Das Brautpaar küsst sich während der ganzen Zeremonie. *Michael Jackson* hat Schwierigkeiten, die Box mit den Hochzeitsringen zu öffnen, und wendet sich hilfesuchend an *Liz Taylor*, die ja schon sieben Hochzeiten erlebt hat: Sie schafft es. *Whitney Houston* wollte eigentlich »The Greatest Love« singen, sagt aber in letzter Minute ab. Dafür trällert *Natalie Cole* den Song »Unforgettable«.   **SCHICKSAL** Minnellis Privatleben ist ein einziges Cabaret, ein Kampf mit Alk, Übergewicht und Psychopharmaka. Sie lernt auch die Vorzüge der Betty-Ford-Klinik in Kalifornien kennen und meistert in den letzten Jahren wahre Leidenswege. So muss sie sich einer Knie- und Rückenoperation unterziehen, übersteht eine lebensbedrohliche Hirnhautentzündung, ist zeitweise an einen Rollstuhl gebunden, weil sie nicht gehen kann. Aber sie ist hart im Nehmen, speckt 30 Pfund ab und geht im April 2002 erstmals wieder auf Tournee (Titel: »Liza's Back«).

Minogue, Kylie

WER IST ES? Nachtigall-Nymphe **LEBENSDATEN** *28.5.1968 in Melbourne **JOB** Der Welt größte Solo-Sängerin

ERFOLGE Als Teenie ist sie ein Fernsehstar, mit 20 erobern ihre netten Schlager die Pop-Welt, und auch die Homosexuellen finden sie süß. Verkauft 20 Millionen CDs und spielt in dem Film »Moulin Rouge« eine Fee. Ihr gelingen in regelmäßigen Zeitabständen Riesen-Comebacks, zuletzt 2001 mit »Fever« und »Can't get you out of my head«. Unbeschädigt übersteht sie 15 Jahre Showgeschäft inklusive Affären (→ LIEBE).   **GELD** Obwohl ihr *Hugh* → *Hefner* zwei Millionen Dollar bietet, falls sie für den »Playboy« die Hüllen fallen lasse, sagt sie nein. Ein moralischeres Angebot macht ihr der *Sultan von Brunei* (→ *Bolkiah Hassanal*). Für eine Million Gage soll sie bei der privaten Geburtstags-Feier seines Sohnes singen. Bei seinem 50. ist immerhin *Michael* → *Jackson* aufgetreten. Für ihre Autobiografie

»La La La« mit 200 Privat-Fotos erhält sie eine Million Pfund Garantiehonorar – und dazu ein Paar Schuhe ihres Lieblingsdesigners. **RESIDENZ** Lebt in London. **BEAUTY** 1,55 groß, lebhaft, grünäugig. **LIEBE** Im Mai 2002 schießt sie ihren Freund *James Gooding* in den Wind. Affären mit *Lenny Kravitz*, *Jason Donovan*, *Evan Dando* und INXS-Rocker *Michael Hutchence*. **SEX** Kylie, die privat ein großer Feger ist und auch auslebt, was sie in ihren Videos zeigt, umreißt ihr Berufsethos spaßhaft so: »Brust raus, Schulter zurück, los geht's«. Ihre Bewegungen auf der Bühne und in Videoclips können nicht verheimlichen, welcher Vulkan in dieser zierlichen Person brodelt, und sie gehört zu jenen Girlies, auf die die Höschen-Industrie sich nicht verlassen darf.

Möllemann, Jürgen W.

WER IST ES? FDP-Entertainer **LEBENSDATEN** *15.7.1945 in Augsburg **JOB** Fraktionsvorsitzender der FDP im nordrhein-westfälischen Landtag **KARRIERE** M. ist gelernter Lehrer. Lange Zeit *Hans-Dietrich Genschers* Wadenbeißer und Minenhund:	»Möllemann, geh du voran.« Ab 1972 für die FDP im Bundestag (von 1962–69 war er Mitglied der CDU). 1982 Staatsminister im Auswärtigen Amt, 1987 Bundesbildungsminister, 1991 Bundeswirtschaftsminister (➔ SKANDAL).

ERFOLGE Allein durch Suggestion (8 % als Wahlparole) erreicht die FDP bei der NRW-Landtagswahl 2000 knapp 10 % und damit die triumphale Rückehr in den Landtag. **KRITIKER** Die schönste Sottise stammt von *Franz Josef* ➔ *Strauß*, der ihn einmal den »Riesenstaatsmann Mümmelmann« nennt. **IMAGE** Mit dem Charme eines Türdrückers lässt er keine Gelegenheit aus aufzufallen. **MOBILITÄT** Springt gerne mit dem gelbblauen Fallschirm mitten ins Leben. **STYLE** Der FDP-Politiker mit der Audemars-Piquet-Uhr am Handgelenk untertreibt natürlich gewaltig, wenn er sagt: »Ich war 18 Jahre Diener des Kurfürsten *Hans-Dietrich Genscher*. Der war damals schon 20 Jahre älter. Heute bin ich Diener bei Kurfürst *Guido* (➔ *Westerwelle*), der 16 Jahre jünger ist als ich. Ich bin irgendwie der geborene Diener.« **BEAUTY** Bewahrt den Schnurrbart tapfer vor dem Aussterben. **FREUNDE** M. ist als Präsident der »Deutsch-Arabischen Gesellschaft« ein eifriger und meist (nicht immer: ➔ SKANDAL) diskret im Verborgenen wirkender Lobbyist der Araber. **FAMILIE** Verheiratet mit *Carola Appelhoff*. Drei Töchter, *Anja*, *Maike* und *Esther*. **PANNE** Immer wenn etwas zu klappen scheint – geht es dann doch schief: 2000 brachte er zwar die FDP triumphal in den Landtag zurück (➔ ERFOLGE) – aber mitregieren darf er bis heute nicht. Und nachdem er lange auch in der eigenen

Partei ausgelacht worden war, griff die FDP schließlich doch seine Idee auf, einen eigenen Kanzlerkandidaten aufzustellen – nur eben leider nicht ihn, sondern *Guido* ➔ *Westerwelle*. **SKANDAL** Im Mai 2002 sorgt er bei einem politischen Coup für Großwirbel und hat jetzt neben den FDP-Kollegen *Klaus Kinkel* und *Otto Solms* einen weiteren Intimfeind, allerdings bei der Konkurrenz-Partei CDU: *Michel Friedman* fordert M.s Kopf, weil er den grünen Überläufer, den Deutsch-Syrer *Jamal Karsli*, der noch bei den Grünen durch antiisraelische Äußerungen aufgefallen war, in den FDP-Kreisverband Recklinghausen aufnehmen lassen und ihn in der FDP-Landtagsfraktion etablieren will, um die rotgrüne Regierungsmehrheit zu schwächen. Im Verlauf des Streits legt M. sich mit *Friedman* persönlich und mit dem Zentralrat der Juden in Deutschland an und verhagelt seinem Vorsitzenden *Westerwelle* damit dessen Israel-Besuch. 1993 musste er als Bundeswirtschaftsminister zurücktreten, weil er einem angeheirateten Cousin auf Ministeriums-Briefpapier ein paar freundliche Zeilen über den von ihm vertriebenen Einkaufswagen-Chip mitgegeben hatte (»Pfiffiges Produkt«).

Mohn, Reinhard

WER IST ES? Bertelsmanns Hausphilosoph und Visionär **LEBENSDATEN** *29.6.1921 in Gütersloh (dem heimlichen Ort der Macht)

KARRIERE Die »Zeit« nannte ihn den »Unternehmer des Jahrhunderts«. Als der 25-jährige Ex-Leutnant des Afrikakorps 1945 aus amerikanischer Gefangenschaft nach Hause kommt, will er eigentlich Ingenieur werden, doch macht ihm sein Vater ein Angebot, das er nicht ausschlagen kann: ins familieneigene Verlags- und Druckhaus einzutreten. 1950 hat der rationell denkende Pragmatiker die Gold-Idee mit dem Bertelsmann-Lesering. Der Umsatz verdoppelt sich von Jahr zu Jahr, und als er sieht, dass die Kapitalbasis dünn bleibt, setzt er den Kerngedanken um: »Gib nicht alles, was du erwirtschaftest, der Steuer, sondern deinen Mitarbeitern – die haben sich gefreut und gaben das Geld als Darlehen zurück.« Seit 1972 sind die Mitarbeiter am Gewinn beteiligt. Das Provinz-Unternehmen, das 1835 als Verlag für Gesangbücher gegründet wird, breitet sich in 50 Länder aus. Wie ein Fels in der Großstadt-Brandung steht das Bertelsmann-Building mit leuchtenden 2-Meter-Lettern am New Yorker Times Square 1 als demonstratives Signal des großen Mannes aus dem kleinen Ort Gütersloh auf der anderen Seite des Ozeans.
ERFOLGE M. darf das Privileg für sich in Anspruch nehmen, der einzige Bundesbürger zu sein, zu dem Bundespräsident *Roman* ➔ *Herzog* ins Haus kam, um ihm das Bundesverdienstkreuz zu überreichen. Andere müssen sich für diese Ehrung

schon ins Schloss Bellevue bemühen. **MACHT** Mit 70 gibt er formell die Macht ab, ist aber heute als Übervater der Bertelsmann AG und Stiftung mächtiger denn je. Der Stifter mit der schneidenden Stimme hat das letzte Wort. Nach *Manfred Köhnlechner*, *Manfred Fischer* und *Mark* ➔ *Wössner* (16 Jahre) als Vorstandsvorsitzenden gibt *Thomas Middelhoff* für vier Jahre Gas in der Konzernspitze. Zu viel Gas. Die Bertelsfrau *Elisabeth Mohn* bremst den stürmischen Neuer-Markt-Visionär (befreundet mit den CDU-Jürgen *Todenhöfer* und *Rüttgers* und seit dem AOL-Deal per Du mit Reinhard Mohn) mit Liz und Tücke – und mit Rückendeckung des alten Herrn: »Wenn du das für richtig hältst, dann mach es.« *Liz*, befreundet mit Königin ➔ *Beatrix*, König ➔ *Juan Carlos* und Königin *Noor*, schlägt zu: Am 31. Juli 2002 muss der USA-orientierte Top-Manager, der die Mohn'sche Familienmacht im Spiel von Kabale und Kapital beschneiden wollte, überraschend den Hut nehmen. Der »Alligator von Welt« (»Süddeutsche Zeitung«) wird – wie fast gleichzeitig *Ron Sommer* bei der Telekom durch den 72-jährigen *Helmut Sihler* – ersetzt durch einen Interims-Oldie: den altgedienten Finanzvorstand *Gunter Thielen* (der dank der Mitgift seiner Ehefrau *Ulla* auch Anteilseigner an der Fleischfabrik »Hans Höll« ist).

Zu M.s Imperium, das er nach dem Motto »Die beste Form von Liebe ist Härte« führt, gehören Buch-(Bertelsmann)-Verlag, Bertelsmann Buchclubs, Goldmann Verlag, Siedler Verlag, Random House, Entertainment (RTL, »Arista Records«, »BMG Ariola«, »Sonapress«, Ufa Film- und Fernseh GmbH), Gruner + Jahr (Druck- und Verlagshaus, »Stern«, »Geo«, »Brigitte«) und Industrie (Papierproduktion, Druckereien). **KONKURRENTEN** Holtzbrinck als Verlagskonzern; Weltbild als Buchversender. **GELD** Der asketisch wirkende Herr über 80 000 Mitarbeiter erwirtschaftet einen Jahresumsatz von 22 Milliarden Euro. **HOBBIES** Er liebt Fahrradfahren, lange Spaziergänge und genießt auch hin und wieder das Wasser des Toten Meeres. Mittags sitzt er in der Kantine am Tisch mit Angestellten, doch wird ihm das Essen serviert und somit ein Schlangestehen erspart. **FAMILIE** M. ist der Ur-Ur-Enkel des Verlagsgründers *Carl Bertelsmann*. Er ist seit 1982 verheiratet mit Frau *Liz* und hat mit ihr die ABC-Kinder *Andreas, Brigitte, Christoph*. *Christoph* (*1966) tritt in seine Fußstapfen und ist für das Internet-Portal »Lycos Europe« zuständig. Seinen Wehrdienst leistete er bei einer westfälischen Panzer-Kompanie ab, dann Betriebswirtschaftsstudium in Münster, drei Jahre Praktikum bei Bertelsmann Music Group (BMG) in New York. Verheiratet mit *Shobhna*, die ebenfalls bei Bertelsmann arbeitet.

Montezemolo, Luca Cordero, Marchese di

WER IST ES? Ferrari-Lenker **LEBENSDATEN** *31.8.1947 in Bologna. **JOB** Fest angestellter Präsident des italienischen Auto-Konzerns Ferrari, der das lahmende Pferd nach über 20 Jahren wieder auf Trab bringt. Nebenbei Vize-Präsident des Fußball-Clubs AC Bologna und seit 1998 Präsident von Maserati. 2002 stellt er einen eigenen Ferrari-Wein vor. Natürlich rot.

KARRIERE Wächst auf dem Landgut seiner Familie auf, eine halbe Autostunde von Maranello entfernt, wo die schnellen roten Autos gebaut werden. Nach der Schule studiert er Jura und promoviert an der Sapienza-Uni in Rom, es folgt ein Studium des internationalen Wirtschaftsrechts an der Columbia Universität New York. Unter dem Codenamen »Nerone« fährt er heimlich Autorennen, dann Rallyes mit *Christian Rattazzi*, Neffe von Fiat-Boss ➔ *Agnelli*. 1971 trifft er mit Firmengründer *Enzo Ferrari* zusammen, der durch eine Radiosendung auf M. aufmerksam wird, in der Luca widerlegt, dass Ferrari-Fahrer vermögend sein müssen. Er macht den jungen Marchese zu seinem persönlichen Assistenten, der die Gelegenheit beim Schopf packt, den Rennstall aufbaut und *Niki* ➔ *Lauda* holt. Seine Aktivitäten beeindrucken Ferrari, der M. zum Rennstall-Boss befördert, dem jüngsten in der Formel-1-Szene. Unter seiner Führung gewinnt *Lauda* zweimal den WM-Titel (1975/77) für die roten Renner. Danach verlässt M. den Autokonzern, geht zur Zeitung »La Stampa«, dann zu Fiat und arbeitet anschließend drei Jahre lang als Direktor bei Cinzano sowie als Manager der italienischen Segelyacht beim berühmten America's Cup. Von 1985–90 ist er General-Manager der Fußball-WM 1990. Ein Jahr später klingelt das Telefon, und am Apparat ist Fiat-Boss *Agnelli*, seit 1968 Godfather von *Ferrari*. Er macht den Marchese zum Präsidenten und Nachfolger des 1988 verstorbenen *Enzo Ferrari*. M. gibt Vollgas bei den 1500 Mitarbeitern, die in Handarbeit die exotischen Autos bauen, und auch bei den 450 Spezialisten für die beiden Formel-1-Wagen, die so perfekt werden, dass 2000/2001 mit *Michael* ➔ *Schumacher* nur noch Siege heimgefahren werden. **PARTNER** Mit ins Boot holt er sich *Jean Todt* als Rennleiter und den Engländer *Ross Brawn* als technischen Direktor. **GELD** Erhält ein Millionen-Euro-Gehalt. **STYLE** M. fordert bei allen Rennställen »Rassereinheit« – es soll ein echter Mercedes, ein echter BMW, ein echter Porsche antreten. Ferrari ist der einzige Rennstall, der seit Beginn der 50er Jahre nonstop bei der Formel 1 mitmischt und bei dem Auto und Motor aus einem Hause sind. Der Graf wünscht sich »Waffengleichheit«, sonst habe sein Unternehmen die Bürde der doppelten Kosten und des doppelten Risikos. **BEAUTY** Picobello gedresster Italiener mit formvollendeten Manieren. **MAROTTE** Man sieht ihn fast so selten an den Rennstrecken der Formel 1 wie Big Boss *Agnelli*. Der schaut höchstens mal beim Training in Monza vorbei. »Die Rennen so richtig zu sehen, ist zu viel für mein Herz«, sagt er. **FREUNDE** Ich treffe den Marchese bei einem Publisher-Lunch von Prof. Dr. *Hubert* ➔ *Burda* in dessen Verlags-Casino in München, zu dem M. auch seinen Freund *Diego Della Valle* mitbringt, der die erfolgreiche Schuh-Linie »Tod's« aus dem Boden stampfte. Im Jahre 2001 will Italiens Präsident *Silvio* ➔ *Berlusconi* Luca als Sport-Minister ins Kabinett holen, bekommt aber ein »No«: »Ich bleibe lieber Minister bei Ferrari.« **EHE** M. ist in zweiter Ehe mit der 22 Jahre jüngeren *Ludovica Andreoni* verheiratet und Vater von zwei Kindern aus der ersten Ehe.

Moore, Demi ➔ Hollywood

Moore, Roger

> **WER IST ES?** Zweitbester James Bond **LEBENSDATEN** *14.10.1927 in London **JOB** Schauspieler **KARRIERE** Der Frühstarter steht bereits mit 19 auf der Bühne des Londoner Arts Theatre. Dann wechselt er die Szene, geht nach Hollywood und dreht Filme wie »Damals in Paris«, »Des Königs Dieb«, »Diane – Kurtisane von Frankreich«. 1973 wird er zum Superstar als Geheimagent 007 in »Leben und sterben lassen«. Held in insgesamt sieben Bond-Filmen. Als »Simon Templar« sowie in »Die Zwei« unschlagbarer englischer Mime.

RESIDENZ Lebt in Monte Carlo. **EHE** Vier Ehen: mit Eisläuferin *Dorn*, mit *Dorothy Squire*, der italienischen Schauspielerin *Luisa Mattioli*, mit der er die drei Kinder *Deborah*, *Geoffrey* und *David Christian* hat, und schließlich mit *Christina »Kiki« Tölstrup*. Sie heiratet er im März 2002, nachdem eine sechsjährige, bittere Scheidungsprozedur überstanden ist. 1994 hat sich Moore telefonisch von seiner Frau *Luisa* getrennt, weil er der gemeinsamen Nachbarin *Tholstrup* näher gekommen ist. *Luisa* tobt und nennt ihre Rivalin eine »alte Schachtel, die drei Männer und drei Faceliftings gehabt hat«. Moore wird insofern seine Schuldigkeit getan haben, als er 18 Millionen Euro »Scheidungshonorar« an *Luisa* zahlen darf. Weder Verwandte noch Freunde sind bei der Hochzeit mit *Christina* eingeladen gewesen. Moores Sohn *Geoffrey*: »O.K, mein Dad hat geheiratet. Wir unterstützen ihn, wenn es ihn glücklich macht. Ich selbst war bei der Hochzeit nicht dabei«.
SEX Raffinierter Verführer.

Moss, Kate

> **WER IST ES?** Dürre Catwalk-Kindfrau   London   **JOB** Supermodel
> **LEBENSDATEN** *1974 in Croydon,

PARTNER M., mit dem Blick der Verlorenheit eines Kindes vom Bahnhof Zoo, wird mit 14 von Mode-Agentin *Sarah Doukas* (»Storm«) entdeckt, die sie bis heute managt. **IMAGE** Ist nach zahlreichen Teenie-Sünden clean (Entzugsaufenthalt in der »Priory Clinic« südlich von London) – oder glaubt, es zu sein. **GELD** Die halbe Portion ist 20 Millionen Euro schwer. **BEAUTY** 46 Kilo leichtes Persönchen mit den Maßen 84–58–89 und einem Busen so groß, als machte eine Maus eine Faust. Wirbt nackt für *Calvin Kleins* »Obsession«. **LIEBE** M. ist lange Zeit befreundet mit Filmstar *Johnny Depp* und jetzt liiert mit Zeitschriften-Verleger *Jefferson Hack*, dem sie im Oktober 2002 Nachwuchs beschert. Auf Ibiza, dem großen Spielplatz für die Liebe, scheint Kate mit *Mick* ➜ *Jagger* im Sommer 2000 in Amors Schusslinie geraten zu sein. In der »In«-Disco »Pacha« vergnügen sich die beiden, als wären sie allein auf der Welt. Der Rolling-Stone-Boss singt mit seiner bekannt großen Lippe die gängigen Songs mit, umarmt das hübsche Model, das einen platinblonden Kurzhaarschnitt mit Seitenscheitel und asymmetrischem Pony trägt, und legt noch einen Soloauftritt hin. Sexy Tanzschritte, dann singt er frei nach seinem »Lady-Jane«-Hit »My dear Lady Kate«. Zärtliche Berührungen, beide stehen Wange an Wange da, es folgt ein langer, tiefer Blick von *Mick*, auf den Kate mit einem genussvollen Zug aus ihrer Zigarette reagiert. Um fünf Uhr früh sind sie wie vom Erdboden verschluckt. **SEX** Eine Frage des Treibstoffes.

Müller-Wohlfahrt, Hans-Wilhelm Dr.

> **WER IST ES?** Leiber-Held   **LEBENS-DATEN** *12.8.1942 Leerhafe/Ostfriesland   **JOB** FC-Bayern- und Nationalmannschaftsarzt mit heilenden Händen – auch für empfindsame Seelen wie *Boris* ➜ *Becker* oder *Berti Vogts*   **KARRIERE** Den Feinschliff für seinen Beruf als Orthopäde besorgt sich der moderne Sport-Medizinmann in den USA. Er betreibt eine Praxis im Herzen von München, ist Buchautor (»Mensch, beweg' Dich«) und schwört auf pharmazeutische Wunderpillen, die er selbst auf den Markt bringt.

HOBBIES Segeln, surfen und durch den Wald sprinten. Betreibt wöchentlich Yoga, liebt französische Küche. **STYLE** Wird einfach »Doc« genannt. **BEAUTY** Der gutaussehende Mann mit den 70er-langen Haaren gibt sein eigenes Schönheits-

Geheimnis nicht preis. **FAMILIE** Lange Zeit plagen ihn Sorgen wegen seiner hübschen Tochter *Maren*, die zeitweise in London zur Schule geht und kurzfristig mit Starkicker *Lothar Matthäus* befreundet ist. **EHE** Verheiratet mit *Karin* (verabschiedet sich wieder als Modedesignerin und hat ein Engagement in London), reist öfter zu Forschungszwecken nach Berlin. Patientin *Alma* ist geheilt und jetzt mit Strumpffabrikant *Klaus Vatter* in München verheiratet.

Murdoch, Rupert

WER IST ES? Der »Hai« **LEBENSDATEN** *11.3.1931 in Melbourne **JOB** Zeitungsmogul

KARRIERE Der australisch-amerikanisch-britische Globalplayer, der äußerlich ein bisschen an *Walter Matthau* erinnert (über den ein Komiker mal sagte, sein Gesicht sehe so aus, als habe jemand darin übernachtet), macht nach dem Studium an der Universität Oxford 1954 ein Volontariat beim Londoner »Daily Express«, der ihm später gehört. Der Grundstock: Sein Vater vererbt ihm »The Adelaide News« und »Sunday Mail«, und M. kauft Provinzblätter, Aktien von TV-Anstalten und Radiosendern, um das Print-Imperium auf über 100 Blätter auszubauen. Dann räubert der »Hai« auf dem amerikanischen und britischen Medienmarkt. Heute besitzt er in England machtmitbestimmend die meisten der führenden Zeitungen sowie den TV-Marktführer BSkyB, alles gesteuert von der News Corporation Ltd. New York, M.s, zentraler Dachgesellschaft. **MACHT** 150 Zeitungen (60 Millionen Auflage), 800 Firmen: »Wer Premierminister wird, bestimme ich.« **PARTNER** Im Oktober 2000 nimmt M. Verstärkung aus der Familie hinzu: Sohn *Lachlan*, verheiratet mit dem hübschen Top-Model *Sarah*. Auch die schöne, fotogene Murdoch-Tochter *Elizabeth* ist Vorstand des englischen Satelliten-Unternehmens BSkyB, scheidet aber wieder aus, weil sie eine eigene Film- und Fernseh-Produktion gründet. **PLÄNE** Von England aus will er – nach einem Test in Berlin – auch den deutschen Markt aufrollen. Millionen von Euro hat er schon investiert und 2002, der ➔ *Kirch*-Krise wegen, scheint die Zeit für ihn zu reifen. **GELD** Sein Vermögen wird auf 14 Milliarden Dollar geschätzt. Seine Londoner Maßanzüge lässt er sich in Hongkong kopieren und nachschneidern, was dann nur noch einen Bruchteil vom Original kostet. **RESIDENZ** Der Mann, der vier Pässe besitzt, wohnt am liebsten mit Frau *Wendi* im 7-Millionen-Dollar-Apartment in Manhattan. **MOBILITÄT** Entspannt sich auf seiner Yacht »Sayonara«. **STYLE** Meditiert mit Yoga. Meist noch vor Sonnenaufgang fährt er im offenen Cabrio, eine Hand am Steuer, die andere am Telefon, zum »Century

Fox Studio«-Gelände« in Los Angeles. Sich einen Fahrer zu leisten, hält der Medien-Tycoon für unnötig, wie ihn auch zweitrangige Restaurants zufrieden stellen. Im Office des sarkastischen Australiers, der einen US-Pass besitzt, zeigen vier silberne Uhren die Ortzeiten von Sydney, Los Angeles, New York und London an. **FAMILIE** Ein Großvater war schottischer Priester, sein Vater, Sir *Keith Murdoch*, Chef der Herald-Zeitungsgruppe in Melbourne. **EHE** Nach zwei Ehen (Nr. 1 *Patricia Booker* mit Tochter *Prudence*; Nr. 2 *Anna Maria Torv* mit Tochter *Elizabeth* und den Söhnen *Lachlan* und *James*) heiratet er 17 Tage nach seiner zweiten Scheidung am 8.6.1999 die 36 Jahre jüngere asiatische Fernsehmanagerin *Wendi Deng*, mit der er 2001 Tochter *Grace Helen* bekommt.

Nehm, Kay

> **WER IST ES?** Deutschlands oberster Ordnungshüter **LEBENSDATEN** *4.5.1941 in Flensburg **JOB** Generalbundesanwalt und öffentlicher Ankläger mit Sitz in Karlsruhe

KARRIERE Studiert in München, Freiburg und Kiel (Studienfreund: *I.M. Tulpe*) und legt in Hamburg das große juristische Staatsexamen ab. Erst wissenschaftlicher Mitarbeiter der Bundesanwaltschaft in Karlsruhe, dann Staatsanwalt in Kiel. Von 1978–80 arbeitet der parteilose Jurist beim Bundesverfassungsgericht und wird 1988 Bundesanwalt. Zwei Jahre später übernimmt er die Dienststelle des Generalstaatsanwalts der DDR in Ostberlin und löst dessen Behörde auf. Danach wird er Richter am Bundesgerichtshof. 1994 macht ihn FDP-Justizministerin *Sabine Leutheusser-Schnarrenberger* zum 8. Generalbundesanwalt, nachdem sie seinem Vorgänger *Alexander von Stahl* wg. missglückter Anti-Terror-Aktion in Bad Kleinen den Wanderstab in die Hand drückte. **HOBBIES** Musikfreund und Liebhaber geschichtlicher Literatur. **STYLE** Optisch würde der graumelierte Gentleman mit der feinrandigen Brille auch als VV des Versicherungskonzerns »Allianz« passen. Ihm kommt es weniger auf Selbstdarstellung, als auf wirksame Strafverfolgung an. Im Frühjahr 2002, anlässlich der Strafverfolgung islamischer Terroristen, tritt er erstmals seit seiner fast achtjährigen Dienstzeit vor die Fernseh-Kameras. Gänzlich uneitel ist der freundlich-scheue Nehm, stets von Personenschützern umgeben und mit mehrere gepanzerten Fahrzeugen unterwegs, nicht. Er trägt gern Blazer und zartblaue Oberhemden. Bei den Münchner Opernfestspielen taucht N. (zum dunklen Zweireiher eine farbenfrohe Streifenkrawatte) mit seiner Frau *Brigitte* auf und steht in der Pause mit Kulturminister *Hans Zehetmair* und Familie, Ex-Bertelsmann-Vorstandsvorsitzendem *Mark* → *Wössner* und Frau *Anna*, Unternehmensberater *Roland* ➔ *Berger* und Frau *Karin* sowie »SZ«-Chef *Hans-Jörg Dürrmeier* und Lebensgefährtin *Dagmar Lipp* zusammen. Die Leibwächter begleiten ihn bis zu seinem Platz im Zuschauerraum. **FAMILIE** Vater Staatsanwalt. **EHE** Verheiratet, eine Tochter.

Neukirchen, Karl-Joseph (Kajo)

WER IST ES? Eiserner Besen **LEBENSDATEN** *17.3.1942 **JOB** Chef der Metallgesellschaft. Sein Vertrag dort wurde bis 2006 verlängert.

KARRIERE Er stammt aus engen Verhältnissen, wird bei der Erbschaft übergangen, muss sich als Töpfer durchschlagen. Das immer blendend gedresste Wirtschafts-As hat mit Volksschule und kaufmännischer Lehre eine Bilderbuch-Karriere gemacht, frei nach der Erkenntnis, dass auch Albert Einstein kein Abitur hatte. Aber N.s Ehrgeiz ist so groß, dass er das Abitur nachholt, ein Stipendium bei der VW-Stiftung erhält, National-Ökonomie und Physik studiert, in Betriebswirtschaft promoviert und seinen Diplomvolkswirt macht. Industrielle Probleme in Führungspositionen löst er bei Philips, Felten & Guilleaume oder SKF Kugellager. Die Gewerkschaften nennen ihn »Bulldozer von Frankfurt« und »Rambo von Köln«. Der kompromisslose und konsequente »Chirurg« für totgesagte Konzerne wird gern von der Deutschen Bank als Feuerwehrmann gerufen, wie in den Fällen Hoesch, Klöckner Humboldt Deutz und der ins Trudeln geratenen Metallgesellschaft, deren Chef er ist. Klöckner, Allianz, Dresdner Bank oder FAG Kugelfischer holen ihn als Berater oder Aufsichtsrat. **IMAGE** Wegen seiner Brutalo-Aktivitäten zieht er sich das Schimpfwort »Arbeitsplatz-Killer« zu. Edelfeder *Sibylle Zehle* porträtiert ihn im »Manager Magazin«: »Doch nicht nur bei den Hausfrauen unter den Kleinaktionären, auch bei den Bankiers scheint die wuchtige Ausstrahlung dieses smarten Sanierung-Misters Eindruck zu hinterlassen. In der Rezession kehren die Rambos zurück. Männer mit markigen Sprüchen haben Konjunktur. Neukirchen profitiert davon. Bei genauem Hinsehen aber wirkt die große Sicherheit aufgesetzt. Vor seinem Auftritt in der Hauptversammlung rutscht er unruhig auf seinem Stuhl, lutscht hektisch Bonbons, zupft an seinen Manschetten und prüft den Sitz des Einstecktuchs. Nach getaner Rede lehnt er sich wie ein Feldherr zurück. Gibt seinem Gesicht wieder etwas Unnahbares, Abweisendes. Die äußere Form zu wahren, scheint für Neukirchen von verzweifelter Wichtigkeit. Wie alle unsicheren Menschen duldet er keine Unordnung an sich und wirkt darum glatt, wie poliert.« **MOBILITÄT** Fährt im gepanzerten Mercedes mit Chauffeur auch zum Städtischen Schwimmbad, wo er mindestens dreimal die Woche die 50 Meter-Bahn durchkrault. **HOBBIES** Er liebt Havannas, Bordeaux-Weine und die Musik Richard Wagners. Bei den Bayreuther Festspielen ist er Stammgast. **FAMILIE** Der Vater ist Töpfer. **EHE** N. ist verheiratet, hat eine Tochter und einen Sohn. **PANNE** In »Brenner's Park Hotel« in Baden-Baden hat Konzern-Chef *August* ➔ *Oetker* Deutschlands Elite-Society versammelt. Im feinen Haus am Schwarzwald-Rand, wo auch schon Palästinenser-Chef *Jassir* ➔ *Arafat* deutschen Lifestyle genießen durfte, zelebriert der Backpulver-Baron eine Party ohne Anlass und ohne Medien. Oetker-Gast N. hat an dem Abend ein überraschendes Tischerlebnis mit einer Dame, die er zwar nicht kennt, die sich ihm gegenüber aber so plump vertraulich gibt, als hätten sie schon einmal gemeinsam Schafe gehütet. Nachdem sie ihre Fleischportion vom Hauptgang verzehrt hat, nimmt sie sich nicht nur die Freiheit, mit ihrer Gabel nach einem Fleischstück auf dem Teller von N. zu stechen, sondern tunkt auch noch die Soße mit Brot auf. Kajo erträgt den Eingriff in seine Speise-Sphäre wie ein Gentleman, die anderen Gäste aber sind sichtlich indigniert.

Niarchos, Philip

WER IST ES? Milliarden-Erbe   **RESIDENZ** Wohnt in der Schweiz

FAMILIE N. ist der Sohn des verstorbenen »Goldenen Griechen«, des Tankerkönigs *Stavros Niarchos*. **EHE** Verheiratet mit *Viktoria*. **ERINNERUNG** Der lockenköpfige, schmale Grieche lebt mit seiner verständnisvollen Frau *Viktoria* gern in St. Moritz, wo das weiße Glück besonders intensiv zu genießen ist. Sein Privatjet muss Mucken haben, und so erscheint N., der laut Bankliste zu den 300 reichsten Schweizern zählt, in der bunten Welt der normalsterblichen Fluggäste auf dem Zürcher Airport. Mit *Viktoria* besteigt er die Swissair-Maschine (Typ MD 11) nach Los Angeles (Flug SR 106) und nimmt die First-Class-Sitze 2 B und 2 C (Ticket pro Kopf: 14 000 Franken) ein. Prominente Mitreisende wie Bestsellerautor *Ephraim Kishon* und seine Frau *Sara* erleben ein hyperaktives Niarchos-Paar, das in immer kürzer werdenden Abständen zwischen den First-Class-Fauteuils und der Bordtoilette pendelt. Auf das vorzügliche Swissair-Dinner mit den bekannt edlen Tropfen aus Wallis und dem Tessin wird größtenteils verzichtet. Stattdessen nutzt das hochkarätige Paar die knappe Zeit zwischen zwei Waschraum-Besuchen, offenbar in zunehmendem Höhenrausch, zum ausgedehnten Kaufrausch vom rollenden Bordshop. Für 12 000 Franken kaufen sie sich quer durchs Sortiment und packen ihre frisch erworbenen Utensilien wie bei einer Weihnachtsbescherung glückselig aus. Über Neufundland findet die Euphorie ein jähes Ende. Ns Kopf knallt auf den ausgezogenen Klapptisch. In dieser Stellung verharrt er regungslos bis zum Landeanflug auf Los Angeles. Fast zeitgleich drapiert seine Frau Haupt und Schulter auf der Mittelkonsole. Die besorgten Stewardessen versuchen gegenüber den anderen, erregten First-Class-Gästen deeskalierend zu wirken und alarmieren den Niarchos-Leibwächter, einen reizenden Engländer, der in der Holzklasse mitfliegt. Er darf fortan vorne sitzen – für alle Fälle. Um die Zeit zu nutzen, packt er auch die Shop-Artikel ein. Den langen Weg vom Gate zum Ausgang bewältigen Philip und *Viktoria* mit Leibwächter- und Stewardessen-Stütze ohne erkennbare Probleme, aber gleichwohl regungslos. Um auch weniger Society-erfahrenen Mitreisenden Aufschluss über die Identität der träumenden Hauptdarsteller in diesem ungewöhnlichen Ankunfts-Szenario zu gewähren, hilft ein Schild, das ein Herr in der Ankunftshalle hochhält: Niarchos, »Beverly Hills« Hotel.

Nicholson, Jack → Hollywood

Nielsen, Brigitte

WER IST ES? 1,82 großer Film-Vamp **LEBENSDATEN** *15.7.1963 in Kopenhagen **JOB** Schauspielerin **KARRIERE** Spielt in den Filmen »Rocky IV«, »Red Sonja«, »Cobra«, »Beverly Hills Cop II«

RESIDENZ Lebt in Lugano. **FAMILIE** Tochter eines Ingenieurs und einer Bibliothekarin. 4 Ehen, 4 Kinder (»Beim letzten Baby hatte ich Milch für zehn«). Man kann sich schwer vorstellen, wie Ehemann *Raoul Ortalani*, eine tschechische Märchenfilmausgabe von Prinz Eisenherz, den dänischen Vamp im Griff hat. **PANNE** Beim Abend des »Pompöös«-Designers *Harald Glööckler* im Berliner Nobel-Hotel »Adlon« trägt die Ex-Frau von *Sylvester Stallone* eine Corsage, die an den Rand ihrer Strapazierfähigkeit getrieben wird. Springflutartig schwappt die Nielsen-See beim Gehen so über die Gestade, dass der Regierende Bürgermeister *Klaus → Wowereit*, in Begleitung seiner First Lady *Jörn Kubicki*, nicht weiß, wohin er blicken soll. Brigitte ist nicht sein Raster. Beim Dinner kommt es zur befürchteten Zugabe: die »Beletage« platzt (Körbchengröße DD). Die Nielsen rettet mit vollen Händen, und Designer *Glööckler* spurtet mit einem schwarzen Schal zwecks Schadensbegrenzung an die Unglücksstelle. **SEX** 1983 posiert Brigitte in München für den Katalog »Schwab-Versand«. Mode- und Mädchen-Fotograf *Walter Kober* ist ganz angetan von dem Vollweib und arbeitet gerade mal eine halbe Stunde mit ihr, als sie lasziv flötet: »Fass mich an, ich bin nass.«

Niklas, Kurt

> **WER IST ES?** Bel Ami der Schönen und Reichen **JOB** Seit 50 Jahren erfolgreicher deutscher Gastronom im kalifornischen Beverly Hills; Buchautor (»The Corner Table«)

KARRIERE Mit Star-Regisseur *Billy* ➔ *Wilder* und Publikumsliebling *Jack Lemmon* gründet er das legendäre Restaurant »Bistro«, das so einschlägt, dass Kurt gleich ein zweites, weiter unten auf derselben Straße, eröffnet: den »Bistro Garden«, viele Jahre das zweite Wohnzimmer für *Barbra Streisand, Liz Taylor, Jack Nicholson* (alle ➔ HOLLYWOOD), *Jane Fonda, Gary Cooper, Clark Gable, Cary Grant* oder, wenn er in Town ist, Fürst *Rainier*. Nach der jeweiligen »Oscar«-Verleihung lädt Super-Agent *Swifty Lazar* dort immer zur exklusiven Party, bis eines Tages der österreichische Koch *Wolfgang Puck* am Sunset Boulevard einen Spaghetti-Salon eröffnet (gastronomische Groß-Pioniertat: Pizza mit Kaviar oder Lachs) und sich durch die Connection seiner geschäftstüchtigen Frau die »Oscar«-Party unter den Nagel reißt. **HOBBIES** Hält sich mit Tennis fit. **FREUNDE** Ein Hubschrauber kreist über dem mit Sonnenschirrmen geschützten Garten von Kurt Niklas' »Bistro Garden«, als der ganz private Abschied von US-Präsident *Ronald Reagan* gefeiert wird. Die 12 Gäste überraschen *Ronald* und *Nancy* zwischen Hauptgang und Dessert mit einem standesgemäßen Präsent: eine elegante Villa in Bel Air und ein Superbüro mit allen Schikanen im Fox-Wolkenkratzer. **PANNE** Ein korpulente kleine Dame fragt Kurts Sohn *Christopher Niklas*, der das Restaurant seit ein paar Jahren leitet, wo sie ihre Partyfreunde finden könne. Der dynamische Gastronom macht eine lässige Handbewegung mit der Bemerkung: »Da hinten, da werden Sie Ihresgleichen schon riechen.« Dieser Satz hat Folgen und führt im großen koscheren Gästekreis des »Bistro Garden« zu einem Boykott, der schließlich die Geschäftsaufgabe zur Folge hat. Die Niklas-Family betreibt jetzt nurmehr den »Bistro Garden« am Ventura Boulevard, ihr drittes Lokal. Vor dem Restaurant parken mehr Rolls-Royces als in der Londoner Innenstadt.

Ochsenknecht, Uwe

WER IST ES? Gemäßigter Klaus Kinski   Hessen   **JOB** Filmschauspieler
LEBENSDATEN *7.1.1956 in Biblis/

KARRIERE Absolviert die Bochumer Schauspielschule und spielt am Nationaltheater Mannheim und am Schauspielhaus Bochum. Erste TV-Rolle 1977, ein Jahr später eine Nebenrolle in einem Hollywood-Film. »Das Boot« (➔ *Buchheim, Lothar Günter*) unter der Regie von *Wolfgang Petersen*, mit der Rolle des Bootsmannes Lamprecht, und *Doris Dörries* Überraschungs-Film »Männer« (er war zunächst nicht fürs Kino gedacht) ebnen die steile Karriere. Weitere Filme: »Vergeßt Mozart«, »Schtonk« (Regie: *Helmut* ➔ *Dietl*), »Kaspar Hauser«, »Weihnachtsfieber«, »Widows – Erst die Ehe, dann das Vergnügen«, »Bin ich schön«. TV: »Die Straße«, »Derrick«, »Tatort«. Auch musikalisch ist er mit drei Alben präsent.: »Ochsenknecht«, »Blue Water«, »O-Ton«. **ERFOLGE** Bundesfilmpreis in Gold, Bayerischer Filmpreis. **IMAGE** Leider oft unter Wert eingesetzter Superstar. **FAMILIE** Sein Vater ist Feinmechaniker. **EHE** O. ist verheiratet mit *Natascha Wierichs* und hat zwei Söhne, *Wilson Gonzales* und *Jimmi Blue*, sowie Tochter *Cheyenne Savannah*. **SKANDAL** 1977 gibt es Schlagzeilen wegen sexuellen Missbrauchs eines seiner Söhne durch einen früheren Freund der Familie, der zu einer Gefängnisstrafe von drei Jahren verurteilt wird.

Oetker, Rudolf August

> **WER IST ES?** Pudding-Pate (Werbeslogan: »Ein heller Kopf«) **LEBENSDATEN** *20.9.1916 in Bielefeld **KARRIERE** RAO verstand es glänzend, den Grundstein zu mehren, den sein Großvater, der Bielefelder Apotheker Dr. *August Oetker*, 1891 mit »Backin« als »Helfer der Hausfrau« gelegt hat. 1941 tritt er als geschäftsführender Gesellschafter in den Betrieb ein, der damals von Stiefvater *Richard Kaselowsky* geleitet wird. Als dieser drei Jahre später mit O.s Mutter *Ida* und zwei Halbschwestern bei einem Bombenangriff ums Leben kommt, fällt dem 28-jährigen die Alleinverantwortung für die Firma zu, die durch eine Beteiligung bei der Reederei Hamburg-Süd erheblich gewachsen ist. Er arrangiert sich mit seiner Schwester *Ursula*, weitet die Nahrungsmittel-Sequenz aus und steigt in die Sparten Reederei, Brauerei, Banken und Assekuranz-Geschäft ein. Wegen seiner konsumnahen Produkte ist der Name »Dr. Oetker« und der damit verbundene Familienclan einer der populärsten. Dazu trägt auch *Marie-Luise Haase* aus der »Dr.-Oetker-Versuchsküche (mit kurzem »ü«)« bei, die in den 70ern die Werbespots bereichert.

MACHT Taucht die attraktive, selbstbewusste *Maja Oetker* (➔ EHE) auf, nehmen die Stadtväter so stramme Haltung an wie zu Hause das Dienstpersonal. Als Bielefeld und Oetker nicht mehr so zusammengehören wie der Pudding und das Pulver, greift die Dame ins Kommunalgeschehen ein, geht selbst in die Politik und tritt aus der CDU aus. Der westfälische Friede wird gestört durch einen neiderfüllten Umweltdezernenten, der sich mit der gleichen Masche bekannt machen will wie einst in München *Georg Kronawitter* bei Baulöwe *Schörghuber* oder Bankier *Finck*. Noch ärger wird es, als sich 1979 erstmals Grün mit der SPD zusammenschließt. Rund 100 einheimische Geschäftsleute wollen sich »nicht länger von Rot-Grün misshandeln lassen« und gründen eine unabhängige überparteiliche Bürgergemeinschaft, weil sie der CDU eine Änderung nicht zutrauen. Der Plan »Maja Oetker, Hausfrau, auf Platz 2« geht auf. Die Bürgergemeinschaft schafft sofort 9,6 Prozent und kippt im CDU/FDP-Verbund die SPD in die Opposition. *Maja Oetker*, ehemalige Lehrerin, ist seit Mai 1992 zweite Bürgermeisterin Bielefelds. Sogar *Christina Rau*, obwohl mit einem SPD-Politiker verheiratet und Enkelin des ehemaligen SPD-Bundespräsidenten *Gustav Heinemann*, empfindet den Wahlsieg der Oetker-First Lady als einen gelungenen Akt. Da fühlt sie mit ihrer Familie – *Christina* stammt aus der Bielefelder *Delius*-Dynastie, der einflussreichsten Sippe nach Oetker. **NACHFOLGER** Längst hat er sein Haus bestellt (Oetker-Nahrungsmittel, Langnese, Eto, Binding, Noris, Windsor, Reederei, Banken), damit nach ihm – er lebt mit niedrigem Blutdruck bei bester Gesundheit – Erbstreitigkeiten ausgeschlossen bleiben. So werden fünf Testamentsvollstrecker, zwei aus der Familie und drei Clanfreunde die Übertragung des Vermögens auf seine acht Kinder aus drei Ehen regeln und kontrollieren. RAO hat den Chefsessel im Bielefelder Hauptquartier, Lutterstraße 14, an seinen ältesten Sohn Dr. *August Oetker* (➔ FAMILIE) übergeben, hat aber immer noch einen Adlerblick auf das ganze Imperium. **GELD** Mit 20 000 Beschäftigten wird ein Jahresumsatz von 4,5 Milliarden Euro erwirtschaftet. Der alte Herr schaut sehr auf sein »jutes Geld«, finanziert aber immerhin eine Kunsthalle (10 Mio.), die Oetker-Eisbahn, Kirchtürme oder die Schützenvereinigung »Senne 1«. **RESIDENZ** Villa in Bielefeld. **STYLE** RAO, ein fuchshafter Grandseigneur, der seine Schmuckkasten-Hotels »Brenners« in Baden-Baden, »Bristol« in Paris, »Hotel du Cap« in Antibes und »Vietznau« am Vierwaldstätter See persönlich überwacht und Reklamationen selbst nachgeht, verabscheut Bodyguards, obwohl größte Vorsicht geboten ist, nachdem Junior *Richard* einmal Opfer einer brutalen Entführung war (➔ FAMILIE). Leibwächter, so seine Erkenntnis, kosten und schaden mehr, als sie helfen können. Anonym spazierte O. schon mal im dunkelblauen Pullover durch Münchens Fußgängerzone und besuchte Obersheriff Dr. *Manfred Schreiber* oder kehrte ohne große Tischbestellung im Restaurant »Weichandhof« Nymphenburg ein. **FAMILIE** Verheiratet mit *Maja*, die aus altem bayerischem Landadel stammt. Acht Kinder. Kronprinz und Steuermann der Oetker-Gruppe ist seit 1981 der Älteste, Dr. *August Oetker*, ★17.3.1944 in Bielefeld. 1961 Abitur, Schifffahrtslehre bei Knöhr & Burchardt NFL in Hamburg. 1968 Studium der Betriebswirtschaftslehre in Münster, 1972 Diplomkaufmann, dann Investment-Banking in New York und London. Biologisch (er ist Vater von sechs Kindern) wie geschäftlich agiert er im Fahrwasser des Herrn Papa. Er heiratet nach der Scheidung von *Georgia Renate Dill* seine Sandkastenliebe, die Societyorientierte Hamburgerin *Alexandra (»Lexa«) Freifrau von Hahn*. Ihr gehörnter Ehemann, Rechtsanwalt *Karl Freiherr von Hahn*, revanchiert sich bei der Oetker-Sippe und spannt Augusts jüngerem Bruder *Richard* Frau Marion aus. Eine spektakuläre Rochade auf der Backpulver-Bühne. Sohn *Richard* wird 1976 von dem Münchener Kriminellen *Dieter Zlof* entführt und gegen ein Lösegeld von 21 Millionen Mark schwer verletzt freigelassen.

Ohoven, Ute

> **WER IST ES?** Gepflegte und designermodebewusste Benefiz-Ball-Organisatorin **LEBENSDATEN** *10.3.1946 in Tübingen **KARRIERE** Bringt seit gut zehn Jahren immer mehr Glanz der Neuzeit in den Mauerblümchen-Ort Neuss bei Düsseldorf. Tritt 2002 überraschend in die Fußstapfen von *Hannelore Kohl (➔ Kohl, Helmut)* als Vorsitzende des Kuratoriums ZNS.

ERFOLGE Palästinenser-Chef *Jassir* ➔ *Arafat*, *Gunilla von Bismarck*, Ex-Kaiserin *Farah Diba*, die ➔ *Begum* oder Fürstin *Gloria von* ➔ *Thurn und Taxis* folgen dem Wohltätigkeitsball-Ruf der blonden Dame. Im selbstlosen Einsatz für notleidende Kinder in der dritten Welt düst sie für Fotos auch schnell mal im Chanel-Kostüm herüber, wenn es nicht anders geht. Sie ist Rekordhalterin im Einnehmen von Spendensummen. **GELD** Nach dem Ball 2000 kann Ute, die Gute, über zwei Millionen Mark an die UNESCO überweisen, nachdem üppig Geld an sie geflossen ist. Ein Passauer Zeitungshaus überweist von der Leser-Advent-Aktion circa 1,3 Millionen an O., Formel-1-Pilot *Michael* ➔ *Schumacher* gibt 500 000 Mark und die *Begum* 250 000 Mark. Dazu kommen die wegen Wohltätigkeit hohen Eintrittsgelder – und die immensen Lotterie-Einnahmen. Nichts geht über die Gemeinnützigkeit. Gedanken wird sich O. machen müssen, wenn einmal kein Ball mehr veranstaltet wird. **RESIDENZ** Besitzt in Marbella und Düsseldorf traumhafte Villen. **FAMILIE** O. ist eine von vier Töchtern eines sehr reichen schwäbischen Textilfabrikanten namens *Ulmer*, der einmal das größte Schiff am Bodensee, in den 70er Jahren aber rein gar nichts mehr besaß. **EHE** Nachdem die hübsche Ute und ihre Schwestern die Bodensee-Ufer erbeben ließen, heiratet sie den Schwenniger Uhrenfabrikanten *Dick Jerger*, mit dem sie zwei Kinder hat, und verlässt ihn wegen eines Arztes. Nach dieser Romanze liebt und heiratet sie den Dressmann *Mario Ohoven*, gemanagt von der Agentur Bauer in München-Obermenzing, der an ihrer Seite eine erstaunliche Karriere macht. Im soliden Volkshochschul-Standard veranstaltet er Finanz-Vorträge mit Gastreferenten und lenkt als Investment-Banker einen Filmfonds. O. hat mit *Mario*, der auch Mittelstandspräsident (»BVMW«) geworden ist, eine hübsche Tochter, *Chiara*, die sich mit 16 Lenzen die Lippen tunen lässt, dies aber im deutschen Fernsehen mit sehr blonder Logik leugnet: »Das ist eine optische Täuschung. Das kommt durch meine hellen Haare.«

Oppenheim, Alfred, Baron von

WER IST ES? Bilderbuch-Bankier
LEBENSDATEN *5.4.1934   **JOB** Der Graf ist persönlich haftender Oppenheim-Gesellschafter und vertritt den vermögendsten Clan der vier Familienstämme. Außerdem IHK-Präsident in Köln.

MACHT Zusammen mit Graf Krockhof fliegt Ex-Bundesbankpräsident *Karl Otto Pöhl*, der nach seiner wilden Zeit als SPD-Rothaut jetzt für O. arbeitet, eines Tages nach München, wo in *Peter Schmucks* Restaurant »Lenbach« 500 Oppenheim-Gäste erfahren, dass sich das Privatbankhaus mit 40 Prozent an der Vermögensverwaltungsgesellschaft Wilhelm von Finck AG beteiligt, und *Rüdiger Herzog*, früher Hardliner bei der Hypo-Vereinsbank, jetzt für Oppenheim arbeitet und im Vorstand der »WvFAG« ist.   **IMAGE** Mr. Diskretion persönlich.   **RESIDENZ** Köln.   **EHE** Verheiratet mit *Jeani*.   **PARTY**   Europas größte Privatbank Sal. Oppenheim, nach außen meisterhaft im Tiefstapeln, geht im Herbst 2001 erstmals aus sich heraus – und das gleich im Doppelpack. Im lebensquirligen München medienoffen, in Berlin dagegen so geheim, dass es selbst die Hauptstadt-Gazette »BZ«, die sonst jeden Grashalm auf dem Potsdamer Platz wachsen hört, nicht mitbekommt. Dabei haben es Soll-und-Haben-Verwalter O. und seine kunstliebende Frau *Jeani* drei Tage lang in Berlin richtig krachen lassen, damit sich die Lust nicht in der Bescheidenheit des Alltags verliert. Die dunkelhaarige *Jeani* feiert einen runden Geburtstag und will das Ereignis in ihrer Lieblingsstadt New York erleben. Für Alfie ein Klacks. Aber nur einfach New York? Schon fährt mitten in Berlin ein Yellow Cab vor und bringt das illustre Paar zum Flughafen Tempelhof. Als der Wagen direkt in die Abflughalle fährt, ist die weitgereiste Baronin sprachlos. Eine holländische Deko-Firma hat gezaubert: Manhattans blitzende Skyline und davor eine 70er-Jahre-Lounge mit ovalen Tischen und Stühlen aus der Zeit. In mottogetreuen Kostümen sind auch 230 Gäste gekommen, und bei manchem Gentleman mit Gamaschen denkt man gleich an *Al Capone*. Über den Köpfen schwebt ein überseetaugliches Flugzeug mit vier Propellern, eine 12-Mann-Band intoniert Frankieboy-Songs, und der wegen seiner Leuchtturmgröße nicht zu übersehende *Matthias Graf Krockhof* taucht mit schwarzer Perücke als *Elvis Presley* auf. Es gibt Beluga-Kaviar auf eiskalter Consommé und Hummer. Der Caterer, der die 1,5 Mio. Mark teure Party perfekt bis in die Morgenstunden steuert, muss sich vertraglich verpflichten, kein Sterbenswörtchen zu verlieren – aber Krabbeltierchen können ja sowieso nicht sprechen. Ein ähnliches Papier durfte auch ein jettender Haarbändiger aus München unterschreiben, der eine süße blonde Friseuse namens *Violetta* im Schlepptau hat, die mit fließendem Geschick die weiblichen Oppenheim-Gäste so schön wie nie für den Abend frisiert. Keine Feier ohne ➔ *Meir* – ist *Udo* ➔ *Walz*, der örtliche Lockenwickler-Lord, nicht gut genug? Auch *Karl Otto Pöhl* (➔ MACHT), munden Kaviar und Hummer sichtlich.

Orloff-Davidoff, Rosemary

WER IST ES? Messalina 2002
LEBENSDATEN 19.12.1969 in Rom
JOB Wohlproportionierte Witwe, sehr lustig **KARRIERE** Bankausbildung in New York, Sprachenschule (englisch, französisch, italienisch und spanisch) in Zürich

MACHT Ihr Vermögen sowie ihr extrem gutes Aussehen und Auftreten verschafft ihr weltweiten Zutritt zu allen Society-Ebenen. Hat unwahrscheinliches Glück im Aktien-Handel und Casino (Nummern: 14-7-29). **HAUS** Als blonder Single lebt sie in New York, London, Rom, Paris, Monte Carlo und Los Angeles, wo sie zauberhaft eingerichtete Penthouses besitzt. Im Sommer hält sich Rosemary in Porto Cervo, im Winter in St. Moritz auf. **HOBBIES** Rosemary, die gern Prada, Armani oder Gucci trägt, amüsiert sich auf Festen der A-Class, ist schon mal in den Privat-Jets des ➔ *Agnelli*-Clans oder der ➔ *Berlusconi*-Administration zu sehen und ist auch Gast bei einer der letzten Intim-Parties von Stahl-Baron *Heini von* ➔ *Thyssen-Bornemisza* in Düsseldorf. Dort macht sie Bekanntschaft mit dem belgischen Filmemacher *Mario Behoven*, der aber vergeblich an ihr baggert. **MOBILITÄT** Pilotenschein für Turboprop-Maschinen (»Kings Air«) und ausgezeichnete Motorradfahrerin. **FAMILIE** In erster Ehe (kinderlos) ist sie mit dem immer braun gebrannten US-Investment-Banker *Lloyd Rundolfe* verheiratet, der in Manhattan bei einem Autounfall ums Leben kommt und ihr ein dreistelliges Millionen-Dollar-Vermögen hinterlässt. Ihr zweiter Mann, *Fred Houwerth*, Diamantenhändler aus Amsterdam, stirbt nach einer stürmischen Golf-Party in Bel Air/Kalifornien. Der 82-jährige Kunstsammler und -mäzen wird tot in den Waschräumen des feinen Clubhauses gefunden. Sie ist absolute Alleinerbin und nimmt nach der Trauerzeit wieder ihren Mädchennamen Orloff-Davidoff an. **SEX** Sehr männliche Denkweise und Kälte danach. **SCHICKSAL** Ihr champagnerfarbener Hund »Hermann«, ein Golden Retriever, sechs Jahre alt, wird auf dem Rollfeld des L.A.-Airports von einer Privatmaschine überrollt. **HASS** Kann *Pamela Anderson* und *Sharon Stone* (beide ➔ HOLLYWOOD) nicht ausstehen. **PANNEN** Muss sich um das Vermächtnis ihres Schwagers, der sie sehr schätzte, streiten, der ebenfalls ohne Erben drei Monate nach dem Tod ihres Mannes starb.

Orlowski, Teresa

> **WER IST ES?** Porno-Queen aus Polen **LEBENSDATEN** *1953 in Breslau **JOB** Pornofilm-Unternehmerin. Sie tritt selbst in ihren Produktionen auf und hat einen eigenen Hardcore-TV-Kanal. **KARRIERE** Die Königin der Lust überholt ihren Produzenten und späteren Mann *Hans Moser*, wirft ihn schließlich aus dem Ehebett und dann aus dem Unternehmen.

NEIDER Teresa, die behauptet, dass die Männer Ost viel lockerer seien als die vollgefressenen Wessies, attackiert Emanzen: »Sie hassen Männer und meine Produkte, weil sie glauben, wenn es die nicht gäbe, dann wären die Männer vielleicht doch scharf auf sie. Aber das ist Quatsch. Durch die Emanzipation gibt es noch mehr Männer mit noch mehr Angst vor Frauen.« **IMAGE** Foxy Lady mit erotischer Ausstrahlung. **RESIDENZ** Bewohnt ein 300-Quadratmeter-Domizil in Hannover. **MOBILITÄT** Fährt dunkelblauen Mercedes 500. **BEAUTY** Oberweite 150. **EHE** ➔ KARRIERE. **SEX** ... ist ihr Job, aber auch ihre Leidenschaft. Flughafen Hannover. Teresa wird von einem Fahrer abgeholt und lässt sich in ihr modernes Hauptquartier im Norden der Stadt chauffieren. Sie hat keine Geheimnisse, denn während sie die Luft mit Jil-Sander-Parfüm schwängert, gibt sie Anweisungen und erklärt, dass sie »naturgeil« sei und dreimal am Tag Lust verspüre; am liebsten sei ihr dabei – ganz spießig – ihr eigenes Zuhause.

Otto ➔ Waalkes, Otto

Otto, Siegfried

> **WER IST ES?** Mr. Deutschmark **LEBENSDATEN** *25.12.1914 in Halle/Saale, † 1997. **JOB** Banknoten-Hersteller, Gentleman der alten Schule und visionärer Selfmade-Unternehmer (»Giesecke & Devrient«). Außerdem Honorarkonsul von Mexiko. **KARRIERE** O. baut die ursprünglich in Leipzig ansässige Firma nach dem Zweiten Weltkrieg in München wieder auf.

NACHFOLGER Obwohl alles anwaltschaftlich geregelt ist, kommt es fünf Jahre nach seinem Tod zu einem großen Erbschaftsstreit (➔ FAMILIE) der Töchter *Verena von Mitschke-Collande* und *Claudia Miller* mit der ersten Ehefrau *Jutta*, der zweiten Ehefrau *Bambi* (geschiedene *Burda*) und den beiden bereits abgefundenen Söhnen *Yorck* und *Tillman*. **GELD** 7000 Mitarbeiter, 1,2 Milliarden Euro Umsatz. Extrem hoher Cashflow. **FAMILIE** Große Sorgen bereitete O. stets der blonde Stief-Schwiegersohn *Thomas Kramer*, der mit seiner Frau, dem Burda-Nesthäkchen *Catherina*, ebenso einfühlend und einnehmend umgehen konnte wie mit Schwiegermutter *Bambi Otto* (in erste Ehe mit Großunternehmer *Franz Burda* verheiratet). Die legte auch schon mal im Restaurant »Käfer'S am Hofgarten« vor lauter Lebensfreude einen ladylasziven Spagat auf dem Piano des Lokals hin. Für *Kramer* ist der steinreiche Geld-Tycoon O. eine Art Schwarzwald, in dem ihm ein Bambi zeigte, wo die Taler vom Himmel fallen. Mit diesen fremden Mitteln verändert *Thomas* seinen noch nie kleinkrämerischen Lebensstandard ebenso wie die Skyline von Miami. Darunter ist der höchste Wolkenkratzer, den man gut von Fisher Island bewundern kann, also von dort, wo *Boris* ➔ *Becker* ein Luxusapartment aufgedrängt wurde – als Lockvogel-Entschädigung für den Insel-Bauträger. Der ungeheure, allerdings nicht ganz freiwillig gegebene Finanzfluss aus der Schweiz, mit dem *Kramer* um sich wirft, spricht sich natürlich herum. Der Firmenpatriarch, der »Giesecke & Devrient« zu einem der erfolgreichsten Unternehmen der Welt für Banknoten-, Chip- sowie Kreditkarten-Herstellung gemacht hat, erstattet Selbstanzeige beim bayerischen Finanzamt und zahlt neben der Steuerschuld eine gleich hohe Strafe in dreistelliger Millionen-Mark-Höhe. Die Finanzströme Richtung Florida versiegen daraufhin abrupt. Weil er mit seinen Söhne *Yorck* und *Tillman* nicht sonderlich glücklich ist, findet Otto sie vorzeitig mit jeweils 40 Millionen Mark ab. Kein schlechtes Taschengeld fürs Nichtstun. Man stelle sich nur einmal vor, *Yorck*, der das Wunder vollbracht hat, einen Doktortitel zu haben, obwohl sein Abitur ein Studium nicht zulässt, wird kurzfristig krank, hat also keine Chance Geld auszugeben, und der Zins bleibt stehen... Als der Erfolgsvater vor lauter Gram 1997 stirbt, scheint alles friedlich. Den Töchtern *Verena Mitschke* und *Claudia*, denen das Unternehmen heute mehrheitlich gehört, fällt als Generalerbinnen das Vermögen zu. Da melden sich fünf Jahre später die beiden 40-fachen Millionäre und fordern ebenso »Nachschlag« wie die beiden Otto-Witwen. Die Anwälte (u. a. *Bub*, ➔ *Gauweiler* & Partner) können sich die Hände reiben. **EVENT** Fast so alt wie die prachtvollen Klenze-Fassaden um das oktoberfestgroße Glas-Zelt im »Kaiserhof« der Münchner Residenz ist der Technologie-Konzern »Giesecke & Devrient«, der im Juni 2002 mit 1200 Top-Bankern der Welt, angeführt von Bundesbankpräsident *Ernst Welteke* und Internationaler-Währungsfond-Chef Dr. *Horst Köhler* (IWF) sowie Hypo-Vereinsbank-Bank-Big-Boss Dr. *Albrecht Schmidt*, das 150-jährige Bestehen gefeiert hat. Welteke gratuliert den beiden milliardenschweren Eigentümerinnen, *Verena von Mitschke-Collande* und ihrer Schwester *Claudia Miller*, die in den USA lebt, bevor Feinkost-Caterer und Reichtags-Wirt *Michael* ➔ *Käfer* mit seinen flinken Helfeshelfern das Gala-Diner (Hummer mit Mango-Salat, dreierlei Süppchen, Lachsterine, Kalbsrücken) servieren lässt.

Die beiden Ladies führen das Unternehmen, von dem jeder von uns mindestens ein Stück Papier oder Plastik in der Tasche hat, seit dem Tod des Firmenpatriarchen O. mit einem Profi-Management, ähnlich wie die *Quandts* den Autokonzern BMW. »Giesecke & Devrient« stellen den Euro, die Bank-EC-Karten und Creditcards sowie fälschungssichere Ausweise her. *Verena* (ihre hübsche Tochter *Celia* ist auch da) zelebriert anderntags in dem Zelt – das exklusive Zelt muss man ausnützen – auch ihren runden Hochzeitstag mit Ehemann *Hans-Christoph von Mitschke-Collande*, der neben Milliarden-Erbe *Franz Haniel* und »Außenminister« *Jürgen Nehls* (erfand das Karten-Geschäft) Mitglied der Geschäftsführung ist, mit *Willi Berchtold* als Vorsitzendem. Chef des Aufsichtsrats ist Dr. *Peter Mihatsch*, früher bei »Mannesmann D2«. Schon am Vormittag feiern die Gäste bei einem Festakt im Auditorium der neuen Münchner Messe. Nach Ansprachen und Kunstgenuss (Münchner Symphoniker mit Dirigent *Heiko Förster* und Bayerisches Staatsballett) gibt es für die festlich gekleideten Banker nur noch eines: einen guten Sicht-Platz vor einem der vielen Monitore in der mit rotem Teppich ausgelegten Halle, die WM-Fußball zeigten. Gesichtet: die Politiker *Klaus Kinkel*, Dr. *Theo Waigel* mit Frau Dr. *Irene Epple*, Prof. Dr. *Kurt Faltlhauser*, ➜ *Strauß*-Tochter *Monika Hohlmeier*, *Otto Wiesheu*, *Herbert Frankenhauser*, und *Reinhold Bocklet*, DaimlerChrysler-Stratege *Karl Dersch*, *Hanns-Jörg Dürrmeier* (Sprecher der »SZ«-Gesellschafter), Polizeipräsident *Dieter Hillebrand*, Commerzbank-Chef Dr. *Martin Kohlhaussen*, Bandscheiben-Rastelli Prof. Dr. *Wolfgang Pförringer*, FC Bayern-Vize Prof. Dr. *Fritz Scherer*, *Michaela-May*-Ehemann Dr. *Jack Schiffer*, Ex-Polizei-Präsident Dr. *Manfred Schreiber*, MP-Tochter *Veronica Stoiber*, Sporthilfe-Chef *Hans Ludwig Grüschow*, NOK-Präsident Prof. *Walther Tröger*, *Robert Salzl* (Schörghuber-Holding), *Peter J. Ziegler* (»Veuve Clicquot«), Dr. *Karl Wamsler*, Dr. *Dieter Soltmann* (»Löwenbräu-AV«), *Michael Schützendorf* (»Hilton«), *Marlies Schwan* (Ex von FC Bayern-Eminenz *Robert Schwan*), Dr. *Manfred Scholz* (Augsburg Airways), *Wolfgang Salewski* (Schörghuber-Stiftung) und *Frank Fleschenberg* (Eureka«). **SEX** »Siehst du, was ich sehe, oder träume ich?« fragt mich Barmaid *Britta von Wangenheim*, entzückender Tresen-Anziehungspunkt im »In«-Restaurant »La Cave« in Münchens Maximilianstraße. Am rechten Kopfende der gemütlichen Holztheke ist eine festangeschraubte Eckbank, auf der mit dem Rücken zur Wand eine Blondine sitzt, die nickende Kopfbewegungen bei O. ausübt und mit vollem Mund »O« sagt. Traumversunken, mit leicht glasigem Erwartungsblick schaut der standhafte Unternehmer im blauen Einreiher in die Bar, als ob gar nichts passieren würde. In meiner Eigenschaft als pflichtbewusster Society-Scout ist mir diese französische Ansprache in der nächsten »AZ«-Kolumne ein paar Zeilen wert:«... machte sich Otto einen spritzigen Abend.« Auch auf diesem Gebiet macht ihm Stief-Schwiegersohn *Kramer* Konkurrenz: Beim Polo-Turnier in Than (Nähe Tegernsee) hilft er gerade einer Kellnerin von hinten in die Dienstkleidung, als Prinzessin *Elisabeth Sachsen-Weimar* den Ladies Powder Room betritt. Da *Thomas* weiß, was sich gehört, hebt er kurz den Kopf zum Grüßen, bevor er weiter vorstößt auf der Suche nach dem entscheidenden Knöpfchen.

Paltrow, Gwyneth → Hollywood
Pape, Axel

WER IST ES? Heidelberger Super-Erbe **LEBENSDATEN** *20.9.1937 in Mannheim **JOB** Verwaltet den ihm zugefallenen »Coca-Cola«- und »Henkel«- Reichtum

GELD Der gemütliche Krösus lehnt ein 600-Millionen-Dollar-Angebot für den Rückkauf seiner Abfüllstätte ab. **RESIDENZ** Leistet sich für 4,7 Millionen Mark von Gastronom *Eduard Reinbold* eine Dachgeschoss-Eigentumswohnung im Münchner Herzogpark, weil ihm »die Adresse Flemingstraße so gut gefällt«. Am Stammtisch eines Münchner Lokals verhilft er dem aufgeschlossenen, immer kleinkarierte Hemden tragenden *Heino Stamm* zu einer Blitz-Karriere als Inneneinrichter ohne schwere Schulung. P., lässig, aber in Sorge: »Ich habe ein Haus im Marbella-Club-Hotel gekauft. Wer kann mir das einrichten?« Am Tisch sitzt Heino, hebt die Hand und erklärt mit sonorer Stimme, dass dies eine seiner leichtesten Übungen sei. Ad hoc bekommt er den Auftrag, obwohl er noch nie, was aber fast keiner weiß, so etwas gemacht hat. Schnurstracks lässt der selbsternannte Wohnkultur-Kreateur einen Lastwagen beim Einrichtungshaus »Jara« vorfahren, wo von der aparten Besitzerin *Rita Adolff* das Hauptschaufenster gerade frisch dekoriert worden ist – ein Parade-Wohnzimmer, goldgelb die Sofas, goldgelb die Schirme der Messing-Stehlampen, goldgelb die schweren Brokat-Vorhänge. Alles einpacken, so wie es dasteht, lautet die Stamm-Anweisung, und der Lkw rattert nach Marbella, wo P.s Wohnzimmer förmlich über Nacht ganz in goldgelb erstrahlt. **EHE** Verheiratet in zweiter Ehe. **SEX** Sehr häuslich geworden.

Parker, Jessica Sarah

WER IST ES? Fernsehluder **LEBENSDATEN** *25.3.1965 in Nelsonville/Ohio **JOB** Amerikanischer TV Serienstar **KARRIERE** Bekannte Filme: »Footloose«, »L.A. Story«, »Honeymoon in Vegas«, »Miami Rhapsody«, »Mars Attacks«. Wird weltweit bekannt mit der frivolen Serie »Sex and the City«, wo sie als shoppingsüchtiger Single auf der Suche nach Mr. Perfect ist.

IMAGE Blond. **STYLE** »Kleidung ist wichtig, um bestimmte Empfindungen auszudrücken. Mir gefällt der Stil von *Liv Ullmann*, bei der Baumwollblusen so schön wirken, oder *Ingrid Bergman*, die ohne viel Haut zu zeigen immer sehr weiblich und sexy aussah, oder *Audrey Hepburn* (➔ HOLLYWOOD), eine Lady, die Kleider trug im Gegensatz zu anderen Frauen, die von Kleidern getragen werden.«.

BEAUTY Ihr Schönheitsgeheimnis, das sie von Schauspielerin *Claire Bloom* verraten bekam: Die langhalsige Jessica nimmt immer einen Zerstäuber mit, mit dem sie sich Evian-Wasser ins Gesicht sprüht. »Ich habe das jetzt noch gesteigert. Ich benütze Rosenwasser, das hilft sogar, an schweren Tagen frisch auszusehen.« Sie arbeitet laut eigenen Angaben bis zu 17 Stunden und hat nicht mehr viel Zeit für romantische Abende. **MAROTTE** Schuhtick: P. ist heiß auf High Heels, speziell auf die von *Manolo Blahnik*, von denen sie 60 Paar besitzt. Seit 1984 kauft sie keine andere Marke und sammelt die Untermänner wie Kunstwerke. Darunter sind handsignierte Originale. Als sie auf einer Party Designer *Blahnik* kennen lernt und dieser von ihrer manischen Sammelleidenschaft hört, macht er ihr die Offerte: »Sie werden das ganze Leben lang mit Manolo-Blahnik-Schuhen versorgt.«

FAMILIE Sarah ist das vierte von acht Kindern. **EHE** Seit Mai 1997 verheiratet mit »Godzilla«-Star *Matthew Broderick*, mit dem sie in New York lebt. Im Herbst 2002 wird sie erstmals Mutter. **SEX** Nicht leichtfertig sein und seinen Partner sorgfältig auswählen.

Pavarotti, Luciano

> **WER IST ES?** Der Pastarotti – drei Zentner schwerer Star-Tenor
> **LEBENSDATEN** *12.10.1935 in Modena
> **JOB** Opernsänger **KARRIERE** Das Genie mit seiner sinnlichen Ausstrahlung und Frauen- sowie Fiskus-Problemen nimmt 1956 nach einem Pädagogik-Studium in Modena Gesangsunterricht bei *Arrigo Pola* und später bei *Ettore Campogalliani* in Mantua. Operndebüt 1961 mit »La Bohème« am Opernhaus von Reggio/Emilia. Nach den ersten Italien-Erfolgen glanzvolle Gastspiele in Amsterdam, Wien, Hamburg und Zürich.

ERFOLGE Den größten Coup landet er 1990 mit dem Drei-Tenöre-Spektakel (mit *Domingo* und *Carreras*) bei der Fußball-WM in Rom und anderen Großstadien der Welt. **IMAGE** Wenn der Kran ihn erstmal auf die Bühne geschafft hatte, singt er göttlich. **RESIDENZ** Besitzt ein herrliches Ferienhaus in Pesaro an der Adria. **STYLE** Mit seinem dämonischen Haupt erinnert er an Brutus, den Gegenspieler der Spinat futternden Comic-Figur Popeye. **FAMILIE** Die Opernkarriere – Carmen! – war ihm in die Wiege gelegt: P. ist der Sohn eines Bäckers und einer Tabakfabrik-Arbeiterin. **LIEBE** Nach 39 Jahren Ehe lässt er sich von seiner Frau *Adua* scheiden und lebt mit der um 35 Jahre jüngeren *Nicoletta Mantovani* zusammen. 2002 ist ein schlechtes Jahr für Pavarotti. Endgültig geschieden, muss er an die 100 Millionen Euro an seine Ex-Frau berappen, und da sein Vater stirbt, muss er auch seine Hochzeit mit *Nicoletta* verschieben. Doppelt gute Nachricht im Sommer: *Nicoletta* erwartet Zwillinge. Ein Geheimnis bleibt die Stellung des 150-Kilo-Vaters dabei. **PARTY** *Michael Douglas* (➔ HOLLYWOOD) hält Händchen mit Ehefrau *Cathy*, wann immer er kann. Rein juristisch ist das auch das Beste und Billigste. Bei Kenntnis des Ehevertrages würden ihn bereits Seitenblicke zum armen Mann machen. *Catherine* ist wunderschön, aber in Absicherungsfragen knüppelhart. Sie sind einer Einladung von Pavarotti nach Modena gefolgt, der im gut gefüllten Frack wie ein Riesen-Pinguin auf der Bühne des »Novi-Sad«-Stadions agiert. Anlässlich seiner einmal im Jahr stattfindenden Gala »Pavarotti and Friends«, mit der er wieder einmal in die »Niederungen« der Pop-Musik herabsteigt, bringt er 20 000 Konzertbesucher zum Rasen, darunter auch Deutsche in Scharen. Er tritt mit Evergreen-Stars wie *Tom Jones* (»Delilah« bis »Sexbomb«) und *Barry White* (mit kellertiefer Röhre) auf. »Deep-Purple«-Sänger *Ian Gillan* kämpft bei der Puccini-Arie »Nessun dorma« vergeblich gegen Lucianos Umfang in Gesang und Gewicht an. Fast 1000 Mark mussten für die vorderen Plätze berappt werden, weil der Abend ja möglichst viel Bares für afghanische Flüchtlinge einbringen soll. An der Kasse und im Publikum werden Vertreter des Fiskus entdeckt, die ein Auge auf P.s

Freundin *Nicoletta Mantovani* werfen, nachdem ihr vorgehalten wurde, bei Wohltätigkeitsabenden steuerlich nicht ganz sauber abgerechnet zu haben. »Benefiz auch noch versteuern?«, fragt sie Luciano, den noch ein Steuerprozess in Höhe von 20 Mio. Mark plagt. Nach dem Konzert schlüpft P. in eines seiner geliebten Hawaii-Hemden (die Vorliebe für dieses Dress teilt er mit *Jürgen von der Lippe*). Beim Gala-Dinner in den Katakomben, wo die VIPs an einer langen Tafel sitzen und zur Einstimmung Champagner schlürfen, trägt er Hut. Er setzt sich zur attraktiven *Ornella Muti*, deren deutlich zu sehende Oberweite aufgegangen ist wie Kopfsalat im Frühlingsbeet. Neben Deep Purple und ➔ *Anastacia* (stets verfolgt von einer Maskenbildnerin, die pausenlos Make up und Frisur kontrolliert) feiert auch Versace-Schwester *Donatella* mit, die das unverschämte Glück hatte, dass ihr die Design-Kunst ihres Bruders über Nacht in den Schoß fiel. *Catherine Zeta-Jones* spricht *Tom Jones* an und gesteht: »Als mein Sohn geboren wurde, spielte deine Musik im Hintergrund«. Der Tiger lächelt. Er ist grau geworden. Ich kenne ihn noch aus der Zeit, als er in Kopenhagen mit dem Hamburger Konzert-Manager *Hans Werner Funke* auf Tournee ging und sich auf der Bühne mit jenem illusionsträchtigen Accessoire ausstaffierte, das Manta-Fahrer am Rückspiegel baumeln lassen. Kommt gut für empfängliche Girlies in den ersten sechs Reihen.
PANNE P. möchte früher aufhören, als es die Riester-Rente zulässt. Im Mai 2002 will er an der New Yorker Metropolitan Opera bei seinem 375. Bühnenauftritt seinen Abschied geben, mit der mörderischen Partie des Cavaradossi in Puccinis »Tosca«. Allerdings sagt er eine Stunde vor Beginn der Vorstellung wegen Grippe ab (Ticketpreis: 1500 Dollar). Die Met ist verärgert und verweigert alle weiteren Opernauftritte des Tenors. Die »New York Post« macht das Callas-Gehabe Pavarottis zur Titelseite: »FAT MAN WON'T SING« – »Pavarotti unlikely for last N.Y. opera.«

Pelé

Eigentlich Edson Arantes do Nascimento **WER IST ES?** Brasilianische Fußball-Legende **LEBENSDATEN** *23.11.1940 in dem brasilianischen Dörfchen Tres Coracoes **JOB** Einst bester Fußballer der Welt, jetzt Sportpolitiker und Kaiser-Franz-helle Lichtgestalt Brasiliens.

ERFOLGE 3 x Fußball-Weltmeister. Weit über 1000 Tore. **KONKURRENTEN** Versucht seit Jahren den korrupten *Texeira*-Clan von den Schalthebeln des – trotz WM-Titels 2002 – kaputten brasilianischen Fußballs zu vertreiben.
GELD Pharma-Konzern Pfizer (»Viagra«) schließt 2002 mit P. einen hoch dotierten

Werbevertrag ab. Weniger die Lust als der Umsatz soll mit der anonymisierten Offensive gesteigert werden. **FAMILIE** Zwei Ehen mit vier Sprösslingen. Zwei uneheliche Töchter. 1994: Pelé, der Zauberer mit dem Ball, der immer lachend durch die Menschenmassen läuft, hat vor dem Treffen mit *Flavia Cristina Kurtz* leichte Bauchschmerzen. Als dann die damals 26-jährige in sein Blickfeld gerät, spürt er irgendwie sofort, dass es seine Tochter ist. »Als sie anfing zu sprechen, habe ich ihr in die Augen gesehen und wusste, dass sie zu meiner Familie gehört.« 2002 gibt er nach Jahren einen stets geheimgehaltenen »Strafstoß« zu. Jeder weiß: Pele schießt nie daneben.

Peymann, Claus

WER IST ES? Vergötterter und verhasster Theater-Castro **LEBENSDATEN** *7.6.1937 in Bremen **JOB** Intendant des Ossi-Theaters »Berliner Ensemble«. Verlängert seinen Vertrag im Sommer 2002 bis 31. Juli 2007, weil (bzw. solange) »die geforderte solide Finanzierungsgrundlage gewährleistet wird«.

KARRIERE Er studiert in Hamburg und gründet in der Hansestadt die Studio-Bühne mit Stücken wie »Die Tage des großen Gelehrten Wu« und »Neuer Lübecker Totentanz«. 1966–69 ist er Oberspielleiter am Frankfurter »Theater am Turm« (TAT) und startet 1971 mit *Peter Stein, Karl Ernst Herrmann* und *Dieter Sturm* die neue »Schaubühne am Halleschen Ufer« in Berlin, wo er *Peter Handkes* Uraufführung »Ritt über den Bodensee« inszeniert. Drei Jahre später ist er Schauspieldirektor in Stuttgart. P. modernisiert Klassiker wie »Die Räuber«, »Käthchen von Heilbronn«, »Faust I und II«. 1977 gibt es Theaterdonner, weil er *Ulrike Meinhofs* »Bambule« auf den Spielplan setzt; Generalintendant *Hans Peter Doll* verbietet das Vorhaben. Wenige Monate später kracht es erneut wegen Aktivitäten, die wiederum mit der RAF zusammenhängen. P. lässt einen Spendenaufruf für die zahnärztliche Behandlung von Häftlingen der Roten Armee Fraktion im Theater plakatieren. CDU-Ministerpräsident *Hans Filbinger* setzt den Theater-Rebell unter Druck, der daraufhin von einer Vertragsverlängerung Abstand nimmt und mit einer Gruppe von Schauspielern und Dramaturgen nach Bochum geht. Als Nachfolger von *Peter Zadek* leitet er das Schauspielhaus und die Kammerspiele, wo *Bert Brechts* »Die heilige Johanna der Schlachthöfe«, *Goethes* »Torquato Tasso«, *Kleists* »Die Hermannschlacht« und *Meinhofs* »Bambule« unter dem Titel »Fürsorgezöglinge« aufgeführt werden. Die Bochumer Bühne wird unter ihm eines der besten Theater Deutschlands. 1986 geht P. nach Wien und erlebt an der »Burg« wenig Frieden. Wöchentlich gibt es Schlagzeilen wegen P., der gleich mit vier eigenen

Inszenierungen startet: »Theatermacher«, »Ritter, Dene Voss«, »Nathan der Weise« und »Leonce und Lena«. Zudem werden »Richard III.« und »Sturm« gegeben. Trotz massiver Proteste wird Thomas Bernhards »Heldenplatz« zum 100. Burg-Bestehen ein Kassenhit, und die »Wilhelm-Tell«-Aufführung als die »bis dato eindrucksvollste Inszenierung« gelobt. P. bleibt gleichwohl der Buh-Mann von Wien. Konflikte und Turbulenzen im »kulturellen Hawaii Mitteleuropas« (»Stern«) bleiben an der Tagesordnung. So heißt es, die Uraufführung von *Peter Turrinins* skandalumwittertem »Alpenglühen« sei in erster Linie *Christiane Schneider*, P.s engster Mitarbeiterin, zu verdanken, die ein Verhältnis mit *Turrini* habe. Nach 13 Jahren nimmt Peymann furios Abschied von Wien und feiert 2000 Einstand beim »Berliner Ensemble« mit *Franz Xaver* ➔ *Kroetz'* »Das Ende der Paarung« (über den Selbstmord von »Grünen«-Erfinderin *Petra Kelly* und ihres Freundes *Gert Bastian*). Ein Kassenschlager am ehemaligen DDR-Staatsbetrieb mit all »den herrlichen Vorteilen und schrecklichen Nachteilen« wird »Richard II.« mit *Michael Maertens* in der Titelrolle. 2002 inszeniert er für die Salzburger Festspiele *Peter Turrinis* »Da Ponte in Santa Fé« mit *Jörg Gudzuhn* und *Annika Kuhl* in den Hauptrollen.
AUSZEICHNUNGEN Josef-Kainz-Medaille, Berliner Theaterpreis, Friedrich Luft-Preis. **MACHT** P. kritisiert Berlin: (»Im Kern der politischen Klasse eine Kleinstadt«) und attackiert die groben Einsparungen an den Theatern.
KONKURRENTEN Vom Kollegen *Peter Zadek* hält P. nicht viel. »Er hat keine Ahnung vom Theaterleiten. Ich hatte das Schauspielhaus in Bochum von ihm übernommen. Das war eine solche Bruchbude, leergegrast wie die deutschen Armeen nach dem Russland-Feldzug. Zadek ist ein Zyniker. Darum wirkt er intelligenter als ich. Ich bin Idealist. Das macht mich ja so dämlich«. Doch auch Peymann selbst muss einstecken. Burg-Schauspieler *Fritz Muliar* ist beim Wiener Intrigantenstadel nicht gerade ein Freund von P.: »Ich bin seit 20 Jahren an diesem Theater, habe drei Intendanten überlebt, Preymann ist der dritte Bruder *Grimm*, ein glänzender Märchenerzähler. Er lügt die Zuschauerzahlen nach oben, indem er heimlich Freikarten verteilt. Manipulieren ist seit *Goebbels* so leicht. Er hat mir die Hauptrolle in ›Alpenglühen‹ angeboten. Ich habe das Stück bis Seite 9 gelesen. Da ist von Gummischwänzen und Präsern die Rede. So etwas spiele ich nicht. Ich will nicht in die Ecke pinkeln. Der weibliche Hauptpart ist nicht besser. Man kann doch von einer Burgschauspielerin nicht verlangen, dass sie sich öffentlich an der Möse kratzt und die Duddeln raushängen lässt.« **HOBBIES** Er joggt, geht zu Fuß zum Theater oder radelt, weil er vor den Proben eine gute Stunde braucht, um sich die Szenen vorstellen zu können. **EHE** Er lebt mit seiner Frau *Barbara Siebentritt* und Sohn *Anias* in Köpenick inmitten »Alt-Stasis, Neu-Reichen und netten Nachbarn.«

Piech, Ferdinand

> **WER IST ES?** Aktivster und fruchtbarster Kämpfer des deutsch-österreichischen Porsche-Clans **LEBENSDATEN** *17.4.1937 in Wien, aufgewachsen in Zell am See **JOB** Aufsichtsrat der Volkswagen AG

KARRIERE Eigentlich soll P. ins Hotelfach, wo man aber wenig Neigung erkennt. So kommt er nach dem Tod des Vaters 1952 in ein Schweizer Internat, studiert nach dem Abitur Maschinenbau und fängt 1963 als Sachbearbeiter bei Porsche an. Rasch verdeutlichen sich seine begnadeten Anlagen als Konstrukteur, und Ferdinand ist an der Entwicklung des Porsche-Klassikers 911 und des Rennautos 917 beteiligt. Als er mit 34 technischer Geschäftsführer ist und auf der Karrieretreppe weiter nach oben will, werden in der Familie und beim Betriebsrat seine Führungsqualitäten angezweifelt. Seine Stunde schlägt bei Audi, wo er innerhalb von drei Jahren Vorstand ist. Die Chefposition muss er sich jedoch regelrecht erpressen mit der Drohung zu gehen. Er macht VW und Audi flott, erfindet auch die Plattformstrategie für Seat und Skoda und kauft die Luxusmarken Rolls-Royce, Lamborghini, Bentley und Bugatti dazu. Auf sein Konto gehen der 3-Liter-Lupo und die Edel-Limousine »Phaeton«. Mit 20 Millionen verkaufter Exemplare bleibt der Golf der VW-Hit. P. kreiert die »Autostadt« mit Ritz Carlton Hotel, eine Erlebniswelt für jeden Kunden, der sich in Wolfsburg sein neues Auto abholt. Im Frühjahr 2002 gibt P. den Vorstandsvorsitz ab und wechselt in den Aufsichtsrat. Zu seinem Ausstieg inszeniert der Daniel Düsentrieb der deutschen PS-Branche eine Welt-Sensation. In einem 290 Kilo leichten Sparwunder-Auto mit Kevlar-Karosse, das wie ein in die Jahre gekommener »Messerschmid-Kabinenroller« (»Menschen in Aspik«) aussieht und wie eine fahrbare Davidoff-Zigarre über die Straße prescht, absolviert er selbst die Testfahrt von Wolfsburg nach Hamburg. Verbrauch: 0,89 Liter Diesel. Stolz steigt er vor dem »Atlantic«-Hotel aus, Vater des ersten 1-Liter-Autos (Kennzeichen: »WOB-L 1«). **GELD** P. gilt als einer der reichsten Europäer. Sein Verdienst bewegt sich bei 3,1 Millionen Euro pro Jahr. Zudem hält er die Porsche-Aktien und erbte von seiner Mutter *Louise* Anteile der Porsche-Holding. **RESIDENZ** Wohnt in einem Bauernhof bei Braunschweig. **HOBBIES** P. radelt und joggt und macht auch als Segler und Skifahrer eine gute Figur.
FAMILIE Eltern: *Anton Piech* und *Louise Porsche*. Sein Großvater *Ferry Porsche*, TV-Käfer-Konstrukteur und Gründer des Sportwagen-Unternehmens, blickt von oben stolz herunter. Der Vater steuerte 1943 das VW-Werk in Wolfsburg.
EHE In zweiter Ehe verheiratet mit *Ursula*, mit der er drei Kinder hat. Insgesamt ist er Vater von 13 Kindern. **SEX** Es läuft und läuft und läuft ...

Pilcher, Rosamunde

> **WER IST ES?** Grau melierte Society-Schriftstellerin **LEBENSDATEN** ★22.9.1924 in Cornwall **KARRIERE** Sie beschließt schon mit zehn Lenzen, Schreiberin zu werden. 1987 gelingt ihr der Bestseller »Die Muschelsucher«, dem 15 weitere Erfolgsbücher folgen, die in Deutschland 12 Millionen Mal verkauft werden. Die TV-Verfilmungen erzielen hohe Quoten.

ERFOLGE Hat mehr Erfolg bei den Frauen als alle ihre männlichen Helden zusammen. **RESIDENZ** Die Königin der Liebesromane lebt in Schottland in dem kleinen 500-Seelen-Dorf Longforgan. **FAMILIE** Sie ist die Tochter eines mittellosen Offiziers. **EHE** Seit 1946 verheiratet mit Jute-Kaufmann *Graham Pilcher*. Das Paar hat vier Kinder (und drei Dackel), und sie begründet das unzertrennliche Glück damit: »Man muss unabhängig bleiben, dem Partner Freiheiten lassen, in Krisenzeiten cool bleiben. Wenn ein Mann fremdgeht, ist das für ihn wie Händeschütteln. Als Ehefrau soll man sich deshalb nicht verrückt machen.« Sohn *Robin*, der 29 Jahre mit seiner Frau *Kirsty* verheiratet ist, steigt in die Fußstapfen von Mama und schreibt ebenfalls Liebesromane.

Pitt, Brad → Hollywood

Polanski, Roman

> **WER IST ES?** Star-Regisseur mit unheimlichem Spannungsfaktor **LEBENSDATEN** ★18.3.1933 in Paris, aufgewachsen in Krakau **JOB** Filmregisseur **KARRIERE** Regisseur der Filmklassiker »Das Messer im Wasser« (1962), »Ekel« (1965), »Wenn Katelbach kommt« (1966), »Tanz der Vampire« (1967), »Rosemaries Baby« (1968) und »Chinatown« (1974).

ERFOLGE Oscar für Bestes Drehbuch (»Chinatown«), Goldene Palme.
IMAGE Jungenhafter Nymphchen-Vampir. **RESIDENZ** Lebt in Paris und Ibiza.
EHE Drei Ehen: *Barbara Lass* (später Ehefrau von *Karlheinz Böhm*), *Sharon Tate* (ermordet) und jetzt *Emmanuelle Seigner*, mit der die Kinder *Morgane* und *Elvis* hat.
SEX Ein Sammler vor dem Herrn. Danach ist alles nicht mehr so wichtig.
SCHICKSAL Die viehische Ermordung seiner hochschwangeren Frau *Sharon Tate* 1969 durch den besessenen Satanisten *Charles Manson* und seine Bande ist nicht zu beschreiben. **TALENTSUCHE** »Noch ältere Großmütter hättest du nicht einladen können?«, beschwert sich Roman beim Händewaschen im Mens Room des Mün-

chner Feinschmeckerlokals »Grüne Gans« (Wirtin: *Inge Stollberg*). Anlässlich seiner »Rigoletto«-Inszenierung an der Oper sitzen wir mit Baronin *Renate von Holzschuher* (25), einem der schönsten Vollweiber Deutschlands, und deren nicht weniger attraktiven Freundin beisammen. Zwei Ladies vom Schlage »unnahbar« wie *Helmut Newtons* Nackte, aber mit dermaßen teuflischer Leidenschaft ausgestattet, dass Kfz-Präsident und Autohaus-Ketten-Chef *Fritz Haberl* am Morgen danach *Renate* seinen vor der Tür stehenden Porsche schenkt – statt Blumen. Nach dem Jahrgang-Fauxpas verspreche ich Ersatz und platziere zwei Abende später wahre Jugend am Tisch im »Trader Vic's«. Die Kids, auf die der Staatsanwalt noch ein Auge hat, sind *Nastassja* ➜ *Kinski* und *Caline Seiser*, spätere Ehefrau von Musikus *Konstantin Wecker*. Ein Jahr vorher lässt sie einen Gang Bang über sich ergehen bei dem Versuch, den in der Stadt weilenden *Mick* ➜ *Jagger* persönlich kennen zu lernen, was ihr die Kellnerschaft der Schwabinger Disco »Tiffany's« nach der Polizeistunde in Aussicht stellt. Sie hat ihn natürlich nicht getroffen und liegt nun völlig derangiert in einer der gepolsterten Dancing-Boxen, als ich zufällig vorbeikomme. Auch bei Polanski ist *Caline* schnell bei der Sache, als nach dem Essen im »Trader Vic's«, wo den Mädchen erst gar nicht klar ist, wer denn Polanski ist, ins Hotel »Residence« gewechselt wird. Kaum in Romans Appartement, schon schießt einer ihrer roten Pumps durchs Zimmer. *Nastassja* zieht den Kopf ein und bittet, angesichts der Entwicklung, nach Hause gefahren zu werden. »Wo ist Nasti?« fragt anderntags Roman, erkundigt sich nach ihrer Telefonnummer und lädt sie auf die Seychellen ein, wo er mit ihr die »Vogue«-Weihnachtsausgabe produziert. Zu mehr kommt es nicht. *Nastassja* fühlt sich dagegen schnell *Ibrahim Moussa* zugetan, den ihr Polanski mit auf den Weg nach Los Angeles gibt, wo sie eine Schauspielschule besuchen soll. Erst viel, viel später, als Roman sie in Frankreich für den Film »Tess« besetzt, lernt er die *Kinski* richtig kennen. Mich, der ihr noch öfters begegnet, will sie nicht mehr kennen, und ihre Mutter *Ruth* setzt noch eins drauf: »Auch ohne Michael Graeter hätte meine Tochter Roman Polanski kennen gelernt.« Gut möglich – vielleicht in ihrer Wohnung in der Schleißheimer Straße. **PANNE** Verärgert schießt Roman aus der Passage von *Thommy Hörbigers* In-Lokal »Wiener P.B. Club« heraus. »Die wollten mich nicht reinlassen, komm, wir gehen woanders hin«, sagt er, als ich mich etwas verspätet habe. **SKANDAL** Wegen eines Sittlichkeitsdelikts mit einer Hollywood-bekannten Lolita muss er 45 grauenvolle Tage in der Psychiatrie verbringen und wird als »Kinderverführer« Opfer des merkwürdigen Ehrenkodexes krimineller Mit-Insassen. Einem Prozess und einer weiteren Bestrafung entzieht er sich durch die Flucht aus Amerika. Noch immer traut er sich nicht, in die USA einzureisen, obwohl er seit 1997 durch einen außergerichtlichen Vergleich keine Strafverfolgung mehr befürchten muss. **ERINNERUNG** Wie ein Berserker rast Polanski auf den ungewaschenen Peugeot von Gesellschaftsfotograf

Franz Hug zu, der eilig den Motor startet. Noch ehe er losfahren kann, reißt ihm der Regisseur die Skier vom Auto herunter und wirft sie fluchend in den Wald. Mit Vollgas fahren *Franz* und ich davon. Die Wut entlädt sich, als P. nach dreitägigem, friedlichem Aufenthalt in seinem Chalet in Gstaad/Schweiz herauskriegt, dass zwei Reporter bei ihm wohnen, die der befreundete Produzent *Sam Waynberg* eingeladen hatte. Angesagt sind drei turbulente Tage und Nächte mit viel Skifahren und mit Freunden aus London und L.A. sowie der lasziv auf einem Tisch tanzenden Schauspielerin *Maria Schneider* (»Der letzte Tango«) samt englischer Busenfreundin *Patsy*. Als *Hug* am letzten Tag, schon etwas ungeduldig, eine Kamera auspackt, um den wie ein junger Gott wedelnden Polanski zu fotografieren, dreht der Regisseur durch. Es ist gerade mal ein paar Wochen her, dass seine schöne Frau *Sharon Tate* in den USA ermordet wurde (➔ SCHICKSAL). Der Eklat im Schnee zu Gstaad ist der Beginn einer langjährigen Freundschaft mit mir. Zwei Wochen nach der Ski-Attacke bringt der schöne Skilehrer *Hans Möllinger* zwei Paar nagelneue Bretter »mit freundlichen Grüßen von Roman« als Wiedergutmachung für die im Wald gelandeten Bretter in die Redaktion.

Polt, Gerhard

WER IST ES? Satiriker und Querdenker mit Bärengang **LEBENSDATEN** *7.5.1942 in München **JOB** Kabarettist und Schauspieler

KARRIERE Evangelisch getauft, wächst er zehn Jahre im Wallfahrtsort Altötting auf, wo er katholisch gemacht wird. Beim stimmungsvollen »Löwenbräu«-Starkbier-Anstich »Triumphator« (damals die große Gegenveranstaltung zum »Salvator« auf dem Nockherberg von »Paulaner«) fällt er mit einem kernig treffenden Sketch auf, 1976 treibt er im Münchner Theater »Kleine Freiheit« seine Polit-Späße. Witzige TV-Sendungen (»Fast wia im richtigen Leben«), Bühnenstücke (»München leuchtet«), Platten und Bücher folgen. Seine Filme »Kehraus« und »Man spricht deutsh« sind Klassiker. Sein neuer Streifen »Germanikus«, in dem er einen Sklaven spielt (»Der wahre Mensch ist die Ware Mensch«) wurde der in der römischen Cinecittà gedreht. Der Film kommt im August 2002 in die deutschen Kinos. **ERFOLGE** Zu seinem 60. Geburtstag wird P. in allen deutschsprachigen Medien gefeiert – in der ARD mit »Sakradi« und auf der Bühne des Schmuckkästchen-Theaters Cuvillies mit dem neuem Stück »Creme Bavaroise: Obatzt is«, bei dem das gallige Trio »Biermösl Blosn« (*Hans*, *Michael* und *Christoph Well*) dabei ist. Auf einer Party gibt es eigens gezapftes Polt-Bier (»Poltator«). Zugleich erscheint beim Verlag Kein & Aber das Buch »Circus Maximus«, eine Polt-Lebensbilanz auf 830 Seiten.

MACHT ... mit der CSU, was er will. **PARTNER** Lange Zeit arbeitet er im Team mit *Gisela Schneeberger* und *Hanns-Christian Müller*. Wird oft begleitet von den »Biermösl Blosn«. **IMAGE** Wie ein Felsbrocken steht er in der Strömung der weißblauen Welt, kantig, grantig, ein Spottlust-Genie, wie es nur der starke Stamm des Südens hervorbringt. **RESIDENZ** P. lebt auf einem von der Großmutter geerbten Grundstück am Schliersee. **HOBBIES** Im Sommer spielt er manchmal Tennis auf dem Anwesen von »Arri«-Besitzer *Bob Arnold* in Stefanskirchen bei Rosenheim oder in der Nähe des Gardasees. Der kleine Hausherr verliert immer. **BEAUTY** Sieht aus wie ein Großbauer und hat etwas von *Franz Josef* ➔ *Strauß* und dem Bau- und Braulöwen *Josef Schörghuber*. **FREUNDE** Filmproduzent *Hans Weth*. **EHE** Verheiratet mit der Lehrerin *Christine*, mit der er den Sohn *Martin* hat. **BESONDERE EIGENSCHAFTEN** Der Kabarettist beherrscht Fremdsprachen wie Schwedisch, Englisch, Italienisch, Französisch und Russisch.

Potente, Franka

> **WER IST ES?** »Lola-rennt«-Star
> **LEBENSDATEN** *22.7.1974 in Dülmen/Westfalen   **JOB** Schauspielerin
> **KARRIERE** Nach dem Abitur nimmt sie Schauspielunterricht in München und an der Lee Strasberg Schule in New York. Film-Debüt mit »Nach fünf im Urwald«, ferner »Anatomie« (erfolgreiches Film-Experiment von *Jürgen Schau*), »Der Krieger und die Kaiserin«, »Bin ich schön?« (Regie: *Doris Dörrie*). Durchbruch mit »Lola rennt« (Regie: *Tom Tykwer*). Dreht in Hollywood neben *Johnny Depp* (»Blow«) und *Matt Damon* (»Bourne Identity«).

ERFOLGE Bayerischer Filmpreis als beste Nachwuchsdarstellerin für »Nach fünf im Urwald«. **LIEBE** Sie war die Freundin des Berliner Regisseurs *Tom Tykwer*, aber der Arbeitsplatz Film ist bekanntlich noch gefährlicher aus die Kontakt-Börse Büro. Mit *Elijah Wood* (Frodo im Kassenknüller »Herr der Ringe«) steht Franka in Vancouver für die romantische Komödie »Try Seventeen« vor der Kamera. Die lange Drehzeit verbindet. Die beiden sitzen im »General-Motors-Place«-Eisstadion so eng zusammen, wie man beieinander sitzt, wenn man sich sehr gut kennt. Oder Franka und *Elijah* frieren gerade sehr.

Putin, Wladimir

WER IST ES? Polit-James-Bond (seit 1991 St. Petersburg) **JOB** Russischer Staatspräsident seit 7. Mai 2000
LEBENSDATEN *7.10.1952 in Leningrad

KARRIERE Er wächst streng erzogen in ärmlichen Verhältnissen auf, studiert an der Universität von Leningrad und wechselt 1974 im letzten Semester zum sowjetischen Geheimdienst KGB. 15 Jahre 007-Dasein als Agent in zweiter Reihe werden zur Stellungsstrategie, der er seinen unaufhaltsamen Aufstieg verdankt. Hauptsächlich arbeitet er in der DDR mit Schwerpunkt Dresden und spricht deshalb fließend Deutsch. Mit dem Untergang des Sowjetreiches kreuzen sich die Wege mit seinem früheren Dozenten *Anatolij Sobtschak,* der ihn als Berater anheuert. Als der reformfreudige Mann für das OB-Amt von St. Petersburg erfolgreich kandidiert, wird P. zu seinem Stellvertreter. Das Glück währt nur fünf Jahre. Sobtschak wird 1996 abgewählt, aber P.s zweite Reihe hilft ihm, trotz der Niederlage als Wahlkampfleiter des Oberbürgermeisters einen hohen Posten im Kreml zu bekommen. Danach wird er Leiter der Präsidentenverwaltung. Gleich nach seiner Amtsübernahme als Präsident baut er die Russische Föderation um, entmachtet weitgehend die Provinz-Gouverneure und Präsidenten der Teilrepubliken und lässt den Text der von *Josef Stalin* eingeführten Nationalhymne ändern, was für Aufsehen sorgt. Die russischen Medien hat er fest im Griff. **VORGÄNGER** 1998 macht ihn *Boris Jelzin* zu seinem Sicherheitsberater und nominiert ihn zum Nachfolger, am 16.8.1999 wird P. mit 232 gegen 84 Stimmen als Regierungschef bestätig. Am 31.12.1999 ernennt *Jelzin* ihn zum amtierenden Staatschef. P. revanchiert sich mit einer Art »Carte Blanche« für *Jelzin,* die diesem strafrechtliche Verfolgung erspart. **PARTNER** P. reist mehr als seine Vorgänger, trifft sich mit US-Präsident *Georg W.* ➜ *Bush* oder hat ihn zu Besuch im Andreassaal im Kreml, wo mit Gold nicht gespart wurde. Er verbeugt sich vor den Staatschefs von Japan und Indien, reist nach Kuba zu *Fidel* ➜ *Castro* und scheint mit dem deutschen Bundeskanzler *Gerhard* ➜ *Schröder* ganz guten Kontakt zu haben. **IMAGE** Der erste russische Staatspräsident in völlig neuem, jugendlichem Look – verglichen mit den UdSSR-Machthabern nach *Stalin* und der reifen Herren-Riege von *Chruschtschow* über *Breschnew, Tschernenko* und *Andropow* bis zu ➜ *Gorbatschow* und *Jelzin.* Züge eines Personenkults, beliebt bei Diktatoren und östlichen Machthabern, zeichnen sich immer deutlicher auch bei P. ab. Zahlreiche Putin-Skulpturen, Büsten und Porträts kann man kaufen, und in einer Fibel für Schulkinder wird den russischen Kids seine mustergültige Teenie-Zeit vor Augen geführt. **HOBBIES** Hält sich mit Judo und Karate fit. Sein Lieblingsgetränk ist Milch und manchmal ein Glas Bier. **BEAUTY** Judo-Kämpfer-Kopf. **EHE** Mit Frau *Ljudmila,* einer früheren Stewardess, hat er die Töchter *Maria* und *Katja*. **LIEBE (ZUM VATERLAND)** Die schärfste Waffe des Ex-KGB-Agenten Putin taucht für uns Westler im Juni 2002 auf: *Oxana Fjodorowa* aus St. Petersburg, die in Puerto Rico zur Miss Universum gewählt wird. Sie ist eine besonders schöne Russin mit den Maßen 88–64–93. Die Schönheitskönigin hat ein Doppelleben und ist trotz ihrer rosa manikürten Nägel und ihrem perfekten Make up Oberstleutnant der Miliz. Sie kann mit der Kalaschnikow besser umgehen als mit dem Kochtopf und ist Mitglied einer Geheim-Abteilung mit direktem Zugang zu Putin. Der Staatschef muss für die grünäugige Bella ein Faible haben, denn seit zwei Jahren hängt ein Foto von Oxana in seinem Büro, das die damals 21-jährige bei der Wahl zur Miss St. Petersburg 1999 zeigt. Hört man sie sprechen, denkt man unwillkürlich an James Bond 007: »Ich wurde ausgebildet, um zu töten. Wenn es notwendig ist, mache ich das auch, ich würde alles für meine Heimat Russland tun.« **PANNE** Scharfe Kritik muss sich P. gefallen lassen, als er im Sommer 2000 beim U-Boot-Unglück der »Kursk«, bei dem 118 Seeleute ertrinken, seine Krim-Ferien nicht unterbricht. **KURIOS** Der ehemalige japanische Ministerpräsident *Mori* überreicht P. als offizielles Staatsgeschenk den Roboterhund Puti: Wenn Puti gestreichelt wird, bellt er die russische Nationalhymne.

Raab, Stefan

WER IST ES? Das Schweinchen Schlau von »TV Total« **LEBENSDATEN**	*20.10.1966 in Köln	**JOB** TV-Showmaster und Sänger

KARRIERE Eigene Vita laut Website: Jesuiten-Internat in Bad Godesberg, das er 1986 mit dem Abitur abschließt. Anschließend studiert er fünf Semester Jura in Köln und absolviert parallel dazu eine Metzgerlehre. Bewirbt sich bei »Viva« und macht von 1996–98 die Sendung »Vivasion« mit schrägen Interviews und Straßenumfragen. Platten-Produktionen: »Ein Bett im Kornfeld« (Hip-Version mit *Jürgen Drews*), »Piep, piep, piep« (mit *Guildo Horn*), »Maschendraht-Zaun«, »Ho mir ma'ne Flasche Bier« (von und mit Kanzler *Gerhard* ➔ *Schröder*). **ERFOLGE** Goldene Stimmgabel, Goldene Schallplatte, Echo, Deutscher Fernsehpreis.
PARTNER Sein tollpatschiger Adlatus heißt *Elton*, der analytisch aber nur indirekt mit *Elton* ➔ *John* verschwägert ist. **KONKURRENTEN** Das angebliche Duell mit *Harald* ➔ *Schmidt* fällt wegen Niveauunterschieds aus. **IMAGE** Das Selbstdarstellungs-Genie lässt nichts aus, um aufzufallen; selbst in nachrichtenarmen Zeiten können solche Schabernacks nur veröffentlicht werden, wenn oben auf der Seite der kleine Vermerk »Anzeige« steht. So boxt er mit der 26-jährigen *Regina Halmich* (48 Kilo, 160 cm). Die Weltmeisterin im Fliegengewicht verprügelt ihn in fünf

Runden, in der dritten gibt's böse eins auf die Nase. Aus dem Spektakel, als »Langlauf-Olympiateilnehmer« für Moldawien bei den Winterspielen in Salt Lake City anzutreten, wird allerdings nichts. Das NOK durchschaut den Scherzkeks. Mit der zweifachen Olympiasiegerin im Eisschnelllauf, *Claudia Pechstein*, tritt er in der Ostberliner Eishalle an. Er bekommt 900 Meter Vorsprung auf der 3000 Meter-Disziplin, wo Claudia die Schnellste der Welt ist. Sie überholt ihn neunmal. Raab (90 Kilo) siegt in der letzten Sekunde durch ein Hineinfallen ins Ziel. »Ich dachte, der Schlittschuh zählt und nicht der Bauch«, scherzt Claudia. **STYLE** Mit seltsamen Überzieher-Shirts praktiziert er eine postume Verehrung des deutschen Metzger-Handwerks. Er könnte gut für »Meica macht das Würstchen« werben. Muss bei seinen Gags meist selbst für das Gelächter sorgen – und bleibt dabei in jüngster Zeit immer öfter unbegleitet vom Studio-Publikum. Sind die Witze zu gut oder zu schlecht? **BEAUTY** R.s Quietsch-Stimme muss in seiner Lehrzeit durch ständiges Bedrohen mit einem Fleischermesser entstanden sein. In Aktion klingt sie so, als hätte er eine Wäscheklammer in der Unterhose. Die fast kastrale Tonlage hat allerdings den Vorteil, dass man ihn immer und überall hört, auch ohne Mikrophon. Milchprodukte sollten aber nicht in der Nähe herumstehen. **FAMILIE** Seine Eltern betreiben eine Metzgerei in Köln – ausgerechnet im Stadtteil Sülz. **LIEBE** R. ist Single mit angeblicher Freundin, die er aber versteckt wie einen Tresorschlüssel. **PANNE** Der »Spaßvogel mit Cheeseburger-Charme« (*Hans Hoff* in der »SZ«) bekommt juristisches Feuer von »Miss Rhein-Ruhr«, als er sie wegen ihres Namens *Lisa Loch* in der Sendung verspottet und Änderungsvorschläge à la »Petra Pussy« macht. Anwalt *Frank Roeser* will Ex-Metzger R. gerichtlich verwursten. »Wenn jemand im Fernsehen mit dem ungewöhnlichen Namen Lisa Loch auftritt, muss er damit rechnen, dass der eine oder andere Scherz gemacht wird«, wehrt die »TV-Total«-Redaktionsleiterin ab und fügt hinzu:« Ich weiß, wovon ich spreche«. Ihr Name: *Claudia Gliedt*. Für ein hartes kleines »t« muss man manchmal dankbar sein.

Rainier III., Fürst von Monaco
→ Caroline von Monaco

Ramazzotti, Eros

> **WER IST ES?** Italo-Schmusesänger Nr. 1 **LEBENSDATEN** *28.10.1963 in Rom **JOB** Sänger **KARRIERE** Sein Vater, ein Hobby-Musiker, schenkt ihm im Alter von vier Jahren ein Schlagzeug, das Eros zerlegt. Dank einer Gitarre entdeckt er die Liebe zur Musik, die fortan sein Lebensinhalt ist. 1984 gewinnt er den renommierten Nachwuchswettbewerb von San Remo mit »Terra Promessa« und siegt 1986 mit »Adesso Tu« beim großen Wettbewerb von San Remo. Seine Aufnahmen stürmen die Hitparaden, u. a. mit »In certi momenti«, »In Ogni Senso«, »Musica e . . .«, »Cose della Vita«, »Piu bella Cosa«.

RESIDENZ Lebt in Mailand und am Comer See.   **HOBBIES** Fußball.
NACHGEFRAGT »Ist der Name Eros echt?«, fragt *Giovanni di Lorenzo* (Erfinder der Lichterkette gegen Rechtsextreme, ohne zu bedenken, dass gerade Braune dieses Demomittel in Nürnberg einsetzten) für ein Glanz-Magazin. »Klar, du kannst meinen Personalausweis sehen«, sagt Eros, legt die Gabel in seine Fettuccine mit Basilikumcreme und zieht ein ziemlich verknittertes Dokument aus der Hosentasche. »Du darfst aber nicht auf das Bild schauen.« Da steht es amtlich: Eros Ramazzotti.   **BEAUTY** 180 cm groß, grüne Augen, erotische Stimme.   **EHE** Ramazzotti lernt 1996 in einer Disco in Rimini das 13 Jahre jüngere Model *Michelle Hunziker* kennen, zieht nach zwei Wochen mit ihr zusammen und zeugt nach drei Monaten in Los Angeles Tochter *Aurora*. Als das Kind ein Jahr alt ist, heiraten die beiden. Aber *Michelles* Karrierelust steigert sich. Sie moderiert jeden Sonntag um 22.30 Uhr die Lifestyle-Show »Non solo moda« für den ➜ *Berlusconi*-Sender »Canale 5« und macht 20 Folgen der Satire-Show »Zelig« für »Italia 1«. Außerdem träumt die Angetraute davon, Filmstar zu werden. »Mein größtes wäre, eine zweite *Sandra Bullock* (➜ HOLLYWOOD) zu sein oder so tolle Kinokomödien zu machen wie *Goldie Hawn* (➜ HOLLYWOOD)«, begründet Michelle, Italiens schönster Po, ihren unverrückbaren Lebenswunsch. Der Musiker, der 2001 rund acht Monate auf Konzerttournee ist, ärgert sich, dass sie so viel arbeitet und ständig mit ihren Freundinnen ausgeht. Die zunehmend konträren Lebensvorstellungen führen zum überraschenden Bruch der Verbindung (»von der Morgenröte ins Dunkel«, wie das Leute-Magazin »Oggi« fabuliert). »Finito l'amore«, weil sich der Sänger noch mehrere Kinder wünscht. »Ich wünsche mir eine ganze Fußballmannschaft, mindestens aber noch zwei Kinder« sagt er und wirft Michelles Anti-Baby-Pille weg. Das muss er jetzt nicht mehr: Der schöne, wilde Römer Eros reicht am 14. März 2002 in Mailand die Scheidung ein: »Zu viele Stunden habe ich allein zu Hause verbracht.«   **LIEBE** Sommer 2002, der erste Urlaub nach der Trennung: Sie

macht Ferien auf Sardinien mit Tochter *Aurora*, er turtelt mit einer Mailänderin namens *Titiana* am Strand von Formentera.

Rau, Christina

WER IST ES? First Lady of Germany **LEBENSDATEN** *30.10.1956 in Bielefeld **KARRIERE** Macht als Mitschülerin von *Prinz* → *Andrew* auf dem schottischen Internat Gordontoun Abitur, studiert in Wales und London Politikwissenschaft, Geschichte und Volkswirtschaft.

HOBBIES Berlins prominenteste Inlineskaterin und todesmutige Bungee-Springerin. Statt Kaffeekränzchen besteigt sie lieber den obersten Brückenbogen der schwindelerregenden Hafen-Brücke in Sydney/Australien (134 Meter).
STYLE Sehr sportlich, sehr präsidial und rot von Haus aus. Gleichzeitig standesbewusst (→ *Oetker*). **FAMILIE** Enkelin des früheren, von ihrem Mann verehrten Bundespräsidenten *Gustav Heinemann*. **EHE** Ehefrau von Bundespräsident *Johannes Rau*. Sie sitzt, so ihre Biografie, bereits mit 12 Jahren auf dem Schoß ihres künftigen Mannes, der ein Freund der Familie ist. Das Paar hat drei Kinder: First Daughter *Anna Christina*, Sohn *Philip Immanuel* und Nesthäkchen *Laura*, die auf dem Party-Parkett mindestens so wach ist wie ihre Schwester.

Redford, Robert → Hollywood

Reich-Ranicki, Marcel

WER IST ES? Lamentierender Herr der Bücher **LEBENSDATEN** *2.6.1920 in Wloclawek an der Weichsel, aufgewachsen in Berlin **JOB** Literaturkritiker, jahrelang Feuilletonchef der »ZEIT« und später der »FAZ«. **KARRIERE** Der Gelehrtenkopf mit dem silbernen Ring des Saturn ist von 1988–2001 im »Literarischen Quartett« des ZDF der Erste im Bunde, neben *Iris Radisch*, *Hellmuth Karasek* und *Sigrid Löffler* (die ausschied). Insgesamt 77 Sendungen mit jeweils einem Gast.

ERFOLG 2002 Ehrendoktor der Universität München. **MACHT** Bei Lob ordern die Verleger gleich per Telefon eine weitere Auflage, weil die Zuschauer aufgrund von R.-R.s Lese-Empfehlung in die Buchhandlungen strömen. Man spricht von 40 000 »mehr«, sobald Marcel den Daumen nach oben richtet. Von einem »No«

kann sich ein normalsterblicher Autor nur schwer erholen. **IMAGE** Wenn Beethovens drittes Rasumowsky-Streichquartett eine Sendung des erfolgreichen »Literarischen Quartetts« eröffnet, spaltet sich die lesende Nation in zwei Teile: Für die einen ist der Literaturkritiker einzigartig, für die anderen das »Verhängnis deutscher Kultur«. Könnte sprachtechnisch auch Teppiche verkaufen.
RESIDENZ Wohnt in Frankfurt-Eschersheim. **STYLE** Seine Aussprache ist nicht einwandfrei, aber mit Deutschfehlern kommt man bei uns im Staate gut weiter – siehe *Trappatoni*, ➔ *Feldbusch, Rudi Carrell, Linda de Mol, Marijke Amado* etc.
MAROTTE R.-R., der Fisch liebt, liest niemals im gemütlichen Hausdress, sondern sitzt stets korrekt gekleidet im Sessel. **FREUNDE** Bis zur Walser-Kontroverse (➔ SKANDAL) »SZ«-Feuilletonchef *Joachim Kaiser* (MRR im Juli 2002: »Ein früherer Freund, der sich nicht entblödet, diesen Roman zu loben«). **FAMILIE** Seit 1943 verheiratet mit Frau *Teofila* (Tosia), freut er sich im verflixten siebten Jahr, wenn andere Ehen scheitern, in London über Sohn *Andrzej* (Andrew). **LIEBE** Legendärer Frauentyp – worüber er auch gerne öffentlich schreibt und spricht. Tosia weiß und schweigt. **SEX** Kritiker schauen bekanntlich stets ganz genau hin.
SCHICKSAL Entging nur knapp den deutschen Vernichtungslagern in Polen. Seine und Tosias traumatische und ergreifende Verfolgungs- und Überlebensgeschichte im Warschauer Ghetto hat er in der genial simpel betitelten Autobiografie »Mein Leben« eindrucksvoll geschildert. **SKANDAL** Eine deutsche Posse nimmt im Frühsommer 2002 ihren Lauf, als »FAZ«-Herausgeber *Frank Schirrmacher* überraschend den Vorabdruck von *Martin Walsers* Roman »Tod eines Kritikers« verweigert, eine Persiflage auf den deutschen Großkritiker MRR. *Schirrmacher* wirft *Walser* Antisemitismus vor. Schon rauscht es gehörig im Blätterwald, weil nahezu zeitgleich auch auf einem anderen Kriegsschauplatz *Michel Friedman* (Vizepräsident des Zentralrates der Juden) und FDP-Vize ➔ *Möllemann* sich diesbezüglich in der Wolle haben. *Walser* weist die Angriffe *Schirrmachers* in herablassend väterlicher Art zurück, und Reich-Ranicki nimmt *Walser* anfangs mit vergifteten Worten scheinbar in Schutz: »Das Buch ist nicht antisemitisch, sondern nur erbärmlich geschrieben.« Später wird er doch deutlich: Das Fazit dieses Romans laute nicht etwa (wie bei Goethe) »Schlagt ihn tot, den Hund, es ist ein Rezensent«, sondern »Schlagt ihn tot, den Hund, es ist ein Jude.« Im Buch heißt MRR übrigens Andre Ehrl-König. Auch Schriftsteller *Bodo Kirchhoff* lässt in seinem »Schundroman« einen Kritikerpapst ermorden. Im Kielwasser von *Martin Walsers* Skandalbuch zieht sein Verlag eilig die Veröffentlichung vor. Im Bücherstreit meldet sich auch Nobelpreisträger *Günter Grass* zu Wort, der Schriftsteller-Kollegen *Martin Walser* verteidigt: »Reich-Ranicki hat die Trivialisierung der Kritik herbeigeführt. Meine Vorwürfe haben nichts damit zu tun, dass er Jude ist. Er ist ein schwacher Literaturkritiker. Oft haben Walser und ich verschiedene Ansichten, aber ein Antisemit

ist Martin nicht. Im Gegenteil: Er ist sich der deutschen Schuld im großen Maße bewusst.« Im Gespräch mit der polnischen Zeitung »Gazeta Wyborcza« kritisiert *Grass*: »Natürlich fühlen wir uns gehemmt, auch ich fühle mich gehemmt, zum Beispiel den schlechten Journalisten *Michel Friedman* so zu kritisieren, wie er es verdient hat.«

Reichart, Bruno, Prof. Dr.

WER IST ES? Deutschlands bekanntester Herzbube **LEBENSDATEN** *18.1.1943 in Wien **JOB** Chef der Herzchirurgie am Großklinikum München-Großhadern **KARRIERE** Am 13.2.1983 pflanzt er als Erster einem 27-jährigen Mann Herz und Lunge eines 21-jährigen ein. 1984 Nachfolger von Pionier Prof. *Christiaan Barnard* am Groote-Schuur-Krankenhaus in Kapstadt, wird er 1989 wieder nach München berufen. 1990 spektakuläre Transplantation bei Fürst *Johannes von* ➔ *Thurn und Taxis*, der allerdings stirbt. (Kosten einer Herztransplantation zu dieser Zeit: 148 000 Mark.)

RESIDENZ R. besitzt ein Haus in Leutstetten. **HOBBIES** Erstaunlich guter Freizeit-Maler. **ERINNERUNG** *Walid Houri*, ein besonders geschäftstüchtiger Kaufmann und langjähriger Freund von Herzchirurg Prof. *Barnard*, mit dem er weltweit um die Häuser zog, arrangiert im Hotel »Königshof« einen folgenträchtigen Lunch. In seiner geschmeidigen Art macht er Prof. Bruno Reichart mit Barnard bekannt. Mit mir zum Essen mitgekommen ist *Elke*, meine Kollegin aus dem Medizin-Ressort, die sich brennend für den Termin interessiert. Bei Tisch kommt es zu einem Herz-Austausch zwischen Bruno und Elke – eine entzückende Beinarbeit hat den ersten Kontakt hergestellt; in Bayern nennt man das fußeln. Die mittäglichen Berührungen führen dazu, dass der Professor sein Herz verliert und Journalistin Elke 1985 in Südafrika heiratet. Für beide ist es die zweite Ehe. Zwei Jahre später freuen sich die beiden über die Geburt von Sohn *Daniel Tennessee* (aus erster Ehe mit Frau *Gisela* hat R. zwei weitere Söhne). Sie führen seit 17 Jahren eine mustergültige Ehe.

Reitzle, Wolfgang

WER IST ES? Paradiesvogel der Automobil-Szene **LEBENSDATEN** *7.3.1949 in Neu-Ulm **JOB** Top-Manager

KARRIERE Studiert Maschinenbau sowie Arbeits- und Wirtschaftswissenschaft. 1976 startet er bei BMW und wird in Höchstgeschwindigkeit Vorstand (geschätztes Jahresgehalt: 3,2 Millionen Euro), aber als Steuermann wird er ausgebremst. Weder bei Ford in London (zuständig für Luxusmarken wie Jaguar, Landrover, Volvo, Lincoln, Mercury, Aston Martin) noch bei BMW, VW (wo, wie schon bei BMW, Kontrahent *Bernd Pischetsrieder* den Vorzug erhält) oder Porsche ist ein Chefsessel in Aussicht. Auch bei Ford, wo er statt zehn Jahren nur drei bleibt, knirscht es. Der als wenig deutschfreundlich bekannte Konzernchef *Bill Ford* entscheidet gegen ihn und holt als Nachfolger Mazda-Chef *Mark Fields*. Da kann Reitzle glücklicherweise beim Kältechnik-Hersteller Linde (Jahresumsatz: 9 Milliarden Euro, weltweit 46 400 Mitarbeiter) unterschreiben und will ab 2003 starten. Er löst bei der erzkonservativ geführten Wiesbadener Firma den 65 Jahre alten *Gerhard Full* ab. **RESIDENZ** Mit *Nina Ruge* zieht er in der Münchner Maxvorstadt in eine 140 Quadratmeter große Wohnung in der Nähe des Kinos »Türkendolch«. Das mit fast 5000 Mark Miete überbezahlte Apartment wird wieder aufgegeben, als R. nach London wechselt. Seine Frau hat jetzt in Bogenhausen eine kleinere, wirtschaftlichere Bleibe gefunden. **HOBBIES** Golf (Handicap 8) – da muss man viel Zeit haben. **STYLE** Der Automanager mit dem Errol-Flynn-Gesicht liebt Maßhemden mit Monogramm, fertig gebundene Fliegen und trägt als einzigen Schmuck eine Kampftaucheruhr. **EHE** Der ehrgeizige Manager war in erster Ehe mit *Gaby* (Scheidung 1999) verheiratet und hat zwei Töchter. R. macht sich bemerkbar, indem er sich nicht mehr bemerkbar macht. Kein Autotürenschlagen mehr, kein Rufen der Chauffeure im feinen Wohnviertel um sieben Uhr früh seit jenem Sommertag im Jahr 1997, an dem der Auto-Manager bei seiner Familie in München (Sternwarte-Gegend) ausgezogen ist. Er hat eine gelernte Biologie-Lehrerin erhört, die im Fernsehen als *Nina Ruge* unterrichtet und ihn vier Jahre später reizvoll erlegt, was mit einem Gang zum Standesamt in der Toscana gekrönt wird. »Alles wird gut«, soll die glückliche Braut gehaucht haben, doch die Hochzeitsnachricht geht unter, weil die Welt nach Manhattan blickt, wo *Bin Ladens* Terror-Netzwerk die Twin-Towers des World Trade Centers zerstört hat. **SEX** Soll sehr reitzle sein.

Reuter, Edzard

> **WER IST ES?** Oberbremser beim Welt-Konzerns Daimler-Benz **LEBENSDATEN** *16.2.1928 in Berlin, aufgewachsen in der Türkei **KARRIERE** Macht das Abitur im Privatunterricht, studiert 1947 in Berlin und Göttingen Mathematik und Physik und von 1949–52 an der FU Berlin Rechtswissenschaften. Tritt 1964 bei Daimler ein und wird neun Jahre später in den Vorstand berufen. Er blitzt mehrfach ab bei dem Versuch, den Chefsessel, auf dem vor ihm souverän Prof. *Werner Zahn* und *Gerhard Prinz* sowie *Werner Breitschwerth* thronen, zu ergattern. Hinderlich ist vielleicht, dass er seit 1946 SPD-Mitglied ist. Immerhin: Vitamin B bekommt er trotzdem über *Franz Josef* ➔ *Strauß* durch dessen Vertrauten *Karl* ➔ *Dersch*. R. ist von 1987–95 Vorstandsvorsitzender. In seiner Zeit hält Plastik Einzug im Innenraum der feinen Benz-Limousinen.

FAMILIE Sohn von Berlins Regierendem Bürgermeister *Ernst Reuter*, der zweimal von den Nazis verhaftet wird und 1935 mit der Familie nach Ankara flieht.
EHE Er hat in zweiter Ehe mit Frau *Helga* einen Sohn und ein Adoptivkind.
HOBBY Als Reiter fördert er statt der Formel 1 den Pferdesport. **PANNE** Bei Daimler schäumt man. Das Buch »Schein und Wirklichkeit«, das R. herausbringt und das im Königssaal des Hotels »Bayerischer Hof« vorgestellt wird, ist dem Konzern ein Dorn im Auge. Ehefrau *Helga* ist während der Präsentation so meganervös, dass sie dringend zur Toilette muss. Eine Vase ist übrigens nicht umgefallen. **SKANDAL** 15 Jahre lang flattert unbeanstandet ein Stoff-Präsent aus Stuttgart, hanseatisches Baumwoll-Tuch der Hamburger Fahnenfabrik Fleck, an einem Mast im idyllischen Garten des Daimler-Benz-Strategen *Karl Dersch* in München. Es ist die Reichskriegsflagge der kaiserlichen Marine, die ein Direktor der Mercedes-Benz-Chefetage Mitstreiter *Dersch* schenkt. Der Gründungs-Vorstand der zu Daimler gehörenden DASA hängt die Antik-Fahne, die übrigens unter *Adolf Hitler* verboten war, auch pflichtbewusst auf. An allen Kasernen und Standorten der deutschen Bundesmarine – jedenfalls zu Zeiten von Verteidigungsminister *Volker Rühe* – ist diese Flagge mit Kaiseradler und Kreuz gehisst. Daimler-Vorstand *Werner Niefer* und andere Vorstandskollegen bewundern sie und salutieren davor. Doch plötzlich wird die Fahne Zündstoff. Über eine Veröffentlichung im »Spiegel«, der die Reichskriegsflagge im *Dersch*-Garten abbildet, bringt Vorstandsvorsitzender Reuter gnadenlos *Dersch*, den unermüdlichen Halter des »Dreizack«- und »Vierzack«-Sterns, zu Fall – jenen Mann, der in der BMW-Hochburg München die Benz-Verkaufszahlen so nach oben gefahren hat, dass der weißblauen Konkurrenz kalte Schauer über den Rücken laufen. Undank ist der Welten Lohn.

Ringelmann, Helmut

> **WER IST ES?** Ein Mann, ein Mord
> **LEBENSDATEN** *4.9.1926 in München
> **JOB** TV-Produzent **KARRIERE** Der TV-Programmversorger ist mit 1000 gesendeten Krimistunden (»Der Kommissar«, »Derrick«, »Siska«) Rekordhalter seiner Branche. Der ehemalige Schauspielschüler von *Martin Held* arbeitete auch mit *Kirk Douglas* und *Stanley Kubrick*.

HOBBIES Das feine Hotel »Las Dunas« in Marbella an der Costa del Sol verfügt über keinen besonderen Sandstrand, doch ist es günstig gelegen in einem Dorado von Golfplätzen. Deshalb zieht es Ringelmann oft in die sonnige Gegend, weil er gerne einlocht. Sieht man ihn auf dem Grün abschlagen, vermittelt er kaum den Eindruck eines Workaholics, der neben den Bavaria Filmstudios in Geiselgasteig sein eigenes Imperiums (»Neue Münchner Fernsehproduktion«, »Telenova«) betreibt. Er hat *Erik Ode*, *Horst Tappert* und *Fritz Wepper* zu internationalen Serien-Stars gemacht und gilt als großzügiger Produzent. Seine Bergfeste oder Jubiläumspartys sind beispiellos, nur zu seinen Geburtstagsjubiläen taucht er weg wie Tiefseeforscher Professor *Picard*. **EHE** In zweiter Ehe verheiratet mit Schauspielerin *Evelyn Opela*.

Roberts, Julia → Hollywood

Rodenstock, Hardy

> **WER IST ES?** »Professor Bordeaux«
> **LEBENSDATEN** *7.12.1941 in Essen
> **JOB** Größter Wein-Experte und professioneller Raritätensammler mit weltweiten Connections und paradiesischen Wein-Events, Diplom-Ingenieur und Musikverleger **KARRIERE** Nach Abitur in Essen und einem Geodäsie- und Mathematik-Studium Fachhochschul-Dozent. Gründet 1970 den Musikverlag »Occular« in Bad Marienberg, beginnt 1976 mit dem Sammeln von Uralt-Weinen, kreiert eigene Gläser bei Spezialist Riedel und bringt Zigarren heraus. Bei einer seiner Weinproben singt erstmals der blinde Neo-Caruso *Andrea Bocelli* zu einer noch erschwinglichen Gage.

RESIDENZ Lebt in Monte Carlo, Bordeaux und München. **EHE** Verheiratet mit Schauspielerin *Helga Lehner*. **ERINNERUNG** R.s Spezialgebiet sind der »Château d'Yquem«, König der süßen Weine, der so herrlich zu Gänseleber, Trüffelkäse oder Salzburger Nockerl schmeckt, und die großen roten Bordeaux' von »Cheval

Blanc« bis »Petrus«. Der wahre oder wirkliche Wert eines 1787er »Château Laffite« (mit eingefrästen Initialen »Th.J.« des 3. US-Präsidenten Jefferson) wird ihm erst nach einer Auktion bei »Christie's« im Jahr 1985 in London klar. Kurz zuvor hat er eine von fünf Flaschen, die er aus einem privaten Pariser Weinkeller für 30000 Francs zufällig heraustauchte, im 1-Stern-Restaurant »Die Ente« in Wiesbaden geköpft und sich den 200 Jahre alten Rebensaft mit vier Freunden, darunter ich, munden lassen. Der älteste Wein, der je von der Menschheit getrunken wurde, schmeckt weder (wie befürchtet) nach Sauerampfer noch nach Essig, sondern herrlich samtig und ölig und hat einen glatten Abgang mit lang anhaltendem Geschmack. Zwei Wochen später rechnet sich die kleine Trinkerrunde, darunter auch Sammler-Kollege *Walter Eigensatz*, der nur einen Gaumen für »Château Cheval Blanc« hat, aus, wie viel jeder Schluck gekostet hat, denn der 1787er Wein erzielt bei der Versteigerung stolze 400000 Mark. US-Verleger *Malcolm Forbes* zieht sich die Flasche an Land und erklärt auf die Frage nach dem einmalig hohen Einkaufspreis, dass das die billigste Werbekampagne für sein Print-Unternehmen gewesen sei. »Mit dieser Nachricht ist der Name Forbes in allen Zeitungen dieser Welt zu lesen«, seine Heißluftballon-Aktionen würden ihn pro Jahr dagegen 15 Millionen Dollar kosten. Die 400000-Mark-Bottle steht heute im Chefbüro in einem eigens dafür angefertigten Mahagoni-Schrank. Leider befindet sie sich nicht mehr im Original-Zustand, denn die Strahler, die die Laffite-Flasche in der Vitrine ins rechte Licht rücken sollen, erwärmen den uralten Korken derart, dass er in den kostbaren Wein plumpst. Die Flasche wird rasch neu verkorkt. Eine der anderen 1787er Laffite-Flaschen »erbettelt« sich der exzentrische und exhibitionistische Autozubehör-Vertreter *Hans-Peter Frericks* aus Feldafing (Spezialgebiet: Warndreiecke und Aids-Handschuhe). In *Eckart Witzigmanns* 3-Sterne-Restaurant »Aubergine« arrangierte er einmal »unten ohne« und nur mit Schürze bewaffnet ein Trüffel-Dinner (Gramm-Preis 8 Mark) – es gibt Fotos, wie er so serviert. Auch schickt er seinem Sohn schon mal um drei Uhr früh frisch gebratenen Hummer zum Geburtstag, der von »Käfer« in der Reine in die Disco »P 1« getragen wird. *Frericks* bekommt die Rarität für seine eigene Sammlung zum Einkaufspreis. Später wird allerdings die Echtheit der Flasche angezweifelt und eine Pressekampagne gegen R. lanciert, noch bevor irgendein amtliches Untersuchungsergebnis vorliegt. Um die unfairen Machenschaften ins Leere laufen zu lassen, opfert Rodenstock eine weitere Flasche, die in Anwesenheit eines Fachgremiums (*Michael Broadbent*, Prof. Dr. *Bonani*, Prof. Dr. *Hall* und ein Anwalt) in der Technischen Hochschule Zürich geöffnet wird. Das Untersuchungsergebnis bestätigt einige Wochen darauf die Echtheit der Flasche inklusive Originalversiegelung des Korkens. Für R. ist die Wein-Welt wieder in Ordnung. Seit dieser Zeit ist *Frericks* aus der internationalen, elitären Bordeaux-Clique verbannt.

Rollergirl

WER IST ES? Eigentlich Nicola Saft, Disco-Prinzessin aus dem Ruhrpott **LEBENSDATEN** *19.11.1975 in Lünen **KARRIERE** Die Sängerin wird von *Alex Christensen*, Produzent der sexy Boygroup »Right Said Fred«, 1995 in einem Club auf Mallorca entdeckt und trägt anfangs ihrer Karriere wohl 24 Stunden lang Rollschuhe – so wirkt es. Ihre ersten Songs, »Dear Jessie« und »Geisha Dreams«, aufwendig in Video-Clips präsentiert, sind sofort in den Hitlisten. Neues Album 2002: Disco Fever.

KONKURRENZ *Sarah* → *Connor,* → *Anastacia,* → *Shakira.* Mag nicht mit *Pamela* → *Anderson* verglichen werden. **PLÄNE** Träumt von einem Haus mit Garten und, als überzeugte Tierfreundin, von einem großen Streichelzoo. **GELD** Die GEMA macht's möglich. **MAROTTEN** Trinkt grünen Tee (kannenweise), isst Fleisch nur vom Bio-Bauern und liebt Sushi. **BEAUTY** In dem angesehenen Herrenmagazin »GQ« wird auf acht Farbseiten die perfekte Schönheit der ungewöhnlich hübschen und wohlproportionierten Maid mit den grün-blauen Augen gewürdigt. Sie trägt »Porno-Nägel« – Fingernägel, die lang, breit und durchsichtig sind.
LIEBE Single.   **SEX** Saftig – neuerdings nennt sie sich Nicci Juice.   **SCHICKSAL** Das jüngste Member im Rollschuhclub Waltrop gibt das Rollerscating 2002 wegen eines Kreuzbandrisses auf, den sie sich bei einem Sturz von einem Pferd zuzieht. Bisher waren drei Operationen fällig.

Ryan, Meg → Hollywood

Ryder, Winona → Hollywood

Sachs, Gunter

WER IST ES? Perfekte Symbiose aus Ladykiller und Gentleman **LEBENSDATEN** *14.11.1932 auf Schloss Mainberg bei Würzburg **JOB** Industrieller (»Fichtel und Sachs«), Künstler, Kunstmäzen, Buchautor, Astrologe und Playboy **KARRIERE** S. studiert Mathematik am Polytechnikum in Lausanne und erwirbt das Dolmetscher-Diplom. Danach arbeitet er in der Holding Sachs AG. Zeitweise betreibt er die Boutiquen-Kette »Micmac« mit Hauptsitz in Paris. Seine Südseefilme erhalten zweimal das Prädikat »wertvoll«. Ein großer Erfolg ist »Happening in Weiß« (1969) und das Fotobuch »Mädchen in meinen Augen« (1979). Schreibt auch das Astrologiebuch »Die Akte Astrologie« (Goldmann).

RESIDENZ Seine Wohnsitze sind über die ganze Welt verstreut. Seinen berühmten Turm im Palace Hotel in St. Moritz gibt er auf, nachdem der Hotelier die Miete empfindlich anhebt. (Hier wohnt jetzt »Penthouse«-Herausgeber *Jürg Marquard*). Besonders perfekt ist er in St. Tropez etabliert, wo er ein Beach- und ein Hill-House besitzt. **STYLE** Gunter trägt mit Vorliebe weiße Jeans und blauen Blazer und ist ein bekennender Dracula-Verehrer. **FREUNDE** S. besitzt eine bedeutende Kunstsammlung und war mit den Skulpteuren *Cesar* und *Arman* sowie Popkünstler *Andy Warhol* befreundet. **FAMILIE** Sein Großvater väterlicherseits ist Dr. *Ernst Sachs*, Erfinder des Freilaufs, der Großvater mütterlicherseits Dr. *Wilhelm von Opel*, Sohn des Opel-Gründers. Sein Bruder *Ernst Wilhelm* kommt 1977 beim Skifahren ums Leben. **EHE** Verheiratet in dritter Ehe mit *Mirja Larsson*, Söhne *Christian Gunnar Zourab*, genannt Cri-Cri, und *Alexander*, genannt Halifax. Aus der ersten Ehe mit *Anne-Marie Faure* († 1958) stammt Sohn *Rolf*. Danach zweijährige Ehe mit Filmstar *Brigitte Bardot* (Hochzeit in Las Vegas am 14.6.1966). **ERINNERUNG** Ich sitze zur Mittagszeit in der verwaisten Redaktion, als das Telefon klingelt. Es meldet sich ein Zöllner mit markanter Stimme und lässt Unglaubliches vom Stapel: »Eben sind bei mir Gunter Sachs und *Brigitte Bardot* durchgegangen. Sowas interessiert Sie doch?« B.B. und Sachs? Die Information kommt so unvermittelt und klingt so absurd, dass ich spaßhaft antworte: »Ja, und bei mir sitzt Napoleon auf dem Schoß.« »Werden Sie bitte nicht unverschämt, sind Sie froh, dass ich Ihnen dies verrate, von Amts wegen darf ich das gar nicht. Ich bin Grenzbeamter am Flughafen«, mosert der Mann und fügt hinzu: »Das hat man davon, da wird man auch noch ausgelacht.« Ich beschwichtige und bedanke mich, kann aber die Nachricht immer noch nicht fassen. Sachs und *Brigitte Bardot* zusammen? Schnell ein Anruf in der Rechenau bei Oberaudorf in der Nähe von Rosenheim, wo die Sachsens ein idyllisch gelegenes Jagdhaus besitzen. Bingo. Die suggestive Fragetechnik am Telefon bestätigt die Info des Zöllners. »Ist Herr Sachs schon angekommen?« Die Haushälterin, mit erwartungsvoller Stimme: »Nein, er muss aber gleich kommen, wir warten schon. Hat Sie Herr Sachs angerufen?« Jetzt heißt es, im Laufschritt aus der Redaktion und hinunter zum Auto. Unterwegs läuft mir Fotograf *Alfred Haase* über den Weg, ein lieber Mensch, aber mit Zeitverzögerung. »Mitkommen, Kameras einpacken, jetzt pressiert's«. Eine Stunde später fährt das Reporterpaar die schmale Bergstraße zur Rechenau hinauf und das Auto wird kurz vor dem Sachs-Haus im Wald geparkt. Was folgt, ist eine auf die Nerven gehende, endlos wirkende Stille. Vögel zwitschern, der Wind rauscht in den Bäumen und der Fotograf fragt: »Darf ich jetzt mal erfahren, um was es hier geht?« »Abwarten, du wirst dich noch wundern«, sage ich, innerlich schon nicht mehr überzeugt, auf der richtigen Spur zu sein. Vielleicht ist alles ein Irrtum, vielleicht ist Gunter Sachs auch woanders hingefahren. Er müsste längst da sein. Vielleicht ist alles eine Ente. Plötzlich ertönt leises Brummen weiter unten im Wald, Äste knacken und auf der kurvigen engen Straße quält sich ein schwarzer Pullman-Mercedes durch knirschenden Kies nach oben. Die schwere Limousine muss halten, weil das Reporter-Fahrzeug im Weg steht. Aus dem Fond steigt Sachs, gut gelaunt, aber auch überrascht. »Was machst du denn hier?« Darauf ich: »Man hat so seine Quellen.« Small Talk unter Tannen und dann steht sie da, die schönste Frau der Welt. In verwaschenen Jeans und barfuß. Der Liebestraum von Millionen von Männern, blond, lasziv, verführerisch. Ein paar Fotos, wie Gunter mit B.B. händchenhaltend zum Jagdhaus geht, werden unter der Bedingung gestattet, drei Tage zu schweigen und mit der Veröffentlichung über die größte Liebesromanze zu warten, »bis wir wieder weg sind«. Gunter: »Wir wollen so lange wie möglich ungestört bleiben.« Drei schreckliche Tage in ständiger Angst, die Konkurrenz könnte von der Story Wind bekommen, vergehen, dann kann die Weltsensation gedruckt werden. Anderntags wimmelt es im Wald der Rechenau von Fotografen aller Länder. Hätte man an den Bäumen geschüttelt, wären sie wie reifes Obst heruntergefallen. Doch die Jungs von der Konkurrenz sind zu spät dran, das Paar ist schon über alle Berge. **LIEBE** In seinen Sturm- und Drang-Jahren ist die Romanze mit *Soraya* Jet-Set-Klatsch Nr. 1. **PARTY** Seine Parties in früheren Zeiten waren die schönsten. Beim Housewarming-Fest seiner Villa in London in der Nähe der Kingsroad wird besonders aufwendig gefeiert. Jeder Menue-Gang wird von einer anderen zu dieser Zeit in London gastierenden Theatergruppe serviert. S. ist außergewöhnlich geschmackssicher und hat das Haus so perfekt nach seinen Vorstellungen eingerichtet, dass er Architekten arbeitslos macht.

Saint-Laurent, Yves Henri Donat Matthieu

> **WER IST ES?** Frankreichs Nadel der Nation mit dem »Touch of Class« **LEBENSDATEN** *1.8.1936 in Oran/Algerien **JOB** Modedesigner. YSLs Haute-Couture-Allerheiligstes liegt abgeschirmt in der Avenue Marceau Nr. 5 in Paris. Ähnlich wie Popkünstler *Andy Warhol* und seine New Yorker »Factory« regiert er dort, von einer Art Hofstaat umgeben, eine Crew vertrauter Mitarbeiter, die unvermeidliche Zigarette zwischen den Lippen. Sonst will er nie im Mittelpunkt stehen.

KARRIERE Avanciert zum genialsten Modeschöpfer aller Zeiten. Bastelt schon mit drei Jahren Puppenkleider und weiß bereits mit 13, was er werden will. Mit 21 wird er Nachfolger von *Christian Dior*. Fertigt in 40 Jahren seiner Karriere 160 Kollektionen. **PARTNER** Der asketisch lebende Yves wird erst selbstständig durch den visionären Manager *Pierre Bergé*, einem Papa mit der Peitsche, der die Anhänglichkeit zu Mutter und Schwestern kappt. **KONKURRENTEN** ➔ EVENT.
RESIDENZ Der Wunderknabe, der wie ein verschmitzter Kanzlei-Gehilfe aussieht, lebt in Paris in einer abgeschotteten Wohnung mit Gemälden von Matisse, Leger und Goya an den Wänden. Hinzu kommen sechs Bedienstete und eine kurzbeinige, grauschwarzer Dogge namen *Moujik III*. Ein weiterer Wohnort ist Marrakesch. **MOBILITÄT** Fährt Rolls-Royce. **STYLE** YSL liebt Whisky, »Roederer Cristal«, aber auch Tranquilizer und Schnee. Der Marcel-Proust-Verehrer ist »auf der Suche nach der verlorenen Zeit« und macht Entziehungskuren. 1971 wirbt er nackt für sein Herrenparfüm. Seine Musen sind *Paloma Picasso* und *Catherine* ➔ *Deneuve*. **BEAUTY** Filmstar *Catherine Deneuve* gerät in Anbetracht der YSL-Kunstwerke ins Schwelgen: »Könnte man diese Kleider doch manchmal ohne etwas darunter tragen.« **EVENT** Die 810 Dinner-Karten für das »größte Ereignis des Jahres« (500 Dollar pro Stück für den Museumsfonds) sind seit Monaten ausverkauft. 2500 weitere Tickets für die After-Dinner-Party (100 Dollar) sind unter der Hand weggegangen. Anlässlich der Retrospektive des 47-jährigen Modepapstes – dieselbe Bezeichnung wird von ahnungslosen Journalisten irrtümlich für einen Münchner Boutiquen-Besitzer benützt – dürfen Partygäste zum ersten Mal in der Geschichte des »Metropolitan Museum of Arts« bis Mitternacht rund um den kostbaren ägyptischen Dendur-Tempel tanzen, der vor den Fluten des Assuan-Stausees nach New York gerettet wurde. 88 Zerstäubermaschinen blasen Yves' neues Parfüm über die Köpfe der Gäste. Die Ausstellung, von der YSL-Konkurrenten nur träumen können, hat der scheue Couturier selbst erst vier Tage vorher gesehen. »Die Fülle all dieser Kleider erschreckt mich«, sagt der Meister, abgestiegen im Hotel »Pierre«, angesichts der 150 ausgestellten Lackpuppen, gedresst mit

seinen Modellen. Zum Teil sind es zehn und zwanzig Jahre alte Röcke, Jacken und Ballroben, die zum Erstaunen aller Experten nach wie vor taufrisch wirken. Die Designer-Konkurrenz bleibt nahezu geschlossen fern. (Die Fachzeitung »Women's Wear Daily« tadelt anderntags bissig: »Schämt Euch! Wo bleibt Euer Kameradschaftsgeist?«). Weder *Giorgio* ➔ *Armani* noch *Gianni Versace* reisen an, weder *Ungaro* noch *Givenchy*. *Calvin Klein* und *Halston* haben sich andere Termine besorgt. Nur ➔ *Valentino*, der stolze Römer, wirft sich in einen Smoking Marke Eigenbau und erscheint mit einer Gräfin, die sein neuestes Paillettenkleid angezogen hat. *Hanae Mori* (Japan), *Bill Blass* (USA), *Zandra Rhodes* (England) oder *Oscar de la Renta* (ein Freund von YSL) sind unter den Gästen, und auch die Ladies *Nancy Kissinger*, *Linda Gray*, *Brooke Shields*, *Paloma Picasso* und *Olimpia de Rothschild* geben Yves die Ehre.

Sammer, Matthias

WER IST ES? Pumuckl, der Borussen-Dompteur **LEBENSDATEN** *5.9.1967 in Dresden **JOB** Trainer des BVB Borussia Dortmund 09

KARRIERE Der Libero i. R. (wg. Knieverletzung) spielt mit fünf Jahren bei Dynamo Dresden, debütiert mit 18 in der Oberliga. 1986 in der DDR-Auswahl, DDR-Meister 1989 und 1990 sowie im selben Jahr Pokalsieger. Wechselt gleich darauf für drei Mio. Mark Ablöse zum VFB Stuttgart (1992 Deutscher Meister), geht dann für zehn Mio. Mark zu Inter Mailand, wo es aber bereits sechs Monate später »Arrivederci« heißt, weil ihn Borussia Dortmund für 8,5 Mio. Mark verpflichtet. Meisterschaft mit den Schwarz-Gelben 1995 und 1996, 1997 Champions League. Führte die deutsche Nationalmannschaft zum Gewinn der Europameisterschaft 1996. Seit 3. Juni 2000 ist S. Borussen-Trainer und gewann 2002 als jüngster Trainer aller Zeiten die Deutsche Meisterschaft. **VORGÄNGER** Udo Lattek, sein Lehrmeister und erfolgreichster deutscher Trainer aller Zeiten, sieht seinen Erben heranreifen: »Matthias wird noch viele Titel holen.« **PARTNER** Sammer war stets der verlängerte Arm des Trainers auf dem Platz. **IMAGE** Als Spieler: Ehrgeiziger Mittelfeldstratege mit hoher Spielintelligenz. Als Trainer handelt der freundliche Dickkopf nach der Devise: Gewinnt seine Mannschaft, kritisiert er sie. Verliert sie, stellt er sich schützend vor sie. Insgesamt: Freundlicher Polterkopf.
BEAUTY Schönheitskönig wird man nicht mehr, wenn man sich eine Kopfplatzwunde am Spielfeldrand tackern lässt, um sich sofort wieder ins Getümmel stürzen zu können. Zumal seine Zähne deutlich die schlechte dentalkosmetische Versorgung in der DDR belegen. Trotzdem ein Frauentyp. **FAMILIE** Sohn von Trainer

Klaus Sammer, dem letzten Übungsleiter der DDR-Nationalmannschaft. **EHE** Verheiratet mit *Karin*, zwei Kinder: *Sarah* und *Marvin*. **SCHICKSAL** Mehr als zwei Jahre lang – und letztlich vergeblich – plagt sich S. für sein Comeback als Fußballer. Seine Knieverletzung macht eine Fortsetzung seiner glänzenden Karriere unmöglich.

Sampras, Pete

WER IST ES? Hellenisch-Amerikanischer Tennis-Crack **LEBENSDATEN** *12.8.1971 in Washington **JOB** Tennisprofi **KARRIERE** Beginnt im Alter von sieben Jahren mit Tennis und ist mit 22 die Nr. 1 der Weltrangliste. Erfolgreichster Spieler aller Zeiten. Wegen seines harten Aufschlags wird er »Pistol Pete« genannt.

ERFOLGE 13 Grand-Slam-Siege, mehr als die Legenden *Roy Emerson* und *Rod Laver*. **PARTNER** Als sein langjähriger Trainer *Tim Gullickson* stirbt, bricht S. auf dem Platz in Tränen aus. **KONKURRENTEN** *André Agassi, Boris* ➔ *Becker, Jim Courier*. **PLÄNE** Für die Saison wappnet sich der Crack mit einem neuen Coach, der auch schon *Jim Courier* und *Michael Chang* veredelt hat. Der Spanier *Jose Higueras* will seine bekannt positive Energie über S. verströmen. Vielleicht hilft's. **IMAGE** Der Schweiger. Verzieht keine Miene – ob Sieg, Niederlage, ob Netzroller oder Fehlentscheidung. **GELD** Summe der Preisgelder? **RESIDENZ** Bewohnt mit Gattin im kalifornischen Beverly Hills eine Luxusvilla mit Tennisplatz. **BEAUTY** Seine buschigen Augenbrauen erinnern an *Theo Waigel*. **MAROTTE** Beim Aufschlag ist die Zunge draußen. **FAMILIE** S. entstammt einer aus Griechenland stammenden US-Familie. **EHE** Verheiratet mit Schauspielerin *Bridgette Wilson* (»The Wedding Planner«). **ERINNERUNG** Im Frühling 2002 sitzt S. in der Prachthalle des römischen »Hilton«-Hotels (von GM *Hans Fritz* meisterhaft geführt) im Sessel wie daheim, unrasiert, in Bermudashorts und Badeschuhen. Er nippt an einem Glas Wasser. Der Champion für das Geduldspiel auf roter Asche, der schon 63 Turniere gewonnen hat und dem die Mädchen nachlaufen wie einem Popstar, verarbeitet Siege wie ein Droge, und es kommt vor, dass er schon im Bett träumt, was in der Wirklichkeit dann anders aussieht – ein 6:0/6:2/6:4-Triumph über Sandplatzwühler *Gustavo Kuerten* aus Brasilien oder ein gewonnener Matchball gegen *André Agassi*; aber nicht der Konkurrent aus Las Vegas, sondern er küsst im Traum bei der Siegerehrung den Pokal. Cool, nicht wahr? In der grauen Gegenwart sieht er sich hingegen mit einer schamlos neuen Generation von Spielern konfrontiert, die wesentlich jünger, wesentlich schneller und wesentlich härter ist und keine Achtung mehr vor einem Sampras hat.

Sander, Jil

> **WER IST ES?** Eigentlich: Heide Marie Jiline Sander, The »Queen of less«
> **LEBENSDATEN** 27.11.1943 in Wesselburen **JOB** Deutschlands größte Designerin

KARRIERE Nach dem Abitur studiert sie zwei Jahre Textiltechnik in Krefeld und später in Los Angeles an der UCLA. In New York arbeit sie als Moderedakteurin für das Glanzblatt »McCall's«, ehe sie nach Hamburg zurückkehrt. So mit 25 spürt der sanfte Trotzkopf – die französische Meisterin *Coco Chanel* vor Augen – die »volle Energie«, um als Modeschöpferin ihren Weg zu machen. Da arbeitet sie noch – als Heidi Sander – bei »Constanze« und später bei »Petra«. In einem ehemaligen Lampengeschäft in der Milchstraße in Pöseldorf startet sie mit einer kleinen Modeboutique. Weil sie ihren Namen Heide Sander »so süß, so deutsch« empfand, nennt sie sich nur noch Jil Sander. Der Name wird durch ihre klassische Modekunst schnell ein Markenzeichen. Mitten in ihrer weltweiten Expansion – erst Paris, dann New York – erwirbt *Patrizio Bertelli* die Aktienmehrheit ihres Modereichs und überwirft sich mit ihr. Verärgert zieht sich Jil Sander zurück. *Bertelli*, der auch die Unternehmen Prada und Helmut Lang besitzt, muss einen Designer anheuern: Die *Tom-* ➔ *Ford*-Entdeckung *Mila Vukmirowic* (vorher als Chefdesigner bei Gucci). **MOBILITÄT** Porsche, Rolls-Royce. **FAMILIE** Sechs Monate nach ihrer Geburt lässt sich ihre Mutter *Erna-Anna* von ihrem Mann *Walter Sander*, Schlüsselhersteller, scheiden. Jil wächst bei ihrem Stiefvater, Autohändler *Erik Libuda* auf. **ERINNERUNG** Zimmer an Zimmer wohnen Jil und ihre Langzeitfreundin *Dickie Mommsen* (Galeristin in Hamburg) mit einer Urlaubsbegleiterin und mir in der Erlebnisherberge »Robinson Club« auf Fuerteventura – aber nicht sehr lange. Die herdenartige Zeremonie des Mittagessens (bis 12.00 Uhr bleibt das Gatter zum Restaurant gesperrt) entwickelt sich zum Ärgernis: Robinson-Spezialisten haben längst herausgefunden, dass man sich den Hauptgang – wie Scampis, Steak oder gegrillten Fisch – schon vor der Vorspeise schnappen muss, weil er sonst vergriffen ist. Hungrig und entnervt ziehen wir nach zwei Tagen in ein »normales« Hotel auf der Insel um.

Santana, Carlos

WER IST ES? Mr. Latinrock **LEBENSDATEN** *20.7.1947 in Mexiko **JOB** Musiker **KARRIERE** Als Junge tingelt er durch die Nächte des mexikanischen Tijuana und wird zum Geheimtipp der Clubs. 1969 gelingt ihm mit dem Latinrock-Song »Abraxas« der weltweite Durchbruch. 1999 senden MTV und VIVA rund um die Uhr »Supernatural«.

ERFOLGE Seine Musik mischt in den Körpern die Moleküle neu. Inzwischen fasziniert er alle Generationen, die herbstliche (noch immer) mit »Samba Pa Ti«, die Handy-Kids mit »Supernatural«. **RESIDENZ** Haus in San Francisco. **STYLE** Stets mit Hut (wie *Udo* ➔ *Lindenberg*) zeigt sich Carlos im Tennis-Stadion, im Hotel, auf der Bühne und womöglich auch im Bett. Er glaubt an Übersinnliches und fühlt sich fit wie mit 17. **FREUNDE** Im Wohnort der Santanas, San Francisco, besitzen auch *Steffi* ➔ *Graf* und Ehemann *André Agassi* ein Domizil. Santana ist mit *Steffi* befreundet und kann sich noch gut an den Beginn ihres Kontaktes erinnern: 1992 liest er interessiert einen Zeitungsbericht über das weibliche Tenniswunder, und genau zwei Tage später taucht sie prompt bei ihm hinter der Bühne auf. **EHE** Seit 1972 ist er mit *Deborah* verheiratet und hat die drei Kinder *Angelica*, *Stella* und *Salvador*. Seine Frau (weise, aber nicht immer leise) lässt ihrem Genie-Strolch eine ziemlich lange Leine, und dies schon seit über einem Vierteljahrhundert. Nur wissen darf sie nichts, sonst ist Aufstand der Unterröcke angesagt im Haus in San Francisco. **SEX** Munter.

Sassoon, Vidal

WER IST ES? Der Welt größter Haar-Kreateur **LEBENSDATEN** *17.1.1928 in London **JOB** Star-Friseur

KARRIERE Fängt mit 14 als Shampoo-Boy in einem Friseursalon in Mayfair an. 1954 erster eigener Salon in London. Heute mit eigener Akademie in Santa Monica sowie weltweit verteilten Ausbildungsschulen und Barber-Shops. S. ist Erfinder von Haarpflegemitteln (US-Konzern »Procter & Gamble«) und kopfhautschonenden Bürsten und Kämmen. Seine Frisuren sind Kunstschöpfungen und tragen Namen wie »Classic Bob«, »Asymetric Geometric«, »Isadora«, »Griechische Göttin«, »Fünfeck-Schnitt«, »Die Locke«, »Der Vorhang«, »Die Bürste«, »Die Brise«, »Gigi«, »Die Welle« oder »Quiff«. Seine Devise heißt: Es ist der Schnitt, er zählt. Er hat Schauspielerinnen wie *Mia Farrow* (Frisur für ihren Film »Rosemaries Baby«, die ihm

5000 Dollar bringt), *Audrey Hepburn* und *Liz Taylor* (beide ➜ HOLLYWOOD) unter seiner Schere. Die junge Modeschöpferin *Mary Quandt*, Erfinderin des Minirocks, stellt sich als Versuchskaninchen zur Verfügung. **PARTNER** Künstler *Andy Warhol* ist so begeistert von Vidal, dass er sich von ihm für eine riesige Werbekampagne einspannen lässt, an der auch US-Filmstar *Steve Lundquist* teilnimmt sowie der glatzköpfige *Geoffrey Holder*. »Wenn ich Haare hätte, würde ich sie Sassoon anvertrauen.« **RESIDENZ** Traum-Bungalow im strengen Bauhaus-Stil mit In- und Outdoor-Pool in den Hügeln von Beverly Hills. **BEAUTY** Sieht aus wie ein Filmstar. **EHE** S. lebt in vierter Ehe mit *Rhonda*. Hat aus der Ehe mit *Beverly* vier Kinder, darunter *Catya*, die mit 15 heiratet, einen Film dreht und später wegen Drogenmissbrauchs ums Leben kommt.

Savoyen, Vittorio Emanuele IV.

WER IST ES? Verbannter Sohn des letzten italienischen Königs **LEBENSDATEN** *12.2.1937 in Neapel **JOB** Theoretisch König Italiens, aber die Monarchie wurde 1945 abgeschafft und die Verfassung Italiens beginnt mit dem bemerkenswerten Satz: »Italien ist eine auf die Arbeit gegründete Republik.« Ohrfeige für den müßigen Adel oder Eigentor?

RESIDENZ Villa in Genf. **STYLE** Auch im Exil italienische Eleganz. **FAMILIE** Sein Vater, *Umberto II.*, war der letzte italienische König. Verheiratet ist S. mit *Marina Doria*, Sohn *Emanuele Filiberto*. Savoyens Filius sticht der Hafer, als er, wohl vom Heimweh geplagt, die italienischen Behörden öffentlich rügt: »Wie alle Politiker sind die italienischen besonders träge und kümmern sich nur um Dinge, die ihnen selbst nützen.« Der forsche Ladykiller und Freund von Hemdenfabrikant *Otto Kern*, hat sich schon damit abgefunden, im Genfer Exil zu leben (➜ SCHICKSAL). Mit Papa und Mama steht er häufig im Mittelpunkt von Pariser Parties der A-Klasse, die der rührige Salonlöwe *Massimo Gargia* organisiert. In Sachen »Herzflimmern« hat *Filiberto* auf jüngere Flamme geschaltet. *Baronesse Tatiana* heißt seine neue Liebe, die ihn seit ein paar Monaten so in Atem hält wie vorher keiner seiner Amouren. Im zarten Alter von 20 Jahren hat ihm der italienische Vamp *Francesca Dellera* den Kopf verdreht, dann die Chilenin *Alejandra di Andia* (sieben Jahre älter und Mutter einer Tochter *Joy*), mit der er über fünf Jahre verbringt, obwohl diese Liaison den Eltern lange ein Dorn im Auge ist. Dann umgarnt der Prinz *Natascha Andress*, Nichte von James-Bond-Ikone *Ursula Andress*. Tatjana, die Aktuelle, ist eine Rasse-Klasse-Frau von 23, die zwei Söhne, *Alexander* und *Balthazar*, hat. Schon mit 17 überrascht sie die Eltern, *Ernst Freiherr von Gecmen-Waldek* und Prinzessin *Victoria Maria von Bourbon-Parma*, mit ihrem ersten Baby. Die Schöne mit den Bambi-Augen, deren Onkel Chef des elitären Corviglia-Clubs in St. Moritz war, heiratet minderjährig den gut aussehenden, 13 Jahre älteren Salzburger Bankier *Michael Berger-Sandhofer* (Vontobel-Bank). Bis zum letzten Festspielsommer sind sie ein Herz und eine Seele in der Mozartstadt, wo *Tatjana* als Hobby indischen Schmuck und Pashmina-Schals verkauft. Doch mit ihrer Reife wächst die Ehekrise, und schließlich kommt die Trennung. *Tatjana* geht nach Paris, wo auch ihre Mutter lebt, und nimmt sich eine Wohnung. In der Stadt der Liebe trifft sie den Savoyen-Spross, der in Genf bei einer Bank arbeitet. Das spontane Herzensglück wird gleich auf einer Reise nach Rio einer ersten Prüfung unterzogen.

SCHICKSAL S. lebt mit seiner königlichen Familie seit 1974 im Genfer Exil. Jahrzehntelang kämpft er gegen eine Übergangsbestimmung der italienischen Verfassung, in der festgelegt ist: »Den ehemaligen Königen des Hauses Savoyen, ihren Ehefrauen und ihren männlichen Nachkommen sind die Einreise und der Aufenthalt auf dem Staatsgebiet verboten.« Gibt es Härteres als lebenslanges Italienverbot – und dies für Prinzen aus jenem Hause, das Italien einst vereinigt hat? Bis 2002 bleiben die Savoyens ausgesperrt, obwohl in ganz Europa die Grenzen gefallen sind. Regierungschef ➔ *Berlusconi* hat eine Verfassungsänderung in Aussicht gestellt. Im Juli 2002 ebnet das italienische Parlament den männlichen Nachkommen des letzten italienischen Königs den Weg in die Heimat zurück. Ein bisschen Geduld ist noch angesagt, weil bei der letzten Abstimmung im Abgeordnetenhaus über den Artikel der Verfassung die notwendige Zweidrittelmehrheit nicht zustande kam. Die Aufhebung des Einreiseverbots fand aber parteiübergreifende Zustimmung und wurde mit 347 gegen 69 Stimmen bei 44 Enthaltungen verabschiedet. Nun ist wegen der fehlenden Zweidrittelmehrheit drei Monate zu warten, ob ein Referendum in dieser Frage beantragt wird. **SKANDAL** Korsika ist ein italiennahes Ferienparadies – aber auch eine Hölle für den, der das Untersuchungsgefängnis der Insel kennt. Diese Milieustudie darf S. wegen eines bis heute nicht ganz geklärten Vorfalls machen, bei dem ein junger deutscher Tourist erschossen wurde. Vittorio sitzt deshalb längere Zeit in U-Haft. **EVENT** Wenn man bedenkt, wie oft Italien seine Regierung wechselt, würde es auch nicht überraschen, wenn eines Tages Vittorio Emanuele ans Ruder käme. Auf den Thron hat er nie verzichtet und lebt im Genfer Exil voller Wehmut und Heimweh nach seinem »Königreich Italien«, das er nicht betreten darf. Im Nachbarland Frankreich wird er jedenfalls für einen Abend gefeiert wie ein König. Fahnen, Hymnen und Militäraufmarsch, als der Souverän in Villefranche zum ersten Mal die Zitadelle aus dem 15. Jahrhundert besucht, die ein Urahn seiner Familie errichtete. Während S. und seine attraktive Frau *Marina Doria* die würdige Gala mit dem nötigen Ernst absolvieren, präsentiert sich ihr munterer Filius besonders zugänglich.

Der Yuppie mit Vier-Tage-Bart und langen wehenden Haaren hat die flinksten Hände Mitteleuropas. Im Innenhof der Festung mit Blick auf Cap Ferrat wird ein original italienisches Buffet serviert, das sich auch *Gina Lollobrigida*, am Tisch mit Salon-Löwe *Massimo Gargia*, munden lässt. Bei der Benefiz-Tombola, die von Sotheby's durchgeführt wird, gewinnt Prinzessin *Marina* ein Buch mit Zeitungsausschnitten über den Staatsbesuch von Italiens König *Umberto* 1963 in den USA.

Schächter, Markus

WER IST ES? Mit-dem-Zweiten-sieht-man-besser-Intendant **LEBENSDATEN** *31.10.1949 in Hauenstein/Pfalz **JOB** Seit Frühjahr 2002 Intendant des ZDF **KARRIERE** Zunächst arbeitet er als Journalist beim Südwestfunk und wird später Pressesprecher unter Kulturministerin *Hanna-Renate Laurien*. Seit 1981 beim ZDF, zuletzt Programmchef, der *Johannes B. Kerner* viermal pro Woche ins Programm hebt. Ein TV-Serien-reifes Wahl-Hickhack legt das ZDF hin: 12 Monate Suche, zwei verpatzte Wahlgänge, Verschleiß vieler Kandidaten, insgesamt 15 an der Zahl. Der Versuch, einen neuen Intendanten zu finden, erinnert fast an den Umgang mit Kraut und Rüben. Mit ähnlichem Gemüse ist Markus Schächter in seinem Garten gerade beschäftigt, als am 9. März 2002 das Handy klingelt und dem vorher in allen Zeitungen als »chancenloser Kandidat« Gewerteten mitgeteilt wird: »Sie sind der neue Intendant des ZDF«. Später, im Sendezentrum auf dem Lerchenberg, redet er von seinen Plänen und verspricht, noch ganz in Gärtnerlaune, das Haus »zur Blüte zu bringen«.

ERFOLGE Grimme-Preisträger. **VORGÄNGER** Prof. *Dieter Stolte*. **RESIDENZ** Lebt im Mainzer Vorort Hechtsheim in einem Haus – mit Garten. **HOBBIES** Das Wandern ist des Schächters Lust – einmal soll er auf Schusters Rappen gemeinsam mit Medien-Unternehmer Dr. *Leo* ➔ *Kirch* in den Wallfahrtsort Lourdes gepilgert sein. Sch. ist auch Hobby-Gärtner und angelt gern. **FREUNDE** Befreundet mit dem Kirch-Vertrauten *Jan Mojto*. **EHE** Verheiratet mit *Veronika*, drei Kinder: *Anna*, *Teresa* und *Jonas*.

Schäfer, Bärbel

> **WER IST ES?** Kerniges RTL-Lockmittel für deutschen Seelen-Striptease
> **LEBENSDATEN** *16.12.1963 in Bremen
> **JOB** Die kurzhaarige Blondine mit der abendfüllenden Figur ist seit 1995 täglich mit einer Show auf dem Bildschirm, in der »Deutschland, deine (Geistes-)Kranken« zanken.
> **KARRIERE** Studierte Theater-, Film- und Fernseh-Wissenschaft in Köln.

LIEBE Die private Schäfer-Stunde teilt sie mit einem deutschen Michel der besonderen Art. Es ist *Michel Friedman*, wegen seiner Gel-Vorliebe »Ölprinz« genannt, Anwalt, CDU-Politiker, Vizepräsident des Zentralrats der Juden und ZDF-Fernsehrat. Trotz florierender Kanzlei in Frankfurt bleibt Zeit für Talkshow-Gefährlichkeit: Seine Interview-Partner in »Vorsicht! Friedman«, die er mit exotischem Augenaufschlag wie eine Schlange das Kaninchen fixiert, genießen bei der Tele-Inquisition den dankbaren Part des Opfers. Aber wehe, sie widersprechen oder sprechen überhaupt in dieser Monolog-Show – dann macht der Advokat sie öffentlich-rechtlich fertig.

Schah von Persien, Mohammed Reza Pahlavi

> **WER IST ES?** Letzter Herrscher auf dem Pfauenthron **LEBENSDATEN** *26.10.1919, † 27.7.1980 **KARRIERE** Mit 21 Jahren besteigt er den Pfauenthron und regiert das Land mit strenger Hand. Er setzt auf eine Mischung aus Repression und Verwestlichung – und unterschätzt den von Paris aus agierenden Revolutionsführer *Ajatollah Khomeni*, der 1979 seelenruhig mit einer Linien-Maschine von Air France nach Teheran düst. Unter dem Druck der Opposition wird der Schah mit seiner Familie aus Persien vertrieben. Nach einer Odyssee durch mehrere westliche Länder – zeitweilig wohnt er im »Ocean Club« auf den Bahamas (Drei-Monats-Miete 50 000 Dollar) – lässt er sich in Kairo nieder, wo er am 27.7.1980 stirbt.

MACHT Der gefürchtete Geheimdienst SAVAK sicherte seine Stellung.
PARTNER Zur Verwirrung der europäischen Linken, die den Schah erbittert bekämpft (und erkennen muss, dass der Iran mit *Khomeini* vom Regen in die Traufe kommt), ist die sozialistische Tschechoslowakei der treueste Waffenlieferant und beste Freund des Schahs. **IMAGE** Sportlich wirkender Despot. **RESIDENZ** Kaiserpalats in Teheran. **HOBBIES** Gefärbte Haustiere. **STYLE** Eines der prunkvollsten Feste der Menschheitsgeschichte inszeniert Mohammed Reza 1971 zur 2 500-Jahr-

Feier des persischen Kaisertums. Unter den Gästen sind US-Vizepräsident *Spiro Agnew*, Kronprinz ➜ *Carl Gustaf von Schweden*, Königin *Anna Maria von Griechenland*, Pakistans Präsident *Jahja Khan*, *Imelda Marcos* (Philippinen) und Präsident *Ludvik Swoboda* (Tschechoslowakei). **FAMILIE** Verheiratet in erster Ehe mit *Fawzia*, (Tochter *Schahnaz*), geschieden am 19.11.1948. Zweite Ehe mit ➜ *Soraya Esfandiary*, Hochzeit am 12.2.1951, Scheidung am 6.4.1958. Dritte Ehe mit *Farah Diba* (*15.10.1938), Hochzeit am 21.12.1959. Aus dieser gehen vier Kinder hervor, *Reza Cyrus, Farahnaz, Ali Reza* und *Leila* (die besonders hübsche Prinzessin wird im Juni 2001 tot in einem Londoner Hotel aufgefunden). **SEX** ➜ PARTY.

PARTY Zweimal im Jahr versammelt sich die Society in einer Münchner Dachterrassen-Wohnung in der Dietlindenstraße. Sie gehört *Hassan Goreschi*, einem feinen Perser, der dem Schah untertan ist. Weshalb seine Parties so begehrt sind, liegt an der Hauptspeise, die es nirgendwo in Deutschland in solcher Menge und Qualität gibt: Schah-Kaviar in Fässern, aus denen sich die Gäste mit dem Schöpflöffel die »Kugelspeise« aufladen, die sonst bei »Boettner« mit der Hundertstel-Gramm-Waage gewogen und verkauft wird. Kaviar satt – ein geflügeltes Wort. Hassan unterstreicht mit einem milden Lächeln seine vom Schah bezahlte, grenzenlose Großzügigkeit. Eine seiner diskreten Aufgaben ist es, für den Lifestyle-bewussten persischen Monarchen Gesellschafterinnen für die Tea time in Teheran zu akquirieren. Viele hübsche Münchnerinnen werden dort eingeflogen und erleben im »Hilton«-Hotel die Begegnung mit dem Schah und dessen gefärbten und gepuderten Haustieren. Kaiserlich beschenkt kehren die Damen nach München zurück: mal ist es eine Eigentumswohnung, mal ein Sportwagen, mal ein echter Perserteppich, oder alles zusammen. Mohammed Reza ist niemals kleinlich. Eine Schauspielerin leidet nach dem Teheran-Trip an Unterleibsschmerzen und muss in Berlin behandelt werden. Diese Rechnung begleicht nicht etwa die Kranken-, sondern die Hofkasse.

Schamoni, Peter

> **WER IST ES?** Subtiler Einzelkämpfer im deutschen Filmgeschehen **LEBENSDATEN** *27.3.1934 in Berlin **JOB** Regisseur mit ausgeprägtem Kunstsinn **KARRIERE** »Schonzeit für Füchse«, »Potatoe Fritz« (mit *Hardy Krüger*), »Frühlingssymphonie« (mit *Nastassja* ➔ *Kinski*), »Majestät brauchen Sonne« sowie Werke über *Max Ernst, Niki de Saint-Phalle* und *Caspar David Friedrich*.

ERFOLGE Bayerischer Filmpreis, Deutscher Filmpreis. **RESIDENZ** Lebt in München und in Seeshaupt am Starnberger See. **LIEBE UND EHE** Rekord-Single mit Spätbindung, verheiratet mit Journalistin *Natascha Gottlieb*. In seinem Domizil im Münchner Herzogpark besitzt S. ein »Vogel-Bett«, ein besonders kostbares Kuschelnest, entworfen von Surrealist *Max Ernst*. Das Kopfteil besteht aus lauter geschnitzten Vögeln, die ineinander verflochten sind. Wer in dieses Allerheiligste rein darf, hat bei Peter die Aufnahmeprüfung für das ganze Leben bestanden. *Natascha* muss ein besonderes Klingelwerk besitzen, denn sie hat den ewigen Junggesellen überzeugt, mit ihr – sie ist 28, er 68 – zum Standesamt zu gehen. Von all den spannenden Begleiterinnen auf seinem turbulenten Lebenspfad, wie die blonde *Gabriele Quandt*, die noch blondere *Renate Hirsch* (genannt »Engelchen«), die auch *Friedensreich Hundertwasser* den Malerkopf verdrehte, oder *Anja Bartsch* aus Hamburg, wäre ihm nur eine richtig gefährlich geworden: Liszt-Ur-Ur-Enkelin *Eva Bergmanova*, Schwabings schönste Schlange. Die rassige, rothaarige Tschechin (Ausgeh-Devise: »Tanz ich nicht, schwitz ich nicht«) meistert eine beispiellose Dreiecks-Geschichte der pikanten Art. Sie schenkt sowohl Peter als auch dem vermögenden, meist auf den Seychellen weilenden Großunternehmer *Otto Schnitzenbaumer* viel Aufmerksamkeit. Als schließlich der heute Software-tüchtige *Sebastian* zur Welt kommt (er will *Edmund* ➔ *Stoiber* bei neuen Computer-Techniken behilflich sein), fühlen sich sowohl Otto wie auch Peter als »Vater« berufen. Eva, nomen est omen, klug, geschäftstüchtig und heute nur noch mit *Schnitzenbaumer* zusammen, behält bis heute das süße Geheimnis für sich. Oder sie weiß es selbst nicht. Klar: Nur die Mutter kennt man bestimmt. **SEX** Nicht ganz so lebenswichtig, wie das Vögelbett vermuten lässt.

Scharping, Rudolf

> **WER IST ES?** Künstlername: bin Baden **LEBENSDATEN** *2.12.1947 in Niederelbert im Unterwesterwald **JOB** Erst abgehobener, dann abgestürzter Bundesverteidigungsminister (SPD) **KARRIERE** Rheinland-pfälzischer Ministerpräsident, Vorsitzender der SPD und Kanzler-Kandidat. November 1998 – Juli 2002 Bundesverteidigungsminister. Klebt zunächst trotz grober Vorwürfe jahrelang wie Uhu am Sessel, muss dann aber wegen seiner Beziehungen zum Beziehungsmakler *Moritz Hunzinger* (der auch die private Beziehung zu Gräfin *Kristina Pilati-Borggreve* vermittelte) abtreten.

KONKURRENTEN Von *Oskar Lafontaine* wird Sch. beim legendären SPD-Parteitag in Mannheim 1995 aus dem Amt des Parteichefs geputscht. **IMAGE** Zur Maske erstarrtes Phlegma. Lässt sich beim Laufen die Schuhe besohlen und schläft bei seinen eigenen Reden schier ein. **RESIDENZ** Rudolf kann gelegentlich aber auch zupacken und stemmt selbst schwere Kisten. Tatkräftig hilft der Politiker mit, als die gemeinsame Wohung (240 Quadratmeter) in der zweiten Etage einer Villa im Frankfurter Westend eingerichtet wird, wo sein neuer Lebensmittelpunkt mit Gräfin *Pilati* sein wird. **MOBILITÄT** Viele Dienstflüge nach Frankfurt (➔ LIEBE). **HOBBIES** Planschen und Radfahren (➔ PANNEN). **STYLE** Von 1972–94 noch mit vollbärtiger Front, ist der Politiker jetzt glatt rasiert. **BEAUTY** In der schwäbischen Stadt Stockach steht neuerdings ein Scharping-Denkmal, das ihn viermal als U-Boot-Offizier zeigt. Beton-Plastiker *Peter Lenk*, Künstler und Antik-68er, erschafft die Skulptur anlässlich des 2001 außer Dienst gestellten U-Boots »U 20« unter dem Titel »Traum eines U-Bootfahrers«, weil er glaubt, Scharping verkörpere das neue Motto der Bundeswehr: ›Make love and war‹. In der Mitte des Scharping-Quartetts aus Zement steht ein Matrose mit einer Nackten auf den Schultern. Bei einem U-Boot kommt es bekanntlich aufs Rohr an, und so sind die opulenten Beton-Ausbuchtungen in der Hose des Vierfach-Scharping, als Rechtsträger modelliert, nicht zu übersehen. Entsprächen diese Zentimeter der Wirklichkeit, bräuchte S. nicht mehr Verteidigungsminister zu sein, sondern könnte sofort in die Offensive gehen. **FAMILIE** Ist das älteste von sieben Kindern. **LIEBE** Er ist noch nie in der U-Bahn schwarz gefahren, trennt selbst den Hausmüll, hört am liebsten *Giora Feidman* und die *Swingle-Sisters* und ist zunächst ein Familienvater wie aus dem Otto-Katalog, aber Fettnäpfchen lässt er kaum aus. Das Planschen im Pool mit Gräfin *Kristina Pilati-Borggreve* bringt den Schattenmann ins Blitzlicht-Feuer (Titel des »Spiegel« Nr. 35 / 27.8.2001: »Rudolf der Eroberer. Verteidigungsminister Scharping: Bedingt abwehrbereit«). In der stockkonservativen Berliner Anwaltskanzlei *Knauthe*, für die die Gräfin in der Frankfurter Dependance arbeitet, ist man über das pubertär genossene Glück reifer Liebe in so transparenter Form nicht sehr glücklich. Scharping-Schlagzeilen gibt es außerdem, als S.s blonde Tochter *Tina* in Bonn den Sengalesen *Malick Lame* heiratet und als die Trennung von Frau *Jutta* bekannt wird. **PANNE** Als Bundeswehrsoldaten im Kriegsgebiet Mazedonien ihre Pflicht tun, hat Rudi seinen eigenen Nahkampf-Einsatz in einem Pool auf Mallorca. Er hat auch nichts dagegen, das Liebesglück von Illustrierten-Reportern ablichten zu lassen. Er hält das für geschickte PR. Im Sommer 1996 fliegt der bekennende Radsportfan vom eigenen Rennrad und verletzt sich arg. Manchmal scheint es, dass die Sache bis heute nicht ganz auskuriert ist.

Schau, Jürgen

WER IST ES? Zelluloid-Zampano **LEBENSDATEN** *19.2.1945 in Benediktbeuren/Bayern **JOB** Chef des amerikanischen Film-Konzern »Columbia-TriStar« in Deutschland

RESIDENZ Er wohnt mit Frau *Elfie* am kleinen Wannsee (mit Kanu). **MOBILITÄT** Fährt neben einem Dienst-Daimler einen klassischen »Morgan«-Sportwagen. **PARTY** Bringt mit *Hollywood*-Stars wie *Jack Nicholson*, *Julia Roberts*, *Sandra Bullock* (alle drei → HOLLYWOOD), *Arnold* → *Schwarzenegger*, *Sean* → *Connery*, *Thommy Lee Jones* und *Tom Hanks* weltstädtischen Wind in die hauptstädtische Party-Szene. Seine Feste sind A-Klasse. Bei der »Men-in-Black-II«-Premiere erfühlt Jack Nicholsons Freundin *Lara Flynn-Boyle*, Hauptdarstellerin in dem Film, innere Werte des Gastgebers S.: Als sich beide für ein Foto aneinanderdrücken, bebt plötzlich ganz zart ihr Busen. Der Grund: Jürgens Handy, auf stumm gestellt, vibriert in seiner Brusttasche. Lara ist von dieser Art Streicheleinheit ganz angetan.

Schaumburg-Lippe, Alexander Prinz zu

WER IST ES? Royal-Unternehmer **LEBENSDATEN** *25.12.1958 in Düsseldorf **JOB** Rechtsreferendar

RESIDENZ Schloss in Bückeburg. **FAMILIE** Sohn von Familienchef *Fürst Philipp Ernst* und *Fürstin Benita zu Schaumburg-Lippe*. **EHE** Geschieden von *Prinzessin Marie-Louise (Lilly)*, ein Sohn: *Heinrich Donatus*. Es ist Valentinstag 2002, der eigent-

lich für bindungsaktive Liebende reserviert ist, als Alexander und *Lilly* überdurchschnittlich friedlich auseinandergehen. So taucht auch nur ein Rechtsvertreter an der Kanzlei Nachmann in Zimmer B 704 des Münchner Amtsgerichts auf, und die Scheidung unter dem Aktenzeichen 525 F 00279/02 dauert gerade mal elf Minuten. Am Vorabend haben sich die Schaumburgs zum stilvollen Last Dinner bei »Käfer« getroffen. Er schlürft Austern, sie bestellt die möglichen Köstlichkeiten einer Gemüseplatte. Nach dem Gerichtstermin bringt Prinz Alexander die schöne *Lilly* zu ihrem Apartment in Schwabing, dann fährt er zu einer »Wildwest-Party« im »Dracula Club« von St. Moritz, wo vier Neo-Musketiere, *David Shields* (Immobilien, New York), *Mike Dediacomo* (US-Politiker), *Philippo Guerrini-Maraldi* (Broker) und *Mark Fischer* (größter Weinimporteur der Schweiz), ihren überfälligen Einstand feiern. Dabei ist auch *Prinz Ernst August von* ➔ *Hannover.*
SEX Steigerungsfähig.

Schell, Maximilian

WER IST ES? Deutscher Weltstar aus Österreich **LEBENSDATEN** *8.12.1930 in Wien **JOB** Schauspieler und Regisseur

KARRIERE Studiert zunächst Kunst- und Literaturgeschichte, Theater- und Musikwissenschaft. Als sein Idol *Horst Caspar* 1952 stirbt, entschließt er sich, Schauspieler zu werden. Er startet in Basel, wechselt nach Essen, Bonn (»Prinz von Homburg«), Lübeck und München. 1959 holt ihn *Gustaf Gründgens,* und er spielt in Hamburg den »Hamlet« in *Gründgens* Abschiedsvorstellung. (G. fuhr einen silbernen Rolls-Royce, den *Horst* ➔ *Wendlandt* kaufte.) Ende der 60er Jahre gibt Schell ein Gastspiel am Londoner Royal Court. Sein Film-Debüt hat er mit »Kinder, Mutter und General«. Weitere Leinwand-Erfolge: »Anruf für einen Toten«, »Steiner«, »Die Eingeschlossenen«, »The Young Lions«, »Ein wunderbarer Sommer«, »Die Akte Odessa«. Er führt Regie in »Erste Liebe«, »Der Fußgänger«, »Der Richter und sein Henker«, »Weites Land«, »Marlene« (Doku über *Marlene Dietrich*, Produzent *Karel Dirka*). Titelrolle in der US-Fernsehserie »Peter der Große«. 2002 Premiere seiner Dokumentation über die kranke Schwester *Maria Schell*, »Meine Schwester Maria« Ihm gelingt dabei das Kunststück, mit 8 Mio. DM Filmgeldern einen 2-Millionen-Streifen zu drehen. **ERFOLGE** Oscar für »Das Urteil von Nürnberg«. 14 Preise für »Erste Liebe«. **IMAGE** Max lässt nichts anbrennen. Man sieht es nicht auf Anhieb, aber seine klugen Augen entlarven ihn als Schwerenöter. Allerdings ist er einer von der Spezies, die genießt und schweigt. **RESIDENZ** Die ausgebaute Alm seiner Eltern in Österreich. **FREUNDE** Produzent *Karel Dirka*.

FAMILIE Schwester ist die Schauspielerin *Maria Schell*. **EHE** Sch. ist seit 1986 verheiratet mit Lenin-Preisträgein *Natalja Andrejtschenko* und trennt sich von ihr im Mai 2002. Vorher ist er lange mit Cutterin *Dagmar Hirtz* liiert. Bei den Filmfestspielen in Cannes zeigt er sich mit neuer Begleiterin, *Elisabeth Michitsch*, einer Wiener Galeristin. **ERINNERUNG** Zweimal kreuzen sich unsere Wege, ohne dass richtig klar ist, dass wir auf gleichem Jagdgrund operieren. Das erste Mal im Hotel »Conti« in München: Sängerin *Michelle* von der Gruppe »The Mamas and the Papas« gewährt mir ein Vormittags-Interview, und als ich ihr Hotelzimmer im dritten Stock verlasse, kommt Schell um die Ecke. Ein kurzer Gruß, ein Murmeln und ein Starren in die Teppichboden-Auslegware. Ich drehe mich noch einmal um und sehe, wie er die Tür von *Michelles* Doppelzimmer öffnet. Das zweite Mal im Lukullustempel »Tantris«: Ich sitze mit *Mick* ➔ *Jaggers* Ex-Frau *Bianca* beim Abendessen in dem 3-Sterne-Restaurant, als ein Ober auftaucht und bittet, Frau *Jagger* möchte ans Telefon kommen. Ich winke ab und gehe für sie ran. Ein russischer Wortschwall dröhnt an mein Ohr. Ich täusche mich nicht: es ist unüberhörbar die Stimme von Max, der wohl auf »Peter der Große« macht. Als ich erneut frage, wer am Apparat sei, wird aufgelegt. **SEX** Zärtlicher Verführer ohne große Bindungsneigung.

Schiffer, Claudia

WER IST ES? Reklame-Girl mit großem Schauspieltalent fürs Privatleben **LEBENSDATEN** *25.8.1970 in Rheinberg bei Düsseldorf **JOB** Fotomodell (1,81 / 58 Kilo / 90–62–91).

KARRIERE 1989, als sie noch keiner kennt und sie auf dem Catwalk mit Entengang debütiert, stellt *Karl* ➔ *Lagerfeld* sie mir bei einer Chanel-Haute-Couture-Show in Paris vor: »Sie suchen doch immer einen deutschen Bezug bei Ihren Reportagen. Hier habe ich ein Mädchen aus Düsseldorf.« Society-Fotografin *Sabine Brauer* macht das erste Foto von Claudia, das dem »Bunte«-Chefredakteur *Günter Prinz* so gut gefällt, dass er es mir aus der Kolumne nimmt: »Ich brauche vorne im Heft was Frisches, diese Fotos sind ideal.« *Lagerfeld* verdankt Claudia ihre Karriere, das hat weltweite Katapult-Funktion, wenngleich die Blondine sich ein paar Mode-Saisons später einen nicht geschätzten »Seitensprung« zu *Yves* ➔ *Saint-Laurent* leistet. Karl der Große ist längere Zeit verschnupft. **PARTNER** 1993 begegnet Claudia nicht nur dem ungefährlichen Prinzen ➔ *Albert von Monaco*, mit dem sie heiße Küsse nur für die Illustrierten tauscht, sondern auch dem bis dato in Deutschland gänzlich unbekannten »Zauberlehrling« von *Siegfried & Roy*, *David Copperfield*.

»Wenn du mir hilfst, in deinem Land bekannt zu werden, helfe ich dir, dass du in Amerika ganz groß rauskommst«, verspricht der Magier mit dem Schlafzimmerblick. Zu jener Zeit ist David, dessen Zaubertricks bereits bei S & R uraufgeführt wurden, in den USA so populär wie Karl Dall in Dänemark, während Schiffer in Amerika dank eines immensen »Revlon«-Werbefeldzugs über den ganzen Kontinent längst ein Schönheitsbegriff ist. Die zauberhafte Partnerschaft mit *Copperfield* und vielen Verlobungs- und Hochzeits-News dauert überraschend lang – vielleicht weil niemand was vom anderen will.   **IMAGE** Geschäftstüchtige germanische Schönheitsbotschafterin mit eigentümlich keuscher Sinnlichkeit. Im Juli 2002 tauft sie den ersten, 75 Meter langen Airbus A 340-600 (311 Passagiere) für die von *Richard Branson* geführte Fluggesellschaft »Virgin Atlantic« auf den Namen »Claudia Nine«. (Ob sie diese Selbstverleugnung laut ausgesprochen hat?)
GELD Geschätztes Vermögen: 60 Millionen Euro. Allein die Vermietung von Gesicht und Gestalt an »Revlon« für drei Jahre bringen ihr 10 Millionen Dollar ein.
RESIDENZ Sie ist in London, New York und Paris zu Hause. Besitzt auf Mallorca ein größeres Anwesen und Wohnungen in Monte Carlo, London, Paris und Coldham Hall in Ostengland mit einer 800 Meter langen Auffahrt und einem 16 Hektar großen Park, Schauplatz ihrer ersten Hochzeit (➔ EHE).   **BEAUTY** Während die »ewige Miss Germany« noch 1993 über Oben-Ohne-Fotos im New Yorker Underground-Magazin R.O.M.E. mosert (sie war beim Umkleiden hinter der Bühne von Fotograf *David Hurley* »abgeschossen« worden), bleibt ein Jahr später der achtseitige Farb-Striptease in »Paris Match« unter dem Titel »Claudia en liberté« unbeanstandet. Der Busen ist süß.   **EHE** Ab 1999 tauchen neue Begleiter an ihrer properen Seite auf, wie Briefmarken-Erbe *Tim Jeffries*, Immobilien-Unternehmer *Christian Völkers* und 2002 Filmproduzent *Matthew Vaughn*, der nichts mit dem gleichnamigen Serienstar zu tun hat. Wieder einmal werden Hochzeitspläne und ein Vermählungstermin laut. Ganz in Weiß ist es dann endgültig am 25. Mai 2002 in einem englischen Herrenhaus, das sich die Schiffer für 8,5 Millionen Euro geleistet hat. Da muss anscheinend wieder Geld rein: Für eine halbe Million Pfund verkauft sie die Hochzeit an das Glanz-Magazin »Hello«. Mit Blenden und Tüchern versuchen die »Hello«-Mannen ihre teuer bezahlten Exklusiv-Rechte keimfrei zu halten. *Boris* ➔ *Becker*, mit damaliger Freundin *Patrice Farameh* wie 4711 immer dabei, gibt Statements vor der Tür. Wenn Claudia geheim hätte heiraten wollen, wäre dies ein Kinderspiel gewesen. Wie für jedermann. Im Juli 2002 gibt sie bekannt, sie werde Mama.   **LIEBE** Verzweifelt gesucht.   **SEX** »General Electric«, Höchststufe.   **PANNE** Ein Ausflug in die Gastronomie (»Fashion Café«) floppt ebenso wie ihre RTL-Sendung »Close up«, die sie nur einmal zu moderieren braucht. Auch *Amanda Lear*, franko-britische Sängerin und Muse des 1989 gestorbenen Surrealisten *Salvador Dali*, hat ihre Pläne geändert, Claudia die Hauptrolle

für die Verfilmung ihres Buches »Mein Leben mit Dali« anzubieten. Eine Begegnung der beiden Blondinen killt das Vorhaben. Claudia Schiffer zu *Amanda*:« Ich liebe dein Buch. Wer hat es für dich geschrieben?« *Amanda* zu Claudia:« Ich, Schätzchen. Und wer hat es dir vorgelesen?«

Schlingensief, Christoph

> **WER IST ES?** Enfant Terrible der deutschen Schauspielszene **LEBENSDATEN** *24.10.1960 in Oberhausen **JOB** Leiter der (Ost-)Berliner Volksbühne und Fernsehschaffender der schrägeren Art

KARRIERE Christoph wird zweimal bei der Münchner Filmhochschule abgewiesen (ein untrügliches Zeichen für Talent). Nach sieben Semestern bricht er in München sein Germanistik-, Philosophie- und Kunstgeschichte-Studium ab und arbeitet als Kamera-Assistent bei Oscar-Preisträger *Franz Seitz* für den Film »Dr. Faustus«. Weitere Erfahrungen holt er sich als erster Aufnahmeleiter der TV-Serie »Lindenstraße« (Branchenjargon: »Blindenstraße«) von *Hans W. Geissendörfer*, außerdem dreht er Kurzfilme. Er schockt mit seinen Aktivitäten Publikum wie Intendanz. Gelegentlich spannt er Prominente in seine Till-Eulenspiegel-Arbeit ein, wie bei »Talk 2002« *Hildegard Knef, Udo Kier, Ingrid Steeger* (sie gesteht unter Tränen das Drama ihres Liebeslebens mit *Dieter Wedel*), *Rolf Eden*, Sexualforscherin *Helga Götze* (demonstriert für »Ficken, Lieben, Frieden«), *Corinna Harfouch* und *Helmut* ➔ *Berger*. Damit erreicht er bei RTL bis zu 14 % Marktanteil. Produktionen: »100 Jahre Adolf Hitler«, »Hurra, Jesus ein Hochkampf«, »Begnadete Nazis«, »Menue Total«, »Mutters Maske«, »Das deutsche Kettensägen-Massaker«, »Terror 2000«, »United Trash«, »Die 120 Tage von Bottrop«, »Ausländer raus«, »Hamlet« (in Zürich) und »Rosebud« (in Berlin). **MACHT** Im März 1998 gründet der Provokateur des deutschen Theaters die Partei »Chance 2000«, für Nichtwähler, Behinderte und Arbeitslose, die bei der Bundestagswahl vom 27.9.1998 erfolglos antritt. Größte Wahlkampf-Aktion ist Christophs Versuch, zusammen mit 100 Anhängern den Wolfgangsee in Österreich, Urlaubsort von Kanzler ➔ *Kohl*, über die Ufer treten zu lassen. Kurze Zeit später erklärt S. das finanzielle Aus seiner Outsider-Partei mit der einladenden Bemerkung: »Parteien sind käuflich.« **IMAGE** Es ist schon Kunst, er zu sein. Hinter einem liebenswürdigen Lausbubengesicht, das immer offen lässt, was er ernst meint und was nicht, versteckt sich ein gnadenloser Midlife-Zyniker. **FAMILIE** Vater Apotheker, Mutter Krankenschwester: »Trotzdem extrem kleinbürgerliches Elternhaus« (O-Ton S.). **SKANDALE** ... braucht er wie die Luft zum Atmen. Öffentliche Empörung ist sein Lebenselexier.

Schmidt, Dr. Albrecht

> **WER IST ES?** Angestellter Krösus
> **LEBENSDATEN** *13.3.1938 in Leipzig
> **JOB** Top-Bank-Manager mit Millionen-Gehalt. Fusioniert, um es höflich auszudrücken, seine Vereinsbank mit der angeschlagenen Bayerischen Hypotheken- und Wechselbank.
> **KARRIERE** Studiert Jura in Tübingen und München. Als Chef der Hypo-Vereinsbank veröffentlicht er die Bilanzzahlen des Geschäftsjahres 2000: Die Bilanzsumme steigt auf 716,5 Milliarden Euro, der Jahresüberschuss auf 1,2 Milliarden Euro. Sch. ist Aufsichtsrat bei Allianz, Münchner Rück, Siemens, Vorsitzender des Bayerischen Bankenverbandes (1997).

MACHT »Raubritterburg« wird respektlos der silbrige Wolkenkratzer der Hypo-Vereinsbank genannt, der stolz und unnahbar über Münchens feinstem Wohnviertel Bogenhausen thront. Von dort aus steuert S. das weltweite Unternehmen mit 69 500 Mitarbeitern. Damit der Turm der 100 000 Computer nie lahmgelegt werden kann, sorgen fünf Schiffsmotoren dafür, dass die Notstrom-Aggregate in Gang bleiben. **WUNDER** Die Vorstände der Hypobank wie z.B. *Eberhard Martini* und *Joachim Hauser* (in dessen Bogenhausener Neubau u.a. *Jürgen Schneider* residiert), die eine Wertberichtigung in Höhe von 3,5 Milliarden Mark verschuldet haben, werden nur glimpflich (fünfstellig) bestraft. Ihr »Bankkunde« *Christian Krawinkel* bleibt unangetastet. **RESIDENZ** Lebt üppig in München-Bogenhausen.
MOBILITÄT Lässt seine Ferraris (einen für den Gegenverkehr) per Flugzeug nach St. Tropez einfliegen, wo sie, täglich gewienert, als Deko fürs Hotelentree dienen.
HOBBIES Überstunden-Stress baut er bei einem Bier und bayerischen Schmankerln in einem Restaurant gegenüber der Oper ab.

Schmidt, Harald

> **WER IST ES?** Querdenkender Lateshow-Lord **LEBENSDATEN** *18.8.1957 in Nürtingen bei Stuttgart **JOB** Produzent und Moderator der »Harald-Schmidt-Show« (seit 1995 viermal wöchentlich spätabends auf SAT 1.) **KARRIERE** Der diplomierte Kirchenmusiker besucht die Schauspielschule und sieht sich schon bei *Claus* ➔ *Peymann*, aber *Claus Peymann* sieht Harald nicht. Also arbeitet er als Kabarettist und Showmaster. Moderiert die Show »Pssst«, von 1992–95 »Verstehen Sie Spaß?«und 50 Folgen »Schmidteinander« an der Seite von *Herbert Feuerstein*. Filmstar in *Helmut* ➔ *Dietls* »Lateshow«. 2002 ist es dann doch so weit: Karriere beim Bochumer Theater. Nach seinem Debüt als Lucky in Becketts »Warten auf Godot« spielt er in der deutschen Erstaufführung von *Daniel Besses* »Direktoren« den Vize-Vorsitzenden eines Luftfahrt-Konzerns.

ERFOLGE Mehrfacher Grimme-Preisträger, Bambi, Goldene Kamera, Telestar, Deutscher Fernsehpreis. **MACHT** Besitzt die TV-Produktionsfirma »Bonito«. **PARTNER** Braucht stets einen Prellbock – früher bei »Schmidteinander« war es *Herbert Feuerstein*, jetzt ist es Harald-Schmidt-Show-Leiter *Manuel Andrack* (*23.6.1965 in Köln), der devote Schlappenschames und bezahlte Biertrinker, den die deutschen Bierbrauer 2002 zum »Botschafter des Bieres« kronkorkten. **KONKURRENT** *Stefan* ➔ *Raab* ist keiner. **IMAGE** Dirty Harry; zynische Pointenrakete, »powered by emotion«; neuerdings auch Lehrer der Nation, der in seiner Sendung Romane vorstellt und Lesebefehle erteilt. **GELD** Gage ca. 10 Millionen Euro im Jahr. **STYLE** Wie ein »Château Petrus« ist die Kölner Lästerwelle mit fortgeschrittenem Jahrgang edel geworden. Ein telegener Genuss, viermal pro Woche. Man muss *Fred Kogel* für visionäres Denken danken und dessen Stehvermögen bewundern, mit dem er unerschütterlich an dieser Lateshow für SAT 1 festhält, obwohl er sich anfangs viel anhören muss, als Harald noch eine Kopie von *David Letterman* sein will. *Leo* ➔ *Kirch* findet's gut und schickt ein Telegramm zu Weihnachten. Den amerikanischen Schatten hat Meister Fopper längst übersprungen und ist Harald Schmidt himself geworden. Vergessen die überflüssigen Frotzeleien vom Konkurrenz-Sender RTL, wo es mehr gewesen wäre, wenn *Barbara Eligmann* weniger gesprochen hätte. Gesagt hat sie nichts. Als Harald noch vor vielen Jahren, die Haare lang wie Jesus, Marke Oberammergau, zusammen mit Kabarett-Kollegin *Sybille Nicolai* die »TeleStar«-Preisverleihung in Köln nicht gerade spannend moderiert, ist nicht vorauszusehen, dass er sich zu so einer Rhetorik-Kanone entwickelt. **BEAUTY** Stets topgekleideter, graumelierter 1,94-Mann. **MAROTTE** Trinkt nur deutsches Wasser. **FAMILIE** Bevorzugt schlampige Verhältnisse. Mit der windschlüpfrigen Freundin *Elke Maar* (WDR-Redakteurin) hat er einen Sohn *Robert* (*1994), mit *Ellen Hantsch* Tochter *Nele* (*1995) und Sohn *Peter* (*1998). **SEX** Großer Theoretiker. Verschwiegener Praktiker. **PANNE** Natürlich verstehen diejenigen am wenigsten Spaß, die das am meisten nötig hätten. Als Harald einmal scherzt: »Was haben *Bettina Böttinger*, *Emma*, Eierlikör und eine Klosettschüssel gemeinsam?« und auch gleich die Antwort gibt: »Kein Mann würde sie anfassen«, reagiert B.B. so, wie sie aussieht. Als sie in Schmidts Show eingeladen wird, beschimpft die Dame, die weder attraktiv noch agil, aber arg anstrengend ist, das Publikum als »bezahlte SAT-1-Lakaien« und verlässt nach peinlichen Worten vorzeitig das Studio.

Schönborn-Wiesentheid, Johannes Graf von

WER IST ES? Siegfriedschöner Neffe von Fürst *Johannes von* ➔ *Thurn und Taxis* **LEBENSDATEN** *3.7.1949 in Würzburg **JOB** Jetsetter, Bonvivant **KARRIERE** Gelernter Silberschmied

RESIDENZ Lebt außerhalb von New York. **FAMILIE** Onkel Fürst *Johannes von Thurn und Taxis*. **EHE** Verheiratet mit in erster Ehe mit *Prinzessin Marie Antoinette zu Fürstenberg*, Tochter von Fürst ➔ *Jocki,* und in zweiter mit der Amerikanerin *Anita*. **SEX** Selbst in New York fällt das smarte Erscheinungsbild des deutschen Adeligen und seines Bruders *Peter* auf. Das hat zur Folge, dass die beiden auch mal die Liebeseigenschaften der lasziven, unersättlichen *Diandra Douglas*, Ex-Frau von *Michael Douglas* (➔ HOLLYWOOD), ergründen dürfen. **PANNE** Sophisticated-Johannes ist der Erfinder des Sektkübel-Springbrunnens by night. Diese Neuheit erleben live zu vorgerückter Stunde die Gäste des Münchner Lokals »Rondell« (heutige »Waschkuchl«). Eine Art Übungsschießen auf die Sektkübel im Lokal führt zu spritziger Unterhaltung. Das bleibt natürlich nicht ungestraft, und die juristischen Folgen führen zu Schlagzeilen.

Schönburg-Glauchau, Alexander Graf von

WER IST ES? Journalistischer Till Eulenspiegel **LEBENSDATEN** *15.8.1969 in Mogadischu **JOB** Journalist mit wöchentlicher Klatsch-Kolumne »Bitte nicht weitersagen« (bis Juni 2002) in der »Frankfurter Allgemeinen Sonntagszeitung«, Schwerpunkt Berlin

FAMILIE Schwester: Fürstin *Gloria von* ➜ *Thurn und Taxis*. **EHE** Verheiratet mit Prinzessin *Irina von Hessen*, eine Tochter.   **STYLE** Der wache Graf bringt Wirbel in die Berliner Gesellschaft, die sich 2002 so langsam formiert, obwohl sie Ausfälle wie den intriganten Abschuss des Schweizer Botschafters *Thomas* ➜ *Borer-Fielding* und seines Vamp-Eheweibes *Shawne* hinnehmen muss. In seinem gedruckten Ratespiel unter dem Titel »Manieren« zeigt Sch. Mitte Mai 2002 sechs Ladies von der Spree im Bild – Schauspielerin *Monika Hansen*, Fernseh-Direktorin *Barbara Groth*, Großunternehmers-Ehefrau *Anne Maria Jagdfeld*, Bildhauer-Ehefrau *Ulla Klingbeil*, Modemacherin *Sandra Pabst* und Party-Organisatorin *Isa von Hardenberg* – und fragt die Leser, auf welche der Damen der Gesellschaft, deren Name nicht verraten wird, folgende Punkte zutreffen: Sie setzt die Kosten der Hochzeit ihrer Tochter über ihre Firma ab, den Schneider des Brautkleides der Tochter will sie nicht bezahlen, weil der Modemacher froh über die Reklame sein müsse. Als ihre Tochter im Kreißsaal liegt und sich die Geburt ihres Enkelkindes hinzieht, herrscht sie auf dem Krankenhausflur den Professor an, er solle nach dem Rechten sehen. Als der Mediziner, in Kenntnis darüber, dass es sich um eine Kassenpatientin handelt, wissen lässt: »Wenn ich einen Blick in das Zimmer werfe, kostet das rund 500 Euro«, wird auf jeglichen Sonderservice verzichtet. Schwer ist das Rätsel nicht.

Schrempp, Jürgen

WER IST ES? Stuttgarter Rodeo-Spezialist mit südafrikanischer Prägung **LEBENSDATEN** *15.9.1944 in Freiburg/Breisgau **JOB** Alleiniger Boss der DaimlerChrysler AG

KARRIERE Fängt bei Daimler, wie man so schön sagt, von der Pieke auf an. 1961 Lehre als Kfz-Mechaniker, verdient er sich erste Sporen im Management der südafrikanischen Tochter, bevor er Chef der zu Daimler gehörenden »Deutsche Aerospace AG« (DASA) wird. Dort steht ihm sein schneidiger Kollege, *Franz-Josef* ➜ *Strauß*-Freund *Karl* ➜ *Dersch*, als Trägerrakete hilfreich zur Seite. Im Legoland Fokker (niederländischer Flugzeug-Hersteller) übt er sich in Großbaustellen. Seit

Mai 1995 Vorstandsvorsitzender. Bei der Fusion mit Chrysler wird der Begriff »Benz« geopfert, und drei Jahre später legt der Chrysler-Co-Chairman *Robert Eaton* seinen Posten nieder. Der bittere Abschied wird mit einer dreistelligen Millionen-Dollar-Summe versüßt. Seit April 2000 ist Sch. alleiniger Boss der »DaimlerChrysler AG«. Mit seinem Segen kommt auch der an einen Kabinenroller erinnernde Mikro-Wagen »Smart« heraus, der als neue Marke gedacht ist. Uhren-Vorstand *Nicolas G. Hayek* (Swatch), der das Projekt bei Daimler untergebracht hat, steigt jedoch vorzeitig aus. Als Feuerwehrmann bei Chrysler beauftragt er den gerne Hubschrauber fliegenden Daimler-Vorstand *Dieter Zetsche* mit der »Mission impossible« als neuen Chef der amerikanischen Firma; er löst *James Holden* ab.

GELD Schneidert den stockkonservativen »Daimler-Benz«-Konzern durch den Chrysler-Kauf so amerikanisch zu, dass sein Einkommen (geschätzte 6,3 Millionen Euro) im US-Vergleich nicht abfällt. Die DaimlerChrysler-Vorstände genießen, verglichen mit denen von BMW oder VW, einen 3-Sterne-Service in Hotels und in der Luft. Das Pulver scheint bei dem Konzern mit dem Stern keine Rolle zu spielen. Bevor Schrempp den verschwenderischen *Edzard* ➔ *Reuter* auf dem Chefstuhl absägte, schlugen die jährlichen Flugkosten der Vorstands-Etage mit 17 Millionen Mark zu Buche. Der toughe Jürgen, ganz spektakulär, senkte erst diese Ausgaben auf 10 Millionen Mark, ließ die konzerneigenen Maschinen verkaufen und bei Luftreeder *Werner Baders* »MTM-Avitation« in München chartern. Der Sparbremse zieht aber nicht lange – das pure Gegenteil tritt ein: Der Vorstand bedient sich wieder einer eigenen Jet-Flotte (Lear, Challenger und Airbus; davon gleich zwei, die täglich zwischen Stuttgart und Detroit zirkulieren). Die geschäftlichen Flugkosten explodieren. Statt 10 Millionen sind es jetzt umgerechnet rund 300 Millionen Mark pro Jahr. Das Schönste: Der Vorstandsvorsitzende Schrempp benutzt die eigenen Flieger nicht. Er chartert lieber in der Schweiz. Diskretion geht über alles – bei der Firma muss doch nicht jeder wissen, wohin und mit wem der Chef fliegt. **RESIDENZ** Wohnsitze in Kapstadt und im Schwäbischen.
HOBBIES Sch. liebt dicke Zigarren, trinkt täglich drei Liter Wasser, absolviert das Laufband und ist insgeheim ein ambitionierter Sänger und Trompeter für Klassik.
BEAUTY Großer Mann mit eckigem Kinn. **FAMILIE** In DaimlerChrysler Italien, mit Hauptquartier in Rom, baut Sch. einen Katalysator ein, da die Dependance bisher etwas Stuttgart-feindlich war, wie die Zwischenfälle mit Vorstand *Werner Niefer* und auch mit ihm selbst zeigen: Ein Ausflug an die Spanische Treppe mit Sekretärin *Lydia Deininger* inklusive Rotwein mit exklusiver Flaschengärung kommt unnötig an die Öffentlichkeit. Das ist seit 2001 ausgeschlossen, weil Bruder *Wolfgang Schrempp* wie ein Kammerjäger Rom keimfrei macht. **EHE** War in erster Ehe mit Frau *Renate* 25 Jahre lang verheiratet und hat aus dieser Verbindung zwei Söhne. Heiratet im Dezember 2000 typgleich die schwarzhaarige

Lydia. Mit ihr hat er Tochter *Loana*, die im Juli 2001 zur Welt kommt. *Lydia Schrempp* ist jetzt die Mutter des Konzerns. **PANNE** Einen Rückschlag in der grandiosen Karriere muss S. hinnehmen, als die neuen A-Klasse-Autos beim Elch-Test umkippen.

Schröder, Gerhard

WER IST ES? Schönfärbender Regierungschef **LEBENSDATEN** *7.4.1944 in Mossenberg/Kreis Detmold **KARRIERE** Beginnt eine Lehre in einem Porzellan-Geschäft, macht Abitur in der Abendschule, studiert Jura und verteidigt als Anwalt den Apo-Advokaten und heutigen Rechtsextremisten *Horst Mahler*. Tritt 1963 in die SPD ein. 1978–80 Juso-Chef, 1980–86 Bundestagsabgeordneter und Mitglied des SPD-Parteivorstands, 1990 Ministerpräsident von Niedersachsen, ab 1998 Bundeskanzler.

PARTNER In der rotgrünen Koalition: *Joschka* ➜ *Fischer*. In der SPD: *Franz Müntefering*. Geschäftlich: Die Volkswagen-Bosse. Generell: *Ferdinand* ➜ *Piech*.
IMAGE Smarter, etwas zockerhaft wirkender Macher. **GELD** Bezieht als Kanzler ein Gehalt von 17 000 Euro. **RESIDENZ** Anfangs ungeliebtes, da von Vorgänger *Helmut* ➜ *Kohl* initiiertes Bundeskanzleramt (Adresse: Willy-Brandt-Straße, Tiergarten); Haus in Hannover. **HOBBIES** S. schätzt die Musik der »Scorpions« (Doris hält dem lässigen Band-Mitglied *Rudolf Schenker* die Stange). **BEAUTY** Buschige Augenbrauen, massive Kinnpartie und keinesfalls gefärbte oder getönte Haare (anwaltschaftlich verbrieft). **STYLE** Bevorzugt Brioni-Mode, raucht Kuba-Zigarren. **FAMILIE** Vater Volksfest-Mitarbeiter, Mutter Hausfrau, Halbbruder arbeitslos, Cousinen Jammer-Ossis. Offenbar nicht ausreichend ruhiggestellt aus der Portokasse. **EHE** Erste Ehe mit *Eva Schuhbach*, Bibliothekarin (1968–71), zweite mit *Anne Taschenmacher*, Studienrätin (1973–84), dritte mit *Hiltrud Hampel* (1984–97), die zwei Töchter aus einer anderen Verbindung hat. Hochzeit mit *Doris Köpf* am 18.10.1997. Er hat keine eigenen Kinder, sie bringt Tochter *Klara* mit in die Ehe, die aus der Freundschaft mit dem Rollerblade-fahrenden TV-Reporter *Sven Kuntze* stammt, der ab und zu den Kanzler interviewt (von Schwager zu Schwager). Laut »SZ-Streiflicht« vom 24.4.2002 hat der Kanzler noch eine weitere Bindung, die so erklärt wird: »Schlaf ist der Bruder des Todes, Überheblichkeit ist die Schwester des Erfolgs. Schröder lebt in 5. Ehe mit der Schwester des Erfolgs zusammen.«
SEX Bestimmt die Richtlinien. **ERINNERUNG** Für den langjährigen Stammgast hat der Wiener Opernball, Ausgabe 1996, seine besondere Feinheit. Das Debütantinnen-Ringelreihen ist gerade zu Ende gegangen, die fußballplatzgroße Tanz-

fläche gehört jetzt allen, und von den 20 000-Mark-Logen schauen sitzende Frack-Gäste den tanzenden Frack-Gästen beim Walzer zu. In einem dieser Exklusiv-Separees (sechs Quadratmeter groß und praktisch so teuer wie die Mieten in der New Yorker Fifth Avenue) entfaltet sich ein deutsches Society-Kontrastprogramm, so krass wie bei Don Camillo und Peppone. Zur Rechten der Kapitalist, zur Linken der Sozialist: Konzern-Tycoon *Ferdinand Piech* (VW) und seine Frau *Ursula* teilen sich mit den niedersächsischen Clintons eine Loge. Rasch winke ich meine Fotografin *Sabine Brauer* herbei für das Bild: *Gerhard Schröder*, Ministerpräsident und Aufsichtsrat bei VW (hat sich wohl eine Auszeit von der Currywurst genommen) mit Frau *Hiltrud*. Nach dem Erscheinen des groß gedruckten Fotos meldet sich unnötigerweise ein CDU-Politiker, der Balleinladung und Flug mit dem Firmenjet beanstandet. Völliger Schwachsinn: Das Piech-Flugzeug wäre so oder so geflogen, also sind auch keine Mehrkosten entstanden. Wenn schon mit Argusaugen auf das politische Feindbild gestarrt wird, dann wären spätere Flugbewegungen mit der VW-Düse viel interessanter. Urplötzlich hat Niedersachsens Landesvater, eine unbescheidene Persönlichkeit, nämlich viel in München zu tun. Der alte Polit-Fuchs nennt die Reisen ins weißblaue Land »Energiekonsens-Gespräche«. Schröder führt sie als Geschäftsführer ohne Auftrag tatsächlich, etwa mit *Heinrich von Pierer* oder einem Hardliner aus der deutschen Fiat-Chefetage, aber das geschieht meist kurz und bündig. Mehr Zeit gilt einer gebürtigen Eichstätterin, die in der Bonner Diaspora so beliebt ist, weil sie als »Focus«-Rechercheuse den Politpartnern mit allem Weiblichen entgegenkommt, bis sich über Nacht der Schatten von Gerd über sie legt und *Doris Köpf,* die bislang graue, aber dankbare Maus, am Kantinentisch mit Burda-Lenker *Helmut Markwort* und Choleriker *Franz Josef Wagner* sitzen darf. Da funkelt noch immer an Schröders rechter Hand das standesamtliche Fangeisen, und die Synchron-Eigenschaften mit den Clintons nehmen ihren Lauf. Die VW-Flugbereitschaft muss sich in Wolfsburg schon den Spitznamen »Love Air« gefallen lassen. Am 4. Januar 1996 trifft *Doris* den niedersächsischen MP in der Halle des Hotels »Frankfurter Hof«. Er kommt von einer ZDF-Talk-Show, sie recherchiert für »Focus« über die hessische SPD. Beide setzen sich in die Bar, und ihr Gespräch dauert so lange, als gäbe es kein Morgen mehr. Drei Monate später, im Heli auf dem Trip zu einer Bohrinsel, machen sie ihre Zuneigung öffentlich. Während Hannovers glamourhafte *Hillu* abserviert wird, die trotz Vegetarismus die einwandfrei bessere First Lady gewesen wäre, gewinnt *Doris* Mann und Land und sorgt dafür, dass ihr bis dato unbekannter Name *Köpf* an den von Schröder drangehängt wird. Wenn sie Prinz ➡ *Charles von England* hätte ehelichen können, hätte dies die Royals wohl bereichert: Windsor-Köpf. Literarisch genießt die rote *Doris* ein kurzes Bestseller-Dasein in der »Spiegel«-Liste mit ihrem Buch »Der Kanzler wohnt im Swimmingpool« (nicht zu verwechseln mit

Schröders Pilati-planschendem Kriegsherrn Rudolf bin Baden, bürgerlich: ➔ *Scharping*). *Doris*, die öffentliche Ehefrau (*5.8.1963 in Tagmersheim), ist die erste Kanzlergattin mit eigenem Büro im Kanzleramt – zu Zeiten von *Helmut* ➔ *Kohl* undenkbar. Übrigens: *Doris*, die den Gatten beim haarsträubenden Problem wohl falsch beraten hat (➔ BEAUTY), legt großen Wert auf ihre Vorfahren, die Geschichte geschrieben haben müssen, ohne dass dies bisher bekannt geworden ist: »Die Köpfs wurden im 14. Jahrhundert zum ersten Mal schriftlich in Tagmersheim erwähnt.« Das sagt sie sie »AZ«-Reporterin *Angelika Böhm* am 19.6.2002.

Schubert, Bruno H.

WER IST ES? Frankfurts heimlicher Monarch **LEBENSDATEN** *25.10.1919 in Frankfurt am Main **JOB** Grandseigneur und Großunternehmer, Generalkonsul, früher Besitzer von »Henningerbräu«. Ehrensenator der Akademie für Wissen und Kunst, WWF-Mäzen, Kurat der Deutsch-Ibero-America-Stiftung.

RESIDENZ In seiner Prachtvilla mit behandschuhten Dienern führt er einen Salon, wie man ihn nur von London oder New York her kennt. In seinem paradiesischen Gutsbesitz »Bogensberglehen« (einem früheren Kloster) bei Berchtesgaden ist nicht nur Politiker *Hans-Dietrich Genscher* zu Gast, sondern auch *Fürst Rainier* und *Fürstin Gracia von Monaco* mit den Kindern Prinzessin ➔ *Caroline*, Prinzessin ➔ *Stephanie* und Prinz ➔ *Albert*, die während der olympischen Spiele in München 1972 von dort aus mit dem Hubschrauber zu den Sportstätten fliegen. **EHE** Der Grandseigner ist verheiratet mit Frau *Inge* (Tochter *Renate*, Schauspielerin †). **ERINNERUNG** Zwei Nächte vor dem Start der olympischen Spiele in München 1972 trifft sich die crème de la crème des IOC mit internationalen VIPs zu einem feinen Dinner in der Glyptothek (bis dato gastronomisch nicht genutzt), einem Klenze-Palais voller Büsten und Skulpturen von Denkern und Lenkern vergangener Epochen. Ein Abend, bei dem keine Presse dabei ist. Den richtigen Anzug zu tragen und an der richtigen Stelle zu stehen, verhilft mir jedoch zu unverhofftem Reporterglück. Korrekt im Smoking (preiswert, was man aber nicht sieht, von Hirmer) stehe ich an den breiten Stufen am Portal, als in der Abenddämmerung die ersten Limousinen vorfahren. König *Faisal von Saudi-Arabien* steigt mit Prinzessin *Edda von Anhalt* aus, gefolgt von Fürst *Franz Josef* und Fürstin *Gina von Liechtenstein*, König *Konstantin* und Königin *Anne-Marie von Griechenland* und der Monegassen-Familie mit Bruno Schubert und Frau *Inge*. Aus einem der schwarzen, blank gewienerten Wagen klettert auch IOC-Chef *Avery Brundage* mit einigen

Damen. *Avery* sieht mich (er muss mich verwechselt haben), läuft strahlend auf mich zu und schüttelt mir überschwänglich die Hand. »Oh, that's nice – schön, dass Sie sich Zeit nehmen, dann wird's heute Abend auch nicht langweilig«, sagt der Herr der Ringe und führt mich in den Saal. Mit einem Wink lässt er an seiner runden Ehrentafel einen Stuhl dazustellen, und rasch wird ein zusätzliches Gedeck vom Käfer-Personal aufgelegt. Ich glaube zu träumen, bin mittendrin, und alle meine Pressekollegen außen vor. *Brundage* ist voll im Einsatz mit Shakehands und Small Talk. Die Ehrengäste defilieren an seinem Tisch vorbei, bevor sie ihre zugeteilten Plätze einnehmen. Alles lächelt feierlich, nur ein Smokingträger macht ein zitronensaures Gesicht. Es ist Olympia-Pressechef *Johnny Klein*, CSU-Politiker mit Schnurrbart und späterer Bundestags-Vizepräsident. Er steuert den Tisch an und zischt: »Wieso sitzen Sie hier?« Antwort: »Der Präsident hat mich eingeladen.« Klein: »Das muss ein Irrtum sein, das geht nicht, heute ist keine Presse da, ich bitte Sie zu gehen.« In diesem brenzligen Moment beugt sich *Brundage* zu mir hin, um sich zu erkundigen, ob alles in Ordnung sei. *Klein* entschwindet devot, aber murrend. Die Vorspeise wird aufgetragen, der Wein aufgefüllt, *Avery Brundage* bittet zum Toast, die Gläser klirren. Im Hintergrund, wo die Küche mit Paravents verstellt ist, steht *Klein* da und macht drohende Handbewegungen. Dann sieht er zu seinem Schrecken auch noch Fotograf *Franz Hug* (angepasst im Smoking), der sich durch den »Lieferanten-Eingang« Zutritt verschaffte. Mit dem Bildreporter macht *Johnny* kurzen Prozess – er lässt ihn von zwei Ordnungsleuten an die frische Luft setzen. Noch einmal umkreist der Pressechef die *Brundage*-Ehretafel, und *Avery* wundert sich bereits. Nach dem Hauptgang mache ich allerdings den entscheidenden Fehler des Abends. Ein Reporter darf so einen Platz mit Weltprominenz, den er durch Zufall bekommt, nie verlassen. Bei dem unvermeidlichen Bedürfnis, die Waschräume aufzusuchen, schlägt *Klein* gnadenlos zu und auch ich, kaum aus der Sichtweite des Gastgebers, werde hinausbegleitet. Was soll's: die Exklusiv-Story ist im Kasten, und die Fotos, die aus der Küche geschossen wurden, sind der Hit in der nächsten Ausgabe der »Abendzeitung«. Die Feindschaft mit *Klein* pflege ich viele Jahre.

Schuhbeck, Alfons

WER IST ES? Fliegender Fernseh-Koch **LEBENSDATEN** *2.5.1949 in Traunstein **KARRIERE** Jahrzehntelang kocht Schuhbeck in Waging am See, dass es nur so zischt und ihm einen »Michelin«-Stern einbringt. Aber er ist weit weg vom Schuss, und Hubschrauber müssen herhalten, damit er bundes- und europaweit seine Termine halten kann. Im Juli 2002 verlegt der beliebte Fernsehkoch, der im BR 19 Prozent Marktanteil hat, wenn sein Kopf und Kochlöffel auf dem Bildschirm erscheinen, seine kulinarische Oase nach München. Im Herzen der Stadt kocht er nicht nur in Konkurrenz zum Hofbräuhaus am Platzl, wo er die Hausnummern 6 bis 8 vertritt, inklusive einer Kochschule. Der Fonse denkt weiter, weil es in Deutschland inzwischen schwerer ist, einen Koch zu finden als einen Generaldirektor.

IMAGE Höchste Einschaltquoten, wenn er im Fernsehen kocht. **STYLE** Der Matador der feinen bayerischen Küche kocht nur mit Zutaten der jeweiligen Saison. **BEAUTY** Schaut ein klein bisschen wie *Marty Feldman* drein. **MAROTTE** Kaiser der Kräuter. **FAMILIE** Er ist Berufssingle mit ein paar festen Beziehungen und hat »wissentlich« drei Kinder. **SEX** Zwei Sterne in der Unterwäsche.

Schulte-Noelle, Henning

WER IST ES? Vornehmer »Allianz«-Attila **LEBENSDATEN** *28.8.1942 in Essen **JOB** Chef des größten Versicherers »Allianz«

KARRIERE Nach Jurastudium in Tübingen Anwalt in Frankfurt und seit 1975 bei der Allianz, erst in Köln und Aachen, dann in München. Als Allianz-Primus (seit 1991) kann er die Fusion der bayerischen Geldhäuser Hypo- und Vereinsbank als Erfolg verbuchen, weil sich dadurch die Beteiligungen der Versicherung deutlich erhöhen. Er ist im Aufsichtsrat der Dresdner Bank (Vorsitz), bei BASF, Siemens, Münchner Rück, e-on, Linde, Thyssen, Vodafone Air Touch und ausländischen Konzernen sowie Hochschulrat an der Technischen Uni München. Als der visionäre Konzernchef *Wolfgang Schieren* (er gab die feinsten und geheimsten Parties im Münchner Herzogpark) am 2.10.1991 seinen Rücktritt ankündigt, kommt es zum Vorstands-Revirement in der Konzernspitze. Sch. zählt zu den Kronprinzen, gelangt aber erst auf dem zweiten Schicksalsweg auf den Chefsessel, nachdem Kollege *Friedrich Schiefer* plötzlich im Juli 1991 als *Schieren*-Nachfolger verzichten muss und bei der Bosch-Gruppe einen Job findet. Der Hintergrund: Allianz-Herrscher

Schieren lässt den bei einer Flasche Rotwein in einem Hamburger Hotel gekürten Nachfolger plötzlich fallen, weil die Frau des Ex-McKinsey-Chefs nicht ins Weltbild des Prämienpapstes passt. **ERFOLGE** Manager des Jahres 1996. **GELD** Unter Sch. ist der Konzern weltweit vernetzt, direkt und indirekt beteiligt, gefürchtet wegen freundlicher Übernahme-Coups (Beispiel: die französische Versicherung AGF – Übernahme von 51 Prozent für 9 Milliarden Mark) und Expandierfreude (Allianz beteiligt sich mit 45 Prozent am drittgrößten russischen Versicherer Rosno). **HOBBIES** Liebt Musik, Tennis und die Berge. **BEAUTY** Scharfer Scheitel, randlose Brille und dunkler Zwirn. Die Narbe auf der linken Wange stammt aus der Studentenzeit bei der schlagenden Verbindung. **EHE** Der Konzern-Lenker ist verheiratet und hat zwei Kinder.

Schumacher, Michael

> **WER IST ES?** Speedy Gonzales auf Ferrari **LEBENSDATEN** *3.1.1969 in Hürth-Hermühlheim bei Köln **JOB** Autorennfahrer **KARRIERE** Seine Eltern bringen ihn auf den Rennsport-Geschmack. Sie betreiben eine Kartbahn in Kerpen, auf der Michael schon als kleiner Bub heiße Runden dreht. 1984 wird er deutscher Kart-Juniorenmeister, 1988 Vize-Europameister in der Formel Ford, 1990 Deutscher Meister in der Formel 3. Ein Jahr später fährt er in der Formel 1 bei Jordan/Benetton, 1992–95 Benetton, seit 1996 bei Ferrari. Formel-1-Weltmeister 1994 und 1995 (Benetton), 2000, 2001 und 2002 (Ferrari). »Schumi«, wie ihn seine Fans nennen, wird zum beliebtesten Deutschen Italiens – und das will was heißen.

ERFOLGE Schumi in Zahlen: 97 Rennen in Rot, 835 WM-Punkte, 56 Grand-Prix-Siege. **PARTNER** Manager *Willi Weber* (11.3.1942 in Regensburg) ist immer dabei. **IMAGE** Ist inzwischen so schnell und einsam an der Spitze, dass er Zeit hätte, die Reifen mit Radkreuz selbst zu wechseln. In Kerpen, wo auch der sagenumwobene Rennfahrer *Wolfgang Graf Berghe von Trips* (1961 Formel-1-Vize) herstammt, bekommt Michael schon zu Lebzeiten sein Denkmal. Es wird auf der Insel des Kreisverkehrs in Kerpen-Sindorf errichtet, von dem die Michael-Schumacher-Straße zum gleichnamigen Kart-Center führt. **GELD** Geschätztes Jahreseinkommen: 48 Millionen Euro. **RESIDENZ** Lebt auf einem 1 Hektar großen Anwesen in Vufflens-Le-Château nahe des Genfer Sees. **HOBBIES** Fußball spielen. **BEAUTY** Der Mann mit dem »Stoßstangenkinn« (»Süddeutsche Zeitung«). **MAROTTE** Angekreidet wurde ihm von erzürnten Kommentatoren sein Bekenntnis, nicht zur Wahl zu gehen. **FAMILIE** Verheiratet mit *Corinna Betsch* (begeisterte

Western-Reiterin), die er heiß und innig bürgerlich liebt. Hat mit ihr die Kinder *Gina Maria* und *Mick*. Bruder: *Ralph Schumacher*, ebenfalls Formel-1-Fahrer (BMW-Williams) mit Potential ganz weit nach oben. Ralph, der sich erstaunlich schnell als ernstzunehmender Konkurrent auf der heißen Piste im Formel-1-Zirkus gemausert hat und BMW in einer noch nie da gewesenen Schnelligkeit in die Treppchen-Szene bringt, hat sich mit seiner Frau *Cora* (Hochzeit am 7. September 2001 mit der Braut ganz in Weiß) im Salzkammergut, wo er es gut kann, heimisch niedergelassen. Er überrascht Freunde (besonders zugeneigt: *Martin Friesacker, Michael Aufhauser*) und Szene damit, dass er trotz eines 15-Millionen-Euro-Jahreseinkommens auf seine luxuriösen Junggesellen-Spielsachen (»Hawker-Horizon«-Jet und die 32-Meter-Motoryacht »Elegance«) verzichtet. Auf was er wohl im trauten Heim bei Salzburg spart? Vielleicht auf einen rosaroten Renner? Aber die Telekom macht nicht mit. **MOBILITÄT** Ferrari 550 Maranello, Challenger-Privatjet (10 Mio. Euro). **SKANDAL** Alle Welt regt sich im Mai 2002 über den Schummel-Sieg von Michael beim Großen Preis von Österreich auf – vor allem darüber, dass Schumi, der punktemäßig so weit vorne liegt, das Geschenk angenommen hat, vom Teamkollegen *Rubens Barrichello* per Stallorder vorbeigelassen zu werden. Zweiter Platz für Schumacher, sauber in Ehren, und die Formel 1 wäre nicht so in Frage gestellt wie jetzt. Ganz sauer sind auch die Millionen Zocker, die ihren guten Euro auf *Barrichello* setzten und sich nur ein »Ätsch« abholen. Für diesen Vorfahrtfehler, so der »Spiegel«, gehöre Schumi mal richtig gegrillt: »Zwei Stunden Interview mit *Sandra Maischberger* in der Frühlingssonne von Maranello ohne feuerfesten Overall und Flammen hemmende Gesichtsmaske sind wohl das Mindeste, was der Formel-1-Verband dem Weltmeister zu Wiedergutmachung abverlangen kann«. Im August 2002 meldet die deutsche Boulevardpresse, dass die Schumachers ihre Oma *Agathe* etwas vernachlässigt haben, die von der gesetzlichen Rente lebt.

Schumann, Charles

Eigentlich Karl Georg Schuhmann **WER IST ES?** Mixer und Model **LEBENSDATEN** *15.9.1941 in Kirchenthumbach/Oberpfalz **JOB** Besitzer der Bar Schumann's in München, Getränkebuch-Autor, seit 2001 auch Kaffeehaus-Betreiber. Posiert für »Boss«.

KARRIERE Sechs Jahre Bundesgrenzschutz, Konsulatssekretär-Anwärter, Hotelfachschule in Genf. Als einer von vielen schüttelt er bei *Andy MacElhone*, Chef der legendären Harry's New York Bar, den Chrombecher und eröffnet zusammen mit

Warsteiner-Biererbe *Peter Cramer* (inzwischen wieder ausgeschieden) eine eigene Bar in der Maximilianstraße. Sie wird zum Treffpunkt von Chefredakteuren, Mode- und Marketing-Leuten sowie Intellektuellen von eigenen Gnaden und Power-Damen, die vor lauter Empanzipation das Problem haben, nie geheiratet zu werden. Charles' Charme ist einzigartig, seine Gäste beschimpft er mitunter. Zu Werbefilm-Produzent *Peter Hielscher* sagt er eines Tages, als der Bonvivant mit amerikanischen Freunden die Bar besuchen will: »Du kommst auch sonst nicht so oft, heute habe ich keinen Platz.« **IMAGE** Hält sich für den Gott der Mixer-Szene. **BEAUTY** Sein hebräisch anmutender Kopf gleicht Jesus. **FREUNDE** Für Freunde kocht er gelegentlich selbst. **ERINNERUNG** In seinem neuen Café in Münchens City sorgt er kurz nach den Festtagen 2001/2002 bei der adretten Volksschullehrerin *Lucy Engler-Hamm*, langjährige Freundin von Münchens OB *Christian Ude* und Frau *Edith* (sie verbringen die Sommerferien meist gemeinsam in Griechenland), für größere Sprachlosigkeit. Als Vollweib *Lucy*, die gerade noch einen Platz ergattert, zaghaft anfragt, was es denn zu essen gebe, antwortet Charles in überraschend vertraulichem Tonfall: »Du hast an Weihnachten zu viel gefressen, du kriegst nichts.«

Schwab, Dr. Dr. Prof. Klaus

WER IST ES? Mister Vitamin B **LEBENSDATEN** *30.3.1938 in Ravensburg **JOB** Präsident des »Weltwirtschaftsforums«, der einmal im Jahr die mächtigsten – oft auch verfeindeten – Politiker und Industrie-Manager im schweizerischen Davos an einen Tisch bringt

KARRIERE Wächst auf in Ravensburg und Zürich. Studiert in seiner Heimatstadt und an den Unis von Zürich und Fribourg, an der John F. Kennedy School of Government, der Harvard University (Stipendium) sowie an der amerikanischen Hochschule von Berkley, Keimzelle der Hippie-Bewegung und Vietnam-Demonstranten. Er promoviert mehrfach (Dr. sc. techn., Dr. rer. pol.). Sein Sprung ins berufliche Wasser findet 1967 bei der schweizerischen Escher-Wyss AG statt, wo sein Vater Geschäftsführer war. Schon drei Jahre später setzt er seine Idee um, in Davos das »European Management Symposium« zu gründen, wo er prominente Wirtschaftsführer, die meist Konkurrenten sind, zu Gesprächen zusammenführt. Von Jahr zu Jahr werden diese Treffen hochkarätiger, und 1987 tauft er die von ihm präsidierte Stiftung in »World Economic Forum« um. **ERFOLG** Das Erfolgsrezept ist einfach, aber exklusiv: Niemand mag es sich leisten, die prestigeträchtige Einladung auszuschlagen – und so muss man sich arrangieren mit den Gästen, die Sch.

einzuladen beliebt, auch wenn es im Alltag Erzfeinde sind. **MACHT** Die legere Art dieser privaten Gipfeltreffen, wo sich einflussreiche Leute in Restaurants und Bars der feinen Davoser Hotels persönlich kennen lernen, macht international Furore. Man trifft sich beim Cocktail in der »Chämi-Bar« oder beim Raclette im »Teufi«. Immer größer werden die Schlagzeilen in den Wirtschaftsmagazinen und in der »Neuen Züricher Zeitung«. Bundesaußenminister *Hans-Dietrich Genscher* trifft 1987, zwei Jahre vor dem Fall der Mauer, Russlands Präsident *Michail Gorbatschow*, ein Jahr später – neues Kontrastprogramm – sitzen *Turgut Özal* aus der Türkei und *Andreas Papandreou* aus Griechenland zusammen. 1990 sind es Bundeskanzler *Helmut* ➔ *Kohl* und DDR-Ministerpräsident *Hans Modrow*, und danach fliegt sogar der chinesische Ministerpräsident *Li Peng* ein. *Nelson Mandela* plaudert mit Südafrikas Präsident *Willem de Klerk*, und 1994 sehen sich dank Schwab PLO-Chef *Yassir* ➔ *Arafat* und der israelische Ministerpräsident *Simon Peres* in die Augen. Beim Meeting 1999 diskutieren Chevron-Boss *Richard Matzke* und der sowjetische Premier *Jewgenij Primakow* über den Problemfall »PKK-Chef Öcalan« und wg. Öl. Globalisierungsgegner verderben das Wachstum der 30 Jahre gewachsenen Szene. 2001 gleicht Davos einer Polizei-Festung. Für jedes Hotel gelten andere Ausweise. »DaimlerChrysler«-Führer *Jürgen* ➔ *Schrempp*, VW-Chef *Ferdinand* ➔ *Piech* und viele andere Manager finden »Fort Davos« nicht mehr reizvoll. Schwab zieht nach New York um, wo der Gipfel 2002 mit US-Präsident *George W.* ➔ *Bush*, UN-Generalsekretär *Kofi Annan*, Englands Regierungs-Chef *Tony Blair* und Bundeskanzler *Gerhard* ➔ *Schröder* im Hotel »Waldorf-Astoria« über die Bühne geht. **GELD** Um Mitglied des Weltwirtschaftsforums werden zu können, muss man schon eine bisschen die Portokasse plündern. Generelle Voraussetzung ist, dass die Firma nachgewiesen mindestens eine Milliarde Dollar Umsatz macht. Als Jahresbeitrag nimmt S. 17 900 Euro, dazu kommt die jeweilige Teilnahme-Gebühr in Höhe von 8400 Euro. **IMAGE** Gastgeber der »interessantesten Cocktailparty der Welt« (»Time Magazine«). **RESIDENZ** Hat einen deutschen Pass, fühlt sich aber als Schweizer, nachdem die meisten seiner Vorfahren seit Generationen Eidgenossen sind. **HOBBIES** Er schwimmt gegen den Strom bei sich zu Hause, mit Blick auf den Genfer See im Vorort Cologny. Mit Schwimmen gegen die Jetstream-Anlage oder Jogging auf dem Laufband hält sich der Menschen-Regisseur fit. Aber selbst in dieser Stunde bei Tagesbeginn bleibt er nicht ohne Nachrichten-Anschluss. Im Bad hängt selbstverständlich ein Fernseher, CNN ständig eingeschaltet. Nur wenn er zum Bergsteigen oder Skilaufen geht, ist er von der Welt abgeschnitten. **BEAUTY** Der Connections-Meister blickt drein wie ein Staatsanwalt, ist aber als der größte Kontakter des Planeten. **EHE** Verheiratet mit der Schweizerin *Hilde Stoll*, zwei Kinder, *Oliver* und *Nicole*.

Schwarzenegger, Arnold

> **WER IST ES?** Baccchanter Filmstar und Muskelheld **LEBENSDATEN** *30.7.1947 in Graz/Österreich **JOB** Filmschauspieler **KARRIERE** Filmhits: »Herkules«, »Conan«, »Terminator«, »Red Sonja«, »The Running Man«, »Total Recall«, »Twins«, »Kindergarten-Cop«, »Last Actin Hero«, »True Lies«, »Eraser«, »Batman and Robin«, »End of Days«, »The Sixth Day«.

RESIDENZ Lebt in den Palisades von L.A. und besitzt in Venice an der Mainstreet ein Backsteingebäude mit Restaurant »Schatzi's«, Büros und Garagen für seine Hummer-Geländewagen. Wenn einer der Hummer-Geländewagen im Hof steht, ist es ein Zeichen dafür, dass Arnold da ist. In seinem Restaurant, wo Wiener Küche mit amerikanischer Auslegung zelebriert und Schnitzel mit Kraut serviert wird, lässt er sich nicht häufig sehen. **EHE** Seit 1986 verheiratet mit Kennedy-Nichte *Maria Shriver*. Vier Kinder, *Katherine Eunice*, *Christina Maria Aurelia*, *Patrick* und *Christopher*. Politisch konträr zur Ehefrau: sie ist für die Demokraten, er für die Republikaner und unterstützt *George W.* ➔ *Bush*. S. wünscht sich, einmal Gouverneur von Kalifornien zu werden. **ERINNERUNG** In früheren Zeiten, als er noch an Muskelprotz-Wettbewerben teilnimmt, meldet sich Schwarzenegger oft am Telefon bei mir, wenn er wieder einen »Mister Olympia«, »Mister Europa« oder »Mister World« eingeheimst hat: »Michi, kannst net a paar Zeilen schreiben?« Zu dieser Zeit genießt Arnold im Hotel »Hilton« schon Sonderbehandlung dank der Pressefeen *Holde Heuer* und *Annette Zierer* (besonders hingebungsvoll) und macht am Anfang seiner Karriere alles. Fotograf *Rolf Hayo* von der »Quick« lichtet ihn auf einer Rolltreppe am Stachus ab, wo S. nur ein Dreieckshöschen trägt und den staunenden Passanten ungeniert sein Muskelspiel vorführt. In ähnlicher sexy Montur tritt er bei den Standl-Frauen am Münchner Viktualienmarkt auf, die ihn kreischend bejubeln.

Schwarzer, Alice

> **WER IST ES?** Galionsfigur der deutschen Frauenbewegung in Duldung **LEBENSDATEN** *3.12.1942 in Wuppertal **JOB** Herausgeberin der femininen Fachzeitschrift »Emma« **KARRIERE** Nach einer kaufmännischen Lehre arbeitet sie als Sekretärin, studiert dann Sprachen in Paris und wird nach einem Volontariat bei den »Düsseldorfer Nachrichten« freie Korrespondentin in Paris. 1970–74 Studium der Psychologie und Soziologie an der Pariser Uni Vincennes. 1977 Gründung der Zeitschrift »Emma«.

ERFOLG »Der kleine Unterschied« (1975) wurde zur Bibel der deutschen Frauenbewegung und über eine Million Mal verkauft. Ihre Attacken gegen die blanken Busen auf dem »Stern«-Cover hingegen waren Misserfolge. Die Brüste sind immer noch da – und schöner denn je. **MÄNNER** Duldet sie weder geschäftlich noch privat. **IMAGE** Kampftasche mit Unterhaltungsqualitäten. 1995 fährt sie auf einem ihr gewidmeten Wagen im Kölner Rosenmontagszug mit. **STYLE** Die Herausgeberin duelliert sich souverän mit Schaumschlägerin *Verona* ➔ *Feldbusch* in einem Fernseh-Duell bei *Johannes B. Kerner*, der an diesem Abend kaum zu Wort kommt. Sie schreibt interessante Bücher und geht ziemlich konform mit ihrer amerikanischen Glaubensschwester *Susan Brownmiller*, die Sex ebenso verurteilt, weil sie zu kurz kommt. Etwas spießig kritisiert Alice nach den Olympischen Winterspielen 2002 in Salt Lake City die in dieser Saison besonders adrett aussehenden Athletinnen, weil sie mit ihren Reizen gar nicht geizen. Sie meint, die nackte Darstellung sei ein Versuch, sie verletzlicher zu machen. Das kann man schwer nachvollziehen. **BEAUTY** Ihre Flucht nach vorn: Vom lieben Gott mit minimalem Sexappeal ausgestattet, steigert sie mit ihrem Outfit – struppige, wetterfeste Haare und Gruselbrillen – das Desinteresse der Männer. **FAMILIE** Sie ist die Tochter einer ledigen Mutter.

Schweins, Esther

> **WER IST ES?** Glamour-Talent à la *Rita Hayworth* **LEBENSDATEN** *18.4.1970 in Oberhausen **JOB** Schauspielerin und Regisseurin **KARRIERE** Schauspielausbildung in Karlsruhe und Bochum; Durchbruch als Comedy-Star in RTL-»Samstag Nacht«. Nach verschiedenen TV-Rollen (»Sex oder Leben«; »Familie à la carte«) führt sie Regie in der deutschen Fassung von *Rob Beckers* Broadway-Stück »Caveman«. Präsentiert seit 2002 die 3-sat-Theatershow »Foyer«.

ERFOLGE Was ihr fehlt, ist ein Profi-Agent. **IMAGE** Wenn man sie mal sehen kann: Schönste und reizvollste Mattscheiben-Frau Deutschlands. **RESIDENZ** Wohnung in Köln; pendelt nach Berlin. **MOBILITÄT** Fährt einen Chrysler Voyager. **STYLE** Trägt trotz Kleidergröße 36 gern XXL-Tarnlook und wird »Hütten-Barbie« genannt. Sie kauft bei Aldi und raucht Kette. **BEAUTY** Rothaarige mit alabasterweißem Teint. **FAMILIE** Mutter hütet ihren Hund Bolle. **LIEBE** Seit dem TV-Krimi »Im Fadenkreuz« ist sie mit Schauspieler-Kollege *Sven-Eric Bechtolf* liiert. **PANNE** Wenn man das erste Mal im Sychron-Studio arbeitet – den »Kleinen Hai der Spracherziehung«, Stimmbibel aller Schauspielschüler, natürlich im Hinterkopf – kann schon der Anfängerfehler passieren, schwarzen Tee zu trinken. Esther ist es mal passiert: »Der liegt wie dicker Pelz auf der Zunge, und sofort hat man Schmatzer und Zischlaute beim Sprechen.«

Shakira

> Eigentlich Shakira Isabel Mebarak Ripoll **WER IST ES?** Löwenmähnige Latina **LEBENSDATEN** *2.2.1977 in Barranquilla/Kolumbien **JOB** Jung-Komponistin, Jung-Produzentin **KARRIERE** Mit 14 landet sie ihren ersten Hit: »Magia«. Internationaler Erfolg mit dem Album »Laundry Service« (die Auskopplung »Wherever, Whenever« wird Nr. 1 in den Charts). Sie wird Titel-Babe sämtlicher Nutzwert-Magazine für den männlichen Hormonhaushalt. **ERFOLGE** Grammy

IMAGE Geiles Gerät. **RESIDENZ** Lebt in einer 3-Millionen-Villa in Miami an der exklusiven Biscayne Bay. **HOBBIES** Vorbilder: Led Zeppelin und Metallica. **BEAUTY** 1,54-Meter-Blondine mit feuriger Goldröhre und Harem-Hüftschwung. **FAMILIE** Tochter eines Libanesen und einer Kolumbianerin. **LIEBE** »Warum soll ich in meinem Video ›Underneath Your Clothes‹ einen anderen Mann küssen als den, den ich liebe«, begründet der Gesangsstar den als billige Promotion-Aktion ausgelegten Vorwurf, dass ihr Freund *Antonio de la Rua*, Sohn des argentinischen Ex-Premiers, darin mitwirkt. »Aus Trotz sollte ich ihn gleich auf der Stelle heiraten.«

Shields, Brooke → Hollywood

Silvia, Königin von Schweden

WER IST ES? Deutschlands schönste Königin **LEBENSDATEN** *23.12.1943 in Heidelberg als Silvia Sommerlath

RESIDENZ Zwei Schlösser in und um Stockholm. **STYLE** Als wäre sie schon königlich geboren. **FREUNDE** Prinzessin *Ursula von Bayern*. **FAMILIE** Silvias attraktive Tochter, Kronprinzessin *Victoria*, wird etliche Zeit als Hochzeitskandidatin von Prinz *Willem Alexander von Holland* gehandelt, bis diesem der argentinische Vulkan → *Maxima* über den Weg läuft. Gemäß dem neuen Trend lacht sie sich im Mai 2002 einen standesgemäßen Freund an. Es ist der 28-jährige *Daniel Westling*, Mitbesitzer eines Fitness-Centers in Stockholm, den sie »sehr nett« findet. Die große Überraschung: Bei der Hochzeit von Norwegens Königstochter *Märtha Louise* im Mai 2002 erscheint sie mit Prinz *Nicolas von Griechenland*, dem zweitältesten Sohn des griechischen Ex-Königs *Konstantin*. Beide passen nicht nur optisch gut zusammen, sondern strahlen eine Sympathie füreinander aus, die fast nach Liebe aussieht. Silvias noch hübschere Tochter, Prinzessin *Madeleine*, studiert nur kurz in London Englisch und erklärt ihren königlichen Eltern in den Ferien 2002 zu Hause in Schweden, dass sie nicht mehr in die englische Hauptstadt zurückkehren möchte, da die Aufmerksamkeit in den britischen Boulevardblättern zu groß sei. Es könnte aber auch sein, dass der schwedische Industriellensohn *Pierre Ladow* der Grund für ihr Comeback ist. **EHE** Bei den Olympischen Spielen 1972 in München gewinnt sie unter den Fittichen von NOK-Chef *Willi* → *Daume* als Einzige von 1500 Hostessen Gold: für VIP-Betreuung. Sie lernt Schwedens König *Carl Gustaf* kennen, der erst mit ihr eine Spritztour im Porsche unternimmt und sie dann in sein Schloss in Stockholm einlädt. Dort macht er S., die noch gar nicht richtig realisiert, was mit ihr passiert ist, den Hof. 1976 führt er sie zum Traualtar und die Schweden bejubeln den König und seine Olympia-Königin aus Germany. Das Paar bekommt drei Kinder, *Victoria*, *Carl Philip* und *Madeleine*. In der Frühphase ihrer Ehe zeigt S. durchaus weibliche Offenheit auf internationalem Parkett. In den Morgenstunden, als Fotograf *Franz Hug* und ich in einer gemütlichen Ecke der Disco »Jimmi'z« im Sporting Club von Monte Carlo nach einem stärkenden Nickerchen wieder aufwachen, sehen wir, wie König *Carl Gustaf* im anderen Teil des Dancings Backgammon spielt, während auf der Tanzfläche zu langsamer Kniemusik der smarte *Gunter* ➜ *Sachs*-Freund *Friedrich von Stumm* eng mit der Königin tanzt und dabei mit der rechten Hand an den Royal-Liegenschaften von Silvia satt maßnimmt. Die schwedische Monarchin legt kein Veto ein.

Sinnen, Hella von

> Eigentlich Hella Kemper **WER IST ES?** Schrille RTL-Erfindung **LEBENSDATEN** *2.2.1959 in Gummersbach **KARRIERE** Sie studiert Germanistik und Theaterwissenschaften und beginnt Ende der 70er Jahre ihre Kabarett- und Show-Karriere. Neben ihren bizarren Auftritten an der Seite von *Hugo Egon Balder* (»Tutti frutti«) in der Spielshow »Alles Nichts Oder?!« erregt sie das größte Aufsehen auf dem Bundespresseball 1991 mit der offen bekannten Liebe zu Bundespräsidententochter *Cornelia Scheel* (➜ LIEBE).

RESIDENZ Wohnt in Köln. **STYLE** Mit dem liebenswerten Erscheinungsbild eines frisch getünchten Warmwasser-Boilers. **MAROTTE** Geht gern ins Kölner »Gloria«, die Keimzelle für die dritte Dimension der Sexualität. **FREUNDE** TV-Tucke *Ralph Morgenstern; Hugo Egon Balder.* **LIEBE** Weil sie sogar heiraten möchten, lassen Hella und *Cornelia* sich von der Fachanwältin für Lesben und Transen, *Maria-Sabine Augstein*, vertreten, die (der) selbst nicht weiß, was Männlein oder Weiblein ist. Alle drei blitzen vor Gericht ab. Pech: Kaum, dass die unnatürliche Standesamt-Begehung von Rot-Grün Jahre später gesetzlich abgesegnet ist, trennt sich das gleichgeschlechtliche Paar nach zwölf Jahren zärtlichen Aufreibens. Wer die Rolle des »kessen Vaters« inne hatte, ist nie ganz deutlich geworden. *Cornelia* verliert wegen ihrer ungewöhnlichen Liebe ihren Job bei der »Deutschen Krebshilfe« (gegründet von ihrer Mutter *Mildred*) und zieht 2002 Richtung Südstadt aus der gemeinsamen Kölner Wohnung aus. Hella ist wieder allein zu Haus. FDP-Tochter-*Cornelia* hingegen führt Verhandlungen über eine sozialliberale Koalition mit *Mirjam*, der Tochter von SPD-General *Franz Müntefering*, die aber noch in einem anderen Bündnis engagiert ist. **SEX** Fröhlich und laut.

Smith, Anna Nicole

> Eigentlich Vickie Lynn Hogan **WER IST ES?** Sexhungriges US-Vollweib **LEBENSDATEN** *18.11.1968 in Mexia/Texas **KARRIERE** Wird in einem Wohnwagen groß und vom Papa erst im »Playboy«-Magazin entdeckt. Lässt mit 17 die Schule und die Textilien links liegen und arbeitet im »Krisby Chicken Grill« für 400 Dollar im Monat.

GELD Im Stöckelschuh-Stechschritt, dass der Marmorboden nur so knallt und hallt, durchquert Anna Nicole das Gerichtsgebäude in Houston, wo die listige Witwe um viele Moneten streitet. Seit dem Tod ihres 90-jährigen Kurzzeitgatten *J. Howard Marshall II.* liegt sie mit ihrem 62-jährigen Stiefsohn *Pierce Marshall*, Anteilseigner des zweigrößtem Privatunternehmens der USA (1,6 Milliarden Dollar), im Clinch wegen des Erbes. Der Familienclan ist stocksauer und die beiden erwachsenen Söhne von *Pierce* staunen ihre gut gebaute Stiefgroßmutter ungläubig an, die selbstsicher sagt: »Es ist sehr teuer, ich zu sein.« Das Gericht belohnt im März 2002 ihr juristisches Gastspiel: Anna (»I am so pleased«) werden 88,5 Millionen Dollar zugesprochen. Dafür kann man viele Schuhe und Handtaschen kaufen.
BEAUTY »Ball des Sports«-Dekollete (100–60–100). **EHE** Aus der Ehe mit Hähnchenbrater *Bill Smith* hat sie Sohn *Daniel*. Kurze Ehe Nr. 2 mit Ölbaron *J. Howard Marshall II.* Das »Gigi's Cabaret« in Houston ist schon mittags geöffnet, und seit Vickie auf dem Table tanzt, für 150 Dollar Tagesgage, dauert bei manchem Bankangestellten und Versicherungskaufmann die Mittagspause etwas länger. Die platinblonde *Jayne-Mansfield*-Hommage zieht alle in ihren Bann. Wegen ihrer heißen Ausstrahlung darf die Sexbombe nur tagsüber oben ohne tanzen – bis zum Sommer 1991, als die Bartüre sich öffnet und der alte, einsame und unheimlich reiche Ölbaron *J. Howard Marshall II.* in seinem Rollstuhl in das Striplokal rollt. Das Glück beginnt bei der Hochzeit mit dem Methusalem in der Stadtkirche von Houston – er ist 89, sie 26 (➔ GELD). **LIEBE** Gerontologisch. **SEX** Männliche Idealmaße in ihren Augen: 87 – 23 – 41 (87 Jahre alt, 23 Mio. auf dem Konto, 41° Fieber).

Sommer, Ron

> **WER IST ES?** Erste Garde der deutschen Manager
>
> **LEBENSDATEN** *1949 in Haifa/Israel

KARRIERE Promoviert nach Mathematikstudium mit 21 Lenzen. Bereits fünf Jahre später agiert der Yuppie als französischer Nixdorf-Chef, wechselt zu Sony Deutschland und leitet Sony USA und Europa. Seit 1995 dirigiert er das Telekom-Großunternehmen. Baut das verstaubte, behördenähnliche Ex-Deutsche-Post-Unternehmen nach der Privatisierung zu einem weltweit agierenden High-Tech-Konzern um, kann Jahre später aber fallende Kurse, die die gesamte Telekommunikationsbranche betreffen, nicht verhindern. Kein Anschluss unter dieser Nummer: Im Wahlkampf denkt der Großaktionär an die enttäuschten Kleinaktionäre: In einer so dilettantischen wie durchsichtigen Aktion versuchen Kanzler ➜ *Schröder* und die Seinen, Sommer zu kippen. Der bewahrt Würde und tritt von seinem Posten zurück. Ende der Sommerzeit am 16.7.2002. **ERFOLGE** Bescherte den Deutschen die Volksaktie (➜ auch PANNEN). **MACHT** Gegen Politiker im Wahlkampf haben auch Top-Manager einen schweren Stand. **PARTNER** Seit 20 Jahren befreundet mit dem smarten Telekom-Vorstand, *Josef (Jo) Brauner* (*5.5.1950 in München). Beginnt bei Sony in München, wechselt dann zu Arnold & Richter (»Arri«). Später Vorsitzender der Geschäftsführung von Sony in Köln bis 1997 (skurril: war noch nie da: alle Mitarbeiter demonstrieren mit gedruckten Demo-Tafeln, dass er nicht gehen soll), danach Deutsche Telekom. Zu seiner Zukunft lese man »Ein Nachsommer« von Adalbert Stifter... Die meisten tauchen weg, wenn sich beim Geburtstag die »5« nach vorne schiebt, vor allem jene Zeitgenossen, die bereits ihren 39. zehnmal gefeiert haben. Nicht so *Jo*, der bekennt Farbe. Im stillgelegten, aber keineswegs ruhig gestellten Bahnhof Rolandseck in Bonn wird auf den »Runden« angestoßen und Käfers bundesweit flatternde Gourmet-Engel verwöhnen die hundert Gäste. »Jo, der Schweiger«, bemerkt Ron Sommer in seiner witzigen Laudatio, »das ist vielleicht das Gefährlichste an ihm. In den 20 Jahren, die wir uns kennen, hat er so viel gesprochen, dass ich mich noch an jedes Wort erinnere.« S. gewinnt Sportgrößen wie *Jan* ➜ *Ullrich* oder *Steffi* ➜ *Graf* zusammen mit *André Agassi* als Aushängeschilder. Auch Schauspieler *Manfred* ➜ *Krug* mit dem breiten Scheitel macht Karriere mit »T-Online«. **IMAGE** Nach jedem Aktiensommer kommt ein kühler Herbst. **GELD** Laut »Stern« 1,85 Millionen Euro Jahresgehalt. **HOBBIES** Selten sieht man die Sommers auf Festen. Die Festspiele in Bayreuth und Bregenz lassen sie sich aber nicht entgehen. **STYLE** Nichtraucher. **BEAUTY** Gut aussehender, mediterraner Typ. **FAMILIE** Der Techno-Freak ist Sohn eines russischen Staatsbürgers und einer schönen Ungarin. **EHE** Sommer ist verheiratet mit

Frau *Ingrid* und Vater zweier Stammhalter, *Ken* und *Mark*. **PANNE** S. erfreut die Deutschen im Handy-Boom mit neuen Aktien, die aber, wie all diese Papiere, oft und immer öfter wegen fallender Kurse für Gänsehaut sorgen.

Sommer, Sigi

> **WER IST ES?** Blasius der Spaziergänger
> **LEBENSDATEN** ★23.8.1914 in München, † 25.1.1996 **JOB** Reporter aus Leidenschaft. Vorher u. a. Ministrant, Gigolo, Boxer, Oberfeldwebel, Eintänzer (zusammen mit »Mr. Acapulco« *Teddy Stauffer;* siehe auch *Billy* ➔ *Wilder*).

KARRIERE S.S. ist Münchens Hemingway, der jede Woche als »Blasius der Spaziergänger« unter dem weißblauen Himmel Wonne und Wehwehchen zusammenträgt. Dem Wörter-Wotan, dessen Kolumnen zum Schmelz des von *Werner Friedmann* erfundenen Boulevard-Blattes »Abendzeitung« gehört, wird plötzlich nach 30 Schreiberjahren das berufliche Licht ausgeblasen. Dass er nicht mehr schreiben darf, ist sein lebendiger Tod. Wie alle großen Männer Münchens (*Weiß Ferdl*, *Karl* ➔ *Valentin*) erleidet »Blasius« ein erbärmliches Finale. **ERFOLGE** Schrieb die Bücher: »Und keiner weint mir nach«, »Meine 99 Bräute«, »Aus Äpfe amen«. **MOBILITÄT** Fußgänger. Für die Landpartie mit Freundin: Mercedes Roadster. **VORLIEBEN** Der Früh-Öko schwor auf Qualitäts-Viktualien. **STYLE** Stammtisch-Vorsitzender im »Augustiner«, Lieblingsgetränk Helles Bier. Eine Kreuzung aus *Kirk Douglas* und *Alois Hingerl*. Infolge äußerster Diät lag sein Kampfgewicht immer bei 125 Pfund. Sommer-Sätze über Blasius: »Schreiben tu ich, weil ich muss. Erstens, damit der Schornstein raucht, und zweitens, damit er auch gewissen anderen raucht. Denn der Journalist lebt nicht vom Brot allein.« **BEAUTY** Trägt das Lederkäppi eines neapolitanischen Taxichauffeurs, das den gelichteten Scheitel kaschiert. **FREUNDE** Der Sigi-Sommer-Stammtisch im Münchner »Augustinerkeller« (der keiner ist, sondern ein herrlicher Biergarten mit Kastanienbäumen) ist Deutschlands bunteste runde »Hartholz-Insel der Freundschaft«. Zu den erlauchten Mitsitzern, also dem harte Kern, zählen *Max Colpet* (»Sag mir, wo die Blumen sind«), der *Steilwand-Kitty* und *Wolfgang Lukschy*, *Franz Josef* ➔ *Strauß*, *Willy Brandt*, *Hans-Dietrich Genscher*, *Hans-Jochen Vogel*, *Thomas Wimmer*, Prof. *Manfred Schreiber*, *Siegfried Lowitz*, *Peter Carsten*, *Luggi Waldleitner*, *Blacky Fuchsberger*, *Gert Fröbe*, *Fred Bertelmann*, *Ruth Kappelsberger*, *Max Schmeling*, *Johannes Heesters*, *Rudolf Mühlfenzl*, *Gisela Bree*, *Fred Kraus*, *Kurt Wilhelm*, *Georg Lohmeier*, *Hans Cossy*, *Emily Reuer*, *Helmut Fischer*, *Ernst Maria Lang*, *Horst* ➔ *Wendlandt*, *Putzi Holenia*, *Helmut Zöpfl*, *Rolf Castell* oder *Burschi Heiden*. Versorgt wird die Runde vom »Bier-Mutterschiff«

Maria, der treuen Bedienung. **FAMILIE** Tochter *Madeleine*. **LIEBE** S.S., der ein ganz geheimes Gspusi mit US-Filmstar *Deborah Kerr* hat (wohl die Berühmteste seiner 99 Bräute), verkuppelt Bundespräsident *Walter Scheel* mit Frau *Mildred*. **SEX** (Künstler-) nomen est omen. **SCHICKSAL** Hätte er bis zum letzten Atemzug seine Artikel in seiner Mikro-Handschrift schreiben müssen, wäre ihm sicherlich der Leidensweg als Kassenpatient durch Krankenzimmer dritter Klasse (mit drei anderen Patienten bei dem »Barmherzigen Brüdern«) erspart geblieben. Im Krankenhaus »Rechts der Isar« wird Sigi danach in eine geschlossene Abteilung eingewiesen. Wenn er einen Pfleger zur Seite bekommt, so die Auskunft der Ärzte, könnte er auch zu Hause leben. Seine Wohnung in der Wurzerstraße ist dafür aber zu klein und in der Wohnanlage für betagte Journalisten und Künstler, geschaffen durch die »AZ«-Benefiz-Aktion »Stars in der Manege«, ist kein Zimmer frei. So ist sein »Austragsstüberl« die geschlossene Abteilung des Münchner Altenheims mit dem grauen Charme, »St. Martin«. Seine Lebensgefährtin, für die er jahrzehntelang fürstlich und mit dem Segen von Stadtpfarrer *Fritz Betzwieser* sorgte, lässt ihn vorher schon zusammen mit einer Anwältin entmündigen. War Sommers Vermögen wirklich so in Gefahr? Nach einem Aufenthalt in der Rinecker-Klinik stirbt der Weltstadt-Poet am 25. Januar 1996 in der Klinik von *Franz-Josef-Strauß*-Leibarzt *Valentin Argirov*.

Soraya

WER IST ES? Frühzeit-Diana. **LEBENSDATEN** *22.6.1932, † 25.10.2001. **KARRIERE** Ex-Kaiserin von Persien (1951–58) (➔ EHE).

IMAGE Anders als als das alltagstaugliche Vorbild *Jackie Kennedy* und anders auch als Königin ➔ *Elizabeth*, die mit Kopftuch und Hunden durch England wandert, ist sie eine faszinierende Kaiserin wie aus 1001 Nacht. **GELD** S. besaß ein Vermögen von 50 Millionen Dollar sowie Juwelen in Millionenhöhe (wenn sie ausging, durfte sie laut Versicherungsvertrag immer nur Schmuckstücke bis zu einem Gesamtwert von 1,2 Millionen Mark aus dem Tresor nehmen, darüber endete der Versicherungsschutz). All das und auch die Immobilien hätte ihr in Köln lebender Bruder *Bijan* geerbt. Er, der seine Schwester abgöttisch liebt, stirbt während der Vorbereitungen für ihre Beerdigung unter mysteriösen Umständen in einem Pariser Hotel. Ein unbekannter Sekretär hat ihn nach Frankreich begleitet. Durch den überraschenden Tod kann *Bijan* nicht erfahren, dass ihm die Prinzessin eine große Zementfabrik in Teheran vermacht hat, die im Zuge der Liberalisierung im Iran wieder an die Ex-Kaiserin übertragen wird. Das bereits zweimal durch Erbschafts-

steuern geschmälerte Erbe wird nun wohl mangels direkter Angehöriger dem in den USA lebenden Enkel der Schwester von Sorayas Mutter, *Peter Hilf*, und einem in München lebenden entfernten Verwandten zufallen. Aus 942 Gegenständen besteht die Auktion, die vom 29.–31. Mai 2002 vom Pariser Versteigerungshaus Beaussant Lefevre vorgenommen wird. Sorayas Nachlass kommt unter den Hammer. Er reicht vom Hermelin-Cape, dem Geschenk *Stalins*, über einen Brillantring bis hin zum roten Rolls-Royce, in dem vornehmlich Terrier Dandy chauffiert wurde. Sorayas Juwelen erzielen fast 4 Millionen Euro und übertreffen den Gesamterlös aus dem Nachlass der Operndiva *Maria Callas*, der bei der Versteigerung im Dezember 2000 1,4 Millionen Mark eingebracht hat. Der Höchstpreis von fast einer Million Euro wurde für Sorayas Platin-Ring mit einem Diamanten (22,37 Karat) bezahlt. Sobald die Stücke das Monogramm des ➜ *Schahs* von Persien, *Mohammed Reza Pahlavi*, aufweisen, schnellt der Preis in die Höhe. Rund 500 Interessenten sind bei der Versteigerung anwesend, unter ihnen viele Exil-Iraner und auch Bieter aus Deutschland sowie Juweliere wie Cleef & Arpels und Bulgari, die Schmuck aus eigenen Häusern zurückkaufen möchten. Ein Goldring mit Diamant (6,23 Karat) erzielt 24 500 Euro, ein Armband mit Dutzenden von Rubinen 200 000 Euro und ein Bulgari-Diamanten-Collier 150 000 Euro. **RESIDENZ** In München gehörte ihrer Mama eine schöne Villa beim Nymphenburger Schloss und Soraya zunächst ein Haus in der Geibelstraße in Bogenhausen, später eine Prachtvilla in der Opitzstraße im Herzogpark. Die Ex-Kaiserin besaß auch in der Pariser Avenue Montaigne 46 eine luxuriöse Eigentumswohnung (ihres vereinsamten weißen Schoßhündchens hat sich ihr französischer Chauffeur *Thierry* angenommen) sowie in Marbella eine Traumvilla mit Swimmingpool.
STYLE Durch ihre prunkvolle Hochzeit im Februar 1951 mit dem *Schah von Persien* und durch die Scheidung 1958 (➜ EHE) avanciert Soraya unfreiwillig und ohne Lizenzgebühren zur Begründerin der »Yellow Press«. Sie ist die letzte deutsche Kaiserin aller Herz-Schmerz-Magazine und absoluter Star des Jetset. Diese Leistung ist wesentlich größer als diejenige ➜ *Dianas*, denn ihr steht die enorme Medien-Vielfalt der heutigen Zeit nicht zur Verfügung. **ERINNERUNG** Soraya ist mein erster VIP-Kontakt als Kolumnist. Ich werde ihr von den Glanz-Gastronomen *Bambsi* und *Charlott Franzen* vorgestellt, Besitzer des legendären »Humplmayr«, Deutschlands luxuriösestem Restaurant, noch ehe es eine Stern-Bewertung gibt. Sie wohnt im »Conti Hotel«, liebt wegen der Zigeunergeiger das Lokal »Piroschka« und reist wegen Flugangst von Paris nach München stets mit dem Orient-Express. Damals ist sie auch mit Fürst *Johannes von* ➜ *Thurn und Taxis* befreundet, der ihr gelegentlich aus Jux ein Paar Schweinswürstl in ihre Pucci-Tasche schmuggelt, wenn er mit ihr ins »Humplmayr« geht. **FAMILIE** Tochter von Fürstin *Eva Esfandiary*, geborene Karl, die aus Deutschland stammt, und des persischen

Diplomaten Fürst *Khalil Esfandiary Bakhtiary*. **EHE** 1951–58 verheiratet mit dem *Schah von Persien, Mohammed Reza Pahlavi*. S. ist 18, wird aber vom persischen Protokoll als 21-jährige Braut ausgegeben, als sie in einem 20 Kilo schweren Dior-Kleid mit 600 (falschen) Diamanten heiratet. Sie trägt ein weißes, von *Stalin* geschenktes Hermelin-Cape und fröstelt trotzdem, weil der Palast nur schwer zu heizen ist. Es ist der 12. Februar 1951, ein von Hofastrologen und Mullahs aus kosmisch-regelzyklischen Aspekten errechneter Ideal-Termin. Falsch. Gerade mal Mitte 20, wird sie von Mann und Staat verstoßen, weil sie kein Kind bekommt. Der ganze weibliche Teil Deutschlands hat geheult – so etwas ist sonst nur noch in unserem Nachbarland Frankreich passiert, bei Josephine und Napoleon. Sieben Jahre hat die Ehe mit dem »König der Könige«, der »Sonne der Arier« gedauert. Bei Hofe ist Soraya als Nachfolgerin der ersten Frau des Schahs, *Fawzia*, Schwester des ägyptischen Königs *Faruk* und ebenso verstoßen, weil sie keinen Sohn bekam, nicht sehr beliebt. Als erklärte Feindin entpuppt sich die Zwillingsschwester des Schahs, Prinzessin *Ashraf*, die sie regelrecht verabscheut. Bundespräsident *Theodor Heuss* nennt die junge Herrscherin etwas uncharmant ein »domms Mädle«, wie *Tatjana Fürstin Metternich* weiß, deren Mann *Paul* mit *Reza Pahlavi* seit der gemeinsamen Schulzeit in der Schweiz befreundet war. Als 1954 Sorayas Ehe zerrüttet ist, bleibt sie Jahr für Jahr für mehrere Monate an der Côte d'Azur. Sie besucht auch ihren Vater *Khalil*, der von 1951–61 kaiserlich-iranischer Botschafter in Bonn ist, oder ihre Mutter *Eva* in München. 1958, wieder im Februar, verlässt sie das Land in der vagen Hoffnung, der Schah würde sie zurückrufen. Am 6. April wird die Ehe beendet. **LIEBE** Nach der Trennung vom Schah muss die schöne, reiche, sprachgewandte Soraya nicht im »Palast der Einsamkeit« darben. Der Münchner Playboy *Peter Haff* macht ihr den Hof, *Gunter* ➔ *Sachs* will sie 1962 sogar heiraten. Beziehungen hat sie mit Schauspieler *Maximilian* ➔ *Schell, Hugh O'Brian, Alberto Sordi* sowie Mondfahrer *Gene Cernam* und Prinz *Johannes von* ➔ *Thurn und Taxis*. Da S. den Stierkampf liebt, gehören auch zwei Toreros zu ihrer Verehrerschaft, darunter *Antonio Ordonez*. Ihre große Liebe, der italienische Regisseur *Franco Indovina*, verunglückt 1972 mit dem Flugzeug tödlich. Das ist für sie vielleicht der zweithärteste Schicksalsschlag gewesen. Mit ihm hat sie fünf Jahre Liebesleben ausgekostet und völlig neue Seiten kennen gelernt. Sie hat in Rom für *Franco* Pasta gekocht und ist auch mal barfuß durch die Wohnung gelaufen. **SCHICKSAL** In München werden die Ex-Kaiserin und ihr Bruder *Bijan* auf dem Westfriedhof begraben – ohne Kirche, direkt von der Pathologie weg, ohne eine Blume. Dieser erbärmlich gestaltete letzte Weg erregt die Gemüter des Freundeskreises. Im Gegensatz zur Pariser Trauerfeier mit Gästen wie Exil-König *Vittorio Emanuele von* ➔ *Savoyen*, Prinzessin *Ira von Fürstenberg* und Freund *Massimon Gargia* in der America Cathedral haben weder OB *Christian Ude* noch Bayerns Premier Dr. *Edmund*

➜ *Stoiber* eine offizielle Trauerfeier in München angeordnet. Soraya wollte zum Check up nach München reisen und sich in Behandlung von Prof. Dr. Dr. *Ernst Rainer Weissenbacher* im Großklinikum Großhadern begeben. Davor noch sein telefonischer Rat: »Lassen Sie sich entgiften, Hoheit, und dann kommen Sie bitte.« Ein deutscher Arzt hat sie in Marbella mit reichlich Cortison behandelt. Das scheint der Körper der melancholischen Frau mit den stechend grünen Augen plötzlich nicht mehr zu verkraften. Sie stirbt schlafend im Bett. Noch einen Tag vor ihrem geplanten Trip nach München, wo ihre Mutter *Eva Esfandiary* begraben ist, ertönt ihre Stimme auf dem Anrufbeantworter eines langjährigen treuen Verehrers, Stahl-Unternehmer *Martin Glässel*: »Hier ist Soraya Esfandiary, ich bin ...«

SKANDAL Ein weitläufiger Nachbar in Marbella, der deutsche Immobilien-Jongleur *Gerd Stenger*, der viele Jahre nicht nach München kann, obwohl er will, bemüht sich mit der Hartnäckigkeit eines Abonnenten-Werbers um die Gesellschaft von S., bis sie schließlich auf seine Party-Einladungen reagiert. Vor eineinhalb Jahren allerdings kommt es zu einem Eklat, als sie *Stenger*, frisch verheiratet mit der attraktiven und geprüften Schönheit *Scarlett*, besuchen will. Die sich vermeintlich durch *Stenger* geadelt fühlende Lifestyle-Sirene verweigert bei der Begrüßung die kaiserliche Hand, worauf die gutmütige Soraya den sofortigen Rückzug antritt und vornehm, aber bestimmt sagt: »Herr Gerd, ich werde niemals mehr über die Schwelle Ihres Hauses treten.« Als der plötzliche Tod der ehemaligen Schah-Gemahlin bekannt wird, lässt es sich dieser Herr nicht nehmen, einen Nachruf in einem deutschen Magazin zu platzieren, in dem er der Verstorbenen Rotweinkonsum vorwirft.

Späth, Lothar

WER IST ES? Cleverle **LEBENSDATEN** *16.11.1937 in Sigmaringen **JOB** Politiker und Manager (Jenoptik).

KARRIERE Als Ministerpräsident von Baden-Württemberg (1978–91) wird der fuchshafte Schwabe *Helmut* ➜ *Kohl* etwas zu mächtig – immerhin wird er als Kanzlerkandidat gehandelt. Offiziell lässt er sich wegen eines privaten Segeltörns stürzen – S. kann den Grund des erzwungenen Abgangs immerhin selbst wählen (➜ SEX). Den Abschuss steckt er locker weg und beweist seine Führungsqualität. S. geht in den Osten, belebt den angeschlagenen Jenoptik-Konzern wieder und bringt ihn auf Vordermann. Daneben brilliert er mit einer Vorzeige-Talkshow bei n-tv und fällt durch sein Fachwissen und seine Souveränität auf. 2002 Comeback in die deutsche Politik als Wirtschaftsexperte im Team ➜ *Stoiber* – für Späth ist es nie zu spät. **EHE** Single. Geschieden von Frau *Ursula*, zwei Kinder. **SEX** Sein Mitarbeiter *Mathias Kleinert* kennt Fotos, die Späth im sprudelnden Whirlpool mit Asias zeigen.

Spears, Britney

> **WER IST ES?** Sehr blond **LEBENSDATEN** *1981 in Kentwood/Louisiana **JOB** Popsängerin **KARRIERE** Mit 11 Lenzen Moderatorin beim »Mickey Mouse Club« im amerikanischen Fernsehen. Start mit »Baby One More Time«. Bis heute hat sie 40 Millionen CDs verkauft.

MAROTTE Pfirsichhäutig, wach und energiegeladen bringt Britney *Alfred* ➔ *Biolek*, eigentlich Damen gegenüber im Großen und Ganzen abgeklärt, mächtig ins Rudern. In seinem biederen Talkshow-Studio mit weißen Dampfheizungskörpern im Hintergrund gesteht das US-Girlie nach viel verbalem Nichts voller Fröhlichkeit, dass sie Fingernägel kaut. Eigentlich ist das Zwiegespräch kein Interview, sondern mehr eine Werbesendung für ihre neuen CDs. Als Britney für ihren ersten Kinofilm »Crossroad«, der in Deutschland »Not a Girl« heißt, erneut in Deutschland die Werbetrommel rührt, wird den Journalisten ein Maulkorb verpasst. In Köln und bei *Thomas* ➔ *Gottschalk* in München zählen zu den Interview-Bedingungen der Verzicht auf Fragen zu: 1. vorehelichem Verkehr, 2. Geschlechtsverkehr, 3. nochmal Geschlechtsverkehr und 4. Brustvergrößerungen. »Das ist alles unter der Gürtellinie«, sagt Spears Public-Relations-Dame. Biologisch hat sie recht. **FREUNDE** Pflichtbefreundet mit *Justin Timberlake* von der Gruppe N-Sync. **LIEBE UND SEX** Zu jung.

Speichert, Sandra

> **WER IST ES?** Deutschlands attraktivster Jungstar **LEBENSDATEN** *22.1.1971 in Basel, wächst in Belgien, Holland, Deutschland und Frankreich auf **JOB** Schauspielerin

KARRIERE Absolviert in Paris die Schauspielschule und spielt ihre erste Hauptrolle in *Claude Zidis'* »Doppelte Tarnung«. Damit schlägt sie so ein, dass sie 1994 mit dem »Romy-Schneider-Preis« als beste Nachwuchs-Darstellerin ausgezeichnet wird. Filme und Fernsehen: »Zaubergirl« von *Vivian Naefe*, »Die Halbstarken« mit *Til Schweiger*, »Der Campus« von *Sönke Wortmann*, »Sturmzeit« von *Bernd Böhlich*,

»Blutspur des Todes«, »Still Movin«, »Lago Winch«. **IMAGE** Leidenschaftliches Power-Girlie mit Turbolader. Man sagt immer, Deutschland habe keine schönen weiblichen Filmheldinnen. Hier ist eine. **LIEBE** S., die an die ganz junge *Hannelore Elsner* erinnert, wohnt in Paris mit ihren Zwillingen *Lino* und *Siena*, geboren im Dezember 2000. Von deren Vater, Regisseur *Bernd Böhlich*, trennt sie sich 2001. Diese Liebe hat nur zwei Jahre gedauert. Davor lebt sie acht Jahre mit dem französischen Schauspieler *Stephane Guerin* zusammen.

Spiehs, Karl

> **WER IST ES?** Zigarillos-liebender Film- und Fernseh-Produzent mit großem Herzen **LEBENSDATEN** *20.2.1931 in Blindendorf/Österreich **JOB** Filmproduzent, Chef der Lisa-Film, Programm-Großversorger der deutschsprachigen Länder **KARRIERE** 1958–64 Produzent der Wiener Stadthalle-Film. 1967 gründet er Lisa-Film, produziert 130 Filme, darunter »Hilfe, ich liebe Zwillinge«, »Der Reigen«, »Das große Liebesspiel« (mit *Hildegard Knef*), »Popcorn und Himbeereis«, »Cola, Candy, Chocolate«, »Sommernight Fever«, »Immer Ärger mit dem Pauker«. Großer Erfolg mit »Nasen«-Filmen (mit *Thomas* ➔ *Gottschalk* und *Mike Krüger*).

PARTNER Er formt seinen treuen Mitarbeiter *Otto Retzer* zum Regisseur, der große TV-Serien, unter anderem mit *Uschi* ➔ *Glas* und *Klausjürgen Wussow*, dreht. **PLÄNE** Sicherte sich die Rechte des neuen *Henning-Mankell*-Krimis »Die Rückkehr des Tanzlehrers« und plant die Rolle des neuen Mankell- Kommissars Stefan Lindmann mit Serien-Star *Tobias Moretti* zu besetzen. **STYLE** S. hat keinen Führerschein und trägt keine Uhr. **EHE** Verheiratet mit *Angelica Ott*, zwei Söhne, *David* und *Benjamin*. **EVENT** Wir sind in Wien und alles wartet auf den Herrn Karl. Vergessen Sie Qualtinger – es geht um einen anderen Herrn Karl, auch kein Leichtgewicht, auch im Showbiz zu Hause, einen mit Knautschnase, einen Haberer, wie der Wiener einen Good Boy nennt: Karl Spiehs. Der Filmproduzent, der sein 40-jähriges Berufsjubiläum mit einer Riesenfete im Wiener Rathaus feiert, ist nirgends zu sehen. Eine unendlich lange Menschenschlange mit 682 bekannten Gesichtern bewegt sich schrittweise auf der steilen, mit rotem Teppich überzogenen Treppe zum Festsaal und verliert sich oben im Gewirr. Die Eingeladenen halten vergeblich Ausschau nach dem Gastgeber, der sonst bei solchen Galas tausendfaches Händeschütteln – in Wien auch noch Bussi, Bussi und Baba – über sich ergehen lassen muss. Wo ist Karl nur? Seine Frau *Angelica*, ganz in Schwarz, kommt allein die Treppe herauf, Winnetou *Pierre Brice* federt um die Ecke und gleich dahinter sein Erfinder *Horst* ➜ *Wendlandt* mit Frau *Ille*. Schweren Gangs bewegt sich TV-Bulle *Ottfried* ➜ *Fischer* die Stufen hinauf, in seinem Smoking der Ü-Klasse etwas overdressed – jeder seiner Lackschuhe muss 75 Kilo aushalten. Er gibt brav Pfötchen und macht Diener bei Wiens Kolumnist »Adabei« *Michael Jeannee*. Plötzlich zucken Fotografenblitze auf der Treppe. Kommt jetzt Karl? Nein, Evergreen-Rocker *Peter Kraus* mit Ehefrau *Ingrid* und Sohn *Mike*, eine schrecklich nette Familie. Da schleudert sich auch *Roberto Blanco* nach vorn und eilt mit hürdenartigen Sprüngen auf die Meute der Bildreporter zu: Er darf natürlich nirgends fehlen. Der Nachbar an der Bar lästert, dass man *Roberto* beim Abschluss einer Käfer-Party ab sechs Personen gratis dazu bekommt. Vor einem Mammutspiegel überprüfen die Gäste noch mal kritisch Festgarderobe und Frisur und setzen ihr Sonntagsgesicht auf. Diese Eitelkeitsszenen werden von einer versteckten Kamera festgehalten und später im Saal gezeigt, wo sie für Furore sorgen. Ein »Opfer« ist der zeitlos attraktive Musical-Star *Dagmar Koller*, in Samtkleid mit Motorradjacke de Luxe und auf strassgeschmückten High Heels. Die Spiehs-Society sitzt längst im Saal und der Caterer, Hummerkönig *Attila Dogudan* hat gebackenen Seeteufel sowie Styria-Beef perfekt serviert, als endlich Gastgeber S. auftaucht – dafür überraschend in sechsfacher Ausführung. Ein köstliches Verwirrspiel, keiner weiß, wer der richtige ist. S. kommt mit fünf gleichen Spiehs-Gesellen auf die Bühne. Sie tragen Gummimasken à la »Mission impossible« (kreiert von *Peter Alexanders* Maskenbildnerin *Erika Zizala*), haben gleiches Geheimrat-Outfit und bewegen sich Spiehs-typisch. Als der richtige Karli seine Maske abzieht, bricht Jubel aus. »Ich bin 40 Jahre beim Film und 28 Jahre hat der ORF keine einzige Produktion von mir gezeigt. Vor 12 Jahren haben sie zum ersten Mal einen Film gesendet«, erzählt der reich gewordene, aber stets bescheiden gebliebene Produzent und fügt schmunzelnd hinzu: »Die haben wohl gewartet, bis meine Filme Klassiker geworden sind.« Für S. standen auch Weltstars wie *Telly Savalas*, *Sydney Rome*, *Larry Hagman* oder *Elke Sommer* vor der Kamera. Erstaunlich viele Produzenten sitzen im Festsaal des Wiener Rathauses, darunter auch *Arthur* ➜ *Cohn*, *Helmut* ➜ *Ringelmann* und *Wolfgang Rademann*, wogegen man keine Verleiher sichtet oder österreichische Politiker, die dem Wiener Filmkönig in der titelfreudigen Stadt schon mal einen »Professor« hätten verleihen können. Neben Ausschnitten aus 138 Spielfilmen und seinen Erfolgs-TV-Serien »Schloss am Wörthersee« und »Klinik unter Palmen« amüsiert ein valentinreifer Sketch auf der Leinwand. Showmaster *Fritz Egner* schaut dabei *Ingrid Steeger* tief in die Augen, ohne Klim-Bim.

Spielberg, Steven Allen ➜ Hollywood

Springer, Friede

> **WER IST ES?** Zeitungs-First-Lady **LEBENSDATEN** *15.8.1942 in Oldsum, Insel Föhr **JOB** Witwe des großen Verlegers *Axel Cäsar Springer* und Großaktionärin des gleichnamigen Zeitungshauses **KARRIERE** 2001/02 baut sie das Imperium anlässlich der ➜ *Kirch*-Krise um und nimmt in der Führungs-Etage einen kräftigen Generationswechsel vor.

ERFOLGE Festakt in der Ben-Gurion-Universität in Beer-Sheva/Israel, bei dem nach einigen Vorrednern auch Ex-Bundeskanzler *Helmut* ➜ *Kohl* ans Pult tritt, um seine Laudatio mit mächtiger Stimme vorzutragen. Geehrt wird Friede Springer. Die Hochschule zeichnet die »bedeutende Frau im Pressewesen sowie Gefährtin des Verlegers Axel Springer« mit der Ehrendoktorwürde aus. Axel Springer habe ein großes Medienunternehmen geschaffen, das immer stärkere Bande zwischen der Bundesrepublik und Israel sowie zwischen den Deutschen und der jüdischen Weltgemeinde geknüpft habe, lautet die Begründung. **RESIDENZ** Pendelt zwischen Hamburg und der Hauptstadt Berlin, besucht in der Freizeit gern die Insel Sylt und hat sich in Potsdam eine herrschaftliche Villa, das Weiße Haus der Nauener Vorstadt, zugelegt. **FREUNDE** Ihre beste Freundin ist die Berliner Society-Lady *Florentine Pabst*.

Springer, Rosemarie

> **WER IST ES?** Witwe von *Axel Springer jr.* (der unter Beweis stellte, dass er auch ohne den Namen Springer, als Fotograf *Sven Simon*, erfolgreich sein konnte) **LEBENSDATEN** *7.7.1948 in Hamburg

FAMILIE Mutter von *Aki* und *Ariane Springer*, den Enkeln des Verlagsgründers. **LIEBE** S. erlebt rubirosa-artige Allüren ihres zeitweise-Verehrers *Eduard Reinbold*, von dem eigentlich bekannt ist, dass er mehrere Igel in der Tasche trägt. Zu Rosis Geburtstag überspringt der Pächter des »Franziskaner« in München seinen schottischen Schatten um ein Vielfaches. Er schenkt ihr einen Kleinwagen, den er nicht so einfach vor die Tür stellt. Vielmehr ordert er bei der Spezial-Firma Schmidbauer einen gelben Kran, der das Auto auf die Dach-Terrasse hievt. Die ahnungslose Rosemarie erscheint erst abends in ihrer Wohnung und will mit ihren Freunden ein Glas trinken. »Ach gehen wir doch raus auf die Terrasse«, schlägt sie vor, »es ist so schön lau draußen«. S. öffnet die Doppeltür und geht in der Dunkelheit zuerst an dem Auto vorbei, bis sie plötzlich wie bei einem Doubletake im Film noch einmal schaut, fühlt und aus dem Staunen nicht herauskommt. Die Lieferung des Kleinwagens dürfte teurer gewesen sein als das Auto selbst. Seit 1999 pflegt S. ein intensives Bratkartoffelverhältnis mit Bandscheiben-Bandarillo Prof. Dr. *Wolfgang Pförringer* im Münchner Nobelviertel Herzogpark. **SCHICKSAL** Freitod ihres Mannes *Sven Simon* 1980.

Stephanie, Prinzessin von Monaco

> **WER IST ES?** Blaublütiger Wirbelwind, Papas Darling **LEBENSDATEN** *1.2.1965 in Monte Carlo **KARRIERE** Kaum aus der Pubertät heraus, wird ihr knackiger Körper öfter fotografiert als das Gesicht ihres Vaters, *Fürst Rainier III.* Sie entwirft Bademode, versucht Sängerin und Schauspielerin zu werden und geht »back to the roots« nach Los Angeles, wo ihre Mutter *Grace Kelly* herstammt.

RESIDENZ 2001 tauscht sie – ein ganz neues Programm – den heimischen Palast gegen einen Zirkuswohnwagen, und man sieht sie ungekämmt und fern der Monaco-Heimat im weißen Bademantel auf dem Backstage-Gelände des Schweizer »Zirkus Knie« herumspazieren. (➔ LIEBE).   **FAMILIE** Tochter von *Fürst Rainier III.* und *Fürstin Gracia Patricia*. Bruder ➔ *Albert* und Schwester ➔ *Caroline*.   **EHE** In erster Ehe ist sie mit Fischhändler *Daniel Ducruet* verheiratet, dem sie die Kinder *Louis* und *Pauline* schenkt. Der Ehe wird durch einen Open-Air-Liebesakt des Verleihnix mit einer holländischen Stripperin – im Detail fotografiert und in den Zeitungen veröffentlicht – der Garaus gemacht. Die Liasion mit Leibwächter *Jean-Raymond Gottlieb* ist ebenso fruchtbar: Tochter *Camille*.   **LIEBE** Sie ist zeitweise schöner (Titel »Vanity Fair«) und verrückter, auf jeden Fall aber männerverschleißender als ihre Schwester *Caroline* und flattert wie ein Schmetterling von Mann zu Mann: 36 Tage *Antony Delon*, an ihrem 21. Geburtstag Tarzan *Christopher Lambert*, Berührungen mit *Stephane la Belle* und *Stefan Johansson*, ein längeres Techtelmechtel mit Rennfahrer *Alain Prost,* bei dem sie die Hand am Steuerknüppel hat und mit dem sie auch mal einen Ausflug an den Nürburgring unternimmt, und natürlich Schauspielersohn *Paul Belmondo*, ihre erste große Liebe, wie sie sich zu erinnern glaubt. Als Magnetfeld entpuppt sich in Los Angeles der aus Frankreich stammende blonde Windhund und Clubbesitzer *Mario Oliver Jutard* (»Vertigo«) und schon jubelt das »Los Angeles Times Magazine« über »L.A.'s Royal Romance«. Diese Liebelei schätzt der oberste Grimaldi aber gar nicht, und *Mario Oliver* wird durch Plattenproduzent *Ron Bloom* ersetzt. S.s Männerglück verliert sich mehr und mehr in die Kreise der zupackenden Bevölkerung, ein feiner Mann fällt

durchs Raster. 2001 verliebt sie sich in den Chef des gleichnamigen Zirkus-Unternehmens, *Franco Knie* (→ RESIDENZ). Der schnurrbärtige Unternehmer ist jahrelang Berater des Fürsten für circensische Belange: jedes Jahr werden in Monte Carlo bei einem Festival Artisten und Zirkus-Veranstalter mit Preisen ausgezeichnet. Franco hat die Trophäe Nr. 1 geholt und seine Frau *Claudine* und die Familie aufgegeben. Seit dem Rosenball 2002 ist S., die ab und an ihre kleine Tochter *Pauline* im Zirkus auftreten lässt, wieder an den offenen Kamin von Papa *Rainier* zurückgekehrt. Für *Franco Knie* indes gibt es kein Retour – die Ehefrau hat das gemeinsame Haus in Rapperswil, Standort des »Schweizer Zirkus Knie«, gleich verkauft, weil ihr das Gerede der Nachbarschaft auf die Nerven ging.
SCHICKSAL Beim tödlichen Autounfall ihrer Mutter sitzt sie mit im Wagen und kommt heil davon. Manche Monegassen behaupten, sie – damals 17 Jahre alt – habe das Auto gesteuert.

Stewart, Rod

WER IST ES? Eigentlich Roderick David. Die Reibeisenstimme der Band The Faces, dann solo. Hits: »Maggie May«, »Vagabond Heart«, »Sailing«, »Downtown Train«, »Rhythm of my Heart«, »Waltzing Mathilda«. **LEBENSDATEN** *10.1.1945 in Highgate/London **JOB** Sänger **KARRIERE** Startet als Totengräber und Schildermaler, bevor er zu singen beginnt, erst mit

ERFOLGE Auszeichnungen für sein Lebenswerk bei den Brit Awards 1993 und den American Music Awards 1994. **HOBBIES** S. ist ein ausgesprochener Fußball-Freak. **BEAUTY** 1,73 groß und die Haare stets wuschelig wie ein Pudel, der dringend zum Friseur muss. **FAMILIE** Rod fliegt eigens heim nach Los Angeles, um seinem 21-jährigen Sohn *Sean* die Leviten zu lesen. Seit fünf Jahren vergeht keine Woche mehr ohne Bad News. Mal ist es Alkohol, dann sind es, je nach Markttrend, Drogen wie Koks, Extasy oder Speed. Mama *Alana* ist längst mit ihrem Latein am Ende, und Rod greift zum zündenden Mittel: Er droht, das großzügige Taschengeld komplett zu sperren, und investiert eine große Geldsumme für eine radikale Entziehungskur. »Wenn du das nicht machst, brauchst du dich in unserem Haus nicht mehr sehen lassen«, lässt er den Filius wissen. Sean, der wegen gleicher Delikte bereits von der Schule flog, verspricht dem Vater mit Handschlag, sich behandeln zu lassen, um clean zu werden. **EHE** Zwei Ehen, 1979–84 mit *Alana Hamilton*, Kinder *Kimberly* und *Sean*, 1990 Hochzeit mit *Rachel Hunter*, Kinder *Renee* und *Liam*. Heute leben sie getrennt. Wegen Noch-Ehefrau *Rachel* entstehen jeden Monat hohe Telefonrechnungen, weil kein Tag vergeht, an dem die laszive Blondine nicht anruft, um wegen Seelenverwandtschaft und der Kinder *Renee* und *Liam* mit ihm zu plaudern. Sie lebt jetzt in einem Häuschen mit Kissen und Kerzen an einer bescheidenen Adresse in London, aber ganz nach ihrem Geschmack. Ohne Rosenkrieg und Medien-Spektakel ist sie mit ihren Sprösslingen aus Rods Luxusvilla in Los Angeles ausgezogen und hat nur ein paar Andenken, Fotos von S. und den Hochzeitsring mitgenommen. Rod, den sie 1991 in einem Nachtlokal in L.A. kennen lernt, ist die Liebe ihres Lebens. »Drei Wochen nach dem ersten Date ging er mit mir in einen Park und machte mir auf Knien einen Heiratsantrag. Die kurze Verlobung – er schenkte mir einen Ring mit Brillanten und Saphiren von Van Cleef – endete mit einer spektakulären 100 000-Dollar-Hochzeit mit Glitterati und Paparazzi. Unser erstes Kind, Töchterchen Renee, kam zwei Jahre später auf die Welt«, erinnert sich *Rachel* und fährt mit ihrer Hand durch ihre herrliche Löwenmähne. Doch weil sie neun Jahre neben dem Star ohne eigene Identität verbringt, will sie aus dem goldenen Käfig ausbrechen. »Ich hatte schlaflose Nächte, aber ich konnte plötzlich nicht länger die Lebenslüge ertragen, eine ergebene Frau zu sein. Bei einer Reise allein in London habe ich dann den Entschluss gefasst«, sagt das ehemalige Ford-Model, das aus Neuseeland stammt und in New York mit 17 Karriere machte.   **LIEBE** Ausgeprägte Vorliebe für langbeinige, fast einen Kopf größere Frauen. Zahlreiche Liaisons mit den Schönsten der Welt: *Kelly Emberg* (mit ihr hat er die Tochter *Ruby*), *Joanna Lumley*, *Britt Ekland*, *Kelly Le Brock*, *Dee Harrington*, *Teri Copley*. Aktuelle Freundin: *Penny Lancaster*.   **SEX** Die beiden Huch- und Tatütata-Wirte von »Kay's Bistro« in München laufen wie wild gewordene Flamingos durch ihr dekoüberladenes Plüschlokal. Grund: Ein richtiger Kerl ist im Laden, ein Weltstar, der Sänger mit der Reibeisen-Röhre, Rod Stewart. Der Entertainer aus England, der nach der Sandkastenphase noch nie mit einem hässlichen Mädchen gesichtet wurde, hat auch an diesem Abend eine Maid aus Milch und Honig an der Seite: *Beatrice Grimm*, rote Lippen, frecher Blick, Bella Carosseria. Schon nach der Vorspeise zeigt die weiße Tischdecke leichten Abwärtstrend. Die Kellner gießen Champagner nach. *Beas* Bottocelli-Gesicht taucht plötzlich weg, wahrscheinlich um einen heruntergefallenen Penny zu suchen. Unter dem Tisch stellt die Virtuosin mit großem »O« nach tiefgehender Oberservation Stewarts abendliches Quickie-Glück sicher. Mit roten Wangen wie Weihnachtsäpfel kommt die Blonde wieder nach oben und bringt ihr Haar in Ordnung. Rod findet den Abend in jeder Hin sicht befriedigend. Die Zeche zahlt der Konzert-Impresario.

Stoiber, Edmund, Dr.

WER IST ES? Weißblauer Herrscher mit preußischem Gehabe **LEBENS-** **DATEN** *28.9.1941 in Oberaudorf/Kreis Rosenheim

KARRIERE Besucht das Humanistische Gymnasium in Rosenheim, wo er Fahrschüler ist. »Ete« (Etepetete), wie er genannt wird, gilt als intelligenter und intellektueller Schüler, etwas spröde und nüchtern. Studiert in München und Regensburg Jura und Politologie, legt das zweite juristische Staatsexamen mit Prädikat ab und promoviert zum Dr. jur. mit der Arbeit: »Der Hausfriedensbruch im Licht aktueller Probleme«. 1972–74 persönlicher Referent des Umweltministers, 1976 JU-Kreisvorsitzender von Bad Tölz, 1978 Anwaltszulassung und Kanzlei-Eröffnung in Wolfratshausen. Bei der Landtagswahl am 15.10.1978 gewinnt er als einer von vier CSU-Direktkandidaten gegen den Wahltrend Stimmen dazu und wird als neuer CSU-Generalsekretär die rechte Hand von Ober-Bayer *Franz Josef* → *Strauß* und Verbindungsmann zwischen CSU-Landesleitung und Landtagsfraktion. St. wird bundesweit bekannt, als *Strauß* 1980 Kanzlerkandidat der Unionsparteien ist, aber mit 44,5 Prozent scheitert. 1982–86 als Staatssekretär Leiter der Staatskanzlei. Nach dem Tod von *Strauß* wird St. Innenminister im Kabinett *Max Streibl*, erklärt sich zum »Ausmister des weißblauen Amigo-Stalls« und vergisst auf Grund von alzheimerartigen Momenten die eigene Mitwirkung – zu Vergünstigungen von MBB, BMW und Audi muss er sich öffentlich bekennen. Nach dem Rücktritt *Streibls* attackiert er den CSU-Vorsitzenden *Theo Waigel*, der als Bundesfinanzminister einen deutlich guten Ruf hat, aber nicht Landeschef werden könne, weil er wegen der Scheidung von seiner ersten Frau *Karin* und trotz der Liaison mit Skistar *Irene Epple* keine ordentliche First Lady präsentieren kann. Am 28. Mai 1993 wird St. mit 122 von 184 Stimmen zum Regierungschef gewählt. **MACHT** Gilt wegen seiner Härte im Umgang mit dem inner- und außerparteilichen Gegner als »Blondes Fallbeil«. Im Februar 1994 drängt er darauf, dass Minister Dr. *Peter* → *Gauweiler*, Lieblingsschüler von *Strauß*, aus dem Kabinett ausscheidet. *Gauweiler*, der zuvor dabei behilflich war, *Waigel* als Ministerpräsidenten zu verhindern, reicht nach einer fulminanten Rede im »Pschorrkeller« seinen Rücktritt ein. Beim Finanzskandal einer Landesbank-Tochter zieht Stoiber es vor, lieber den Freund und Justizminister *Alfred Sauter* abtreten zu lassen als selbst zu gehen – eine ziemliche »Sauterei«. 2002 tritt St. als zweitgrößter bayerischer Kanzler-Kandidat aller Zeiten an. **PARTNER** Für seine Sicherheit sorgt der Unauffälligste aller Unauffälligen, Kriminalrat *Gerhard Weininger*. **IMAGE** Mehr Manager als Landesvater.
RESIDENZ Besitzt in Wolfratshausen eine Reihenhaushälfte. **HOBBIES** Wandern, Radfahren. **STYLE** Lasterlos, so präsentiert sich die Stoiber-Fassade. Er braucht

nur fünf Stunden Schlaf, geht aber so gut wie nie aus, höchstens einmal in den »Bayerischen Hof« oder ins Hotel »Vier Jahreszeiten« in München. In Wolfratshausen, dem neuen Machtzentrum, sitzt er im »Hader Bräu« im Patrizierhof. Den besten Schweinsbraten der Welt brät ohnehin nur seine Frau *Karin*. **BEAUTY** Immer wie aus dem Ei gefönt. **MAROTTE** Äh – äh – äh. **FREUNDE** Stoibers persönliche Sekretärin heißt, was nichts heißen soll, *Schnappauf*. Sein bester Freund, der alles weiß (auch das), alles arrangiert und mit dem er zum Skifahren geht, ist Dr. *»Wurm« Elmering*, Industrie-Berater am Tegernsee – ein kleiner Mann mit ungeheuer viel Einfluss, geschieden (deshalb viel Freizeit). Eng befreundet auch mit Siemens-Chef *Heinrich von Pierer* und Dr. *Leo* ➔ *Kirch*. **FEINDE** *Theo Waigel*. **FAMILIE** Sohn eines Kaufmanns. Verheiratet mit Frau *Karin*. Zwei Töchter, *Constanze und Veronica*, sowie Sohn *Dominic*. Enkel *Johannes* und *Benedict*. **EVENT** Um seinen Wirkungskreis außerhalb der Freistaat-Grenzen rechtzeitig auszubauen, visiert St. gesellschaftliche Traditionsschwerpunkte an. Er erscheint erstmals auf der Bremer »Schaffermahlzeit«, einem elitären Event, der seit 1545 besteht und zu dem einmal im Jahr Persönlichkeiten eingeladen werden (Frack-Zwang wie beim Wiener Opernball oder beim Empfang des japanischen Kaisers). Nur Herren dürfen daran teilnehmen. St. sitzt am Tisch mit Bremens SPD-Regierungschef *Henning Scherf* sowie VW-Primus *Ferdinand* ➔ *Piech* und Porsche-Top-Manager *Wendelin Wiedeking*. Die Mehrzahl der Gäste wird nur einmal im Leben an die exklusive Tafel gebeten. Gastgeber ist die Stiftung »Haus Seefahrt«, ein Zusammenschluss von Kaufleuten und Kapitänen, deren »Schaffermahlzeit« auf den Brauch zurückgeht, im Winter die »Schaffer«, die Verwalter der Schifferbrüderschaften, mit ihren Angehörigen zur Mahlzeit einzuladen. Bremens gesellschaftlicher Höhepunkt ist so begehrt wie die »Eiswette« (ebenfalls in der Hansestadt), der »Salvator«-Anstich mit den Großkopferten der Nation in München, der »Mattaei«-Empfang in Hamburg, *Hardy* ➔ *Rodenstocks* Wein-Raritäten-Probe mit Bordeaux', die keiner hat, oder die jährliche »Corviglia«-Soiree in St. Moritz. In seiner Tischrede macht St. klar, dass er die multikulturelle Gesellschaft ablehne: »Für die große Mehrheit in Deutschland ist die kulturelle Identität unserer Nation Voraussetzung für ihren solidarischen Zusammenhalt. Ohne eine Leitkultur und ohne nationale Identität läuft die deutsche Gesellschaft Gefahr, den Kurs zu verlieren. Der Bürger hat ein tiefes Misstrauen in die gegenwärtige wetterwendische Telepolitik. In Politik und Staat dominiert das 68er-Ideal der Selbstverwirklichung, das einem Egoismus gleichkommt.« Weiter kritisiert er »manche Revolutionäre von damals, die heute als chic designte Zeitgeist-Surfer ohne Substanz auftreten, anstatt Werte-Bildung zu vermitteln. Diese Leute sind keine Vorbilder.« **DER SECHZ'GER** Eigentlich trinkt »Edi Rastlos« allenfalls aus Show und hat den Maßkrug nur als Dekor in der Hand, wenn die Kameras klicken. Stoiber, Puritaner und Kurzschläfer, der er nun mal ist, hat keine Laster. Also trinkt er auch keinen Alkohol. Ausnahme: Als er zum neuen »Sechz'ger« ausgerufen wird (»aber nur ein Jahr«, wie FC Bayern-Fußballmanager *Uli Hoeneß* einschränkt), muss er mit dem Hauptmann der Gebirgsschützen ein Schnapserl kippen, da gibt's einen Radi, ruckzuck. Aber beim gebremsten Defilee in der Staatskanzlei anlässlich seines 60. Geburtstages, zu dem ihm *Angela Merkel* und die Ministerpräsidenten *Bernhard Vogel* (Thüringen), *Peter Müller* (Saarland) und *Wolfgang Clement* (NRW) sowie *Kardinal Friedrich Wetter*, BR-Intendant *Albert Scharf* und TSV 1860- (»Sechziger«) Präsident *Karl-Heinz Wildmoser* gratulieren, trinkt der große Blonde des Südens nur Wasser. Happy-Birthday-Überraschung: Ein Herr aus preußischem Adel, ➔ *Loriot*, hält die Laudatio. Er bringt St.s Fußball-Leidenschaft ins Spiel: »Gute Spieler kosten 20 Millionen, dagegen ist der Ministerpräsident richtig günstig.« Vicco von Bülow weiter: »Bekanntlich fängt das Leben nicht mit 60, sondern erst mit 66 an. Schöne Aussichten sind das, nicht nur für bayerische Landesväter.« Unter den zahlreichen Geschenken sind ein Paar Skier und ein Fußball-Tor für den Garten, das ihm die CSU-Landesleitung verehrt. Abends feiert St. daheim in Wolfratshausen »im engsten Kreis«. Da ist zur Feier des Tages auch ein Schluck Rotwein angesagt, als in *Dieter Maiwerts* »Patrizierhof« das Geburtstagsessen serviert wird: Risotto mit Steinpilzen, viererlei Saibling, Loup de Mer mit Artischocken, Rehrücken und Kartoffelpilztaschen und viel, viel Süßes. Neben dem kompletten Stoiber-Clan sitzen die CSU-Politiker *Erwin Huber*, *Thomas Goppel* und *Günter Beckstein* sowie Kaiser *Franz* ➔ *Beckenbauer* mit Frau *Sybille*. Auch Ex-Minister und CSU-Landtagsabgeordneter Dr. *Peter* ➔ *Gauweiler* lässt es sich nicht nehmen, dem Landesvater süffisant per »Süddeutsche Zeitung« zu gratulieren: »Echte Feinde sind besser als falsche Freunde. Gratulation an Edmund Stoiber zu einer politischen Gesamtleistung, die einsame Klasse ist. Alles Gute, gerade auch für nächstes Jahr: Wer sogar mich (einmal) geschafft hat, kann auch *Gerhard* ➔ *Schröder* schlagen.«

Stone, Sharon ➔ Hollywood

Strauß, Dr. Franz Josef

Eigentlich: Franz Strauß **WER IST ES?** Der Alpha-Bulle der deutschen Politik **LEBENSDATEN** *6.9.1915 in München, † 1.10.1988 in Regensburg. Als FJS stirbt, schreibt »Newsweek«: »Bavarias King is Dead«. **KARRIERE** 1961–1988 Vorsitzender der CSU. 1953–55 Bundesminister für besondere Aufgaben im zweiten Kabinett Adenauer, 1955-56 Bundesminister für Atomfragen, 1956–62 Bundesverteidigungsminister. 1966–69 Bundesfinanzminister während der Großen Koalition. 1979 Kanzlerkandidat der Union, der bundesweit 44,5 Prozent erreicht, Ministerpräsident von Bayern (1978–1988) mit absoluter Mehrheit, größter politischer Motor der Bundesrepublik und ➔ *Kohls* Kokain.

PARTNER *Edmund* ➔ *Stoiber; Erich Honecker* (als Gast und Gastgeber); *Karl Schiller* (bildete als Wirtschaftsminister in den Jahren der Großen Koalition 1966–69 das »Plisch-und-Plum-Duo« mit Finanzminister FJS). **IMAGE** Polarisierender Polterer, gebildete Intelligenzbestie, kraftstrotzender Zwölfzylinder, politisches Naturtalent. **RESIDENZ** Besaß ein kuscheliges Haus in Sendling (aus Sicherheitsgründen benutzte er täglich eine andere Straße für die Heimfahrt) und eine Villa an der Côte d'Azur. **MOBILITÄT** Hat den Flugschein und steuert die Maschinen nicht zimperlich, aber auch nicht so todesmutig wie Politkollege *Walter Scheel* sein Auto lenkt, der wie ein Kamikaze-Flieger durch die Straßen zischt.
ERINNERUNG »Herr Doktor«, der immer ein Pistole mit sich führt, bei Gefahr auch zurückschießen würde und wegen dieser Tatsache keinerlei terroristische Probleme hat, sitzt immer auf dem so genannten »Todessitz«, gleich neben dem Chauffeur. FJS hat die Arme verschränkt und den Sitz etwas zurückgefahren. Es ist Wahlkampf, und die dunkelblaue Limousine prescht durch die nächtlichen Straßen von Dortmund, aus bayerischer Sicht »preußisches«, leicht feindliches Terrain. Im Fond des Wagens sitzen Hendlkönig *Friedrich Jahn*, immer ein bißchen Schmäh auf den Lippen, und ich. Als es im Auto so still ist, dass man einen Engel hätte durchlaufen hören, versuche ich ganz – also ganz vorsichtig – ein Thema bezüglich des Dresses von Kanzlerkandidat Strauß anzuschneiden. Wie gesagt, ganz dezent mache ich den Vorschlag, dass FJS, leicht bayerisch entschärft, in einem Flanell-Anzug, einem Zweireiher vielleicht, und weißem Hemd mit proportionsgerecht großem Kragen smarter für den norddeutschen Wähler herauskäme. Blitz und Donner ereilt mich vom Vordersitz, kaum dass der Satz ausgesprochen ist. »Ich bin doch net d'r Fuchsberger«, poltert, er und die politische Kostümfrage ist ein für allemal gestorben. **BEAUTY** Der stiernackige Bullentyp war ein ausgesprochener Frauenschwarm. **FREUNDE** *Friedrich Jahn; Friedrich-Karl* ➔ *Flick; Eduard Zwick; Alexander Schalck-Golodkowsky;*

353

Fleischfabrikant *Josef März*; *Josef Schörghuber, Helmut* ➔ *Kohl*; *Karl* ➔ *Dersch*; *Peter* ➔ *Gauweiler*. **EHE** Verheiratet mit der aus einer Bierbrauerfamilie in Rott am Inn stammenden *Marianne Zwicknagel*, die 1984 bei einem Autounfall ums Leben kommt (den Totenschein stellt Klinikchef *Valentin Argirov* aus). Zwei Söhne, *Max Josef* (Rechtsanwalt) und *Franz Georg* (im Medienbereich tätig), sowie Tochter *Monika* ➔ *Hohlmeier*. **LIEBE** »Die Zeit« Nr. 31 vom 24. Juli 1987 beleuchtet in ihrer Betrachtung »Flirt? Liebe? Heirat? – Franz Josef Strauß als Heißblut: eine Realkomödie begeistert das Schnulzenvolk« das neue Herzensglück von Bayerns Premier: »...Strauß, der Anfang September 72 Jahre alt wird, ist seit 1984 Witwer... So einen Vollblutpolitiker treibt's natürlich zum Weibe. Doch schreiben wir nicht von der Vergangenheit, sehen wir die Zukunft an. Irgendwann dieses Frühjahr beim Wiener Opernball zeigte er die vor, von der Eingeweihte schon seit Wochen tratschten: *Renate Piller* (43), Salzburgerin, attraktiv, geschieden.... Zwar waren beim Wiener Opernball, als draußen Steine gegen Strauß flogen und Polizisten für Strauß knüppelten, gut ein Dutzend Klatschreporter zugegen. Gemerkt hat aber nur der Münchner *Michael Graeter* (das Vorbild für Kroetz' »Schimmerlos«), was da gespielt wurde.« Exklusiv präsentierte »Bild« »Die Neue an der Seite von FJS!« **SEX** Die »Madeleine«-Bar in Münchens Ottostraße liegt gleich einen Steinwurf entfernt von der Kanzlei des Rechtsanwaltes *Franz Josef Dannecker*, mit dem Strauß öfters nach Sonnenuntergang um die Häuser zieht. Das Etablissement mit einem Dutzend schöner, monatlich ausgewechselter Nacht-Orchideen zieht auch andere große Söhne Münchens in den Bann, wie den *Erich Kästner* oder *Fritz Strasser*. Für Strauß und *Dannecker* liegt die »Madeleine« so günstig, dass sie auch bei Regen ohne Schirm hingehen können. Das bringt die Verlockung mit sich, dass – zwecks reiner Zerstreuung – auch mal Besuch mit in die Kanzlei kommt. Für den Besuch, auch wenn er kommerziell ist, hat das jedoch den unromantischen Nachteil, dass ein Büro eben ein Büro ist. Zwar haben Schreibtische ideale Quickie-Höhen, sind aber schon sehr hart. Überrascht hat das pragmatische Ruckzuck in dieser Stehgreif-Beziehung und der flüchtige Sound, den Hosenträger in Kniekehlen verursachen, ehe es dann »hirnfrei« abrupt zur Tagesordnung übergeht und die Dienerinnen, die ihre Schuldigkeit getan haben, sich entfernen dürfen. Aber gleich. **SCHICKSAL** Am 1. Oktober 1988 liegt Bayerns ungekrönter König leblos im Gras. *Jörg Pesal*, vertrauter Chauffeur von Fürst *Johannes von* ➔ *Thurn und Taxis*, der FJS zur fürstlichen Jagd bei Regensburg bringen soll, kämpft mit Händen und Füßen. Mit bewundernswerten Kräften nimmt er gegen 15.50 Uhr eine Mund-zu-Mund-Beatmung vor, um den klinisch toten CSU-Chef ins Leben zurückzurufen. Um nichts unversucht zu lassen, bearbeitet er nach Kräften den kompakten Brustkorb – da brechen unglücklicherweise vier Rippen. Schlechte Witterungsverhältnisse verhindern, dass Strauß in München medizinisch versorgt werden kann. Seine Entdeckung, Dr. *Peter Gauwei-*

ler, lässt blitzschnell in einem Militär-Container eine komplette Intensiv-Station einrichten, um den Premier in die Landeshauptstadt zu fliegen. Der Nebel ist jedoch so dicht, dass die Hubschrauber wieder abdrehen müssen. Eine Woche lang wird um den bayerischen Löwen getrauert, der immer davon überzeugt war, dass ihm das ruhelose Umherziehen, Jet-Lags, Alkohol, Adrenalinbäder, Schlafentzug und das feuchte Wetter bei Jagden nichts ausmachen. Ein große Luftloch, in das Pilot Strauß beim Anflug auf München wie ein Stein hineinstürzte, könnte aber der Auslöser für seinen Zusammenbruch wenige Stunden später gewesen sein. Tausende ziehen an seinem Sarg vorbei, der im Prinz-Karl-Palais aufgestellt ist. Nach den Aufbahrungszeremonien und Hochämtern wird der letzte Weg des großen Politikers auf der Ludwigstraße ähnlich aufwendig inszeniert wie eine Parade auf den Champs-Élysées. Weil die Bordsteinkante vor dem Siegestor ein Hindernis für die Lafette ist, wird der Zwischenraum zur Fahrbahn eiligst von Stadtpflasterer *Rudolf Pfeifer* asphaltiert; auch wird ein beleuchtetes Verkehrsschild, ein Abweispfeil, demontiert. So rollt das Leichengefährt ohne Gepolter, geradezu wie auf Samt auf das Siegestor zu, unter dem der Sarg in einen silbermetallic-schwarzen Leichenwagen umgeladen wird. Später gibt es noch lange, unnötige Diskussionen darüber, wer das Asphaltieren und das Wiederentfernen bezahlt. **HASS** → *Augstein, Rudolf.* **PANNE** Als FJS im New Yorker Hotel »Plaza« feststellt, dass ihn nächtens mitgenommene Damen im Zimmer bestohlen haben, als er zufrieden schlummerte, erstattet er Anzeige. »Ein deutscher Politiker«, sagt er sich, lässt sich das nicht gefallen. Schon ticken alle Fernschreiber der Nachrichtendienste ...

Streisand, Barbra → Hollywood

Süskind, Patrick

WER IST ES? Münchner Phantom-Edelfeder **LEBENSDATEN** *26.3.1949 in Ambach am Starnberger See **JOB** Schriftsteller **KARRIERE** Mit Regisseur *Helmut* → *Dietl* schreibt er in Co-Produktion Drehbücher wie »Monaco Franze«, »Kir Royal« und »Rossini«. Neben dem Roman »Das Parfüm« hat S. die Erzählungen »Die Geschichte von Herrn Sommer« und »Die Taube« geschrieben sowie das Theaterstück »Der Kontrabass«.

ERFOLGE Mit dem Roman »Das Parfüm« glückt ihm ein Weltbestseller und den Zürcher Diogenes-Kapitänen *Daniel Keel* (*9.10.1930) und *Rudolf C. (Ruedi) Bettschart* (*9.10.1930) der Coup des Jahrzehnts: acht Millionen mal verkauft, wird das Buch in 18 Sprachen übersetzt und verfilmt. **PARTNER** *Helmut Dietl* als Co-Autor von Drehbüchern. **RESIDENZ** Pendelt zwischen seinen Wohnsitzen in der Ohmstraße in München-Schwabing, der Rue du Bac in Paris sowie der Rue Pavée im südfranzösischen Languedoc hin und her. **STYLE** Es gibt wenig Fotos von ihm, weil er ja so scheu ist. Falls mal ein Foto von ihm in der Zeitung erscheint, ist es stets das »Denker-Porträt«, bei dem er im offenen Hemd mit ärmellosem Pulli sitzt und den rechten Zeigefinger auf den leicht geöffneten Mund legt. Vielleicht bedeutet das »pssst«, alles ist geheim. Tarnungserleichternd für S., den Egghead mit der hohen Stirn, ist es, dass er grau wie ein Pflasterstein durchs Leben geht. **FREUNDE** Wie *Howard* ➔ *Hughes* will er nur mit wenigen Menschen zusammenkommen. Regisseur *Helmut Dietl* ist so einer, der darf. **LIEBE** Weil alles so verschwiegen passiert, sieht man kein weibliches Wesen an seiner Seite. Zutage kommt lediglich die kurzfristige Erlegung von Immer-Jung-Kosmetik-Beraterin *Christine Kaufmann* und die Existenz eines Sohnes, den der Dichter mit einer Verlagsmanagerin hat.

Swarovski-Langes, Markus

> **WER IST ES?** Kristall-Kronprinz **LEBENSDATEN** *1974 **JOB** Konzernchef **KARRIERE** Bringt beim 5. Generationswechsel frischen Schliff in die Kristall-Dynastie für Schmuck, Optik, Schleifmittel und Tourismus. Von Vater *Gernot*, der sich jetzt mehr auf die Weingüter in Argentinien und Fernost konzentriert, übernimmt der frisch ausgebildete Diplom-Marketing-Wirt gleich nach Abschluss seines Studiums an der Bayerischen Akademie für Werbung und Marketing das Konzernruder.

GELD 13 400 Mitarbeiter, 1,7 Milliarden Euro Umsatz. **STYLE** Der Konzern mit Sitz in Wattens bei Innsbruck/Tirol ist bekannt für seine Kunstförderung. So zaubert *André Heller* in einen grünen Hügel eine Erlebnis-Ausstellung (700 000 Besucher pro Jahr) mit Unikaten von *Keith Haring*, *Salvadore Dali* und *Niki de Saint-Phalle* sowie ein nicht zählbares Glitzer-Angebot von Swarovski-Kaufobjekten. Auch Gastronomie ist etabliert, wo Ex-Witzigmann-Maître *Helmut Valentin* als selbstständiger Unternehmer agiert. **FAMILIE** Der Glitzer-Clan besteht aus 200 Mitgliedern. Ein Mitspracherecht haben in dem Familien-Unternehmen, neben Markus, sein Vater *Gernot* und dessen Schwester *Marina Giori*, aber auch *Helmut*, *Manfred* und *Gerhard Swarovski* sowie *Monika Schiestl*, *Daniela Rochelt*, *Christian Schwemmberg*er, *Daniel Cohen*, *Mathias Markreiter*, *Paul Gerin-Swarovski* und *Norbert Buchbauer*. Es herrscht auch der Konzern-Grundsatz, dass der Name Swarovski allein nicht reicht, sondern auch Können bewiesen sein muss. **EHE** Der neue junge

Firmen-Lenker sieht mit seinen langen, blonden Haaren, die er nach hinten kämmt, wie ein Märchenprinz aus, der aber schon geküsst wurde: Markus ist verheiratet mit Frau *Caroline* und hat eine Tochter.

Taylor, Liz ➔ Hollywood

Thornton, Billy Bob ➔ Hollywood

Thurn und Taxis, Gloria Fürstin von

Geborene *Gräfin Schönburg-Glauchau* **DATEN** *23.2.1960 in Stuttgart **JOB** **WER IST ES?** Lustige Witwe **LEBENS-** Führt das T + T-Imperium

RESIDENZ 2001 legt sie den Grundstein für eine Villa am schönen Watamu-Strand in Kenia. Glorias neue Sandburg, die von einem römischen Architekten in typisch cooler italienischer Kastenform mit glatten Front- und schnörkellosen Fensterflächen entworfen wurde, sollte Ende August fertig gestellt werden. Aber durch mehrfache Planungsänderungen und die Bauarbeiter nicht anspornende Hitze hat sich alles verzögert. Das lässige Haus verfügt über 300 Quadratmeter Wohnfläche und hat fette Anbauten für die Teenie-Töchter und einen Gästetrakt für ihre Familie. Der Kenia-Standort bedeutet für die Fürstin eine Art »Back to the Roots«, denn sie ist im ostafrikanischen Somalia aufgewachsen (dort erblickt Bruder *Alexander* ➔ *Schönburg-Glauchau* das Leben), wo ihr Vater, Graf *Joachim Schönburg-Glauchau*, als Entwicklungshelfer und Journalist arbeitete. Aus dieser Zeit hat sie wohl auch die Einschätzung, dass die Schwarzen zu viel »schnakseln«, wie sie beim stets bescheiden auftretenden Talkmaster *Michel Friedman* kundtut. Im Volksmund gibt es diesbezüglich den Vers: »Wollt' ein Ritter einmal schnakseln, musst er aus der Rüstung kraxeln, dabei war ihm der Spaß verdorb'n, deshalb san's heut' ausgestorb'n« (➔ FREUNDE). **MOBILITÄT** Die Besitzerin eines Mercedes Pullman braust gerne mit dem Motorino (Motorroller) durch die ewige Stadt Rom. Von Audi bekommt sie wg. »Imagepflege« einen 250 000 Euro teuren Lamborghini »Murcielago« vor die Regensburger Schlosstüre gestellt. **HOBBIES** Sie ist eine engagierte Reiterin und Wasserskiläuferin am Starnberger See. **STYLE** Nach einer durch wilde Turmfrisuren von Figaro *Gerhard* ➔ *Meir* eingeläuteten Glanzphase wieder schlichter. **FREUNDE** Die bewegte Frau aus Stuttgart verzichtet seit dem Tod ihres Mannes auf männliche Begleiter und ist unzertrennlich mit Busenfreundin Principessa *Alessandra Borghese* (geschieden von *Niarchos*-Spross *Constantin*, der bei einem Schneeunfall stirbt). Die dicke Freundschaft zu der italienischen Ade-

ligen führt dazu, dass Gloria ihr Leben weitgehend nach Rom verlegt, wo sie sich ein Haus kauft und Sohn *Albert* die deutsche Schule besucht (➔ RESIDENZ).
FAMILIE UND EHE 1980 Heirat mit Fürst *Johannes von* ➔ *Thurn und Taxis*, mit dem sie die Kinder *Maria Theresia, Eliabeth* und *Albert* hat. Glorias kleiner Sohn ist ziemlich groß: 1,90 Meter und 1,6 Milliarden Euro schwer, weshalb ihn »Forbes« zum jüngsten Tycoon Deutschlands kürt. Fürst *Albert* hat gerade Abitur gemacht, will Wirtschaft studieren und sitzt erfolgreich am Steuer bei den Autorennen der VW-Lupo-Klasse. Das Café Reitschule in Schwabing ist ihr Schicksal. Dorthin kommt Fürst *Johannes*, der gern in Münchens Flanierviertel unterwegs ist und links und rechts schaut. Aber eigentlich mehr links. Was für Gloria und ihre Art allerdings mehr rechts heißt. Nach einer gründlichen Testphase, zum großen Teil in St. Moritz, Corviglia & Co., heiratet er das junge Mädchen aus der Abteilung »armer Adel«, das bisher nur in Bescheidenheit lebte. Mit Vater, Mutter und drei Geschwistern wohnte sie in einem Münchner Viertel, von dem man sagt, dass dort die Mäuse verweinte Augen haben, weil es so wenig zu knabbern gibt. Auf der glanzvollen Hochzeit mit *Johannes* im Schloss von Regensburg ist auch der *Flick*-Clan vertreten. Der Neffe des Konzernherrn, Dr. *Friedrich Christian* ➔ *Flick*, schaut dort Glorias Schwester *Maya* so tief in die Augen, dass er sie 1985 heiratet, drei Kinder mit ihr bekommt und ihr nach der großzügigen Scheidung 1993 zwei Häuser im steuerfreundlichen England und ein Chalet in der Schweiz überlässt.
PANNE Der liberale Vorsitzende der Bischofskonferenz, Kardinal *Karl Lehmann*, ist im Wahrnehmen bekannter Damengesichter nicht so bibelfest. Vor der *Sabine-Christiansen*-Sendung in Berlin, in der unter anderen *Peter Ustinov, Lisa Fitz, Hannelore Elsner* und Gloria zum Thema »Haben wir noch Werte?« Stellung nehmen, trifft der Kirchenmann die Regensburger Fürstin in der Maske. Als sie versucht, pflichtbewusst seinen Ring zu küssen, wehrt der Gottesvertreter ab: »Das muss nicht sein, Frau Elsner.« **PARTY** Fürst *Johannes* lässt Gloria eine lange Leine, und so darf sie allein ein Traumfest im Regensburger Schloss ausrichten. US-Maler *Keith Haring* zählt zu den Gästen, wohnt schon Tage vorher bei Gloria und malt in einem Trakt mehrere Zimmer mit seinen berühmten Strichmännchen aus, die immer ein bisschen an Maya-Zeichnungen erinnern. Für den Abend werden bei *Wendelin von Boch*, Besitzer der Porzellanfabrik Villeroy & Boch, Teller geordert, die von *Keith Haring* kreiert sind. Die Gäste sind so scharf drauf, dass sie sich gegenseitig die Unikate des Künstlers wegnehmen. Zwei Adelige stapeln sich gleich ein Dutzend Teller in ihre Limousine.

Thurn und Taxis, Johannes Fürst von

WER IST ES? Der Welt größtes Enfant Terrible **LEBENSDATEN** *5.7.1926 auf Schloss Höfling bei Regensburg, † 1990 **IMAGE** Weitgereister Zyniker und begnadeter Scherzbold

GELD Der Reichtum derer von Thurn und Taxis stammt ursprünglich aus dem 500 Jahre alten habsburgischen Postmonopol. **RESIDENZ** Acht Schlösser, elf Güter, zehn Forstämter, fünf Bankhäuser, sechs Brauereien, acht Firmen. **STREICHE** 1. Hotel Dorchester in London (damals noch nicht im Besitz des *Sultans von Brunei*), nachts um drei: Der Fürst kehrt von einer Party bei den *Windsors* zurück. Auf dem Weg zu seiner Suite fallen ihm und seinem nächtlichen Begleiter die Parade von Schuhen auf, die zum Putzen vor die Zimmertüren gestellt wurden. Mit geradezu satanischer Freude vertauscht er sie untereinander und richtet ein Chaos auf zwei Etagen an. 2. Den Passagieren in der First Class auf dem Flug nach Brasilien wird's zweierlei, als Johannes zunächst geräuschvoll Übelkeit vortäuscht und dann genüsslich die Spucktüte auszulöffeln beginnt. Es ist aber nichts Erbrochenes, sondern eine Portion Waldorf-Salat, den er sich vor dem Abflug bei Käfer kaufte und in die Tüte schmuggelte. In seiner unmittelbaren Nachbarschaft waren Spucktüten danach Mangelware. 3. Mit Prinzessin ➔ *Soraya* geht der Fürst gern ins Schlemmerlokal »Humplmayr«, damals Deutschlands bestes Restaurant. Um die Ex-Kaiserin zu schocken, versteckt er schon mal ein paar Schweinswürstl in ihrer kostbaren Pucci-Abendtasche. Auch schickt er sie einmal falsch auf den Weg zur Toilette: Er weist auf eine Dekorationstreppe im »Roten Salon«, wo sie unweigerlich mit dem Kopf anstößt, weil die Stufen an der Decke enden. **FREUNDE** Prinzessin *Margaret von England* hat sich angesagt und die livrierte Dienerschaft mit weißen Perücken hat Stellung bezogen. Bevor man mit dem Mahl beginnt, kommt Johannes mit einer Pergamentrolle herein, auf die der Thurn und Tax'sche Stammbaum gezeichnet ist. Johannes will gerade stolz das Verwandtschaftsverhältnis seiner Familie zum englischen Königshaus erklären, als die Prinzessin das Papier wegschiebt und sagt: »Geben Sie mir einen neuen Whisky«. Einem Schutzengel verdankt T +T, dass er Mitte der 70er nicht vorzeitig in die Jagdgründe Manitus wandert. Freundin *Beatrix Thurnhuber* verlässt gegen vier Uhr nachts seine Schwabinger Wohnung, wegen des kreativen Ordnungsbegriffs »Villa Kunterbunt« genannt. Johannes nimmt vor dem Schlafengehen noch eine Dusche und rutscht in der Wanne aus. Er stürzt so unglücklich, dass ihn die messerspitze Gabel der Brausehalterung in der Steißbeingegend aufspießt. Er wäre verblutet, wenn *Bea* nicht zufällig zurückgekommen wäre, weil sie etwas vergessen hatte. Sie findet den schon Bewusstlosen unter der laufenden Brause in seinem Blut und alarmiert den

Notarzt. **EHE** 1980 heiratet er Gräfin *Gloria von Schönburg-Glauchau* (➜ *Thurn und Taxis, Gloria*). Zunächst werden die Prinzessinnen *Maria Theresia* und *Eliabeth* geboren. Als Technik und Schauplatz der Bemühungen geändert werden, gelingt endlich der ersehnte Stammhalter Fürst *Albert*. **LIEBE** Zehn Jahre verbandelt mit einer der schönsten Amazonen seiner Zeit, *Renate von Holzschuher*.
SCHICKSAL Ein neues Herz kostet 148 700 Mark plus Mehrwertsteuer. Den Betrag macht T+ T 1990 locker, nachdem er immer häufiger über Herzbeschwerden klagt und ihn Atemnot plagt. Als 156. Patient und unter dem Pseudonym Josef Huber wird Johannes von Star-Transplanteur Prof. Dr. *Bruno* ➜ *Reichart* operiert. Der Herz-Austausch verläuft positiv und übermütig vor Freude befiehlt T+T dem fürstlichen Koch, seine Leibspeise Flusskrebse bei »Fisch-Witte« auf dem Münchner Viktualienmarkt zu besorgen und in der Klinik Großhadern zuzubereiten. Johannes empfängt erste Besuche am Krankenbett, nur die alte Freundin *Julia von Siemens*, schon öfter zu Gast in seinem Schloss Garatshausen, wo sie dem Personal ab und zu mal 50 Pfennig zusteckte, wagt sich nicht hin, vielleicht wegen der Ansteckungsgefahr in Krankenhäusern. Die wohl lasche Einschätzung des Gesundheitszustandes von T + T durch den Nachsorgearzt führt jedoch kurze Zeit später zur Großkatastrophe. In seiner Not verpflanzt Reichart ein eilig herbeigeflogenes zweites Herz, das der Körper ebenso abstößt. Auch eine dritte dramatische Transplantation, bisher strikt geheimgehalten, scheitert. **PANNE** In seiner Single-Zeit genießt der belesene und lebenslustige Fürst Weltruf für etwas verspätete Lausbubenstreiche, mit denen er wohl seine strenge Erziehung auf Schloss Regensburg kompensiert. Die meisten finden seine Scherze gar nicht lustig: Empfang im feinen Palace Hotel in St. Moritz. Es ist zehn nach sieben und Johannes hat gerade sein drittes Pils intus (er verträgt nicht viel), als ihm an einem der Stehtische ein arroganter Engländer mit seinen Sprüchen auf die Nerven geht. Bewaffnet mit seinem unausweichlichen Blick, steuert der Fürst den Mann an und versucht ihn mit ein paar hämischen Worten zu provozieren. Der Ansprochene bleibt cool. Das ärgert Thurn und Taxis noch mehr und er brennt dem Briten mit seiner Havanna-Zigarre ein kreisrundes Loch ins Blazer-Revers. Auch das erschüttert den James-Bond-coolen Mann aus London nicht. Gerade mal mit einem Blick streift er die Schadstelle, bevor er sich leicht nach vorn beugt, um dem Fürsten ins Ohr zu flüstern: »Komm, wir gehen mal raus.« Auf der Terrasse knackt es zehnmal, ganz schnell und unerbittlich. Jedesmal steigern sich die Schmerzensschreie. Während Johannes, Träger des Schwarzen Gürtels und fast ohnmächtig vor Qualen, nach einem Arzt ruft, kehrt der Engländer zur Party zurück, als sei nichts geschehen. Wenig später werden dem Fürsten bei Skiunfall-Spezialist Prof. Dr. *Guth* alle zehn Finger eingegipst und er muss mehrere Wochen lang Handschuhe tragen.

Thyssen-Henne, Renate

WER IST ES? Lady mit goldenem Händchen **LEBENSDATEN** *20.6.1947 in Bottrop/Westfalen **JOB** Großunternehmerin und Lobbyistin

KARRIERE Ihr unternehmerisches Talent beweist sie schon als Twen. Mit 20 gründet sie die erste GmbH, eine Erfrischungstuch-Firma, die sie erfolgreich verkauft. Anschließend startet sie eine Haxnbraterei-Kette, die sie an *Friedrich Jahn* veräußert, mit dem sie Jahre später noch einmal ins Geschäft kommt: Der in finanzielle Schwierigkeiten geratene Huhn-Vater muss seine Hendlstationen verkaufen, weil 44 Gläubiger darauf pochen. T. einigt sich in der Schweiz mit Banken und Geldgebern, übernimmt das Imperium (323 Lokale, 10 Raststätten, 6 Hotels) und »schenkt« *Jahn* die riesige deutsche Wienerwald-Kette wieder zurück. Damit erspart sie sich die Verpflichtung, für *Jahns* millionenteure Alterssicherung zu sorgen. Den österreichischen Teil der Wienerwald-Restaurants und Tourotels, die ohnehin nur schwarze Zahlen schreiben und praktisch das Filetstück des weit verzweigten Unternehmens sind, vergoldet sie durch den Komplettverkauf an den Austria-Staat. Mit der neunstelligen Einnahme kauft sie sich in Berlin einen Straßenzug, der nach dem Mauerfall dreimal so viel wert wird, und baut im Münchner Prominenten-Viertel Herzogpark Luxus-Apartments. **IMAGE** Klug und attraktiv.
RESIDENZ Sie lebt mit ihrem Mann in London in einem exklusiven Viertel in einer prachtvollen Villa und hat Schweizer Domizile in Rapperswil und Klosters.
MOBILITÄT Fährt Jaguar und Benz. **STYLE** T., eine große Regisseurin auf internationalen Society-Parkett, hat ein goldenes Herz für Tiere und richtet im »Sonnenhof« bei Murnau das SOS-Animal-Project ein, in dem sie Hunden in Not ein kleines, neues Paradies errichtet, bis sich ein neues Herrchen oder Frauchen gefunden hat. Die neue Franziska von Assisi hat für 220 verwahrloste, ausgemergelte Hunde aus Teneriffa ein neues Plätzchen bereits geschaffen. **FAMILIE** Sie ist die Mutter von ➔ *Begum Inaara Khan*. Sohn *Joachim* ist erfolgreicher McDonalds-Franchise-Nehmer (vier Betriebe). **EHE** In fünfter Ehe mit Mercedes-Großhändler *Ernst Th. Henne* verheiratet.

Thyssen-Bornemisza, Hans Heinrich

WER IST ES? Deutschlands größter internationaler Playboy **LEBENSDATEN** *1921, † 2002. **JOB** Chef der Düsseldorfer Stahl-Dynastie

GELD Bei den Superreichen unter den Superreichen fehlt manchmal das nötige Kleingeld. Gern erzählt der großzügige Stahlbaron T., der in München in den 70er Jahren öfters den Strip-Tempel »Intermezzo« gleich beim Hotel »Vier Jahreszeiten« beglückt und den Monatsumsatz von Pächterin *Else Reber* in einer Nacht verdreifacht, von einer Einladung *Paul Gettys* auf sein Schloss. Als in der Bar, wie fast immer, Trockenzeit herrscht, schickt Thyssen den Butler los für eine Flasche Whisky und Soda. »Mit meinem Geld«, unterstreicht er. **HOBBIES** Neben der Königin von England besitzt T. die größte Gemäldesammlung der Welt mit Werken von van Gogh, Gaugin, Manet, Monet, Kandinsky, Kirchner und Picasso. Als »Cleverle« *Lothar* ➜ *Späth* in Baden-Württemberg noch am Ruder ist, will er die Thyssen-Gemäldesammlung, 1600 Werke und zum Teil in der Villa Favorita in Lugano untergebracht, nach Deutschland holen. Er bietet das Ludwigsburger Schloss als neue Kunstoase an. Heinis attraktive Gattin *Tita* setzt sich jedoch persönlich bei König ➜ *Juan Carlos* mit allem dafür ein, dass die Thyssen-Kunstsammlung in Spanien bleibt. Sie fühlt sich vom Sammelrausch ihres Mannes angesteckt und besucht viele Auktionen. Allerdings hat sie beim von Heini finanzierten Kunstkauf keine so glückliche Hand wie der Stahlbaron und ersteigert vorzugsweise drittklassige spanische Meister von regionaler Bedeutung. Madrid bekommt den Zuschlag für die Bilder (Marktwert: 1,5 Milliarden Euro) und der König von Spanien eröffnet dafür 1992 eigens das neben dem Prado gelegene »Museo Thyssen-Bornemisza«. **STYLE** Der Bonvivant (die Haare links gescheitelt), Kunstmäzen und Ladykiller besitzt unheimlich viel Charme, unheimlich viel Geld und unheimlich viele Paläste und Villen, die über die ganze Welt verstreut sind. **FAMILIE** Großvater *August Thyssen* gründet 1867 die Düsseldorfer Stahl-Dynastie. Vater: *Heinrich Thyssen*, Mutter: *Baronin Margit Bornemisza*. **EHE** Erste Ehe 1946 mit Prinzessin *Teresa zur Lippe-Weissenfeld*, heute Prinzessin zu Fürstenberg. Sohn *Heinrich jr. (Heini)*. Zweite Ehe mit *Nina Dyer* († 1965), von der man sagt, dass ihre schwarzen Perlen berühmt und ihre Bisexualität berüchtigt waren. Aus der dritten Ehe mit der temperamentvollen *Fiona Campbell-Walter* gehen Tochter *Francesca* (verheiratet mit Erzherzog *Karl von Habsburg-Lothringen*) und Sohn *Lorne* hervor, aus der vierten Ehe mit der lasziven *Denise Shorto* stammt Sohn *Alexander*. Aus kleinen Verhältnissen stammt T.s fünfte Ehefrau *Tita*, Witwe von »Tarzan«-Darsteller *Lex Barker*. Nacktfotos der Ex-Miss Spanien, der Schauspieler-Sohn *Christopher Barker* vorhält, sie habe sich mit dem größten Teil des Erbes seines Vaters davongemacht, kursieren in allen Zeitungsredaktionen. Sie kostet das meiste, am unnötigsten ausgegebene Geld, weil sie einen Großzwist in den Thyssen-Clan bringt und Vater Heinrich gegen Sohn Heinrich ausspielt. So unterstellt sie dem bemühten Junior, der die Geschäfte übernommen hat, er sei nicht der leibliche Sohn. Da müsste es aber mit dem Teufel zugegangen sein: Bei der Beerdigung von Weltbürger Thyssen im April 2002 im hauseigenen Schloss in Landsberg kann jeder sehen, wie ihm Heini Junior ähnelt. Kurz vor dem Tod des Seniors wird der Streit beigelegt. Der Prozess war in Hamilton auf den Bermudas durchgeführt worden, wo das Milliardenvermögen von Heinrich Thyssen verwaltet wird. Großstadt-Liane *Tita* versucht ihren in die Ehe mitgebrachten Sohn *Borja* zu protegieren und einige Pisa-Journalisten lassen sich auch prompt den Bären aufbinden, dass der Adoptiv-Sohn das Erbe des großen Thyssen antritt, nur weil sich der eigentliche Nachfolger, Heini jr., bescheiden zurückhält.

Trautmann, Peter

WER IST ES? Godfather des Münchner Airports »Franz Josef Strauß« **LEBENSDATEN** *14.11.1940 in Passau

JOB T. hat alles im Griff, was sich auf dem Münchner Flughafen abspielt, auf dessen zwei (in Kürze drei) Pisten täglich 1000 Maschinen starten und landen und der für die neuen Großraumflugzeuge A380 (600 Sitze) tauglich ist. Von seiner High-Tech-Vogelwarte aus managt er alles, bis hin zur individuellen VIP-Abholung prominenter Gäste vom Rollfeld aus. »Franz Josef Strauß« ist Lieblingsstützpunkt der arabischen Royal Jets. **EHE** Als Vollprofi praktisch Tag und Nacht auf dem Airport, sieht er seine Frau selten. Sie leben in München.

Trittin, Jürgen

WER IST ES? Als Volksbeglücker verkleidete Pfandflasche **LEBENSDATEN** *25.7.1954 in Bremen **JOB** Bundesumweltminister seit 1998 **KARRIERE** Hausbesetzer-Sympathisant, Diplom-Sozialwirt, niedersächsischer Minister für Bundes- und Europaangelegenheiten 1990–94

MACHT Messiasgleich will er nur das Gute für die Deutschen. Ein Trugschluss, denn in Wahrheit quält der grüne Brunnenvergifter den kleinen Mann mit kostspieligen Plagen wie »Pfand« für Dosen (in Italien und Frankreich unbekannt), ein unsinniges, zunächst von der CDU/FDP-Regierung eingebrachtes Gesetz, das er mit großer Lust fortführt. Auch macht er uns das Leben schwer mit Anti-Auto und Anti-Atom – wir dürfen dann frieren dank Trittin. Mutter Natur sind Jürgens gute oder böse Aktivitäten schnuppe. 94 Prozent der Deutschen können »Grün« nicht ausstehen. Die sauertöpfischen Thesen werden nur durch den unnatürlichen, ungleichen Macht-Mix mit der SPD dem Bürger aufgezwungen. Es wäre schön, wenn Trittin, den die Studentenzeitung »Göttinger Nachrichten« 1979 als Mitglied des KB (Kommunistischer Bund) im Studenten-Ausschuß AStA vorstellt und der 1984 vom Verfassungsschutz beleuchtet wird, nach Jemen auswandern würde. **HOBBIES** Grillen und Radeln. **BEAUTY** Altlinker Schnäuzer. **FAMILIE** Unverheiratet.

T. war beim Tumult am 20. Juni 1979 im Hörsaal 011 mit Wurfgeschossen und Stinkbomben an vorderster Front. Er reißt dem Redner, dem damaligen Philologie-Studenten *Walther* (Jahrgang 1959), das Mikrofon weg und wickelt das Kabel um dessen Hals: »Ich fürchtete schon, ich werde erwürgt.« T. verunglimpft schadenfroh (»klammheimliche Freude«) den 1977 ermordeten Generalbundesanwalt *Buback* und hat es bis heute nicht nötig, sich bei dessen Sohn, den er einmal persönlich traf, zu entschuldigen. Mit seinem Kommunistischen Bund hat er eine Plattform in der »Roten Tribüne«, wo in Ausgabe 1 (1978/79) eine *Buback*-Meldung steht. Es wird gegen die Verurteilung eines Gesinnungsgenossen polemisiert, der in der »Kommunistischen Studentenzeitung« schrieb, dass es nichts bringe, einzelne Richter, Staatsanwälte oder Kapitalisten zu »schießen«; vielmehr müsse man die gesamte Gesellschaft gewaltsam umwälzen.

Trump, Ivana

WER IST ES? Honigblonde Jetset-Diva
LEBENSDATEN ★20.2.1949 in Gottwaldow/Tschechoslowakei
KARRIERE Durch die Scheidung von New Yorks Baulöwen *Donald Trump* macht sie Weltkarriere und wird millionenschwer. Sie ist eine der wenigen Exs, die nach dem Ehe-Aus oben bleiben. Zuvor war sie Sportstudentin in Prag, Mitglied eines CSSR-Ski-Teams, Fotomodell und Mannequin. Bei einer Pelz-Modenschau 1976 im New Yorker Restaurant »Maxwell's Plum« lernt sie Trump kennen, den sie 1977 heiratet und von dem sie, 20 Millionen Dollar reicher, 1991 geschieden wird. Die geschäftstüchtige Ivana, die bei ihrer dritten Ehe einen geschickten Ehevertrag aushandelt, wonach ihr Neuer nicht an ihre hart erkämpften Scheidungs-Moneten kann, schreibt auf 532 Seiten Frühmemoiren unter dem Titel »For Love Alone«, die sie »my three wonderful children *Donny, Ivanka* and *Eric* and my dear mother *Maria*« widmet. Salonlöwe *Massimo Gargia* ist Ivana dabei behilflich, schnell eine charmante Größe beim europäischen Jetset zu werden.

RESIDENZ Viele Häuser, Hauptwohnsitz in Palm Beach.   **MOBILITÄT** Eigene Yacht »Ivana«. Reist mit Privatjet und Rolls-Royce. **BEAUTY** Ihr Barbie-Gesichtsausdruck ist so jugendfrei, dass er schon wieder verboten gehört.   **FAMILIE** Tochter eines Elektroingenieurs. **EHE** Drei Ehen – mit dem Industriellem *Alfred Winklmayr*, mit *Donald Trump* und mit dem Unternehmer *Riccardo Mazzucchelli* – und drei Kinder (➔ KARRIERE).

Ullrich, Jan (»Ulle«)

> **WER IST ES?** »Ecstasyrider« **LEBENSDATEN** *2.12.1973 in Rostock **JOB** Radrennfahrer **KARRIERE** Der dank Tour de France und Telekom bundesweit bekannte Pedalen-Sklave wird mit neun Jahren durch seinen Bruder für Radrennen begeistert. Vier Jahre später mischt er bei »SG Dynamo Rostock« mit, fährt viele Siege ein und holt sich für seinen späteren Verein SC Dynamo Berlin den DDR-Jugendmeistertitel. Nach dem Fall der Mauer geht der Drahtesel-Jockey nach Hamburg. Knieprobleme, Doping-Verdacht, Übergewicht und eine Alkohol-Fahrt sorgen für Schlagzeilen und er muss privat für ein Jahr auf die Speichen-Harley umsteigen, die nächste Disco mit der Kraft der zwei Waden oder Taxi.

ERFOLGE Weltmeister 1993, 2. Platz Tour de France 1996/2000. 1997 gewinnt er als erster Deutscher die Tour de France. 2000 Olympia-Sieger. **VORGÄNGER** *Eddy Merckx*; *Bernard Hinault*. **PARTNER** Teamchef *Walter Godefroot*; persönlicher Trainer: *Peter Becker*. **RESIDENZ** Lebt in Merdingen (Schwarzwald). **MOBILITÄT** U. fährt, wenn auf vier Rädern, einen 380 PS starken Porsche 969 Turbo (Kennzeichen: FR-JU 4444). Den Sportwagen steuert er gut getankt in der Freinacht in Freiburg (1.5.2002), wo er am Hauptbahnhof bei einem scharfen Wendemanöver zwei Mädchen im Auto, *Melanie* und *Evelyn*, imponiert, während er, was ihm heilig sein sollte, einen Fahrradständer touchiert. Das kostet ihn die Motorhaube, aber was soll's – er gibt Gas zu einem Zwischenstopp in der Hotel-Disco des »Colombi«. Da stoppt ihn um vier Uhr früh – Freiburg ist eben so klein, dass auch ein angefahrener Radständer auffällt – die Polizei. 1,41 Promille, der Führerschein ist erst mal weg. Freundin *Gaby* sorgt sich weniger um die Beulen im 120 000 Euro-Porsche; sie erkundigt sich, wer die Mädchen sind, die von Jan in der Disco »Cagan« aufgerissen worden sind. Bei der Telekom glühen die Leitungen – aus der Firmenfarbe »pink« wird dunkelrot. **STYLE** Jan hat eine Vorbildfunktion für unsereins, der in der Winterzeit durch Weihnachtsgans, Marzipan-Kartoffeln und Pralinen an Form zulegt. Für gute Stopp-Uhr-Zeiten beim Radfahren sind Krokant-Eier oder hanseatische Plätzchen das reine Gift. Mit viel Verständnis wird registriert, wie Jan sich unter den gestrengen Augen von Teamchef *Walter Godefroot* abbuckelt. Es wird von Jahr zu Jahr schwieriger, Anschluss an die Tour zu kriegen. **BEAUTY** Sommersprossiger »Gelbes-Trikot«-Träger mit kastanienroten Locken und silbernem Ring im Ohr. **LIEBE** Lebt mit seiner Langzeit-Freundin *Gaby Weis*. **PANNE** In keiner Sportart wie der mit dem Fahrrad werden derart verschiedene Chemikalien und bewusstseinsverändernde Stoffe eingesetzt. Die Anzüge der Extrem-Strampler sind mindestens so bunt wie man Farben bei einem LSD-Trip sehen kann. Jan, der auf dem Rad mit seiner Rennbrille und dem Sturzhelm im modernen Bettflaschen-Look wie eine Heuschrecke ohne Sprungbeine wirkt, hat im Juli 2002 erneute Aufputschmittel-Probleme, als er in der Rehaklinik Medical Park St. Hubertus in Bad Wiessee während einer unangekündigten Trainingskontrolle positiv auf das Stimulanzmittel Amphetamin (auch Bestandteil von Ecstasy) getestet wird. Auf der Pressekonferenz am 6.7.2002 kommt er dann auch gleich zur Sache: Er habe »unbewusst« zwei kleine Tabletten genommen, die ihm während eines Discobesuches »jemand zugesteckt« habe. Er war wohl wirklich dicht, denn zuvor hatte er auch »einiges getrunken«. Er wisse gar nicht, wie Ecstasy aussehe. Und von einer Wirkung der Pillen habe er auch nichts gemerkt. Vom 24. Juli 2002 bis zum 23. März 2003 dauert die Sperre, die ihm das Sportgericht des Bundes Deutscher Radfahrer verpasst.

Valentin, Barbara

Eigentlich Ursula Ledersteger **WER IST ES?** Von der deutschen Film- und Fernsehszene zuletzt sehr vernachlässigtes Fassbinder-Vollweib **LEBENSDATEN** *15.12.1940 in Wien, † 22.2.2002 in München **JOB** Schauspielerin **KARRIERE** Wird vom Amerikaner *John Harris* entdeckt. Debüt 1959: »Ein Toter hängt im Netz«. 1973 adelt *Rainer Werner* ➔ *Fassbinder* sie als Filmstar. Für ihn ist sie nicht nur Darstellerin, sondern auch Muse. Fünf preisgekrönte Filme dreht sie mit ihm (»Angst essen Seele auf«, »Welt am Draht«, »Nora«, »Martha«, »Effie Briest«) sowie die Fernseh-Serie »Berlin Alexanderplatz«.

RESIDENZ Wohnung in Münchens wärmstem Viertel, nahe dem Sendlinger-Tor-Platz. **FAMILIE** Ursula Ledersteger ist ein ausgesprochen hübsches Mädchen. Ihr Ripp-Pulli ist nicht etwa eine Nummer zu klein. Er spannt sich über ihren festen Brüsten, weil die einfach etwas üppiger und praller sind als bei ihren Klassenkameradinnen. Ursula hat Zimmer-Arrest. Ihre Großeltern haben gerade eine beschädigte Schulbank mit für sie eingeritzten Herzchen und Liebeserklärungen bezahlen müssen. Oma und Opa sind sauer, weil die frühreife Kindfrau pubertierende Knaben genauso verrückt macht wie gestandene Männer, die vom Alter her gut Väter der blonden Lolita sein könnten. Ursulas Eltern, eine Schauspielerin und ein Filmarchitekt, sind geschieden. Bruchsal, badische Provinz, Muff der 50er Jahre. Scheidungswaise Uschi wird dem Stiefvater zugeschoben, einem Chirurgen namens Valentin. Sie nennt sich Barbara Valentin. **EHE** Mit 21 heiratet sie in Berlin-Schmargendorf den Multimillionär *Rolf Lüder*, der vom Senat bezahlt wird und ein

Fastmonopol in den Bereichen Schneeräumen, Müllabfuhr und Straßenreinigung hat. Er vergiftet sich fünf Jahre später – im Seidenanzug und mit Lackschuhen. Sohn *Lars* hinterlässt er eine Botschaft: »Mein Junge, mach's besser«. Der Sohn sorgt zusammen mit seiner Schwester *Nicola* dafür, dass niemand dabei sein kann, als Barbara 2002 in München beerdigt wird. Selbst Schauspielerin *Elisabeth Volkmann*, ihre beste Freundin, ist ausgeschlossen. Ehemann Nr. 2 ist der Scheidungsanwalt Dr. *Ernst Reichardt*, Nr. 3 Regisseur *Helmut* ➔ *Dietl* (geschieden 1983). **LIEBE** Sie genießt die Bekanntschaft mit Finanzier *Rudolf Münemann*, *Curd Jürgens*, *David Niven*, Jordaniens König *Hussein* oder *Klaus Löwitsch*. Nach drei Ehen lebt sie mit *Freddie Mercury*, Starsänger der Erfolgsgruppe »Queen« (»We are the Champions«) zusammen. Er ist der letzte wirklich wichtige Mann in ihrem Leben und schenkt ihr eine Wohnung in München (➔ RESIDENZ). **SEX** Eine der wenigen Damen mit »Splash«-Eigenschaften und so viel Lebenssaft, dass sie fast quietscht. **SCHICKSAL** Eine Schachtel Lord, 5 Mark. Eine Flasche Cognac Martell, 28 Mark 90. Italienischer Rotwein, Anbaugebiet Friaul-Julisch-Venetien, Sonderangebot, 4 Flaschen zu je 4 Mark 60. Tengelmann-Filiale Ickstattstraße in München. Ein sonniger Samstagnachmittag, kurz vor Ladenschluss, 15 Uhr 48. Die Kundin trägt Morgenmantel, Badeschlappen, hat ein Handtuch zum Turban über den Haaren verknotet. Sie lacht, zu voll und tiefkehlig, als dass sie die leicht verlegenen Blicke des jungen Mannes an der Ladenkasse registriert. Barbara kauft fürs Wochenende ein. Der Laden liegt gleich gegenüber ihrer Wohnung, weniger als hundert Meter zu Fuß entfernt. Am Abend zieht sie, wie seit Jahren schon, durch ihre einschlägigen Stammkneipen »Teddy Bar«, »Bau« oder »Café Nil«, das Publikum eher homo als hetero. Neben der Lokaltür ein Schild: *PositHIVe willkommen*. Hinter der hellen, halbrunden Theke hantiert ein knackarschiger Barkeeper mit Kurzhaarschnitt. Rechts vom Tresen, halber Weg zur Toilette, knutschen zwei Männer. Der jüngere sieht aus wie das Lichtdouble von *Freddie Mercury*. Dort bricht Barbara Valentin in der Nacht des 21. Januar 2002 zusammen. Vorher noch ein Schluck Cognac-Cola, Remy-Rüscherl zu 7 Mark. Draußen ist es eiskalt. Die Lederjacke hat sie nicht mehr ausgezogen. Ihr junger, schlanker Untermieter ist bei ihr. Der Notarzt stellt eine Vergiftung fest. Polizisten durchsuchen nach dieser Diagnose routinemäßig die Wohnung und finden vier Gramm Kokain. Barbara ist seit Oktober 2000 vorbestraft, Verstoß gegen das Betäubungsmittelgesetz. Auch Kokain. Wenn sie ihren Dealer per Handy sagte: »Wie immer«, brachte er ein Gramm Koks an die Wohnungstür. »Ich habe Gäste« bedeutet drei Gramm. Ein Gramm Schnee kostet in München 100 Mark. Ein Jahr dauert der Abschied von Barbara Valentin in die Ewigkeit. Am 16. Februar 2001 liegt sie im Münchner Krankenhaus rechts der Isar auf der Intensivstation. Die Ärzte finden heraus: »Minderdurchblutung des Stammhirns«. Krankheitsbild und Symptome entsprechen einem Schlaganfall.

Noch 14 Tage muss sie in der Klinik bleiben, dann beginnt eine komplizierte Therapie mit Muskeltraining und Logopädie. Als sie wieder daheim ist und von ihren Kindern unnatürlich abgeschirmt wird, stirbt sie im Februar 2002.

Valentin, Karl

Eigentlich Valentin Ludwig Fey **WER IST ES?** In Bayern weltberühmt **LEBENSDATEN** *4.6.1882 in München, † 9.2.1948 **JOB** Kabarettist, Schauspieler, Schriftsteller, Regisseur

KARRIERE Nach einer Schreinerlehre tritt er unter dem Künstlernamen Charly Fey mit dem selbst gebastelten Musikapparat »Das lebende Orchester« in Berlin auf. Ein erfolgloser Versuch. Zurück in München, macht er seinen Weg 1908 im »Bader Wirt« mit »Aquarium«. 1911 lernt er die Verkäuferin *Elisabeth Wellano* kennen, die unter dem Namen *Liesl Karlstadt* seine Partnerin wird. Er eröffnet ein eigenes Filmatelier und hat nach Tourneen durch die Schweiz in München sein eigenes Theater (»Goethesaal« im Hotel Wagner an der Leopoldstraße 46 a). Er macht Filme und Plattenaufnahmen und zieht sich 1941 mit seiner Familie nach Planegg zurück. Sein letztes Theaterstück heißt »Familiensorgen«. 1945 versucht er mit Selbstgebasteltem Geld zu verdienen, 1946 werden Hörfunk-Sendungen vorzeitig abgesetzt – das Publikum fehlt. 11.2.1948 Beerdigung auf dem Planegger Waldfriedhof. **PARTNER** *Liesl Karlstadt*. **IMAGE** Der begnadedste Querdenker aller Zeiten. **RESIDENZ** V. kann besucht werden im Karl-Valentin-Museum im Turm des Münchner Isartors. **BEAUTY** Lebendes Fragezeichen. **FAMILIE** 1905 erfreut sich V. der Geburt einer unehelichen Tochter, *Gisela*. Mutter ist das Dienstmädchen *Gisela Royes*, die bei der Familie Fey arbeite. 1910 wird die zweite Tochter *Berta* geboren. Ein Jahr später heiratet er die Mutter seine beiden Kinder. **HUMOR** Valentin und *Liesl Karlstadt* wollen ins Theater. Er ist schon lange fertig und wartet an der Wohnungstür. Endlich erscheint *Liesl* in einem roten Kleid und fragt: »Soll ich das anbehalten?« V. nickt, doch sie ist schon wieder verschwunden. Lange Minuten vergehen, dann taucht sie in einem grünen Kleid auf. »Oder soll es das sein?« V. antwortet seelenruhig: »Zieh's auch an.«

Valentino

Eigentlich Valentino Clemente Ludovico Garavani **WER IST ES?** Magier der Mode **LEBENSDATEN** *11.5.1932 in Voghera **JOB** Modedesigner **KARRIERE** Nach Stylisten-Kursen und einer Lehrzeit bei *Jean Dessis* und *Guy Laroche* eröffnet Italiens Haute-Couture-Star 1959 sein erstes Modeatelier in Rom. Ein Jahr später kommt *Giancarlo Giammetti* ins Unternehmen, der sich um die wirtschaftlichen Interessen des jungen Unternehmers kümmert.

PARTNER *Giancarlo Giammetti*, Partner in allen Lebenslagen. **RESIDENZ** Wohnsitze an Roms Via Appia, auf der Insel Capri, in Gstaad, London und New York. **EVENT** Valentino, wie immer aus dem Ei gepellt und wie immer mit Krawatte und Stecktuch, trägt einen beigen Garbardine-Einreiher und wartet gastgebergerecht am Eingang der imposanten Ausstellung seiner Kleider (»Thirty Years of Magic«) in der Accademia Valentino. Mit orientalisch süßem Lächeln begrüßt er Männlein wie Weiblein, je nach Bekanntheitsgrad per Handschlag oder Bussi. Nach dem Signal im Walkie-Talkie – »Elisabetta arriva« – entfernt sich der braun gebrannte Edelschneider urplötzlich für exakt neun Minuten und eilt im Smoking auf den Vorplatz, der mit großen, weißen Sonnenschirmen regensicher gemacht wurde. Valentinos überraschendes Erscheinen löst dort unter den wartenden Paparazzi ein Chaos aus, und schon fährt unter einem Blitzlichtgewitter ohnegleichen die schwarze Mercedes-Limousine mit *Liz Taylor* (➔ HOLLYWOOD) vor. Sehr jung und dünn geworden (»Ich wiege jetzt 22 Kilo weniger«) kommt sie in ihrem allerersten Valentino-Kleid, das sie jemals besaß (eine Valentino-Kreation trägt eine Lady nur einmal, hebt sie aber ein Leben lang auf). Der Auftritt der Film-Königin krönt das zwei-Tage-Fest anlässlich des 30-jährigen Berufsjubiläums von V., der trotz Einsatz eines Dutzends Carabinieri alle Mühe hat, seinen Star durchs Gewühl zu führen. Nach einem Rundgang durch die Ausstellung verlassen die beiden den Mode-Palazzo mit einem Lift, von dessen oberstem Ausgang man nur über die Straße zu gehen braucht und schon ist man im Hotel »Hassler«, wo die Taylor mit ihrem Lebensgefährten *Larry Fortensky* Quartier bezogen hat, und dessen Safe für eine Nacht zum Bersten voll mit Brillanten, Saphiren, Smaragden und Rubinen ist. Während sich die Hollywood-Diva umzieht (schulterfrei, weiße Seidenrobe – ein Präsent von V.) lässt sich der Meister wegen des Regens zur nur hundert Meter entfernten Villa Medici chauffieren. 500 Freunde aus aller Welt haben sich zum Pranzo di Gala in dem geschichtsträchtigen Gemäuer versammelt, wo eine Prachtparty in Gang kommt, die die *Fellini*-Filme »Dolce Vita« und »8 1/2« in Erinnerung rufen. Vor den ersten Cocktail-Freuden in den 20 Meter hohen Räumlichkeiten müssen die Damen aus dem »Concorde«-Set wie *Pat Buckley*, *Nan*

Kempner, Nancy Kissinger, Georgette Mosbacher, Ivana sowie *Blaine* ➔ *Trump* und die französischen Ladies *Marie-Helene de Rothschild, Alexis de Red, Helene David Weill* und *Claude Pompidou* mit ihren langen Roben einige Treppen bewältigen. Das Stimmengewirr ist gigantisch. »Du musst *Gunter* ➔ *Sachs* sein, du siehst aus wie er«, sagt ein Gast aus Mailand und begrüßt den deutschen Industriellen mit seiner Frau *Mirja*, die trotz Valentino-Jubiläum in einer hellblauen, dekolletierten Kreation ihres Hausmodeschöpfers Sweetheart erscheint. Beim Stehempfang überragen die Köpfe von Modeschöpfer *Hubert de Givenchy* (sieht wie ein entschärfter *Curd Jürgens* drein) und der deutschen Giraffe *Claudia* ➔ *Schiffer* (hat den noch etwas größeren *Bill Goins* im Schlepptau) das Meer der feingemachten Leute. In einer funkelnden Selfmade-Robe ist *Gina Lollobrigida* erschienen. Filmstar *Roger* ➔ *Moore*, mit Frau *Louisa* da, bringt es bei dem stimmungsvollen Abend anschließend im riesigen Klarsichtzelt im hochgelegenen Garten der Villa Medici auf drei »Davidoff Nr. 1«. Von weiß gefütterten Stühlen werden die runden Tische umsäumt, aus deren blumengeschmückter Mitte kleine Springbrunnen sprudeln. Der Tisch Nr. 12 ist die Nummer 1, wo Valentino zwischen *Liz* und *Marella Agnelli*, Frau von Fiat-Tycoon *Gianni* ➔ *Agnelli*, und mit *Marie-Helene de Rothschild*, Prinzessin *Maria Gabriella von Savoyen* sowie »Sotheby's«-Chef *Alfred Taubman* und *Claude Pompidou* sitzt. *Liz* spricht noch mal seine Kleider-Retrospektive an: »Man kann jedes Stück auch heute noch tragen. Ich wollte, ich besäße alle deine Modelle.« Die Ehefrauen sind getrennt von ihren Männern platziert und man muss staunen, wie gekonnt V. alle Damen gleichermaßen becirct. So kann das kein Mann. Nach dem Diner (Schönheitsfehler: Selbstbedienung am Buffet, was sich bei den langen Roben der Damen nicht gut macht) führt der gefeierte Couturier zuerst *Liz Taylor* aufs Parkett, mit der er Wange an Wange tanzt, und dann Modeschöpferin Comtesse *Jacqueline de Ribes*, die vorgibt, Valentino entdeckt zu haben, als dieser noch ein kleiner Zeichner bei *Jean Desses* in Paris war. Das Feuerwerk um Mitternacht im Garten der Villa Medici entfaltet sich in voller Pracht, trotz des prasselnden Regens, der den grünen Kunstrasenboden des Festzelts unterirdisch in ein Sumpfgebiet verwandelt hat, wie die dunklen Ränder an den Modellkleidern der Damen deutlich zeigen. Prinzessin *Ira von Fürstenberg* sieht, braun gebrannt in ihrer nachtblauen Robe, blendend aus, und ihr appetitliches Dekollete kann es durchaus mit dem ihrer ebenfalls gut proportionierten Schwägerin *Lynne* aufnehmen. Der Fürstenberg-Clan ist übrigens fleißig vertreten. Sehr dünn geworden ist Schauspielerin *Marisa Berenson* und fast nicht wiederzuerkennen Top-Model *Linda Evangelista* mit knallrotem Kurzhaar – sie zeigt, dass sie in ihrem Gold-Handtäschchen eine Automatik-Kamera griffbereit hat. Wann immer möglich, hält *Ivana Trump* (zählt nicht mehr zur Privatjet-Liga und ist mit TQWA nach Rom gereist) Händchen mit dem graumelierten Geschäftsmann *Ken Lieberman*. Ivana (erstand bei Fendi einen

Zobel) erzählt, dass sie mit ihren drei Kindern den Sommer in Europa verbringt und in einer gemieteten Villa in Cap Ferrat an ihrer Lebensbeichte arbeitet, für die der Verlag Simon & Schuster einen Vorschuss in siebenstelliger Höhe gezahlt hat. Auch ihrem Heimatland, der Tschechoslowakei, stattet sie einen Besuch ab und trifft sich mit *Olga Havel*, der Frau von Staatspräsident *Vaclav Havel*. Gegen halb vier Uhr früh löst sich die Valentino-Gemeinde auf und der Maestro sitzt anderntags wie jeden Morgen um neun Uhr im Büro. Es ist keine Zeit, um sich auf seinen Lorbeeren auszuruhen: »Meine Damen würden mich killen, wenn ich eine Kollektion ausfallen ließe.«

Völler, Rudi

WER IST ES? Geliebter Königspudel der Nation **LEBENSDATEN** *13.4.1960 in Hanau **JOB** Team-Chef der deutschen Nationalmannschaft

KARRIERE V. ist gelernter Bürokaufmann. Sein fußballbegeisterter Vater *Kurt* meldet ihn mit acht Jahren beim TSV 1860 Hanau an, wo er selbst Mitglied ist und als Trainer in der Jugendabteilung arbeitet. Kicker-Idol *Hermann Nuber* entdeckt ziemlich schnell Rudis Talent und holt ihn 1975 zu den Offenbacher Kickers. Drei Jahre später unterschreibt Rudi dort einen ersten Profi-Vertrag mit der sagenhaften Monatsgage von 1800 Mark (ein *Sebastian Deisler* kommt heute im Monat auf 300 000 Mark). Für eine Ablösesumme in Höhe von 700 000 Mark wechselt er zu TSV 1860 München. Dort ist er in der Saison 1981/82 Torschützenkönig (37 Treffer, wie 2002 der »Sechziger« *Martin Max*, den V. aber nicht für die WM nominiert). Nach zwei Jahren bei den Löwen spielt er fünf Jahre bei Werder Bremen (1982–87), bevor seine erklärtermaßen »schönste Zeit« beim AS Rom beginnt (1987–92). Weitere Stationen: Olympique Marseille (1992–94) und Bayer Leverkusen (1994–96); dort fungiert er bis 2001 als Sportdirektor. Seit Juli 2000 ist er DFB-Teamchef ohne Trainer-Lizenz, der mit Kapitän *Oliver* ➔ *Kahn* und seinen Mannen in der WM 2002 in Korea und Japan bis ins Finale stolpert. Der Starstürmer war als Interimslösung bis zur Amtsübernahme des neuen Bundestrainers *Christoph* ➔ *Daum* vorgesehen, der aber durch geschickte Verbal-Attacke von FC Bayern Manager *Uli Hoeneß* wg. Drogen kalt abgesägt wurde. **ERFOLGE** 90 Länderspiele, 1990 Weltmeister, 1991 italienischer Pokalsieger mit AS Rom, 1993 Champions-League-Sieger mit Olympique Marseille, 2002 Vizeweltmeister. **PLÄNE** Weltmeister 2006 im eigenen Land. **IMAGE** Schon als Spieler (»Rudiiiiiiiii!« hallt es auch bei Auswärtsspielen durchs Stadionrund) allseits beliebter, bodenständig gebliebener Fußball-Fachmann mit Händchen und Herz.

MOBILITÄT Sein erstes Auto, einen gebrauchten gelben Ford, kauft sich Everybodys Darling mit 18. Mama *Ilse* steuert noch Geld dazu bei. Was nicht niet- und nagelfest ist, kann in Rom Füße kriegen. So wird eines Tages Völlers Mercedes gestohlen. Dann scheint den Autodieben, offenbar »Roma«- und keine »Lazio«-Fans, klar zu werden, dass sie Völlers Auto geklaut haben, und sie bringen den Wagen wieder zurück. Selbst das Kleingeld liegt noch auf dem Nebensitz. **STYLE** Er ist ein Sturkopf, der nichts gegen seine Überzeugung macht. Während seiner Karriere erhält der fast immer substanzfrei sprechende Rudi verschiedene Spitznamen: »Rudi Riese« und, was ihm weniger gefällt, »Tante Käthe«, eine Bezeichnung, die ihm *Thomas Berthold* wegen seiner früh ergrauten und kurios ondulierten Haare verpasst. **BEAUTY** Graumelierte Langhaarfrisur mit Nackenspoiler und keckem Schnauzbart. **FAMILIE** Ein Verwandter arbeitete in der Schmuckabteilung von »Tiffany's« in der Fifth Avenue, New York, wo er unter anderem zuständig war für die Stammkundin *Jackie Kennedy-Onassis*. **EHE** Die erste Ehe schließt er mit seiner Sandkastenliebe *Angela* aus Offenbach, mit der er die Kinder *Laura* und *Marco* sowie Dackel Sam hat. In Rom wird seine männliche Treue allerdings hart geprüft. Nach einer Liaison mit *Barbara Papi* macht er bei der schönen Römerin *Sabrina Adducci* ernst. Eine harte Zeit für die mit ihm nach Italien gezogene *Angela* in der gemeinsamen Villa in der Via Appia – V.s Mercedes Cabrio steht immer öfter vor dem Haus der Geliebten in der Via Ruzzante 10. Ohne Stress und ohne Szenen lässt Rudi seine Frau ziehen und kehrt mit den Sprösslingen nach Offenbach zurück. Im September 1995 heiratet er seine Italienerin – nicht in Rom, wie angekündigt, sondern im großen Rathaussaal von Bergisch-Gladbach. Mit ihr hat er drei Kinder, *Kevin* und *Bryan* sowie *Greta*, die *Sabrina* mit die Ehe brachte. **NIEDERLAGEN** 1:5-Niederlage der deutschen National-Elf gegen England beim WM-Qualifikationsspiel in München im Oktober 2001. Und: Rudi wurde nie Deutscher Meister. **SCHICKSAL** Während der ersten Halbzeit des WM-Qualifikationsspiels gegen England (s.o.) bricht Rudis Vater auf der Tribüne des Münchener Olympiastadions plötzlich zusammen. – Herzinfarkt. V. wird erst nach Spielschluss informiert und eilt sofort in die Klinik. Zum Glück geht alles glimpflich aus. Und das 1:5 ist plötzlich sehr unwichtig.

Waalkes, Otto

Künstlername: Otto **WER IST ES?** Friesischer Flachwitz-König **LEBENSDATEN** *28.7.1948 in Emden (im weiten, flachen Land zwischen Ems und Jadebusen, wo *Henri Nannen* sein Denkmal, eine Kunsthalle, gebaut hat und die Kühe hübscher sind als die Mädchen) **JOB** Entertainer, Musiker, Maler und Manou-Sponsor

KARRIERE Nach dem Gymnasium studiert der Außerfriesische Pädagogik und muss schon damals bei Professoren und Kommilitonen mehr Witze als Studienstoff zum Besten geben. Der damals noch bedächtige Pharmazie-Student *Hans-Otto Mertens* erkennt das Gold in Otto. Obwohl die Chefs der Plattenfirma ihn zunächst auslachen, verkauft sich Ottos erstes Album 750 000 Mal. 1973 nimmt NDR-Redakteur *Rolf Spinrad* Waalkes für eine Show unter Vertrag, und nach einigen Tourneen schießt die Otto-Rakete richtig hoch. Die Gag-GmbH GEK (*Robert Gernhardt* aus Estland, *Bernd Eilert* aus Offenburg und *Pit Knorr* aus Salzburg) kommt dazu, schreibt den »Otto-versaut-Hamburg«-Humor und wird zum Dauerlieferanten des höheren Irrsinns. Es folgen ein Dutzend LPs, Bücher, Comics und Ottifanten-Merchandising. Beim ersten Spielfilm »Otto der Film« (1985) klingelt die deutsche Kinokasse wie noch nie und macht mit 14 Millionen Zuschauern fast so viel Umsatz wie später *Michael* ➜ *Herbigs* »Schuh des Manitu«. Bei den darauf folgenden »Otto«-Filmen schrumpfen die Besucherzahlen jedoch erheblich, was vielleicht damit zusammenhängt, dass Otto einen Profi-Regisseur wie *Sidney Pollack* (»Tootsie«) braucht, der den Waalkes-Humor umzusetzen versteht. Auch *Fassbinder*-Kameramann *Xaver Schwarzenberger*, der sich als Regisseur versucht, kann den Besucher-Rückgang nicht aufhalten. Das Erfreuliche an dem Film ist Ottos Partnerin *Jessika Cardinahl*, die aber auch gar nicht kirchlich denkt, wie Manager *Mertens* und Otto feststellen.
ERFOLGE Bambi, Goldene Kamera, Grimme-Preis. **PARTNER** *Hans Otto Mertens, Horst* ➜ *Wendlandt, Gernhardt, Eilert, Knorr* (➜ KARRIERE). **SCHMÄH** In der SAT-1-Show »Only Otto« veralbert der friesische Schalk Musikproduzent *Dieter* ➜ *Bohlen* in Reimform:

»Ich muss ständig Frauen versohlen,
denn ich heiße Dieter Bohlen
Boxenluder, Teppichschlampe,
jede kriegt was auf die Lampe.«

Auch Bohlens »Modern-Talking«-Partner *Thomas Anders* kriegt sein Fett weg:

»Jetzt macht er wieder schrumm-schrumm, schrumm
ganz eng mit Thomas Anders rum.«

IMAGE Er ist keine Spießer-Karikatur wie *Polt*, kein gravitätischer Bildungsbürger wie *Loriot*, sondern ein hektischer Springinsfeld, der in Turnschuhen furios durch repressionsfreie, antiautoritäre Räume von WGs und Alternativ-Kulturen düst. Die private Wirklichkeit ist wesentlich bürgerlicher. **RESIDENZ** Wohnte einmal in einer WG mit *Udo* ➔ *Lindenberg* und *Marius Müller-Westernhagen*. Heute eine Villa an der Elbe und ein Haus in Fort Lauderdale/Florida. **FREUNDE** Bei Freundin *Steffi* ➔ *Graf* probt er einmal den Aufschlag, zieht seinen Schläger aber schnell wieder zurück, weil die Gräfin generell in der anderen Platzecke steht und ihn teilnahmslos in die Leere laufen lässt. Er bleibt aber ihr treuer Freund und wird zu jeder ihrer Parties eingeladen... **FAMILIE** Die Emdener Malermeister-Gattin *Adele Waalkes*, geborene Lüpkes, schenkt dem Knaben Otto das Leben, der mit elf sein Talent an der Gitarre und mit 13 den Zungenkuss entdeckt. **EHE** 1987 geht O. geht nach reiflicher Überlegung seine erste Ehe mit *Manuela (»Manou«) Ebelt* ein. Es ist klirrend kalt im März 1987 in Bogense auf der dänischen Insel Fünen. In dem gottverlassenen Nest, zwei Autostunden von Kopenhagen entfernt, steht O. um fünf vor zwölf vor dem Bürgermeister und antwortet auf dessen Frage: »Wüllt tü, Otto, Mänö Übelt tö din Frü...« mit einem schlichten »Ja«. Er hat kein Wort verstanden und weiß gar nicht, ob er überhaupt verheiratet ist. Der Komiker trägt zur blonden Reetdach-Frisur schwarzes Jackett, kanadische Holzfällerstiefel und grüne Beutelhose (für Geschenke), Braut Manou schwarzes Kostüm mit weißer Bluse. Nach der Trauung telefoniert er gleich mit seinen Eltern *Karl* und *Adele*, die bis zuletzt nicht an die Hochzeit geglaubt haben und deshalb nicht mitgefahren sind. Die Mama sagt: »Das ist gut, jetzt streunst du nicht mehr rum.« Auch Mütter können sich täuschen. 12 Jahre lang ist er mit Manou verheiratet. Nach der Scheidung genießt sie Ottos Sponsorship-Qualitäten. Sie bekommt ein Haus gleich neben seiner 2,5-Millionen-Euro-Villa an der Elbe in Hamburg, in dem sie mit neuem Herzbuben *Michael Glienke* zusammenlebt. Von der direkten Nachbarschaft profitiert der gemeinsame Sohn *Benjamin*, der zu Fuß pendeln kann. In zweiter Ehe ist O. seit September 2000 mit Schauspielerin *Eva Hassmann* verheiratet, die er bei einer Filmpremiere in Dresden kennen lernt. **LIEBE** Otto ist sich immer treu. Deshalb betreibt er von Kiel bis Garmisch-Partenkirchen intensive Fan-Pflege. 1994 ist es Studentin *Nicola*, die ein VW-Cabrio mit Recklinghauser Nummer fährt und in Münster im Studentenhaus in der Mühlenstraße 17 wohnt. Beide besuchen den Weihnachtsmarkt, sie darf Ottos schwarzen Geländewagen steuern und mit ihm im »In«-Restaurant »Kipenkerl« westfälische Küche naschen.

Wachtveitl, Kurt

> **WER IST ES?** »Oriental«-Chef in Bangkok (im Hause »Mr. Kört« genannt), Weltmann aus dem Allgäu **JOB** Gold für W. – er ist der dienstälteste Generalmanager einer Nobel-Herberge, noch dazu im wieder zum weltweiten Nr. 1-Hotel gekürten »Oriental«, wo etwa Prinz *Ernst August von* ➜ *Hannover* und Prinzessin ➜ *Caroline von Monaco* ganz heimlich ihren stürmischen Liebesurlaub verlebten.

KARRIERE Als der berühmte Seidenhändler *Jim Thompson*, Mitbesitzer des »Oriental«, auf geheimnisvolle Weise in Malaysia verschwindet und sich ernstzunehmende Konkurrenz wie das »President« oder das »Siam International« in Bangkok etabliert, wird das heruntergekommene Hotel verkauft. Der neue Hausherr, *Giorgio Berlingieri*, ein Bonvivant vor dem Herrn, der guten Bordeaux und Zigarren schätzt, holt sich den jungen W., der glänzende Papiere vorzuweisen hat: Hotelfachschule in Lausanne, Literatur-, Kunst- und Philosophie-Studium in Rom und Madrid sowie Lehrjahre im »Kulm« in St. Moritz, im Londoner »Park Lane« und im »Beau Rivage« in Lausanne. Unter W. wird das »Oriental«, gelegen am lehmbraunen Menam-Fluss (»Mutter der Ströme«), Stück für Stück zu einem Palast, obwohl gelegentliche Rückschläge, etwa wegen Bränden, hingenommen werden müssen. Als 1976 der »River Wing« eingeweiht wird, durchschneidet Königin *Sirikit von Thailand* unter dem rituellen Reisregen, den Hunderte von buddhistischen Mönchen in leuchtend-orangefarbenen Kutten zelebrieren, mit goldener Schere das Seidenband am Eingang. Kurts ganzer Stolz ist der »Normandie-Grill«, ein Feinschmecker-Restaurant par excellence, in dem schon die Creme der französischen Herd-Helden wie *Paul Bocuse*, *Alain* ➜ *Ducasse* oder *Joel Robuchon* ihr fernöstliches Gastspiel absolvierte. Als 3-Sterne-Koch *Alain Senderens* im November 1980 aufkocht, hat W. Hotelbesitzer *Berlingieri* und seine Frau eingeladen, die verzückt das Diner genießen. Am nächsten Morgen stirbt *Berlingieri* an einer Herzattacke, und Frankreichs Presse schreibt kühn: »Senderens killt ›Oriental‹-Besitzer.«

IMAGE Ohne viel PR wird W.s Hotel von prominenten Zeitgenossen geliebt – von den *Rockefellers*, den *Vanderbilts*, den *Rothschilds*, *Douglas Fairbanks Senior*, *Gianni* ➜ *Agnelli* oder *Henry Kissinger*. Schriftsteller fühlen sich besonders angezogen, wie *Conrad* und *Kipling*, *Tennessee Williams* und *John Le Carree*, *Somerset Maugham*, *Noel Craward* und *James Michene*r. Auch Prinzessin ➜ *Diana* und *Roger* ➜ *Moore* verbringen Traumtage im »Oriental«. *Liz Taylor* (➜ HOLLYWOOD) kommt oft hin, und ihr Freund *Michael* ➜ *Jackson* taucht in der Herberge unter, als der Skandal mit dem minderjährigen *Jordan* bekannt wird. Pop-Star *Billy Idol* bleibt dem Zimmermädchen unvergessen, nachdem sie vom Kronleuchter seiner Suite einen Schwung Kondome entfernen darf. **EHE** Im »Beau Rivage« in Lausanne lernt er seine thailändische Frau *Penny* kennen, mit der er seit 35 Jahren verheiratet ist.

Walz, Udo

WER IST ES? Mittelschlanker Berliner Haarspalter **LEBENSDATEN** *29.7.1944 **JOB** Friseur. Außerdem Depressionen-Berater, Walker von Polit-Journalistin *Sabine* ➜ *Christiansen*, Buchautor und Parfüm-Herausgeber

KARRIERE Es gab eine Zeit in Berlin, da hat sich W. mit Friseurläden ausgebreitet wie Ischias und jobbte jeden Tag in einer anderen Filiale. Jetzt hat er sich gesund zurückgeschrumpft. Automatisch kommt man an seinem Schönheitsinstitut vorbei, das im Baukomplex des »Kempinski«-Hotels beim Ku-Damm liegt. Anfang der 60er Jahre wanderte er übrigens in die Schweiz aus, kam aber reumütig zurück. **RESIDENZ** Feudale Wohnung in Charlottenburg. **BEAUTY** Einen Höhepunkt erlebt W. im Jahre 2002 in seiner Eigenschaft als Haargutachter für Bundeskanzler *Gerhard* ➜ *Schröder*. Als Kronzeuge in dessen haarigem Verfahren (Anwalt: *Michael Nesselhauf*) bescheinigt er, dass alles an Gerhard echt ist – auch und gerade die Haarfarbe. Sein Kollege, Friseur *Stephan Krause* von der Parfümerie Roggendorf in Hannover, wo sich der Regierungschef 12 Jahre lang die Haare schneiden lässt, gibt eine andere Studie preis: »Über den kompletten Kopf verteilt sich feines, graues Haar.« Überhaupt rät W., der bei *Naomi* ➜ *Campbell* und *Claudia* ➜ *Schiffer* an den Schopf darf, allen Männern: Finger weg von Farbe. SPD-Generalsekretär *Franz Müntefering* habe auch schon damit aufgehört. Auf der weiblichen Seite zeige sich CDU-Chefin *Angela Merkel* für Beratung zugänglicher; Udo legt aber Wert darauf, dass er ihren viel beachteten Topfschnitt nicht verbrochen hat. **LIEBE** Sein Freund steht ständig im Rampenlicht – er arbeitet im Lichthaus Mörth.

Weber, Jürgen

> **WER IST ES?** Alpha-Kranich **LEBENSDATEN** *17.10.1941 in Lahr/Schwarzwald **JOB** Vorstandsvorsitzender der Deutschen Lufthansa **KARRIERE** Studiert Luftfahrt-Technik an der TU Stuttgart und schließt dort 1965 mit Diplom ab. Seit 1967 bei der Lufthansa. Nach 20 Jahren wird er Technik-Generalbevollmächtigter, 1989 stellvertretender Vorstand. Seit Mai 1991 Chef, bringt er die Airline in gewinnträchtige Höhe. Verantwortlich für die Passagier-freundliche Einrichtung von Miles and More und die Allianz mehrerer internationaler Airliner, die früher Konkurrenten waren.

NACHFOLGER Kranich-Kronprinz *Wolfgang Mayrhuber* wurde zum stellvertretenden VV vom Aufsichtsrat bestellt. Das gilt als Zeichen, dass er der künftige Lenker des Konzerns wird. **GELD** Geschätztes Jahresgehalt: 1,1 Millionen Euro. **STYLE** W. geht bei Krisen mit gutem Beispiel voran und verzichtet auf Prozente seines Grundgehalts. Wenn er mit LH fliegt, läuft er gern durch die Maschine und erkundigt sich bei den Passagieren nach dem Wohlbefinden wie ein Profi-Wirt in seinem Restaurant. **FAMILIE** W. ist verheiratet mit Frau *Sabine*, hat Tochter *Maike* und Sohn *Ulf*.

Wendlandt, Horst

> **WER IST ES?** Germanys Mr. Movie **LEBENSDATEN** *15.3.1922 in Criewen bei Schwedt an der Oder **JOB** Produzent (»Rialto«) und Verleiher (»Tobis«) **KARRIERE** Beginnt als Aufnahmeleiter bei *Atze Brauner*, wird Partner des dänischen Kinoketten-Königs *Preben Philipsen* und erfindet die »Karl- May-« und »Edgar-Wallace«-Wellen im Kino. Entdecker von Winnetou *Pierre Brice* und *Uschi* ➔ *Glas*, Produzent vieler Welthits wie »Ein Mann sieht rot«, »Das große Fressen«, »King Kong«, »My Name is Nobody« sowie der ➔ *Otto*- und *Loriot*-Filme

IMAGE Ein echter Filmboss und glasharter Rechner. **GELD** Auf dem Bierdeckel eines New Yorker Lokals am Broadway stehen die verbindlichen Unterschriften für einen Millionen-Dollar-Deal. Wendlandt gratiert auf dem Filz-Vertrag Starregisseur *Francis Ford Coppola* die noch nötige Geldspritze für den späteren Welterfolg »Apocalypse Now«. **RESIDENZ** Lebt in Berlin am Wannsee, in München-Schwabing und am Rotsee, in Beverly Hills/USA und auf Mallorca. **MOBILITÄT** Besitzer des Zweimaster-Segelschiffes »Aspasia Alpha«. In seiner Garage stehen ein roter Vierrad-Porsche, limitiert, und der Rolls-Royce von *Gustaf Gründgens*. **HOBBIES** Kunstsammler (Toulouse-Lautrec, Nolde), Havanna-Raucher. **FREUNDE** Das Lokal ist groß wie ein Wohnzimmer und hat 22 Sitzplätze. Spezialisiert ist es auf bayerische Flusskrebse und Kaviar. Der Feinschmecker weiß Bescheid, wenn es heißt: »Wir gehen zu Boettner.« Dort findet das einmalige Gipfeltreffen statt, bei dem es Wendlandt gelingt, den schwedischen Starregisseur *Ingmar Bergman* (»Das Schweigen«), der bekanntlich nicht konservativ wählt, mit CSU-Chef *Franz Josef* ➜ *Strauß* an einen Tisch zu bringen. Es wird ein langer, gemütlicher Abend, der zu einer spontanen Herren-Freundschaft führt. **EHE** Mit Frau *Ilse* (Ille) hat er Sohn *Mathias* (Matze) und Tochter *Susi*. **EVENT** 14 wild durcheinanderschnatternde Filmleute sitzen an einem runden Tisch in einem überfüllten Restaurant im Bauch von Paris, den früheren Großmarkthallen bei der berühmt-berüchtigten Rue Saint Denis. Hier stehen zwischen Fisch, Fleisch und frischen Früchten Tag und Nacht die schönsten Bordsteinschwalben Europas, wie sie *Billy* ➜ *Wilder* in seinem Kassenhit »Irma La Douce« so vortrefflich eingefangen hat. Horst lässt sich neben »Easy Rider« *Dennis Hopper* leckere Hausmannskost schmecken. Als es ans Zahlen geht, wird eine Holzkiste herumgereicht (ist wohl so üblich bei dieser Truppe) und jeder legt sein Scherflein hinein wie in einen Klingelbeutel. Die erste Runde bringt noch nicht das wahre Ergebnis, wie der Mann mit der Rechnung feststellt. Die Holzkiste kreist erneut. Als beim dritten Mal immer noch etwas fehlt, durchschlägt Wendlandt mit einem größeren Schein den gordischen Knoten.

Werth, Isabel

WER IST ES? Gold werth **LEBENSDATEN** *21.7.1969 **JOB** Rechtsanwältin; erfolgreichste deutsche Dressurreiterin aller Zeiten

KARRIERE Wird als unbekanntes Mädchen vom Lande 1991 Europameisterin. Gewinnt bei den Olympischen Spielen 1992, 1996 und 2000 vier Gold- und zwei Silber-Medaillen. Auf ihrem Ausnahmepferd »Gigolo«, das ihrem Trainer *Uwe Schulten-Baumer* gehört, erreitet sie sich vier Weltmeister-Titel. Nach 15 Jahren trennt sie sich 2001 von ihrem Betreuer. Ab 2002 reitet sie für die neuen Mäzene *Madeleine Schulze-Winter* und *Dieter Schulze* in Mellendorf bei Hannover. Arbeitet auch als als Werbe-Model (»Yorn«) und träumt von einem eigenen Pferd.
RESIDENZ Lebt bei Hannover. **HOBBIES** Sie kann über *Harald* ➜ *Schmidt* und *David Letterman* ebenso herzhaft lachen wie über *Heinz Erhardt*. **STYLE** Sie ist abergläubisch und setzt auf Glücksbringer. Vor ihrem Olympia-Sieg in Barcelona schenkt ihr die Mama eine Anstecknadel für den Reiteranzug. »Die habe ich dann

bei allen Wettbewerben getragen. Im Moment liegt sie bei mir zu Hause im Schrank und muss für den Notfall herhalten.« **BEAUTY** Eine der Dressurreiterinnen, die nicht wie ihr Pferd aussieht.

Westerwelle, Dr. Guido

> **WER IST ES?** Liberalen-Chef mit Klassensprecher-Gesicht **LEBENSDATEN** *27.12.1961 in Bad Honnef **JOB** Rechtsanwalt; FDP-Vorsitzender und – Kanzlerkandidat 2002 **KARRIERE** Er wächst in der »Bundeshauptstadt ohne nennenswertes Nachtleben« auf (sprich BONN). Nach einem halben Jahr Gymnasium zeitweiliger Wechsel in die Realschule. Studiert Jura in Bonn und macht das erste Staatsexamen in Köln. In die FDP tritt er 1980 ein, Anwalt ist er in Bonn seit 1991. 2002 der »dritte Mann« und damit jüngster Kanzlerkandidat der deutschen Geschichte.

KONKURRENTEN *Jürgen W.* ➔ *Möllemann.* **IMAGE** Vor Selbstbewusstsein strotzend. Trotz Getöse à la Möllemann ist der FDP-Chef der Liebling der Partei geworden. Selbst ein Kritiker wie *Klaus Kinkel*, Ex-Außenminister und Ex-Geheimdienst-Chef, der ihm unterstellte, selbst zum Plakatieren unfähig zu sein, ist überrascht, wie W. »sich unerhört gut entwickelt hat«. **RESIDENZ** In Berlin bewohnt er in Wilmersdorf eine Drei-Zimmer-Wohnung im sechsten Stock mit moderner Kunst von *Norbert Bisky* (Sohn von Ex-PDS-Häuptling Lothar B.) und *Tim Eitel* an den Wänden. **BEAUTY** Intressante Gesichtsnarben und bisweilen aufgeregte Diskantstimme. **FREUNDE** Hat in der Nähe eines Theaters das ganze Opernballett hinter sich. Aber nur das männliche. Ihm werden gute Beziehungen in die Spitze des Berliner »Tagesspiegel« nachgesagt. **FAMILIE** Sohn eines Rechtsanwalts (»Vater Heinrich«), der sich scheiden lässt, als Guido acht Jahre alt ist. **PANNE** W. propagiert als Wahlbotschaft die angepeilte Zahl 18, und so steht diese Schlüsselzahl auf seinen Schuhsohlen ebenso wie auf dem 11,5 mal 2,45 mal 2,95 Meter großen, blaugelben Wahlkampfwagen »Guidomobil«, wenngleich dem Fahrzeug bereits am ersten Tag die Luft ausgeht: Über Nacht hat ein Spaßvogel den rechten Vorderreifen platt gemacht und eine leicht Korrektur vorgenommen. Zwischen »1« und »8« setzte er ein Komma und macht aus den »18« eben nur »1,8« Prozent. Der stets von einer BKA-Panzerlimousine, W.s Dienst-BMW und einem Presseauto eskortierte, 60 000 Euro teure Gebrauchtwagen kränkelt – zwischen München und Freising bleibt das Wohnmobil, in dem niemand wohnt und übernachtet, mit defekter Batterie stehen. **GEGNER** Ruhig und ohne sich provozieren zu lassen, übersteht Guido ein kleines Fernseh-Duell mit *Michel Friedman* in der »Sabine-

Christiansen«-Show vom 2.5.2002. Es wird diskutiert, was antisemitisch bedeutet und ob es innerhalb der FDP solche Tendenzen gibt. W. steht zu seinem umtriebigen Stellvertreter *Möllemann* und erntet dafür spöttische Blicke von *Friedman*.

Wilder, Billy

Eigentlich Samuel Wilder **WER IST ES?** Schlitzohriger Pointen-Gigant **LEBENSDATEN** *22.6.1906 in Sucha bei Krakau/ Polen, † 22.3.2002 in Beverly Hills **JOB** Filmregisseur

KARRIERE Billy wächst im Wien des Ersten Weltkrieges auf und geht in den 20er Jahren nach Berlin: »Da lernte ich das Talent zum Übertreiben. So was kann man nur in Berlin perfektionieren.« Beim Fünf-Uhr-Tee im Hotel »Eden« verdient er sich mit Tango und Quickstep als Eintänzer für reiche Damen ein Taschengeld (wie *Sigi* ➔ *Sommer* und *Teddy Stauffer*). Ein Zeugnis vom 15.10.1926 belegt diese Parkett-Arbeit, für die ihm als erstes Gebot eingebleut wird: »Es darf kein Mauerblümchen geben. Er hat sie zu pflücken. Dafür bekommt er Geld.« Er arbeitet als Reporter bei der »BZ« und emigriert 1935 in die USA. Regisseur wird er, weil er herausfindet, dass die meisten seiner Drehbücher verschandelt wurden. Filmhits: »Der Reporter des Satans« (1929), »Sunset Boulevard«, »Sabrina«, »Zeugin der Anklage«, »Das verflixte siebte Jahr«, »Manche mögen's heiß«, »Küss mich Dummkopf«, »Das Mädchen Irma La Douce«, »Das Appartement«, »Extrablatt«, »Buddy Buddy« (1989). Erfindet Stars wie *Jack Lemmon*, *Walter Matthau*, *Tony Curtis* oder *Shirley MacLaine*. **ERFOLGE** 20 Mal für den Oscar nominiert und 6 Mal mit dem Oscar ausgezeichnet. Billy über Preise: »Auszeichnungen sind wie Hämorrhoiden – irgendwann kriegt sie jedes Arschloch.« **MACHT** »Die Österreicher haben das Kunststück fertig gebracht, aus Beethoven einen Österreicher und aus Hitler einen Deutschen zu machen.« **PARTNER** Billy über den großen Wiener Regisseur *Ernst Lubitsch*, für den er das Drehbuch zu »Ninotschka« schrieb: »Der konnte mit einer geschlossenen Tür mehr andeuten, als andere mit einem offenen Hosenlatz.« Wilder, Erfinder jener weltberühmten Szene, in der *Marilyn Monroes* weißes Kleid durch die Heißluft aus dem U-Bahn-Schacht nach oben gewirbelt wird, urteilt über seinen Star: »Sie war eine exzellente Dialog-Schauspielerin, sie wusste, wo der Lacher lag. Sie wusste das. Aber dann, wir hatten 300 Komparsen am Set, und Miss Monroe soll um neun Uhr da sein, sie erscheint am Nachmittag um fünf Uhr und sagt: ›Es tut mir leid, aber ich habe mich auf dem Weg zum Studio verirrt.‹ Sie war seit sieben Jahren unter Vertrag... Ich habe niemals jemanden getroffen, der so eklig wie sie sein konnte. Aber auch niemanden, der so wunderbar auf dem Zel-

luloid war und das einschließlich der Garbo. Ich glaube, ihr großes Geheimnis beruhte darauf, dass sie einfach dastehen konnte und sich wundern: ›Warum schauen mich die Leute so an?‹ Sie war in dieser Hinsicht völlig naiv und ihre Verwunderung schien auszudrücken: ›Hat mir etwa jemand ein Schild an den Rücken gehängt?‹« Und: Es gibt über Marilyn Monroe mehr Bücher als über den Zweiten Weltkrieg. Darin liegt eine gewisse Ähnlichkeit: »Es war die Hölle, aber es hat sich gelohnt.« **ERINNERUNG** Bis zuletzt sucht Billy fast täglich sein kleines Büro gleich um die Ecke der exklusiven Shopping-Meile »Rodeo Drive« auf. Einmal fährt er mich zum Beverly Hills Hotel und erzählt, wie er *Marlene Dietrich* fragte: »Hast du mit Eisenhower geschlafen?« Ihre Antwort: »Wie denn, der war doch nie an der Front.« Bei den Dreharbeiten zu »Sabrina« bringt er *Humphrey Bogart* bei, wie er *Audrey Hepburn* (➔ HOLLYWOOD) richtig zu küssen hat. **MOBILITÄT** Silberne Mercedes Roadster. **HOBBIES** Kunstsammler: Picassos, Braques, Boteros.
STYLE Spricht deutsch wie ein Wiener und englisch erst recht. Bevor sich Billy die Narkose-Spritze für eine Darmoperation geben lässt, händigt er dem Chefarzt einen Zettel aus: »Achten Sie darauf, dass Sie danach keine Werkzeuge in meinem Körper herumliegen lassen. Zählen Sie Ihre Instrumente vor und nach der Operation. Please keep my body clean.« Weil in dem berühmten Landmark »Hollywood« im Naturschutzgebiet Mount Lee in den Bergen von Hollywood vier Buchstaben seines Namens, »LLY W«, vorkommen, lässt er sich im Alter von 90 Jahren, auf einem Filmkran sitzend, hinter einer aufgeschlagenen »Frankfurter Allgemeinen Zeitung« für die Werbeserie »Kluge Köpfe« fotografieren. 1996: Billy, dessen Leitspruch lautet: »Langweile dich nicht und langweile andere nicht«, legt fest, was an seinem Grab verlesen werden soll: »Eine Hommage von Steven Spielberg, vorgetragen von einer ganz schlichten Stimme. Keine schwülstigen Reden. Keine Wiener Musik«. **EHE** Zwei Ehen: 1936–47 mit *Judith Coppicus Iribe*, mit der er Tochter *Victoria* hat. Ab 1949 mit Sängerin und Schauspielerin *Audrey Young*.
SCHICKSAL Er wollte eigentlich mit 104 Jahren sterben: »Ich möchte vom Ehemann einer viel jüngeren Frau erschossen werden, mit der ich gerade im Bett liege.« Billy Wilder stirbt 2002 im Alter von 95 Jahren an einer Lungenentzündung.

Williams, Robbie

> **WER IST ES?** Einziger echter Pop-Star der Gegenwart **LEBENSDATEN** *13.2.1974 in Stoke/Midland **KARRIERE** Beginnt als Sänger und Teenie-Star bei der Boygroup »Take That«. Songs: «Mr. Bojangles«, »Something Stupid« mit *Nicole Kidman* (→ HOLLYWOOD), »Sing When You're Winning«

IMAGE Hat die Glamour- und Allüren-Aura früherer Welt-Entertainer.
RESIDENZ Der Exzentriker besitzt in London ein 7,5 Millionen-Euro-Haus, will aber die britische Hauptstadt verlassen und gesünderen kalifornischen Lifestyle in Los Angeles genießen. **FREUNDE** Als Priester unter Palmen fungiert Robbie in Los Angeles bei der Hochzeit seines Freundes *Billy Morrison*, Bassist der englischen Rockband »The Cult«, und seiner Freundin *Jennifer Holliday*. Innerhalb von 48 Stunden war diese Trauung organisiert worden, mit allem, was dazugehört, Brautkleid, Blumen, Torte und dem prominenten Reverend. W. hat sich eigens für diesen Anlass die Lizenz zum Trauen erworben – per Mausklick im Internet. Bei seiner feierlichen Aufgabe trägt er ein blaues Kurzarmhemd mit Priesterkragen. Die Gäste können über die Bedeutung der üppigen Tattoos an beiden Armen rätseln. **LIEBE** Die aktuelle Freundin im Jahr 2002 ist die amerikanische Publizistin *Victoria Schweizer*, die beim ersten Treffen nicht weiß, mit wem sie es zu tun hat.
PARTY 267 Gäste, vornehm gedresst und vornehmlich aus der deutschen Privatsender-Szene, kommen sich wie bestellt und nicht abgeholt vor. Showmaster *Kai Pflaume*, Regisseur *Detlev Buck*, Schauspieler *Bruno Eyron*, Otto-Ehefrau *Eva Hassmann*, Talk-Master *Reinhold Beckmann* und eine Moderatorin mit knallroter Schmerzensgeld-Frisur erleben die kürzeste, unprofessionellste, aber bestimmt teuerste Party, die es je in Hamburg gegeben hat. Die Smartys warten eine geschlagene Stunde, bis Robbie kommt. Er trägt einen kamelhaarfarbigen Mantel, Jeans, raucht und macht eine »Zurück-im-Zorn«-Miene. Seine Haupt schmückt ein Schlägerkäppi, das er auch beim Singen seines Liedes »Mr. Bojangles« aufbehält. Die Show dauert knapp sieben Minuten. Zwischendurch drückt er die Zigarette aus, verneigt sich nach dem stürmischen Applaus und fährt mit einem »Crossblade«-Smart aus der Halle. Um ein siebenstelliges Taschengeld reicher sitzt er 18 Minuten später in einer Privatdüse Richtung London. Die Gäste finden das gar nicht smart. *Michael Käfers* Fingerfood mildert aber ein wenig den Frust.

Willis, Bruce → Hollywood

Windsor, Lady Gabriella

> **WER IST ES?** Wohl die schönste im ganzen Windsor-Land **LEBENSDATEN** *23.4.1981 in London **KARRIERE** Studiert spanische und englische Literatur. Sprachbegabt wie ihr Vater, ist sie das einzige Mitglied der Royals, das russisch spricht.

BEAUTY Zu ihrem 21. Geburtstag widmen die englischen Zeitungen der wohlproportionierten »Ella« ganze Doppelseiten und feiern sie als neues »Royal Pin up«. **FAMILIE** Tochter von Prinz *Michael* und Prinzessin *Marie-Christine von Kent* und an 30. Stelle in der englischen Thronfolge. **LIEBE** Sie ist verbandelt mit dem Münchner Erbgrafen *Ignaz zu Toerring-Jettenbach*, den sie in Madrid kennen lernte, wo sie bei Sotheby's jobbte, und der wohl frei nach dem Film »Her mit den kleinen Engländerinnen« bei ihr vorerst nur Fuß und nirgendwohin fasste. Bei der Hochzeit von Graf *Alexander von* → *Schönburg-Glauchau* (Bruder von Fürstin *Gloria von* → *Thurn und Taxis*) mit der zarten Prinzessin *Irina von Hessen* auf Schloss Wolfsgarten bei Frankfurt tanzen *Ignaz* und Gabriella die ganze Nacht. Er ist der Sohn von *Graf Hans-Veit* und *Gräfin Etti zu Toerring-Jettenbach*. Die *Toerrings* sind Münchens Familie Nr.1 und direkt mit Königin → *Elizabeth von England* verwandt.

Witt, Katarina (Kati)

> **WER IST ES?** Pirouetten-Gaucklerin aus Chemnitz **LEBENSDATEN** *3.12.1965 in Staaken **JOB** Eiskunstläuferin **KARRIERE** Bereits mit fünf Jahren zieht sie die Schlittschuhe im Sportclub Chemnitz an. Später steht sie bei fast allen Welt-, Europa- und Deutschen Meisterschaften auf dem Siegertreppchen. Größte Karriere-Stationen: Gold 1984 in Sarajewo und 1988 in Calgary. 1988 wechselt sie ins Profi-Lager und geht drei Jahre lang mit US-Olympiasieger *Brian Boitano* auf Tournee. Mit ihrer Eis-Show »Witt und Boitano« füllt sie sogar den New Yorker »Madison Square Garden«.

ERFOLGE Emmy Award für »Outstanding Performances« in dem Film »Carmen on Ice«. **MACHT** War zu DDR-Zeiten ausreichend nahe dran. Mit Honecker-Nachfolger *Egon Krenz* »per D« – so steht es in den Stasi-Akten (1354 Seiten), die sie zunächst nicht freigeben will. **PARTNER** Trainerin und Polit-Aufpasserin *Jutta Müller*. **GELD** Ihr Vermögen wird mit 10 Millionen Euro beziffert – meine Herren, das ist doch eine Partie. **BEAUTY** Mit offenem Haar sieht sie noch attraktiver aus. Vollständige Inhaltsangabe zu den Textilien: Vgl. »Playboy«. **LIEBE** Am 6.4.1990 gibt es laut »Bild« Liebesgerüchte über Kati und FC Bayern-Doc *Hans-Wilhelm* → *Müller-Wohlfahrt*, der aber letztlich nur ihr linkes Knie medizinisch behandelt haben soll. Zwei Jahre später wird Katarina die Große mit dem New Yorker Baulöwen *Donald Trump* in Verbindung gebracht. Zuletzt liiert mit Rock-Drummer *Ingo Pohlitz* sowie »MacGyver«-Titelheld *Dean Anderson* und zuletzt mit Musikmanager *Markus Herrmann*, von dem sie sich 2002 trennt. Im Berliner Edel-Restaurant »Borchardt« stellt W. im Juni 2002 ihren neuen Freund *Dave Hoffis* vor. Er arbeitet als Manager der »Stars-on-Ice«-Show in Amerika. Wieder ein klarer Fall von Sex am Arbeitsplatz.

Witti, Michael

WER IST ES? Ein hervorragender Anhänger (»Die Woche«) **LEBENS-DATEN** *1957 in München **JOB** Rechtsanwalt

KARRIERE Egal, was passiert – das Seilbahnunglück von Kaprun, die BSE-Krise, der Anschlag auf das World Trade Center, der Lipobay-Skandal oder der Amoklauf von Erfurt: der Münchner Anwalt mit dem kleinen Büro hängt sich dran an alles, was Schlagzeilen verspricht. Obwohl ja Mandats-Akquisition eigentlich standeswidrig und der Anwaltskammer ein Dorn im Auge ist. Ins Rampenlicht tritt W. mit dem humanitären Großfall, für Millionen jüdischer Zwangsarbeiter Entschädigungsgelder einzuklagen. Um diese juristische Auseinandersetzung bemüht er sich sehr. Eine gute menschliche Tat, die man ehrenhalber macht und auf das Honorar verzichtet, damit eine möglichst große Summe den Opfern zugeteilt werden kann. Der Einzige, der in dieser traurigen Geschichte wirklich ausreichend entschädigt worden sein dürfte, ist *Witti* selbst: Laut Rechtsanwaltsgebührenordnung hat er damit eines der höchsten jemals in Deutschland erzielten Anwaltshonorare verdient – eine knapp zweistellige Millionensumme. **EHE** Single.

Witzigmann, Eckart

WER IST ES? Hamlet am Herd. Jahrhundert-Koch **LEBENSDATEN** *4.7.1941 in Bad Gastein **JOB** Koch und Buchautor. Schreibt eine Kolumne in der »Welt am Sonntag« und wöchentlich ein Rezept zum Nachkochen für das »SZ-Magazin«.

KARRIERE Holt sich den Feinschliff bei den Brüdern *Haeberlein* in Illhäusern, bei *Paul Bocuse* in Lyon, bei den Brüdern *Troisgros* und *Roger Vergé* an der Côte d'Azur und rundet den Input in den USA ab. Dem Rezept-Rastelli gebührte zumindest die Medaille »München leuchtet«, weil er als erster Küchenkünstler in Deutschland 3 Sterne erkocht hat: für die Fresskirche »Tantris«. Sie gehört Bau-Präsident *Fritz Eichbauer*, dem Pionier der feinen Küche, der München ein unbezahlbares und unermessliches kulinarisches Image einbringt, das sich in ganz Deutschland fortsetzt. Selbständig macht sich W. mit dem legendären Restaurant »Aubergine«. Feiert mit dem ambulanten Varieté-Restaurant »Palazzo« in vielen Städten Erfolge. **KONKURRENTEN** *Jean-Claude Bourgueil* (*1947 in Sainte-Maure-de-Touraine), kahlköpfiger 3-Sterne-Küchenkünstler, kocht seit 1970 in Düsseldorf, erst im »Hilton«, dann im legendären »Schiffchen«. Der Senior der feinen Küche, der Brot als bestes Nahrungsmittel bezeichnet, warnt seine jungen Kollegen, sich nicht von Sternen, Hauben, Kochlöffeln oder Punkten irritieren zu lassen. »Wichtig ist es, Geld zu verdienen«, sagt der Küchen-Kojak, »die Auszeichnungen können der Lohn, aber niemals das Ziel sein.« Dass es bisher noch keine 3-Sterne-Köchin gibt, erklärt *Bourgueil* damit: »Frauen haben keine so große Kreativität.« Der Hobby-Segler möchte im Meer sterben. *Johann Lafer* (*27.9.1957 in Graz), stets strahlender Fernseh-Koch und -moderator (»Genießen auf gut Deutsch«, »Johann Lafer kocht«), verheiratet mit *Silvia*, Tochter *Jennifer*, spielt Fußball und steht gern im Tor. Der erfolgreiche Unternehmer wächst als steirischer Kleinbauernbub in St. Stefan im Rosental auf. Im Gösser Bräu, Graz, macht er eine Kochlehre. Stationen: »Schweizerhof«, Berlin; »Le Canard«, Hamburg; »Schweizer Stuben«, Wertheim. Witzigmann und *Gaston Lenôtre* geben ihm den Feinschliff. Seine Herdkünste zelebriert er seit 1994 in seinem Restaurant »Le Val d'Or«, hoch über dem Hunsrück-Städtchen Stromberg, in der romantischen Stromburg (einst Sitz des »deutschen Michel«), oder auch mal bei *Max Schautzer* in der ARD-Live-Sendung »Immer wieder sonntags«. Zu seinen Gästen zählen *Roman* ➔ *Herzog*, *Franz* ➔ *Beckenbauer*, *Hardy* ➔ *Rodenstock*, Hannelore Kohl und *Michail* ➔ *Gorbatschow*. Kocht zur Eröffnung der »Expo 2000«, von 70 Kollegen unterstützt, ein festliches Essen für 3500 Gäste. **RESIDENZ** Haus in Österreich. **FAMILIE** Der Vater ist Schneidermeister. **EHE** Trennt sich 1989 von seiner Frau *Monika*, mit der er zwei Kinder hat: *Veronique* und *Max*. **LIEBE** Ist entzückt von der rothaarigen Ehefrau des Modehausunternehmers *Volkmar Arendt* (»Der modische Arendt«), mit der er oft ausgeht. Der Ehemann findet das Wife-sharing ganz ok. **ERINNERUNG** Ein Kokain-Prozess bringt W. aus dem Tritt – nicht zuletzt durch spießiges Vorgehen profilsüchtiger Justizbeteiligter. Er muss sein Restaurant verkaufen. Es ist kurz vor der Polizeistunde in einer klaren Sommernacht. Die Kasse im 3-Sterne-Tempel »Aubergine« hat ordentlich geklingelt und zusammen mit dem Chef des Hauses trinke ich vor der Tür ein Glas Champager. Aus dem Dunkel tritt eine Dame, nicht gerade mit Schönheit gesegnet, die zu W. nur einen Satz sagt: »Willst du mit mir ficken?« Das 3-Sterne-As, im schweren »Dom-Perignon«-Fahrwasser, fragt: »Wo?« Sie: »Bei mir?« Er: »Bei dir?« Es passiert bei ihm in der Obermaierstraße. Die Ernüchterung ist dann riesig. Weil W. nach dem rosaroten Schaumwein-Stelldichein nichts mehr von ihr wissen will, verpfeift die Verschmähte in ihrer Wut den Starkoch bei der Drogenfahndung. Eine höchst unliebsame Staatsaffäre kommt ins Rollen. Jeden anderen hätte dieser Schicksalshammer erledigt, nicht aber Witzigmann, den Aufstehmann, der dann als hochbezahlter Gourmet-Berater weltweit seine zweite Karriere macht. Jeder Jung-Koch schätzt sich glücklich, ein Zeugnis von ihm zu haben und sich Witzigmann-Schüler nennen zu dürfen. Zu seinem 60. Geburtstag im »Tantris« liegen sie Witzigmann alle zu Füßen, die VIPs, die Köche, die Kellner, die Lieferanten und Hausherr *Eichbauer*, sein Entdecker.

Wössner, Mark

WER IST ES? Eisgrauer Medien-Gentleman **LEBENSDATEN** *14.10.1938 **KARRIERE** Der Ex-Vorstandsvorsitzende des zweitgrößten Medien-Konzerns der Welt, Bertelsmann, hat das Unternehmen von 4 auf 40 Milliarden Mark Umsatz hochgepuscht. Seit 2002 Deutschland-Chef der Bank-Kette Citigroup. Initmus von Firmen-Patriarch *Reinhard* ➜ *Mohn* und dessen Ehefrau *Liz* über viele Jahre, muss er wohl aus »ganz familiären Gründen« über Nacht das Verlagsdorf Gütersloh verlassen und kommt, wie sein Bruder *Frank*, in keiner Konzern-Geschichte mehr vor. Selbst im Buch »Liebe öffnet Herzen« von *Liz Mohn* gibt es keine Zeile über ihn zu lesen. Nur einmal ist er zusammen mit Liz und Bundeskanzler *Gerhard* ➜ *Schröder* auf einem Foto abgebildet, weil man Mark nicht wegschneiden konnte. In der Bildunterschrift bleibt Wössner aber unerwähnt. Was hat Liz so verletzt?

RESIDENZ Kauft sich in München-Bogenhausen neben dem Haus von Gastro-Erfinder *Peps Kommer* (»Scotch Kneipe«, »Nr. 1«) die ehemalige Villa des Ex-EM.TV-Chefs *Thomas* ➜ *Haffa*. **FAMILIE** Einen monarchischen Abschied mit Vor-, Haupt- und Nach-Fest gönnt sich sein Bruder *Frank*, Ex-Buchvorstand der Bertelsmann AG. Sechzigster Geburtstag und Vertragsablauf am 31.3.2001 sind die grundsätzlichen Anlässe, zu denen sich der eisgraue Lesestoff-Bonaparte, beruflich postum, bei voller Frische den Weg in den überfälligen Ruhestand frei feiert. Das Festival-Highlight ist das Gala-Diner im Festsaal des Hotels »Bayerischer Hof« in München mit Ehrengast *Michail* ➜ *Gorbatschow*. Für den ehemaligen Staatschef entsendet Wössner den Bertelsmann-Privatjet, Typ Falcon (Flugstunde 10 000 Mark) und lässt Gorbi, seine Tochter und einen Leibwächter in Moskau abholen und nach einer ehrenamtlichen Übernachtung im Hotel wieder nach Moskau zurückfliegen. Flugspesen: 120 000 Mark. *Gorbatschow*, hochbezahlter Autor bei *Frank Wössner* wie die anwesenden Gäste *Franz* ➜ *Beckenbauer*, *Udo* ➜ *Jürgens* oder Prof. *Peter Scholl-Latour*, bedankt sich am Mikro mit lobenden Worten. 100 000 Mark, die sonst als Honorar anfallen, wenn Gorbi spricht, werden nicht erhoben. Man sagt aber, dass eine kleine Wegzehrung in Höhe von 30 000 Mark geflossen ist. Auch Mark sowie der Junior des Gastgebers, Dr. *Dirk Wössner*, und Orthopäde Prof. *Wolfgang Pförringer* (mit *Axel Cäsar Springers* attraktiver Schwiegertochter *Rosemarie* liiert) gehen ans Mikrofon und lassen *Frank* hochleben. 171 Gäste, darunter Bayerns Finanzminister Prof. Dr. *Kurt Faltlhauser*, »Schwabing Park«-Bauherren *Axel* und *Karin Holler*, Bordeaux-Experte *Hardy* ➜ *Rodenstock* mit Frau *Helga*, Gottschalk-Anwalt Dr. *Peter Schmalisch* und Herrenausstatter Nr. 1, *Harry Lindmeyer*, munden bei der von *Peter Gutmann* perfekt organisierten Feier das

Lachs-Carpaccio, »zweierlei Süppchen«, Rehrücken im Petersilienmantel und geeister Capuccino. Vom Bertelsmann-Konzern ist niemand da, kein *Schulte-Hillen*, kein *Schmidt-Holtz*, kein *Middelhoff*, keine *Liz Mohn*, schon gar nicht *Reinhard*. Sie scheinen zur Tagesordnung übergegangen zu sein und haben am 28. März auch den *Frank-Wössner*-Kopf auf der Website gelöscht. Am Tisch neben Frank sitzt seine neue Lebensgefährtin *Petra*, Noch-Ehefrau des souveränen »Deutsches-Theater«-Intendanten *Heiko Plapperer-Lüthgarth*, mit der Frank vor kurzem noch mit dem Bertelsmann-Flieger in Paris und China war. *Petra* kann gerade noch ein weiteres 60er Fest vereiteln, das Ex-Freundin *Lucy Nollau* in Absprache mit dem Buch-Bonaparten im 1-Stern-Restaurant »Gut Faistenberg« in der Nähe des In-Golfclubs Beuerberg beim Starnberger See arrangiert hatte, und organisiert stattdessen eine eigene Party im Italo-Restaurant »Aquarello« in München. Man sieht, *Frank* steht mit seinen Frauen immer noch in gutem Kontakt. Es ist nur etwas merkwürdig, dass *Petra* bei ihm in Grünwald in der Ludwig-Thoma-Straße noch nicht eingezogen ist und nach wie vor bei Ehemann *Heiko* wohnt. Auch seine Ex-Frau *Christiane* (»Nani«), mit der er zweimal verheiratet war und von der er wieder geschieden ist, scheint in dieses spektakuläre Bäumchen-wechsle-dich-Spiel wieder einzugreifen. Sie wohnt übrigens nur ein paar Häuser weiter von *Frank*. Er Hausnummer 23 A, sie 11 B. *Frank* ist nicht nur seinen drei Frauen treu, auch seinem Büro, das er am liebsten gar nicht mehr verlassen will. **EHE** Verheiratet mit Frau *Anna*. **SEX** Kann schlecht nein sagen.

Woods, Tiger

Eigentlich Eldrick Woods **WER IST ES?** Der Golf-Gott für alle Freunde des Puttens und Einlochens **LEBENSDATEN** *30.12.1975 in Cypress/ Kalifornien **JOB** Bester und bestbezahlter Golfer der Welt, der auch schon aus rund 160 Metern mit einem Eisen 7 das 13. Loch trifft

KARRIERE Mutter *Tilda* lacht sich kaputt, wie ihr kleiner Tiger aus dem Sandbunker des Marine-Golfplatzes von Los Alamitos seinen Ball direkt eingelocht und sich vor lauter Begeisterung seine Pampers herunterreißt. Papa *Earl Woods* sieht gelassen zu, wie sein Kleiner mit Brei den ersten Pitch-, Putt- und Drive-Wettbewerb gewinnt und ein Jahr später eine 48 auf den 9 Löchern des Navy Course von Cypress spielt. Als Dreikäsehoch sitzt er unter den Beinen seines Vaters und *Bob Hope* sowie *Jimmy Stewart* und wird für eine TV-Show entdeckt. Mit elf hat little Woods Handicap 2. Vier Jahre danach gewinnt er als jüngster Spieler die Junioren- und US-Amateur-Meisterschaften. Mit 21 überrascht Tiger, der die Stanford Universität besucht, als

Sieger der US-Masters mit der geringsten Schlagzahl. **IMAGE** W. lässt sogar einen Profi wie *Bernhard Langer* erstarren, wenn er neben ihm den Golfball 50 bis 60 Meter weiter schlägt als Langer. **STYLE** 70 000 Golffreaks packt der Tiger 2002 in den Bann, als er beim »Deutsche Bank-SAP Open« in St. Leon-Rot-Club bei Heidelberg aufschlägt und seine Unbezwingbarkeit demonstriert. Seine Aura löst eine förmlich lähmende Wirkung auf noch so gute Mitspieler aus. Rennstall-Besitzer *Helmut von Finck* hat tief in die Tasche gegriffen, um Lehrstunden beim Golf-Genie zu ergattern. **FAMILIE** Vater *Earl*, Mutter *Tilda Woods*. Der Amerikaner W. ist ein internationaler Mix und schlüsselt das »Cablinesische« der Eltern lässig auf: Ein Achtel schwarz, ein Viertel kaukasisch, ein Achtel indianisch, ein Viertel Thai und ein Viertel chinesisch. **LIEBE** Der Crack hat ein schwedisches Sweetie als Freundin. Die zuckersüße Blondine mit dem Polarkreis-Namen *Elin Nordegren* zählt 22 Lenze und ist Model. Als sie einmal bei Golf-Profi *Jesper Parnevik* als Kindermädchen aushilft, lernt sie den Tiger kennen. Davor war er lange Zeit mit *Joanna Jagoda* liiert.

Wowereit, Klaus

WER IST ES? Erster Berliner Bürgermeister mit männlicher First Lady
LEBENSDATEN *1.10.1953 in Berlin
JOB Herr über 160 000 Mitarbeiter im Öffentlichen Dienst und 2002 vorübergehend Bundesratspräsident mit großer Kammerspiel-Darbietung

KARRIERE Nach dem Abitur Jura-Studium an der Freien Universität Berlin. Ehemaliger Schulstadtrat. Überrascht beim Amtsantritt nicht mit neuen politischen Konzepten, sondern mit seiner ganz privaten Neigung: »Ich bin schwul und das ist auch gut so.« Kühl und berechnend arrangiert der SPD-Mann mit dem Bubi-Blick den Sturz des Dauerregenten *Eberhard Diepgen* und dessen Strippenzieher *Klaus Landowsky*. Um seinen eigenen Aufstieg abzusichern, scheut der politische Charmebolzen nicht vor dem Tabubruch zurück, sich in der einstigen Mauer-Stadt von der PDS helfen zu lassen. Wie er das Milliarden-Euro-Loch auffüllt, das die große Koalition am 6.6.2001 scheitern ließ, ist bis zur Stunde rätselhaft. Das heiße Eisen Bankgesellschaft, deren Schieflage Berlin so tief in die Krise stürzte, ist noch nicht einmal angefasst. **VORGÄNGER / NACHFOLGER** Nachfolger von *Ernst Reuter*, *Willy Brandt*, *Heinrich Albertz*, *Klaus Schütz*, *Hans-Jochen Vogel*, *Richard von Weizsäcker*, *Walter Momper* und *Eberhard Diepgen*. **HOBBIES** Golfer, Handicap 28, und Hobbykoch. **STYLE** Der Party-Rekordhalter ist auffallend gut gekleidet. Über Wowi (Szene-Jargon: »Pobereit«) schreibt die »SZ«, dass er nicht so cool sei wie *Sky Du*

Mont, aber die neue, stark angesagte Lässigkeit von ➜ *Lauterbach* oder ➜ *Ochsenknecht* verströme. **FAMILIE** Wächst als Sohn einer Arbeiterin auf und hat fünf Geschwister. **LIEBE** Lebensgefährte ist Chefarzt *Jörn Kubicki*.

Zehetbauer, Rolf

WER IST ES? Zaubert Wunschschlösser, Erlebniswelten, Stimmungen. **LEBENSDATEN** *13.2.1929 in München **JOB** Filmarchitekt

KARRIERE Hat nach eigenen Angaben nie etwas gelernt, aber alles gemacht, kein Abitur, kein Studium, aber den sturen Sinn, Architekt zu werden. Nach dem Krieg klopft er Steine in der Residenz und fragt beim Pförtner der »Bavaria« in München wagemutig nach einer Stelle als Filmarchitekt an. *Heinz Rühmann* dreht dort gerade seinen ersten Nachkriegsfilm »Der Herr vom anderen Stern«, und Regisseur *Heinz Hilpert* empfängt Z. mit offenen Armen: »Unser Filmarchitekt ist so ein Wahnsinniger, der braucht sicher Unterstützung.« Auf seinem Karriereweg helfen ihm *Rühmann*, der ihn zu anderen Produktionen mitnimmt, und dann Produzent *Arthur Brauner*. Lange Zeit wirkt er als Kreativ-Kopf in den Bavaria Filmstudios, bevor er selbstständig wird. Er baut auch Restaurants, darunter die »Käfer-Markthallen« im Hertie-Souterrain in München. Seine Architektur für Leinwand-Produktionen wie *Ingmar Bergmans* »Schlangenei«, *Arthur* ➜ *Cohns* »Freezing Down«, »Das Boot«, ➜ *Fassbinders* »Lili Marleen«, »Die unendliche Geschichte«, *Vilsmaiers* »Comedian Harmonists«, »Schlafes Bruder« und »Marlene«, »Enemy Mine« und »Luther« mit *Sir Peter Ustinov* und *Joseph Fiennes*, der die Titelrolle spielt, trägt die edelste Handschrift seiner Zunft. Von ihm stammt auch die Ausstattung für die TV-Serie »Raumschiff Orion«. **ERFOLGE** Oscar für die Ausstattung des Filmes »Cabaret« mit *Liza* ➜ *Minnelli*. **FREUNDE** Horst ➜ *Wendlandt*, *Arthur* ➜ *Cohn*, *Gerd* ➜ *Käfer*, *Arthur Brauner*. **EHE** Mit Frau *Ingrid* (sie war für die Architektur zu Hause zuständig) hat er Sohn *Tino* und Tochter *Kathrin*.

Zellweger, Renee ➜ Hollywood

Persönlichkeiten, Personen und Persönchen

(Personen, die mit einem eigenen Artikel im Lexikon vertreten sind, wurden **halbfett** gesetzt.)

Abbado, Claudio 7f.
Abdel Farrag, Nadja 62
Abdullah II., König von Jordanien 32
Abram, Michael 42
Achternbusch, Gerda
Achternbusch, Herbert 8f.
Ackermann, Eduard 226
Ackermann, Josef 9f., 227
Ackermann, Kathrin 126
Adam 5
Adams, Cindy 85
Adams, Victoria 48
Adducci, Sabrina 373
Adjani, Isabelle 91, 245
Adlon, Percy 248
Adolff, Rita 275
Adorf, Mario 11f., 96, 104, 113, 121
Affleck, Ben 159, 178, 240
Aga Khan IV, Prinz Karim 48, 50, 208, 235
Aga Khan, Prinz Aly 49
Aga Khan, Prinz Hussain 49
Aga Khan, Prinz Rahim 49
Aga Khan, Prinzessin Zahra 49
Agassi, André 136f., 184, 187, 302, 304, 337
Agca, Ali 204
Agnelli, Clara 13
Agnelli, Edoardo
Agnelli, Giovanni (Gianni) 12ff. 57, 100, 151, 257f., 371, 376
Agnelli, Giovanni jr. 12f.
Agnelli, Margherita 13
Agnelli, Susanna 13 151
Agnew, Spiro 309
Ahlers, Conrad (Conny) 28
Al Habtoor, Mohammed 73
Albert Prinz von Monaco, Marquis de Beaux 14f., 39, 74, 208, 314, 324, 347
Albertz, Heinrich 390
Albrecht, Cilli 16
Albrecht, Karl und Theo 15f.
Aleman, Karin 195
Alexander, Peter 345
Al-Fayed, Dodi 93
Al-Fayed, Mohammed 93
Ali, Muhammad 17f.
Allen, Krista 160

Allen, Peter 252
Allen, Woody (Heywood) **18f.**,186
Alvensleben, Busso von 19f.
Amado, Marijke 291
Amati, Giovanna 235
Amsberg, Claus von 42f., 53
Amsberg, Julius von 43
Anastacia 20, 278, 297
Anders, Thomas 62, 374
Anderson, Dean 385
Anderson, Nelli 197
Anderson, Pamela 21f., 217, 244, 271, 297
Andrack, Manuel 318
Andreae, Marietta 233
Andreas, Prinz von Griechenland 109
Andrejtschenko, Natalja 314
Andreoni, Ludovica 258
Andress, Natascha 305
Andress, Ursula 305
Andrew Prinz von England 21f., 32, 108, 290
Andropow, Juri Wladimirowitsch 286
Angelo, Nino de 144
Anhalt, Edda Prinzessin von 324
Anhalt, Frederic Prinz von *siehe* Lichtenberg, Hans Robert
Aniston, Jennifer 179
Annan, Kofi 330
Annaud, Jean-Jacques 83
Anne, Prinzessin von England 22, 108, 243
Anne-Marie, Königin von Griechenland 309, 324
Antel, Franz 85
Antonioni, Michelangelo 113, 177
Appelhoff, Carola 254
Arafat, Jassir 22f., 77, 263, 269, 330
Arendt, Volkmar 387
Argirov, Valentin 339, 354
Arinze, Francis (Kardinal) 203
Arman (Künstler) 298
Armani, Giorgio 24, 168, 301
Arnault, Bernard 25
Arnold, Bob 134, 285
Arnold, Peter 134
Ashraf, Prinzessin von Persien 341
Assauer, Inge 26
Assauer, Rudi 26f., 72
Astaire, Fred 17

Astaire, Simon 206
Atomic, Kitten 106
Auersperg, Prinz Franz von 27, 144
Auersperg, Prinzessin Tini von 27
Aufhauser, Michael 328
Aufrecht, Hans Werner 70
Augstein, Franziska 28
Augstein, Jacob 28
Augstein, Maria-Sabine 335
Augstein, Rudolf 28f., 355
Aumann, Raimund 214
Aust, Stefan 28, 151
Axtmann, Inge 115
Axtmann, Siegfried 115
Azzaro, Louis 205

Baby Schimmerlos 29f. 55, 97, 228, 354
Bacall, Lauren 187, 253
Bach, Elvira 31
Bachelor, Amalia 31
Bachmann, Ingeborg 202
Baden, Bernhard Prinz von 32, 126
Baden, Leopold Prinz von 32
Baden, Max von 32
Baden, Michael Prinz von 32
Bader, Werner 143, 242, 321
Baer, Harry 112
Bailey, David 90
Balder, Hugo Egon 335
Baldessarini, Werner 121
Balitran, Celine 160
Ballack, Michael 33f., 72, 101
Ballack, Simone 34
Ballhaus, Michael 113
Balmain, Pierre 139, 233
Balsam, Talia 160
Baltz, Theo 79f.
Banderas, Antonio 165
Baranda, Roger 179
Barclay, Eddie 34
Bardot, Brigitte 90, 209, 298f.
Barenboim, Daniel 35, 249
Barenboim, David 35
Barenboim, Misha 35
Barilla, Guido 36f.
Barilla, Luca 37
Barilla, Paolo 37
Barilla, Pietro 37
Barker, Christopher 362
Barker, Lex 362
Barker, Petronella 173

Barlog, Boleslaw 218
Barnard, Christiaan 292
Barnett, Bob 81
Barrichello, Rubens 328
Barrymore, Drew 158
Barschel, Uwe 9, 29
Bartels, Michael 137
Bartholdi, Charlotte 31
Bartsch, Anja 310
Bashkirow, Dimitri 35
Bashkirow, Elena 35
Basinger, Kim 161
Bastian, Gert 280
Batista y Zaldívar, Fulgencio 77
Baumbauer, Frank 8
Baumgartner, Christine 160
Bayern, Etzel Prinz von 39
Bayern, Herzog Albrecht von 37
Bayern, Herzog Franz von 37f.
Bayern, Herzog Max in und Prinz von 37
Bayern, Leopold Prinz von 39
Bayern, Ursula Prinzessin von 39, 334
Beatles 39-42, 199
Beatrix, Königin der Niederlande 42f., 256
Beatty, Warren 187f.
Beauvoir, Simone de 139, 246
Bécaud, Gilbert 139
Bechtolf, Sven-Eric 333
Beck, Michael 236
Beckenbauer, Brigitte 44
Beckenbauer, Franz 33f., **43ff.**, 154f., 193, 227, 231, 352, 386, 388
Beckenbauer, Sybille 44, 352
Becker, Barbara 46f., 102,
Becker, Boris 41, **45ff.** 84, 155, 214, 259, 273, 302, 315
Becker, Jurek 229
Becker, Peter 366
Becker, Rob 333
Beckham, David 34, **47f.**
Beckmann, Max 67
Beckmann, Reinhold 16, 134, 383
Beckstein, Günter 352
Begum Inaara Aga Khan 38, **48ff.**, 128, 208, 242, 269, 361
Begum, Salima *siehe* Croker Poole, Sally
Behn, Ari 142
Behoven, Mario 271
Beierlein, Hans R. 51, 210
Beierlein, Sabine 225
Beisheim, Inge 53

393

Beisheim, Otto 16, **52f.**, 146
Beitz, Berthold 69
Bellucci, Monica 54
Belmondo, Jean Paul 75, 113, 245
Belmondo, Paul 347
Belz, Simone 215
Belzberg, Lisa 82
Benigni, Roberto 7
Berben, Iris 84, 206
Berchtold, Willi 274
Berenson, Marisa 55, 243, 252, 371
Bergé, Pierre 300
Berger, Gerhard 100, 236
Berger, Helmut 55f., 83, 316
Berger, Roland 56, 262
Berger, Senta 119
Berger-Sandhofer, Michael 306
Berghe von Trips, Wolfgang Graf 327
Bergman, Ingmar 379, 391
Bergmann, Ingrid 75, 276
Bergmanova, Eva 310
Berlichingen, Alexandra Baronin von 150
Berling, Peter 112
Berlingieri, Giorgio 376
Berlusconi, Silvio 57f., 258, 306
Berlusconi, Veronica 57
Bernadotte, Gerd Graf 63
Bernhard, Prinz zu Lippe-Biesterfeld 42
Bernhard, Thomas 280
Berry, Halle 190
Bertelli, Patrizio 303
Bertelmann, Fred 338
Bertelsmann, Carl 256
Berthold, Thomas 373
Bertolucci, Bernardo 91
Bertram, Rainer 62
Besse, Daniel 318
Bessette, Caroline 217
Besson, Luc 129
Betsch, Corinna 327
Bettschart, Rudolf C. 355
Betzwieser, Fritz 339
Beuys, Joseph 51
Beyer, Frank 229
Beyl, Thomas 40
Biederer, Birgit 170
Biellmann, Denise 211
Bierko, Craig 182
Biermann, Wolf 229
Bin Abdulaziz, Al-Saud Abdallah 58f.
Bin Laden, Osama 71, 112, 196, 293

Bing, Steve 6, 138, 164
Biolek, Alfred Franz Maria 16, **59f.**, 343
Birkin, Jane 205
Bisky, Norbert 380
Bismarck, Barbara Gräfin von 152
Bismarck, Calle Graf von 61,152
Bismarck, Celia Gräfin von 152
Bismarck, Elisabeth Fürstin von 60f.
Bismarck, Ferdinand Fürst von 60f., 122, 147, 152
Bismarck, Gunilla Gräfin von 60, 151f., 269
Bismarck, Maximilian Graf von (»Pong«) 152
Bismarck, Otto Fürst von 60
Black, Roy 61f.
Black, Silke 61
Blahnik, Manolo 276
Blair, Cherie 106
Blair, Tony 70, 79, 106, 330
Blanchett, Kate 190
Blanco, Patricia 46
Blanco, Roberto 46, 51, 155, 345
Blass, Bill 301
Blauel, Renate 205
Bloom, Claire 276
Bloom, Ron 347
Bloomberg, Michael 132
Bocelli, Andrea 249, 295
Boch, Wendelin von 358
Bockelmann, Udo Jürgen *siehe* **Jürgens, Udo**
Bocklet, Reinhold 274
Bocuse, Paul 376, 386
Boenisch, Peter 250
Bogart, Humphrey 382
Bogdanovich, Peter 145
Bohlen und Halbach, Arndt von 97
Bohlen und Halbach, Eckbert von 126, 156
Bohlen, Dieter 62f., 114, 374
Bohlen, Erika 62
Böhlich, Bernd 343f.
Bohlin, Peter 127
Bohm, Hark 238
Böhm, Angela 324
Böhm, Karlheinz 283
Böhme, Erich 28
Boitano, Brian 384
Böll, Heinrich
Bolls, Gerd 69
Bolkiah Hassanal, Sultan von Brunei 63f., 100, 253
Bolton, Michael 184
Bonder, Lisa 139

Bono 41
Booker, Patricia 261
Booth, Lauren 194
Boreman, Linda *siehe* **Lovelace, Linda**
Borer, Thomas und **Borer-Fielding, Shawne 64f.**, 320
Borg, Morten 251
Borghese, Principessa Alessandra 151, 357
Bornemisza, Margit Baronin 362
Borsody, Cosima von 211
Bosch, Günter 45
Bossi, Rolf 133
Botero, Fernando 66
Böttinger, Bettina 319
Bouquet, Carole 91f.,
Bourbon-Parma, Victoria Maria Prinzessin von 306
Bourgueil, Jean-Claude 386
Boussac, Marcel 25
Bowes-Lyon, Lady Elizabeth 108f.
Boyd, Belinda 17
Boyden, Mark 49
Boyle, Lara Flynn 167, 188, 312
Brabham, Jack 100
Braga, Sonia 180
Brandauer, Klaus Maria 96, 139
Brando, Marlon 140, **158**, 164, 177, 179, 198
Brandt, Willy 228, 338, 390
Branson, Richard 315
Brass, Tinto 55
Bratt, Benjamin 181
Brauchitsch, Eberhard von 69, 122
Brauer, Charles 229
Brauer, Sabine 314, 323
Braun, Luitpold 67
Brauner, Arthur (»Atze«) 378, 391
Brauner, Josef 337
Brawn, Ross 257
Brecht, Bert (Bertolt) 212, 229
Bree, Gisela 338
Breitschwerth, Werner 294
Bremm, Alfred 80
Brenninkmeyer, Chris J. M. 197
Breschnew, Leonid Iljitsch 286
Breuer, Rolf E. 9
Briatore, Flavio 73
Brice, Pierre 18, 344, 378
Bridges, Jeff 187f.,
Brinkhorst, Laurentien 32
Brinkmann, Peter F. 236
Broadbent, Michael 296
Broderick, Matthew 276

Brolin, James 187
Bronfman, Matthew 82
Brosnan, Pierce 187
Broussard, Rebecca 177
Brown, Annie 42
Brown, Divine 138
Brownmiller, Susan 332
Brühl, Heidi 45
Brundage, Avery 324
Brunei, Sultan von *siehe* **Bolkiah Hassanal, Sultan von Brunei**
Bruni, Carla 200
Bscher, Thomas 143
Buback, Siegfried 364
Bubis, Ignatz 113
Buchbauer, Norbert 356
Buchberger, Peter 145
Buchheim, Ditti 67
Buchheim, Lothar Günther 67, 266
Buchoff, Walter 153
Buck, Detlev 383
Buckley, Richard 124, 370
Bullock, Helga 159
Bullock, Sandra 111, **159,** 175, 289, 312
Bülow, Vicco von *siehe* **Loriot**
Bündchen, Gisele 139, 164
Bunzel, Heinrich 87
Burda, Franz 69
Burda, Frieder 69
Burda, Maria 38, 69
Burda, Prof. Hubert 38, 52, **68ff.**, 121, 126, 223, 250, 258
Burda, Sabrina 210
Burger, Freddy 210
Burke Roche, Frances Ruth 93
Burmester, Heidi 44
Burton, Richard 70, 173, 188f.,
Buschoff, Walter 153
Bush, George 71, 196
Bush, George Walker 23, **70f.**, 196, 286, 330f.
Bush, Laura 71, 218
Busse, Jochen 201
Busson, Aki 151

Caleesen, David 170
Callaghan, James 106
Callas, Maria 340
Calmund, Diana 72
Calmund, Rainer 26, 51, **72**
Camm, Angelika 89
Campbell, Naomi 73, 81, 237, 377

395

Campbell-Walter, Fiona 362
Campogalliani, Ettore, 277
Camus, Albert 139
Capote, Truman 141
Caprioglio, Deborah 219
Capshaw, Kate 184
Caracciolo di Castagneto, Marella Prinzessin 13
Cardin, Pierre 129
Cardinahl, Jessika 374
Carey, Mariah 112
Carl Gustaf, König von Schweden 39, 89, 155f., 309, 334
Carl Philip, Kronprinz von Schweden 334
Caroline, Prinzessin von Monaco, Prinzessin von Hannover 14, 24, 60, **74f.**, 93, 125, 147f., 210, 233, 324, 347, 376
Carré, John le 376
Carrell, Rudi 59, 135, 291
Carreras, José 249, 277
Carrey, Jim 163, 192
Carsten, Peter 338
Caruzzo, Madeleine 7
Cäsar 5
Casiraghi, Stefano 74
Caspar, Horst 313
Cassel, Jean-Pierre 54, 205, 216
Cassel, Vincent 54
Cassini, Oleg 218
Casta, Laetitia 75
Castell, Rolf 338
Castenada, Movida 158
Castorf, Frank 76f.
Castorf, Gabi 76
Castro, Fidel 7, 17, 71, **77f.**, 196, 286
Caven, Ingrid 113
Cecchettini, Fabrizio 96f.
Cernam, Gene 341
Cerruti, Maria 248
Cerruti, Nino 24
Cesar (Künstler) 205, 298
Chamberlain, Richard 186
Chanel, Coco 303
Chang, Michael 302
Chapel, Alain 99
Chaplin, Charles 105, 149
Charles, Earl of Spencer 93
Charles, Prinz von England 22, **78f.**, 93, 106, 108, 146, 323
Che Guevara 77
Cheresey, Denise 97
Christensen, Alex 297

Christensen, Helena 194
Christians, F. Wilhelm 9
Christiansen, Sabine 16, **79f.**, 134, 377
Christiansen, Uwe 79
Chruschtschow, Nikita 218, 286
Churchill, Winston 14
Ciccone, Madonna Louise Veronica *siehe* **Madonna**
Cilento, Diana 86
Clapton, Eric 41, 73, 106
Clark, Petula 253
Clay, Cassius Marcellus *siehe* **Ali, Muhammad**
Clayton, Adam 73
Clement, Wolfgang 352
Clery, Corinne 205
Clinton, Chelsea 82
Clinton, Hillary Rodham 25, 81ff., 132, 218
Clinton, William Jefferson (Bill) 5, 19, 22, 41, 71, **81ff.**, 185, 188, 225
Clooney, George 83, **160**, 174, 179 181f., 192, 239
Coburn, James 205
Cocteau, Jean 139, 218
Cohen, Daniel 356
Cohn, Arthur 55, **83f.**, 95, 221, 230, 345, 391
Cohn, Harry 31
Cohn-Bendit, Daniel 119
Cohrs, Michael 9
Cole, Natalie 253
Colette, Sidonie-Gabrielle 171
Collins, Joan Henriette 85, 97, 198, 252
Collins, Phil 41, 106
Colpet, Max 338
Combs, Sean 73, **85**, 239
Connery, Sean 24, **86,** 165, 171, 287, 312
Connor, Michael 87
Connor, Sarah 20, **86f.**, 297
Conrad, Joseph 376
Constantijn, Prinz von Holland 32
Cooper, Gary 74, 166, 265
Copley, Teri 349
Copperfield, David 314f.
Coppola, Francis Ford 54, 220, 378
Cortes, Joaquin 73, 237
Cosmai, Sergio 210
Cossy, Hans 338
Costner, Kevin 24, 103, **160**
Courier, Jim 302
Couvallon, Marilyn 194
Cramer, Peter 329
Crash, Theo 87
Craward, Noel 376

Crawford, Cindy 88, 169
Cristina, Prinzessin von Spanien 32,
Croker Poole, Sally 49
Cromer, Mara 249
Crosby, Bing 74, 204
Crowe, Russell 161, 182
Cruise, Tom 24, **161ff.**, 175f., 192
Cruz, Penelope 162
Curren, Kevin 45
Curtis, Tony 381
Cutler, James 127

D'Alema, Massimo 7
Dahl, Sophie 200
Dalai-Lama 169
Dalì, Salvador 315, 356
Dall, Karl
Damon, Matt 183, 285
Dando, Evan 254
Dannecker, Franz Josef 354
Danner, Blythe 178
Danning, Sybil 195, 219
Daum, Christoph 33, 72, **88f.**, 102, 372
Daum, Ursula 89
Daume, Willi 89f., 334
Davidoff, Zino 77
Davis, Geena 162
Davis, Miles 140
Davis, Ray 106
Day-Lewis, Daniel 181, 245
De Klerk, Willem 330
De la Renta, Oscar 301
De Laborde de Monpezat, Henrik 146
De Mol, Linda 291
De Niro, Robert 73, 158, 242
De Red, Alexis 371
De Sica, Vittorio 55
De Weck, Pierre 9
Dean, James 112, 164, 179, 188
Deckel, Fritz 53
Dediacomo, Mike 313
Deininger, Lydia 321
Deisler, Sebastian 33, 372
Delfs, Sandra 144
Dell'Olio, Nancy 206
Della Valle, Diego 258
Dellera, Francesca 305
Delon, Alain 55
Delon, Antony 347
Demme, Jonathan 173
Demsky, Isidore *siehe* Douglas, Kirk

Deneuve, Catherine 90f., 300
Deng, Wendi 260f.
Dennis, Ron 100
Dennler, Marianne 96
Depardieu, Gérard 54, **91f.**, 104, 245
Depp, Johnny 183, 259, 285
Dersch, Barbara 92
Dersch, Karl Joseph 92, 274, 294, 320, 354
Dessanges, Jacques 249
Desses, Jean 370f.
Dessy, Orsolya 200
Detmers, Maruschka 113
Di Andia, Alejandra 305
Diana, Prinzessin von Wales, Prinzessin von England 78, 81, **93ff.**, 106, 109, 204, 340, 367
Diaz, Cameron 163
Diaz-Rahidie, Yamila 224
Diba, Farah 243, 309
DiCaprio, Leonardo 104, 138f., 154, 158, **164**, 175
Diehl, Walter 157
Diekmann, Kai 95
Diepgen, Eberhard 390
Dietl, Helmut 29, 55, 60, **96ff.**, 104, 228ff., 238, 266, 318, 355f., 368
Dietrich, Marlene 313, 382
Dietze, Günther 140
Dill, Georgia Renate 268
Diller, Barry 104
Dillon, Matt 163
Dion, Celine 175
Dior, Christian 300
Dirka, Karel 313
Disney, Walt E. 105, 110
Dogudan, Attila 345
Dolce, Domenico 242
Doll, Hans Peter 279
Domingo, Placido 249, 277
Donaldson, Mary 246
Dönhoff, Marion Gräfin 121
Donovan, Jason 254
Döpfner, Mathias Oliver Christian 98f., 206, 209
Döpfner, Prof. Dieter 99
Doria, Marina 305ff.
Dorleac, Catherine *siehe* **Deneuve, Catherine**
Dorleac, Françoise 90
Dörrie, Doris 103, 236, 266, 285
Dotti, Andrea 172
Douglas, Anne 249
Douglas, Cathy 277

Douglas, Christoph 126
Douglas, Diandra 165, 319
Douglas, Elisabeth Gräfin 37
Douglas, Kirk 84, 164, 249, 295, 338
Douglas, Michael 36, **164f.**, 176, 277, 319,
Doukas, Sarah 259
Douvall, Alicia 194
Drews, Jürgen 287
Droemer, Willy 221
Du Mont, Sky 390f.
Du Pré, Jaqueline 35
Ducasse, Alain 99, 376
Ducruet, Daniel 347
Dumba, Niki 210
Dunaway, Faye 84
Dundee, Angelo 17
Durbridge, Francis 230
Dürrmeier, Bernd 133
Dürrmeier, Hanns-Jörg 262, 274
Duval, Robert 190
Duve, Freimut 97, 238
Duve, Tamara 97
Dwight, Reginald Kenneth siehe **John, Elton**
Dyer, Nina 362

Eastwood, Clint 74, 160, **166**, 187
Eaton, Robert 321
Ebelt, Manuela 375
Eberstadt, Nenna 200
Ecclestone, Bernie 100f., 143f.
Ecclestone, Slavica 101
Edberg, Stefan 45
Eden, Rolf 316
Eder, Wolf 113
Eduard VIII. von England 108
Edward, Prinz von England 22, 32, 108, 152
Effenberg, Martina 102
Effenberg, Stefan 33f., **101ff.**, 154
Egner, Fritz 135, 201, 345
Eichbauer, Fritz 386f.
Eichinger, Bernd 96, **103f.**, 237
Eigensatz, Walter 296
Eilert, Bernd 374
Eisner, Jane 105
Eisner, Michael 105f.
Eitel, Tim 380
Ekberg, Anita 14, 54
Ekland, Britt 349
Eligmann, Barbara 318
Elizabeth II., Königin 22, 41f., 78, **105–110**, 132, 199, 241, 339, 384

Elkann, Alain 13
Elkann, John Philip 12f.
Ellis, Perry 124
Elmering, »Wurm« 351
Elsner, Hannelore 104, 107, 344, 358
Elstner, Frank 110f., 135
Elton 287
Elvers, Jenny 210
Emanuele Filiberto, Prinz von Savoyen 305
Emberg, Kelly 349
Emerson, Roy 302
Emin, Tracey 111
Eminem 111f.
Emmerich, Roland 85, 169
Emmolo, Richard 162
Ende, Michael 103
Engelke, Anke 149
Engler-Hamm, Lucy 329
Epple, Irene 274, 350
Epstein, Brian 39
Erdmann, Victor 52f.
Erhardt, Heinz 379
Eriksson, Sven Goran 206
Erl, Hans 222
Ermakova, Angela 47
Ernst, Max 310
Ernst, Roland 68
Esfandiary Bakhtiary, Khalil Fürst 341
Esfandiary, Bijan 339, 341
Esfandiary, Eva Fürstin 340ff.
Esswein, Christine 226
Estevez, Emilio 190
Etter, Eliane 156
Eva 5
Evangelista, Linda 371
Evans, Caroline 42
Evans, Chris 146
Evans, Linda 97
Everding, Prof. August 117
Evers, Lise 53
Evert, Chris 136
Eyron, Bruno 47, 383

Fahd, König von Saudi-Arabien 100
Fairbanks sen., Douglas 376
Faisal, König von Saudi Arabien 324
Faithful, Marianne 199f.
Fallada, Hans 212
Faltlhauser, Dr. Kurt 274, 388
Famulla, Alexander 214
Farameh, Patrice 47, 315

Farrow, Mia 19, 304
Faruk, von Ägypten, König 341
Fassbinder, Hellmuth 113
Fassbinder, Lieselotte 113
Fassbinder, Rainer Werner 97, 104, **112f.**, 168, 202, 228, 247f., 367, 391
Faure, Anne-Marie 298
Fawcett, Farrah 139
Fawzia von Ägypten, Prinzessin 341
Faye, Monique 12
Feddersen, Karin 116
Feidman, Giora 311
Feldbusch, Verona 62f., **114f.**,134, 250, 291, 332
Feldman, Corey 198
Feldman, Martin 326
Feltus, Barbara *siehe* Becker, Barbara
Fendi 233
Ferch, Heino 236f.
Fercillo Rose 177
Ferenczy, Josef von 84, 97, **115**
Ferguson, Sarah 22, 32
Ferrari, Enzo 257
Ferre, Gianfranco 252
Ferres, Veronica 59, 91, 96
Fetting, Rainer 31
Feuerstein, Herbert 318
Fey, Valentin Ludwig *siehe* **Valentin, Karl**
Fields, Mark 293
Fiennes, Joseph 391
Fierek, Wolfgang 116f., 120
Figo, Luis 33
Filbinger, Hans 279
Finck, August Baron von 117
Finck, August jun. 117
Finck, Francine Baronin von 117
Finck, Helmut von 390
Finkbeiner, Peter 118
Fischer, Helmut 96, 104, 230, 338
Fischer, Joschka (Joseph Martin) 19, **118f.**, 322
Fischer, Manfred 256
Fischer, Mark 313
Fischer, O. W. 139
Fischer, Ottfried 116, **120f.** 345
Fischer, Renate 120
Fisher, Eddie 189
Fitschen, Jürgen 9
Fitz, Lisa 358
Fjodorowa, Oxana 287
Flade, Udo 45, 90
Flavin, Jennifer 187
Fleiss, Heidi 242

Fleiss, Paul 242
Flick, Alexander-Friedrich 121
Flick, Alexandra 123
Flick, Elisabeth 44, 122
Flick, Ernst-Moritz 121, 242
Flick, Friedrich Christian 30, **121ff.**, 125f., 151, 242, 358
Flick, Friedrich Karl 121, **122f.**, 196, 353
Flick, Gert Rudolf 121, 123
Flick, Ingrid 123
Flick, Maria-Pilar 121
Flick, Maya 151, 358
Flick, Mick *siehe* **Flick, Friedrich Christian**
Flierl, Thomas 76
Flint, Katja 104, 236
Flockhart, Calista 167
Flowers, Gennifer 82
Flynn-Boyle, Lara 177
Fonda, Jane 265
Fonda, Peter 184
Forbes, Malcolm 296
Ford, Bill 293
Ford, Harrison 167
Ford, Tom 24, **124**, 162, 303
Foreman, George 17
Forman, Milos 177, 220
Förster, Heiko 274
Fortensky, Larry 188f., 370
Foster, Jodie 159, **167f.**
Franco, Francisco 208
Frankenfeld, Peter 135
Franzen, Bambsi 340
Franzen, Charlott 340
Fraser, Antonia 200
Fraser, Natasha 200
Frauenknecht, Manfred 47
Frazier, Joe 17
Frederik, Kronprinz von Dänemark 246
Frericks, Hans-Peter 296
Fresco, Paolo 13
Freud, Elizabeth (Tochter von Rupert Murdoch) 260
Frey, Andy 47
Friedkin, William 249
Friedman, Michel 113, 255, 291f., 308, 357, 380
Friedmann, Anneliese 90, 97, 230
Friedmann, Johannes 31
Friedmann, Werner 29, 128, 338
Friedrich, Caspar David 310
Friedrich, Götz 230, 247
Friedrichs, Hans Joachim 79

399

Friesacker, Martin 328
Friesinger, Annie 33, **124f.**
Fritsch, Thomas 139
Fritz, Hans 302
Fritz, Roger 55
Fröbe, Gert 338
Frost, Sir David 131
Fuchs, Ernst 121
Fuchsberger, Blacky 212, 338
Full, Gerhard 293
Funke, Hans Werner 278
Furness, Deborra-Lee 173
Furnish, David 205
Fürstenberg, Egon Prinz von 151
Fürstenberg, Heinrich Erbprinz zu 125
Fürstenberg, Ira Prinzessin von 13, 243, 341, 371
Fürstenberg, Joachim (»Jocki«) Fürst zu 125f., 319
Fürstenberg, Marie Antoinette Prinzessin zu 319
Fürstenberg, Milana Erbprinzessin zu 125, 147
Fürstenberg, Paula Fürstin zu 125
Fürstenberg, Teresa Prinzessin zu 362
Furtwängler, Maria 70, **126**
Furtwängler, Wilhelm 36

Gabbana, Stefano 242
Gable, Clark 265
Gabriella, Prinzessin von Savoyen 74, 371
Gaddafi, Muammar el- 13, 71
Galeotti, Sergio 24
Ganz, Axel 98
Garavani, Valentino Clemente Ludovico *siehe* **Valentino**
Gardner, Ava 74, 195
Gargia, Massimo 189, 305, 307, 341, 365
Garland, Judy 252
Garnier, Katja von 179
Garris, David 175
Gates, Bill 79, **126ff.**
Gates, Gil 181
Gates, Melinda 127f.
Gaugg, Rudi 128f.
Gaultier, Jean Paul 129
Gauweiler, Eva 130
Gauweiler, Peter 31, 38, 92, **130**, 273, 350, 352, 354
Gecmen-Waldek, Ernst Freiherr von 305
Gehrig, Jeanette Maria (Netty) 213
Gehrig, Thomas 213
Geissendörfer, Hans W. 316
Geldof, Bob 199

Geller, Hanna 131
Geller, Uri 131, 198
Gemma, Giuliano 295
Genee, Peter 103
Genscher, Hans-Dietrich 62, 225, 254, 324, 330, 338
Georg III. 147
Georg V. 108
Georg VI. 108
Georg VI. 105
George, Götz 96, 104
Georgsdorf, Wolfgang 248
Gerber, Rande 88
Gere, Richard 24, 88, 97, **168f.**, 181
Gerin-Swarovski, Paul 356
Gernhardt, Robert 374
Gero, Mark 252
Gerrie, Malcolm 161
Gest, David 252
Getty, Paul 362
Giammetti, Giancarlo 370
Gibson, Mel 169f., 245
Gibson, Percy 85
Giganti, Caroline 34
Gillan, Ian 277
Ginther, Alexandra 165
Ginther, Martin 165
Gionfriddo, Roberto 28
Giori, Marina 356
Girard, Jean-Louis 140
Giuliani, Rudolph 132
Givenchy, Hubert de 301, 371
Glas, Uschi 38, 71, 84, **133f.**, 210, 344, 378
Glässel, Martin 342
Gliedt, Claudia 288
Glienke, Michael 375
Glööckler, Harald 264
Godefroot, Walter 366
Goess, Pilar Gräfin 49, 235
Goins, Bill 371
Goldberg, Whoopie 158, **170**, 237
Goldblum, Jeff 162
Goller, Markus 179
Gonther, Rolf 45
Gooding, James 254
Goppel, Thomas 352
Gorbatschow, Irina 134
Gorbatschow, Michail Sergejewitsch 76, **134**, 226, 286, 330, 386, 388
Gorbatschowa, Raissa 134
Goreschi, Hassan 128, 309

Gorkow, Alexander 157
Goslin, Ryan 159
Gottlieb, Jean-Raymond 347
Gottlieb, Natascha 310
Gottschalk, Christoph 135
Gottschalk, Karin 56
Gottschalk, Thea 135
Gottschalk, Thomas 86, 96, **135**, 201, 343f.
Götze, Helga 316
Gould, Elliott 186f.
Gracia Patricia, Fürstin von Monaco 74, 324, 347
Graeter, Michael *siehe* **Baby Schimmerlos**
Graeter, Micky 29
Graeter, Monika 29
Graf, Heidi 136
Graf, Peter 136
Graf, Steffi 36f., **136f.**, 194, 304, 337, 375
Grant, Cary 74, 127, 173, 265
Grant, Hugh 138f., 159,
Grass, Günter 291
Grawert, Günther 230
Gray, Linda 301
Greco, Charlotte 140
Gréco, Juliette 139f.
Griffith, Melanie 187
Grimm, Beatrice 349
Grohl, David 183
Groth, Barbara 320
Gründgens, Gustaf 313, 379
Grundig, Anneliese 140
Grundig, Chantal 140
Grundig, Inge 140
Grundig, Maria Alexandra 140
Grundig, Max 140
Grüschow, Hans Ludwig 274
Gucci *siehe* **Ford, Tom**
Gudzuhn, Jörg 280
Guerard, Michel 99
Guerin, Stephane 344
Guerrini-Maraldi, Philippo 313
Guest, Cornelia 200
Gühring, Dr. Jörg 126
Guidato, Francesca 55
Guinot, Elisabeth 92
Gullickson, Tim 302
Gutmann, Peter 388
Guynes, Demetria Gene *siehe* **Moore, Demi**
Gysi, Gregor 76, **141**
Gysi, Irene 141
Gysi, Klaus 141

Haack, Christina 200
Haakon Magnus, Kronprinz von Norwegen 32, **142**, 251
Haas, Hans 122
Haase, Alfred 299
Haase, Marie-Luise 267
Haberl, Fritz 38, 92, 283
Haberl, Ute 38, 250
Hack, Jefferson 259
Haff, Peter 341
Haffa, Florian 144
Haffa, Gabriele H. 145
Haffa, Julia 144f.
Haffa, Thomas 27, **143ff.**, 388
Hagen, Cosma Shiva 145
Hagen, Eva Maria 145
Hagen, Nina 145, 238
Hagman, Larry 345
Hahn, Alexandra Freifrau von 268
Hahn, Karl Freiherr von 238
Haider, Jörg 116, 130
Hainer, Herbert 232
Hajo, Rolf 331
Haley, Bill 204
Haley jr., Jack 252
Hall, Jerry 200
Halla, Thomas 101
Halliwell, Geri 146
Halmich, Regina 287
Halstone, Roy Frowick 301
Hamann, Evelyn 240
Hamilton, Alana 348
Hammelsbeck, Lothar 116
Hampel, Hiltrud 322f.
Handke, Peter 237, 279
Haniel, Franz 274
Haniel, Klaus 146
Hanks, Tom 312
Hannover, Ernst August Prinz von 60, 74, **147f.**, 152. 313, 376
Hanover, Donna 132
Hansen, Monika 320
Hantsch, Ellen 319
Harald V., König von Norwegen 142
Hardenberg, Isa von 320
Harfouch, Corinna 104, 316
Hargitay, Mickey 244
Haring, Keith 356, 358
Harlin, Renny 162
Harlow, Jean 195
Harrington, Dee 349

Harris, John 367
Harris, Robert 76
Harrison, George (s. auch **Beatles**) **39–42**
Hashemi, Bobby 146
Hasselhoff, David 252
Hassmann, Eva 375, 383
Hauff, Reinhard 247
Häusler, Sylvia 72
Hausser, Joachim 196, 317
Havel, Dagmar 191
Havel, Olga 372
Havel, Vaclav 372
Hawn, Goldie 171, 175, 289
Hayek, Nicolas G. 321
Hayworth, Rita 195
Heath, Edward 106
Heesters, Johannes 338
Hefner, Hugh 148f., 188, 253
Hefner, Kimberley 148
Heiden, Burschi 338
Heindl, Josef 30, 222
Heinemann, Gustav 267, 290
Heinrich, Herzog von Mecklenburg 42
Heinz, Christopher Drake 178
Heising, Ulrich 247
Held, Martin 295
Heller, André 356
Hemingway, Ernest Millern 93, 130, 250
Hemmelrath, Helmut 30
Henchy, Chris 184
Henne, Ernst Th. 38, 361
Hepburn, Audrey 171, 276, 305, 382
Herbig, Marianne 149
Herbig, Michael (»Bully«) 103, **149**, 374
Herrhausen, Alfred 56, 227
Herrhausen, Traudel 226
Herrmann, Karl Ernst 279
Herrmann, Markus 385
Herzog, Christiane 150
Herzog, Roman 150, 255, 386
Herzog, Rüdiger 270
Herzog, Werner 219, 248
Hessen Mafalda, Prinzessin von 151f.
Hessen, Elena Prinzessin von 152
Hessen, Heinrich Erbprinz von 152
Hessen, Irina Prinzessin von 320, 384
Hessen, Moritz Friedrich Karl Emanuel Humbert Landgraf von 151f.
Hessen, Prinz Philipp 152
Hessen, Tatjana Landgräfin von 151
Hessen-Darmstadt, Alexander von 110

Heston, Charlton 177
Heuer, Holde 331
Heuss, Theodor 341
Heydebreck, Tessen von 9
Heyne, Anja 153
Heyne, Frederike 153
Heyne, Johannes 153
Heyne, Rolf 153
Hielscher, Peter 329
Higueras, Jose 302
Hildebrandt, Dieter 30
Hilf, Peter 340
Hillebrand, Dieter 274
Hilmer, Heinz 52
Hilpert, Heinz 391
Hilton, Barron 154
Hilton, Cathy 154
Hilton, Conrad 154
Hilton, Nicky und Paris 154, 189
Hilton, Rick 154
Hinault, Bernhard 366
Hingerl, Alois 338
Hingis, Martina 232
Hingsberg, Gottfried 202
Hinterseer, Hansi 51
Hipp, Stefan 121
Hirsch, Renate 310
Hirtz, Dagmar 314
Hitler, Adolf 294
Hitzfeld, Beatrix 155
Hitzfeld, Ottmar 154f.
Hochuli, Chantal 147f.
Hockney, David 78
Hocq, Nathalie 205
Hoeneß, Dieter 26, 43
Hoeneß, Uli 26, 72, 89, 101, 154, 214f., 352, 372
Hoff, Hans 288
Hoffis, Dave 385
Hoffman, Dustin 184, 187
Höflinger, Franz 67
Hogan, Vickie Lynn *siehe* **Smith, Anna Nicole**
Hohenzollern, Alexandra Prinzessin von 156
Hohenzollern, Birgitta Prinzessin von 155
Hohenzollern, Desiree von 126
Hohenzollern, Ferfried Prinz von 122, 155
Hohenzollern, Fritz Prinz von 156
Hohenzollern, Johann Georg Prinz von (»Hansi«) 155f.
Hohenzollern, Maja Prinzessin von 122, 156
Hohlmeier, Marianne 157,
Hohlmeier, Michael 157f.

Hohlmeier, Monika 156, **157f.**, 274, 354
Holden, James 321
Holder, Geoffrey 305
Holenia, Putzi 338
Holler, Axel 223, 388
Höller, Jürgen 88
Holler, Karin 38, 120, 144, 223, 250, 388
Höllerich, Gerhard *siehe* **Black, Roy**
Holliday, Jennifer 383
Holzapfel, Karin 210
Holzmüller, Johann (Konsul) 89
Holzschuher, Renate Baronin von 283, 360
Honecker, Erich 353
Hooper, Nellee 73
Hope, Bob 172, 389
Hopkins, Sir Anthony 173, 253
Hopper, Dennis 236, 379
Hörbiger, Thommy 210, 283
Horn, Guildo 287
Horowitz, Winona Laura *siehe* **Ryder, Winona**
Horsfall, Christian 146
Horten, Heidi 211
Houdek, Rudolf 15, **193f.**
Houri, Walid 292
Houston, Whitney 160, 253
Houwer, Rob 66
Houwerth, Fred 271
Hsiao, Susanne *siehe* Juhnke, Susanne
Hubbert, Prof. Jürgen
Hübchen, Henry 76
Huber, Erwin 352
Hübner, Ulrike 231
Hucknall, Mick 136, **194**
Hudson, Bill 171
Hug, Franz 30, 97, 189, 284, 325, 334
Hughes, Howard 194f., 356
Hughes, Tom 9
Hundertwasser, Friedensreich 310
Hunt, Marsha 200
Hunter, Rachel 348
Hunziker, Michelle 289
Hurley, David 315
Hurley, Liz 138, 164
Hürtgen, Anna Maria 28
Hussein II., König von Jordanien 368
Hussein, Kusay 195
Hussein, Saddam 17, 71, **195f.**
Hussein, Uday 195
Hussmüller, Michael 222
Huston, Anjelica 177, 187
Huston, John 139

Hutchence, Michael 254
Hutton, Lauren 168
Hylton, Tanika Misa 85
Hyra, Margaret Mary Emily Anne *siehe* **Ryan, Meg**

Ickx, Jacky 205
Idol, Billy 376
Iglesias, Enrique 232
Illbruck, Michael 196f.
Illbruck, Sabine 197
Illgner, Bodo 214
Illner, Maybritt 79
Indovina, Franco 341
Ingalls, Joyce 173
Iribe, Judith Coppicus 382
Irons, Jeremy 206
Irving, Amy 184
Isabel, Robert 218

Jackman, Hugh 173f.
Jackson, Michael 64, 86, 93, 131, 158, 184, 188, **197f.**, 243, 252f., 376
Jacob, Katerina 120
Jacob, Peter 120
Jacobs, Barbara 122
Jagdfeld, Anne Maria 320
Jagger, Bianca 200, 314
Jagger, Jade 200
Jagger, Karis 200
Jagger, Mick 198ff., 204, 219, 259, 283, 314
Jagoda, Joanna 390
Jahn, Friedrich 353, 361
Jain, Anshu 9
Jarrahy, Reza 162
Jarre, Michel 245
Jasanovska, Eva 191
Jauch, Günther 135, **201f.**
Jeannee, Michael 345
Jeffries, Tim 315
Jelinek, Elfriede 76, **202**
Jelzin, Boris 286
Jerger, Dick 269
Jesserer, Gertraud 210
Jewtuschenko 68
Joachim, Prinz von Dänemark 32, 246
Jobatey, Cherno 110
Jobs, Steve 126
Joffe, Josef 18
Johannes Paul I. 203
Johannes Paul II. 151, **203f.**
Johansson, Stefan 347

John, Elton 93, 106, 146, 199, **204f.**, 252, 287
Johnson, Caryn *siehe* Goldberg, Whoopi
Johnson, Don 187
Jolie, Angelina 173, **174**, 183, 189
Jones, Brian 198
Jones, Quincy 73, 220
Jones, Thommy Lee 312
Jones, Tom 70, 106, 277f.
Jonsson, Ulrika 194, **206**
Joop, Florentine 206
Joop, Jette 206f.
Joop, Karin 206
Joop, Wolfgang 206f., 236
Joseph, Roan 186
Jounnest, Gerard 140
Jovovich, Milla 129
Juan Carlos, König von Spanien 49f., **208f.**, 256, 362
Jürgens, Curd 209, 234, 368
Jürgens, Margie 209
Jürgens, Panja 210
Jürgens, Udo 44, 51, 75, 123, **210f.**, 388
Juhnke, Harald 96, **212**
Juhnke, Susanne 210, 212
Juice, Nicci *siehe* **Rollergirl**
Juliane, Königin der Niederlande 42
Junot, Philippe 74, 152
Jutard, Mario Oliver 347

Käfer, Else 213
Käfer, Gerd 37, 123, **213f.**, 391
Käfer, Helmut 213
Käfer, Inge 213
Käfer, Michael 144, 213, 217, 273, 383
Käfer, Sabine 144,197, 213f.
Kahn, Oliver 101, **214f.**, 372
Kaiser, Joachim 291
Kaminski, Gerhard 247
Kamprad, Ingvar 216
Kamprad, Margret 216
Kamps, Heiner 36
Kamps, Petra 36
Kanawa, Kiri Te 106
Kappelsberger, Ruth 338
Karajan, Herbert von 7, 222
Karasek, Hellmuth 290
Karl, Erzherzog von Lothringen 362
Karlstadt, Liesl 369
Karmal, Alfie 41
Karmelk, Ferdinand 145
Karsli, Jamal 255

Karven, Ursula 213, **216f.**
Kaselowsky, Richard 267
Kashfi, Anna 158
Kashoggi, Adnan 196
Kasper, Walter (Kardinal) 203
Kästner, Erich 118, 354
Kaub, Erich 231
Kaufmann, Christine 87, 96, 356
Kaufmann, Günther 113
Kaul, Stephanie 32
Kay, Francine 173
Kay, Jay 183
Kazan, Elia 158, 177
Keaton, Diane 19
Keel, Daniel 355
Kelly, Grace *siehe* Gracia Patricia
Kelly, Petra 280
Kempen, Markus 206
Kemper, Hella *siehe* **Sinnen, Hella von**
Kempner, Nan 371
Kennedy jr., J. F. 172, 217
Kennedy Schlossberg, Caroline 24, **217f.**
Kennedy, John F. 5, 217f.
Kennedy, Ted 218
Kennedy-Onassis, Jackie 151, 217, 339, 373
Kent, Marie-Christine Prinzessin von 384
Kent, Michael Prinz von 384
Kerkorian, Kirk und Lisa 6, 139
Kern, Otto 305
Kerner, Johannes B. 26, 307, 332
Kerr, Deborah 339
Kessler, Katja 95
Khan, Ali 14
Khan, Jahja 309
Kidman, Nicole 161f., **174f.**, 383
Kier, Udo 316
Kiesl, Erich 92, 30
King, Stephen 250
Kinkel, Klaus 255, 274, 380
Kinski, Gislint 219
Kinski, Klaus 218ff., 247
Kinski, Minhoi 219
Kinski, Nastassja 219, **220**, 283, 310
Kinski, Ruth 219, 283
Kipling, Rudyard 376
Kirch, Leo 9, 53, 95, 100, 103, 144, 209, **221ff.**, 226, 307, 318, 351
Kirch, Ruth 222
Kirch, Thomas 221f.
Kirchhoff, Bodo 291
Kirkham, Wolfgang 243

Kishon, Ephraim 263
Kishon, Sara 263
Kissinger, Henry 376
Kissinger, Nancy 301, 371
Klatten, Susanne Hanna Ursula 196, **223f.**
Klaus, Ian 82
Kleiber, Erich 35
Klein, Calvin 259, 301
Klein, Johnny 324
Kleinert, Mathias 23, 343
Kleinewas, Stephan *siehe* Rothenburg, Constantin
Kleopatra 5
Klerk, Willem de *siehe* De Klerk, Willem
Klingbeil, Ulla 320
Klitschko, Vitali 26
Klum, Erna 224
Klum, Günther 224
Klum, Heidi 224, 234
Knaus, Marlene 234
Knef, Hildegard 316, 344
Knie, Claudine 348
Knie, Franco 348
Knight, Sandra 177
Knorr, Pit 374
Kober, Walter 264
Koch, Howard 249
Koch, Roland 227
Kock am Brink, Ulla 80
Kofler, Georg 133, 201
Kogel, Fred 135, 222, 318
Kögel, Karlheinz 23, 98, 132
Kohl, Elif 226
Kohl, Hannelore 226, 269, 386
Kohl, Helmut 95, 117, 150, 222, **225ff.**, 228, 269, 316, 322, 324, 330, 342, 346, 354
Kohl, Peter 27, 222, 226
Kohl, Walter 226
Kohlhaussen, Martin 274
Köhnlechner, Manfred 256
Kok, Wim 248
Kolb, Tonye 197
Koller, Dagmar 345
Kommer, Peps 388
Konigsberg, Allen Stewart *siehe* **Allen, Woody**
Konstantin, König von Griechenland 152, 324, 334
Konwitschny, Franz 35
Köpcke, Andreas 214
Köpf, Doris 231, 322f.
Kopper, Hilmar 9f., 92, **227f.**
Kopper, Irene 228
Kortner, Fritz 11

Kosecki, John 197
Kosog, Simone 157
Köster, Gaby 211
Kramer, Ann-Kathrin *siehe* Stuhl, Ann-Kathrin
Kramer, Catherina 273
Kramer, Thomas 273
Krassnitzer, Harald 118
Kraus, Fred 338
Kraus, Ingrid 345
Kraus, Peter 345
Krause, Stephan 377
Kravitz, Lenny 73, 254
Krawinkel, Christian 317
Krenz, Egon 384
Kristofferson, Kris 187
Krockhof, Matthias Graf 270
Kroetz, Franz Xaver 96, 98, **228f.**, 247, 280
Kronawitter, Georg 267
Krug, Manfred 97, **229f.**, 337
Krug, Ottilie 229
Krüger, Christiane 210
Krüger, Hardy 310
Krüger, Mike 344
Kruk, Nicole 200
Kubicki, Jörn 264, 391
Kubitschek, Ruth Maria 84, **230**
Kubrick, Stanley 175, 177, 295
Küderli (Brüder) 53
Kuenheim, Eberhard von 32, 196
Kuerten, Gustavo 302
Kuffler, Doris 231
Kuffler, Roland 38, 46, 214, **231**
Kuhl, Annika 280
Kühnemann, Dr. Antje Katrin 126
Kulenkampff, Hans-Joachim 135
Künast, Renate 119, 225
Kuntze, Sven 322
Kupfer, Harry 35
Kurnikova, Anna 232
Kürschner, Carlheinz 46
Kurtz, Flavia Cristina 279
Kurz, Sonja 115
Kuth, Christina 102

l'Anson, Lisa 194
La Belle, Stéphane 347
Laborde de Monpezat, Henrik de *siehe* De Laborde de Monpezat, Henrik
Lacerda, Ravi Ramos 84
Lacroix, Christian 25
Ladow, Pierre 334

Lafer, Johann 386
Lafer, Sylvia 386
Lafontaine, Oskar 130, 311
Lagerfeld, Prof. Karl 74, 93, 127, 129, 206, **233f.**, 314
Lambert, Christopher 347
Lamberti, Hermann-Josef 9
Lambertz, Werner 229
Lame, Malick 312
Lancaster, Burt 55
Lancaster, Penny 349
Landgrebe, Gudrun 96
Landowsky, Klaus 390
Lang, Ernst Maria 338
Lange, Jessica 177
Langella, Frank 170
Langen, Prof. Margret 236
Langenscheidt, Florian 59
Langer, Bernhard 390
Lansing, Sherry 249
Lanz, Peter 38
Laporta, Giovanni 146
Larass, Claus 95
Laroche, Guy 370
Larsson, Mirja 298
Lass, Barbara 282
Lasser, Louise 19
Latham, Kathy 200
Lattek, Udo 301
Lauda, Andreas Nikolaus 234ff.
Lauda, Marlene 235
Lauda, Niki 100, 243, 257
Lauda, Valerie Girard 140
Laurien, Hanna-Renate 307
Lauterbach, Heiner 96, **236f.**, 391
Laver, Rod 302
Lawford, Pat 218
Lazar, Swifty 265
Le Brock, Kelly 349
Lear, Amanda 315
Leary, Timothy 182
Lederer, Andrea 141
Ledersteger, Ursula *siehe* **Valentin, Barbara**
Lee Jones, Tommy 21, 217
Lehmann, Jens 214
Lehmann, Karl (Kardinal) 358
Lehmann, Katharina 211
Lehner, Helga 38, 295
Leibovitz, Annie 237
Leigh, Janet 253
Leinigen, Eilika Fürstin zu 50

Leinigen, Gabriele zu *siehe* **Begum Inaara**
Leiningen, Karl-Emich Erbprinz zu 49
Lemberg, Edwin 208
Lemke, Klaus 116
Lemmon, Jack 265, 381
Lendl, Ivan 45f.
Lenk, Peter 311
Lennon, John (s. auch **Beatles**) **39f.**, 204, 237
Lenotre, Gaston 386
Leon, Carlos 242
Leske, Nicola 119
Lesseps, Alex Graf de 121
Lesseps, Ferdinand 121
Lessing, Doris 141
Leto, Jared 163
Letterman, David 318, 379
Leu, Sabine 156
Leutheusser-Schnarrenberger, Sabine 261
Lewe, Sarah *siehe* **Connor, Sarah**
Lewinsky, Monica 82
Lewis, Huey 178
Lewy, Gabriel 84
Libuda, Erik 303
Lichtenberg, Hans Robert 148
Lichtenstein, Franz Josef Fürst von 324
Lieberman, Ken 371
Liechtenstein, Gina Fürstin von 324
Liefers, Jan Josef 97, 118
Limbach, Jutta 150
Lindbergh, Peter 54
Lindenberg, Gustav 238
Lindenberg, Hermine 238
Lindenberg, Udo 145, **238**, 304, 375
Lindmeyer, Harry 69, 388
Lindner, Patrick 38
Lindon, Vincent 75
Lippe, Jürgen von der 278
Lippe-Weissenfeld, Prinzessin Teresa zur *siehe* Fürstenberg, Teresa Prinzessin zu
Liston, Sonny 17
Lloyd, Kathy 194
Lobenwein, Lutz 134
Loch, Lisa 288
Löffler, Sigrid 290
Lohmeier, Georg 338
Lollobrigida, Gina 70, 243, 253, 307, 371
Lommel, Ulli 113
London, Roy 179
Loos, Anna 97
Lopez, Jennifer 85, **239f.**
Loren, Sophia 24, 54, 70

Lorenz, Juliane 113
Lorenzo, Giovanni di 289
Loriot 240, 375
Love, Courtney 42
Lovelace, Linda 241
Lovett, Lyle 181
Lowell, Cary 169
Löwitsch, Klaus 368
Lowitz, Siegfried 338
Lubitsch, Ernst 381
Lucas, Gorge 167
Lüder, Rolf 367
Ludwig XV. von Frankreich 156
Ludwig, Daniel 195
Lüftner, Monti 197
Lukschy, Wolfgang 338
Lumley, Joanna 349
Lundgren, Dolf 206
Lundquist, Steve 305
Lynch, David 173, 190, 202
Lynton, Jennifer 173

Maar, Christa 70
Maar, Elke 319
MacElhone, Andy 328
Mackie, Bob 252
MacLaine, Shirley 187
Madame Pompadour 156
Madeleine, Prinzessin von Schweden 334
Madonna 114, 124, 129, 178, 215, **241f.**,
Maertens, Michael 280
Maffay, Peter 27
Maguire, Tobey 175
Maguire, Vincent 176
Mahler, Horst 322
Maier, Charly 197, **242f.**
Maier, Sepp 44, 215
Maischberger, Sandra 16, 79, 142, 151, 328
Maiwert, Dieter 352
Major, John 106
Malden, Karl 164
Malle, Louis 184
Mandela, Nelson 330
Mang, Prof. Werner Lothar 198, 234, **243f.**
Mang, Sybille 244
Mangano, Silvana 55
Manley, Alexandra 32, 246
Mannochia, Pat 181
Mansell, Nigel 131
Mansfield, Jayne 65, **244**
Manson, Charles 282

Mantovani, Nicoletta 277f.
Mapplethorpe, Robert 208
Marceau, Sophie 245
Marchiano, Larry 141
Marchini, Federica 37
Marcos, Imelda 309
Margaret, Prinzessin von England 21, 108f., 359
**Margrethe II Alexandrine Thorhildur Ingrid,
 Königin von Dänemark** 142, **246**
Marie-Louise, Prinzessin zu Schaumburg-Lippe
 (geb. zu Sayn-Wittgenstein-Berleburg)
 152, 312f.
Markreiter, Mathias 356
Markwort, Helmut 28, 38, 69, 323
Marquard, Jürg 298
Marquardt, Mary 176
Marquis de Beau *siehe* **Albert, Prinz von Monaco**
Marshall II., J. Howard 336
Marshall, Pierce 336
Marshall, Tony 51
Märtha-Louise, Prinzessin von Norwegen 142, 334
Martin, Ricky 106
Martini, Eberhard 217
Martone, Mario 7
März, Josef 354
Mastroianni, Marcello 90
Mateschitz, Dietrich 247
Mathern, Debbie
Mathers III., Marshal Bruce *siehe* **Eminem**
Mathison, Melissa 167
Mattes, Eva 247f.
Mattes, Willy 248
Matthau, Walter 249, 260, 381
Matthäus, Lothar 101, 260
Mattioli, Luisa 258
Matzke, Richard 330
Maugham, Sommerset 376
Max, Martin 372
Maxima, Kronprinzessin der Niederlande 32,
 42, 60, **248f.**, 334
May, Brian 106
May, Michaela 274
Mayer-Vorfelder, Gerhard 88
Mayr, Jolo 67
Mayrhuber, Wolfgang 378
Mazzucchelli, Riccardo 365
McCartney, Heather 41
McCartney, Linda 41
McCartney, Paul (s. auch **Beatles**) **39ff.**, 106, 199
McCartney, Stella 40f., 234
McConaughey, Matthew 159

McCutcheon, Martine 194
McDermott, Dylan 181
McDowell, Andie 91, 138
McEnroe, John 46
McLaine, Shirley 381
McPherson, Elle 151
Medina, Benny 239
Medunjanin, Dijanah 36
Mehta, Carmen 249
Mehta, Mel 249
Mehta, Nancy 249
Mehta, Zubin 7, **249**
Meier, Michael 26, 77
Meinhof, Ulrike 279
Meir, Gerhard 69, **249f.**, 271, 357
Meir, Golda 23
Meißner, Nicole 136
Melville, Jean-Pierre 139
Mendil, Djamila 116
Mercier, Hélene 25
Merckx, Eddy 366
Mercury, Freddie 368
Merkel, Angela 227, 352, 377
Mertens, Hans-Otto 374
Merz, Friedrich 7
Mette-Marit, Kronprinzessin von Norwegen 32, 142, **251**
Metternich, Barbara Baronin 122
Metternich, Ferdinand Baron 122
Metternich, Paul Fürst 341
Metternich, Ronnie Graf 121
Metternich, Tatjana Fürstin 341
Meyer Simon, Diane 134
Michael, Exil-König von Rumänien 32
Michael, George 146
Michelle 243, 314
Michener, James 376
Michitsch, Elisabeth 314
Middelhoff, Thomas 256
Mihatsch, Dr. Peter 274
Miller, Claudia 272f.
Miller, Henry 250
Miller, Johnny Lee 174
Minnelli, Liza 187, **252**, 391
Minnelli, Vincente 252
Minogue, Kylie 253f.
Missikoff, Donatella 121
Mitchum, Robert 222
Mitschke-Collande, Hans-Christoph von 272ff.
Mittermaier, Michael 38, 149
Mock, Hans 116

Möllemann, Jürgen W. 254f., 291, 380f.
Möllinger, Hans 284
Moder, Daniel 181
Moder, Mike 181
Modrow, Hans 330
Mohammed Reza Pahlavi *siehe* **Schah von Persien**
Mohn, Christoph 256
Mohn, Liz 256, 388f.
Mohn, Reinhard 255f., 388f.
Mohn, Shobhna 256
Mojto, Jan 307
Mol, Linda de *siehe* De Mol, Linda
Mommsen, Dickie 303
Momper, Walter, 390
Monpezat, Henrik de Laborde de 246
Monroe, Marilyn 381
Montand, Yves 91
Montezemolo, Luca Cordero Marchese di 257f.
Moore, Demi 176, 190f.
Moore, Dorn 258
Moore, Freddy 176
Moore, Louisa 371
Moore, Robyn 169
Moore, Roger 258, 371, 376
Morad, Luciana 200
Moretti, Tobias 344
Morgen, Angela von 155
Morgenstern, Ralph 335
Mori, Hanae 301
Morris, Valerie 73
Morrison, Billy 383
Morrison, Jamie 146
Mosbacher, Georgette 371
Moser, Hans 272
Moss, Kate 259
Mountbatten, Alice von 109
Moussa, Ibrahim 220, 283
Mühlfenzl, Rudolf 338
Muliar, Fritz 280
Müller, Corinne 121
Müller, Hanns-Christian 38, 285
Müller, Hansi 38
Müller, Jutta 384
Müller, Otto 67
Müller, Peter 352
Müller, Verena 119
Müllerschön, Niki 216
Müller-Westernhagen, Marius 238, 375
Müller-Wohlfahrt, Hans-Wilhelm 11, **259f.**, 385
Müller-Wohlfahrt, Karin 260

Müller-Wohlfahrt, Maren 260
Münemann, Rudolf 368
Müntefering, Franz 155, 322, 335, 377
Müntefering, Mirjam 335
Murdoch, Lachlan 260
Murdoch, Rupert 260f.
Murdoch, Sir Keith 261
Muti, Ornella 278

Naddel *siehe* Abdel Farrag, Nadja
Naefe, Vivian 343
Nagel, Ivan 247
Nakszynski, Nikolaus Günther *siehe* **Kinski, Klaus**
Nannen, Henri 238, 240, 374
Naruhito, Kronprinz von Japan 32
Nascimento, Edson Arantes do *siehe* **Pelé**
Nathan, Judith 132
Nathusius, Ulrich von 96
Navratilova, Martina 136
Nayhauß, Mainhardt Graf von 225
Neeson, Liam 181, 183, 187
Nehls, Jürgen 274
Nehm, Kay 261f.
Nena 238
Nero, Franco 253
Nesselhauf, Michael 377
Neukirchen, Karl-Joseph 262f.
Neumann, Vanessa 200
Neuville, Oliver 34
Neuwirth, Olga 202
Newkirk, Anastacia *siehe* **Anastacia**
Newman, Paul 36, 180, 190
Newton, Helmut 54, 283
Niarchos, Constantin 357
Niarchos, Philip 263f.
Niarchos, Stavros 74, 263
Niarchos, Viktoria, 263
Nichols, Mike 141
Nicholson, Jack 158, 176, **177f.**, 187, 265, 312
Nicholson, John 177
Nicolai, Sybille 318
Nicolas, Prinz von Griechenland 334
Niefer, Werner 294, 321
Nielsen, Brigitte 194, **264**
Nießlein, Bizzi 51
Nietzsche, Friedrich 61
Niklas, Christopher 265
Niklas, Kurt 265
Niro, Robert de *siehe* De Niro, Robert
Niven, David 368
Nixon, Richard 31, 195

Noah, Ojani 239
Noe, Gaspard 54
Nollau, Lucy 153, 389
Nolte, Matthias 65
Noor (Königin) 256
Nordegren, Elin 390
Norton, Edward 163
Norwegen-Behn, Märta-Louise von *siehe* Märtha-Louise, Prinzessin von Norwegen
Nosbusch, Desiree 216
Novak, Kim 166
Nuber, Hermann 372
Nunnart, Gianni 73
Nussbaum, Horst *siehe* White, Jack

O'Brian, Hugh 341
O'Connor, C. Murphy (Kardinal) 203
O'Neal, Ryan 187
O'Neil, Eva 38
O'Rear, Kathy 180
Obermaier, Uschi 87, 199
Öcalan, Abdullah 330
Ochsenknecht, Uwe 248, **266**, 391
Ode, Erik 295
Oetker, August 117, 267f.,
Oetker, Maja 267f.
Oetker, Marion 268
Oetker, Richard 267f.
Oetker, Rudolf August 5, 263, **267f.**
Oetker, Ursula, 267
Ohoven, Mario 115, 269
Ohoven, Ute 115, 224, **269**
Ojiee, Mansour 100
Olivier, Sir Laurence 173
Onassis, Tina 30
Opel, Wilhelm von 298
Opela, Evelyn 295
Oppenheim, Alfred Baron von 270f.
Ordonez, Antonio 341
Orlandi, Luca 73
Orloff-Davidoff, Rosemary 38, **271**
Orlowski, Teresa 272
Ortalani, Raoul 264
Ott, Angelica 344f.
Otte, Birgit 145
Otto *siehe* **Waalkes, Otto**
Otto, Bambi 272
Otto, Jutta 272
Otto, Siegfried 272-275
Owada, Masako 32
Özal, Turgut 340

Pabst, Florentine 346
Pabst, Sandra 320
Pahlavi, Mohammed Reza *siehe* **Schah von Persien**
Palmer, Vera Jayne *siehe* **Mansfield, Jane**
Paltrow, Bruce 178
Paltrow, Gwyneth 124, **178f.**, 241
Papandreou, Andreas 330
Pape, Axel 275
Papi, Barbara 373
Parker Bowles, Camilla 78, 94, 108f.
Parker, Heidi 138
Parker, Jessica Sarah 276
Parker, Kevin 9
Parnevik, Jesper 390
Partridge, Ross 181,
Parylla, Nikolaus 97, 228
Patou, Jean 129, 233
Patric, Jason 181
Patterson, Floyd 17
Paul, Henri 94
Paul, Lindsay de 205
Pavarotti, Adua 277
Pavarotti, Luciano 36, 249, **277f.**
Pechstein, Claudia 124, 288
Peck, Gregory 74, 172
Pelé 278f.
Pempeit, Lilo *siehe* Fassbinder, Lieselotte
Peng, Li 330
Penn, Arthur 177
Penn, Sean 158, 242
Peres, Simon 330
Peretti, Ferdinando Brachetto 151f.
Perez Morena de Macias, Bianca *siehe* Jagger, Bianca
Perlman, Itzhak 249
Perrin, Alain Dominique 205
Perrine, Valerie 200
Perry, Matthew 181
Pesal, Jörg 354
Peters, Jon 187
Peters, Karsten 112
Petersen, Wolfgang 67, 220, 266
Petramer, Dorle 96
Petramer, Elfi 96
Petrone, Egidio 92
Peymann, Claus 76, 202, 229, **279f.**, 318
Pfeifer, Ingrid 355
Pfeifer, Rudolf 355
Pfeiffer, Michelle 24
Pfitzmann, Günter 212
Pflaume, Kai 383

Pförringer, Wolfgang 197, 274, 347, 388
Pfuel, Christian 121
Pfuel, Stephanie 121
Philip, Prinz von Großbritannien und Nordirland, Herzog von Edinburgh 22, 107ff.
Philipsen, Preben 378
Piaf, Edith 139
Piano, Renzo 13
Picasso, Pablo 67, 139
Picasso, Paloma 300f.
Piech, Anton 281
Piech, Ferdinand 281, 322f., 330, 351
Piech, Ursula 281, 323
Pierer, Heinrich von 38, 121, 323, 351
Pilati-Borggreve, Kristina Gräfin 311
Pilcher, Graham 282
Pilcher, Rosamunde 282
Pilic, Niki 136
Piller, Renate 354
Pinault, François 25
Piper, Klaus 67
Pipino, Ric 224
Pirner, Dave 183
Pischetsrieder, Bernd 293
Pitanguy, Marilu 243
Pitanguy, Prof. Ivo 243
Pitt, Brad 178, **179f.**, 181,
Pitt, William Bradley *siehe* **Pitt, Brad**
Plapperer-Lüthgarth, Heiko 38, 120, 389
Pöhl, Karl Otto 270f.
Pohlitz, Ingo 385
Poitier, Sydney 187
Pola, Arrigo 277
Polanski, Roman 90, 138, 177 186, 220, 242, **282ff.**
Pollack, Sidney 180, 188, 374
Polt, Christine 285
Polt, Gerhard 51, **284f.**, 374
Pompadour *siehe* Madame P.
Pompidou, Claude 371
Pooth, Franjo 114
Porsche, Ferry 281
Porsche, Louise 281
Porsche, Susanne 37f.
Porsche, Veronica 17
Portago, Andrea de 14, 121
Porter, Kim 85
Potente, Franka 285
Powell, Jenny 194
Presley, Elvis 270
Presley, Lisa Marie 198

Preston, Kelly 160
Previn, Soon-Yi 19
Primakow, Jewgenij 330
Prinz, Gerhard 294
Prinz, Günter 29, 69, 75, 314
Prinz, Matthias 65, 75
Profittlich, Markus Maria 36
Prost, Alain 347
Prüller, Heinz 235f.
Puck, Wolfgang 265
Pückler, Graf 157
Puff Daddy *siehe* **Combs, Sean**
Pulver, Lilo 159
Putin, Ljudmila 286
Putin, Wladimir 243, **286f.**

Quaid, Dennis 182
Quandt, Gabriele 310
Quandt, Herbert 223
Quandt, Johanna 196, 223
Quandt, Mary 305
Quandt, Stefan 223
Quinn, Freddy 123

Raab, Kurt 112f.
Raab, Stefan 287f., 318
Rademann, Wolfgang 98, 230, 345
Radenkovic, Radi 215
Radisch, Iris 290
Radziwill, Lee 218
Ragger, Ingrid 123
Rainier III., Fürst von Monaco 14, 74, 101, 265, 324, 347, 348
Rajlich, Jana 200
Ramazzotti, Eros 289f.
Ramsauer, Peter 159
Rania Al-Abdullah, Königin von Jordanien 32
Rattazzi, Christian 257
Rattle, Sir Simon 7
Ratzinger, Joseph (Kardinal) 203
Rau, Christina 267, **290**
Rau, Johannes 7, 19f., 150, 290
Re, Giovanni Battista (Kardinal) 203
Reagan, Nancy 265
Reagan, Ronald 265
Reber, Else 362
Red, Alexis de *siehe* De Red, Alexis
Redford, Robert 176, 179, **180**, 188
Rehhagel, Otto 26, 33, 47
Rehlingen, Alexandra von 142
Reich-Ranicki, Marcel 290ff.

Reichardt, Ernst 368
Reichart, Elke 292
Reichart, Gisela 292
Reichart, Prof. Bruno 292, 360
Reichert, Ursula 168
Reich-Ranicki, Teofila 291
Reif, Marcel 201
Reinbold, Eduard 133, 275, 346
Reinhold, Corinna 211
Reininghaus, Mariella 235
Reischl, Hans 121
Reischl, Markus 47, 114
Reiter, Norbert 145
Reitzle, Gaby 293
Reitzle, Wolfgang 38, **293**
Relin, Marie-Therese 229
Relin, Veit 229
Renta, Oscar de la *siehe* De la Renta, Oscar
Retzer, Otto 133, 344
Reuer, Emily 338
Reuter, Edzard 92, **294**, 321
Reuter, Ernst 294, 390
Reuter, Helga 294
Reuter, Ursula 123
Rhodes, Zandra 301
Rhys-Jones, Sophie 32
Ribbeck, Erich 214
Ribes, Jacqueline de 371
Rich, Denise 81
Rich, Marc 81
Richard, Cliff 106, 199
Richard, Pierre 91
Richard, Ted 107
Richards, Keith 198f.
Richter, Jürgen 95
Richter, Karl 230
Rieger, Sylvia 76
Riekel, Patricia 84
Riewa, Jens 243
Rigel, Hans 135
Rindt, Jochen 100
Ringelmann, Helmut 295, 345
Ringier, Michael 65
Ripoll, Shakira Isabel Mebarak *siehe* **Shakira**
Ritchie, Guy 178, 242
Ritts, Herb 88
Roberts, Julia 138, 159, 168, 179, **180ff.**, 184, 312
Robuchon, Joel 376
Rochelt, Daniela 356
Rock, Kid 21
Rodenstock, Hardy 38, **295f.**, 351, 386, 388

411

Rodenstock, Helga 388
Roderick, David *siehe* **Stewart, Rod**
Roeser, Frank 288
Rogers, Ginger 195
Rogge, Dany 211
Roi, Sonji 17
Rollergirl 297
Rollitz, Frank 226
Rome, Sydney 345
Romsey, Penny 109
Ronaldo 215
Roquebrune, Micheline 86
Rosado, Maria Bravo 191
Rose, Harlene 19
Ross, Diana 198, 253
Rossellini, Robertino 75
Rossi, Gisela 81
Rothenburg, Constantin 59
Rothschild, Marie-Helene 371
Rothschild, Olimpia de 301
Rourke, Mickey 179
Rowe, Debbie 198
Rowe, Djamila 65
Royes, Gisela 369
Rua, Antonio de la 334
Rubirosa, Porfirio 14
Rudin, Francis 235
Rudnik, Barbara 55, 104
Ruge, Nina 293
Rühe, Volker 294
Rühmann, Heinz 391
Rühmling, Renate 28
Ruiz, Dina 166
Ruiz, Maria 158
Rummenigge, Karl-Heinz 43
Rundolfe, Lloyd 271
Rushdie, Salman 79
Russell, Jane 195
Russell, Kurt 171
Rüttgers, Jürgen 256
Ryan, Meg 182
Ryder, Winona 182f.

Sabatini, Gabriela 136
Sachs, Alexander 298
Sachs, Christian Gunnar Zourab 298
Sachs, Ernst 298
Sachs, Ernst Wilhelm 298
Sachs, Gunter 52, 74, 152, **298f.**, 335, 341, 371
Sachs, Lo 131
Sachs, Maryam 74 , 371

Sachs, Mirja 250
Sachs, Rolf 74, 152, 298
Sachsen-Coburg, Albert von 110
Sachsen-Weimar, Elisabeth Prinzessin von 122, 275
Saft, Nicola *siehe* **Rollergirl**
Saint-Laurent, Yves Henri Donat Matthieu 75, 124, 224, 234, **300f.**, 314
Saint-Phalle, Niki de 10, 310, 356
Salewski, Wolfgang 274
Salomon, Ernestine von 28
Salzl, Robert 274
Sammer, Karin 302
Sammer, Klaus 302
Sammer, Matthias 33, 154, **301f.**
Sampras, Pete 302
Sander, Erna-Anna 303
Sander, Jil 206, **303**
Sander, Walter 202
Sandmann, Diana 44
Sandner, Karin 128
Sannum, Eva 209
Santana, Carlos 304
Santana, Deborah 304
Santoro, Rodrigo 84
Sartre, Jean Paul 139
Sassoon, Ronda 249, 305
Sassoon, Vidal 249, **304f.**
Sattler, Christoph 52
Saudi, Abdullah 13
Saurma, Gräfin Caro 121, 151
Sauter, Alfred 350
Savalas, Telly 345
Savoyen, Vittorio Emanuele IV. 305ff. 341
Sayn-Wittgenstein, Johanna Prinzessin zu 55, 121
Schächter, Markus 307
Schächter, Veronica 307
Schäfer, Bärbel 308
Schaffelhuber, Stefan 69
Schah von Persien 128, **308f.**, 340f.
Schah, Nadir 109
Schalck-Golodkowsky, Alexander 226, 353
Schamomi, Sebastian
Schamoni, Peter 133, **310**
Scharf, Albert 352
Scharping, Jutta 312
Scharping, Rudolf 311f., 324
Scharping, Tina 312
Scharrer, Erwin und Traudel, 8
Schau, Elfie 312
Schau, Jürgen 46, 285, **312**
Schäuble, Wolfgang 227

Schaumburg-Lippe, Alexander Prinz zu 207, **312f.**
Schaumburg-Lippe, Benita Fürstin zu 207, 312
Schaumburg-Lippe, Philipp Ernst Fürst zu 312
Schautzer, Max 192, 386
Scheck, Klaus 128
Scheel, Cornelia 335
Scheel, Mildred 335, 339
Scheel, Walter 128, 339, 353
Scheele, Nick 234
Schell, Maria 158, 229, 313f.
Schell, Maximilian 229, **313f.**, 341
Schenk, Otto 55
Schenkenberg, Marcus 21
Schenker, Rudolf 322
Scherer, Fritz 274
Scherer, Norbert 177
Scherf, Henning 351
Schiefer, Friedrich 6, 326
Schiele, Egon 206
Schieren, Wolfgang 6, 326
Schiestl, Monika 356
Schiffer, Claudia 33, 84, 224, 250, **314ff.**, 371, 377
Schiffer, Jack 274
Schild, Herbert *siehe* **Achternbusch, Herbert**
Schimmerlos *siehe* **Baby Schimmerlos**
Schiller, Karl 353
Schirmer, Lothar 38
Schirrmacher, Frank 291
Schlingensief, Christoph 226, **316**
Schloesser, Conrad 69
Schlöndorff, Volker 11, 113
Schlossberg, Edwin 217
Schlug, Thomas 58
Schmalisch, Peter 62, 135, 388
Schmeling, Max 69, 338
Schmider, Manfred 70
Schmidt, Albrecht 317
Schmidt, Eckhart 216
Schmidt, Harald 96, 215f., 287, **318f.**, 379
Schmidt, Manfred 80
Schmuck, Peter 270
Schneeberger, Gisela 285
Schneider, Bob 159
Schneider, Christiane 280
Schneider, Jürgen 102, 196, 227, 317
Schneider, Maria 158, 284
Schneider, Romy 55
Schnell, Annette 144
Schnitzenbaumer, Otto 310

Schoeller, Andrea 142, 151
Schoeller, Möpi 122, 151
Scholl-Latour, Peter 388
Scholz, Manfred 274
Schönberg, Nuria 7
Schönborn-Wiesentheid, Johannes Graf von 319
Schönborn-Wiesentheid, Peter Graf von 319
Schönburg-Glauchau, Alexander Graf von 320, 357, 384
Schönburg-Glauchau, Gloria, Gräfin von *siehe* **Thurn und Taxis, Gloria**
Schönburg-Glauchau, Joachim Graf von 357
Schönburg-Glauchau, Maya Gräfin von 121
Schörghuber, Josef 226, 285, 354
Schörghuber, Stefan 69
Schrader, Paul 220
Schreiber, Karl-Heinz 227
Schreiber, Manfred 83, 128, 194, 268, 274
Schreiber, Prof. Manfred 338
Schrempp, Jürgen 9, 92, 139, 204, **320ff.**, 330
Schrempp, Lydia 322
Schrempp, Renate 321
Schrempp, Wolfgang 204, 321
Schröder, Gerhard 19, 70, 118, 225f., 231, 286f., **322ff.**, 330, 337, 352, 377, 388
Schröder-Köpf, Doris *siehe* Köpf, Doris
Schroeter, Werner 202
Schubert, Bruno H. 324f.
Schubert, Inge 324
Schuff, Clara 84
Schuhbach, Eva 322
Schuhbeck, Alfons 326
Schühly, Thomas 113
Schuhmann, Edith 329
Schuhmann, Karl Georg *siehe* **Schumann, Charles**
Schulte-Hillen, Gerd 98, 389
Schulten-Baumer, Uwe 379
Schulte-Noelle, Henning 326f.
Schulze, Dieter 379
Schulze-Winter, Madeleine 379
Schumacher, Michael 13, 100, 269, **327f.**
Schumacher, Ralph 328
Schumann, Charles 328f.
Schütz, Klaus 390
Schützendorf, Michael 274
Schwab, Klaus 329f.
Schwaiger, Karl Heinz 128
Schwan, Marlies 274
Schwan, Robert 44, 193, 274
Schwarzenberger, Xaver 374

Schwarzenegger, Arnold 175, 186, 190, 218, 231, 312, **331**
Schwarzer, Alice 114, **332**,
Schweiger, Til 343
Schweins, Esther 145, **333**
Schweizer, Victoria 383
Schwemmberger, Christian 356
Schwiers, Ellen 120
Schygulla, Hanna 112
Scorsese, Martin 163f., 168
Scott, L'Wren 200
Scott, Ridley 179
Sednaoui, Stephane 75
Seebacher-Brandt, Brigitte 10, 228
Seigner, Emmanuelle 282
Seiser, Caline 283
Seitz, Franz 316
Seitz, Lisa 104
Seles, Monica 136
Senderens, Alain 376
Senna, Ayrton 100
Servatius, Ingeborg
Servatius, Prof. Bernhard 209
Setlur, Sabrina 46
Seybold, Wolfgang 38, 144
Shakira 20, 297, **333**
Sharif, Omar 187
Sharon, Ariel 23
Shaw, Tracy 194
Sheen, Charlie 191
Shepard, Sam 190
Shewardnadze, Eduard 79
Shields, Brooke 183f., 301
Shields, David 313
Shields, Teri 183
Shorto, Denise 362
Shrimpton, Chrissie 200
Shriver, Eurice 218
Shriver, Maria 218, 231
Sica, Vittorio de *siehe* De Sica, Vittorio
Siebentritt, Barbara 280
Siegel, Ralph 84
Siegfried & Roy 314
Siehler, Thea 201
Siemens, Julia von 360
Sihler, Helmut 256
Silbermayer, Walter 202
Sillag, Katharina 115
Silva, Cindy 160
Silvestrin, Danilo 143
Silvia, Königin von Schweden 89, 97, 156, **334f.**

Simon, Herb 134
Simon, Paul 187
Simon, Sven *siehe* Springer jr., Axel
Simpson, Wallis 108
Sinatra, Barbara 235, 249
Sinatra, Frank 74, 112, 235, 141, 249
Sinnen, Hella von 335
Sirikit, Königin von Thailand 376
Sixt, Regine 38, 121
Skaf, Viktoria 237
Sklenarikova, Adriana 194
Slimane, Hedi 234
Smith, Anna Nicole 336
Smith, Bill 336
Snipes, Wesley 191
Snowdon, Lisa 160
Sobtschak, Anatolij 286
Sofia, Königin von Spanien 32, 49, 152, 208
Sohn, Susanne, 202
Solms, Otto 255
Soltesz, Judy 235
Solti, Sir Georg 35
Soltmann, Dieter 38, 274
Sommer, Elke 345
Sommer, Ingrid 338
Sommer, Ron 256, **337f.**
Sommer, Sigi 29, **338f.**, 381
Sommerlath, Silvia *siehe* **Silvia Königin von Schweden**
Sonja, Königin von Norwegen 142
Sontag, Susan 237
Soraya 242, 299, 309, **339-342**, 359
Soumayah, Mohamed 252
Späth, Lothar 23, 56, **242f.**, 362
Späth, Ursula 343
Spears, Britney 343
Speichert, Sandra 343f.
Spencer, Charles 93
Spencer, Edward John Lord 93
Spencer, Jane 93
Spencer, Sarah 93
Spiehs, Angelica 344
Spiehs, Karl 61, 133, **344f.**
Spielberg, Steven Allen 170ff., 175, **184f.**, 187
Spinrad, Rolf 374
Spitzy, Alessandro 206
Springer jr., Axel 346f.
Springer, Aki 346
Springer, Ariane 346
Springer, Axel Cäser 209, 346
Springer, Friede 84, 95, 99, 206, **346**

Springer, Rosemarie 55, **346f.**, 388
Squire, Dorothy 258
Stahl, Alexander von 261
Stalin, Josef 286, 341
Stallone, Sylvester 73, 187, 190, 264
Stamm, Heino 275
Starr, Kenneth 82
Starr, Ringo (s. auch **Beatles**) **39**, 41
Stauffer, Teddy 338, 381
Steeger, Ingrid 316, 345
Steilmann, Klaus 233
Stein, Peter 7, 248, 279
Steinberger, Helmut *siehe* **Berger, Helmut**
Stenger, Gerd 342
Stenger, Scarlett 342
Stenz, Isabella 211
Stephanie, Prinzessin von Monaco 74, 233, 324, **347f.**
Stewart, Dave 131
Stewart, Jimmy 389
Stewart, Martha 253
Stewart, Rod 106, **348f.**
Stewart, Sean 348
Stich, Michael 46
Sting 242
Stoiber, Constanze 351
Stoiber, Domenic 351
Stoiber, Edmund 38, 56, 67, 79, 102, 130, 149, 157, 310, 342, **350ff.**, 353
Stoiber, Karin 67, 350f.
Stoiber, Veronica 274, 351
Stoll, Hilde 330
Stollberg, Inge 283
Stolte, Prof. Dieter 307
Stone, Oliver 163, 239
Stone, Sharon 114, 139, **185f.**, 271
Strasser, Fritz 354
Strauß, Franz Georg 29, 157, 354
Strauß, Franz Josef 49, 69, 92, 97, 130, 157, 225f., 238, 254, 285, 294, 320, 338f., 350, **353ff.**, 379
Strauß, Marianne 120, 354
Strauß, Max Josef 49, 157, 354
Streep, Meryl 177, 183
Streibl, Max 157, 350
Streisand, Barbra 184, **186ff.**, 265
Streletzki, Ekkehard 38, 223
Streletzki, Sigrid 38, 223
Strobach, Anke 133
Strunz, Claudia 102
Strunz, Thomas 102

Stücklen, Richard 119
Stuhl, Ann-Kathrin 118
Stumm, Friedrich von 335
Sturm, Dieter 279
Styler, Herbert G. 65
Suhrkamp, Peter 68
Sukowa, Barbara 113
Sultan von Brunei *siehe* **Bolkiah Hassanal, Sultan von Brunei**
Summer, Donna 242
Süskind, Patrick 96, 103, 236, **355f.**
Süßmeier, Richard 130
Sutherland, Kiefer 182
Svoboda, Ludvik 309
Swarovski, Gerhard 356
Swarovski, Helmut 356
Swarovski, Manfred 356
Swarovski-Langes, Caroline 357
Swarovski-Langes, Markus 356f.
Swarovsky, Hans 249
Swarovsky-Langes, Gernot 356
Swayze, Patrick 176
Symo, Margit 248

Talukder, Tina 19
Tamm, Peter 53
Tapie, Bernard 43
Tappert, Horst 295
Taschenmacher, Anne 322
Tate, Sharon 282, 284
Tatiana, Baroness von Gecman-Waldek 305f.
Taubman, Alfred 371
Tawil, Suha 23
Taylor, Liz 70, 158, 187f., **188f.**, 198, 252f., 265, 305, 370, 376
Taylor, Sara 188
Taylor, Tim 151
Teriipaia, Tarita 158
Terry, Natasha 200
Teufel, Erwin 227
Tewaag, Bernd 71, 84, 133
Thatcher, Margaret 106
Thiele, Rolf 195
Thielen, Gunter 256
Thielen, Ulla 256
Thoma, Dieter 59
Thomalla, Simone 26
Thomas, Peter 230
Thompson, Jim 376
Thomson, Linda G. 213
Thornton, Billy Bob 174, **189f.**

Thurman, Uma 24, 124, 139
Thurn und Taxis, Gloria Fürstin von 128, 151, 250, 269, 320, **357f.**, 360, 384
Thurn und Taxis, Johannes Fürst von 16, 77, 97, 292, 319, 340f., 354, 358, **359f.**
Thurnhuber, Beatrix, 359
Thyssen, August 362
Thyssen, Gabriele *siehe* **Begum Inaara Aga Khan**
Thyssen, Heinrich 362
Thyssen, Renate 49
Thyssen-Bornemisza jr., Heinrich 362
Thyssen-Bornemisza, Hans Heinrich 49, 271, **362f.**
Thyssen-Bornemisza, Tita 49, 362
Thyssen-Henne, Renate 38, 208, **361**
Tidof, Max 55
Timberlake, Justin 343
Tinguely, Jean 10
Tiriac, Ion 45
Tjessem Hoiby, Mette-Marit *siehe* **Mette-Marit**
Todd, Mike 189
Todenhöfer, Jürgen 256
Todt, Jean 257
Toerring-Jettenbach, Etti Gräfin zu 152, 250, 384
Toerring-Jettenbach, Hans-Veit Graf zu 122, 152, 384
Toerring-Jettenbach, Ignaz zu 152, 384
Tolkien, J.R.R. 246
Tolstrup, Christina (Kiki) 258
Tomba, Alberto 36
Toppmöller, Klaus 72, 155
Torv, Anna Maria 261
Trachtenberg, Lyle 170
Trapattoni, Giovanni 154, 214, 291
Trautmann, Peter 363
Travolta, John 188
Traynor, Jack 141
Tremper, Will 219
Trier, Hann
Trikonis, Gus 171
Tripp, Linda 82
Trittin, Jürgen 363f.
Tröger, Walther 274
Troisgros, Jean und Pierre
Trudeau, Pierre 187
Truffaut, François 90f.
Trump, Blaine 371
Trump, Donald 253, 365, 385
Trump, Ivana 151, **365**, 371
Tschernenko, Konstantin Ustinowitsch 286
Tschiersch, Jockel 120

Tubb, Richard 71
Tulpe, I. M. 261
Turek, Toni 215
Turnbull, John 206
Turner, Kathleen 164
Turrini, Peter 280
Twiggy 41
Tykwer, Tom 285
Tyler, Richard 182
Tyson, Mike 73

Ude, Christian 104, 130, 231, 329, 341
Ullmann, Liv 84, 276
Ullrich, Jan 337, **366f.**
Ulmer, Manfred 269
Umberto II., König von Italien 151, 305, 307
Ungaro, Emanuel 301
Unterberger, Hasi 96
Unterberger, Lilly 96
Urdangarin, Inaki 32
Ustinov, Peter 358, 391

Vadim, Roger 90
Valentin, Barbara 11, 96, 113, 244, **367ff.**
Valentin, Helmut 356
Valentin, Karl 6, 8, 338, **369**
Valentino 152, 301, **370ff.**
Valletta, Prof. Vittorio 12
Van Wagenen, Lola 180
Vari, Sofia 66
Vatter, Klaus 121, 260
Vaughn, Matthew 315
Veres, James 216
Verge, Roger 99, 386
Verhoeven, Lis 12
Verhoeven, Michael 236, 246
Versace, Donatella 36, 278
Versace, Gianni 24, 93, 301
Victoria, Kronprinzessin von Schweden, 334
Videla, Jorge 248
Viehhöfer, Yvonne *siehe* Wussow, Yvonne
Viereck, Nina 211
Vilas, Guilermo 75
Vilsmaier, Joseph 236, 391
Virtue, Ted 9
Visconti, Luchino 55
Visconti, Ortensia 200
Vitracs, Roger 139
Vlk, Miroslaw (Kardinal) 203
Vogel, Bernhard 352
Vogel, Hans-Jochen 89, 338, 390

Vogts, Berti 259
Voight, Jon 174
Völkers, Christian 315
Volkhardt, Falk 39, 128
Volkhardt, Innegrit 84, 120f.
Volkmann, Elisabeth 368
Völler, Angela 373
Völler, Ilse 373
Völler, Kurt 372
Völler, Rudi 72, **372f.**
Völz, Wolfgang 212
Vuitton, Louis 25
Vukmirovic, Mila 303

Waalkes, Adele 375
Waalkes, Karl 375
Waalkes, Otto 116, 136, **374f.**
Wachtveitl, Kurt 376f.
Wachtveitl, Penny 377
Wagner, Franz Josef 51, 323
Waigel, Theo 274, 302, 350f.
Waldleitner, Luggi 338
Wales, Eduard von 108
Wallner, Alfred 115
Walser, Martin 291
Walter, Axel 70
Walter, Herbert 9
Walz, Udo 79f., 271, **377**
Wamsler, Karl 274
Wangenheim, Britta von 274
Warhol, Andy 124, 242, 298, 300, 305
Warner, John 188
Watkins, Colin 101
Watts, Charlie 198
Waynberg, Sam 284
Wayne, John 120, 166
Weber, Juliane 222, 225
Weber, Jürgen 378
Weber, Sabine 378
Weber, Willi 327
Weck, Pierre de siehe De Weck, Pierre
Wecker, Konstantin 283
Wedekind, Beate 75
Wedel, Dieter 11, 316
Wegrosek, Claudia 211
Weill, Helene David 371
Weill, Kurt 212
Weill, Sanford 10
Weininger, Gerhard 350
Weir, Peter 169
Weis, Gaby 366

Weiss, Ulrike 99
Weissenbacher, Prof. Ernst Rainer 342
Weizsäcker, Richard von 94, 150, 390
Well, Cristoph 284
Well, Hans 284
Well, Michael 284
Wenders, Wim 36, 169, 220
Wendlandt, Horst 11, 77, 104, 113, 133, 219, 313, 338, 345, 374, **378f.**, 391
Wendlandt, Ilse 345, 379
Wepper, Fritz 155, 255, 295
Werden, Sybil 212
Werner, Helmut 92
Werth, Isabel 379f.
Wertheimer, Alain 233
Westerwelle, Guido 254f., **380f.**
Westling, Daniel 334
Weth, Hans 285
Wetter, Friedrich (Kardinal) 222, 352
Whitcomb, Oliver 176
White, Barry 277
White, Jack 51
Wichmann, Karin 96
Wickboldt, Diethild 68
Wickert, Ulrich 79
Wiedeking, Wendelin 38, 351
Wiedemann, Ludwig 123
Wierichs, Natascha 266
Wiesheu, Otto 157, 274
Wilde, Kim 194
Wilder, Billy 190, 265, 338, 379, **381f.**
Wilding, Michael 189
Wildmoser, Karl-Heinz 133, 352
Wilhelm, Kurt 338
Wilhelmina, Königin der Niederlande 42
Will, Kurt 238
Willem Alexander, Kronprinz der Niederlande 32, 60, 248, 334
Williams, Esther 253
Williams, Frank 101
Williams, Robbie 146, **383**
Williams, Robin 158, 184
Williams, Tennessee 376
Williams, Yolanda (Lonnie) 17
Willinger-Zagelmann, Cornelia 96
Willis, Bruce 176, 182, **190ff.**
Wilson, Brian 106
Wilson, Bridgette 302
Wilson, Peta 200
Wimmer, Thomas 338
Windsor, Gabriella 208, **384**

Windsor, Helen Lady 151
Winkhaus, Christiane 53
Winklmayr, Alfred 365
Winston, Harry 218
Witt, Katarina 384f.
Wittek, Nicole 115
Witti, Michael 385
Witzigmann, Eckart 296, **386f.**
Witzigmann, Monika 386
Wodarz, Peter 118
Wössner, Anna 144, 261, 389
Wössner, Dr. Dirk 388
Wössner, Frank 120, 153, 388
Wössner, Mark 144, 156, 261, **388f.**
Wolders, Robert
Wood, Eljah 285
Wood, Shawn 20
Woods, Earl 389f.
Woods, Eldrick gen. **Tiger 389f.**
Woods, Tilda 389f.
Woolfe, Tom 250
Wortmann, Sönke 343
Wowereit, Klaus 7, 79, 141, 264, **390f.**
Woytila, Karol *siehe* **Johannes Paul II.**
Wozniak, Steve 126
Wrede, Inge Fürstin 38, 250
Wurm, Alfred 233
Wussow, Klausjürgen 344
Wussow, Yvonne 97
Wyman, Bill 198

Yanar, Kaya 62
York, Albert Herzog von 108
Young, Audrey 382

Zadek, Peter 247, 279f.
Zahn, Prof. Werner 294
Zambrano, Cecilia 66
Zea, Gloria 66
Zeffirelli, Franco 169
Zehetbauer, Ingrid 391
Zehetbauer, Rolf 391
Zehetmair, Hans 67, 92, 161
Zehle, Sibylle 262
Zellner, Sandra 137
Zellweger, Renee 192
Zeta-Jones, Catherine 24, 86, 165, 194, 278
Zetsche, Dieter 321
Zidane, Zinedine 33
Zidi, Claude 343
Ziegler, Elke 121
Ziegler, Peter J. 121, 274
Zierer, Annette 331
Zimmermann, Dieter T. 205
Zimmermann, Friedrich 8
Zippert, Hans 72
Zizala, Erika 345
Zlof, Dieter 268
Zöpfl, Helmut 338
Zorreguieta, Jorge 60, 248
Zorreguieta, Maxima *siehe* Maxima Kronprinzessin der Niederlande
Zukerman, Pinchas 249
Zulawski, Andrzej 245
Zwerenz, Gerhard 112
Zwick, Eduard 157, 353
Zwicknagel, Marianne *siehe* Strauß, Marianne

Die erfolgreichen Eichborn-Lexika im Taschenbuch:

Wolf-Ulrich Cropp
Das andere Fremdwörter-Lexikon
Serie Piper 3160

Rolf Degen
Lexikon der Psycho-Irrtümer
Serie Piper 3409

Katja Doubek
Das intime Lexikon
Serie Piper 3280

Katja Doubek
Lexikon merkwürdiger Todesarten
Serie Piper 3408

Karen Duve, Thies Völker
Lexikon der berühmten Tiere
Serie Piper 2684

Christian Eichler
Lexikon der Fußballmythen
Serie Piper 3397

Werner Fuld
Das Lexikon der Fälschungen
Serie Piper 3011

Werner Fuld
Lexikon der letzten Worte
Serie Piper 3656

Walter Gerlach
Das neue Lexikon des Aberglaubens
Serie Piper 2796

Wolfgang Hars
Nichts ist unmöglich!
Lexikon der Werbesprüche
Serie Piper 3010

Walter Krämer, Götz Trenkler
Lexikon der populären Irrtümer
Serie Piper 2446

Walter Krämer, Götz Trenkler,
Denis Krämer
Das neue Lexikon der populären Irrtümer
Serie Piper 2797

Walter Krämer, Götz Trenkler
Das Beste aus dem Lexikon der populären Irrtümer
Serie Piper 3279

Walter Krämer, Wolfgang Sauer
Lexikon der populären Sprachirrtümer
Serie Piper 3657 (März 2003)

Dirk Maxeiner, Michael Miersch
Lexikon der Öko-Irrtümer
Serie Piper 2873

Michael Miersch
Das bizarre Sexualleben der Tiere
Serie Piper 3009

Charles Panati
Populäres Lexikon religiöser Bräuche und Gegenstände
Serie Piper 2795

Udo Pollmer, Susanne Warmuth
Lexikon der populären Ernährungsirrtümer
Serie Piper 3410

Matthew Richardson
Das populäre Lexikon der ersten Male
Serie Piper 3388

Klaus Waller
Lexikon der klassischen Irrtümer
Serie Piper 3278

Robert Anton Wilson, Miriam Joan Hill
Das Lexikon der Verschwörungstheorien
Serie Piper 3389

> »Hannover liegt zwar nicht am Arsch der Welt.
> Aber man kann ihn von dort aus
> sehr gut sehen.« — Harald Schmidt

Walter Krämer
Eva Krämer
Lexikon der Städtebeschimpfungen
Boshafte Berichte und
Schmähungen von Aachen
bis Zürich
250 Seiten · geb. mit SU
€ 19,90 (D) · sFr 36,–
ISBN 3-8218-1689-9

Ob Hannover, Frankfurt, Gelsenkirchen oder New York: Fahren Sie da bloß nicht hin! Warum, das sagen Ihnen Dichter, Reisende und Medienstars mit lästerhaften Beschreibungen, boshaften Berichten und traumatischen Erinnerungen an grausame Städte und öde Orte. Aber nicht vergessen: Hier geht es nicht um Gerechtigkeit!

»Rom wurde angeblich auf sieben Lügen erbaut. Die Stadt Frankfurt aber gründet bloß auf einem Irrtum. Und dieser Irrtum lautet: Frankfurt ist eine europäische Metropole.« *Christian Schmidt*

Eichborn.
Kaiserstraße 66
60329 Frankfurt
Telefon: 069 / 25 60 03-0
Fax: 069 / 25 60 03-30
www.eichborn.de

Wir schicken Ihnen gern ein Verlagsverzeichnis.